JN399436

영남인물고 4

상주

목만중·심규로 편수 | 신해진 역주

보고사
BOGOSA

머리말

이 책은《영남인물고(嶺南人物考)》의 제4권을 번역한 것이다. 1751년 저술된 이중환(李重煥, 1690~1752)의《택리지(擇里志)》에 의하면, "조선의 인재 가운데 반은 영남에 있다."라는 말이 있으니, 영남인물고는 그러한 사실을 실감케 한다. 1798년 채제공(蔡濟恭) 등이 정조(正祖)의 명에 따라 영남지역 인물 860명의 간략한 생애와 주요 행적을 각종 문헌에서 초출(抄出)하고 군현별로 편차한 문헌인데, 총목(總目)과 도목(都目: 이름, 벼슬, 호 등의 간략 기록표), 권1~권15를 합하여 총 17책으로 이루어진 유일 필사본이다. 현재 규장각한국학연구원에 권1~권10까지 10책이 소장되어 있고, 국립고궁박물관에 총목과 도목을 포함하여 권11~권15까지 7책이 소장되어 있다.

원래 규장각에 보관해 오던《영남인물고》는 1909년 이토 히로부미가 한일관계조사 자료로 66종 938권을 일본으로 가져갈 때 7책(총목·도록, 권11~15)도 반출되어 규장각에는 10책만 남게 되었다. 그러다가 2011년 조선왕조 도서가 일본으로부터 반환되어 국립고궁박물관에 소장될 때, 영남인물고 7책도 환수되어 규장각의 10책과 짝하여 완질을 이루게 되었다. 그 초고는 1799년에 완성되었으나 간행되지 못하였고, 그 구성은 다음과 같다.

권	지역	등재인물	계	편수자
권1	安東	金濟, 金澍, 金自粹, 裵尙志, 權定, 金銖, 鄭玉良, 金孝貞, 河緯地, 柳義孫, 權希孟, 柳崇祖, 金用石, 文敬仝, 權柱, 李宗準, 李弘準, 金時佐, 權檥, 柳公綽, 權輗, 權應挺, 權應昌, 金璡, 金希參, 權磌, 洪仁祐, 柳仲郢, 柳景深, 柳贇, 金彦璣, 金八元, 金宇宏, 具鳳齡, 權好文, 裵三益, 金守一, 鄭惟一, 李珙, 金明一, 李景嶸, 柳仲淹, 金克一, 權春蘭, 柳雲龍, 金宇顒, 金沔	47	蔡弘遠
권2	安東	柳成龍, 南致利, 琴胤先, 金誠一, 鄭士誠, 柳宗介, 洪迪, 柳復起, 金得研, 裵龍吉, 李亨男, 金涌, 鄭士信, 柳復立, 金潗, 金允安, 權益昌, 李光後, 權杠, 權希仁, 權泰一, 李大任, 李昌後, 柳袖, 洪成海, 柳袗, 柳義男, 金是權, 金是樞, 南礏, 柳元慶, 南海準, 張興孝, 權紀, 金是榲, 金烋, 鄭佸	37	丁若銓
권3	安東	柳元之, 柳稷, 南天漢, 宋楇, 金恁, 柳千之, 南天斗, 金邦杰, 李惟樟, 李時善, 柳挺輝, 金如萬, 柳楷, 李址, 柳世鳴, 李瑄, 柳元定, 金聲久, 權斗寅, 李東標, 金世欽, 柳後章, 李琬, 李東完, 金九成, 金世鎬, 邊克泰, 權斗經, 權斗紀, 金汝鍵, 李仁溥, 權德秀, 權渠, 李光庭, 金良炫, 柳升鉉, 李山斗, 金聖鐸, 權萬, 權業, 金景溫, 柳觀鉉, 金樸, 金命基, 金正漢, 金江漢, 柳正源, 金樂行, 權正忱, 李象靖, 李光靖, 柳道源, 李宗洙, 柳長源, 金始器, 裵相說, 金崇德	57	李儒修 韓致應
권4	尙州	黃喜, 盧嵩, 盧德基, 權徵, 尹師哲, 姜詗, 洪彦忠, 李堰, 金綵, 金舜皐, 黃孝獻, 申潛, 辛崙, 王希傑, 金彦健, 金範, 金沖, 盧守愼, 姜士尙, 成允諧, 鄭國成, 姜士弼, 宋亮, 金聃壽, 姜緖, 金弘敏, 姜紳, 金覺, 盧大河, 姜綖, 權宇, 高尙顔, 姜絪, 趙靖, 趙翊, 金弘微, 李埈, 李墢, 曺友仁, 金光斗, 康應哲, 鄭起龍, 鄭經世, 全湜, 高仁繼, 趙光璧, 權吉, 金宗武, 盧道亨, 金廷堅, 曹希仁, 趙又新, 洪鎬, 金克恒, 金秋任, 盧道凝, 盧峻命, 蔡得沂, 趙壽益, 韓克昌, 康用良, 李渫, 曹挺恒, 鄭道應, 洪汝河	65	睦萬中 沈奎魯
권5	尙州	金楷, 廉行儉, 孫萬雄, 南垕, 柳抗, 李萬敷, 洪大龜, 權相一, 黃翼再, 盧啓元, 姜杭, 金熙普, 高裕	13	尹弼秉 李鼎運
	禮安	琴柔, 琴以詠, 李堣, 李埴, 李賢輔, 金緣, 李仲樑, 金生溟, 李瀣, 李滉, 朴士熹, 金富弼, 金富仁, 李叔樑, 金澤龍, 金富儀, 琴輔, 吳守盈, 趙穆, 尹義貞, 琴應夾, 琴蘭秀, 金富倫, 琴應壎, 李安道, 金圻, 金垓, 任屹, 李詠道, 李弘重, 金坽, 金光繼, 李溟翼, 李燦漢, 金輝世, 金東俊, 李世泰	37	
	軍威	王沽, 權專, 卓愼, 權自新, 李軫, 李輔, 洪瑋, 張海濱, 朴漢男	9	
	英陽	趙德鄰	1	

권	지역	등재인물	계	편수자
권6	慶州	徐愈, 韓巻, 孫昭, 李蕃, 孫仲暾, 李彦迪, 李彦适, 李乙奎, 金世良, 曹漢輔, 李應春, 權德麟, 李應仁, 金浣, 金虎, 金應澤, 文緯, 權士諤, 李承金, 權士敏, 崔奉天, 權復興, 金石堅, 李希龍, 李彭壽, 李訥, 鄭克後, 金宗一, 孫宗老, 李壆, 韓汝愈, 孫德升	33	
	密陽	李行, 李伸, 孫肇瑞, 金叔滋, 安完慶, 金宗直, 邢士保, 李迨, 曹光益, 孫處訥, 孫起陽, 李光軫(총목에는 없으나 본집 목록에 있음), 孫遴, 金太虛, 盧盖邦, 朴陽春, 朴旹, 安命夏, 李泓	19	
	新寧	權應銖, 權應心, 李蘊秀	3	
권7	星州	李崇仁, 李稷, 都膺, 鄭種, 金自强, 金文起, 金孟性, 鄭崑壽, 鄭逑, 都衡, 呂希臨, 宋希奎, 洪繼玄, 金關石, 宋師頤, 李弘器, 朴而絢, 朴詮, 施文用, 李簭, 李天封, 李承, 金天澤, 崔恒慶, 金輳, 張鳳翰, 金櫶, 李彦英, 李潤雨, 裵尙龍, 朴永緒, 鄭惟榮, 李紬, 李廷賢, 金貴悅	35	李承薰 洪命周
	義城	金光粹, 李世憲, 申元祿, 李光俊, 金士元, 申仡, 申之悌, 金致中, 申之孝, 李民宬, 李民寏, 申適道, 申悅道, 李弘祚, 李爾松, 金尙瑗, 申弘望, 申達道, 金履矩, 金宗德	20	
권8	晉州	河演, 鄭溫, 河崙, 河敬復, 姜叔敬, 姜文會, 河潤, 鄭碩堅, 鄭鵬, 姜顯, 兪伯溫, 朴氤, 姜應台, 曹植, 鄭師賢, 李濟臣, 吳健, 鄭斗, 崔永慶, 金大鳴, 李琰, 河沆, 河天澍, 河應圖, 柳宗智, 成汝信, 陳克敬, 河受一, 姜德龍, 崔琦弼, 河憕, 吳長, 朴敏, 河鏡輝, 朴安道, 朴絪, 韓夢參, 河弘度, 河溍, 鄭頠, 韓範錫, 朴泰茂	42	蔡弘履 權應範 沈奎魯
	咸陽	趙承肅, 盧叔仝, 表沿沫, 梁灌, 兪好仁, 鄭汝昌, 盧友明, 姜漢, 盧禛, 姜翼	10	
	慈仁	李陽昭, 崔文炳, 宋希達, 金應鳴	4	
권9	永川	李敢, 柳方善, 李孟專, 曺尙治, 尹兢, 安覯, 曹致虞, 金應生, 郭珦, 鄭世雅, 孫德沉, 安餘慶, 曺好益, 金浣, 金演, 鄭宜藩, 鄭四震, 鄭大任, 安玑, 安璹, 安翊漢, 鄭好仁, 權穆, 李衡祥, 鄭萬陽, 鄭葵陽, 鄭重器, 權得中, 鄭幹, 曹鵬九	30	李之珩 沈達漢
	大邱	楊熙止, 徐沈, 朴漢柱, 李英, 朴愼, 全慶昌, 徐思遠, 崔誡, 崔認, 鄭師哲, 崔東輔, 蔡應麟, 蔡夢硯, 蔡先見, 朴壽春, 蔡楙, 徐時立, 崔東嶫, 都慶兪, 都愼修, 都愼徵, 朴夢徵, 李益馝, 趙春慶, 崔興遠	25	
권10	榮川	鄭陟, 金爾音, 宋仁昌, 金淡, 鄭誠謹, 宋碩忠, 金楊震, 黃孝恭, 金鸞祥, 張壽禧, 朴承任, 吳澐, 金玏, 李德弘, 權斗文, 裵應褧, 金大賢, 李介立, 金盖國, 閔應祺, 金隆, 李庭憲, 成安義, 朴檜茂, 申巘, 金汝燁, 金榮祖, 裵尙益, 金應	38	李址永 姜浚欽

권	지역	등재인물	계	편수자
		祖, 成以性, 李禈, 權昌震, 金益禧, 丁彦璛, 羅以俊, 李惟馨, 張璶, 金倣		
	龍宮	安俊, 鄭雍, 鄭蘭宗(총목에는 없으나 본집 목록에 있음), 李文興, 李構, 潘冲, 姜應淸, 張漢輔, 姜汝艎, 李涉, 金喜, 鄭榮後, 鄭榮邦, 全五倫	14	
	河陽	許稠, 金是聲	2	
	眞寶	申祉, 申禮男	2	
권11	醴泉	趙庸, 尹祥, 權山海, 權五福, 文瑾, 文瓘, 權五紀, 太斗南, 權檣, 辛達廷, 朴從鱗, 金慶言, 李愈, 鄭琢, 李熹, 權文海, 丁允祐, 金復一, 權旭, 李光胤, 朴蕓, 朴守緒, 鄭允穆, 鄭彦宏, 朴守謹, 金錕, 金迲, 金海一, 權墉, 鄭玉, 朴孫慶	31	權坪 姜浚欽
	善山	朴好問, 金就文, 金應箕, 康伯珍, 李守恭, 黃瑾, 鄭希良, 朴英, 金就一, 朴雲, 康惟善, 盧守誠, 高應陟, 金蕃, 吉誨, 崔晛, 金寧, 朴遂一, 金宗武, 盧景任, 鄭期遠, 金光岳, 洪浚亨, 鄭䜀, 盧啓禎, 金鏡重	26	
	泗川	李楨	1	
	河東	崔濯	1	
권12	順興	安純, 李甫欽, 徐翰廷, 錦城大君, 庾瑺, 李秀亨, 權得平, 朴善長, 琴軔, 安名世, 安應一, 黃彦柱, 李汝馩, 權虎臣, 黃中珩, 安德麟, 洪以成, 南夢鰲, 洪翼漢, 洪宇定, 金絅, 朴天柱, 裵晉龜, 權胤錫, 金若海, 黃壽一, 金弘濟, 徐昌載	28	洪樂敏 睦萬中 柳遠鳴
	豐基	黃俊良, 黃暹, 郭𡸊	3	
	奉化	琴徽, 琴元貞, 琴椅, 琴軸, 琴義筍, 金中淸, 琴元福, 權士溫, 琴是養, 琴聖奎, 鄭鐸	11	
	寧海	朴宗文, 申禧, 李孟賢, 申從溥, 朴毅長, 朴弘長, 申虯年, 申時明, 南佶, 權璟, 權尙任, 朴滈, 李徽逸, 李嵩逸, 李栽, 李槾	16	
	義興	洪魯	1	
	開寧	李馥	1	
	盈德	金夏九	1	
	居昌	鄭榮振	1	
	山淸	閔安富	1	
권13	陜川	李樑材, 周怡, 周世鵬, 朴紹, 申季誠, 朴而章, 文勵, 文景虎, 曹應仁, 柳世勛, 金斗南, 姜翼文, 周國楨, 姜大遂, 沈自光, 金八擧, 曹漢儒	17	李泳夏 柳遠鳴
	咸昌	洪貴達, 蔡壽, 權達手, 蔡無逸, 柳宗仁, 郭守智	6	
	丹城	李迪, 李光友, 李晁, 李天慶, 金景謹, 權濤, 權克亮, 柳之遠	8	

<table>
<tr><th>권</th><th>지역</th><th>등재인물</th><th>계</th><th>편수자</th></tr>
<tr><td rowspan="8"></td><td>高靈</td><td>朴誾, 吳彦毅, 鄭師玄, 金守雍, 朴澤, 朴廷璠, 朴廷琓</td><td>7</td><td rowspan="9"></td></tr>
<tr><td>知禮</td><td>李崇元, 李淑琦</td><td>2</td></tr>
<tr><td>昌原</td><td>崔潤德, 仇宗吉, 曹致虜, 曹孝淵, 金命胤</td><td>5</td></tr>
<tr><td>草溪</td><td>卞仲良, 卞季良, 李允儉, 卞璧, 李希曾, 李希閔, 卞玉希, 李希顔, 李大期, 全致遠, 李胤緖</td><td>11</td></tr>
<tr><td>金海</td><td>金係錦, 宋賓</td><td>2</td></tr>
<tr><td>蔚山</td><td>曹爾樞, 李藝, 徐仁忠</td><td>3</td></tr>
<tr><td>梁山</td><td>李澄玉, 白受繪</td><td>2</td></tr>
<tr><td>固城</td><td>諸沫, 諸弘祿</td><td>2</td></tr>
<tr><td rowspan="10">권14</td><td>東萊</td><td>梁潮漢, 辛起雲</td><td>2</td></tr>
<tr><td>聞慶</td><td>申叔彬, 鄭彦信, 沈大孚, 申厚命, 申弼貞</td><td>5</td><td rowspan="9">洪命周
金熙洛
李基慶</td></tr>
<tr><td>仁同</td><td>張安世, 朴元亨, 張潛, 張顯光, 張士珍, 張慶遇, 張應一, 申益愰</td><td>8</td></tr>
<tr><td>靈山</td><td>李中, 李碩慶, 盧瑾, 裵鶴, 辛礎, 李厚慶, 李道孜, 李道輔, 辛夢參, 辛景夏</td><td>10</td></tr>
<tr><td>比安</td><td>朴宜中, 朴瑞生, 李世仁, 朴嗣叔, 朴忠仁, 朴孝純</td><td>6</td></tr>
<tr><td>金山</td><td>呂應龜, 裵興立, 呂大老, 鄭鎰, 裵命純, 姜汝㦿</td><td>6</td></tr>
<tr><td>漆谷</td><td>鄭鍾, 李遠慶, 李道長, 李元禎</td><td>4</td></tr>
<tr><td>淸道</td><td>李原, 金克一, 金孟, 金駿孫, 金馹孫, 金大有, 朴慶新, 朴慶因, 朴慶傳, 朴河淡, 朴慶胤, 李雲龍, 朴慶宣, 朴瑄, 朴璨, 朴瑀, 朴琡</td><td>17</td></tr>
<tr><td>昌寧</td><td>李承彦, 李長坤, 盧克弘, 金廷哲, 尹南龍, 楊暄</td><td>6</td></tr>
<tr><td rowspan="5">권15</td><td>安義</td><td>鄭矩, 全五倫, 鄭玉堅, 林薰, 林芸, 鄭惟明, 劉名盖, 鄭庸, 鄭蘊, 朴明榑, 尹應錫</td><td>11</td><td rowspan="5">洪樂敏
洪義浩</td></tr>
<tr><td>宜寧</td><td>安堵, 安遇, 郭安邦, 郭承華, 郭之雲, 郭越, 郭趪, 郭趄, 李魯, 安克家, 郭赳, 郭趯, 郭赾, 姜瑀, 郭再佑, 姜壽男, 安起宗, 郭再謙, 郭潔, 李曼勝, 郭瀏, 許懿, 郭壽岡, 郭世楗</td><td>24</td></tr>
<tr><td>咸安</td><td>趙旅, 安瓘, 安宅, 李郊, 朴齊仁, 趙鵬, 趙宗道, 趙俊男, 趙信道, 趙敏道, 趙埏, 趙凝道, 朴震英, 李休復, 趙益道, 趙光立, 趙繼先, 趙任道, 趙善道, 李景茂, 李景蕃</td><td>21</td></tr>
<tr><td>三嘉</td><td>洪載, 文益昌, 盧欽, 李屹, 朴天祐, 鄭九龍, 文繼達</td><td>7</td></tr>
<tr><td>玄風</td><td>金宏弼, 裵紳, 朴惺</td><td>3</td></tr>
<tr><td></td><td>57</td><td></td><td>860</td><td></td></tr>
</table>

영남의 71개 고을 가운데 57개 고을만 수록되었는데, 수록되지 않은 고을은 경산, 청송, 흥해, 연일, 장기, 청하, 거제, 진해, 곤양, 칠원, 남해,

기장, 언양, 웅천 14개이다. 대체로 해안이나 벽지 고을이라 할 수 있다. 또 고을별로 수록 편차가 컸음을 알 수 있다. 그리고 영남의 큰 인물이지만 아직 죄적에서 풀리지 않은 까닭에 합천의 내암 정인홍(鄭仁弘), 영양의 갈암 이현일(李玄逸)은 실리지 못했다.

이 문헌의 편찬 과정 및 의의에 대해서는 김기엽의 박사학위논문(『조선후기 영남학단의 학적 전승과 교유에 대한 자료적 고찰(고려대학교 대학원, 2022.2)과 최두헌의 글(『고전사계』 52, 한국고전번역원 소식지, 2023.12)에서 소상히 소개된 바 있다. 1798년 8월 정조가 김희락(金熙洛)을 주자소(鑄字所)로 불러 영남 선현들의 문적을 모아 편찬한 책이 있는지 물어 제대로 편찬한 책이 없음을 알고는, 김희락을 통해 상주 정종로(鄭宗魯), 경주 이정덕(李鼎德), 안동 호계서원, 예안 도산서원 등 영남 남인들 사이에서 강한 영향력을 가진 인물과 조직에 편지를 보내어 1개월 안으로 문적을 수집하여 올리도록 통보하였으며, 이에 대한 영남인들의 호응과 열망이 뜨거웠던 것이다. 채제공이 총책임자의 역할 맡아서 그와 가까운 젊은 남인 신료 25명이 1주일도 되지 않아 총 46권의 분량으로 문적을 베꼈으며, 다시 주요 내용을 뽑고 편찬해 현전의 《영남인물고》의 초고가 완성된 것이다. 1년 뒤 채제공과 2년 뒤 정조가 잇달아 세상을 떠났기 때문에 간행에까지는 이르지 못한 것이다. 온전히 한 개인의 노력에 의해 만들어진 전기류(傳記類)인 이의현(李宜顯)의 《국조인물고(國朝人物考)》와 김육(金堉)의 《해동명신록(海東名臣錄)》과는 달리, 정조의 명에 의해 편찬되는 문헌에 수록된다는 것은 한 인물의 생애와 행적이 훌륭하여 타의 모범이 될 만하다고 국가가 공인한 것이 되었기에 1728년 이인좌·정희량의 무신란으로 말미암아 소외되었던 영남 남인들의 호응과 열망이 남달랐음을 말하고 있다.

이 영남인물고의 번역은 1967년 강주진 등에 의해 일본에 있었던 부분은 제외된 채 번역되어 세로 판형으로 탐구당에서 출간한 바 있으나,

그 이후로는 재번역 된 적도 없고 또한 완역되지도 않았다. 게다가 학술적 주석 작업은 전혀 이루어지지 않았으니, 특히 인물에 대한 주석 작업은 관계적(혼반, 학연, 혈연, 지연, 관력, 사회적 활동 등) 차원에서 행해질 필요가 있다. 그 기초라 할 수 있는 교감표점 작업이 2022년 한국고전번역원에 의해 이루어졌다. 그리하여 현 시점에서 보자면, 학술적 역주작업이 이루어져야 하고 또 완역되어야 할 과제가 있다.

영남인물고에는 인물의 사실이 행장·언행록·비문·제문 등 원래 문적에서 초록하여 수록되어 있다. 이는 각 인물이 일생 동안 산 실제적 삶의 총체에서 선택적 시각에 의해 1차 형상화 한 것이 원래 문적이고, 원래 문적에서 초출하여 2차 형상화 한 것이 바로 영남인물고의 행적인 것이다. 곧 원래 문적의 찬자가 지녔던 시각과 그 문적 안에서이기는 하나 초출자의 시각이 결합된 양상이다. 그래서 원래 문적의 찬자가 대상 인물과의 관계도 고려의 대상이 되어야 할 것이다. 그 관계는 혈연관계인지, 혈연관계에서도 직계인지 방계인지, 혼인관계인지, 혼인관계에서도 조모계인지 모계인지 처계인지, 사승관계인지, 일면식도 없는 관계인지 등등 다양하다. 그렇다면 원래 문적의 실상도 함께 살펴볼 필요가 있다. 그래서 이 책에서는 보충 자료로 그 원래 문적을 대부분 번역하여 함께 수록하였다.

이는 다양한 관점에서 영남인물고를 살펴볼 수 있도록 도모한 것인데, 전병철(「〈영남인물고〉 진주편 등재인물의 시기별 특징」, 『경남학』 32, 경상대학교 경남문화연구소, 2011)의 논의 결과가 특정지역에 국한된 것이기는 하지만 그에 따르면 15세기에는 흥성한 관료형 인물들이, 16세기에는 강직한 성품과 저항이 두드러진 처사형 인물들이, 17세기부터 18세기에는 남명 조식의 재전제자(在傳弟子)로 왜란과 호란의 국난 때 의병을 일으켜 활동한 인물들이 수록된 것으로 밝혀 다양한 성격의 인물군을 살펴볼 수 있는 시야를 확보하기도 하였다. 영남 사족의 조상 현창과 정치 참여

욕구 여론을 무마하기 위한 정조의 임시변통책에 불과해 영남우대책으로 보기 어렵다고 본 논의도 있지만, 그 당시 영남 사족들의 꿈틀대었던 욕구와 열망의 덩어리가 무엇이고 그것들을 어떻게 표상하였는지 문헌계통을 통해 내밀하게 살펴야 하지 않을까 한다. 또 다양한 인물군이 지닌 특성, 곧 시기별, 문벌별, 학맥별, 행실별 등을 찾아낼 수 있도록 한다면, 영남 사족의 인적 연결망을 어떻게 구축하여 지역사회에서 중심세력으로 자임할 수 있었는지 살필 수 있지 않을까 한다. 요컨대, 지역집단의 유대 공고화 및 공통된 학문적 성향 등을 비롯한 인물 간의 동질성을 구축하게 한 의식적 기반을 확인하여 그것의 초연결성에 대한 분석을 통해 새로운 의미의 맥략성을 살필 수 있는 토대가 마련되리라 생각한다.

이 번역작업을 정년퇴임 이후의 석좌교수 임용을 신청하기 위하여 2021년도부터 준비하였다. 당시 이서희 박사, 권영희 박사, 진건화 박사과정 수료생, 이지혜와 유해운 석사과정생 등이 참여하여 방대한 자료를 입력해 주었다. 그 이후 한국고전번역원에서 고전DB로 표점작업한 자료가 탑재되어 다시 한번 검토 작업을 하였다. 그리고 2024년 석좌교수 임용 신청서를 제출하였는데, 엄정한 심사를 통해 전남대학교 인문대학에서 처음으로 석좌교수에 임용되었다. 완역을 향해 열심히 정진하는 것이 보답하는 길일 것이다.

한결같이 하는 말이지만 나름대로 최선을 다하고자 했다. 그러함에도 불구하고 여전히 부족할 터이니 대방가의 질정을 청한다. 끝으로 편집을 맡아 수고해 주신 보고사 가족들의 노고와 따뜻한 마음에 심심한 고마움을 표한다.

2025년 9월 빛고을 용봉골에서

차례

일러두기

이 책은 다음과 같은 요령으로 엮었다.

01. 번역은 직역을 원칙으로 하되, 가급적 원전의 뜻을 해치지 않는 범위 내에서 호흡을 간결하게 하고, 더러는 의역을 통해 자연스럽게 풀고자 했다.

02. 다음의 자료는 아주 유용하게 참고되었다.
  - 『嶺南人物考』, 강주진 외 역, 탐구당, 1967.
  - 『校勘 標點 韓國古典叢刊·傳記類21』, 한국고전번역원, 2022.

03. 원문은 저본을 충실히 옮기는 것을 위주로 하였으나, 활자로 옮길 수 없는 古體字는 今體字로 바꾸었다.

04. 원문표기는 띄어쓰기를 하고 句讀를 달되, 그 구두에는 쉼표, 마침표, 느낌표, 물음표, 작은따옴표, 큰따옴표, 가운뎃점 등을 사용했다.

05. 주석은 원문에 번호를 붙이고 하단에 각주함을 원칙으로 했다. 독자들이 사전을 찾지 않고도 읽을 수 있도록 비교적 상세한 註를 달았다.

06. 주석 작업을 하면서 많은 문헌과 자료들을 참고하였으나 지면관계상 일일이 밝히지 않음을 양해바라며, 관계된 기관과 여러분께 진심으로 감사드린다.

07. 이 책에 사용한 주요 부호는 다음과 같다.
  ( ) : 同音同義 한자를 표기함.
  [ ] : 異音同義, 出典, 교정 등을 표기함.
  " " : 직접적인 대화를 나타냄.
  ' ' : 간단한 인용이나 재인용, 또는 강조나 간접화법을 나타냄.
  〈 〉 : 편명, 작품명, 누락 부분의 보충 등을 나타냄.
  「 」 : 시, 제문, 서간, 관문, 논문명 등을 나타냄.
  《 》 : 문집, 작품집 등을 나타냄.
  『 』 : 단행본, 논문집 등을 나타냄.

08. 이 책과 관련된 논문은 다음과 같다.(시기별)
  - 신승운, 「조선조 정조 命撰 〈인물고〉에 대한 서지적 연구」, 성균관대학교 석사학위논문, 1987.
  - 전병철, 「〈영남인물고〉 진주편 등재인물의 시기별 특징」, 『경남학』 32, 경상대학교 경남문화연구소, 2011.
  - 이재두, 「1798년 편찬한 〈영남인물고〉와 그 위상」, 『규장각』 58, 서울대학교 규장각한국학연구원, 2021.
  - 김기엽, 「조선후기 영남 학단의 학적 전승과 교유에 대한 자료적 고찰」, 고려대학교 박사학위논문, 2022.

09. 이 책의 차례에서 '보충'은 역주자가 인물의 이해를 위해 관련 자료 보탠 표시.

영남인물고 4
嶺南人物考 四

상주

01. 황희 익성공

황희의 초명은 수로, 자는 구부, 자호는 방촌, 본관은 장수이다. 고려 공민왕 계묘년(1363)에 태어났다. 생원시와 진사시에 합격하고, 문과에도 급제하였다. 습유(拾遺: 종6품)·보궐(補闕: 정6품)·의랑(議郎: 정4품)을 지냈고, 우리 조선에 들어와서 사간(司諫)·대언(代言)·참지의정부사(參知議政府事), 평안감사와 강원감사, 대사헌(大司憲), 육조(六曹)의 판서, 참찬(參贊)·찬성(贊成)을 거쳐 영의정에 이르렀다가 벼슬을 사양하고 물러나 기로소(耆老所)에 들어갔다. 문종 임신년(1452)에 죽었다. 세종의 묘정(廟庭)에 배향되었고, 상주(尙州)의 옥동서원(玉洞書院)에 향사하였다.

공은 풍채가 웅건한데다 타고난 성품이 너그러웠는데, 총명하여 학문을 좋아하고 늙어서까지 쇠하지 않아서 사도(斯道: 유교)를 높이 받들고 믿어 이단에 미혹되지 않았다. 집안에서는 청렴하고 삼가며 가난한 이들을 구제하였다. 식견이 깊고 도량이 넓으며 국량이 컸으니, 멀리서 바라보면 마치 태산(泰山)이나 황하(黃河)를 대하는 듯했는데, 중국 사신이 일찍이 공을 보고는 저도 모르게 깜짝 놀라 탄복하여 예절에 맞는 몸가짐을 극진히 한 적이 있었다.

태종과 세종 두 임금이 두텁게 신임하여 특별히 중히 여겼으니, 두 번이나 상을 당했을 때 모두 상중에도 벼슬하도록 특별히 명하였으며, 모든 기이한 계책과 남모르게 해야 할 논의가 있으면 반드시 공을 불러 결정하였다. 나랏일을 가장 오래도록 맡아서 삼가 조종(祖宗)의 법도를 지켰는데, 혹시 법도를 변경하려는 계책을 바치는 자가 있으면 힘써 막았다.

평생 동안 남의 과거 잘못을 마음에 두지 않았으며, 일을 처리할 때는 공평하고 관대하였으며, 중대사를 의논할 때에는 그 자리에서 시비를 가리고 결코 조금도 용서하지 않았다.

임금에게 올리는 상소와 건의안은 공이 모두 손수 초안한 것으로 문장과 뜻이 다 조리가 있었으며, 세상에서 어진 재상을 말할 때는 공을 으뜸으로 삼았다.

염습(斂襲)하려 할 때에 기운이 지붕 위에 덮여 있는 매우 이상한 일이 있었으나 염습이 끝나자 흩어졌다. 장례를 치르던 날, 사람들은 귀천을 막론하고 달려와 애통해 하지 않는 이가 없었으니 각 관청의 서리배가 각자 베를 내어 제사를 차렸는데, 재물을 기울이는데 아끼지 않았으며, 온 나라 사람들이 갈팡질팡 어찌할 줄 모를 정도로 간절히 그리워하였다.

의정부에서 있었던 것이 모두 24년이었는데, 여러 차례 사직을 청하면서 시를 써서 그 뜻을 보이기까지 하자, 주상이 마지못하여 하는 수 없이 한 달에 두 번만이라도 조회에 참여하도록 명하였다. 기사년(1449)에 비로소 벼슬을 사양하고 물러나라는 명을 받았지만, 중대사가 있을 때마다 반드시 측근 신하를 보내어 그를 찾아가 결정을 구하였다.【협주: 신숙주가 찬한 묘갈에 실려 있다.】

젊었을 때 농부가 누런 소와 검은 소 두 마리를 부리며 밭가는 것을 보고 묻기를, "어느 소가 일을 더 잘합니까?"라고 하니, 농부가 대답하지 않고 산길이 굽이진 곳에 따라와서야 속삭이듯 말하기를, "누런 소가 잘합니다."라고 하였다. 이에, 공이 말하기를, "어찌 곧바로 말하지 않았던 것입니까?"라고 하니, 농부가 말하기를, "저것들이 비록 가축이기는 하나 오장육부는 사람과 같기 때문에 사람의 말을 알아 들을 수 있으니, 소가 듣고 있는 데서 그 우열을 차마 말할 수가 없어서입니다."라고 하였다. 공은 평생 이를 마음에 새기고 남의 좋고 나쁨을 함부로 말하지 않았다.

태종이 양녕대군(讓寧大君)을 폐할 때에 공 및 이직(李稷)이 굳이 불가하다고 고집하여 지방에서 귀양살이를 했다. 세종이 왕위에 오르자 맨 먼저 재상으로 불러들였다.

태종이 하루는 명하여 공을 불렀다. 공이 이르러 통이 높은 갓을 쓰고 푸른 빛깔의 거친 베로 만든 단령(團領)을 입고, 남빛 조알[條兒]을 띠고 승정원(承政院)에 들어섰다. 막 시골에서 왔는지라, 몸체만 헌칠할 뿐이어서 사람들이 별다르게 여기지 않았다. 태종이 이르기를, "황희의 전날의 일은 어쩌다가 그릇된 것일 뿐이니, 이 사람을 끝내 버릴 수는 없다."라고 하였다. 임인년(1422)에 불러들여 세종(世宗)에게 등용하도록 부탁하였다.

평상시에는 마음이 담박하여 비록 아들, 손자, 어린 종들이 좌우에 늘어앉아 울부짖어도 조금도 꾸짖어 금하지 않았다. 일찍이 홀로 동산을 거닌 적이 있었는데, 이웃 아이가 돌을 던져서 한창 익은 배를 땅에 가득히 떨어지게 했다. 공이 큰 소리로 시동(侍童)을 부르니, 이웃 아이가 생각하기를, '잡아가려는 것이다.'라고 여기고는 놀라 으슥한 곳에 숨어서 가만히 엿들었는데, 시동이 이르자 공이 말하기를, "류기(柳器: 고리)를 가져와서 이 배들을 주워다 이웃 아이들에게 나누어 주어라."라고 하였다.

평안도 도체찰사(平安道都體察使)로 있으면서 약산(藥山)에 성터를 정하고 마침내 병영(兵營)을 설치하였다.

공이 재상이고 김종서(金宗瑞)가 공조판서이었을 때 일찍이 공회(公會: 관청)에 모인 적이 있었는데, 김종서가 공조(工曹)로 하여금 약간의 주과(酒果)를 준비하여 들여오게 하였다. 공이 어디서 나와 갖추었느냐고 묻자, 하리(下吏)가 대답하기를, "판서가 시간이 오래되어 여러분이 시장하실까 염려하여 잠시 공조에서 준비하게 한 것입니다."라고 하니, 공이 노하여 말하기를, "국가에서 예빈시(禮賓寺)를 정부의 곁에 설치한 것은 삼공(三公)을 접대하기 위해서이다. 만일 시장하다면 의당 예빈시에서 준비해 오게 할 것이지, 어찌 사사로이 공조에서 준비한단 말인가?"라고 하고는 김종서를 뜰에 불러 놓고 준절히 꾸짖었다. 재상 김극성(金克成)이 이 일을 경연(經筵)에서 아뢰기를, "대신(大臣)이란 마땅히 이와 같이 해야 조정을 통솔할 수 있습니다."라고 하였다.【협주: 해동명신록에 실려 있다.】

백옥동 상량문(白玉洞上樑文)에 이르기를, "오직 우리 방촌(厖村) 상공(相公)이 진실로 천하의 큰 어른이 되었도다. 천만 칸의 너른 집과 같은 너그러운 성품이요, 2월과 3월의 봄날 같은 따뜻한 마음이다. 태산이 하늘을 뚫을 듯 높이 솟았으니 구름과 비가 일어 만물을 적셨고, 창해가 땅을 적시니 장강과 대하가 흘러들어 모든 냇물이 돌아가도다. 임금의 곁에서 정사에 참여하여 계책을 진술하니 임금과 신하가 밝은 마음에 서로 투합하였고, 자신의 소신 대로 풍속을 다스리니 사직에 반석 같은 안정이 깃들게 되었다. 양백기(楊伯起: 楊震)의 사지(四知)와 같은 청렴한 지조는 어두운 밤이라도 말할 것 없었고, 포희인(包希仁: 包拯)의 한 번 웃음과 같은 근엄함은 황하가 맑아짐과 같았도다. 으뜸가는 공은 은(殷)나라 이윤(伊尹)과 같아 하늘을 감동시켰고, 오래된 덕망은 한치규(韓稚圭)와 같아 천지간의 정기를 모았도다. 경해(鯨海)의 세찬 물결을 내려다보는 자리에서 은혜를 베푼 교화는 남국(南國)에 감당(甘棠)나무의 교화와 짝하였고, 백로의 행렬 속에 산처럼 우뚝 선 풍모는 중원의 사신을 굴복하게 하였도다. 밝게 전한 의례와 제도가 해와 달처럼 나란히 빛났고, 간절하게 올린 상소문은 활시위와 가죽띠를 대신해 허리춤에 찼도다. 곽분양(郭汾陽)처럼 관리 고과를 행한 것이 가득하였으니 두 왕조에 삼정승을 지냈고, 노국공(潞國公: 文彦博)처럼 신과 같이 우러르니 열흘에 한번씩 조회에 참석했도다. 자기 몸을 단속하는 인의(仁義)에 이르러서는 더욱 학문에 힘쓰는 공력을 보였도다. 상고하고 고증하는데 전념한 것은 선현들의 학설들을 거울삼은 일이었고, 배척하는데 힘을 다한 것은 이단이 백성을 속이는 것을 없애는 일이었다. 효도의 본질을 충성으로 옮겨 드러냈으며, 사람들을 가르침은 몸소 실천함으로써 증명했도다." 라고 하였다.【협주: 채팽윤이 찬한 글에 실려 있다.】

• **黃喜 翼成公**

黃喜，初名壽老，字懼夫，自號厖村，長水人。高麗恭愍王癸卯生。生員·進士, 文科。拾遺·補闕·議郎。入我朝, 司陳·代言·參知議政府事, 平安江原監司, 大司憲·判六曺·參贊·贊成, 至領議政, 致仕[1], 入耆社[2]。文宗壬申卒。配享世宗廟庭, 享尙州玉洞書院[3]。

姿儀雄俊, 天性寬裕, 聰明好學, 至老不衰, 崇信斯道, 不惑異端。居家淸愼, 存濟貧窶。識度深遠, 局量宏邃, 望之如泰山·黃河, 中朝使者嘗見公, 不覺驚服, 爲盡禮貌。

太宗·世宗, 倚注[4]特重, 再丁憂, 皆特命起復[5], 凡奇謀密議, 必召公決之。當國最久, 謹守祖宗法度, 或有獻策變法者, 力止之。

平生不念舊惡, 處事平恕, 及議大事, 面斥是非, 曾不少貸。

奏疏獻議, 公皆手草, 詞義俱暢, 人之談賢相, 以公爲先。

方斂, 有氣覆于屋上甚異, 事訖而散。葬之日, 人無貴賤, 莫不奔走痛惜。各司胥徒, 各出布貨設奠, 不憚傾貲, 擧國遑遑戀慕。

居政府凡二十四載, 累請乞骸, 至著詩見意, 上不得已, 命一月二朝。己巳, 始許致仕, 然大事必遣近侍就問決之。【申叔舟[6]撰碣[7]】

少時, 見田父以黃黑兩牛耕, 問曰: "何者最善?" 田父不答, 追至山回

---

1 致仕(치사): 나이가 많아 벼슬을 사양하고 물러남.

2 耆社(기사): 조선시대에 70세가 넘는 정2품 이상의 문관들을 예우하기 위하여 설치한 기구.

3 玉洞書院(옥동서원): 경상북도 상주시 모동면에 있는 서원. 1518년에 지방 유림의 공의로 黃孟獻·黃孝獻·黃喜의 학문과 덕행을 추모하기 위해 창건하여 위패를 모셨다. 1580년에 影堂을 건립하여 봄·가을에 享祀를 지내 왔다. 1714년에 全湜을 추가 배향함과 동시에 현재의 위치로 이건하였으며, 1783년에 黃紐를 추가 배향하였다. 1789년에 '玉洞'이라 사액되어 선현 배향과 지방 교육의 일익을 담당하여 왔다.

4 倚注(의주): 注倚. 뜻을 두어 의지함. 두텁게 신임함.

5 起復(기복): 어버이의 상중에 벼슬자리에 나아감. 상중에는 벼슬을 하지 않는다는 관례를 깨고 벼슬하는 것을 이른다.

6 申叔舟(신숙주, 1417~1475): 본관은 高靈, 자는 泛翁, 호는 希賢堂·保閑齋. 증조부는 申德鱗이며, 조부는 공조참의 申包翅이다. 아버지는 공조참판 申檣이며, 어머니 羅州鄭氏는 知成州事 鄭有의 딸이다. 부인 茂松尹氏는 尹景淵의 딸이다. 세종 때에는 성삼문과 함께 훈민정음 창제에 혁혁한 공을 세웠다. 세조의 각별한 지우를 얻어 병조판서로서 예조의 외교업무와 야인 소굴 소탕 등을 수행했다. 성종 재위기에는 《동국통감》 편찬, 《국조오례의》 완성, 역서 편찬, 《해동제국기》 저술 등의 업적을 남겼다.

7 신숙주의 《保閑齋集》 권7 〈墓表〉에 실려 있음.

路轉處, 密語曰: “黃者善.” 公曰: “何不卽對?” 田父曰: “彼雖畜物, 而五藏與人同, 故能解人語, 不忍長短於牛之所聞也.” 公平生服膺, 不妄人是非。

太宗廢讓寧時, 公及李稷[8], 堅執不可, 謫於外。世宗立, 首入相。

太宗一日命召公。公至, 戴桶高頂笠子, 穿碧色麤布團領, 帶藍條兒, 詣政院。方自田野而至, 形貌厖然而已, 人未甚奇之。太宗曰: “喜前日適誤耳, 此人終不可棄.” 壬寅召還, 屬世宗用之。

平居淡如, 兒孫僮僕, 羅列啼呼, 畧不呵噤。嘗獨步園中, 隣童投石, 有梨方熟, 落滿地。公呼侍僮, 隣童謂: ‘將拿去.’ 驚匿暗聽, 則曰: “將柳器[9]來, 拾梨與隣兒.”

以平安道都體察使, 定藥山[10]城基, 遂置兵營。

其爲相也, 金宗瑞爲工曹判書, 嘗於公會, 令工曹畧備酒果而呈之。公問備出何處, 下吏對曰: “判書慮諸公日晏虛腸, 使工曹備之耳.” 公怒曰: “國家設禮賓於政府傍者, 爲三公也。若虛腸, 則當令禮賓備來, 何以私自公辦乎?” 立宗瑞于庭而峻責之。金相克成[11], 以此事啓於經席曰: “大臣當如是, 可以鎭壓朝廷也.”【海東名臣錄[12]】

白玉洞[13]上樑文曰: “惟我厖村相公, 允爲天下大老。廣厦千萬間之性

---

8 李稷(이직, 1362~1431): 본관은 星州, 자는 虞庭, 호는 亨齋. 증조부는 政堂文學 李兆年이며, 조부는 檢校侍中 李褒이다. 아버지는 門下評理 李仁敏이며, 어머니 福州陳氏는 陳承緖의 딸이다. 부인 陽川許氏는 許時의 딸이다. 1377년 문과에 급제하였다. 李成桂를 도와 개국공신이 되었고 星山君에 봉해졌으며, 왕자의 난 때에는 李芳遠을 도와 佐命功臣이 되었다. 벼슬은 大提學, 吏曹判書를 거쳐 영의정에 올랐다.

9 柳器(류기): 싸리나무에 대나무를 대어 마무리한 사각형 고리.

10 藥山(약산): 평안북도 영변군 영변면에 있는 산.

11 金相克成(김상극성): 金克成(1474~1540). 본관은 光山, 자는 成之, 호는 靑蘿·憂亭. 증조부는 金南浩이며, 조부는 金仲老이다. 아버지는 진사 金孟權이며, 어머니 羅州全氏는 全三達의 딸이다. 부인 이씨는 부사직 李文忠의 딸이다. 1496년 생원시에 장원 합격하고, 1498년 별시문과에 장원급제하였다. 1506년 중종반정에 가담, 奮義靖國功臣등에 녹훈되어 장악원정으로 임명되었다. 권신 金安老의 미움을 받아 그 일파의 모함으로 1531년 鄭光弼과 함께 興德에 유배되었다. 이듬해 김안로가 죽자 귀양에서 풀려 우의정에 발탁되었다.

12 金堉이 찬한 것으로 그 권3 〈本朝名臣錄〉에 실려 있음.

13 白玉洞(백옥동): 白玉洞書院. 경상북도 상주시 모동면 수봉리에 있는 서원. 1518년 지방

宇, 陽春二三月之靈臺[14]。泰岱[15]衡霄, 雲雨興而萬物澤, 滄溟[16]浸地, 江河濯而百川歸。密勿[17]矢謨[18], 君臣合昭融[19]之契, 從容[20]鎭俗, 社稷措盤石之安。楊伯起之四知[21], 無論暮夜, 包希仁[22]之一笑, 有類淸河。元功[23]則殷伊摯[24]之格上天, 宿德則韓稚圭[25]之鐘間氣。臺臨鯨海, 惠化配南國之棠[26], 山立鷺班[27], 風標伏中朝之使。昭垂典樂, 與日月而齊懸, 懇款

유림의 공의로 건립되었고, 1580년 영당을 지었으며 1714년 현재의 위치로 이건하였고, 1718년 옥동이라 사액되었다. 黃孟獻, 黃孝獻, 黃喜, 全湜 등을 봉향하고 있다.

14 靈臺(영대): 신령스러운 집이라는 뜻으로 마음을 가리킴.

15 泰岱(태대): 泰山.

16 滄溟(창명): 滄海. 넓고 큰 바다.

17 密勿(밀물): 임금을 가까이에서 모시고 정사에 참여하여 처리함.

18 矢謨(시모): 계책을 진술함.

19 昭融(소융): 임금의 밝은 마음. 《詩經》〈大雅·旣醉〉의 "소명함이 매우 밝으니, 고명하여 마침을 잘하리로다. 마침을 잘함이 시작이 있으니, 공시가 좋은 말을 고해 주도다.(昭明有融, 高朗令終. 令終有俶, 公尸嘉告.)"에서 나오는 말이다.

20 從容(종용): 從容有常. 말 그대로 얼굴을 따른다는 뜻으로, 늘 변하지 않는 얼굴을 지녀야 한다는 의미.

21 楊伯起之四知(양백기지사지): 후한 때의 재상 楊震이 친구에게 "하늘이 알고 귀신이 알고 내가 알고 자네가 아는데, 어찌 아는 자가 없다고 하는가.(天知, 神知, 我知, 子知, 何謂無知?)"라고 한 네 가지 충고를 가리킴. 昌邑令 王密이 왕진의 은혜에 보답한다는 명목으로 금 10근을 뇌물로 바치면서 아무도 모르는 일이라고 하자, 양진이 이 말을 하며 거절하였다.

22 包希仁(포희인): 宋나라의 명신 包拯. 철저하고 엄정한 법 집행 및 뇌물과 청탁을 일절 받지 않는 청렴함으로 명성이 높은 包靑天이라 불려진 인물이다. 그는 남들에게 구차스럽게 영합하는 일이 없었고 말이나 얼굴빛으로 남을 기쁘게 하지 않았다. 사람들은 포증의 웃음을 황하가 맑아지는 것에 견주었다. 웃음이 없는 근엄한 모습을 형용한 말이다.

23 元功(원공): 나라를 위해 세운 공 가운데 으뜸가는 공.

24 伊摯(이지): 은나라 湯 임금의 신하 伊尹. 夏나라 말기부터 商나라 초기에 걸친 정치가로 상 왕조 성립에 큰 역할을 하였다.

25 韓稚圭(한치규): 송나라 재상 韓琦. 송나라 仁宗, 英宗, 神宗 등 세 왕대에 걸쳐 10년 동안 재상으로 보좌하였고, 죄를 받아 전후로 10년 넘게 지방 직임을 맡기도 하였으나, 왕대가 바뀌어도 한결같은 충심으로 나라에 보답하였다. 大事에 임하여 大議를 결정하고는 큰 띠를 드리우고 홀을 바로잡은 채 聲色을 동요치 않음으로써 천하를 태산같이 편안하게 만들었으니 社稷의 신하라고 할 만하다고 歐陽脩가 논한 바 있다.

26 南國之棠(남국지당): 存以甘棠. 주나라 소공 희석이 남쪽 제후국에 있을 때에 감당나무 아래에 머물렀더니, 남쪽 제후국의 사람들이 그 교화를 따르지 않는 사람이 없었다.(周召公奭, 在南國之日, 止舍於甘棠之下, 南國之人, 無不從其敎化焉.)라고 하였는데, 그가 죽고 나서도 교화를 입은 백성들은 그를 잊지 못해 감당나무에 관한 시를 읊으며 그를 추모하고 그리워하였다.

封章, 代絃韋[28]而充佩。滿汾陽[29]之書考, 兩朝三登, 瞻潞國[30]之若神, 十日一赴。至於禔身之仁義, 尤見懋學之工夫。考信專精, 鏡前賢之著說, 觝排盡力, 鋤左道[31]之誣民。達孝章於移忠, 誨人驗於行己."【蔡彭胤[32]撰[33]】

보충

신숙주(申叔舟, 1417~1475)가 찬한 묘표

익성 황공 묘표

공의 이름은 황수로(黃壽老)였고, 뒤에 황희(黃喜)로 고쳤으며, 자는 구부(懼夫), 자호는 방촌(厖村), 장수황씨(長水黃氏)이다. 증조 휘 황석부(黃

---

27 鷺班(노반): 백로가 서 있는 것처럼 품계별로 질서 정연하게 늘어선 조정 관원의 반열을 가리킴.

28 絃韋(현위): 弦韋. 활시위와 다룬 가죽. 활시위는 팽팽하고 다룬 가죽은 느슨한 것인데, 전국시대 魏나라 西門豹는 본디 성미가 급한 때문에 느슨한 가죽을 몸에 찼고, 춘추시대 晉나라 董安于는 본디 성미가 느슨한 때문에 팽팽한 활시위를 몸에 차고서 각각 자신을 반성했던 데서 온 말이다.

29 汾陽(분양): 唐肅宗 때 安祿山과 史思明의 반란을 평정하고 汾陽王에 봉해진 郭子儀. 그는 병권을 쥐었지만 교만하지 않고 매사를 법도에 맞게 처리하여, 많은 정치적 비방이 있었는데도 85세까지 무난한 생을 누렸다. 특히, 中書令에 이르러 24차례나 관리들의 고과를 행할 만큼 오랫동안 그 자리에 있었다. 壽와 복을 누리고 자손이 번성하였으므로 팔자 좋은 사람의 대명사가 되었다.

30 潞國(노국): 송나라 仁宗·寧宗·神宗·哲宗 때의 명신인 文彦博의 봉호. 4명의 황제를 모시면서 여러 번 재상을 맡았고 맡은 기간이 50년에 이른다. 특히, 80세의 문언박은 다시 평장군국중사로 임명되어 6일에 1번만 조회에 나오고, 1달에 2번 황궁에서 경서를 강연하도록 했는데, 그는 매년 물러나겠다고 글을 올렸고, 이렇게 5년 후 다시 조정을 떠날 수 있었다는 일화가 있다.

31 左道(좌도): 儒敎의 宗旨에 어긋나는 다른 종교를 이르던 말.

32 蔡彭胤(채팽윤, 1669~1731): 본관은 平康, 자는 仲耆, 호는 希菴·恩窩. 증조부는 蔡忠衍이며, 조부는 蔡振後이다. 아버지는 현감 蔡時祥이며, 어머니 安東權氏는 權興益의 딸이다. 첫째부인 淸州韓氏는 韓後相의 딸이며, 둘째부인 杞溪兪氏는 兪命擧의 딸이다. 1687년 진사시에 합격하고, 1689년 증광문과에 급제하였다. 형조참판을 거쳐 부제학을 지냈으며, 시와 글씨에 뛰어났다.

33 蔡彭胤의 《希菴先生集》 권25 〈上樑文·黃厖村喜 全沙西湜 白玉洞書院上樑文〉에 실려 있음.

石富)는 이조참의에 추증되었고, 조부 휘 황균비(黃均庇)는 의정부 참찬에 추증되었으며, 아버지 휘 황군서(黃君瑞)는 강릉대도호부사(江陵大都護府使)를 지내고 의정부 좌의정에 추증되었다. 어머니는 감문위 호군(監門尉護軍) 용궁김씨(龍宮金氏) 김우(金祐)의 딸이다. 원(元) 지정(至正: 順帝의 연호) 23년 계묘년(1363) 2월 10일에 공을 낳았다.

공은 스무 살 전후로 생원시와 진사시에 합격하였고, 마침내 문과에 급제하였다. 미원(薇垣: 고려 중서문하성)에 들어가 여러 번 벼슬을 하여 습유(拾遺)·보궐(補闕)을 지냈다. 형조·예조·병조·이조의 정랑을 거쳐 병조의 의랑(議郞), 우사간(右司諫), 좌부대언(左副代言), 참지의정부사(參知議政府事)에 이르렀다. 외직으로 나가 평안관찰사와 강원관찰사를 지냈으며, 두 번 백부(柏府: 사헌부)의 대사헌을 지냈고 세 번 전주(銓注: 이조판서)를 지내며 육조(六曹) 판서를 두루 거쳤다. 의정부(議政府)에 들어가 참찬(參贊)·찬성(贊成)·우의정·좌의정·영의정을 지냈다. 의정부에서 있었던 것이 모두 24년이었는데, 여러 차례 사직을 청하면서 시를 써서 그 뜻을 보이기까지 하니, 주상이 마지못하여 하는 수 없이 한 달에 두 번만이라도 조회에 참여하도록 명하였지만, 공은 사직하려는 것이 더욱 완강하였다. 기사년(1449)에 영의정이 되자 벼슬을 사양하고 물러나라는 명을 받았지만, 중대사가 있을 때마다 반드시 측근 신하를 보내어 그를 찾아가 결정을 구하였다.

경태(景泰: 명나라 景帝의 연호) 임신년(1452) 모월 모일 뜻밖에 공이 처음 병들었을 때, 임금은 내의(內醫)를 보내어 병세를 살피게 하였고, 대신들은 음식을 이어가며 보냈다. 그 다음 달 2월 8일(임신)에 별채의 정침(正寢)에서 죽었으니, 향년 90세였다. 부음(訃音)이 알려지자, 주상은 깜짝 놀라 조회를 멈추고서 조문(弔問)하고 제사한 뒤 부의(賻儀)를 규례보다 더 많이 내렸으며, 시호(諡號)를 익성(翼成)으로 내리고 이어서 세종대왕의 묘정(廟庭)에 배향하도록 명하였다. 같은 해 모월 모일에 유사(有司)가 좋은 날을 택하여 의물(儀物)을 갖추어서 원평부(原平府: 경기도 파주시)

감물(甘物) 지역의 언덕에 부인 양씨(楊氏)와 한 봉분에 현실(玄室)을 따로 하여 안장하였으니, 이는 공의 뜻이었다.

공은 풍채가 웅건한데다 타고난 성품이 너그러웠는데, 게다가 총명하여 학문을 좋아하고 늙어서까지 쇠하지 않아서 사도(斯道: 유교)를 높이 받들고 믿어 이단에 미혹되지 않았다. 부모를 효성으로 섬기고 아랫사람을 성실하게 대하였으며, 집안에서는 청렴하고 삼가면서 일가친척 중 가난한데다 고아나 과부된 이가 있으면 반드시 그들을 구제하고 난 뒤에야 그쳤다. 식견이 깊고 도량이 넓으며 국량이 컸으니, 멀리서 바라보면 마치 태산(泰山)이나 황하(黃河)를 대하는 듯했는데, 중국 사신이 일찍이 공을 보고는 저도 모르게 깜짝 놀라 탄복하여 예절에 맞는 몸가짐을 극진히 한 적이 있었다. 하위 관료에 있을 때부터 우뚝하여 이미 정승이 될 만하다는 촉망을 받았다.

대간으로 있을 때는 거리낌 없이 감히 직언하였고, 지나치게 꼬집지 않으면서도 일을 제대로 거행하지 않는 것이 없어서 중앙과 지방의 관직을 두루 거치며 가는 곳마다 명성과 업적이 있었다. 우리 태종과 세종 두 임금이 두텁게 신임하여 특별히 중히 여겼으니, 두 번이나 상을 당했을 때 모두 상중에도 벼슬하도록 특별히 명하였으며, 모든 기이한 계책과 남모르게 해야 할 논의가 있으면 반드시 공을 불러 결정하였다. 세종은 늘 공을 칭찬하며 중대사를 잘 판단한다고 해서 점치는 시구(蓍龜)와 물건의 중량을 다는 권형(權衡: 저울)에 견주었다. 공은 나랏일을 가장 오래도록 맡아서 삼가 조종(祖宗)의 법도를 지키며 분란하게 변경하지 않았는데, 혹시 법도를 변경하려는 계책을 바치는 자가 있으면 온 힘을 다해 막았다.

평생 동안 남의 과거 잘못을 마음에 두지 않았으며, 일을 처리할 때는 공평하고 관대하여 남과 거스르지 않았으나 몇몇 중대사는 그 자리에서 시비를 가리고 결코 조금도 용서하지 않았다. 임금에게 올리는 상소와 건의안은 공이 모두 손수 초안한 것으로 문장과 뜻이 다 조리가 있어

한 번만 읽어도 그 정성과 성실함을 알 수 있었다. 세상에서 우리 왕조의 어진 재상을 말할 때는 반드시 공을 으뜸으로 삼지 않은 적이 없었다.

공의 장례를 치르던 날, 사람들은 귀천을 막론하고 달려와 애통해 하지 않는 이가 없었으니 각 관청의 서리배로부터 노비에 이르기까지 모두 각자 베를 내어 제사를 차렸는데, 다투어 풍성하게 차리려고 재물을 기울이는데 아끼지 않았다. 옛사람 중에 한 마을이나 한 고을에 은혜로운 정사를 베푼 자가 더러 있었지만, 공처럼 온 나라 사람들이 갈팡질팡 어찌할 줄 모를 정도로 간절히 그리워한 경우는 천고에 보기 드문 일이다. 염습(斂襲)하려 할 때에 기운이 정침의 지붕 위에 덮여 있는 매우 이상한 일이 있었으나 염습이 끝나자 흩어졌다. 대체로 상서로운 기운이 충만하였다가 땅에서는 하천과 봉우리가 되고 사람에 있어서는 대인군자가 되는 것인데, 공의 공훈과 덕망은 세상을 덮고 몸은 하늘이 준 수를 누렸으니 그 기운의 오고 감과 모이고 흩어짐이 참으로 보통 사람과는 달랐음은 여기서 증험된 것이다.

공의 첫째부인은 판사복시사(判司僕寺事) 최안(崔安)의 딸로 딸 하나를 낳았고, 교동현사(喬桐縣事) 서달(徐達)에게 시집보냈다. 둘째부인 정경부인(貞敬夫人) 아무개 고을 양씨(楊氏)는 공조전서(工曹典書) 양진(楊震)의 딸로 고려 찬성사(高麗贊成事) 양지수(楊之壽)의 손녀이고 정승(政丞) 양기(楊起)의 증손녀이며 밀직부사(密直副使) 선천계(宣天桂)의 외손녀이다. 부지런하고 검소하였으며 상냥하고 온화하였는데, 시부모를 섬겨 며느리의 도리를 다하였으며, 전처의 딸을 자기 소생처럼 돌보고, 여러 첩들의 자식과 종족, 노비에 이르기까지도 돌보았으니 어느 누구도 트집 잡는 이가 없었다. 정경부인이 낳은 세 아들로 장남 황치신(黃致身)은 지중추원사(知中樞院事)를 지냈고, 차남 황보신(黃保身)은 호용호군(虎勇護軍)·종친부 전첨(宗親府典籤)을 지냈고, 삼남 황수신(黃守身)은 병조참판을 지냈으며, 낳은 딸 하나는 강화 도호부사(江華都護府使) 기질(奇質)에게 출가하였다. 손자와 손녀는 모두 69명이었으니, 집안 문벌을 보면 성대하여서 그에 견줄 만한 이가 드물다고 하겠다.

翼成黃公墓表

公諱壽老, 後改喜, 字懼夫, 自號厖村, 長水黃氏。曾祖諱石富, 贈吏曹參議, 祖諱均庇, 贈議政府參贊, 考諱君瑞, 判江陵大都護府使, 贈議政府左議政。妣監門尉護軍龍宮金祐之女。以元至正二十三年癸卯二月初十日生公。公妙齡, 中生員·進士試, 遂擢第。累拜入薇垣, 爲拾遺·補闕。歷刑·禮·兵·吏四曹正郎。至兵曹議郎·右司諫·左副代言·參知議政府事。出按平安·江原二道, 再長柏府, 三掌銓注, 歷判六曹。入政府。爲參贊·贊成·右議政·左議政·領議政。居政府凡二十四載, 累請乞骸, 至著詩見意, 上不得已, 命一月二朝, 公辭益堅。歲己巳, 命以領議政致仕, 然大事, 必遣近侍就問決之。乃於景泰壬申某月某日, 公始疾, 上遣內醫視疾, 大官繼飧絡繹。越二月初八日壬申, 卒于別第正寢, 享年九十。訃聞, 上震悼輟朝, 弔祭賻贈有加, 賜諡翼成, 尋命配享世宗大王廟庭。是年月日, 有司涓吉具儀, 葬于原平府甘物域之原, 與夫人楊氏同墳異室, 公之志也。公姿儀雄俊, 天性寬裕, 加以聰明好學, 至老不衰。崇信斯道, 不惑異端。事親以孝, 待下以誠, 居家淸愼, 族有貧窶女孤寡者, 必爲之存濟而後已。識度深遠, 局量宏邃, 望之如太山·黃河, 中朝使者嘗見公, 不覺驚服, 爲盡禮貌。自在下寮, 蔚然已有公輔之望。其在臺諫也, 敢言不避, 不甚察察, 而事無不擧, 歷宦中外, 所至有聲績。我太宗·世宗, 注倚特重, 再丁憂, 皆特命起復, 凡奇謀密議, 必召公決之。世宗, 每稱公爲善斷大事, 至比龜蓍權衡。公當國最久, 謹守祖宗法度, 不爲紛更, 或有獻策變法者, 悉力止之。平生不念舊惡, 處事平恕, 不與物牾, 而及幾大事, 面斥是非, 曾不少貸。凡奏疏獻議, 公皆手草, 詞義俱暢, 一讀可見悃愊。世之談我朝賢相者, 未嘗不以公爲先焉。公葬之日, 人無貴賤, 莫不奔走慟惜, 自諸司胥徒, 至于奴僕, 皆各出布貨設奠, 爭極其豐侈, 不憚傾貲。古之人遺愛在一隅一邑者, 或有之矣。擧一國遑遑戀慕如公者, 千古所罕聞也。方斂, 有氣覆于正寢屋上甚異, 事訖而散。蓋扶輿磅礴之氣, 在地而爲河嶽, 在人而爲大人君子, 公之勳業德量蓋世, 而身享壽, 其氣之往來聚散, 固異於尋常者, 於是乎驗矣。公先娶判司僕寺事崔安之女, 生一女, 適喬桐縣事徐達。繼娶貞敬夫人某邑楊氏, 工曹典書震之女, 高麗贊成事之壽之孫, 政丞起之曾孫, 密直副使宣天桂之外孫。勤儉慈惠, 事舅姑盡婦道, 撫先室之女如己出, 以至諸妾之子, 宗族臧獲, 人無間言。夫人生三男。長致身, 知中樞院事, 次保身, 虎勇護軍·宗親府典籤, 又次守身, 兵曹參判, 一女適江華都護府使奇質。孫男女凡六十九人, 門閥之盛, 罕有其比云。

〔保閑齋集, 卷17, 墓表〕

보충

김육(金堉, 1580~1658)이 찬한 해동명신록

황희

공의 자는 구부(懼夫), 초명은 황수로(黃壽老), 본관은 장수(長水), 호는 방촌(厖村)이다. 홍무(洪武) 기사년(1389) 문과에 급제하였고, 우리 조선에 들어와 세종(世宗)을 보좌하였다. 공의 부친 휘 황군서(黃君瑞)는 판강릉부사(判江陵府事)를 지냈고 좌의정에 추증되었으며, 용궁김씨(龍宮金氏) 김우(金祐)의 딸을 아내로 맞이하여 지정(至正) 계묘년(1363)에 공을 낳았다.

스무 살 전후로 생원시와 진사시에 합격하였다. 마침내 문과에 급제하여 습유(拾遺)·보궐(補闕)이 되었다. 좌부대언(左副代言), 참지의정부사(參知議政府事)를 지냈으며, 외직으로 나가 평안관찰사와 강원관찰사를 지냈으며, 두 번 백부(柏府: 사헌부)의 대사헌을 지냈으며, 세 번 전주(銓注: 이조판서)를 지내면서 육조(六曹) 판서를 두루 거쳤다. 의정부에서 있었던 것이 모두 24년이었는데, 여러 차례 사직을 청하면서 시를 써서 그 뜻을 보이기까지 하니, 주상이 한 달에 두 번만이라도 조회에 참여하도록 명했다가 기사년(1449)에 비로소 벼슬을 사양하고 물러나라는 명을 내렸다. 하지만 중대사가 있을 때면 반드시 측근 신하를 보내어 그를 찾아가 결정을 구하였다. 경태(景泰) 임신년(1452) 2월에 죽었으니, 향년 90세였다. 시호는 익성(翼成)이다.

공은 도량이 넓고 커서 대신(大臣)으로서의 체통이 있었다. 국사를 의논하고 결정하는 데는 관대히 하도록 힘썼다. 평생 동안 남의 과거 잘못을 마음에 두지 않았으며, 일을 처리할 때는 공평하고 관대하여 남과 거스르지 않았으나 중대사를 의논할 때는 그 자리에서 시비를 가리고 결코 조금도 용서하지 않았다. 임금에게 올리는 상소와 건의안은 공이 모두 손수 초안하였다.

평상시에는 마음이 담박하여 비록 아들, 손자, 어린 종들이 좌우에 늘어앉아 울부짖고 장난질 하고 떠들어도 조금도 꾸짖어 금하지 않았으니, 어떤 때는 수염을 잡아 뽑고 빰을 치는 놈이 있어도 또한 그들이 하는 대로 내버려 두었다. 일찍이 휘하 관원을 불러 나랏일을 의논하면서 붓에 먹물을 찍어 막 글씨를 쓰려고 하였는데, 어린 종이 그 종이 위에 오줌을 누었으나, 공은 노여워하는 기색이 없이 손으로 오줌을 닦아낼 뿐이었다.

방 밖에 상도(霜桃: 9, 10월 복숭아)가 한창 익었는데, 이웃 아이들이 다투어 와서 따 가면 공은 나지막한 소리로 아이들을 불러 말하기를, "다는 따지 말아라. 나 또한 맛보아야겠다."라고 하였다. 조금 후에 나가 보니, 나무에 복숭아 한 개도 남김이 없었다.

일찍이 홀로 동산을 거닌 적이 있었는데, 이웃의 못된 아이가 돌을 던져서 한창 익은 배를 땅에 가득히 떨어지게 했다. 공이 큰 소리로 시동(侍童)을 부르니, 못된 아이가 생각하기를, '시동을 부르는 것은 반드시 우리들을 잡아가려는 것이다.'라고 여기고는 놀라 두려워하여 모두 달아나 으슥한 곳에 숨어서 가만히 엿들었다. 시동이 오자 곧 말하기를, "류기(柳器: 고리)를 가져오너라. 그 배를 담아다 이웃 아이들에게 나누어 주어라."라고 하고는 끝까지 한마디 말도 하지 않았다.

문강공(文康公) 이석형(李石亨)은 장원급제하고 곧바로 정언에 제수되자, 공에게 명함을 올리고 방문하였다. 공이 《강목통감(綱目通鑑)》 1질을 내주며 문강공에게 제목을 쓰도록 하였다. 얼마 되지 않아 한 못된 여종이 간소한 음식을 차려 가지고 와 공의 곁에 기대어 앉아 문강을 내려다보면서 공에게 말하기를, "장차 술상을 올리겠나이다."라고 하였는데, 공이 조용히 말하기를, "잠시 그대로 있거라."라고 하자, 여종이 다시 기대어 서서 한참 있다가 성난 소리로 말하기를, "어찌 이리도 더디십니까?"라고 하였다. 공이 웃으며 말하기를, "올리거라."라고 하여 이윽고 술상을 들여오자, 두어 명의 어린아이들이 모두 남루한 옷차림에 맨발로 와서 어느 놈은 공의 수염을 잡아당기고 다른 놈은 공의 옷을 밟으며 안주를 모두 움켜쥐고서 먹어 버렸다.

○ 젊었을 때 농부가 누런 소와 검은 소 2마리를 부리며 밭가는 것을 보고 묻기를, "이 두 마리 소 중에 어느 것이 일을 잘합니까?"라고 하니, 농부가 대답하지 않고 산길이 굽이진 곳에 따라와서야 속삭이듯 말하기를, "누런 소가 가장 잘합니다."라고 하였다. 이에, 공이 말하기를, "어찌 곧바로 말하지 않았던 것입니까?"라고 하니, 농부가 말하기를, "저것들이 비록 가축이기는 하나 오장육부는 사람과 같기 때문에 사람의 말을 알아 들을 수 있으니, 소가 듣고 있는 데서 그 우열을 차마 말할 수가 없어서입니다."라고 하였다. 공은 평생 이를 마음에 새기고 남의 좋고 나쁨을 함부로 말하지 않았다.

○ 삼재(三宰: 좌참찬) 박석명(朴錫命, 1370~1406)은 어렸을 때 공정왕(恭定王: 태종)과 함께 한 이불 속에서 잤는데, 석명의 꿈에 황룡(黃龍)이 자기 옆에 있는 것을 보고 돌아보니 바로 임금이었다. 이로 인하여 기이하게 여겼지만 서로의 우정이 더욱 돈독해졌다. 임금이 즉위하자, 박석명은 특별한 은총이 지극히 융성하여 10년 간 지신사(知申事)를 했다. 주상이 말하기를, "누가 그대를 대신하여 승정원을 맡을 수 있겠는가?"라고 하니, 박공이 말하기를, "조정의 신하 중에는 마땅한 자가 없으나 다만

승추부도사(承樞府都事) 황희(黃喜)가 진실로 적당한 사람입니다."라고 하였다. 임금이 마침내 기용하고 얼마 되지 아니하여 박공을 대신해서 승지가 되었으며, 끝내는 명재상이 되었으니 세상에서 박공은 사람을 알아본다고 하였다.

○ 태종이 양녕대군을 폐위할 때에 대신들을 불러들여 그 일을 말하였다. 공 및 이직(李稷)이 이때 판서로서 옳지 못하다고 고집하다가 좌천되어 어느새 6년 동안 지방에서 귀양살이를 하였지만, 류정현(柳廷顯)만이 그 의논을 찬성하였다. 세종이 왕위에 오르자 맨먼저 정승으로 불러 들였다.

태종이 하루는 명하여 공을 불렀다. 공이 이르러 통이 높은 갓을 쓰고 푸른 빛깔의 거친 베로 만든 단령(團領)을 입고, 남빛 조알[絛兒]을 띠고 승정원(承政院)에 들어섰다. 공은 막 시골에서 왔는지라, 몸체만 헌칠할 뿐이어서 사람들이 별다르게 여기지 않았다. 태종이 이르기를, "황희의 전날의 일은 어쩌다가 그릇된 것일 뿐이니, 이 사람을 끝내 버릴 수는 없다. 나라를 다스리는 데 이 사람이 없어서는 안 된다."라고 하고는 곧 예조판서를 주었는데, 때마침 흉년이 들어 외직으로 나가 강원도 관찰사로 삼았다. 공은 마음이 넓고 성격이 모가 나지 않으니, 윗사람이나 아랫사람에게 한결같이 예의로써 대하고, 나랏일을 의논할 때에는 전례를 잘 지켜, 고치고 바꾸기를 좋아하지 않았다.

○ 공이 좌의정이었을 때 모친상을 당하였는데 그 후임을 내지 아니하였다가 두어 달 지난 뒤에 기복(起復)하였다. 다시 임명하였을 때 세자가 장차 명나라에 조회하러 가게 되었는데, 공을 수행하게 하려는 것이었다. 공이 글을 올려 간절히 사양하기를 두 번이나 하였으나 윤허하지 않았다. 명나라에서 칙서(勅書)를 보내어 세자는 반드시 들어 올 것이 없다고 하니, 공 또한 글을 올려 사양하여 말하기를, "세자가 이미 명나라에 조회하지 않게 되었고 더구나 나라에 별일이 없으니, 삼년상을 마치게 해 주소서."라고 하였다. 세종이 '대신을 기복(起復)하는 것은 조종

(祖宗) 때에 이미 이룩된 법이다.'라고 하여 윤허하지 않고, 이어 전교를 내려 이르기를, "옛적에는 나이가 60이 되면 비록 상복을 입고 있더라도 오히려 고기 먹는 것을 허락하였는데, 이제 황희는 이미 기복도 하였으려니와 나이가 60이 넘었으니 어찌 소식(素食)만 하면서 다닐 수 있겠는가? 내가 친히 보고 육식을 권하고자 하였는데, 마침 기운이 불편하니 정원에서 불러 육식을 권하라."라고 하였다. 공이 빈청(賓廳)에 나아가자, 지신사(知申事) 정흠지(鄭欽之)가 임금의 명을 전달하고 고기 먹기를 권하니, 공이 머리를 조아리며 말하기를, "신(臣)이 마침 병이 없으니 어찌 감히 고기를 먹겠습니까. 청컨대, 잘 아뢰어 주시오."라고 하였다. 정흠지가 감히 그렇게 아뢰지 못하겠다고 하니, 공이 그제서야 이마가 땅에 닿도록 절을 하고 눈물을 흘리면서 고기를 먹었다.

○ 사헌부에서 일찍이 어떤 일로 공을 탄핵하여 축출하면서 청탁을 하고 법을 어기는 일이 점차 확대되는 것을 막으려 한 적이 있었다. 세종이 답하여 말하기를, "대신(大臣)이란 가벼이 죄를 줄 수 없다."라고 하고는 뒤에야 사헌부의 청을 윤허하여 공의 직을 파면시켰지만, 후임을 내지 않고 있다가 이듬해에 다시 복직시켰다. 사간원에서 올린 봉장(封章)에 대략 이르기를, "황희는 일찍이 의정(議政: 영의정과 좌·우의정의 통칭)이 되어 대신(大臣)으로서의 체통을 돌아보지 않고 친한 사람을 사사로이 봐주기 위하여 사헌부에 청탁하였으니, 다만 그 관직만 파면시키는 것은 황희에게만 큰 다행입니다. 또한 교하(交河)의 둔전(屯田)을 이양받으려고 청하였으니, 옛적에 길쌈하는 여인을 내쫓고 채마밭의 아욱을 뽑아버렸던 일과는 거리가 멀었습니다. 그런 지 한 해가 채 못되어 느닷없이 백관(百官)의 수반(首班)에 제수하자, 건방지게도 임명을 받아 부끄러운 줄을 알지 못하니, 청컨대 파직하소서."라고 하니, 답하기를, "모든 일에 대하여 시비를 숨김없이 다 말해 주니, 내가 매우 가상하게 여긴다. 그러나 국정을 맡은 대신을 너희들의 말을 듣고서 가벼이 물리칠 수는 없다."라고 하였다.

○ 공이 정승이고 김종서(金宗瑞)가 공조판서이었을 때 일찍이 공처(公處: 관청)에 모인 적이 있었는데, 김종서가 공조(工曹)로 하여금 약간의 주과(酒果)를 준비하여 들여오게 하였다. 공이 어디서 나와 갖추었느냐고 묻자, 하리(下吏)가 대답하기를, “공조판서가 시간이 오래되어 여러분이 시장하실까 염려하여 잠시 공조에서 준비하게 한 것입니다.”라고 하니, 공이 노하여 말하기를, “국가에서 예빈시(禮賓寺)를 정부의 곁에 설치한 것은 삼공(三公)을 접대하기 위해서이다. 만일 시장하다면 의당 예빈시에서 준비해 오게 할 것이지, 어찌 사사로이 공조에서 준비한단 말인가?”라고 하고는 입계(入啓)하여 죄를 주도록 청하려는 것을 여러 재상들이 말리자 그만두고서 김종서를 앞에 불러 놓고 준절히 꾸짖었다. 재상 김극성(金克成)이 일찍이 이 일을 경연(經筵)에서 아뢰기를, “대신(大臣)이란 마땅히 이와 같이 해야 조정을 통솔할 수 있습니다.”라고 한 적이 있었다.

○ 형조판서 서선(徐選)의 동생 서달(徐達)은 공의 사위로 사람을 죽였는데, 공과 우의정 맹사성(孟思誠) 또한 이 일에 관련되어 의금부에 갇히게 되었다. 이튿날 보석되어 다만 파면만 시키고 후임을 내지 않았다가 10여 일이 지나자 도로 제수하였다.

○ 처음에 태종이 장차 양녕대군(讓寧大君)을 폐위시키려 하자, 공이 말하기를, “세자를 경솔히 바꾸어서는 안됩니다.”라고 하니, 태종이 크게 노하여 이조판서를 공조판서로 옮기고 또한 외직으로 평안도 도순무사(平安道都巡撫使)로 내보냈다. 무술년(1418)에 양녕이 폐위되고 나자, 공은 지위가 박탈되고 서인(庶人)이 되어 교하(交河)로 유배되었다. 대신(大臣)과 대간(臺諫)들이 공에게 죄주기를 청해 마지않았으나, 주상은 공의 생질 오치선(吳致善)을 유배지로 보내어 이르기를, “경(卿)이 비록 공신(功臣)은 아니지만 나는 공신으로 대우하여 하루라도 좌우를 떠나지 못하게 하려고 하였다. 그러나 지금 대신과 대간들이 경(卿)에게 죄주기를 청해 마지않으니, 양경(兩京: 개성과 한양) 사이에는 둘 수 없어서 경(卿)

의 관향(貫鄕: 長水)에 가까운 남원(南原)으로 옮기게 할 것이다. 경(卿)은 어머니와 함께 편리한 대로 함께 가도록 하라."라고 하였으며, 또한 사헌부에 공을 압송하지 말도록 명하였다. 오치선이 복명(復命)하자, 주상이 아무개가 무엇이라 말하였느냐고 물으니, 오치선이 아뢰기를, "아무개가 말하기를, '살과 뼈는 부모가 준 것이지만, 의식이나 복종하는 것은 모두 임금의 은혜이니, 신이 감히 은덕을 배반하겠는가? 실로 다른 마음이 없다.'라고 하고는 마침내 눈물을 흘리면서 어찌할 바를 몰랐습니다."라고 하였다. 임인년(1422)에 불러들여 주상이 세종에게 등용하도록 부탁하였다. 오래지 않아 재상으로 들어왔고, 뒤에는 평안도 도체찰사로 있으면서 약산(藥山)에 성터를 정하고 영변도호부(寧邊都護府)를 설치한 뒤 평안도도절제사의 본영(本營)으로 삼게 하였다.

黃喜

公字懼夫, 初名壽老, 長水人, 號厖村。洪武己巳登科, 入我朝, 相世宗。公考諱君瑞, 判江陵府事, 贈左議政, 娶龍宮金祐之女, 以至正癸卯生公。妙齡中生員·進士。遂擢第, 爲拾遺·補闕, 左副代言·參知議政府事, 出按平安·江原二道, 再長柏府, 三掌銓注, 歷判六曹。居政府凡二十四載, 屢請乞骸, 至著詩見意, 上命一月二朝, 歲己巳, 始許致仕。然大事, 必遣近侍就問決之。景泰壬申二月卒, 年九十。諡翼成。公度量寬洪, 有大臣之體。論決國事, 務從寬大。平生不念舊惡, 處事平恕, 不與物忤, 而及議大事, 面斥是非, 曾不少貸。凡奏疏獻議, 公皆手草。平居淡如, 雖兒孫·童僕, 羅列啼呼戲劇, 略不呵禁, 或有挽胡批頰者, 亦從其所爲。嘗引僚佐議事, 方濡筆書牘, 有童僕溺其上, 公無怒色, 但以手拭之而已。室外霜桃爛熟, 隣兒爭來摘之, 公緩聲而呼曰: "勿盡摘。吾亦欲嘗之." 少焉出視之, 一樹之實盡矣。嘗獨步園中, 隣有狂童投石, 有梨方熟, 零落滿地。公大聲呼侍童, 狂生謂: '呼僮必拿吾輩去也.' 驚懼皆走, 匿暗中潛聽之。侍僕至, 則曰: "將柳器來, 將梨以與隣生." 竟無一言。李文康公石亨, 壯元及第, 直拜正言, 投刺於公。公出《綱目通鑑》一秩, 命文康書題目。俄而, 有一惡婢, 持小饌, 倚公坐, 俯視文康, 謂公曰: "將進酒." 公徐曰: "姑安之." 婢更倚立良久, 厲聲曰: "何遲遲也?" 公笑曰: "進之." 既進之, 則有小童數輩, 皆藍縷跣足, 或挽公鬚, 或踏公衣, 盡攫其饌而食之。○ 公少時, 見田父以黃·黑兩牛耕, 問曰: "爾兩牛, 何者爲勝?" 田父不答, 追至山回路轉處, 密語曰: "黃牛最善." 公曰: "何不卽言?" 田父曰: "彼雖畜物, 而五藏與人同, 故能解人語, 不忍長短於牛之所聞也." 公平生服膺, 不妄語人之是非。○ 朴三宰錫命, 少時與恭定王, 同衾而寢。錫命夢見黃龍在其旁, 顧視之則上也。由是奇之, 相友益篤。及上卽位, 錫命寵幸隆極, 十年爲知申事。上曰: "誰人代君任喉舌?" 朴公曰: "朝臣無可者, 惟承樞府都事黃喜, 眞可人也." 上遂用之。未幾, 代朴公爲承旨, 終爲名相, 世謂朴公知人。○ 太宗廢讓寧時, 引大臣等, 以其事語之。公及李稷, 時爲判書, 堅執不可, 左徙, 俄謫于外凡六年, 柳廷顯獨贊其議。世宗立, 首入爲相。太宗一日命召公。公至, 戴桶高頂笠子, 穿碧色麤布團領, 帶藍條兒, 詣承政院。公方自田野而至, 形貌厖然而已, 人未甚奇之。太宗曰: "喜前日適誤耳, 此人終不可棄。爲國不可無此人." 卽拜禮曹判書, 時年荒, 出爲江原道觀察使。公內寬洪無圭角, 遇上下一以禮, 其議國事, 善守前規, 不喜改變。○ 公爲左相, 丁母憂, 不出其代, 過數朔起復。復拜之時, 世子將朝京, 欲以公隨行。公上箋懇辭, 至再不許。及天朝勅世子不必入覲, 公又控辭曰: "世子既不朝覲, 且國家無事, 請終三年." 世宗以'大臣起復, 祖宗成憲.' 不允。仍傳曰: "古者六十, 雖在衰服, 猶許食肉, 今黃喜既已起復, 年踰六十, 豈可素食而行乎? 予欲親見開素, 而適氣不平, 政院招而勸肉." 公至賓廳, 知申事鄭欽之, 傳旨勸肉, 公頓首曰: "臣時無病, 豈敢食肉乎? 請善啓." 欽之對以不敢, 公於是, 稽顙哭泣開素。○ 憲府, 嘗以事劾公請罷黜, 以杜請托枉法之漸。世宗答曰: "大臣不可輕罪." 後允之, 罷公職, 不出其代, 翌年復除之。諫院上封章, 略曰: "黃喜曾爲議政, 不顧大體, 私於所厚, 請托憲府, 只罷其職, 是喜之大幸也。又請受交河屯田, 與古之去織婦·拔園葵者, 遠矣。曾未踰年, 遽置百官之首, 偃然受命, 恬不爲愧, 請罷之." 答曰: "凡事是非間, 無隱盡陳, 予甚嘉之。然調元大臣, 不可聽爾等之言,輕易拒絶。" ○ 公爲相, 金宗瑞爲工判, 嘗會于公處, 宗瑞令工曹略備酒果而呈之。公問備出何處, 下吏對: "以工曹慮日晏諸位虛腸, 暫使公備耳." 公怒曰: "國家設禮賓寺於政府旁者, 爲三公也。若虛腸, 則當令禮賓寺備來矣, 何以私自公辦乎?" 欲入啓請罪, 諸宰救之乃止, 置宗瑞于前, 而峻責之。金相克成, 嘗以此事啓於經席曰: "大臣當如是, 可以鎭壓朝廷也." ○ 刑曹判書徐選之弟徐達, 公之壻也, 殺人, 公與右議政孟思誠亦辭連, 下禁府。翌日, 命保放只罷職, 不出交代, 過十日還除之。○ 初, 太宗將廢讓寧, 公曰: "國儲不可輕動." 太宗大怒, 以吏判移工曹, 又出爲平安道都巡問使。戊戌, 讓寧旣廢, 公免爲庶人, 貶于交河。大臣·臺諫, 請罪不已, 上遣公之甥吳致善于貶所, 曰: "卿雖非功臣, 予待以功臣, 不欲一日離左右。今大臣·臺諫請卿罪, 不可居兩京間, 移置卿鄕貫南原。卿其與母任便俱往." 又命憲府勿押行。致善復命, 上問某何言, 致善啓: "某言'皮骨則父母生之, 衣食服從皆上恩, 臣敢背德? 實無他心', 遂涕泣罔知所爲." 壬寅, 召還, 上屬世宗用之。未久入相, 後以平安道都體察使, 定藥山城基, 置寧邊大都護府, 爲都制使本營。

〔海東名臣錄, 卷3, 本朝名臣錄〕

02. 노숭 경평공

노숭의 자는 중보, 호는 상촌, 본관은 광주(光州)이다. 고려(高麗) 정유년(1357) 진사시에 합격하고, 을사년(1365) 문과에 급제하였다. 판서를 거쳐 우리 조선에 들어와 우의정에 이르렀다. 상주(尙州)의 옥연사(玉淵祠)에 향사하였다.

신우(辛禑)가 일찍이 하루는 말을 달려 공의 정원으로 들어가 묻기를, "이곳이 누구의 집이냐?"라고 하자, 시종(侍從)이 말하기를, "노 아무개 집입니다."라고 하니, 말을 채찍질하여 빨리 달려서 나가버린 적이 있었는데, 공이 자주 반유(盤遊: 즐겁게 나가 노니는 것)을 간했기 때문에 마음속으로 이를 꺼려하였던 것이다.

전라관찰출척사(全羅觀察黜陟使)가 되었는데, 이때에 앞서 바닷가와 가까운 곳에 성이 없어서 백성이 수로나 육지로 운송해야 하는 폐단이 있자, 공이 바닷가를 따라가면서 지세가 알맞은 곳을 살펴 전주(全州)의 용안(龍安: 전북 익산시 용안면)과 나주의 영산(榮山: 영산포)에 성을 쌓아 수로나 육로로 운송하여서 전조(轉漕: 조세 운반)를 편리하게 하였다. 또한 각 주군(州郡)에 이전에는 의창(義倉)이 없었는데, 공이 다시 조정에 청하여 비로소 설치하였다. 이로부터 비록 흉년을 만나더라도 백성들의 주린 기색이 없게 되니, 백성들이 지금까지도 칭송한다.

집에 있으면서 창녕부원군(昌寧府院君) 성석린(成石璘, 1338~1423) 이하 나이와 덕이 함께 높은 10여 노인과 기영회(耆英會)를 결성하여 유유자적하며 세월을 보냈다.

임종할 때에 자식들에게 경계하여 말하기를, "내가 일찍이 선대 유학자들의 의론을 보고서 죽음과 삶의 이치를 조금이나마 알게 되었으니, 내가 죽은 뒤에 불사(佛事)를 일으키지 말라."라고 하였다.【협주: 하륜이 찬한 묘지명에 실려 있다.】

• 盧嵩 敬平公

盧嵩, 字中甫, 號桑村, 光州人。高麗丁酉進士, 乙巳文科。歷判書。入我朝, 至右議政。享尙州玉淵祠[1]。

辛禑[2]嘗一日馳馬, 入公之園, 問曰: "此誰家?" 從者曰: "盧某之家." 策馬疾馳而出, 以公數諫盤遊, 心忌之也。

爲全羅觀察黜陟使[3]。先時, 近海無城, 民弊輸漕。公遵海而行, 相地之宜, 得全之龍安[4]·羅之榮山[5], 築城輸漕, 以便轉漕[6], 且諸州郡, 舊無義倉[7], 公又請于朝, 始置之。自是雖遇凶年, 民無菜色, 民到于今稱之。

居家, 與昌寧府院君成石璘[8]以下, 年德俱高數十餘公, 結爲耆英會, 優遊卒歲。

臨終, 戒諸子曰: "吾嘗觀先儒議論, 粗知死生之理, 吾死後, 毋作佛事."【河崙[9]撰誌】

---

1 玉淵祠(옥연사): 경상북도 상주시 화서면 사산리에 있는 조선 시대 사우. 盧守愼을 받드는 불천위 사당이다. 노수신의 이들 盧大海가 세웠다고 전하나 건립 시기는 명확하지 않다. 講堂과 盧嵩의 影幀을 모신 五賢影閣은 1658년 증손자 盧景命이 건립하였다.

2 辛禑(신우): 고려 32대 임금인 禑王을 辛旽의 시녀 般若의 소생이라 하여 이르는 말.

3 觀察黜陟使(관찰출척사): 고려 말에서 조선 초기에 불렸던 것으로 세조 때부터 관찰사로 굳어져 불림.

4 龍安(용안): 전라북도 익산시 용안면.

5 榮山(영산): 전라남도 나주시 영산포.

6 轉漕(전조): 現物로 받아들인 각 지방의 조세를 서울까지 배로 운반하던 일. 내륙의 수로를 이용하는 水運 또는 站運, 바다를 이용하는 海運이 있다.

7 義倉(의창): 곡식 저장 창고.

8 成石璘(성석린, 1338~1423): 본관은 昌寧, 자는 自修, 호는 獨谷. 증조부는 成公弼이며, 조부는 版圖摠郎 成君美이다. 아버지는 부원군 成汝完이며, 어머니는 密直司知申事 羅天富의 딸이다. 부인은 順興安氏이다. 1355년 사마시에 합격하고, 1357년 문과에 급제하였다.

9 河崙(하륜, 1347~1416): 본관은 晉州, 자는 大臨, 호는 浩亭. 증조부는 河湜이며, 조부는 拭目錄事 河恃源이다. 아버지는 순흥부사 河允潾이며, 어머니는 姜承裕의 딸이다. 부인 星州李氏는 예의판서 李仁美의 딸이다. 고려말에 벼슬을 시작한 인물로, 최영의 요동정벌을 반대하다 유배당했다. 새 왕조의 도읍을 계룡산으로 정하는 것을 반대하여 중지시켰고 명나라와의 표전문 시비 때 명의 요구대로 정도전을 보낼 것을 주장하고 스스로 명에 들어가 납득시키고 돌아왔다. 정도전과는 사이가 좋지 않았으며 제1차 왕자의 난 때 이방원을 적극 지지하여 태종의 총애와 비호를 받았다.

보충

하륜(河崙, 1347~1416)이 찬한 묘지명

보국숭록대부 검교 의정부우의정 집현전대제학 경평공 상촌 노공 묘지명 병서

같은 과거에 함께 급제한 벗 의정(議政) 노숭(盧嵩)이 죽어 장차 장사를 지내려 하면서 그 손녀사위 생원 김돈(金墩, 1385~1440)이 부인 김씨의 말을 받들어 와서 묘지명을 청하였다. 나는 공과 일찌감치 뜻을 같이하기로 맹세한 우의(友誼)가 있는데다 만년에도 서로 허물없는 교분이 더욱 깊어져서 감히 사양하지 못했다.

삼가 살펴보니, 공의 휘는 노숭(盧嵩), 처음 휘는 노숭(盧崇), 자는 중보(中甫), 광주(光州)의 명망이 있는 집안이었다. 증조부 휘 노서(盧恕)는 감문위 대호군(監門衛大護軍)이었고, 조부 휘 노단(盧亶)은 좌우위 대호군(左右衛大護軍)이었다. 아버지 휘 노준경(盧俊卿)은 감찰과 지평을 역임하였고 공의 원종공훈(原從功勳)으로 인하여 문하찬성사(門下贊成事)에 추증되었다. 어머니 이씨는 임피군부인(臨陂郡夫人)이 추증되었는데 비순위 별장(備巡衛別將) 이천로(李天老)의 딸이다. 지정(至正) 정축년(1335) 4월 을해일(1일)에 공을 낳았다.

어려서 아버지를 여의고 외가에서 자랐다. 지정 갑신년(1344)에 비로소 배우기 시작하였다. 정유년(1357) 성균시(成均試: 고려시대 국자감에서 진사를 뽑던 시험)에 합격하고, 을사년(1365) 예위(禮圍: 예조에서 시행한 생원진사의 覆試)의 병과(丙科)에서 1등으로 급제하였지만, 모친이 연로하다면서 벼슬을 마다하고 고향으로 돌아갔다.

병오년(1366) 예문춘추관의 천거로 예문검열에 제수되었고, 정미년(1367) 수찬으로 옮겼으며, 무신년(1368) 밀직당 후관(密直堂後官: 밀직사의 정7품 벼슬)으로 옮겼는데, 근면함과 신중함으로 칭송을 들었다. 홍무(洪武) 신해년(1371) 사헌규정(司憲糾正: 사헌부의 종6품 벼슬)으로 승진하고 군기주부(軍器主簿)·태복시 정(太僕寺正)을 역임했는데, 품계는 모두 선덕랑(宣德郎)이었다. 을묘년(1375) 외직으로 나가 강릉도 안렴부사(江陵道按廉副使)를 지냈고, 9월에 봉선대부(奉善大夫)로서 시전교(試典敎)를 지냈고, 무오년(1378) 봉순대부(奉順大夫) 판전교시사(判典敎寺事)로 옮겼는데, 이상은 모두 관직(館職)을 겸한 것이다.

기미년(1379) 정순대부(正順大夫) 밀직사 우부대언(密直司右副代言)으로 옮겼고, 신유년(1381) 지신사(知申事: 밀직사의 정3품 벼슬)가 되어 왕명의 출납을 오직 진실되게 하였다. 이때 위주(僞主: 禑王)가 절도를 지키지 않고 거마를 매도록 명하여 야외로 나가자 때마침 큰비가 내려 냇물이 불어나니, 공이 화복에 대해 힘써 진달하며 눈물을 흘리면서 간하였다. 위주가 그제야 돌아오자, 온 나라 사람들이 그의 굳세고 꼿꼿함을 아름답게 여겼다. 얼마 지나지 않아 봉익대부(奉翊大夫) 밀직제학(密直提學)으로 승진하였고, 임술년(1382) 동지밀직사사(同知密直司事: 밀직사 종2품 벼슬)·상의회의도감사(商議會議都監事)로 옮겼고 사헌부 대사헌을 겸하였다. 계해년(1383) 가을에 순성보조공신(純誠補祚功臣)의 칭호를 하사받았다.

하루는 위주가 말을 달려 공의 정원에 들어가 이곳이 누구의 집이냐고 묻자, 시종(侍從)이 말하기를, "노 아무개의 집입니다."라고 하니, 말을 채찍질하여 빨리 달려서 나가버렸는데, 공이 자주 간하였기 때문에 위주가 마음속으로 이를 꺼려하였던 것이다. 마침 집정(執政)이 주금(酒禁: 술을 빚거나 팔지 못하게 법으로 금지함)을 중지하도록 청하자, 공이 중지하지 말고 더욱 금령(禁令)을 엄히 하도록 건의하였다. 얼마 되지 않아 대사헌에서는 파면되고 동지밀직(同知密直)·상의회의도감사(商議會議都監事)는 그대로 있으면서 판군기시사(判軍器寺事)를 겸하다가 외직으로 나가 전라도 관찰사가 되었다.

그때 왜구가 끊임없이 노략질을 하여 해안가의 고을들이 텅 비어 적막했는데, 공이 무너진 기강을 진작시키고자 위엄으로 다스리면서도 은혜를 아울러 베푸니, 관리나 백성들이 공경하면서 두려워하지 않은 자가 없었고, 수전병(水戰兵)과 육수병(陸守兵)에도 모두 성과가 있었으며, 유랑민들이 돌아와 전야가 개간되자 공이 조정에 청하여 백성들의 조세를 3년 동안 면제하였다.

이보다 앞서, 바닷가와 가까운 곳에 성이 없어 수로나 육로로 운송하는 폐단을 백성들이 능히 견디지 못하였는데, 공이 바닷가를 따라가면서 지세가 알맞은 곳을 살펴 전주(全州)의 용안(龍安: 부안)과 나주의 영산(榮山)에 성을 쌓아 조세를 수로로 운송하여서 전조(轉漕: 조세 운반)를 편리하게 하였다. 또한 각 주군(州郡)에 이전에는 의창(義倉)이 없었는데, 공이 다시 조정에 청하여 비로소 설치하였다. 이로부터 비록 흉년을 만나더라도 백성들의 주린 기색이 없게 되니, 백성들이 지금까지도 칭송해 마지않는다.

경오년(1390) 순성익찬공신(純誠翊贊功臣)으로 봉익대부(奉翊大夫)가 되어 동지밀직사 겸 도평의사사(同知密直事兼都評議司事) 형조판서(刑曹判書)로 소환되고, 임신년(1392) 밀직사사(密直司事) 호조판서(戶曹判書) 세자좌빈객(世子左賓客)으로 옮겼으며, 진헌사(進獻使)가 되어 경사(京師: 북경)에 가서 황제의 후한 대접을 받고 돌아왔다.

계유년(1393) 품계가 자헌대부(資憲大夫)로 올라 학사(學士) 동판도평의사사(同判都評議司事)가 되고, 갑술년(1394) 외직으로 나가 양광도 관찰사(楊廣道觀察使)가 되고, 자헌대부(資憲大夫) 상의문하부사(商議門下府事) 동판도평의사사(同判都評議司事)로 부름을 받아 돌아왔다가, 을해년(1395) 다시 외직으로 나가 한양부윤(漢陽府尹)·개성유후(開城留後)가 되었다.

이때 우리 태조(太祖)가 원종공신(原從功臣)에 책훈하여 공에게는 전답과 노비를 하사하였고, 부모와 아내에게는 작위를 봉하였으며, 자손에게는 음직(蔭職)을 주며 후대에까지 죄를 사면하였다.

정축년(1397) 경기좌도관찰출척사(京畿左道觀察黜陟使)가 되었는데, 도내 지역에는 높은 벼슬아치들의 별업(別業: 別莊)이 많았으나 공이 차역(差役: 賦役)을 균등하게 하여 감히 청탁하는 바가 있지 않았다. 경진년(1400)

우리 전하가 즉위하여 정헌대부(正憲大夫) 삼사좌사(三司左使)·의정부사(議政府事)에 발탁하였으니, 대개 공의 재주와 식견을 중하게 여긴 것이다.

공이 어머니를 지극히 효성스럽게 봉양하였는데, 아침저녁으로 보살피고 봉양하는데 어김이 없었지만 어머니가 나이 93세로서 죽으니, 공은 가슴을 치고 땅을 구르며 울부짖다가 기운이 꺾여 쓰러졌으나 초상과 장례를 지내며 예절을 다하였다. 신사년(1401) 주상이 상중(喪中)에도 벼슬하도록 특별히 명하여 참판승추부사(參判承樞府事)에 제수되었는데, 공이 전(箋: 상소하는 글)을 올려서 상제(喪制)를 마칠 수 있도록 해주기를 빌었으나 주상이 윤허하지 않으니, 공이 마지못하여 하는 수 없이 그 직에 나아갔다. 갑신년(1404) 참찬의정부사(參贊議政府事)·판예조사(判禮曹事)가 되고, 얼마 후에 참판사평부사(參判司評府事)로 옮겼다가 신묘년(1411) 다시 참찬의정부사가 되었는데, 밀직(密直) 이상은 모두 관직(館職)을 겸한 것이다.

보국숭록대부(輔國崇祿大夫) 검교 의정부 우의정(檢校議政府右議政) 집현전 대제학(集賢殿大提學)으로 집에 있으면서 창녕부원군(昌寧府院君) 성석린(成石璘, 1338~1423) 이하 나이와 덕이 함께 높은 10여 노인과 기영회(耆英會)를 결성하여 유유자적하며 세월을 보냈다. 갑오년(1414) 관제(館制)를 개정하여 우의정으로 삼았다.

가을 8월 갑진(30일)에 병으로 정침(正寢)에서 죽었으니, 향년 78세였다. 주상이 부음(訃音)을 듣고 예관(禮官)을 보내어 제사를 지내고 조문케 하였으며, 시호(諡號)로 경평(敬平)을 추증하고 유사(有司)에게 나라에서 예식을 갖추어 장례를 거행하도록 명하여 10월 을유(26일)에 부평(富平)의 치소(治所) 동편 마을 경산(庚山) 기슭에 안장하였다.

공은 품성과 자질이 순수하고 두터웠으니, 그 착한 성품을 그대로 길러 겸손하였다. 관에서 일처리하는데 일찍이 조금도 게으른 적이 없었으며, 부모에게 효도하고 임금에게 충성하는데 한결같이 지극한 정성으로 하였으며, 벗과는 공경과 신의로 사귀었으며, 자손들을 가르치는데 엄하면서도 너그러웠다. 경서(經書)와 사서(史書)를 즐겨 보았으며, 세속에서 서로 상대하여 글 짓는 것을 즐기지 않았으며, 가정을 다스리면서 검소와 절약을 따르기에 힘쓰고 재산을 늘리는 것에 마음을 두지 않았으며, 즐겁게 노는 것을 좋아하지 않고 신선이나 부처를 믿지 않았다. 임종할 때에도 자식들에게 경계하여 말하기를, "내가 일찍이 선대 유학자들의 의론을 보고서 죽음과 삶의 이치를 알게 되었으니, 내가 죽은 뒤에 불사(佛事)를 일으키지 말라."라고 하였다.

공의 첫째부인는 낙성군(洛城君) 김선치(金先致, 1318~1398)의 딸로 다섯아들을 낳았다. …(중략)… 김씨가 죽자, 둘째부인으로 상락군(上洛君) 휘 김후(金厚)의 딸에게 장가갔지만 자식이 없다.…(이하 생략)…

輔國崇祿大夫檢校議政府右議政, 集賢殿大提學, 敬平公桑村盧公墓誌銘。幷序。

同榜友盧議政卒, 將葬, 其孫壻生員金墩, 以夫人金氏之言來, 請墓銘。余於公早有同盟之好, 且於晩年相許之分益深, 不敢辭。謹按, 公諱嵩, 舊諱崇, 字中甫, 光州望族也。曾祖諱恕, 監門衛大護軍, 祖諱亶, 左右衛大護軍。考諱俊卿, 監察·持平, 以公原從之功, 贈門下贊成事。母李氏, 贈臨陂郡夫人, 備巡衛別將天老之女也。以元至正丁丑四月乙亥生公。少孤, 長於外家。至正甲申, 始就學。丁酉, 中成均試, 乙巳, 中禮闈丙科第一名, 以親老不願仕還鄉。丙午, 藝文春秋館薦, 拜藝文檢閱, 丁未, 遷修撰, 戊申, 遷密直堂後官, 以勤謹見稱。洪武辛亥, 陞司憲糾正, 歷軍器主簿·太僕寺正, 階皆宣德郎。乙卯, 出爲江陵道按廉副使, 九月, 以奉善大夫試典敎, 戊午, 遷奉順大夫判典敎寺事, 以上皆兼館職。己未, 遷正順大夫密直司右副代言, 辛酉, 知申事, 出納惟允。時, 僞主無節, 命駕適野, 會天大雨川漲, 公力陳禍福, 涕泣而諫。主乃還, 國人嘉其勁直。尋陞奉翊大夫密直提學, 壬戌, 遷同知密直司事·商議會議都監事, 兼司憲府大司憲。癸亥秋, 賜純誠補祚功臣號。一日, 僞主馳馬入于公之園, 問此誰家, 從者曰: "盧某之家." 策馬疾馳而出, 以公數

諫, 主心忌之。會執政, 請停酒禁, 公獻議勿停, 益嚴禁令。未幾罷大司憲, 仍同知密直·商議會議都監事, 兼判軍器寺事, 出爲全羅道觀察使。時, 倭寇絡繹, 海濱州郡蕭然, 公振起頹綱, 威惠幷行, 吏民莫不敬畏, 水戰陸守, 皆有成效, 流亡以還, 田野以闢, 公請于朝, 復民租三年。先是, 近海無城, 輸漕行漕之弊, 民不能堪, 公遵海而行, 相地之宜, 得全之龍安·羅之榮山, 築城輸租, 以便轉漕。且諸州郡, 舊無義倉, 公又請于朝, 始置之。自是雖遇凶年, 民無菜色, 民到于今稱之不已。庚午。以純誠翊贊功臣·奉翊大夫·同知密直事兼都評議司事·刑曹判書召還, 壬申, 遷密直司事·戶曹判書·世子左賓客, 以進獻事, 赴京師, 帝厚遣之, 乃還。癸酉, 陞資憲大夫, 學士·同判都評議司事, 甲戌, 出爲楊廣道觀察使, 以資憲大夫, 商議門下府事·同判都評議司事召還, 乙亥, 出爲漢陽府尹·開城留後。時我太祖, 錄原從之功, 賜土田臧獲, 父母妻封爵, 子孫蔭職, 宥及後世。丁丑, 爲京畿左道觀察黜陟使, 畿內之地, 多達官別業, 公均其差役, 不敢有所請托。庚辰, 我殿下卽位, 擢正憲大夫三司左使·議政府事, 蓋重公才識也。公養母至孝, 晨昏定省, 奉養無違, 母年九十三而終, 公擗踊摧折, 喪葬盡禮。辛巳, 上命起復, 參判承樞府事, 公上箋乞終制, 上不允, 公不得已就職。甲申, 參贊議政府事·判禮曹事, 尋遷參判司評府事, 辛卯, 復爲參贊議政府事, 密直以上, 皆兼館職。以輔國崇祿大夫檢校議政府右議政·集賢殿大提學, 居家, 與昌寧府院君成石璘以下, 年德俱高十數餘公, 結爲耆英會, 優遊卒歲。甲午, 改館制爲右議政。秋八月甲辰, 病卒于正寢, 享年七十八。上聞訃, 遣官奠弔, 贈諡敬平, 命有司禮葬, 以十月乙酉, 葬富平治之東村庚山之岡。公稟質純厚, 存養謙恭。當官處事, 未嘗少怠, 孝親忠君, 一以至誠, 與朋友敬而信, 教子孫嚴而恕。喜觀經史, 不喜作世俗對偶文字, 治家務從儉約, 不以營產爲意, 不喜嬉遊, 不侫神佛。臨終, 戒諸子: "吾嘗觀先儒議論, 知死生之理。吾死後毋作佛事." 公先娶洛城君先致之女, 生男五。…(중략)… 金氏沒, 再娶上洛君諱厚之女, 无子。…(이하 생략)…

〔浩亭先生文集, 卷3, 墓誌銘〕

03. 노덕기

노덕기의 자는 공지, 본관은 광산(光山)이다. 우의정 노숭(盧嵩)의 증손자이다. 태종 갑오년(1414)에 태어났다. 세조 정축년(1457) 주부에 제수되었고, 원종공신(原從功臣)에 녹훈(錄勳)되었다. 장령·참의를 거쳐 동중추(同中樞: 동지중추부사)에 이르렀다. 성종 기해년(1479)에 죽었다.

사람됨이 공손하고 성실하며 순수하고 정성스러웠는데, 전후로 관직에 제수된 것은 모두 특별한 은총에서 나온 것이었으나 더욱 스스로를 낮추고 내세우지 않았으며, 고위 관직에 오른 지 오래되지 않아 병을 핑계로 벼슬을 그만두고 귀향하였다. 치제문(致祭文)에 이르기를, "나이가 겨우 오십에 이르러 병을 핑계로 홀(笏)을 반납하고자 하였으니, 영예와 이익에 담담하기만 한 것이 경(卿)과 같은 이가 누구이랴?"라고 하였다.

어머니를 섬기는데 충심으로 봉양하는 절도가 조금도 흠결이 없었다. 학술이 고명하고 지조를 지키는 것이 확고하였으니, 비록 유자(儒者)라 하더라도 미치지 못할 것이었다.【협주: 김종직이 찬한 비문에 실려 있다.】

- **盧德基**

盧德基, 字恭之, 光山人。右議政嵩[1]曾孫。太宗甲午生。世祖丁丑, 除主簿, 錄原從勳。歷掌令·參議, 至同中樞。成宗己亥卒。

爲人, 謹愿醇慤, 前後除官, 皆出特恩, 而愈自謙遜, 腰金[2]未久, 托疾

---

1 嵩(숭): 盧嵩(1337~1414). 본관은 光州, 초명은 盧崇, 자는 中甫, 호는 桑村. 증조부는 監門衛大護軍 盧絮이며, 조부는 대호군 盧亶이다. 아버지는 監察持平 盧俊卿이며, 어머니 이씨는 備巡衛別將 李天老의 딸이다. 첫째부인 尙州金氏는 洛城君 金先致의 딸이며, 둘째부인 安東金氏는 上洛君 金厚의 딸이다. 1357년 진사시에 합격하고, 1365년 문과에 급제하였다.

以歸。致祭文[3], 有曰: "年甫知命, 丐疾還笏[4], 恬於榮利, 如卿者誰?"

事大夫人, 忠養之節, 無少欠缺。學術高明, 操守堅確, 雖儒者, 不能及也。【金宗直[5]撰碑[6]】

보충

김종직(金宗直, 1431~1492)이 찬한 비명

가선대부 동지중추부사공 비명 병서

공의 휘는 노덕기(盧德基), 자는 공지(恭之), 본관은 광주(光州)이다. 증조부 휘 노숭(盧嵩)은 보국숭록대부(報國崇祿大夫) 검교우의정(檢校右議政)·집현전 대제학(集賢殿大提學)을 지냈으며, 조부 휘 노상인(盧尙仁)은 중훈대부(中訓大夫) 양근군사(楊根郡事)를 지내고 호조참의에 추증되었으며, 아버지 휘 노처화(盧處和)는 청주판관을 지내고 병조참판에 추증되었다. 어머니 함창김씨(咸昌金氏)는 검교 한성부윤(檢校漢城府尹) 휘 김선(金瑄)의 딸이다.

공은 대대로 벼슬하는 집안의 아들로 태어났으나, 젊은 시절에는 관

---

2 腰金(요금): 高官. 옛날 조정에서 大官이 허리에 차던 金印 또는 金魚袋.

3 致祭文(치제문): 고위 관원이 죽었을 때 왕이 신하를 보내 제사를 지내게 할 때 쓰는 제문.

4 還笏(환홀): 唐高宗이 武則天을 后로 삼으려 할 적에 褚遂良이 극력 간하였으나 고종이 듣지 않자, 수량이 마침내 홀을 궁전 섬돌에 내려놓고 머리를 땅에 찧어 피를 철철 흘리면서 말하기를, "폐하의 홀을 돌려드립니다."라고 하고는 그대로 떠나버렸던 고사에서 온 말.

5 金宗直(김종직, 1431~1492): 본관은 善山, 자는 孝盥·季昷, 호는 佔畢齋. 증조부는 金恩宥이며, 조부는 金琯이다. 아버지는 사예 金叔滋이며, 어머니 密陽朴氏는 司宰監正 朴弘信의 딸이다. 첫째부인 昌寧曺氏는 울진현령 曺繼文의 딸이며, 둘째부인 南平文氏는 첨정 文克貞의 딸이다. 1453년 진사시에 합격하고, 1459년 식년문과에 급제하였다. 정몽주와 길재의 학통을 계승하여 김굉필·조광조로 이어지는 조선시대 도학 정통의 중추적 역할을 하였다. 사림파의 영수이자 학문적으로 유림의 태두이다. 생전에 지은 〈弔義帝文〉은 무오사화가 일어나는 원인이 되었다.

6 金宗直의 《佔畢齋集》에는 실려 있지 않으나, 2023년에 간행된 광주노씨대동보 159~160면에는 선산부사 김종직의 묘비명이 실려 있음.

직에 나아가지 않았다. 정통 9년(1444) 나이 31세 때 비로소 진의교위(進義校尉)·부좌군사용(副左軍司勇)에 제수되었고, 여러 번 승진되어 수의교위(修義校尉)·좌군섭사정(左軍攝司正)에 이르렀다.

천순(天順) 원년(1457)인 세조 즉위 3년, 공은 중궁(中宮: 파평윤씨 尹璠의 딸 貞熹王后)의 일로 인하여 사선 주부(司膳主簿)로 승진하였으며, 또 원종공신(原從功臣) 칭호가 내려지고 사헌부 감찰에 제수되었으며, 이듬해 장흥고 부사(長興庫副使)로 옮겼다가 내선 주부(內膳主簿)로 바뀌었다.

어머니가 상주(尙州)의 화령현(化寧縣)에 있었고 나이가 팔순을 넘었는지라, 곧 걸군(乞郡: 시종신으로서 늙은 부모를 봉양하기 위하여 왕에게 부모가 있는 군현이나 가까운 곳의 수령으로 보내줄 것을 청하는 제도)을 청하여 보은현감(報恩縣監)이 되었다. 7년간 다스린 공적이 매우 뛰어나 봉열대부(奉列大夫)가 더해지고 사헌부 장령으로 제수되었다. 그러나 어머니의 연세가 더욱 높아지자, 9월에 사직하고 화령현으로 돌아갔다. 특별히 밀양부사(密陽府使)에 제수하였으나, 밀양은 화령과 거의 400리나 떨어져 있어서 편지로 어머니의 안부를 아침저녁으로 듣기가 어려운 점을 걱정하자, 조정에서 그의 마음을 알고 선산부사(善山府使) 이사계(李師季, 1404~?)와 자리를 바꾸어 제수하였다. 이듬해 어머니의 친정조카 윤흠(尹欽: 1418~1485)이 본도(本道: 경상도) 관찰사가 되었는데, 당시는 관료간에 상피법(相避法: 친인척 관계에 있는 사람은 같은 관청에 재임하는 것을 피하는 법)이 매우 엄하였기 때문에 공은 괴산군수(槐山郡守)가 되었다. 하지만 여전히 어머니가 있는 곳과의 거리가 먼 것을 아뢰자, 다시 옥천군수(沃川郡守)로 바꾸었다. 얼마 지나지 않아 어머니의 상을 치렀다.

성화(成化) 2년(1466) 삼년상을 마치고 상복을 벗자, 중직대부(中直大夫)·예빈부정(禮賓副正)에 제수되었고, 이듬해 통정대부(通政大夫)·공조참의가 되었으며, 5년(1469) 가선대부(嘉善大夫)로 승진하였다. 7년(1471) 금상(今上: 성종)이 즉위한 원년인 5월 동지중추부사에 제수되었으나 10월에 사직하고 화령현으로 돌아왔지만, 여전히 녹봉은 끊기지 않았다.

이듬해에야 비로소 한적한 곳에 나아가는 것을 허락하자, 공은 마침내 고향 산천을 유람하며 정신을 함양하였다. 그렇게 하기를 8년이 된 기해년(1479) 6월 16일에 죽었으니, 향년 66세였다.

부음이 조정에 전해지자, 주상이 슬퍼하여 특별히 예관(禮官)을 보내어 조문하고 치제(致祭)하였다. 장례를 치를 날짜를 잡으니 같은 해 10월 8일이었는데, 상주의 속현 중모현(中牟縣)의 주산(主山) 을좌(乙坐)의 언덕에 안장하였다.

공의 사람됨이 공손하고 성실하며 순수하고 정성스러웠으니 화려한 벼슬에 있어도 항상 스스로 이를 감당할 수 없는 것처럼 하였는데, 사선(司善)에서 홍추(鴻樞: 중추부)에 이르기까지 모두 특별한 은총에서 나온 것이었으나 더욱 스스로를 낮추고 내세우지 않았으며, 고위 관직에 오른지 오래되지 않아 병을 핑계로 벼슬을 그만두고 귀향하였다. 주상이 내린 치제문(致祭文)에 이르기를, "나이가 겨우 오십에 이르러 병을 핑계로 홀(笏)을 반납하고자 하였으니, 영예와 이익에 담담하기만 한 것이 경(卿)과 같은 이가 누구이랴?"라고 하였으니, 이 글을 보아도 공의 인품을 잘 알 수 있다.

또한 천성이 지극히 효성스러웠으니, 어머니를 섬기는데 그 마음을 즐겁게 하고 그 눈과 귀를 즐겁도록 해드리며 그 음식을 충심으로 봉양하는 절도가 조금도 흠결이 없었다. 평생 무속과 불교를 좋아하지도 않았고, 화복(禍福)과 윤회(輪回)와 같은 설에도 흔들리지 않았다. 학술이 고명하고 지조를 지키는 것이 확고하였으니, 비록 유자(儒者)라 하더라도 미치지 못할 것이었다. …(중략)… 혹여 나의 말이 믿기지 않는다고 생각하거든 윤음(綸音: 임금이 백성에게 내린 훈유 문서)이 매우 분명하나니, "공은 마땅히 후손이 있을 것이요, 그 명성은 영원하리라."라고 하였도다.

선산부사 김종직 점필재 짓다

嘉善大夫同知中樞府事公碑銘并序

公諱德基, 字恭之, 光州人。曾祖諱嵩, 報國崇祿大夫·檢校右議政·集賢殿大提學; 祖諱尙仁, 中訓大夫·知楊根郡事, 贈戶曹參議; 考諱處和, 淸州牧判官, 贈兵曹參判; 妣咸昌金氏, 檢校漢城府尹諱瑄之女。公世家子, 而早年不仕。正統九年, 年三十一, 始授進義校慰·副左軍司勇, 累階, 至修義校尉·左軍攝司正。天順元年, 世祖卽位之三年, 公以中宮之譚, 陞爲司膳主簿, 又賜原從功臣號, 拜司憲監察。明年, 遷長興庫副使, 改內膳主簿。大夫人在尙州之化寧縣, 年踰八旬, 欲以便道乞郡, 爲報恩縣監。七年, 政最, 加奉列大夫, 拜司憲掌令。以大夫人年益高, 九月辭職, 歸化寧。特拜密陽府使。密陽距化寧, 幾四百里, 公患音問不能朝夕相聞, 朝廷知其意, 與善山府使李師季換授焉。明年, 夫人之姪尹欽爲本道監司, 時議官相避之法甚嚴, 故遷公知槐山郡守。猶謂母去之遠, 改知沃川。未幾丁憂。成化二年, 服闋, 除中直大夫·禮賓副正, 明年, 通政大夫·工曹參議, 五年, 陞嘉善大夫。七年, 今上卽位之元年五月, 拜同知中樞府事。十月, 辭職還化寧, 然猶不絶其祿。明年方許就閒, 公遂優遊泉石, 頤養精神。居八年, 己亥六月十六日卒, 享年六十六。訃聞, 上哀悼, 特遣禮官吊祭。卜日, 得是年之十月初八日, 葬于尙州治中牟縣主山乙坐原。公爲人謹愿醇慤, 處休顯常若不堪, 自司善至鴻樞, 皆出於特恩, 而愈自謙遜, 腰金未數歲, 卽托疾以歸。上之諭祭文, 有曰: "年甫知命, 丐疾還笏, 恬於英利, 如卿者誰?" 觀此可以知公矣。且天性純孝, 事大夫人, 樂其心娛耳目, 飮食忠養之節, 無少欠缺。平生不喜巫佛, 禍福·輪回之說, 不能動也。學術高明, 操守堅確, 雖號儒者, 不能及已。夫人尹氏, 坡平府院君璠之第五女, 先公卒, 有二男二女。曰熙善, 陜川郡守, 曰熙淑, 金山郡守。女長適前龍宮縣監金慶門, 次適直長許壽。…(중략)… 謂余不信, 綸音甚明, "公宜有後, 于永厥聲."
善山府使金宗直占畢齋撰。

〔光州盧氏大同譜, 首卷, 2023. 159~160면〕

04. 권징

권징의 자는 □□, 호는 등암, 본관은 안동이다. 세종 정묘년(1447) 진사시에 합격하고, 경오년(1450) 문과에 급제하였다. 지평을 역임하였고 원종공신(原從功臣)에 녹훈되었다. 세조 정해년(1467)에 북도병마평사로서 이시애의 난을 정벌하는데 종군하다가 전사하였다.

문천(文川)에 이르러 관찰사 신면(申㴐)과 도사 박종문(朴宗文)이 반적에게 살해되었다는 소식을 듣고는 친히 선봉이 되어 싸우도록 독려하였는데, 반적들의 형세가 아주 급박하자 공이 성난 목소리로 말하기를, "나는 나라의 두터운 은혜를 받았으니, 살아서 반적의 머리를 베지 못하고 어찌 세상을 어지럽히는 반적의 손에 차마 죽을 수 있으랴?"라고 하였다. 마침내 남쪽으로 북궐(北闕: 임금의 대궐)을 향해 네 번 절하고, 동쪽으로 고향의 산천을 향해 두 번 절한 뒤, 이윽고 큰 소리로 가정(家丁: 사내종)을 불러 말하기를, "나랏일이 이렇게까지 되었으니 나는 죽게 되었구나."라고 하고는 적삼을 찢고 손가락을 깨물어 써서 집에 부친 편지에 이르기를, "사내로서 해야 할 일과 대장부로서의 운명은 예로부터 그래왔으니 부디 염려하지 마시오."라고 한 뒤, 조복(朝服: 관원이 조정에 나아가 賀禮할 때에 입던 禮服) 1벌을 부쳐 보냈다. 이때 공의 두 아들은 아직 포대기에 싸여 있는데다 또한 형제도 없어서 시신을 거둘 수가 없었으니, 단지 혈서와 조복만으로 초혼(招魂)하여 장례를 치렀고 편지가 나간 일을 기일(忌日)로 삼았다.【협주: 권상일이 찬한 묘갈에 실려 있다.】

• 權徵

權徵, 字□□, 號藤巖, 安東人。世宗丁卯進士, 庚午文科。歷特平, 錄原從勳。世祖丁亥, 以北道兵馬評事, 從征李施愛[1], 死之。

至文川[2], 聞監司申㴐[3]·都事朴宗文[4], 爲賊所殺, 自爲先鋒督戰, 賊勢甚急, 公厲聲曰: "吾受國厚恩, 生不斬叛逆之首, 死豈忍亂逆之手乎?" 遂南向北闕[5]而四拜, 又東向家山[6]而再拜, 因呼家丁[7], 曰: "國事至此, 吾死矣." 斷衫血指, 寄家書曰: "男兒之事, 丈夫之命, 自古如此, 千萬勿慮." 付送朝衣一襲。時公之二子在襁褓, 又無兄弟, 不能收骸, 只以血書·朝衣, 招魂以葬, 以書出日爲忌日。【權相一[8]撰碣】

---

1 李施愛(이시애, ?~1467): 조선 世祖 때의 무신. 會寧府使를 지냈으며 1467년에 北方民의 등용을 억제하고 지방관을 중앙에서 파견하자 이에 불만을 품어 咸興을 점거하고 반란을 일으켰으나 실패하였다.

2 文川(문천): 함경남도 문천군의 중앙부에 있는 고을.

3 申㴐(신면, ?~1467): 본관은 高靈. 증조부는 공조참의 申包翅이며, 조부는 공조참판 申檣이다. 아버지는 영의정 申叔舟이며, 어머니 茂松尹氏는 尹景淵의 딸이다. 부인 武寧丁氏는 右軍司勇 丁湖의 딸이다. 申用漑의 아버지이다. 1461년 장령, 1463년 우부승지·知工曹事, 이듬해 우승지를 거쳐 1466년 도승지가 되었다. 같은 해 아버지 신숙주 및 鄭昌孫 등과 함께 讀券官이 되어 문과의 초시·중시를 관장하였다. 1467년 함길도관찰사가 되었으나 때마침 李施愛의 난이 일어나 조정에서는 신면을 동지중추부사로 삼고 魚世恭을 함길도 관찰사로 삼아 교체하려 하였으나 어세공이 도착하기도 전에 이시애의 무리가 청사를 포위했다. 그러자 신면은 화를 면하지 못할 것을 알고 활과 화살을 가지고 성에 올라가 활을 쏘아 네 사람을 죽이고 화살이 다하자 그 활을 휘어 꺾어버리고 싸우다 전사하였다.

4 朴宗文(박종문, 1428~1467): 본관은 野城. 조부는 의성현령 朴斌이다. 아버지는 司直 朴以智이며, 어머니는 遂安金氏이다. 부인 昌寧成氏는 縣監 成鼎之의 딸이다. 妻鄕을 따라 경상도 寧海都護府로 이거하였다. 1449년 월등히 뛰어난 활쏘기 재능으로 무과에 급제하였다. 1455년 세조 원종공신에 녹훈되고, 제주통판, 함길도 도사 등을 지냈다. 함길도 도사로 재직하던 세조 연간 이시애가 반란을 일으키자 左衛將에 임명되어 많은 전공을 올렸다. 그러나 반란군과 내통한 적에게 속아 사로잡혀 순절하였다.

5 北闕(북궐): 임금의 대궐. 남향으로 자리잡고 있는 데서 일컫는 말이다.

6 家山(가산): 고향의 산천.

7 家丁(가정): 예전에 집에서 부리던 남자 일꾼.

8 權相一(권상일, 1679~1759): 본관은 安東, 자는 台仲, 호는 淸臺. 증조부는 權坵이며, 조부는 權以俑이다. 아버지는 權深이며, 어머니 慶州李氏는 부사 李達意의 딸이다. 첫째부인 宣城金氏는 金可柱의 딸이며, 둘째부인 驪興李氏는 李萬英의 딸이며, 셋째부인 眞城李氏는 통덕랑 李柔之의 딸이다. 아들은 權熤이다. 1710년 증광문과에 급제하였다. 1720년 예조좌랑, 1722년 병조좌랑을 역임하고 1727년 만경현령으로 부임하여 1728년 李麟佐의 난을 사전에 탐지하여 보고하고 토벌에 공을 세웠다. 1732년 도산서원 원장을 역임하였고, 1735년 울산부사가 되어 鷗江書院의 동재와 서재를 건립하였다. 1747년 동부승지와 형조참의를 지내고, 1748년 좌부승지를 역임한 뒤 벼슬에서 물러났다.

보충

권상일(權相一, 1679~1759)이 찬한 묘표

선조 지평 부군 묘표

아, 이곳은 바로 나의 선조 지평공(持平公)의 묘이다. 공은 나랏일로 죽었으나 유해를 거두지 못하여 의관(衣冠)만으로 장례를 치렀고, 공인(恭人) 권씨(權氏)가 합장되어 있다.

공의 휘는 권징(權徵)인데 선덕(宣德: 명나라 宣宗의 연호) 병오년(1426)에 태어났다. 우리 세종 정묘년(1447) 생원시 합격하고, 경오년(1450) 문과에 급제하였다. 승문원 정자와 저작, 형조·공조의 좌랑을 거쳐, 사헌부 지평을 겸하였다. 신사년(1461) 원종공신(原從功臣)에 녹훈되었고, 갑신년(1464) 모친상을 당하였다.

정해년(1467) 5월 병마평사(兵馬評事)로서 역적 이시애(李施愛)의 정벌에 종군하였다. 10일이 되어 문천(文川)에 이르러 집에 부친 편지에 이르기를, "사내로서 해야 할 일과 대장부로서의 운명은 이와 같아야 하니 천만 염려하지 마시오."라고 하였다. 함흥(咸興)에 이르렀을 때, 함흥 사람들이 이시애와 한패가 되어 반란을 일으켜 공은 마침내 군중(軍中)에서 전사하였으니, 향년 42세였다.

안동권씨(安東權氏)는 태사(太師) 권행(權幸)으로부터 시작되었다. 7대조 권경보(權景輔)는 문하평장사(門下平章事)이다. 5대조 권정평(權正平)은 판도정랑(版圖正郞)을 지내고, 공조참의에 추증되었으며, 현덕왕후(顯德王后: 단종의 어머니)에게 증조부가 된다. 2대를 지나 휘 권자형(權子衡)은 가선대부(嘉善大夫) 평양도병마단련사(平壤道兵馬團練使)이고, 휘 권해(權諧)는 사령낭장(司領郎將)이며, 휘 권가후(權可後)는 부사정(副司正)을 지내고 종부시 직장(宗簿寺直長)에 추증되었는데, 이들은 공의 3대이다.

두 아들이 있었으니, 권갑성(權甲成)과 권을성(權乙成)이다. 권갑성의 아들 권엽(權燁)은 군자감 정(軍資監正)에 추증되었다. 그 아들인 권위기

(權偉器)는 생원이며, 권대기(權大器)는 생원을 지내고 집의(執義)에 추증되었으며, 권중기(權重器)이다. 권위기의 아들 권선(權宣)은 문과에 급제하고 학유(學諭)를 지냈으며 밀용(密容)이다. 권대기의 아들 권우(權宇)는 왕자사부(王子師傅)를 지내고 좌승지에 추증되었으며, 권굉(權宏)은 상의원 별좌(尚衣院別坐)를 지냈으며, 권환(權寏)은 문과에 급제하고 도사(都事)를 지냈으며, 권성(權宬)은 생원이며, 권면(權寬)은 생원이다. 권중기의 아들 권옹(權富)은 호군을 지냈다. 권선의 아들 권익창(權益昌)이다. 후손은 매우 많아 다 기록하지 못한다.

묘는 안동부(安東府) 서쪽 청석동(靑石洞) 묘향(卯向)의 언덕에 있는데, 조그만 석비(石碑)가 있었으나 성화(成化) 갑진년(1484)에 세운 것으로 지금 수백여 년이 지나 글자가 모두 마멸되어 알아볼 수가 없다. 이에 여러 후손들이 서로 의논하여 새 석비를 다시 세우고, 또 권상일(權相一)에게 비석 뒷면에 새기는 글을 짓게 하였다. 정해년(1467)의 일을 마음속으로 그리며 미루어 생각하니 슬픔과 그리움을 이기지 못하여 공의 의롭게 죽은 전말 및 세계(世系)와 자손을 대략 적어 묘표로 삼는다.

先祖持平府君墓表

嗚呼! 此乃吾先祖持平公之墓。公歿於王事, 遺骸未收, 葬以衣冠, 恭人權氏祔焉。公諱徵, 生於宣德丙午。我世宗丁卯, 中生員, 庚午, 登文科。歷承文院正字·著作。刑曹·工曹佐郎, 兼司憲府持平。辛巳, 參原從勳, 甲申, 丁內艱。丁亥五月, 以兵馬評事, 從征逆賊李施愛。初十日, 至文川, 寄家書曰: "男兒之事, 丈夫之命, 如此, 千萬勿慮." 至咸興, 府人黨施愛作亂, 公遂歿于軍中, 享年四十二。安東之權, 始自太師幸。七世祖景輔, 門下平章事。五世祖正平, 版圖正郎, 贈工曹參議, 於顯德王后, 爲曾祖。歷二世, 諱子衡, 嘉善大夫, 平壤道兵馬團練使, 諱諧, 司領郎將, 諱可後, 副司正, 贈宗簿直長, 爲公之三代。有二子。甲成·乙成。甲成子燁, 贈軍資監正, 生偉器生員, 大器生員, 贈執義, 重器。偉器生宣, 文科, 學諭, 密容。大器生宇, 王子師傅, 贈左承旨, 宏尚衣別坐, 寏文科, 都事, 琁生員, 簃生員。重器生言, 護軍。宣生益昌。雲仍多不盡記。墓在安東府西青石洞卯向之原, 有小石碑, 成化甲辰所建, 今至數百餘歲, 字皆剝落, 不可知。諸孫合議改竪他石, 且使相一記碑陰。想像丁亥事, 不勝悲慕, 略具死義顚末及世系子孫, 以爲墓表。

〔淸臺先生文集, 卷13, 墓表〕

05. 윤사석

윤사석의 자는 □□, 호는 둔암, 본관은 파평이다. 성종조 남대 집의(南臺執義)를 지냈다. 용궁(龍宮)의 죽고사(竹皐祠: 죽고서원)에 향사하였다.

연산조(燕山朝)에 어진 이들이 도륙되는 것을 보고는 사모(紗帽)를 찢고 예복을 찢어버린 뒤 가족을 데리고 청주(淸州)의 옥화대(玉華臺)에서 은거하였다. 일찍이 시를 지어 이르기를, "해질녘에 바위 돈대에 올라서니, 풍광이 눈 아래에 드리우네. 심은 소나무가 막 푸르름 더해가고, 옮겨 심은 버들은 점차 그늘 이루네. 하얀 돌은 반짝반짝 드러나고, 맑은 강물은 굽이굽이 깊도다. 명예와 벼슬을 헌신짝처럼 여기니, 내 신세 저 백구 마음일세."라고 한 적이 있는데, 시는 《동문선》에 실렸다.

공이 평소에 저술한 것들은 은둔 생활을 하는 때를 당하여 모두 불살라버려 후세에 전하는 것이 없으니, 애석하다.【협주: 이우가 찬한 행장에 실려 있다.】

• **尹師晳**

尹師晳，字□□，號遯菴，坡平人。成宗朝，南臺[1]執義。享龍宮[2]竹皐祠[3]。

燕山朝，見羣賢駢戮，裂帽毁衫，絜家歸隱於淸州[4]玉華臺[5]。嘗作詩曰："晩向巖臺上，風光眼底森。種松方鬱翠，移柳漸成陰。白石粼粼[6]

1 南臺(남대): 학문과 덕행에 뛰어나서 추천을 받아 臺官으로 뽑힌 사람.

2 龍宮(용궁): 경상북도 예천군 용궁면 일대.

3 竹皐祠(죽고사): 竹皐書院. 1771년 경상북도 예천군 지보면에 건립되어 윤사석과 尹涉을 배향한 서원.

4 淸州청주): 충청북도 서부에 있는 고을.

5 玉華臺(옥화대): 玉華臺山에 둘레에 있는 옥화리. 충청북도 청주시 상당구 미원면에 있는 마을이다.

出，清江曲曲深。名韁看弊屣，身世自鷗心.” 詩載《東文選》。

公平日所著述，當隱遁之日，悉燒之，後世無傳焉，惜哉!【李堣[7]撰行狀[8]】

보충

이우(李堣, 1739~1811)가 찬한 유사

집의 파평 윤공 유사

공의 휘는 윤사석(尹師晳), 자는 □□. 선계(先系)는 파평(坡平)에서 나왔는데, 고려 개국공신 태사(太師) 휘 윤신달(尹莘達)이 그 시조이다. 몇 세대가 지나 휘 윤관(尹瓘)이 있었는데, 문과에 장원급제하고, 예종(睿宗)을 보필한 공훈으로 영평현개국백(鈴平縣開國伯)에 봉해졌으며, 시호는 문숙(文肅)으로 숭의전(崇義殿)에 배향되었다. 이후로 이름난 정승과 현량한 대신이 역사에 끊이지 않고 기록되었다. 휘 윤곤(尹坤)은 우리 조선에 들어와 추충익대좌명 공신(推忠翊戴佐命功臣)으로 숭정대부(崇政大夫) 이조판서에 이르렀고, 시호는 소정(昭靖)으로 공에게 증조부이다. 조부 휘 윤희제(尹希齊, 1380~1467)는 정헌대부(正憲大夫) 판한성부사(判漢城府事)를 지냈다. 아버지 휘 윤은(尹垠)은 음관으로 참판에 이르렀는데, 성품이 청렴하고 검약하여 주(州)와 목(牧)을 다스릴 때 청렴하고 공평하다는 칭송을 들었으며, 아들 충정공(忠景公) 윤사로(尹師路, 1423~1463)가 귀하

---

6 粼粼(인인): 맑고 깨끗함.

7 李堣(이우, 1739~1811): 본관은 韓山, 자는 稺春, 호는 俛庵. 증조부는 李碩觀이며, 조부는 李泰和이다. 아버지는 小山 李光靖이며, 어머니 義城金氏는 金良鉉의 딸이다. 가학을 통해 공부를 하였으나 과거 공부에는 뜻을 접고 자신의 정신을 수양하는 공부를 하였다. 타고난 성품이 과단성 있고 정의로워 영남유생 1만여 명이 思悼世子의 억울함을 풀어주고 해명하는 상소를 올릴 때 앞장섰다가 전라남도 완도군 古今島로 유배되었다. 사면된 후에는 참봉에 추천되어 제수되었지만 사직하고, 숙부 大山 李象靖의 遺事를 짓고 문집을 발간하는데 정성을 다하였다.

8 李堣의 《俛庵文集》 권12의 〈행장〉에 〈執義坡平尹公遺事〉로 실려 있음.

여 우의정(右議政) 영평부원군(鈴平府院君)에 추증되었다.

공은 형제가 9명으로 그 중 둘째였다. 맏형 윤사로는 세종(世宗)의 정현옹주(貞顯翁主)에게 장가가서 사친(私親)의 제사를 받들 수가 없었다. 공이 마땅히 소정공의 집안 제사를 맡아야 했으나 여섯째 아우 윤사하(尹師夏)에게 양보하였으며, 벼슬은 사헌부 집의에 이르렀다. 임금답지 못한 교동(喬桐: 연산군)에 이르러 사화(士禍)가 일어나려 하자, 공은 가족을 데리고 청주(淸州)의 옥화대(玉華臺)에서 은거하였다. 스스로를 만둔암(晩遯庵)이라 부르며, 풀로 정자를 지어 만경(萬景)이라 편액하였다.

일찍이 시를 지어 이르기를, "해질녘에 바위 돈대에 올라서니, 풍광이 눈 아래에 드리우네. 심은 소나무가 막 푸르름 더해가고, 옮겨 심은 버들은 점차 그늘 이루네. 하얀 돌은 반짝반짝 드러나고, 맑은 강물은 굽이굽이 깊도다. 명예와 벼슬을 헌신짝처럼 여기니, 내 신세 저 백구 마음일세."라고 한 적이 있으니, 그 뜻과 절개는 초연히 속세를 벗어나 스스로 즐기는 바가 이와 같았다. 유훈으로 자손들에게 과거공부를 하지 말라고 경계하였다. 공주(公州) 유성(儒城) 가장동(加莊洞) 건좌(乾坐)의 언덕에 안장하였다. 부인 충주박씨(忠州朴氏)는 사정(司正) 박충함(朴忠諴)의 딸이다. 세 아들을 두었는데, 장남 윤욱(尹礇)은 음보로 수의(修義)를 지냈고 그 자손은 용궁, 상주, 함창 등지에 흩어져 살았으며, 차남 윤전(尹磌)은 현감을 지냈고 자들손은 청주에 살고 있으며, 삼남 윤적(尹磧)은 사과를 지냈고 자손은 공주에 살고있다.

아아, 공은 탁월한 자질로 부형(父兄)의 유업을 이어받아 과거를 거치지 않은 채 이미 화려한 관직에 이르렀고, 이를 바탕으로 나아갔으면 전도가 어찌 되었을지 헤아릴 수 없었을 것이다. 그런데 기미를 보고 홀연히 세속을 떠나 시골에서 생활하였는데, 명예의 굴레를 헌신짝처럼 벗어 던지고 종신토록 은거하면서도 후회하지 않았다. 수백 세대가 지난 지금에도 공의 맑은 풍도와 아득한 여운은 여전히 상상할 수 있으나, 안타깝게도 종적을 감춘 것이 너무나 심하여 이름과 자취가 모두 사라졌다. 죽은 뒤 수백 년이 지나자 그 자손들조차 공의 지조와 행실을 만에 하나라도 이어받아 행할 수가 없었다. 근래에 지중추부사 소곡(素谷) 윤광소(尹光紹, 1708~1786)가 공의 방계 후손으로서 공의 지조와 절개가 묻혀 사라지는 것을 개탄하여 두루 수소문하고 널리 찾았는데, 벼슬을 버리고 자취를 숨긴 대략을 알게 된 뒤에야 공의 사적 전말을 약간이나마 상고하여 신빙할 수 있게 되었다.

공의 후손 중 용궁(龍宮)의 대죽리(大竹里)에 살고 있는 몇몇 사람이 선조의 자취가 멀어져 가는 것을 마음 아파하면서 우러러 사모할 곳이 없음을 깊이 생각하고 여러 친족들에게 고한 뒤, 사당을 세우고 봄가을에 제사를 올려 선조를 기리는 정성을 나타내고자 하였다. 이에 깊숙이 숨겨져 있던 것이 비로소 이 세상에 드러나고 제사가 백 년 만에 처음으로 올려지니, 덕이 드러나고 감춰지는 것도 때가 있겠으나 천리(天理)가 사람의 마음에 뿌리박혀서 사라질 수 없음이 또한 이와 같은 것이다.

하루는 공의 운손(雲孫: 8세손) 윤비(尹備)가 그의 족질(族姪) 윤성헌(尹成憲)을 보내와서 말하기를, "선조가 세상이 불순한 때를 만나 벼슬을 버리고 숨어 지내서 당시 무오년(1498)과 갑자년(1504)에 여러 현인들과 함께 일망타진되는 화를 당하지 않은 것은 오직 스스로 상소를 올리고 멀리 떠나고자 급박한 시류 속에서 바지를 걷어 올리고 용감히 물러났기 때문입니다. 포학함이 하늘에까지 넘치던 시절에 자손들이 온전히 목숨을 보존하여 후손들이 이어지고 여러 고을에서 번성하게 된 것은 무엇인들 선조가 남긴 모습의 넉넉한 향기가 아닌 것이 없습니다. 그러나 알져지지 않은 덕행은 이미 당세에 스스로 숨긴데다 명성 또한 후세에 와서 빛이 바래지니, 윤비(尹備) 등은 이제부터 이후로 세월이 또 흘러 황폐해질까 크게 두렵습니다. 약간이나마 사적이 다행스럽게도 남아서 민멸되지 않은 것을 후손들에게 끝없이 알릴 수가 없으니, 감히 덕을 기록한 행장을 청합니다."라고 하였다.

이우(李堣) 나는 일어나 사양하며 말하기를, "은미한 것을 드러내고 숨은 것을 밝히는 것은 입언(立言)하는 군자가 마음을 쓰는 바입니다. 그러나 그것을 원근에 전하려면 또한 반드시 그에 합당한 사람을 기다린 뒤에야 행할 수 있습니다. 이우는 그저 아득한 후생의 한 사람일 뿐이고, 작은 명성은 숨기고 알려지지 않은 덕을 밝히기에 부족한데다 보잘것없는 글 솜씨는 후세에 전해 보여줄 수가 없습니다. 이우는 감히 쉽게 이 부탁을 맡을 수 없을 뿐만 아니라, 또한 여러 윤씨들이 갑자기 능력이 부족한 사람에게 과중한 임무를 억지로 수행하도록 하는 것은 옳지 못한 바입니다."라고 하고는, 백번 절하고 사양하기를 두세 번이나 하였다. 하지만 윤성헌(尹成憲)의 청이 더욱 간절해 마지않으니, 마침내 어쩔 수 없이 가첩(家牒)을 근거로 하여 약간 삭제하거나 윤색하여 착한 자손들의 다함이 없는 효심을 보답하고, 장차 글쓰는 군자가 이를 채택하기를 기다릴 따름이다.

삼가 행장을 짓다

執義坡平尹公遺事

公諱師晳, 字□□, 系出坡平, 高麗開國功臣太師諱莘達, 其鼻祖也。數世有諱瓘, 魁文科。佐睿宗以功, 封鈴平縣開國伯, 謚文肅, 配享崇義殿。自是以下, 名卿碩輔, 史不絶書。有諱坤, 入本朝, 推忠翊戴佐命功臣, 崇政大夫吏曹判書, 謚昭靖, 於公爲曾祖。祖諱希齊, 正憲大夫判漢城府事。考諱垠, 蔭官至參判, 性淸簡, 莅州牧, 以廉平稱, 以子忠景公師路貴, 贈右議政鈴平府院君。公兄弟九人, 於次爲第二。伯兄師路, 尙世宗貞顯主, 不得奉私祀。公當主昭靖公宗事, 而讓于第六弟師夏, 官至司憲府執義。逮喬桐不辟, 士禍將起, 公挈家歸, 隱于淸州玉華臺。自號晩遯庵, 葺草亭, 扁曰萬景。嘗有詩云: "晩向巖臺上, 風光眼底森。種松方蔚翠, 移柳漸成陰。白石磷磷出, 淸江曲曲深。名韁看弊屣, 身世白鷗心." 其志節超然, 自樂於塵臼之外, 如此。遺誡子孫廢擧子業。葬公州繻城加莊洞乾坐原。配忠州朴氏, 司正忠誠女。生三男, 長礇蔭補修義, 其子孫, 散居龍宮·尙州·咸昌等地, 次禛縣監, 子孫在淸州, 次磧司果, 子孫在公州。嗚呼! 公以卓絶之資, 席父兄之業, 不由科第, 已駁華貫, 由是以進, 前途未可量也。見幾翩然, 高蹈林泉, 脫屣名韁, 終身隱淪而無悔焉。百世之下, 猶可想象其淸風遠韻, 而惜乎韜晦已甚, 名迹俱泯。沒後數百年, 雖其子孫, 莫得以紹述其志行之萬一。乃者知中樞素谷尹公光紹, 乃公傍親之遠裔也, 慨公志節之堙沒, 傍搜廣採, 得其棄官遯跡之大槩, 然後公之事行始末, 略可考信矣。公之裔在龍宮之大竹里者凡若干人, 愴懷桑梓之隔遠, 深惟瞻慕之無地, 謚于諸族, 創立祠廟, 春秋香火, 以寓追遠之誠。於是乎幽潛, 始顯於當世, 俎豆肇禋於百年, 則德之顯晦有時, 而天理之根於人心, 而不可泯者, 又如此哉。日, 公之雲孫備氏, 使其族姪成憲來, 曰: "先祖遭世不淑, 棄官逃隱, 當時不與戊午·甲子羣賢同被網打之禍者, 獨以自疏遠引, 褰裳勇退於急流之中。而子孫之所以苟全性命於虐焰滔天之際, 雲仍綿延, 蘩昌於數州之域者, 何莫非先祖遺光剩馥也耶。然而潛德, 旣自晦於當世, 聲名又日翳於來後, 備等大懼從今以往, 歲月又滋荒。如干事行之幸存而未泯者, 無以詔來裔於無窮, 敢以狀德之文爲請." 堣作而辭曰: "微顯闡幽, 固立言君子之所用心, 而傳之遠近。又必待其人而後行。堣也杳然一後生耳, 謏聞不足以發明幽潛, 蕪辭未可以傳示來世。非徒堣之不敢容易而當是寄。抑亦僉尹氏之所不可遽然强僬僥以千勻之重也." 百拜以辭者. 至再至三。而成憲氏之責愈勤不置, 遂不獲已按據家牒, 而略加刪潤, 以塞慈孫不匱之孝思。且以待秉筆君子之採擇焉。謹狀。

〔俛庵文集, 卷12, 行狀〕

06. 강형

강형의 자는 형지, 본관은 진주이다. 문종 신미년(1451)에 태어났다. 성종 임진년(1472) 사마시에 합격하고, 사평(司評)에 제수되었으며, 경술년(1490) 대사간에 이르렀다. 연산군 갑자년(1504)에 화(禍)를 입었다. 중종반정(中宗反正) 후로 이조판서에 추증되었다.

연산군(燕山君)이 다시 폐비윤씨(廢妃尹氏)를 복위하려 하자, 장령(掌令) 강형(姜詗)이 독계(獨啓)하여 극력으로 간쟁하면서 노사신(盧思愼)을 국문하여 임금의 뜻에 영합한 죄를 다스리도록 청하였다. 갑자년(1504) 세 아들과 함께 같은 날에 화를 입었다. 무오년(1558) 사화(士禍)에는 그의 아우 교리 강겸(姜謙)·진사 강흔(姜訢)과 사위 홍문관 정자 허반(許磐)이 모두 죽었다.【협주: 연산일기에 실려 있다.】

• 姜詗

姜詗, 字詗之, 晉州人。文宗辛未生。成宗壬辰司馬, 除司評, 庚戌至大司諫。燕山甲子被禍。中宗反正, 贈吏曹判書。

燕山將復廢妃尹氏[1], 掌令姜詗, 獨啓[2]力爭, 請鞫盧思愼[3]逢君[4]之罪。

---

1 廢妃尹氏(폐비윤씨, ?~1482): 成宗의 계비이자, 연산군의 어머니. 판봉상시사 尹起畝의 딸이다. 성종보다 12살 많았다고 하나 생년은 정확하지 않다. 처음에 입궐하여 성종의 후궁이 되었을 때, 대왕대비 정희왕후와 왕대비 인수대비[昭惠王后]를 잘 봉양하여 두 사람의 총애를 받았다. 1474년 공혜왕후가 승하함에 따라 왕비가 되었으며 1476년에 중궁으로 봉해졌지만, 1479년 폐위되었다. 연산군에 의해 齊憲王后에 추숭되고, 그녀의 묘는 懷陵이라는 이름을 받았으나, 중종 반정으로 연산군이 폐위되자 연산군이 그의 어머니 윤씨에게 내린 관작 또한 모두 폐위되어 원상복귀 되었고, 회릉 역시 廢妃尹氏之墓로 격하되었다.

2 獨啓(독계): 신하가 혼자서 대궐에 나아가 임금에게 직접 아룀.

3 盧思愼(노사신, 1427~1498): 본관은 交河, 자는 子胖, 호는 葆眞齋·天隱堂. 증조부는 盧鈞이며, 조부는 좌의정 盧閈이다. 아버지는 同知敦寧府事 盧物載이며, 어머니 青松沈氏는 沈溫의 딸이다. 부인 淸州慶氏는 慶由謹의 딸이다. 1451년 생원시에 합격하고, 1453년

甲子, 與三子, 同日被禍。戊午之禍, 弟校理謙[5]·進士訢[6]·壻弘文正字許磐[7], 俱死。【燕山日記】

보충

강형(1451~1504)의 가계와 이력

강형(姜詗)

본관은 진주(晉州), 자는 형지(詗之). 1451년에 태어났다. 증조부는 예빈사 소윤 강안수(姜安壽)이며, 조부는 강안수의 장남으로 대호군 강휘(姜徽)이다. 아버지는 강휘의 장남으로 관찰사 강자평(姜子平)이며, 어머니 전주이씨(全州李氏)는 의성군(誼城君) 이채(李寀)의 딸이다. 부인 선산김씨(善山金氏)는 군수 김승경(金承慶)의 딸이다.

강형은 강자평의 장남인데, 군수 강심(姜諶), 갑자사화에서 화를 입은

식년문과에 급제하였다. 1467년 말에는 建州衛征伐의 공으로 軍功二等을 받았으며, 1468년에는 南怡·康純 등의 역모를 다스린 공으로 翊戴功臣에 올라 宣城君에 봉해졌다. 1470년 의정부좌찬성에 올라 이조판서를 겸했으며, 1471년에는 성종 즉위를 보좌한 공으로 佐理功臣에 책록되었다. 1492년에 좌의정, 1495년에는 영의정에 올랐다. 그러나 文科讀卷官이었을 때 처족을 합격시켰다는 이유로 탄핵을 받아 영의정을 사직하였다. 1498년 무오사화 때 尹弼商·柳子光 등이 金馹孫 등 사림파를 제거하는 논의를 주동하자, 세조의 총신이었다는 처지 때문에 미온적으로나마 동조하였다.

4 逢君(봉군): 임금의 뜻에 영합함.

5 謙(겸): 姜謙(?~1504). 본관은 晉州, 자는 謙之. 증조부는 姜安壽이며, 조부는 姜徽이다. 아버지는 관찰사 姜子平이며, 어머니 全州李氏는 李寀의 딸이다. 강자평의 4남이다. 부인 綾城具氏는 具哲卿의 딸이다. 형이 대사간 姜詗이다. 1480년 식년문과에 급제하였다. 1498년 무오사화 때 李穆·許磐과 함께 金馹孫과 내통했다 하여, 국문을 받은 뒤 장 1백에 가산을 적몰당하고 강계로 유배되어 1504년 능지처사당하였다. 1506년 중종반정으로 신원되고 가산이 환급되었다.

6 訢(흔): 姜訢(?~1504). 본관은 晉州, 자는 時可. 강자평의 6남이다. 1496년 진사시에 합격하였다. 金宗直의 문인으로, 盧瑋·兪好仁 등과 교유하였다.

7 許磐(허반, ?~1498): 본관은 陽川, 자는 文炳. 증조부는 許扉이며, 조부는 許芝이다. 아버지는 司紙 許珚이며, 어머니 安東權氏는 權致明의 딸이다. 부인 晉州姜氏는 姜詗의 딸이다. 金宗直의 문인이다. 1483년 사마시에 합격하고, 1494년 식년문과에 급제하였다.《성종실록》편찬이 시작되면서 史官 金馹孫의 史草 가운데 김종직의 〈弔義帝文〉이 수록되어 있음이 밝혀져 무오사화가 일어나자 김일손·李穆·權五福·權景裕 등과 함께 참형되었다.

홍문관 교리 강집(姜諿), 무오사화로 화를 입은 사헌부 장령 강겸(姜謙), 진사 강함(姜諴), 강흔(姜訢)은 형제이며, 임영대군(臨瀛大君) 이구(李璆)의 아들 정양군(定陽君) 이순(李淳, 1442~1492), 연산군의 국구인 거창부원군(居昌府院君) 의정부 영의정 사지당(仕止堂) 신승선(愼承善)의 아들 형조판서 신수겸(愼守謙)은 매부이다.

강형은 대대로 관직에 나갔던 가문의 장남으로 태어났다. 1472년 22세의 어린 나이로 사마시에 합격하여 음보로 벼슬생활을 시작하였다. 평양판관, 장예원 사평 등을 지낸 뒤, 1490년 40세 때 별시문과에 급제하여 사간원 정언으로 등용되고, 1493년 사헌부 지평이 되었다. 성종이 승하하고 연산군이 즉위한 이후에도 1495년 사헌부 장령이 되고, 강직한 성품을 바탕으로 사간원과 사헌부에서 두루 관직생활을 하였다. 1496년 연산군이 생모 폐비윤씨의 입주입묘(立柱入廟)를 시도할 때 선왕 성종(成宗)의 유교(遺敎)를 들어 불가함을 독계(獨啓)하다가 유배되기도 하였다. 1498년 무오사화에서 사위 허반(許磐)이 화를 입은 뒤로, 1504년 54세 때 사간원의 수장인 대사간에 제수되었으나, 그해 사사된 연산군의 생모 폐비윤씨의 추숭문제로 불거진 갑자사화에서 독계(獨啓)에 대한 일로 치죄(治罪)를 받아 충청도 비인(庇仁)으로 유배를 보내졌다가 그해 10월 4일 아들 3형제(姜永叔, 姜茂叔, 姜輿叔)와 함께 처형되어 생을 마쳤다.

이 사화로 인하여 아우인 군수 강겸(姜謙)도 형의 죄에 연좌되어 북쪽 번방에 유배되었다가 죽었다. 형제들뿐 아니라 자식들까지 대부분 화를 입자, 부인 선산김씨 또한 한달 동안 먹지 않고 슬피 울다가 죽었다. 중종반정으로 모두 복권되었는데, 1507년 선산김씨는 정문이 표창되었으며, 강형은 이조판서에 추증되었다.

그리고 갑사사화에 연루되어 강형이 세 아들과 함께 죽임을 당하자, 맏며느리 익산이씨(益山李氏)가 아들 강호(姜滸)·강택(姜澤)·강온(姜溫)·강준(姜濬)을 데리고 친정아버지 이정양(李貞陽)이 은거 중이던 지금의 상주시 이안면 양범리에 입향하였다.

07. 홍언충

홍언충의 자는 직경, 호는 우암, 본관은 부계이다. 문광공(文匡公) 홍귀달(洪貴達)의 아들이다. 세조 계미년(1463: 성종 계사년의 오기, 1473)에 태어났다. 연산군 을묘년(1495) 사마시에 합격하고 문과에 급제하였다. 홍문관 정자와 이랑(吏郎)을 역임하였다. 갑자사화(甲子士禍) 때 거제도(巨濟島)에 유배되었다. 중조반정 이후에 벼슬이 주어졌으나 나아가지 않았다.

박은(朴誾) 등과 함께 교리(校理)가 되어 휴가를 받아 서당에서 학문을 닦았다. 갑자년(1504) 죄수들 중에 끼어 있다가 매질을 마치고 업혀 나와 감옥 속에서 잠깐 쉬고 있는데, 친구가 공의 옷이 피로 물든 것을 가리키며 말하기를, "참혹하오."라고 하자, 공이 말하기를, "이는 홍문관(弘文館)의 물에 물든 것이네."하고 하였으니, 홍(弘)과 홍(紅)은 음이 같은데다 핏빛이 홍색이기 때문에 말한 것이다. 국문을 마치고 다시 유배되자, 그 친구가 또 교외까지 나와 공을 기다렸는데, 공이 말하기를, "평생을 두고 한 학문의 화(禍)가 결국 이 지경에 이른단 말인가."라고 하자, 친구가 말하기를, "만약 그대에게서 지혜를 깎아 없애버리고서 좋고 나쁜 것을 가리지 못하여 콩과 조를 서로 뒤섞어 놓아도 아무 것 분변 못하는 일개 물건이 되라 하면, 그대는 또한 그리 하겠소?"라고 하니, 공이 멍하니 있다가 말하기를, "아니네. 떠돌아다니느라 엎어지고 넘어지는 중에 사람들이 혹 살피고 기억하는 것도 학문 때문이네. 나그네 길에서 온갖 고생하며 텅 빈 주머니를 늘어뜨리면 사람들이 혹 계속해 대어주는 것도 학문 때문이네. 바다 섬에 유배되어 웅크리고 있으면서 정신과 혼백이 위태하고 두려워할 때면 문묵(文墨: 문장과 글)이 아니면 즐길 만한 것이 없으니 학문의 공은 크다네. 나로 하여금 마음속으로는 선악을 분별하고 입으로는 시비를 논하게 하느라 남의 시기와 증오가 내 한 몸에 모여 세상에서 화를 당하게 한 것도 진실로 이 학문 때문이네. 그리고 또 스스로 학문에 힘입어 얻은 것이 저와 같았으니, 도리어 내가 가진 것을 생각해 보면 또한 내 몸에 품고 있는 큰 보배 같을 뿐만이겠는가."라고 하였다.

진보현(眞寶縣)으로 귀양을 갔는데, 스스로 반드시 죽을 것으로 여기고 묘갈명을 직접 지었으니, 이르기를, "대명천하 해가 먼저 비추는 나라의 남자로서 성은 홍씨(洪氏)이고 이름은 충(忠)이며 자는 직(直)이다. 반평생 옹졸하게 살며 글공부에만 전념하다가 세상에서 32년 만에 생을 마쳤도다. 명은 어찌 그리도 짧으며 뜻은 어찌 그리도 장구한가. 고현(古縣)의 숲이 무성한 마을에 묏자리를 정하니, 푸른 산이 위에 있고 굽은 물굽이가 아래에 있도다. 천추만세 지난 후에 누가 이 들판을 지나랴만, 손으로 가리키고 서성이며 반드시 슬퍼할 이가 있으리로다."라고 하였다.【협주: 해동명신록에 실려 있다.】

- 洪彥忠

> 洪彥忠, 字直卿, 號寓菴, 缶溪人。文匡公貴達[1]子。世祖癸未生[2]。燕山乙卯司馬·文科。歷弘文正字·吏郎。甲子禍, 配巨濟。中廟反正, 授官不就。

1 貴達(귀달): 洪貴達(1438~1504). 본관은 缶林, 자는 兼善, 호는 虛白堂·涵虛亭. 증조부는 사재감정 洪淳이며, 조부는 洪得禹이다. 아버지는 洪孝孫이며, 어머니 安康盧氏는 盧緝의 딸이다. 부인 商山金氏는 洛城君 金先致의 후손으로 사정 金叔貞의 딸이다. 1460년 별시 문과에 급제하였다. 1467년 李施愛의 난을 평정하고 공조정랑에 승직하면 예문관응교를 겸하였으며, 1469년 춘추관 編修官으로 세조실록 편찬에 참여하였으며, 1498년 무오사화 때 10여건에 달하는 왕의 난정을 간하다가 좌천되었고, 1504년 慶源으로 유배 도중 교살된 문신이다.

2 世祖癸未生(세조계미생): 金宇宏(1524~1590)이 쓴 〈寓庵稿跋〉에 의하면 성종 계사년인 1473년에 태어난 것으로 되었으나, 李肯翊(1736~1806)의 《燃藜室記述》에 의하면 32세의 나이로 생을 마친 것으로 되어 있어 출생년이 1477년이어야 함. 홍언충의 외손서인 김우굉의 문헌을 따라 성종 계사년인 1473년의 오기로 본다.

與朴誾[3]等, 同爲校理, 賜暇書堂[4]。甲子, 在囚中, 掠已擔下, 小息圜墻[5]之中, 其友[6]指其衣血, 曰: "慘矣." 公曰: "此弘文館水所染." 弘與紅同音, 血色紅故云。鞫了還配, 其友又候之郊, 公曰: "平生爲學之禍, 一至此哉?" 友曰: "若使子刮去慧智, 塗薰蕕[7], 混菽粟, 爲悾悾然一物, 則子亦爲之乎?" 公撫然曰: "惡! 流離顚踣中, 人或省記者學也。客路辛艱, 枵然垂橐, 人或繼給者學也。竄伏海島, 神魂危悸, 除文墨無可娛玩, 學之功大矣。俾我心善惡口是非, 猜叢疾簇, 招禍於世者, 固是學也。而又自得力如彼, 反而思吾之有, 又不啻如拱璧[8]在身."

謫配眞寶縣[9], 自分必死, 自作碣銘云: "大明天下日, 先照國男子, 姓洪名忠字直。半生迂拙, 文字之攻, 在世卅有二歲而終。命何云短? 意何其長? 卜于古縣[10]茂林之鄉, 靑山在上, 瀯碕在下。千秋萬歲, 誰過斯野, 指點徘徊, 其必有悵然者."【海東名臣錄[11]】

---

3 朴誾(박은, 1479~1504): 본관은 高嶺, 자는 仲說, 호는 挹翠軒. 아버지는 한성부판관 朴聃孫이며, 어머니는 濟用監直長 李苡의 딸이다. 부인 高靈申氏는 대제학 申用漑의 딸이다. 金宗直과 崔溥의 문인이다. 1495년 진사시에 합격하고, 1496년 식년문과에 급제하였다. 1498년 柳子光과 成俊을 탄핵하다가 도리어 詐似不實이라는 죄목으로 파직되었다. 1501년 홍문관 수찬이 되었으나, 파직되어 이후 실의에 빠져 시와 술만을 즐기며 지냈다. 1504년 갑자사화에 연루되어 東萊로 유배되었다가 의금부로 다시 압송되어 효수되었다.

4 賜暇書堂(사가서당): 젊은 문관 중에서 재주가 뛰어난 사람을 골라 뽑아서 휴가를 주어 서당하에서 학문을 닦게 하는 것. 서당은 독서당 또는 호당이라고도 한다.

5 圜墻(원장): 감옥.

6 其友(기우): 《龍泉談寂記》에 의하면 金安老(1481~1537)를 가리킴.

7 薰蕕(훈유): 향내가 나는 풀과 나쁜 냄새가 나는 풀이라는 뜻으로, 착한 사람과 못된 사람을 비유적으로 이르는 말.

8 拱璧(공벽): 두 손으로 안을 정도로 큰 옥. 진기한 보물.

9 眞寶縣(진보현): 경상북도 청송군 진보면과 파천면 일대. 그런데 魚叔權의 《稗官雜記》 권4에는 眞安縣으로 되어 있고, 洪汝河의 《木齋集》 〈輓停封煇〉에도 진안현으로 되어 있다.

10 古縣(고현): 巨濟島에 있는 지명.

11 金堉의 《海東名臣錄》 〈洪貴達〉에 한 조목으로 실려 있음.

08. 이언

> 이언의 자는 심원, 호는 낙빈, 본관은 홍양이다. 대사헌 이은(李垠)의 아들이다. 문과에 급제하였다. 집의를 역임하고, 벼슬이 전주부윤에 이르렀다. 성종 계묘년(1483)에 죽었다.

젊은 나이에 급제하여 청현직(淸顯職)을 두루 역임하였다. 허조(許稠) 선생에게 학문을 배웠다.

남원(南原)에 흉년이 들자, 조정에서 공을 천거하여 통정대부를 가자(加資)하고 남원부사로 제수하였다. 부임하자마자 창고를 열어 굶주린 백성을 구제하고, 백성들이 버린 아이들을 거두어 자식이 없는 아전이나 백성들에게 나누어 보살피도록 하였다. 1년이 채 지나기 전에 고을 경내(境內)가 잘 다스려졌다. 임기가 다 차서 돌아가게 되자, 백성들이 조정에 유임시켜달라고 청했지만, 주상은 친필의 글을 내려 말하기를, "들건대 경(卿)이 선정을 베풀어서 백성을 은혜와 사랑으로 돌보고 다스려 명성과 치적이 있었도다."라고 하고는 특별히 가선대부(嘉善大夫)로 품계를 올려 남원부사에서 전주부윤으로 옮기니, 두 고을의 백성들은 눈물로 전송하고 노래로 맞이하였다.

벼슬자리에서 물러나 선산(善山)의 내곡리(內谷里)에서 지냈는데, 낙수(洛水) 가에 집을 지이 날마다 선비 친구들과 학문을 게을리하지 않고 강론하면서 20년 동안 한가롭게 스스로 즐겼다. 일찍이 생일을 축하하는 자리에서 아들과 사위들이 성대하게 모인 적이 있었는데, 군읍(郡邑)의 수령 5명이나 되어 그들이 차고 있던 인장과 띠를 풀어 자리에 두니, 잔치가 끝날 무렵에 누구 것인지 분간할 수 없었다.【협주: 김숙자가 찬한 행장에 실려 있다.】

• **李堰**

李堰[1], 字深源, 號洛濱, 興陽人。大司憲垠[2]子。文科。歷執義, 至全州府尹。成宗癸卯卒。

早年登第, 歷職淸顯。講學於許先生稠[3]。

南原[4]歲飢, 朝廷推公, 加通政, 拜南原府使。至則發倉賑飢, 收民棄兒, 分鞠於吏民之無子者。歲中, 府境大治。秩滿當歸, 民請于朝留之, 上賜手書曰: "聞卿政淸, 惠愛字民, 治有聲績." 特轉階嘉善, 自南原遷全州, 兩邑之民, 哭送歌迎。

退居善山[5]內谷[6], 築室洛濱, 日與士友, 講學不倦, 優遊自樂二紀。嘗於壽席, 子婿盛集, 知郡邑者五人, 解其所佩印綬, 置於座, 臨罷不能

---

1 李堰(이언, ?~1483): 본관은 興陽, 자는 深源, 호는 洛濱. 증조부는 李吉이며, 조부는 贊成事 李舒原이다. 아버지는 대사헌 李垠이다. 어머니 平山韓氏는 韓哲沖의 딸이다. 부인 星州李氏는 운봉감무 李粹之의 딸이다. 성품이 청렴하고 강직하였다. 敬菴 許稠의 문인이다. 문과에 급제하여 執義를 역임하였다. 1458년 남원부사였는데, 치적이 가장 우수하다 하여 세조가 1460년 교지를 내려 陞職(가선대부)을 포상하였다. 1461년 全州府尹이 되었고, 임기가 만료되자 물러나 善山 內谷里에서 지내다가 세상을 떠났다. 義興의 羅溪書院에 배향되었다.

2 垠(은): 李垠(1368~1438). 본관은 興陽, 초명은 李致, 증조부는 李厚이며, 조부는 李吉이다. 자는 아버지는 贊成事 李舒原이며, 어머니 文化柳氏는 감찰대부 柳靖의 딸이다. 부인 平山韓氏는 韓哲沖의 딸이다. 처가인 상주와 가까운 善山 內谷에서 살다가 낙동강 어귀인 상주와 선산군 옥성 경계에 터를 잡았다. 1388년 성균관시에 장원급제하였다. 1400년 좌간의, 1401년 충청도안렴사, 1403년 우사간, 1413년 개성부유후, 황해도관찰출척사, 1414년 대사헌, 예문관제학이 되었으며, 1436년 경주부윤으로 재임하다가 1438년 임지에서 죽었다.

3 許先生稠(허선생조): 許稠(1369~1439). 본관은 河陽, 자는 仲通, 호는 敬菴. 증조부는 판전객시사 許綏이며, 조부는 都官正郎 許允昌이다. 아버지는 版圖判書 許貴龍이며, 어머니 興陽李氏는 통례문부사 李吉의 딸이다. 부인 寧海朴氏는 朴經의 딸이다. 權近의 문인이다. 1383년 진사시와 1385년 생원시에 합격하고, 1390년 식년문과에 급제하였다. 예조판서, 우의정 영집현전춘추관사 세자부 등을 역임하였다. 조선 건국 이후 예악제도를 바로잡는 데 힘썼다. 왕실의 각종 의식과 일반의 상제 등 그의 손에 의해 이루어지지 않은 예악제도가 없을 정도였다. 시관으로 많은 인재를 발탁하였는데 1438년에 신숙주와 하위지 등을 선발하였다. 《소학》·《중용》을 즐겨 읽었고 효행이 지극했으며, 강직한 성품을 지녔다.

4 南原(남원): 전라북도 동남부에 있는 고을.

5 善山(선산): 경상북도 서부 중앙에 있는 고을.

6 內谷(내곡): 內谷里. 선산의 북동쪽에 있는 들.

辨。【金叔滋[7]撰行狀[8]】

7 金叔滋(김숙자, 1389~1456): 본관은 善山, 자는 子培, 호는 江湖·江湖散人. 선산 출신. 증조부는 金光偉이며, 조부는 金恩宥이다. 아버지는 金琯이며, 어머니 仁同兪氏는 兪仁貴의 딸이다. 1414년 생원시에 합격하고, 1419년 식년문과에 급제하였다. 고령현감을 거쳐, 1436년에 經明行修의 선비 추천에서 첫 번째로 꼽혀 世子右正字가 되었다. 그러나 얼마 후 선산의 교수관으로 나갔다가 성주교수, 김해현감, 고령현감, 개령현감 등을 역임하였다. 그 뒤에 司藝가 되었으나, 1456년 사직하고 처가가 있는 밀양으로 내려가서 그해에 죽었다.

8 行狀(행장): 李堰의 몰년 1483년인데, 1456년에 이미 죽은 金叔滋가 그의 행장을 찬했다고 하는 것은 사실에 부합하지 않음.

09. 김구 문의공

김구의 자는 대유, 호는 자암, 본관은 광주(光州)이다. 성종 무신년(1488)에 태어났다. 중종 정묘년(1507) 사마시에 합격하고, 임신년(1512) 문과에 급제하였다. 홍문관 정자·이랑(吏郞)·전한·직제학·예문관 응교·호당(湖堂)을 역임하고 벼슬이 부제학에 이르렀다. 갑오년(1534)에 죽었다. 이조판서에 추증되었다.

공은 천품이 매우 고상하고 실천 또한 독실하여 마음을 다해 분발하고 힘써 행하였으니, 함께 학문을 연구하고 서로 연마하던 이들은 모두 당시 선량한 인사들이었다. 중종(中宗)이 문치(文治: 문교와 예악으로 다스림)에 힘을 기울이며 새 시대를 만들려 했고, 공 및 정암(靜菴) 조 선생(趙先生: 趙光祖, 1482~1519)과 충암(冲菴) 김 선생(金先生: 金淨, 1486~1521)이 신임을 받자 지치(至治: 하늘의 뜻이 펼쳐진 이상 세계)를 회복하려 도모하면서 요순(堯舜)의 임금과 백성으로 만들고 유학을 흥기시키는 것을 자신들의 소임으로 여겼다. 북문화(北門禍: 기묘사화)가 일어나서 하룻밤 사이에 하옥되어 치죄를 받았는데, 남곤(南袞)과 심정(沈貞)이 대역죄로 무고하였기 때문이다. 대신(大臣) 정광필(鄭光弼)이 힘써 구제해 준 것에 힘입어 장형(杖刑)이 가해진 뒤 개령(開寧)으로 유배되었다가 몇 달이 지난 후에 죄가 더해져 남해(南海)로 유배되었다. 13년간 있다가 임피(臨陂)로 양이(量移: 섬이나 변경으로 멀리 귀양 보냈던 사람의 죄를 감등하여 내지나 가까운 곳으로 옮김)되어 다시 2년 지난 뒤에야 풀려나 고향으로 돌아왔다. 귀양살이 중에 부모는 모두 죽었다. 이때에야 달려가 곡하였는데, 아침저녁으로 묘소에 올라가 흘린 눈물에 젖어 초목이 모두 말랐다. 문장이 보기 드물게 걸출한데다 음률을 잘 알아 장악원 정(掌樂院正)에 제수한 것은 아악(雅樂)을 바로잡게 하려고 한 것이다. 처음 과거에 합격하였을 때, 시고관(試考官: 시험관)이 칭찬하고 평하며 말하기를, "퇴지(退之: 韓愈)

의 글이요, 희지(羲之: 王羲之)의 글씨다."라고 하고는, 두 명을 장원으로 발탁하였으니, 우리나라 조정에 드문 일이었다. 필법(筆法)은 스스로 일가를 이루었으니, 세상에서 인수체(仁壽體)라고 부른 것은 인수방(仁壽坊)에서 살았기 때문이다. 훗날 중국 사람들이 사 간다는 말을 듣고서 아예 글씨를 쓰지 않았으니, 이로 말미암아 세상에 전해지는 것이 드물다.【협주: 김세렴이 찬한 묘갈문에 실려 있다.】

• **金絿 文毅公**

金絿, 字大柔, 號自菴, 光州人。成宗戊申生。中宗丁卯司馬, 壬申文科。歷弘文正字·吏郎·典翰·直提學·藝文應教·湖堂, 至副提學。甲午卒。贈吏曹判書。

公天分絶高, 踐履又篤, 發憤力行, 相與講究切磋者, 皆一時善類。中廟銳意[1]文治[2], 作新一世, 而公及靜菴[3]趙先生·冲菴金先生[4], 爲所倚重, 圖回至治[5], 以堯舜君民[6]·興起斯文爲己任。北門禍[7]作, 一夜下理, 衮貞[8]

---

1 銳意(예의): 마음을 단단히 하여 힘씀.

2 文治(문치): 학문의 덕을 숭상하여 학문과 법령으로써 다스리는 정치.

3 靜菴(정암): 趙光祖(1482~1519)의 호. 본관은 漢陽, 자는 孝直. 아버지는 감찰 趙元綱이다. 魚川察訪이던 아버지의 임지에서 무오사화로 유배 중인 金宏弼에게 수학하였다. 1510년 진사시에 장원 합격하고 성균관에 들어가 공부하던 중, 성균관에서 학문과 수양이 뛰어난 자를 천거하게 되자 유생 200여 명의 추천을 받았고, 다시 이조판서 安瑭의 천거로 1515년 造紙署司紙에 임명되었다. 같은 해 증광문과에 급제하여 홍문관에 들어갔으며 전적·감찰·정언·수찬·교리·전한 등을 역임하고 1518년 부제학을 거쳐 대사헌이 되었다. 사림의 지지를 바탕으로 도학 정치의 실현을 위해 적극적으로 활동했다. 천거를 통해 인재를 등용하는 현량과를 주장하여 사림 28명을 선발했으며 중종을 왕위에 오르게 한 공신들의 공을 삭제하는 위훈삭제 등 개혁정치를 서둘러 단행하였다. 사흘 후 기묘사화가 일어나 능주로 귀양갔으며 한달만에 사사되었다.

4 冲菴(충암): 金淨(1486~1521)의 호. 본관은 慶州, 자는 元冲, 호는 孤峯. 보은 출신. 증조부는 金詳이며, 조부는 金處庸이다. 아버지는 호조정랑 金孝貞이며, 어머니 金海許氏는 判官 許允恭의 딸이다. 부인 恩津宋氏는 宋汝翼의 딸이다. 1507년 증광문과에 장원급제하였다. 1514년 순창군수로 재임하던 시기에 담양부사 박상과 함께 폐비 신씨의 복위를 주장하였다가 보은에 유배되었다. 1516년 석방되어 대사헌 등을 역임했다. 1519년 기묘사화로 제주도에 유배되었을 때 《제주풍토록》을 저술했다. 그 뒤 1521년 신사무옥에 연루되어 사사되었다.

誣以大逆。賴大臣鄭光弼[9]力救, 杖流開寧[10], 居數月, 加罪竄南海[11]。十三年, 量移[12]臨陂[13], 又二年放還。其在謫也, 父母俱歿。至是奔哭, 朝夕上塚, 涕淚所着, 草木盡枯。文章奇杰, 審解音律, 樂正之拜, 欲令正雅樂也。初登科, 試考官賞批曰: "退之作, 羲之書." 擢置兩魁, 國朝所罕也。筆法, 自成一家, 世謂之仁壽體, 居仁壽坊故也。後聞爲華人所購, 絶不書, 以此罕傳于世。【金世濂[14]撰碣】

---

5 至治(지치): 탓할 나위 없이 잘 다스려진 정치.

6 堯舜君民(요순군민): 《孟子》〈萬章章句 上〉에 의하면, 湯이 사람을 시켜 폐백을 가지고 초빙하자 伊尹이 아무런 욕심이 없이 自得한 모습으로 말하기를, "내 어찌 탕의 폐백을 받으리요. 내 어찌 초야에 묻혀 이대로 堯舜의 도를 즐기느니만 하리요."라고 하였다. 탕이 3번이나 사람을 보내 초빙하자 이윽고 이윤이 생각을 바꾸어 말하기를, "내가 초야에 묻혀 이대로 요순의 도를 즐기는 것보다 내 차라리 이 임금을 요순과 같은 임금으로 만드는 편이 낫지 않겠으며, 내 자신이 직접 그러한 治世를 보는 편이 낫지 않겠는가."라고 하였다.

7 北門禍(북문화): 己卯士禍를 달리 이르는 말. 南袞이 정식 절차를 밟지 않고 밤중에 비밀리에 경복궁의 북문인 神武門을 열게 하고 들어가서 화를 일으켰다는 데서 나온 말이다.

8 袞貞(곤정): 南袞(1471~1527)과 沈貞(1471~1531). 남곤의 본관은 宜寧, 자는 士華, 호는 止亭·知足堂. 대사헌, 대제학을 거쳐 영의정을 지냈다. 기묘사화 때 예조판서로서 조광조를 비롯한 여러 선비를 모함해 죽였다. 심정의 본관은 豐山, 자는 貞之. 중종반정에 참여해 공신에 책봉되었으며, 趙光祖 세력과 대립해 1519년 기묘사화를 일으키는데 중요한 역할을 했으며, 1527년 또다른 권신 金安老를 귀양 보냈다가, 1531년 김안로의 탄핵을 받고 사사 당하였다.

9 鄭光弼(정광필, 1462~1538): 본관은 東萊, 자는 士勛, 호는 守夫. 증조부는 鄭龜齡이며, 조부는 진주목사 鄭賜이다. 아버지는 이조판서 鄭蘭宗이며, 어머니 全州李氏는 장사랑 李知止의 딸이다. 부인 恩津宋氏는 宋順年의 딸이다. 1492년 진사시에 합격하고, 같은 해 식년문과에 급제했다. 기묘사화 때 조광조를 구하여다 파직되었으나, 뒤에 복직해 좌의정과 영의정을 지냈다.

10 開寧(개령): 경상북도 김천 지역의 옛 지명.

11 南海(남해): 경상남도 남해군의 읍치. 南海島의 가운데에 있다.

12 量移(양이): 섬이나 변경으로 귀양 보냈던 사람의 죄를 감등하여 내지나 가까운 곳으로 옮김.

13 臨陂(임피): 전라북도 군산시 임피면 일대.

14 金世濂(김세렴, 1593~1646): 본관은 善山, 자는 道源, 호는 東溟. 증조부는 金弘遇이며, 조부는 永興府使 金孝元이다. 아버지는 통천군수 金克鍵이며, 어머니 陽川許氏는 弘文館 典翰 許篈의 딸이다. 1614년 생원진사시에 합격하고 1616년 증광문과에 장원급제하였다. 1617년 폐모론을 주장하는 자들을 탄핵하다가 곽산으로 유배, 1년 만에 강릉으로 移配되었다. 1년 뒤 귀양에서 풀려났지만 벼슬은 하지 못하였다. 1623년 인조반정으로 다시 기용되어, 수찬·헌납·교리를 거쳐, 이듬해 繡衣御史로 충청도를 살폈으며, 지평·교리·부응교를 역임하였다. 1636년 통신사를 일본에 파견할 때 부사로 선발되어 다녀온 뒤, 사간

보충

김세렴(金世濂, 1593~1646)이 찬한 묘비명

부제학 증참판 자암 김 선생 신도비명 병서

공의 휘는 김구(金絿), 자는 대유(大柔), 본관은 광주(光州)인데, 기묘선현전(己卯先賢傳)에서 이른바 자암(自菴) 김 선생이라고 한 사람이다.

공은 천품이 매우 고상하고 실천 또한 독실하여 어려서부터 마음을 다해 분발하여 힘써 행하였으니, 함께 학문을 연구하고 서로 연마하던 이들은 모두 당시 선량한 인사들이었다. 중종(中宗)이 바야흐로 문치(文治: 문교와 예악으로 다스림)에 힘을 기울이며 새 시대를 만들려 했고, 공 및 정암(靜菴) 조 선생(趙先生: 趙光祖, 1482~1519)과 충암(沖菴) 김 선생(金先生: 金淨, 1486~1521)이 상하의 신임을 받자 힘을 합쳐 보좌하며 지치(至治: 하늘의 뜻이 펼쳐진 이상 세계)를 회복하려 도모하면서 요순(堯舜)의 임금과 백성으로 만들고 유학을 흥기시키는 것을 자신들의 소임으로 여겼다.

괴원(槐院: 승문원)으로 시작해 홍문관(弘文館)에 선발되어 정자(正字)가 되었고, 저작·박사·수찬·교리를 역임하였다. 곧이어 이조 좌랑(吏曹佐郞)에 제수되었고 정랑(正郞)으로 승진하였다. 사간원의 헌납·사간과 장악원 정을 거쳐 다시 홍문관에 들어가 응교·전한·직제학이 되었고, 예문관 응교와 성균관 사성의 직무를 겸하였다. 호당(湖堂: 독서당)에서 사가독서(賜暇讀書)를 하였고, 승정원 동부승지로 승진한 후 좌승지로 옮겼으며, 이어 홍문관 부제학으로 제수되었다.

얼마 지나지 않아 북문화(北門禍: 기묘사화)가 일어났는데, 공이 정암(靜菴)·충암(沖菴)과 함께 하룻밤 사이에 다 하옥되어 치죄를 받았다. 이보다 앞서, 남곤(南袞)과 심정(沈貞)이 공의(公議: 公論)에 의해 버림을 받자 오랫동안 쌓인 분노로 원한을 풀고자 몰래 대역죄로 무고하여 일이 어떻

을 거쳐 황해도관찰사로 부임하였다. 1638년 동부승지를 거쳐 병조참지와 병조·형조·이조의 참의, 부제학을 역임하였다. 1644년 평안도관찰사로 옮겼다가 대사헌으로 조정에 들어가 홍문관제학을 겸임했고, 바로 도승지를 거쳐 호조판서를 지냈다.

게 될지 헤아릴 수 없었으나, 대신(大臣) 정광필(鄭光弼)이 힘써 구제해 준 것에 힘입어 유배지를 분산시켜 정해 멀고 가까움의 차이가 있어서 사방으로 귀양을 가게 되었다. 공은 장형(杖刑)이 가해진 뒤 개령(開寧)으로 유배되었다가 몇 달이 지난 후에 죄가 더해져 남해(南海)로 유배되었지만, 정암과 충암은 끝내 형벌이 더해지는 것을 면하지 못하여 목숨을 잃었으니 아아, 참으로 슬픈 일이다.

선비란 본디 충직한 도리를 지니고도 나아가서는 밝은 임금을 만나지 못하거나, 선을 즐기며 학문을 좋아하고도 물러나서는 홀로 자기 몸을 선하게 하지 못하면, 곤궁에 빠져서 한평생을 다하고 세상을 떠나게 된다. 공 같은 이야말로 충성은 족히 임금의 지우(知遇)을 받을 만했으나 성스럽고 밝은 세상에서 쫓겨났으며, 지혜는 족히 자신의 몸을 보호할 만했으나 끝내 간사한 자의 모함을 만났으니, 이것이 또 무슨 뜻인가? 슬프도다, 천도(天道)는 반드시 자기 생각대로 되지 않는 것이어서 하나같이 이 지경에 이른 것인가.

공은 외딴섬에서 13년간 있다가 비로소 임피(臨陂)로 양이(量移: 섬이나 변경으로 멀리 귀양 보냈던 사람의 죄를 감등하여 내지나 가까운 곳으로 옮김)되어 다시 2년 지난 뒤에야 풀려나 고향으로 돌아왔다. 귀양살이 중에 부모가 모두 먼저 죽었다. 이때에야 부모의 묘소에 달려가 곡하였고 혼절했다가 다시 깨어나 복상(服喪)을 못한 정을 펴려고 하였는데, 아침저녁으로 묘소에 올라가 흘린 눈물에 젖어 초목이 모두 말랐다.

가정 갑오년(1534) 11월 16일에 병으로 일어나지 못하였으니, 향년 47세였다. 예산(禮山) 종경리(宗敬里)의 자좌오향(子坐午向) 언덕에 묻혔는데, 선영의 터를 따른 것이다. 57년이 지나서 선조(宣祖) 때 특별히 이조참판에 추증되었다.

공은 문장이 보기 드물게 걸출하여 위진시대(魏晉時代)보다 훨씬 뛰어난데다 예능까지도 두루 능통하고 음률을 잘 알아 장악원 정(掌樂院正)에 제수한 것은 아악(雅樂)을 바로잡게 하려고 한 것이다.

16세 때 한성시(漢城試)에 장원으로 합격하였고, 20세 때 사마시에 급제하였으며, 26세 때 문과에 급제하였다. 사마시에 응시했을 때에는 선정신(先正臣) 김 모재(金慕齋: 金安國, 1478~1543)가 고시관(考試官: 시험관)이었는데, 매우 감탄하고 칭찬하며 그의 답안지에 대해 평하기를, "퇴지(退之: 韓愈)의 글이요, 희지(羲之: 王羲之)의 글씨다."라고 하였다. 마침내 두 명을 장원으로 발탁하였으니, 우리나라 조정에 드문 일이었다.

필법(筆法)은 강건하고 스스로 일가를 이루었으니, 세상에서 인수체(仁壽體)라 부른 것은 공이 인수방(仁壽坊)에서 살았기 때문이다. 훗날 중국 사람들이 사 간다는 말을 듣고서 아예 글씨를 쓰지 않았으니, 이로 말미암아 세상에 전해지는 것이 드물다.

아버지 휘 김계문(金季文)은 대흥현감(大興縣監)을 지냈고 좌승지에 추증되었다. 조부 휘 김성원(金性源)은 성균관 사예를 지내고 이조참판에 추증되었다. 증조부 휘 김예몽(金禮蒙)은 예조판서를 지냈고 시호는 문경공(文敬公)이다. 어머니 부인(夫人) 전의이씨(全義李氏)는 고려 태사(高麗太師) 이도(李棹)의 후손이다. 아내 김해김씨(金海金氏)는 통례(通禮) 김귀통(金貴通)의 손녀이자, 만호(萬戶) 김진현(金震賢)의 딸이다. 부인의 도리를 지녀서 안팎으로 아름다운 덕에 부합하였고 훌륭한 자손들을 낳았다. …(중략)…

유학(幼學) 김백휘(金伯輝)는 김숙(金橚)의 소생으로 바로 종손(宗孫)이었는데, 순양군(順陽君: 金夢尹) 및 종인(宗人)들과 묘비에 글을 새겨 세우기로 계획하고 직접 가장(家狀)을 써서 김세렴(金世濂)에게 부탁하며 말하기를, "공이 죽은 지 100여 년인데, 묘비가 아직도 없으니 어찌 유독 자손들만의 책임이겠습니까? 그것은 사문(斯文: 유림)에 있어서도 흠결 또한 큽니다. 그렇다면 그대가 아니면 누가 명(銘)을 짓겠습니까?"라고 하였다. 김세렴이 사양했으나 받아들여지지 않아 삼가 명한다. …(이하 명문 생략)…

副提學贈參判自菴金先生神道碑銘 并序

公諱絿, 字大柔, 光州人, 己卯先賢傳所謂自菴金先生者也。公天分絶

高, 踐履又篤, 自少發憤力行, 其相與講究切磋者, 皆一時善類。中廟方銳意文治, 作新一世, 而公及靜菴趙先生·沖菴金先生, 爲上下所倚重, 協心贊迪, 圖回至治, 以堯舜君民·興起斯文爲己任。始由槐院, 選入弘文館正字, 歷著作·博士·修撰·校理。旋拜吏曹佐郎, 遷正郎。由司諫院獻納·司諫·掌樂院正, 復入弘文館爲應教·典翰·直提學兼帶藝文館應教·成均館司成。賜暇湖堂, 陞承政院同副承旨, 遷左承旨, 移拜副提學。俄而, 北門禍作, 公與靜菴·沖菴, 一夜俱下理。先是, 南袞·沈貞, 爲公議所棄, 積怒逞憾, 潛誣以大逆, 事叵測, 賴大臣鄭光弼力救, 分配有差, 流竄四出。公杖流開寧, 居數月, 加罪竄南海, 靜菴·沖菴, 竟未免加命, 嗚呼! 可慟也已。士固有忠直道, 進不得遭遇明主, 樂善好學, 退不能獨善其身, 厄困以歿世者矣。若公忠足以結主知, 而黜於聖明之世, 明足以保其身, 而竟遭憸人之穽, 此又何哉? 嗟乎! 天道之不可必, 一至此歟。公處絶島十三年, 始得量移臨陂, 又二年放還鄕里。其在謫也, 父母俱先歿。至是奔哭父母墓, 絶而復蘇, 欲伸追稅之情, 朝夕上塚, 涕淚所着, 草木盡枯。以嘉靖甲午十一月十六日病不起, 享年四十七。葬于禮山宗敬里子坐午向之原, 從先兆也。後五十七年, 當宣廟朝, 特贈吏曹參判。公文章奇杰, 高出魏晉, 旁及藝能, 審解音律, 其拜樂正, 欲令正雅樂也。十六魁漢城試, 二十中司馬, 二十六登文科。其應司馬試也, 先正金慕齋爲考官, 亟加歎賞, 批其卷曰: "退之作, 羲之書." 遂擢置兩魁, 國朝所罕也。筆法强健, 自成一家, 世謂之仁壽體, 蓋公之居仁壽坊故也。後聞爲華人所購, 絶不書, 以此罕傳于世。考諱季文, 大興縣監, 贈左承旨。祖諱性源, 成均館司藝, 贈吏曹參判。曾祖諱禮蒙, 禮曹判書, 謚文敬公。妣夫人全義李氏, 麗太師棹之後。娶金海金氏, 通禮貴通之孫, 萬戶震賢之女也。克秉婦道, 合美毓慶。…(중략)… 幼學伯輝, 櫶之出, 寔爲宗孫, 與順陽君及宗人, 圖竪墓刻, 手家狀, 屬, 曰: "公歿已百餘年, 顯刻尙闕, 豈獨子孫責也? 其在斯文, 欠缺亦大。然則非子誰宜銘?" 世濂辭不獲, 銘曰。…(이하 명문 생략)…

〔東溟先生集, 卷8, 碑誌碣銘〕

10. 김순고

김순고의 자는 우경, 본관은 순천이다. 평양부원군 김승주(金承霔)의 후손이다. 성종 기유년(1489)에 태어났다. 을해년(1515) 무과에 급제하고 병자년(1516) 중시(重試)에 급제하였다. 선전관을 5번, 군(郡)과 부(府)를 다스린 지방관이 3번, 수사를 지낸 것이 5번이고, 병마절도사·한성우윤·한성좌윤·동지부사(冬至副使)·포도대장·부총관(副摠管)·지훈련(知訓鍊)·비변제조(備邊提調)를 지냈으며 벼슬이 지중추부사에 이르렀다. 평양군에 습봉(襲封)되었다. 선조 갑술년(1574)에 죽었다.

중종(中宗)이 양계(兩界: 동계와 북계)에 명하여 여연(閭延) 등 네 고을에 몰래 들어와 흩어져 살고 있는 호인(胡人)을 내쫓고자 다시 공을 파견하여 먼저 도로를 살피게 하였다. 군대가 행진하게 되자 선봉이 되어 오랑캐 소굴을 무찔렀는데 50여 곳이나 불질러 철거시켰고 사로잡거나 참수한 자가 매우 많았다. 마침내 후군(後軍)을 맡아 싸우면서 후퇴했는데, 여러 장수들은 겁에 질려 물러나서 문책을 받거나 귀향을 갔지만 공만은 홀로 전공(戰功)이 있어서 처벌을 면했다. 일은 마땅히 요점을 찔러 처리하였으니, 반드시 공에게 맡겨 처리하도록 하였다.

왜구의 변란이 일어난 이래로 비로소 회량진(花梁鎭)을 고쳐 수영(水營)으로 삼았고, 처음으로 경험이 많은 노련한 장수를 선발하여 제조(提調)로서 무고(武庫)를 맡게 하였고, 경강(京江: 도성 앞을 흐르는 한강)에서 전선(戰船)을 처음으로 만들고 기전(畿甸)에 이어서 수군(水軍)의 대장을 세웠는데, 모두 공으로 하여금 맡도록 한 것이다. 은혜와 위엄을 아울러 행하니 명성과 치적이 모두 현저하였다. 가덕(加德)과 천기(天機: 天城의 오기)의 수군을 웅천(熊川) 바다 가운데에 설치한 것과, 천성(天城)을 개척하여 해자(垓子) 주위에 탱자나무를 심고 울타리를 설치하여 배를 숨기게 한 것은 모두 공의 건의에서 비롯된 것이다. 또한 왜구를 염려하여 철(鐵) 9근을 전선(戰船)에 부치도록 하고 좌우에 바퀴를 달게 하며 선두와 선미에 포를 설치하게 하였는데, 우리가 전선에 포를 설치할 수 있게 된 것은 공에서 비롯되었다.

경흥(慶興)이 잇달아 수재를 입자 조정에서 그것을 걱정하여 잉거도(仍巨島)에 목책을 설치하고 강을 건너서 밭을 일구어 농사를 짓도록 하고는 공을 파견하여 살피게 하였다. 도착하니, 그곳은 바로 목조(穆祖)가 처음 터를 잡은 곳인데다 목책(木柵)도 오래갈 방도가 아님을 알고서 부사(府使) 김수문(金秀文, ?~1568)과 함께 힘을 다하여 공사를 시작하고 이어서 돌을 더해 쌓으니, 몇 달 되지 않아 성곽과 집들이 모두 완성되었다. 이때보다 앞서, 공은 윤원형의 시기를 받았는데, 어떤 사람이 윤원형의 속마음을 짐작하고 공을 팔아 아첨하느라 새로운 성(城)이 원수에게 길을 열어준다고 소리 높여 말하였다. 윤원형은 삼사(三司)를 사주하여 사형을 시키라고 청하였지만, 끝내 강계(江界)로 유배되었다. 호남에서 일어난 변란이 알려지자, 즉시 유배지로 전갈이 급히 와서 도성으로 급히 불러들여 군사기밀에 대한 대책을 예전처럼 미리 대비하게 하였다. 그 후로도 잉거도(仍巨島)의 일을 논하게 될 때면 여전히 몹시 분개해 마지않으니, 어떤 사람이 말하기를, "뜨거운 국에 데인 적이 있는데도 조심하지 않을 것이오?"라고 하자, 공이 말하기를, "이 마음은 잊히지 않아 아홉 번 죽어도 후회하지 않소."라고 하였다. 공의 벗 또한 호남의 둔전을 철거시키자고 간하였는데, 언관에게 공박을 당하자 못마땅하게 여겨 말하기를, "나는 이제부터 나랏일에 마음을 두지 않겠다."라고 하니, 공이 말하기를, "신하된 자가 나라를 위해서는 마땅히 끝까지 해야 할 바인데, 어찌 한번 꺾였다고 해서 중간에 멈출 수가 있겠는가?"라고 하였다. 그 자리에 있던 자들이 놀라 긴장하였다.

공은 키가 9자 3치나 되어 풍채가 걸출하고 장대하였는데, 보는 이마다 그의 그릇됨을 알아보았다.

묘지명에 대략 이르기를, "기이한 병법을 시험하지 않았으니 나라의 복이었고, 뜻은 늙어가도 꺾이지 않았으니 충성의 굳셈이었도다."라고 하였다.【협주: 이제신이 찬한 묘비명에 실려 있다.】

• **金舜皐**

金舜皐, 字虞卿, 順天人。平陽府院君承霔[1]後。成宗己酉生。乙亥武科, 丙子重試[2]。歷宣傳官五, 典郡府三, 制水閫五, 除兵使·漢城左右尹·冬至副使·捕盜大將·副摠管·知訓鍊·備邊提調, 至知中樞。襲封平壤君。宣祖甲戌卒。

中廟命兩界[3], 驅逐胡人冒居閭延[4](等)四郡者, 再遣公先審道路。及軍行, 爲先鋒, 擣虜巢, 焚撤五十餘區, 俘斬甚夥。遂殿後, 且戰且還, 諸將皆以恇怯衄退被譴謫, 公獨以功免。事當肯綮[5], 必使公辦之。

自倭變, 始革花梁[6]爲水營, 始揀宿將, 提調武庫, 京江[7]創戰船, 畿甸

1 承霔(승주): 金承霔(1354~1424). 본관은 順天, 초명은 乙寶. 증조부는 서령 金允仁이며, 조부는 金涧이다. 아버지는 定州牧使 金惟精이다. 부인 平昌李氏는 개성부윤 李叢의 딸이다. 1380년 興威衛別將으로 관직에 들어선 뒤 軍器寺少尹을 거쳐, 1389년 풍주수령으로 임명되었다. 조선이 건국되자 1393년 殿中卿에 오르고, 이어서 泥城萬戶가 되었다. 1394년에 義興三軍府僉節制使가 되었다가 그해 형조전서로 전임하였다. 1396년 東北面青海道安撫兼察理使로 나가 야인 진압에 공을 세웠고, 호조전서·이조전서·중추원부사·경상도병마절제사·경상도병마도절제사를 지냈다. 1400년 좌군총제로 제2차 왕자의 난을 평정하고 태종이 왕위에 오르는데 협력한 공으로, 1401년 翊戴佐命功臣에 책록되고 麗山君에 봉해졌다. 1406년에 사은사가 되어 명나라에 다녀왔다. 1407년에 동북면병마도절제사 겸 영흥부윤·도순문찰리사 등을 지냈다. 1410년 야인이 慶源에 침입하자 이를 격퇴하였다. 이듬해 참찬의정부사에 이어 1413년 西北面都巡問使 겸 평양부윤을 지냈다. 1414년 병조판서로 있다가 이듬해인 1415년에 平陽君으로 개봉되었으며, 判中軍都摠制가 되었다.

2 重試(중시): 조선시대, 당하관 이하 문무관부터 문과와 무과에 합격했으나 아직 관직이 없는 사람에게 10년마다 한 번씩 실시한 과거 시험.

3 兩界(양계): 동계와 북계.

4 閭延(여연): 평안북도 자성군 여연면 일대.

5 肯綮(긍경): 肯은 뼈에 붙은 살이고 綮은 뼈와 살이 이어진다는 뜻으로, 事物의 핵심이나 일의 관건이 되는 부분을 비유적으로 이르는 말. 자연의 순리 혹은 대상의 순리를 거스리지 않고 이루어내는 것을 일컫는다.

立舟師大將, 皆使公爲之。恩威幷行, 聲績俱顯。加設加德·天機[8]於熊川[9]海中, 改築天城, 繞隍種枳, 設柵藏船, 皆由公建議。且慮倭寇, 能使鐵丸[10]就戰船, 左右置輪, 首尾設砲, 我之有船砲, 自公始。

慶興[11]連被水灾, 朝廷憂之, 設木柵於仍巨島, 俾民越江耕墾, 遣公以規之。至則見其爲穆祖[12]肇迹之地, 且木柵非久遠之圖, 與府使金秀文[13], 竭力經始, 就加石築, 不數月, 城宇俱成。前時, 公見猜於尹元衡[14], 人有承望元衡風旨, 賣公取媚, 唱言新城啓釁。元衡嗾三司, 至請大辟[15], 竟配江界。及湖南報變, 卽謫所傳, 遽召至京, 預策軍機如故。後論及仍巨事, 猶憤切不置, 人曰: "不毖熱羹耶?" 公曰: "此心耿耿[16], 九

---

6 花梁(화량): 花梁鎭. 경기도 수원과 화성 일대에 있던 옛 고을 이름. 조선 전기에 경기수군절도사영이 설치되어 있었다.

7 京江(경강): 뚝섬으로부터 양화도에 이르는 漢江의 일대.

8 天機(천기): 天城의 오기.

9 熊川(웅천): 경상남도 창원시 진해구 전역과 성산구 웅남동과 부산광역시 강서구 가덕도동의 일대.

10 鐵丸(철환): 鐵九의 오기인 듯.

11 慶興(경흥): 함경북도 북동부에 있는 고을.

12 穆祖(목조): 조선 태조 이성계의 고조부 李安社. 고려 高宗 때 知宜州事로 선정을 베풀어 명망이 높았는데 원나라에 귀순하여 南京 오동 지방의 長官으로서 여진족까지 다스렸다.

13 金秀文(김수문, ?~1568): 본관은 高靈, 자는 成章. 아버지는 진사 金鉦이다. 중종 때 무과에 급제, 女眞人들이 함경도 종성에 침입하여 사람들을 납치해가자, 1535년 永建萬戶로서 전투에 참가하여 끌려갔던 사람들을 데리고 왔다. 1546년 동래현령, 1548년 김해부사가 되었다. 1555년 을묘왜변이 일어났을 때 남해안에 침입한 왜적이 대패하고 쫓겨가던 1,000여 명의 왜적이 제주를 기습하자, 제주목사로서 정예병 70명을 뽑아 적진에 돌입시켜 용전을 벌이게 함으로써 많은 적을 사살하고 승리를 거두었으며, 그 전공으로 가자되었다. 이듬해 6월 다시 왜적선 5척이 침입하자 이를 격침하고 적의 머리 130여 급을 벤 공으로 또 가자되었으며, 1558년 지중추부사에 이어 1563년 한성판윤에 특진되고, 1565년 평안도병마절도사가 되어 여러 번 胡人의 침입을 격퇴하여 북변방어에 공을 세웠다.

14 尹元衡(윤원형, 1503~1565): 본관은 坡平, 자는 彦平. 증조부는 형조판서 尹繼謙이며, 조부는 尹頊이다. 아버지는 판돈녕부사 尹之任이며, 어머니 全義李氏는 李德崇의 딸이다. 부인 延安金氏는 현감 金安遂의 딸이다. 중종의 계비인 文定王后의 동생이다. 1528년 생원시에 합격하고, 1533년 별시문과에 급제하였다. 인종이 즉위하고 윤임 등 대윤의 탄핵으로 삭직되었다가 명종이 즉위하면서 득세하게 되었다. 1545년 을사사화를 일으켜 윤임·유관·유인숙 등 대윤을 제거하고 1547년 양재역벽서 사건을 계기로 대윤 잔당을 모두 숙청하였다. 1563년 영의정에 올랐으나 문정왕후가 죽자 관직을 삭탈당하고 강음에 은거하다가 죽었다.

15 大辟(대벽): 오형의 하나. 곧 사형을 말한다.

死靡悔." 公之友亦有以論撤屯湖, 爲言者所攻, 懟曰: "吾自今無意國事矣." 公曰: "人臣爲國, 所當終始, 豈可以一折中沮乎?" 一座聳警。

公身長九尺三寸, 容儀魁傑, 見者知其瑰器。

銘畧曰: "韜不試奇兮國之福。志不伏老兮忠之確."【李濟臣[17]撰碑銘】

보충

이제신(李濟臣, 1536~1583)이 찬한 묘비명

유명조선국 자헌대부 지중추부사 겸 지훈련원사 오위도총부도총관 평양군 김공 묘지명

나라를 위하는 자는 나라의 안위에 주의를 기울여야 하니 오직 재상과 무장뿐이다. 인재는 세상에 응하여 쓰여져야 하니 오직 문사(文士)와 무사(武士)뿐이다. 그러나 글을 읽고 재상이 된 자는 비록 스스로 뜻과 기개를 가지고 있다 하나 나이가 들수록 관직에 게을러지는데다 이것저것 다 우물쭈물 결정하지 못한다. 심지어 무장(武將)이 뜻을 세워 충성스럽고 근면하면서 늙어서도 더욱 돈독한 이는 옛 역사에서 찾아보아도 대개 또한 거의 없을 뿐이다. 하물며 타고난 복과 후한 마음을 두루 갖추어 한평생 은총을 입고 조정에서 중히 여겨지며 편안하게 생을 마친 이는 근세에 오직 평양군(平陽君) 한 사람뿐이다.

예전 문서를 살펴보자면, 순천김씨(順天金氏)는 신라에서 나온 성씨이

---

16 耿耿(경경): 마음에 잊히지 않음.

17 李濟臣(이제신, 1536~1583): 본관은 全義, 자는 夢應, 호는 淸江. 증조부는 李允純이며, 조부는 李仁孫이다. 생증조부는 李時寶이며, 생조부는 李公達이다. 아버지는 병마사 李文誠이며, 어머니 丹陽禹氏는 부령도호부사 禹禮孫의 딸이다. 부인 木川尙氏는 尙鵬南의 딸이다. 영의정 尙震의 손서이다. 趙昱의 문인이다. 1558년 생원시에 합격하고, 1564년 식년문과에 급제하였다. 예문관검열, 성균관전적, 형조·공조·호조·예조의 정랑을 지내고 사헌부감찰·사간원정언·사헌부지평을 지냈다. 1571년 울산군수, 1578년 진주목사가, 1581년 강계부사나갔다가 함경북도병마절도사가 되었으나, 1583년 여진족 尼湯介가 쳐들어와 경원부가 함락되자, 패전의 책임으로 의주 麟山鎭에 유배되었다가 그곳에서 죽었다.

다. 인가(引駕: 引駕別監) 김총(金摠)이 사후에 본부(本府: 순천부)를 식읍으로 받았고, 진례산(進禮山: 여수의 영취산)의 성황신(城隍神)으로 받들어졌으니, 그 시조이다. 우리 왕조의 초기에 양경공(襄景公) 휘 김승주(金承霔, 1354~1424)는 태조와 태종을 도와 좌명공신(佐命功臣)에 책훈되었고, 평양부원군(平陽府院君)에 봉해졌다. 그 아들 예조참의(禮曹參議) 김유온(金有溫)은 곧 공의 고조부이다. 휘 김원석(金元石)은 판선공시사(判繕工寺事)를 지내고 호조참의(戶曹參議)에 추증되었으며, 휘 김약균(金若鈞)은 선공감 정(善工監正)을 지내고 형조참판(刑曹參判)에 추증되고 승평군(昇平君)에 봉해졌으며, 휘 김수홍(金粹洪: 김약균의 장남)은 진사를 지내고 호조판서(戶曹判書)에 추증되고 순천군(順天君)에 봉해졌으니, 공의 증조부, 조부, 아버지 3대로 관작이 추증된 것은 모두 공의 귀함을 보인 것이다.

공의 휘는 김순고(金舜皐), 자는 우경(虞卿)인데, 홍치(弘治) 기유년(1489) 12월 26일에 태어났다. 어렸을 때 순천군이 죽었다. 어머니 안동권씨(安東權氏)는 장사랑 권우(權瑀)의 딸이다. 번성한 가문의 출신으로 절개가 굳은 행실이 있었으니, 미망인이 되고서부터 한 톨의 곡식도 일체 먹지 않다가 지아비를 따라 애통하게도 죽었다. 공은 양친을 잃는 슬픔을 당하고서 의지할 곳이 없는 외톨이로 외할머니 선성김씨(宣城金氏)에게 길러졌는데, 김씨는 바로 문절공(文節公) 김담(金淡, 1416~1464)의 딸로 공을 가르치고 기르는데 법도가 있었다.

어릴 적에 놀기를 좋아하면서부터 이미 기이한 골격을 지니고 있었으니, 이를 아는 이들은 그가 범상치 않을 것으로 점쳤다. 15세가 될 무렵에 승평군(昇平君: 김약균)이 그의 아들 목사(牧使) 김수담(金粹潭: 김약균의 4남)에게 공을 거두어 구휼하도록 했는데, 공에게 계부(季父)이다. 비록 무과로 진출하였으나 또한 문장과 덕행으로도 이름났으니, 특별히 공을 매우 귀여워하며 사랑하였다. 공의 강인한 힘과 장한 마음을 보고 활쏘기와 말타기를 익히도록 하였다.

문공(門功: 門蔭)으로 충의위(忠義衛)에 속한 뒤, 정덕(正德) 을해년

(1515) 무과 별시에 급제하여 훈련원의 습독관(習讀官)으로 등용되었다. 이듬해 바로 무과 중시에 급제하여 즉시 선전관이 되었다. 기묘년(1519) 경성(鏡城) 판관으로 나갔으니, 본부(本府: 경성부)는 곧 절도사의 유영(留營)이었지만 업무를 이어받아 다스렸는데 예로부터 암읍(巖邑: 사방이 바윗돌로 둘러싸인 산중 고을)이라 불렸다. 공은 비록 젊은 나이였으나 고을을 마땅하게 잘 다스렸으니, 원사(元師) 류용근(柳庸謹, 1485~1528) 이하 아끼고 사모하지 않은 이가 없었다.

임기가 차자 군자감 판관에 제수되었다. 얼마 되지 않아 형조정랑에 내승(內乘)을 겸하였는데, 바로 그날 이산군수(理山郡守)로 승진하였다. 계미년(1523) 중종(中宗)이 양계(兩界: 동계와 북계)에 명하여 여연(閭延) 등네 고을에 몰래 들어와 흩어져 살고 있는 호인(胡人)을 내쫓고자 다시 공을 파견하여 먼저 도로를 살피게 하였다. 대군이 행진하게 되자, 군사를 일으켜 선봉이 되었다. 교활한 오랑캐들이 유리(峪裡)에 매복해 있던 것을 허공교(虛空橋: 함경도 삼수군 소재)까지 유인했으나, 진영(陣營)에 머물러 있던 위장(衛將) 한규(韓珪)·이함(李菡) 등이 패하고 말았다. 주수(主帥: 평안도병마절도사) 이지방(李之芳, 1466~1537)이 변고를 듣고 겁에 질려서 오로지 퇴각만을 생각하여 더는 부대를 지휘할 수가 없었다. 공이 오랑캐의 소굴을 무찌른 곳은 허공교와 거리가 4일이 걸리는 거리였는데, 50여 곳이나 불질러 철거시켰고 사로잡거나 참수한 자가 많았다. 마침내 후군(後軍)을 맡아 패잔병을 수습하고 싸우면서 후퇴했는데, 여러 장수들은 문책을 받거나 귀양을 갔지만 공만은 홀로 전공(戰功)이 있어서 처벌을 면하였다.

내직으로 들어와 상의원 첨정(尙衣院僉正)·충훈부 경력(忠勳府經歷)을 지냈고, 부령부사(富寧府使)로 승진하여 명성이 더욱 높아졌다. 온성부사(穩城府使)로 옮겨서 임기가 끝나 교체되어 훈련원 도정에 제수되었다. 임진년(1532) 제포(薺浦: 경상남도 창원시 진해구 웅천동 乃而浦)의 왜관(倭館)에 머물러 있던 왜인들이 변란을 일으켜 사람을 죽이고 약탈하자, 진장

(鎭將)을 잡아다 파직시키고 공을 절제사(節制使)로 삼아 파견하였다. 그 뒤로 국가에서 장수에게 맡겨야 할 때면 항상 공을 앞세웠기 때문에 회양부사(淮陽府使: 1537.4.15.~1537.10 재임하고 경상우병사로 감)로 지낸 것은 겨우 몇 달이었을 따름이다.

우리나라의 변경에 침입하는 외적을 막아내는 중대한 임무를 나누어 맡기기 위해 병마절도사와 수군절도사를 설치하고 용맹한 신하들을 선발하여 임명하였다. 병마절도사는 7개 도(道: 충청도, 경상좌우도, 전라도, 평안도, 영안남북도)에 임명하였는데, 공은 그 가운데 5개의 도에 제수되었으니 경상좌·우도, 평안도, 함경북도, 충청도였다. 경상우도는 거듭 제수되었는데도 마침 변경의 보고가 있어 또 1년을 더 머물렀다. 오직 남쪽의 전라도만은 또한 여러 차례 후보자로 거론되었으나 미처 명을 받지 못하였다. 수군절도사는 6개 도(道: 경상좌우도, 전라좌우도, 경기도, 충청도)에 임명하였는데, 공은 그 가운데 세 곳이나 제수되었다. 하지만 호남좌도는 제포(薺浦)에서 진(鎭)을 옮긴 것이고, 제수되었으나 미처 부임하지 못한 곳은 경상우도와 경기도이다. 전자로 보자면 같은 시기에 함께 나아간 자들 중에서 영화로운 명성을 드날렸으나 비방을 받기도 하였으며, 후자로 보자면 을묘년(1555)에 머뭇거려 지체하였다고 해서 통절하게 책망을 받았으면서도 도리어 적을 업신여겼다고 배척되었다.

궁중 안에 금려(禁旅: 內禁衛)의 군사상 기밀을 다루는 기구를 만들고, 오위도총부(五衛都摠府)의 도총관(都摠管)과 부총관(副摠管), 훈련원의 지사(知事), 포도대장, 비변사(備邊司)와 원유사(苑囿司) 등의 제조(提調)를 두어서 문무(文武)의 대신들을 제수하였는데, 공은 평양군(平陽君)에 봉해져 한 시대에 모두 나아가 맡았으니 여러 장수들보다 월등하였다. 중추부(中樞府)에서는 여러 차례 첨지사(僉知事)·동지사(同知事)를 지냈고, 마침내는 훈련원의 지사를 이르렀다. 한성부(漢城府)에서는 먼저 우윤을 지냈고 그 뒤에 좌윤을 지냈다.

공은 조정에서 벼슬을 한 지 60년이었고, 향년 86세였다. 무자년

(1528) 당상관으로 승진하여 통정대부(通政大夫)가 되었고, 기해년(1539) 가선대부(嘉善大夫)로 승품하였고, 정미년(1547) 공신(功臣)의 적장자로서 또 가의대부(嘉義大夫)로 승품하였고, 경오년(1570) 품계가 올라 자헌대부(資憲大夫)가 되었다. 재신(宰臣)과 추신(樞臣)으로 지낸 지 47년간 나라를 위하여 충성을 다하면서 지극한 정성과 일편단심의 마음을 지녔기 때문에 조정에서도 또한 특별히 대우하였다. 일은 마땅히 요점을 찔러 처리하였으니, 반드시 공에게 맡겨 처리하도록 하였던 것이다.

왜구의 변란이 일어난 이래로 더욱 방비를 염려하여 비로소 화량진(花梁鎭)을 고쳐 수영(水營)으로 삼았는데, 이에 공이 그 일을 하였다. 처음으로 경험이 많은 노련한 장수를 선발하여 제조(提調)로서 무고(武庫)를 맡게 하였는데, 이에 공이 그일을 하였다. 경강(京江: 도성 앞을 흐르는 한강)에서 전선(戰船)을 처음으로 만들 때 또한 공에게 감독하게 하였다. 기전(畿甸)에 이어서 설립한 수군(水軍)의 대장 또한 공에게 맡도록 하였다. 가는 곳마다 반드시 무슨 일이든 시작하게 되면 공효를 도모하고자 하였기 때문에 은혜와 위엄을 아울러 행하니, 명성과 치적이 모두 현저하였다.

경상좌수영을 몰운대(沒雲臺: 낙동강 하구와 바다가 맞닿은 곳) 북쪽으로 옮기고, 가덕(加德)과 천성(天城)의 수군을 웅천(熊川) 바다 가운데에 설치한 것은 모두 공의 건의에서 비롯되었다. 두 번째 합포(合浦)에 주둔하게 되었을 때, 천성(天城)이 좁게 쌓여 있었기 때문에 다시 개축(改築)하기를 청하였으니, 해자(垓子: 성 주위에 둘러 판 못) 주위에 탱자나무를 심고 울타리를 설치하여 배를 숨기게 한 것은 탁월하면서 장기적인 전략이었다. 또한 왜구를 염려하여 또한 철(鐵) 9근을 전선(戰船)에 부치도록 하고 좌우에 바퀴를 달게 하며 선두와 선미에 포를 설치하게 하여서 승리의 전략에 이롭게 하였으니, 전선에 포를 설치한 것은 공의 계책에서 비롯되었으며, 지금까지도 그것에 힘입고 있다.

정미년(1547) 경흥부(慶興府)가 잇달아 수재를 입었다는 소식을 듣고 조정에서는 백성들이 끼니를 이어가기가 어려울 것을 걱정하였는데, 잉거도(仍巨島)에 목책(木柵)을 설치하고 강을 건너서 밭을 일구어 농사를 짓도록 하고는 공을 진북(鎭北)으로 보내어 살피게 하였다. 공이 도착하였는데, 그곳은 바로 목조(穆祖)가 처음 터를 잡은 곳인데다 목책도 오래 갈 수가 없음을 알고서 부사(府使) 김수문(金秀文, ?~1568)과 함께 힘을 다하여 공사를 시작하고 이어서 돌을 더해 쌓자, 조정 또한 베를 실어 보내어서 비용을 보조하니, 몇 달 되지 않아 성곽과 집들이 모두 완성되었다.

이전 갑진년(1544)에 공은 동지부사(冬至副使)가 되어 임금에게 하직 인사를 하였는데, 중종(中宗)이 평소 크게 될 인물로 보아 공의 재주와 기량을 중히 여겨서 전교(傳敎)하기를, “경이 돌아오면 마땅히 기조아경(騎曹亞卿: 병조참판)으로 제수할 것이다.”라고 하자, 함께 들어갔던 이들이 시기하고 의심하였다. 공이 동환(東還: 환국)할 때, 예부주사(禮部主事: 명나라의 禮部에 속한 종6품 관직)가 이전에 돌아간 사신이 은(銀)을 사용한 일을 써서 전하에게 고하도록 하였나. 이에 윤원형(尹元衡)이 일을 꾸몄으니, 공이 사명(使命)을 수행하고 결과를 보고하는데 설인(舌人: 역관) 중 윤원형과 같이 갔던 자가 몰래 이름을 빼버렸던 것이다. 주상이 순군(巡軍: 임금의 명령을 받들어 중죄인을 신문하는 일을 맡아 하던 관아)으로 하여금 심문하게 하자, 일행은 모두 문정왕후(文定王后: 윤원형의 누나)와 관련된 까닭에 두려워하여 감히 말하지 못했으나 공만은 홀로 당사자가 있는 자리에서 꾸짖어 배척하여 결국 큰 원한을 맺게 되었다.

잉거도(仍巨島)에 성을 쌓게 되었을 때, 마침 해산물을 채취하던 사람이 호인(胡人)에게 사로잡히자 공이 보장(堡將)에게 고호(賈胡: 胡商, 북방 오랑캐 상인)를 붙잡아 교환하도록 하였는데, 기꺼이 쇄환(刷還)해 주지 않던 자가 서수라(西水羅: 함경북도 경흥군 노서면에 있는 지명)에서 소란을 일으켰다. 이때 우후(虞候) 최호(崔豪)는 바로 윤씨 집안에 종처럼 무릎을 조아리는 자였으니, 비위를 맞추어 공을 죄에 빠뜨리려 새로운 성(城)이

원수에게 길을 열어준다고 소리 높여 말하자, 순찰사(巡察使) 이준경(李浚慶)을 파견하여 조사하도록 하였다.

막 옥당(玉堂: 홍문관)의 관장이 된 윤춘년(尹春年)과 윤원형이 삼사(三司: 사헌부·사간원·홍문관)를 사주하여 대법(大法: 사형)까지 청하였지만 조정의 의론은 이준경의 보고를 기다려서 다시 그대로 공에게 임무를 맡기려 하자, 청하던 자들이 더욱 강하게 주장하여 김수문과 함께 옥에 갇혀 지내다가 강계(江界: 평안북도 소재)의 상토진(上土鎭)으로 유배되었으니, 임자년(1552) 10월에 있었던 일이다.

신성(新城: 잉거성)의 설치는 처음부터 조정의 계책에서 비롯된 것이었으나, 다만 윤원형이 사사로이 죄의 그물망을 얽어놓은 것으로 인하여 이미 이룬 일조차 모두 폐지하였다. 겁 많은 변경의 오랑캐를 상대하면서 그들에게 수심(水深) 한 자라도 깊고 얕음을 알게 하였으니 참으로 가슴 아픈 일이다. 갑인년(1554) 여름에 대신(大臣)들이 말하기를, "나라를 위해 일한 것을 너무 심하게 처벌할 것은 못 된다."라고 하였는데, 김수문에게는 사면이 내려졌으나 공만은 홀로 계속 붙잡아 두었으니, 또한 윤춘년이 도헌(都憲: 대사헌)으로 있으면서 힘써 이전의 논의를 주장하였기 때문이다.

호남에서 일어난 변란이 알려지자, 파면되었던 공을 다시 불러들이고자 곧바로 유배지에서 다시 평양군(平陽君)의 봉호를 회복하고 전갈을 급히 보내어 도성으로 불러서 함께 군사기밀을 예전처럼 세우게 하였다. 공이 유배생활을 하고 있을 때에는 황윤관(黃允寬)이란 자가 만포(滿浦)를 다스리고 있으면서 공을 매우 정성스럽게 섬겼지만, 윤원형과 결탁하여 다시 강계(江界)를 다스리게 되었을 때에는 그를 만나자 지극히 오만하게 굴었으니 베개를 베고 누운 채로 공을 곁눈질하며 말하기를, "도성으로 갔던 일을 기억하는가?"라고 하였으나, 공은 단지 "예, 예."라고만 할 뿐이었다. 이처럼 온갖 고난을 이루 말할 수 없이 겪었으나, 영변(寧邊)의 관속(官屬)들은 공이 남긴 사랑에 감격하고 그리워하여 솜옷과 솜

이불을 다투어 짊어지고 와서 추위를 막게 해달라고 청하였다. 곤궁한 처지가 비록 심하더라도 그것을 대하는 태도는 여유롭고 태연하였는데, 황윤관이 얼마 지나지 않아 뇌물죄로 잡혀 추궁당하다 조정에서 체포하여 관아에서 제출한 증거를 심문하자, 공은 힘써 통사정을 하여 큰 화를 면하도록 하였으니, 덕으로써 원수를 갚는 것은 보통 사람이 할 수 있는 일이 아니었다. 그 후로도 잉거도(仍巨島)의 일을 논하게 될 때면 여전히 몹시 분개해 마지않으니, 여러 재상들이 말하기를, "뜨거운 국에 데인 적이 있는데도 조심하지 않을 것이오?"라고 하자, 공이 말하기를, "이 마음은 잊히지 않아 아홉 번 죽어도 후회하지 않거늘, 하물며 단 한번의 유배일진대 어떻겠습니까?"라고 하였다.

공의 벗 방호의(方好義)가 일찍이 관서병마절도사(關西兵馬節度使: 평안도병마절도사)였을 때 네 곳의 오랑캐 촌락을 철거시키자고 간하였는데, 논하는 자들이 이를 속임수라 하며 공격하자, 방호의가 못마땅하게 여겨 말하기를, "나는 이제부터 나랏일에 마음을 두지 않겠다."라고 하니, 공이 크게 꾸짖어 말하기를, "신하된 자가 나라를 위해서는 마땅히 끝까지 해야 할 바인데, 어찌 한번 꺾였다고 해서 중간에 멈출 수가 있겠는가?"라고 하니, 그 자리에 있던 자들이 놀라 긴장하였다.

공은 훈련원(訓鍊院)의 연병장 길이가 짧기 때문에 화살을 멀리 쏘는 자들은 자주 사람 사는 곳으로 넘기는데다 또한 이르기를, "시야 밖에서 부정한 행위가 생길 수 있다."라고 하면서 훈련원 북쪽으로 새로운 대(臺)를 물려 쌓자고 청하니, 이로부터 무예 시험에 결함이 없었다. 영상(領相) 상진(尙震, 1493~1564)이 항상 압록강(鴨綠江)을 따라 장성(長城)을 쌓아 서쪽 변방을 보호하고자 했는데, 일찍이 조정에서 논의한 적이 있었으나 동의하는 자가 적으니, 탄식하며 말하기를, "내가 알건대 평양(平陽: 김순고)만 홀로 나랏일에 성심을 다하나니, 어찌 이 사람을 조만간 뜻을 이루지 못하게 하겠는가?"라고 하였다.

공이 이미 늙었을 때는 비록 변경에 나가지는 못했지만, 군대를 거느리고 나라를 다스리는 계책을 세우고는 경연(經筵)에 참진(參進)하는 특진관(特進官)으로서 다급히 말하고 의론을 다하는데 남김이 없었으니, 붓을 잡은 자가 다 기록해야 하는 것을 근심할 지경이었다. 공이 이미 죽은 뒤에는 재상들이 모여 변경의 일을 논할 때면 번번이 말하기를, "평양이 만약 살아 있었다면 어떻게 생각했겠는가?"라고 하였다.

또한 사람을 알아보는 감식안이 있었으니, 남치근(南致勤)·김수문(金秀文)·이영(李榮)·최수인(崔守仁) 등의 인물을 발탁하였고, 당시 장수 재목이라고 일컬어졌다. 그 나머지 무관으로 높은 품계의 반열에 있던 자들은 십중팔구 공이 천거한 사람들이었고, 여러 지역의 연수(連帥: 병마절도사)로서 옛 편비(編裨: 副將)를 거느렸던 이래로 존경하고 우러러 가르침을 따르면서 무종(武宗: 무신의 우두머리)으로 추대하였다. 사람을 천거할 때는 반드시 선친의 깨끗한 행실을 본받은 자들이었고, 교묘하게 아첨하며 권세가를 연줄로 삼은 부류는 비록 재능이 있더라도 하찮게 여겼다.

네 조정을 두루 섬기는 동안 많은 사람들이 청탁하거나 부탁한 적이 없었다. 바야흐로 윤원형과 이량(李樑)이 권세를 떨치자 조정이 파도가 급히 달리듯 기울어졌을 때 공은 홀로 이량이 비첩(婢妾)을 빼앗은 죄를 다투어 바로잡았으며, 호서(湖西)에 있을 때 윤원형에게 훈노(勳奴)를 돌려보내도록 청하여 다시 병영에 속하게 하였다. 그의 강경하고 곧은 성품으로 인하여 비록 여러 번 비방과 중상을 당했지만, 돌아보고 다시 노여워하지 않았다.

공은 일찍이 스스로 변경 지대의 요해처, 적들이 드나드는 길의 지형적 특징을 기록하여 가슴속에 질서정연하게 정리해 두었기 때문에, 사람들을 만나 그것에 대해 논할 때면 설명하는 것이 매우 분명하여 마치 직접 겪은 듯했다. 공은 서해평(西海坪)에 밭을 갈고 사는 오랑캐(역자주: 李珥의 《石潭日記》〈隆慶二年戊辰〉 5월조)를 깊이 근심하였는데, 매번 군이 패했다는 소식을 들으면 반드시 벌떡 일어나 말하기를, "늙은 이 몸 비록 노쇠했을지라도 아직 능히 말을 탈 수 있으니, 만약 나를 보내준다면 의당 다시 그와 같게 하겠는가?"라고 하였다. 계유년(1573) 겨울, 앞의 서해평에 새로 제수된 자가 있자, 여러 차례 불러 방략을 전수하고 변방의 정세와 오랑캐의 동태에 대해 빠짐없이 자세히 알려주었다. 이때 공은 병에 걸려 병세가 위중하여 숨이 거의 끊어질 지경이었으나 그의 굳은 충성심은 더욱 굳세었으니, 이를 들은 자들은 그의 충절에 감탄하고 존경하였다.

전후로 임금의 은혜를 입어 하사받은 물품이 겹겹 쌓였다. 임인년(1542) 동궁에 화재가 나자, 공은 조복을 입고 달려가 온 힘을 다하여 불을 껐는데, 인종(仁宗)이 치하하며 영롱한 벼루를 하사하였다. 계해년(1563) 명종(明宗)이 후원을 거닐며 종친과 재상들에게 덕행을 살펴 보도록 하였는데, 주상이 말하기를, "마무리를 잘한 사람에게 상을 내릴 것이다."라고 하니, 공이 이에 뽑혀 곧바로 제수되고 특별한 상을 받았다. 그가 늙었어도 기력이 이와 같이 정정하였던 까닭에 짐승을 몰아가며 훈련하는 일을 가르치고 점검할 때마다 공을 대장으로 삼지 않음이 없었고, 궁중 안에서 도적을 방비하는 일에도 또한 빠심없이 계책을 세웠다.

공은 키가 9자 3치나 되어 풍채가 걸출하고 장대하였는데, 보는 이마다 그의 그릇됨을 알아보았으니, 아마 높은 산의 깊은 숲속에 나온 용호(龍虎)처럼 변화무쌍한 걸출한 자가 아니겠는가. 성품은 인자하고 두터우며, 도량은 넓고 크다. 자신을 단속하고 남을 대함에 있어서는 꾸밈이나 거짓이 없으며, 일을 처리함에는 능숙하여 항상 대인의 모범이 되었다. 스스로 조상 덕분에 복을 유달리 누린다고 여기고는 조상을 정성으로 받들었는데, 나이가 이미 팔십이 넘었음에도 제사를 직접 지내며 대신하게 하지 않았으니, 형제가 서로 돌아가며 제사를 지내자는 것도 듣지 않았다. 막내 숙부의 은혜가 깊음을 늘 마음에 두었는데, 숙모를 섬김에 있어서는 친어머니를 받드는 것처럼 하였으며, 그 자녀들을 출가시킴에는 혼인할 나이가 되면 모두 스스로 주관하였다. 가난한 친족을 어루만져 돌봄에는 오로지 돈후하고 정성스러웠으며, 이웃이나 옛 지인이

상을 당함에는 반드시 넉넉하게 부의를 보냈으며, 죽은 친구의 남겨진 아이들이 가난하면 언제든 도왔다. 그래서 모두 공은 재산을 모아둔 것이 있다고 생각하였으나, 집에 화재가 나서 온 마을 사람들이 함께 구하다가 단지 벽만 있는 것을 본 뒤에서야 정말 가난하였음을 알게 되었다.

공은 중종(中宗)과 인종(仁宗) 두 임금의 상을 당했을 때는 1년 동안 소식(素食)을 하였으며, 문정왕후(文定王后)와 명종(明宗)이 붕어(崩御)했을 때는 공의 나이가 이미 거의 80세여서 자제들이 병으로 말미암아 임시로라도 고기를 먹도록 청하자, 공이 노하여 말하기를, "너희는 내가 상복을 입은 채로 고기를 먹게 하려는 것이냐?"라고 하고는 끝내 졸곡제(卒哭祭)까지 지켰다.

만력(萬曆) 갑술년(1574) 겨울에 창덕궁(昌德宮)에서 숙직하다가 풍병에 감염되어 병세가 악화되면서 마침내 죽었다. 숨을 거두기 전에 사람을 대할 때도 여전히 나랏일을 순순하게 이야기하였다. 부음(訃音)이 알려지자, 주상이 매우 슬퍼하여 조회(朝會)를 중단하였으며, 조문하고 제사하게 하고 부의(賻儀)를 많이 보냈다. 공은 만년에 고향으로 돌아가기를 바라면서 미리 유언을 남겼는지라, 백원산(百源山)의 선영에 합장되었다. 그러나 여러 아들들이 상주(尙州)로 영원히 옮기려고 하자, 예조(禮曹)에서 공은 공효를 드러낸 지 가장 오래인데다 평소에 청빈하여 마땅히 그 상례(喪禮)를 보호해야 한다고 아뢰니, 주상이 삼도(三道) 관찰사에게 특별히 우대하도록 전지(傳旨)를 내려 처음부터 끝까지 애도와 영예가 지극하였다고 하겠다. 이듬해 2월 정유일에 후부인(後夫人)과 함께 같은 광중(壙中)에 묻었다. 종실(宗室) 이씨는 상산령(象山令) 이성동(李性仝)의 딸이며, 경주김씨(慶州金氏)는 절도사 김현손(金賢孫)의 딸인데, 공의 두 부인으로 모두 정경부인(貞敬夫人)의 작위로 봉해졌다. …(중략)…

아아, 공의 무용(武勇)이 떨쳐 일어난 것 또한 시대에 부응하였도다. 태어나 분양(汾陽: 당나라 郭子儀)의 복덕을 누리면서도 수명은 1년을 더 살았고, 강후(絳候: 한나라 전형적 무장 周勃)처럼 주목을 받으면서도 세상은 태평을 맞이하였도다. 사태에 대비해 미리 제정하여 방책을 세웠고, 나이가 들어서도 말안장에 뛰어올라 승리를 도모하였고, 죽어서야 돌아오리라는 뜻이 장렬하였으니, 만약 인물로 견주어 본다면 충국(充國: 한나 명장 趙充國)이나 마원(馬援: 한나라 명장)과 같은 인물과 짝할 만하도다. 명(銘)하도다.

허리에 황금 띠를 차니 금군에 다스림이 있었고,
별이 진영에 떨어지니 성은 더불어 회복되었도다.
기이한 병법을 시험하지 않았으니 나라의 복이었고,
뜻은 늙어가도 꺾이지 않았으니 충성의 굳셈이었도다.
백원산의 형상은 기련산 같고,
용천의 기운은 북두성에 뻗쳤도다.

有明朝鮮國資憲大夫。知中樞府事兼知訓鍊院事。五衛都摠府都摠管。平陽君金公墓誌銘。

爲國者注意安危, 惟相與將。人才之應世爲需, 惟文與武。然讀書取宰相者, 雖曰我有志氣, 年邁官怠, 比比媕婯。至於武將, 植志忠勤, 老而彌篤, 求之前史, 蓋亦僅有。況備有福德, 沒世紆恩, 見重朝著, 令享考終, 則近世惟平陽君一人而已。若稽先牒, 順天之金, 自出新羅氏。有引駕摠, 死食本府, 進禮山城隍, 其鼻祖也。本朝初, 襄景公諱承霔, 翼太祖太宗, 策佐命勳, 封平陽府院君。生禮曹參議有溫, 寔公高祖。諱元石, 判繕工寺事, 贈戶曹參議, 諱若鈞, 善工監正, 贈刑曹參判昇平君, 諱粹洪, 進士, 贈戶曹判書順天君, 則公三代, 推恩追秩, 竝視公貴。公諱舜皐, 字虞卿, 弘治己酉十二月二十六日生。未齔而順天君卒。妣安東權氏, 將仕郎瑀之女。以盛族有節行, 自爲未亡人, 絶不下粒, 從以哀殞。公零丁孤孑, 鞠於外王母宣城金氏許, 金乃文節公淡之女, 教養有方。其在弱弄, 已有奇骨, 識者卜其非凡。將及成童, 昇平君命其子牧使粹潭收恤, 於公爲季父。雖以武進, 亦以文行名, 撫愛特甚。見其强力意氣, 命習弓馬。以門功屬忠義衛, 正德乙亥, 捷武科別試, 調訓鍊院, 習讀官。明年, 旋擢重試, 卽拜宣傳官。己卯, 出判鏡城, 本府乃節度留營, 接承制摩, 素號巖邑。公雖妙齡, 製錦得宜, 元師柳庸謹以下, 莫不愛慕。秩滿, 入拜軍資監判官。俄以刑曹正郎兼內乘, 卽日陞理山郡守。癸未, 中廟命兩界, 驅逐胡人冒居閭延等四郡者, 再遣公先審道路。及大軍行。擧爲前鋒。點虜埋伏峪裡。誘引虛空橋, 留陣衛將韓珪·李菡等敗之。主帥李之芳, 聞變恇怯, 一意殺回, 無復命令行伍。公所搗虜巢, 距虛空程且四日, 焚撤五十餘區, 俘斬得夥。遂殿後收亡, 且戰且還, 諸將皆受譴謫。獨以功免。入爲尙衣院僉正·忠勳府經歷, 陞富寧府使, 聲生尤藉。超移穩城, 及瓜, 授訓鍊院都正。壬辰, 薺浦留館倭子生變, 殺掠人, 拿罷鎭將, 遣公爲節制使。自後國家命帥, 常以公爲先, 故養安淮陽, 僅數月而已。我國外焉, 爲分閫禦侮之重, 設兵馬節度使·水軍節度使, 以命虎臣之選者。兵馬七道, 公授其五, 慶尙左右道也, 平安道也, 咸鏡北道也, 忠淸道也。右道則重莅, 而會有邊報, 又留一年。唯南道全羅, 亦屢見擬, 未及膺命。水軍六道, 公授其三。湖南左道, 則自薺浦移鎭, 授而未赴者, 嶺右也, 京畿也。由前則蜚英於一時之同進, 而被造飛謗, 由後則刻責其乙卯之逗遛, 而反斥蔑敵。內焉, 爲禁旅軍機之密, 而置五衛都摠府都副摠管, 訓鍊院知事, 捕盜大將, 備邊·苑囿等司提調, 以待文武鉅卿, 公以平陽君, 一時而幷進領之, 絶等諸將。於中樞府, 屢爲僉知事·同知事, 至於知事。於漢城府, 前爲右尹, 後爲左尹。公立朝六十年, 春秋八十有六。戊子, 陞堂上官, 爲通政大夫, 己亥, 陞嘉善大夫, 丁未, 以功臣冢嫡, 又陞嘉義大夫, 庚午, 進階資憲大夫。爲宰樞四十七年, 奉國忠勤, 惓惓一節, 故朝廷待之, 亦以優特。事當肯綮, 必使公辦之。自倭變來, 加軫隄備, 始革花梁爲水營, 乃以公爲之。始揀宿將, 一提調武庫, 乃以公爲之。京江創戰船, 亦使公監之。畿甸仍立舟師大將, 亦使公領之。所往, 必欲立事圖效, 故恩威幷行, 聲績俱顯。移慶尙左水營於沒雲臺北, 設加德·天城於熊川海中, 皆由建議。及再鎭合浦, 以天城築狹, 請加改築, 繞隍種枳, 設柵藏船, 卓有長算。且慮倭寇, 亦使鐵九就戰船, 左右置輪, 首尾設砲, 以濟勝略, 船砲自公謀始, 而賴之至今。丁未年,聞慶興府連被水災, 朝廷虞民艱食, 設木柵於仍巨島, 俾越江耕墾, 送公鎭北以規之。公至則見其爲穆祖肇迹之地。且木柵非可久遠。與府使金秀文, 竭力經始, 就加石築, 朝家亦輦布助償, 不數月, 城宇俱成。先在甲辰, 公以冬至副使陛辭, 中廟素器重公, 傳諭曰: "卿歸, 當處以騎曹亞卿." 同進猜訝。東還, 禮部主事, 書前回使臣用銀事, 俾告殿下, 乃尹元衡所爲也。迨復命, 舌人有與元衡同行者, 潛剝姓名。上令巡軍問之, 一行皆以文定故, 慽不敢言, 公獨直斥, 遂結大怨。及築仍巨, 適採海人, 爲胡掠擄, 公使堡將, 執賈胡兌換, 其不肯刷還者, 作耗於西水羅。時虞候崔豪, 乃尹家婢膝, 承諷欲賈公罪, 唱言新城啓釁, 遣巡察使李浚慶驗之。尹春年方長玉堂, 元衡嗾合三司, 至請大法, 廷議欲待浚慶, 再仍公任, 論者益力, 經與秀文詣獄, 配于江界上土鎭, 在壬子十月。新城之設, 創自廟謨, 而祇緣元衡私構罪網, 竝革成事。視怯裔虜, 得尺淺深, 良可痛心。甲寅夏, 大臣言: "爲國作事, 不可深治." 與秀文蒙原, 公獨拘止, 亦春年以都憲, 力主前議故也。及湖南報變, 起廢卽謫所復封平陽君, 傳遽召京, 與策軍機如故。其在謫也, 有黃允寬者爲滿浦, 事公甚謹, 及締元衡, 復莅江界, 遇之極慢, 倚枕睨公, 曰: "憶得赴京事乎?" 公但唯唯。以此艱苦萬狀, 寧邊官屬, 感戀遺愛, 爭負衣絮, 請以覆寒。其窮雖甚, 處之裕如, 允寬尋坐贓拿究, 朝廷逮訊府證, 公勉使營解, 俾脫大禍, 以德報怨, 非恒人所及。厥後, 論及仍巨事, 猶憤切不置, 諸宰曰: "不毖羹熱耶?" 公曰: "此心耿耿, 九死靡悔, 況一謫乎?" 公之友方好義, 曾帥關西, 諭撤四屯胡落, 論者攻以欺罔, 方懟曰: "吾自今無意國事." 公大訶曰: "人臣爲國, 所當終始, 豈可以一折中沮乎?" 一座聳警。公以鍊院教場步短, 射遠者常過人居, 且謂: "目外奸行." 請退築新臺於院北, 自是試藝無缺。尙領相震, 常欲沿鴨綠築長城, 保障西塞. 曾議廷中, 論者寡和, 嘆曰: "吾識平陽獨致誠國事, 那使斯人, 不日成之?" 公旣老, 雖不行邊, 常籌畫軍國, 特進經幄, 急言竭論, 靡有餘蘊, 載筆者至患殫記。公旣歿, 諸相會議邊事, 每言: "平陽若在, 以爲何如?" 且有鑑識, 甄拔南致勤·金秀文·李榮·崔守仁諸人, 時稱將才。其餘武列金貂, 什九爲公桃李, 自諸連帥率舊褊裨, 尊仰稟教, 推爲武宗。薦人, 必取先公淸履者, 其巧曲攀

緣之流, 雖才不屑。歷事四朝。未嘗干人求托。方元衡·李棵之熾, 傾朝波奔, 公獨訟棵奪婢, 在湖西, 請還元衡勳奴, 使復屬營。其爲抗直, 雖屢被蜚射, 不顧復怒。公嘗自錄邊地要害, 賊路形勢, 森列胸中, 故遇人論之, 指曉甚明, 使如親歷。公深以西海坪耕胡爲憂, 每聞師熸, 必蹶然起曰: “老身雖耄, 尙能跨馬, 設若送我, 當復如是乎?” 癸酉冬, 有新除上土者, 再三招呼, 授以方略, 邊情虜態, 靡不委曲。時公得疾危劇, 綿息僅存, 而堅誠益厲, 聞者欽嘆其忠。前後承恩, 賜物稠疊。壬寅, 東宮災, 公朝衣奔走, 撲滅盡心, 仁廟卽勞以玲瓏之硯。癸亥, 明廟御後苑, 命宗宰觀德, 上曰: “有終者賞.” 公乃命中, 卽拜殊賜。其矍鑠如此, 故敎閱驅猷, 無不命公爲大將者, 內備盜賊, 亦無遺策。公長身九尺三寸, 容儀傑魁, 見者知其環器, 莫是高山深林龍虎變化者非歟。性質仁厚, 度宇弘廓。持己接物, 無矯飾之爲, 作事優爲, 常有大人模範。自以偏承餘慶, 奉先以誠, 年猶大耋, 躬祭不攝, 不聽兄弟輪設。念季父恩重, 逮事夫人, 如奉親妣, 子女之出, 有當婚者, 幷自主之。撫濟窮族, 一向敦款, 隣舊有喪, 必致優賻, 亡友遺孤, 有窮輒賑。故咸意有蓄, 及家有火警, 一里共救, 徒見立壁, 然後方信其能貧。公遭中·仁兩大王喪, 期年食素, 文定明廟之薨, 公年已垂八袠, 子弟因病請權, 公怒曰: “爾欲使吾衰絰啗肉乎?” 竟守卒哭。萬曆甲戌冬, 宿衛昌德宮, 感風移告, 遂不淑。將及屬纊, 對人猶說國事諄諄。訃聞, 上悼甚輟朝, 賜弔若祭, 賻贈有加。公暮晚, 思退桑鄕。且治命。祔葬百源山先壟。諸孤將永遷于尙州, 禮曹啓其著勞最久, 淸貧有素, 宜護其喪, 上下旨三道監司, 俾示優待, 終始哀榮, 可謂至矣。堋用翌年二月丁酉, 與後夫人同兆。宗室李氏, 象山令性仝之女, 慶州金氏, 節度使賢孫之女, 公兩夫人也, 皆封貞爵。…(중략)… 嗚呼! 公之武奮亦應時。生有汾陽福德而壽踰一年, 得絳候注意而世遭太平。度兵先制, 謀勝據鞍, 志烈裹革, 若以倫儗, 其充國·馬援之流匹乎。銘曰: 金橫帶, 禁有牧也, 星墜陣, 城與復也。韜不試奇兮, 國之福, 志不伏老兮, 忠之確。百源之山之象祈連只, 龍泉之氣之射斗躔只。

〔淸江先生集, 卷3, 誌銘〕

11. 황효헌

황효헌의 자는 숙공, 호는 축옹, 본관은 장수이다. 익성공 황희(黃喜)의 현손이다. 성종 경술년(1490)에 태어났다. 중종 정묘년(1507) 진사시에 합격하고, 갑술년(1514) 문과에 급제하였다. 수찬·이랑·호당·승지·대사성·감사를 거쳐 벼슬이 이조참판·홍문관 제학에 이르렀다. 중종 임진년(1532)에 죽었다. 상주(尙州)의 옥동서원에 배향하였다.

의정부에서 명을 받들어 사유(師儒)를 선발할 때, 공은 정암(靜庵: 趙光祖)·모재(慕齋: 金安國) 및 당대의 명현(名賢) 21명과 함께 같이 천거되었는데 가선대부(嘉善大夫: 종2품 품계)이면서도 뛰어넘어 대제학(大提學: 정2품 벼슬)에 추천된 것이었다.

우복(愚伏) 문장공(文莊公) 정경세(鄭經世)가 공의 덕행이 탁월하다고 칭송하였으며, 세상에서는 청백리(淸白吏)라 일컬었다.

중종 무인년(1518) 경연(經筵)에 나아가 《성리대전》을 강론하게 하려고 하여 적합한 자를 선발할 때, 공은 정암(靜庵)·모재(慕齋)·충암(冲庵: 金淨) 등 제현들과 함께 참여하였다.【협주: 정종로가 찬한 유사에 실려 있다.】

- **黃孝獻**

黃孝獻[1], 字宿貢, 號畜翁, 長水人。翼成公喜玄孫。成宗庚戌生。中宗丁卯進士, 甲戌文科。歷修撰·吏郎·湖堂·承旨·大司成·監司, 至吏曹參判·弘文館提學。中宗壬辰卒。配享尙州玉洞書院。

---

1 黃孝獻(황효헌, 1491~1532): 본관은 長水, 자는 叔貢, 호는 蓄翁·玄翁·愼齋. 고조부는 영의정 黃喜이고, 증조부는 黃保身이며, 조부는 黃從兄이다. 아버지는 부사 黃瓘이며, 어머니 晉州姜氏는 執義 姜眉壽의 딸이다. 부인 坡平尹氏는 尹金孫의 딸이다. 1514년 별시문과에 급제하였다. 1526년 강원도관찰사를 거쳐 이듬해 대사성과 황해도관찰사, 1528년 이조참의 그리고 이조참판에 올라 1530년 李荇 등과 함께 《신증동국여지승람》의 편찬에 참여하였다. 1532년 안동부사로 왔다가 갑자기 죽었다.

議政府承命擇師儒[2], 公與靜庵·慕齋[3]及一代名賢二十一人, 同被薦, 以嘉善超擬大提學。

愚伏[4]鄭文莊公, 稱公德行卓節, 世稱淸白吏。

中廟戊寅, 經筵將進講《性理大全》, 選可合者, 公與靜庵·慕齋·冲庵諸賢共豫焉。【鄭宗魯[5]撰遺事[6]】

2 師儒(사유): 大司成이나 司成, 博士 등 성균관에 속한 관직을 가리킴.

3 慕齋(모재): 金安國(1478~1543)의 호. 본관은 義城, 자는 國卿. 증조부는 金綂이며, 조부는 金益齡이다. 아버지는 참봉 金璉이며, 어머니 陽川許氏는 許芝의 딸이다. 부인 全州李氏는 松林君 李孝昌의 딸이다. 金正國의 형이다. 金宏弼의 문인이다. 1501년 생원진사 양시에 합격하고, 1503년 별시문과에 급제하였다. 1507년 문과중시에도 급제하였다. 경상도관찰사, 전라도관찰사, 예조판서, 대제학, 병조판서 등을 역임하였다.

4 愚伏(우복): 鄭經世(1563~1633)의 호. 본관은 晉州, 자는 景任. 증조부는 鄭繼咸이며, 조부는 鄭銀成이다. 아버지는 좌찬성 鄭汝寬이며, 어머니 陜川李氏는 李軻의 딸이다. 첫째부인 全義李氏는 部將 李海의 딸이며, 둘째부인 眞寶李氏는 충순위 李潔의 딸이다. 柳成龍의 문인이다. 1578년 생원진사 양시에 합격하고, 1586년 알성문과에 급제하였나. 예조판서, 이조판서, 대제학 등을 역임하였다.

5 鄭宗魯(정종로, 1738~1816): 본관은 晋州, 자는 士仰, 호는 立齋·無適翁. 鄭經世의 6세손이다. 증조부는 鄭錫僑이며, 조부는 鄭胄源이다. 아버지는 鄭仁模이며, 어머니 缶林洪氏는 洪益龜의 딸이다. 부인 全州李氏는 李民顯의 딸이다. 李象靖의 문인이다. 관직에 뜻이 없어 학문에만 매진하다가 만년에 천거로 강령현감, 함창현감 등을 역임하였다. 이후 향리로 내려가 성리학의 연구와 후학양성 및 저술에 힘썼다. 정종로는 〈태극권자설〉과 〈태극동정설〉 등에서 태극과 동정을 분리시키는 이원주의 이론을 비판하였다.

6 鄭宗魯의 《立齋集》에는 〈遺事〉가 실려 있지 않고 권33에 〈畜翁先生黃公神道碑銘幷序〉가 실려 있는데 원전과 부합하지 않음. 황효헌의 후손 黃磻老(1766~1840)의 《白下先生文集》 권9 〈先祖畜翁先生家狀〉이 원전과 부합하나, 〈영남인물고〉 이후의 글로 짐작된다.

12. 신잠

신잠의 자는 원량, 호는 영천, 본관은 고령이다. 성종 신해년(1491)에 태어났다. 중종 계유년(1513) 진사시에 장원합격하고, 기묘년(1519) 현량과(賢良科)에 급제하여 한림에 선발되었으나 얼마 되지 않아 급제가 취소되었다. 남곤(南袞)과 심정(沈貞)이 패하자, 파면시켰다가 다시 불러들여서 처음으로 벼슬을 얻어 목사에 이르렀다. 명종 갑인년(1554)에 죽었다. 상주의 옥성서원(玉城書院)에 향사하였다.

중종 계묘년(1543) 대신들이 공을 천거하면서 '나이도 많고 덕도 높은데다 재주가 나라를 빛낼 일을 감당할 만하니, 일반적인 발탁으로는 대접할 수 없습니다.'라고 아뢰자, 주상이 하교하기를, "수령으로 제수하여 치적을 보려 한다."라고 하였다.

태인현감으로 있을 때 기근이 들어 이재민들이 모여들자, 100여 칸의 집을 줄지어 놓아 거처하게 하면서 목숨을 구해 살려 준 자가 수천 명이었다. 간성군수로 있을 때 백성의 풍속이 크게 변하였고, 문풍도 크게 떨쳤다. 명종(明宗)이 품계를 올리도록 명하고, 비단을 하사하여 장려하였다.

문장은 높고 고풍스러운데다 서화(書畫)까지 두루 통하니, 사람들이 삼절(三絶)이라고 일컬었다. 퇴도(退陶) 문순공(文純公) 이황(李滉)이 일찍이 화죽(畫竹)을 읊조린 적이 있었는데, "대나무와 영천자는 본래 한몸이라서, 영화와 쇠퇴를 계절의 변화에 바꾸지 않는다."라는 구절이 있으니, 그 맑은 덕과 아름다운 지조를 이 시에서 징험할 수 있다.【협주: 행적에 실려 있다.】

천거과(薦擧科: 현량과)에서 파방된 후 또다시 백패(白牌: 흰 종이에 쓴 진사 합격증)를 잃고 시를 지었으니, 이러하다.

홍패 이미 거둬 가고 백패도 잃었으니
한림과 진사 모두 다 허된 이름이로다.
이제부터 아차산 밑에서 살려 하니
산인이란 두 글자야 어느 누가 다투리.

【협주: 국조시산에 실려 있다.】

• **申潛**

申潛，字元亮，號靈川，高靈人。成宗辛亥生。中宗癸酉進士魁，己卯登賢良科，選翰林，未幾罷榜。袞貞敗，起廢[1]筮仕，至牧使。明宗甲寅卒。享尙州玉城書院[2]。

中廟癸卯，大臣薦公，年高德邵，才堪華國，不可待以常調，上下教曰："其除守宰，以觀治績."

在泰仁，歲飢，流民湊集，列置房屋百餘間以處之，所全活數千人。在杆城，民俗丕變，文風大振。明廟命陞秩，賜帛以奬之。

文章高古，傍通書畫，人稱三絶。退陶李文純公，嘗咏畫竹，有"竹與靈川本一身，不將榮悴換秋春"之句[3]，其淸芬姱節，於此可徵。【行蹟[4]】

薦科罷後，又失白牌，有詩曰："紅牌已收白牌失，翰林進士摠虛名。從此峨嵯山下住，山人二字有誰爭?" 一時傳誦之。【國朝詩刪】

---

1 起廢(기폐): 파면시켰던 사람을 다시 불러들임.

2 玉城書院(옥성서원): 경상북도 상주시 외남면에 있는 金得培 등 5인의 선현을 추모하기 위해 창건한 서원. 1631년에 지방유림의 공의로 金得培·申潛·金範·李埴·李埈의 학문과 덕행을 추모하기 위하여 창건하였다.

3 李滉의 《退溪先生文集別集》 권1에 〈詩·題靈川申潛畫竹〉이 실려 있다. 곧 "대나무와 영천자는 본래 한 몸이라서, 한 몸의 변화가 모두 신묘함에 통하였네. 그림 가득 맑고 깨끗한 그림자가 구슬프니, 아마도 영천자가 스스로 참모습을 그려나보다.(竹與靈川本一身，一身變化儘通神。可憐滿幅淸虛影，疑是靈川自寫眞.)"이다.

4 盧禛의 《玉溪先生文集》 권3 〈通政大夫行尙州牧使申公行狀〉으로 실려 있음.

보충

노진(盧禛, 1518~1578)이 찬한 행장

통정대부 행 상 주목사 신공 행장

공의 휘는 신잠(申潛), 자는 원량(元亮)이다. 성씨는 고령(高靈)에서 나왔는데, 먼 조상 신성용(申成用) 이하로부터 모두 문장으로 드러나 세상에 알려진 인물이 있었다. 공의 증조부 문충공(文忠公) 휘 신숙주(申叔舟)에 이르러서는 다섯 조정을 보좌하며 총재(冢宰: 이조판서) 지위에 있었고, 고령부원군(高靈府院君)에 봉해져 한 시대의 종신(宗臣: 으뜸가는 신하)이 되었다. 문충공의 장남 휘 신주(申澍)는 통례문 봉례랑(通禮門奉禮郎)에 보임(補任)되었고, 그 후 이조참판에 추증되었으며, 문장을 잘 지었으나 일찍 죽었다. 그 아들 삼괴선생(三魁先生) 신종호(申從濩)는 진사시·문과·중시(重試)에 모두 장원한 까닭에 사람들이 '삼괴'라 일컬었는데, 박학한 식견과 문장으로 세상에 이름을 떨쳤고 관직이 예조참판에 이르렀으나 또한 일찍 죽었다. 참판(參判: 신종호)은 세종대왕(世宗大王)의 열한 번째 아들 의창군(義昌君) 이공(李玒, 1428~1460)의 딸에게 장가갔다. 홍치(弘治) 신해년(1491) 3월 모일(某日)에 공을 낳았다.

태어나면서부터 영특함이 남달랐다. 겨우 7세에 아버지를 여의었지만, 맏형 고원위(高原尉) 신항(申沆, 1477~1507)이 사대부 자제의 사치스러운 습속에서 능히 벗어버리고 문아(文雅)한 기풍을 지닌 선비로서 당시에 명망이 두터웠으니, 공은 그를 따라 배웠다. 학문을 지도하여 이끌어 주자마자 곧 스스로 듣고 깨달아서 번거로이 애쓰지 않아도 문장의 재주가 날로 진취되었다. 약관(弱冠: 20세)도 되기 전에 명성이 크게 떨치게 되자, 공경(公卿)과 진신(搢紳)들이 모두 입을 모아 칭찬하지 않는 이가 없었다.

계유년(1513) 공은 나이 23세로 진사시에 잇달아 장원하고, 남궁(南宮: 禮曹의 별칭)에서 보인 초시(初試)에 합격하자, 사람들은 그가 능히 자기

가문의 전통을 이을 것으로 여겼다. 이때 중종이 즉위하여 있은 지 이미 오래되어 다스림과 교화를 새롭게 개혁해 선비들의 학문이 날로 새로워지자, 공은 곧바로 실속없이 겉만 화려한 것을 통렬하게 깎아내고 스스로 갈고닦는데 힘써서 옛 성현의 글을 가져다 읽었고, 당대의 선비들과 널리 사귀면서 왕래하고 토론하며 당당하게 자신감을 가졌으니, 학업은 날로 깊어져 명성과 명망이 점점 더 높아졌다.

기묘년(1519) 옛날의 바른 도리를 본받으려 신과(新科: 賢良科)를 신설하자, 공이 그 후보 선발에 들어 과거에 응시해 모과(某科) 몇 등에 급제하면서 곧 예문관 검열(藝文館檢閱)에 보임되었다. 예로부터 전해오는 정해진 관례에 따라 매번 사대(賜對: 임금이 신하를 불러서 묻는 말에 대답하게 함)할 때면 사관(史官: 사초를 쓰는 관리)이 항상 뒤에 들어가고 먼저 나왔는데, 공이 입시(入侍)한 지 겨우 며칠 되지 않아 곧바로 진언하기를, "사관은 임금의 세세한 언행까지도 살펴 기록하지 않음이 없어야 하는데 뒤늦게 들어가고 먼저 나온다면 사실을 기록하는데 제대로 살피지 못한 잘못이 있을까 두렵습니다. 듣건대 성종조(成宗朝)에 한 약삭빠른 사람이 이러한 틈을 타 자신의 말을 퍼뜨려서 마침내 후환을 불렀다고 하니, 지금부터는 먼저 들어가고 나중에 나오는 것을 상례(常例)로 삼으소서."라고 아뢰니, 주상이 이를 들어주어 즉시 규례(規例)로 삼도록 명하였고, 당시 여론도 옳게 여겼다.

얼마 안 되어 관직(館職, 홍문관 부제학·성균관 대사성)에 선발되었으나, 제수되기 전 시국이 크게 변하여 신과(新科)가 비방을 받았던 까닭에 제도가 폐지되었고, 공은 마침내 면직되어 산관(散官)으로 물러났으며, 사관이 먼저 들어가고 나중에 나오는 제도 또한 폐지되었다. 공은 이로부터 다시는 당시에 큰일을 해낼 수 없음을 알고서 어머니를 모시고 청주(淸州)의 전서(田墅: 농장)로 갔으니 그곳에 정착해 지낼 뜻이었으나, 어머니가 그곳을 달가워하지 않아 곧 다시 도성으로 들어왔다. 이때 당쟁에 연루되어 폐출된 자들은 모두 당시의 재주와 명망을 갖춘 인사들이었으니, 권력을 농단하던 자들은 심히 스스로 편치 못하였다.

신사년(1521) 겨울에 공이 안정(安珽, 1494~1548) 등과 함께 뜻밖에도 죄적(罪籍: 죄를 기록한 명부)에 올라 정신(庭訊: 대궐의 뜰에서 죄를 신문함)에까지 이르러서 화(禍)가 장차 어찌될지 예측할 수 없는 지경이었으나, 끝내 죄상을 밝혀낼 수 없었음에도 끝내 장흥부(長興府)로 유배하였다. 유배지에서 17년이나 있었는데, 어머니가 경성(京城)에 있었으므로 애틋하게 생각하고 그리워함이 비록 극심하였으나, 의지가 큰데다 기개가 넓어서 원망하고 근심하며 한탄하는 기색이 없었으니, 술을 일체 끊은 채 때때로 간혹 시를 읊으며 스스로 마음을 달랬을 뿐이었다. 선비들이 학문을 배우려고 청하러 오는 자가 있으면, 또한 거절하지 않고 그들의 재능에 따라 성심껏 가르쳐서 성취한 자가 많았다. 정유년(1537) 겨울에 양주(楊州)로 양이(量移: 섬이나 변경으로 멀리 귀양 보냈던 사람의 죄를 감등하여 내지나 가까운 곳으로 옮김)되었고, 무술년(1538) 가을에 마침내 편리하게 일정한 곳에 자리를 잡고 머물러 살라는 명을 받았다.

이때 어머니는 고령이었어도 여전히 병없이 건강하였는데, 고향으로 돌아가 어머니를 모시면서 화목한 기운이 가득하였다. 이듬해 어머니상을 당하여 애통해 함이 지극하였고, 장례와 제사는 모두 옛날 예법에 따랐으며, 다만 참판공의 묘역은 물의 흐름이 좋지 않고 땅의 기운이 부족해서 옛사람들의 본래 뜻을 폭넓게 구하고는 이장하여 같은 자리에 모셨을 뿐이다. 아차산(峨嵯山) 아래에 움막을 짓고 지내면서 3년 동안 한번도 집에 간 적이 없었으며, 이어서 그 곁에 집을 지어 여생을 마칠 생각이었다. 그곳은 자연 속에서 강과 산, 새와 물고기들을 벗삼아 누리는 즐거움이 있었는데, 매번 봄과 가을이면 그곳으로 나가서 머물며 거문고를 타고 책을 읽으며 한가로이 스스로 즐겼으니, 영화나 벼슬에는 미련이 없었다.

계묘년(1543) 천거로 군직(軍職)에 보임(補任)되었으나 받지 않았다. 그해 겨울에 대신(大臣)들이 '공은 나이도 많고 덕도 높은데다 재주가 나라를 빛낼 일을 감당할 만하니, 일반적인 발탁으로는 대접할 수 없습니다.' 라고 아뢰자, 마침내 특별히 올려 육품(六品)으로 제수하여 사옹원주부(司饔院主簿)로 삼았다. 주부(主簿)라는 관직은 비록 공이 마땅히 있을 곳이 아니었으나, 죄를 용서하는 은혜로운 어명은 늘 있는 것이 아니어서 마지못하여 하는 수 없이 대궐에 나아가 사례(謝禮)하였다. 며칠 지나지 않아 임금이 하교하기를, "신잠을 지금 주부로 삼는 것은 무익하니, 수재(守宰: 수령)로 고쳐 제수하여 그의 치적을 보고자 한다."라고 하고는, 이에 태인현감(泰仁縣監)에 보임하였다. 어떤 이가 공이 낮은 고을 수령에 굽히는 것은 적합하지 않다고 여겨서 가지 말라고 권하자, 공이 말하기를, "내가 비록 오래도록 관직에 나간 경험도 없지만, 본디 산야(山野)의 처사와는 견줄 수 없는데다 죄를 용서하는 은혜로운 어명이 이에 이르렀으니 의리상 피할 수 없소. 하물며 옛날의 대현(大賢)들은 주현(州縣)의 관직에도 편안하게 여기지 않음이 없이 충분히 그 뜻을 행할 수 있다고 여겼을 뿐이니, 내가 어찌 꺼리겠소?"라고 하고는 마침내 부임하였다.

태인현은 본래 몹시 번거롭고 바빠서 다스리기가 어려운 곳으로 불렸다. 공은 쌓아온 경험이 이미 풍부한데다 세상일을 많이 겪었으니, 이를 한 고을에 베풀면서도 성대히 여유가 있었다. 백성들을 어루만질 때에는 자애롭고 너그러움을 다하였고, 정사를 처리할 때에는 신명을 다 바쳤으니, 1년도 못 되는 동안에 온 경내가 하나같이 교화되어 따르게 되었다. 또한 이 고을은 낡은 구습을 버리지 못한 폐해가 극심한 것을 이어받아 명목이 없는 부세(賦稅)와 부정한 조세(租稅)가 고슴도치 털처럼 여기저기서 나와 백성들이 심히 고통스러워했다. 공은 이에 조목을 세워 구획하고 조처하여 거의 다 뜯어고쳐 정리하였으나, 그것이 오래도록 시행되기를 바라면서 일시적인 이해득실 때문에 성급히 바꾸어 설치되지 않기를 원하였다. 백성들이 일로 관아의 뜰에 이르는 자가 있으면 부드러운 말로 뜻을 굽히게 하면서 더 이상 위엄을 부리거나 꾸짖지 않았으며, 시비를 판단하여 결정하는 것이 적확하여 보통사람들의 생각을 뛰어넘었다. 심지어 골육(骨肉)끼리의 소송(訴訟)이 있으면 또한 반드시 은혜와 덕의(德義)의 중요함을 일러주며 거듭해서 자세히 타이르니, 백성들이 모두 부끄러워하고 탄식하며 그 다투던 바의 잘못을 뉘우쳐 깨닫고서 갔다. 또 그것은 백성을 구제하려는 것이었으니, 예를 진작하고 풍속을 선량하게 하는데 정성을 다하였으며, 인재를 기르고 학문을 돈독히 하는 일을 가장 시급한 과제로 여겼다. 그리하여 방(坊: 마을)·촌(村: 촌락)·리(里: 지역)·사(社: 공동체)에 널리 국당(局堂: 扃堂의 오기, 교육기관)을 설치하여 스승과 학생을 위한 장소로 삼았는데, 전포(錢布)를 많이 내어서 그 비용을 넉넉하게 하고는, 종종 친히 찾아가 차분히 가르치고 격려하였으니, 그 가르친 바는 글귀를 외우고 미사여구를 익히는데 있지 않았다. 나이 많은 사람을 공경하고 봉양하였으며, 절개와 효행이 있는 이를 표창하면서 귀천을 묻지 않고 반드시 더 존경하고 특별히 대우하였으니, 그 성명을 기록하였다가 시절에 따라 간혹 늠미(廩米: 창고의 쌀)와 술, 음식을 보내어 장려하였다. 심지어 전곡(錢穀)의 세세한 출납(出納)조차도 또한 반드시 직접 조사해 살피면서 하나하나 자세히 밝히려고 애쓰지 않았어도 아전들이 차마 속이지 못하였다.

때마침 연이어 대기근을 만나 이재민들이 사방에서 모여들어 구호를 바랐다. 이에 부정공(富鄭公: 송나라 때 名臣 鄭國公 富弼. 靑州刺史 그가 公私의 집 10여 만 채를 가려서 유랑하는 백성 50여만 명을 거처하게 하고 국가의 식량을 지급하였으며, 이들을 군사로 모집하여 1만여 명을 병졸로 삼았다는 일)이 청주(靑州)에서 백성을 다스렸던 일화를 본받아 100여 칸의 집을 줄지어 놓아 거처하게 하고 매번 음식을 먹게 하면서 큰 일이 있지 않으면 반드시 몸소 살폈다.

무릇 의약으로 환자의 몸을 보양하고 간호할 방법에 대해 세밀하게 조처하지 않음이 없게 여력을 다 쏟았는데, 원근에서 그 소문을 듣고 다투어 태인(泰仁)을 귀의처(歸依處)로 삼았으니 목숨을 구해 살려 준 자가 무려 수천 명이었다. 이에 관찰사 김광철(金光轍, 1493~1550)이 이 사실을 조정에 아뢰니, 주상이 이를 가납(嘉納)하고서 품계 1등급을 올려주도록 명하였다.

처음에 공은 비록 죄를 용서하는 은혜로운 어명이 무거워서 마지못하여 관직에 나아갔을지라도 오래도록 현(縣)에 머물며 맡은 것은 자기의 뜻은 아니었지만, 연이어 국상(國喪: 중종과 인종의 상)을 만난데다 해마다 흉년이 들어 관직에서 떠날 겨를이 없었다. 부지런히 힘쓴 지 6년 만에 마침내 종묘서령(宗廟署令)으로 돌아갔는데, 고을 사람들이 사랑하고 우러러서 머물러 주기를 바랐으나 안 되자, 전(前) 대제학 소세양(蘇世讓)에게 글을 부탁하여 비석을 세워서 공의 덕을 드러냈다.

공은 벼슬하는 것을 달가워하지 않았고, 늘 산수를 그리워하는 마음이 있었다. 기유년(1549) 겨울 집정신(執政臣) 중에 공의 뜻을 아는 자가 있어, 마침내 강원도의 간성군수(杆城郡守)에 제수되었다. 그때 공의 맏누이는 아들을 따라 인제현(麟蹄縣)에 있었는데, 이로 인해 공은 기쁘게 부임한 것이었다. 간성군은 동해(東海)에 접해 있어서 비록 뛰어난 경치와 경치가 좋은 곳으로 일컬어졌으나, 지역이 매우 외진데다 백성의 풍속이 어리석고 포악하여 불화가 번갈아 일어나서 교화하고 가르치기에는 어려웠지만, 풍토가 강직하고 굳건하니 사람들 가운데 효도와 의리를 가지고 행실을 세우는 자들이 많았다. 공은 이에 맨 먼저 그 사람들을 예로써 맞이하여 풍속을 장려하였고, 한결같이 태인(泰仁)을 다스리던 대로 다스리자, 얼마 안 되어 모두 선(善)에 감화되면서 다투어 서로 권면하니 백성의 풍속이 크게 변하였고, 선비 중에 공을 존경하는 자들이 모여드니 문풍 또한 크게 떨쳤다. 여가가 난 날에는 때때로 학생들을 데리고 산과 바다의 경치를 유람하고 시를 읊으며 돌아왔으며, 또 풍악산(楓岳山)에 올라서 그 기개를 키우고 저술한 바가 많았다.

신해년(1551) 겨울, 주상이 벼슬자리에 있는 중앙과 지방의 신료 중에서 청렴하고 근면한 자를 가려 뽑아 아뢰도록 명하자, 관찰사 류지선(柳智善)이 또 조정에 공의 청렴하고 근면한 자취를 아뢰었다. 이때 공은 이미 풍병을 앓아 벼슬자리에 있을 수가 없었다. 예전부터 전하여 내려오는 관례에 의하면, 수령(守令)이 병을 이유로 면직을 청하면, 관찰사가 관례에 따라 파직을 청해야 했다. 그래서 류공은 비록 공이 병든 것을 알고 있었지만, 여전히 관례를 따라 파직을 청하였다. 주상이 하교하기를, "신잠은 청렴한 덕행이 이미 드러났고, 가는 곳마다 온 마음을 다해 백성을 어루만지고 다스렸으니 병이 있다고 하여 파직시키는 것은 불가하다."라고 하면서 그 직을 바꾸어주고 또한 품계를 높여 장려하였다.

임자년(1552) 여름, 품계를 뛰어넘어 상주목사(尙州牧使)에 제수되었는데, 이때 공의 병이 막 나은 지 오래되지 않았으나 임금이 돌보아주심이 아주 융숭함에 감읍하여 끝내 사양할 수가 없었다. 얼마 지나지 않아 이전에 청렴하고 근면하다고 알려진 자에게 모두 표리(表裏: 옷의 안감과 겉감) 1벌을 하사하였는데, 공 또한 그 명을 받았다. 상주는 경상도 일대의 요충지에 자리잡고 있어 거마(車馬)가 폭주하고 기무(機務: 중요한 행정 업무)가 매우 번다한데다, 또 해마다 흉년이 이어져 이재민들이 떠돌다가 죽어 나가는 자가 서로 베고 누울 정도였다. 이에 공은 이른 아침부터 늦은 밤까지 부지런히 온 마음을 다해 백성을 구휼하여 살렸는데, 규모(規模: 전체 범위)와 절목(節目: 세부 항목)은 한결같이 태인에 있었을 때의 것을 따랐다. 이로써 백성들이 굶주려 쇠약해지는 일이 없었고, 또 농사일을 잘 돌보아 제때에 힘을 쏟게 하였으니, 가을이 되었을 때 여러 고을들이 모두 재해를 입지 않는 곳이 없었으나 오직 상주만은 곡식이 잘 여물었다. 관찰사 정응두(丁應斗)가 기근 구제 정책에서 가장 뛰어난 공적을 조정에 아뢰자, 주상이 품계를 올려주도록 명하여 통정대부(通政大夫)에 올랐다.

상주에는 네 속현(屬縣)이 있었지만 모두 외지고 오지였으니, 선비들이 학문을 닦을 곳이 없음을 매우 병통으로 여겼다. 이에 서당과 서원을 크게 열고자 터를 골라 세웠는데, 비록 기근이 극심했지만 늠용(廩用: 국가 곡물의 사용)을 능히 절약하여서 그 비용을 충당하였고, 또 백성들을 번잡스럽게 하지 않았다. 이로 인해 상주의 인사들이 앞다투어 서로 흠모하여 본받았으니 심지어 궁벽한 촌구석에도 사사로이 스스로 짓지 않은 곳이 없었고, 또한 그 노역(勞役)를 도와주어 실마리를 찾아가게 하였으니 서원이라 이름을 붙인 곳이 무려 10여 곳이나 되었다. 또한 주문공(朱文公: 남송 朱熹)의 남강고사(南康故事: 주희가 南康軍의 知事가 되었을 때 廬山에 濂溪書堂을 지어 周濂溪와 주렴계 문하에서 수학한 二程 형제를 배향하고 스스로 원장이 되어 학생들에게 유학을 가르치면서 유교의 이상을 실현하고자 한 일)에 의거하여 고을의 순결한 조행(操行)을 지닌 사람을 골라 원장으로 삼아 주관하게 하였다. 바야흐로 장차 교육의 조목을 준행(遵行)케 하고자 학식(學式: 學制)을 간행하고 《소학(小學)》과 성리학(性理學) 등의 서적을 많이 구입해 각 서원에 나누어 보관하게 함으로써 학생들에게 영구히 도움이 되도록 하였다. 그러나 시행할 일을 계획하고 조치하는 것은 모두 아직 그 방법을 강구하지는 못하였다.

갑인년(1554) 12월 2일에 급병에 걸려 이틀 뒤에 끝내 일어나지 못하였으니, 향년 64세였다. 관찰사가 조정에 부음(訃音)을 알리자, 주상이 하교하기를, “신잠(申潛)은 청렴하고 근면하여 다른 사람과 비할 바가 아니다. 지금 그가 죽었다는 소식을 들으니 참으로 측은하도다.”라고 하고는, 마침내 부의(賻儀)에 더함이 있게 내리도록 명하였다. 공이 죽은 날에 선비들은 뜰에서 곡을 하였고 백성들은 들판에서 울부짖었으니, 마치 가까운 친족을 잃은 듯했다. 상여가 움직이자, 마을의 어른들과 유생들이 상여를 끌면서 애도하고 보내느라 길을 가득 메웠다. 향과 촛불로 슬픔을 나타내는 제사는 이웃 고장에까지 이어졌고, 군민(軍民)들 중에 뒤늦게 함창읍(咸昌邑)의 치소(治所)에까지 따라와 제사를 올리는 이가 있었으니, 이것이 어찌 권세나 이익으로 권유해서 그렇게 된 일이겠는가? 이듬해 3월 모일에 선영(先塋)을 따라 예를 갖추어서 아차산(峨嵯山)의 임좌 병향(壬坐丙向)의 언덕에 안장하였다.

공은 사람됨이 풍채가 빼어나게 준수하여 사람들 중에서도 두드러진

데다 기상과 도량은 웅대하고 식견은 고상하며 우아하였으니, 멀리서 보면 엄숙하여 두려워하게 하지만, 가까이 다가가면 부드러워 친근하게 여겨진다. 착한 일을 즐거워하고 의로움을 좋아하여 견줄 자가 없었다. 학문은 성현(聖賢)을 본받는 것으로 근본을 삼았는데, 매번 경전을 읽을 때마다 반드시 성현들이 어디에 마음을 썼는지 찾았고, 좋은 말과 뛰어난 행실의 대목에 이르면 마음속으로 우러러 사모하여 그와 같아지기를 바랐으니, 몸가짐과 마음가짐에 한결같이 옛사람을 스승으로 삼아서 세속의 모든 비루한 논의에 대해서는 일찍이 한번도 입 밖에 낸 적이 없었다. 일이 생겨도 태연자약하여 목소리나 안색 하나 변치 않았으니, 비록 급한 때를 당하여도 빠른 말과 급한 안색이 있은 적이 없었다. 충효와 우애는 천성(天性)에서 나온 것이었으며, 시대를 걱정하고 세속을 민망히 여기는 마음은 지성(至誠)에서 나왔다. 친척과 친구들을 거두어 도와주거나 궁핍한 사람을 구제하는데 재산을 털어 있는 힘을 다하면서 돌아보고 아까워한 적이 없었다.

특히 후생들을 장려하여 진출시키며 재능에 따라 이끌어 주었는데, 간절히 옛사람의 사업을 가지고 후생들에게 권면하면서 혹은 더불어 옛일과 지금의 일을 이야기하며 논의하는 것이 끊임없어도 싫증을 내지 않았다. 남에게 조그마한 선행이라도 있으면 비록 미천한 일일지라도 반드시 존경하고 사랑하였으며, 만일 그가 추잡하고 보잘것없는 부류이면 매우 경멸하여 말을 붙이려 하지 않았다. 하지만 사람을 대하고 만날 때는 온화한 기운이 저절로 풍겨 모두의 환심을 얻게 되었던 까닭에, 비록 미움을 받아 쫓겨난 자라도 별로 원망함이 없었다.

본디 벌열 가문이 대대로 쌓아온 것으로 인하여 재산이 예로부터 넉넉하였는데, 공이 오래도록 먼 유배지에 있었기에 오로지 맏누이에게 맡겨 처리하도록 하고서 전혀 개의치 않았다. 재산을 나눌 때는 맏누이가 원하는 대로 가져가게 하였고, 부인에게는 그 일에 참여한 뒤 알리게 하였을 뿐, 공은 전혀 관여하지 않았다.

일찍이 선친의 원고를 간행하지 못하여 태인현감으로 있을 때에 비로소 인쇄한 적이 있었는데, 바쁜 업무 중에도 틈을 내어 손수 해서(楷書)로 베껴 쓰면서 처음부터 끝까지 게으르지 않자, 사람들이 그 정성에 감복하였다.

일찍이 세상을 다스릴 뜻을 품어서 억울함을 씻어주고 혜택을 베푸는 일을 항상 자신의 임무로 삼았는데, 외직으로 나가 주현(州縣)을 다스렸을 때 조금이나마 자신의 뜻을 펼치고자 하였다. 그래서 한결같이 송나라 여러 현인들을 본보기로 삼아서 시대에 순응하거나 세속에 아첨하지 않았다. 그의 정치는 비록 인애(仁愛)와 자혜(慈惠)를 근본으로 삼아서 선한 이를 드러내고 악한 이를 병들게 하여 권선징악하는 바를 알게 하였고, 지방의 권력 종족을 묶어 매면서 조금도 너그럽게 용서하지 않았다. 이 때문에 처음에는 혹 기뻐하지 않던 자도 있었지만, 오래도록 공의 덕화(德化)를 입게 되면 마음을 고쳐먹고 감화되어 따르지 않는 이가 없었다.

집안은 대대로 척리(戚里: 임금의 외척) 관계를 맺어 어릴 적부터 집에서는 의복과 거마(車馬)가 보통 사람들과 같지 않았으나, 관직에 나아가서는 청렴한 절개가 매우 뛰어나 먹는 것을 제외하고 관아에 터럭만큼도 누를 끼치지 않아서 가족과 하인들이 모두 그 고생을 견디지 못했으나 공은 여유롭게 처신하였다. 매번 관직에서 집으로 돌아갈 때마다 모든 기물과 생활용품은 간혹 일상에 쓰는 것이라면 비록 아주 작은 것까지 또한 모두 일일이 장부에 기록하여 관아에 돌려주었다. 그래서 공이 죽어 돌아갈 때 부인 또한 한결같이 그러하였는데, 고을의 관아에서 관례에 따라 부의(賻儀)를 보내왔으나 일체 받지 않았으며, 누군가 그럴 필요가 없다고 말해도 끝내 듣지 않았다. 이에서 공의 가법(家法)이 살아 있음을 알 수 있는데, 평소에 행한 바가 한때의 잘못을 바루려고 한 데서 나온 것이 아님을 알 수 있다.

일찍이 공을 거스른 자가 있었던 적이 있었는데, 그의 사위가 중죄를 저질러 옥에 갇혔다. 그러나 그 사건이 매우 모호하여 분별할 수 없었지만, 공이 그에게 억울함이 있음을 살펴서 끝내 철저히 조사해 사실을 밝혀내고 마침내 죽음에서 벗어나게 하였으니, 그 옛 원한을 마음에 담아 두지 않고 한결같이 지극히 공정한 데서 나온 것이 이와 같았다.

공이 문장과 예술에 있어 능하지 않음이 없었는데, 시(詩)는 《문선(文選)》에서 비롯되었고 사(詞)는 초나라 《이소(離騷)》를 근원으로 하여서 격률(格律)은 높고 고풍스러우며 지취(旨趣)는 심원(深遠)하였으니, 사람들이 공의 한두 마디 구절이나 한 조각 사(詞)를 얻으면 마치 옥벽(玉璧)을 얻은 듯 소중히 여기며 서로 완상해 마지않았다. 만년에는 초서(草書)와 예서(隷書)에 능했고, 또 난초와 대나무까지 지극히 정묘하게 그려 세상에서 삼절(三絶)이라고 일컬었으니, 다투어 비단으로 매수해 구하려 했으나 공은 그렇게 하는 것을 탐탁하지 않게 여겼다. 간혹 친구들과 더불어 글을 짓고 술을 마시면서 즐거운 마음을 발산해 시가(詩歌)를 지으면 화락하고 화창한 풍류와 기개가 사람을 감동시키기에 충분하자 흠모하고 우러러 보지 않음이 없었다. 남은 글 약간 권이 있다.

아! 공의 아름다운 덕과 뛰어난 행실은 당세의 스승이 될 만한 모범으로 유림을 바로잡는 규범이 되었고, 문장과 학술까지도 뛰어났다. 임금의 큰 뜻을 보좌하고 태평한 시대를 꾸밀 만하였으나, 일찌감치 금고(禁錮)를 입거나 유배를 당하여 당시에 큰일을 할 수 없었다. 만년에 비록 잠시나마 주(州)나 현(縣)의 관직을 지냈으나, 천하거나 번거로운 일에 묻혀 자기의 뜻을 펼치지 못하였다. 오늘날 볼 수 있는 것은 오직 이것뿐이니, 아아! 애통하다. 그러나 그 짧게나마 시험해 본 관직 생활을 바탕으로 그의 마음씀씀이를 구해 본다면, 공의 뜻과 업적이 한 가지도 옛사람에게 맞지 않는 것이 없었고, 이로 인하여 그보다 더 큰 일을 이룬 것을 알 수 있다. 지금의 세상에서 이로써 공을 찾는 사람이 있을지 알지 못하겠다.

공의 첫째부인은 종실(宗室) 당해부수(唐海副守) 이모(李某)의 딸로 2녀를 두었는데, 장녀는 감찰 한수(韓洙)에게 시집갔고, 차녀는 생원 강완(姜浣)에게 시집갔다. 둘째부인은 현릉참봉(顯陵參奉) 노우명(盧友明)의 딸로 후사(後嗣)가 없다. 시비(侍婢)에게서 1남을 두었는데, 이제 겨우 6세이다. 아! 이 아이가 공을 계승하겠는가? 감찰 한수는 1녀를 낳았는데, 이정빈(李廷賓)에게 시집갔다.

나 노진(盧禛)은 20여 년 동안 문하에 드나들면서 공의 덕업(德業)과 행한 정치를 살펴보았으니 익숙하지 않다고는 할 수 없다. 다만 식견이 부족하고 글솜씨가 없어 이미 공의 깊은 경지를 다 헤아리기에 부족하였고, 서술한 것이 또 공에 대해 미묘하고 숨겨진 것을 제대로 드러내지 못하였다. 모시고 좇은 것 또한 공의 만년 시절이라서, 공의 젊은 시절의 일상 행적에 대해서는 자세히 알지 못한다. 그러나 평소에 나 같은 보잘것없는 사람을 업신여기지 않고 매우 후하게 돌보아 주었으며, 욕되게도 지기(知己)로 생각해 주었으므로 감히 핑계를 대서 거절하지 못하고 공의 대략적인 행적을 이와 같이 서술하였으니, 후대의 글을 짓는 이들이 참고하고 선택하는데 도움이 되기를 바랄 뿐이다.

通政大夫。行尙州牧使申公行狀

公諱潛, 字元亮。姓出高靈, 自遠祖成用以下, 皆以文顯, 世有聞人。至公曾祖文忠公諱叔舟, 佐五朝位冢宰, 封高靈府院君, 爲一代宗臣。文忠長子諱澍, 補通禮門奉禮郎, 後贈吏曹參判, 有文早夭。寔生三魁先生從濩, 以其於進士·文科·重試, 皆擢第一, 故人以是稱之, 以博學文章鳴世, 官至禮曹參判, 亦早卒。參判娶世宗大王第十一子義昌君玒之女。以弘治辛亥三月日生公。生而頴穎秀不羣。纔七歲而孤, 伯兄高原尉沆, 能脫紈習, 文雅重一時, 公從之學。纔經指授, 卽自領解, 不煩劬苦, 詞藻日進。未弱冠, 聲名大振, 公卿薦紳, 莫不交口稱譽。歲癸酉, 公年二十三, 試進士連魁, 發解南宮, 人以爲是能踵其家緖者。時中廟在位已久, 治敎更張, 士學日新, 公卽痛刮浮華, 務自砥礪, 取古聖賢之書而讀之, 徧交當世之士, 往來論辨, 卓然自得, 學業日造, 聞望益重。

己卯, 倣古義設新科, 公與其選, 就試, 中某科第幾名, 卽補藝文館檢閱。故事, 每賜對時, 史官常後入先出, 公入侍纔數日, 卽進言曰: “史官於人主言動之微, 無不察而書之, 後入先出, 恐有失於紀實也。聞成廟朝, 有一憸人, 乘此得售其說, 卒階後禍, 請自今先入後出以爲常.” 上可之, 卽命爲例, 時論韙之。未幾, 被館職之選, 不及拜, 時事大變, 以新科爲非, 故制罷之, 公遂落職就閑, 史官先入後出之制亦廢。公自此知不復有爲於時, 奉大夫人, 往淸州田墅。有定居之志。以大夫人不樂于此。旋復入城。時坐黨被廢者, 皆一時材望之士, 用事者深不自安。辛巳冬, 公與安公珽等, 橫被罪籍, 至于庭訊, 禍且不測, 竟無所得, 遂遷于長興府。在謫十七年, 以大夫人在京, 思慕雖劇, 而志氣曠夷, 無怨懟愁歎之色, 屛絶麴蘗, 時或哦詩, 自遣而已。士子有來問業者, 亦不拒, 隨材以篤, 多所成就。丁酉冬, 量移楊州, 戊戌秋, 遂命任便居住。時大夫人年高尙無恙, 還侍庭闈, 融融如也。翌年丁憂, 哀戚極至, 葬祭一依古禮, 只以參判公兆域, 水土淺薄, 博求古義, 遷而同室焉。廬于峨嵯山下, 三年未嘗一至于家, 因築室其傍, 爲終焉之計。是地也有江山禽魚之樂, 每春秋出居, 彈琴讀書, 翛然自適, 於榮宦漠如也。癸卯, 用薦者, 補軍職不受。是年冬, 大臣以公年高德邵, 材堪華國, 不可待以常調, 遂命超授六品, 秩爲司饔院主簿。主簿爲職, 雖非公所宜處, 以恩命不常, 不得已赴闕以謝。未數日, 上下敎曰: “潛今爲主簿無益, 其改除守宰, 欲觀治績.” 於是, 補泰仁縣。或以公不宜屈小官, 勸之勿行者, 公曰: “余雖無涖歷之久, 素非山野處士之比, 恩命至此, 義不可避。況古之大賢, 莫不安於州縣, 爲足以行其志而已, 吾何嫌乎?” 遂就任。縣素號繁劇難治, 公充積旣富, 又多更歷世事, 施之一邑, 沛然有餘。撫摩盡其慈恕, 操割極其神明, 期月之間, 闔境翕然化服。且是邑也, 承因循蠱獘之極, 無名之賦, 不正之稅, 雜出如蝟毛, 民甚病之。公爲之條畫區處, 釐革殆盡, 而要其行之久遠, 不以一時之利害, 遽爲變置也。民有以事至庭, 則溫言降意, 不加威訶, 剖決的當, 出人意表。至有骨肉之訟, 則亦必喩以恩義之重, 反覆諄悉, 民皆愧歎, 悔悟失其所爭而去。又其爲救也, 拳拳以興禮善俗, 育才敎學爲急。於坊村里社, 廣設局堂, 以爲師生之所, 多出錢布, 以贍其費, 往往親自詣訪, 從容訓厲, 而其所以爲敎, 則不在於記誦辭藻之習焉。尊養高年, 褒揚節孝, 不問貴賤, 必加敬異, 籍其名姓, 時節或致廩米酒食以奬之。至於錢穀出入之微, 亦必親自鉤考, 而又不察察爲明, 吏不忍欺焉。時適連歲大歉, 流移之民, 四集望哺。於是, 引富鄭公靑州故事, 列置房屋百許間以處之, 每就食, 非有大故, 必躬涖視。凡醫藥調護之方, 莫不措置纖悉, 不遺餘力, 遠近聞風, 爭以泰爲歸, 所全活無慮數千人。觀察使金公光轍, 上其事于朝, 上嘉之, 命加一級。始公雖以恩命之重, 不獲已就職, 久於縣, 非志也, 而連遭國哀, 歲又荐饑, 不暇解去。黽勉六期, 遂以宗廟署令歸, 邑人愛慕遮留, 而不可得, 倩記于前大提學蘇公世讓, 立石以表德焉。公不樂仕宦, 常有山水之思。己酉冬, 執政有知公志者, 遂除江原道之杆城郡。時公之長姊, 隨子在麟蹄縣, 以此樂赴焉。郡濱東海, 雖以淸勝稱, 而地最僻遠, 民俗駤暴, 釁隙易生, 難於化誨, 然風氣剛固, 人多以孝義立行者。公於是首先延禮其人, 以風厲之, 而一以治泰者治之, 未幾, 皆化於善, 爭相勸勵, 民俗丕變, 士之摳衣者坌集, 文風亦大振。暇日, 時携學子, 遊覽山海之勝, 風詠而歸, 又登楓岳, 以壯其胸襟, 多所著述。辛亥冬, 上命揀中外臣僚之涖官廉謹者以聞, 觀察使柳公智善, 又上公淸謹之跡于朝。時公已患風疾, 不可在職。舊列, 守令以疾求解者, 觀察使例請罷官。故柳公雖知公疾, 而猶循例以請。上下敎曰: "滉淸德已著, 所至盡心撫理。不可以病而罷之." 命遞其職, 仍陞秩以奬之。壬子夏, 超拜尙州牧使, 時公疾愈未久, 感上眷稠重。卒不得辭。未幾, 前以廉謹聞者, 皆賜表裏一襲, 公亦被其命焉。州當慶尙一道之衝, 輪蹄輻輳, 機務浩繁, 又連歲大侵, 流民顚仆, 死亡相枕籍。公於是夙夜勤, 盡心賙活, 規模節目, 一依在泰時。以是民無捐瘠, 又董耕稼, 使及時爲力, 至秋, 列邑無不被災, 而唯州得稔。觀察使丁公應斗, 上荒政之最于朝, 上命增秩, 階通政。州有四屬縣, 皆僻且奧, 士子無所於藏修, 甚病之。於是, 大開堂院, 選地以構之, 雖當饑饉之極, 而能縮節廩用, 以供其費, 又不煩于民。以是州之人士競相慕傚, 至於窮村僻社, 無不私自營建, 又爲之助其力役, 使皆就緖, 凡以書院名者無慮十許所。又依朱文公南康故事, 擇鄕之脩士,爲院長以主之。方將遵其教條, 刊爲學式, 多購《小學》·性理等書, 分藏諸院, 以爲學子永久之益。設施措置, 皆未及究其方。甲寅十二月初二日, 得暴疾, 越二日, 遂不起, 春秋六十有四。觀察使以訃聞于朝, 上教曰: “潛淸廉勤幹, 非他人比。今聞其死, 良用惻然.” 遂命賻贈有加。卒之日, 士哭于庭, 民號于野, 如喪所親。及其柩行也, 鄕之父老儒士, 挽車哀送, 塡塞道路。香燭之奠, 綿及異境, 軍民有追至咸昌邑治而修奠者, 是豈勢利勸諭以使然哉? 明年三月某甲, 從先兆, 以禮葬于峨嵯山壬坐丙向之原。公爲人風姿凝俊, 挺出人表, 氣宇宏博, 識量高雅, 望之儼然可畏, 卽之油然可親。樂善好義, 無有倫比。學宗聖賢, 每覽經傳, 必求其用意處, 至其嘉言雋行, 則企慕嚮往, 思與之齊, 行已處心, 一以古人爲師, 世俗凡卑之論, 未嘗一出於口。遇事優游, 不動聲色, 雖當倉卒, 未嘗有疾言遽色。忠孝友愛, 出於天性, 憂時憫俗, 發乎至誠。收恤親舊, 賙濟窮乏, 斥財殫力, 無所顧惜。尤以獎進後生爲務, 隨材引誘, 拳拳勉之以古人事業, 或與之談論今古, 亹亹不厭。人有小善, 雖微賤, 必加敬愛, 若其卑猥瑣細之流, 則甚鄙夷之, 不欲與之言。然接物遇人, 和氣油然, 俱得其歡心, 故雖被忤斥者, 無甚怨焉。素籍閥閱積累之傳, 財業故饒, 公久在遠謫, 專委長姊裁制, 不以介意。乃其分産, 任其所取, 令夫人參稟, 公無與焉。嘗念先稿未行, 在泰時始入梓, 能於機務之暇, 手自楷寫, 終始不倦, 人服其誠焉。早有經世之念, 常以洗冤澤物爲務, 其出而爲州縣也, 欲以少行其志。故一以宋朝諸賢爲律令, 不要徇時諧俗。其政雖以仁愛慈惠爲主, 而彰善癉惡, 使知所勸懲, 繩擊强宗, 不少假貸。以此其初或有不悅者, 久而沐公之化, 則莫不革面化服焉。家世聯戚里, 自少時居家, 服御不與平人等, 而及其涖官, 淸操卓絶, 除飮食外, 無纖毫累於官, 家人僕御。皆不堪其苦。而公處之裕然也。每其歸也, 凡器具什物, 或涉日用者, 雖極細微, 亦皆一一錄簿, 歸之官。故其以喪歸也, 夫人亦一如之, 州官循例致賻贈, 一無所受, 或有言其不必然者, 終不聽。於此見公家法之所存, 而知平日所爲, 非出於一時矯厲也。嘗有人忤公者, 其女壻犯重事繫獄。事甚黯黮不可辨, 公察其有冤, 卒鉤核得淸, 遂脫於死, 其不念舊怨, 一出至公如此。公於文章術藝, 無有不能, 詩祖《文選》, 詞主楚騷, 格律高古, 旨趣深遠, 人之得隻句片詞者, 如獲拱璧, 傳玩不已。晩工草隸, 又寫蘭竹, 極逼其眞, 世稱三絶, 爭購綃帛求之, 公不屑爲之也。間或與親舊, 文酒衎衎, 發爲詩歌, 夷愉和暢, 風流氣槪, 有足動人者, 莫不歆艶高仰之。有遺編若干卷。嗚呼! 公之懿德俊行, 可以師範一世, 綱紀儒林, 文章學術。足以黼黻皇猷, 潤色太平, 而早被錮謫, 未得有爲於時。晩雖暫試州縣, 沈淪卑冗, 不得伸其志。其可見於今日者止此, 嗚呼痛哉! 然若因其少試者, 而求其用心, 則知公之志業, 無一不準於古人, 而因以得其大者矣。不知今之世有以此求公者乎。公初娶宗室唐海副守某之女, 有二女, 長適監察韓洙, 次適生員姜涗。後娶顯陵參奉盧友明之女, 無子。侍婢有一子, 今纔六歲。嗚呼! 此其爲公之續耶? 監察生一女, 適李廷賓。禛自二十餘年以來, 往來門下, 瞯公德義行治, 不爲不熟矣。顧以懵識不文, 旣不足以窺其涯際, 而敍述又不能闡其微隱。陪從亦晩, 於公少日行事之迹, 有不得詳焉。然而平日不鄙無似, 眷顧甚厚, 辱以爲相知, 故不敢推托, 述其梗槪如此, 以備作者之採擇云。

〔王溪先生文集, 卷3, 行狀〕

13. 신륜

신륜의 자는 경립, 본관은 영산이다. 참의 신필주(辛弼周)의 아들이다. 연산군 갑자년(1504)에 태어났다. 중종 병오년(1546) 문과에 급제하였고, 관직은 목사에 이르렀다. 명종 을축년(1565)에 죽었다.

풍채가 훤칠하고 성질이 순후하였다. 부모를 섬김에 효성스러웠고, 백성을 다스림에 화평스러웠다. 말은 화려하지 않았고, 행실은 거짓이 없었다. 고을 사람들이 그의 효성을 칭찬하였지만, 벼슬자리가 그의 그릇에 걸맞지 않아 사람들의 아쉬움을 샀다.【협주: 조식이 찬한 묘갈명에 실려 있다.】

• 辛崙

辛崙, 字景立, 靈山人。參議弼周[1]子。燕山甲子生。中宗丙午文科, 官牧使。明宗乙丑卒。

狀貌魁峩, 質性淳厖。事親孝, 理民和。言不表華, 行無虛僞。鄕里稱其孝, 位不稱器, 爲人所惜。【曺植[2]撰碣】

---

1 弼周(필주): 辛弼周(1478~1550). 본관은 靈山, 자는 姬卿. 증조부는 辛劑이며, 조부는 辛俶晴이다. 아버지는 朝散大夫 黃州判官 辛秀武이다. 어머니는 川寧兪氏이다. 부인 昌原黃氏는 黃粹精의 딸이다. 1496년 진사시에 합격하고, 1507년 증광문과에 급제하였다. 지평·예조참의·통례랑을 역임하였다. 문무에 모두 뛰어나 세인의 추앙을 받았다.

2 曺植(조식, 1501~1572): 본관은 昌寧, 자는 健中, 호는 南冥. 증조부는 생원 曺安習이며, 조부는 曺永이다. 아버지는 승문원판교 曺彦亨이며, 어머니 仁川李氏는 충순위 李菊의 딸이다. 부인 南平曺氏는 曺琇의 딸이다. 과거에 실패한 후 처사로 살면서 학문연구에 전념했다. 학자로서 명망이 높아지면서 수차례 관직 천거가 있었으나 응하지 않았다. 대신 척신정치의 폐단과 비리를 통절히 비판하고 시정을 요구하는 상소를 올려 정치에 대한 견해를 피력했다. 정인홍·최영경·정구로 대표되는 그의 문인들은 남명학파를 이루어 북인의 주축이 되었고, 실천을 강조하는 그의 학문적 특징을 현실 정치에서 구현하며 투철한 선비정신을 보여주었다.

보충
조식(曺植, 1501~1572)이 찬한 묘명

통훈대부 광주목사 신공 묘명 병서

신씨(辛氏)는 선계(先系)가 영산(靈山)에서 나왔다. 동방의 명문 가문으로 마치 주(周)나라 때의 윤씨(尹氏)와 길씨(詰氏: 姞氏의 오기. 黃帝의 후예인 伯儵의 성. 윤씨와 길씨는 주나라 왕실과 많이 혼인했던 성씨)와 같았다. 공의 휘는 신륜(辛崙), 자는 경립(景立)이다. 5대조 휘 신사선(辛斯蕆)은 고려에 벼슬하여 전공판서(典工判書)를 지냈다. 고조부 휘 신제(辛蠐)는 군사(郡事)를 지냈으며, 종부시 정(宗簿寺正) 정인자(鄭仁慈)의 딸에게 장가가서 절도사(節度使) 신숙청(辛俶晴)을 낳았으니, 이 사람이 공의 증조부이다. 군사는 고려 말에 적신(賊臣) 신돈(辛旽: 辛旽의 오기)이 그 명망을 흠모하여 같은 성씨임을 내세우면서 협력하지 않으면 화가 오고 협력하면 복이 온다며 위협하려 했으나 끝내 굴복하지 않았다. 조부 휘 신수무(辛秀武)는 황주판관(黃州判官)을 지냈다. 아버지 휘 신필주(辛弼周)는 참의를 지냈는데, 창원황씨(昌原黃氏)에게 장가들어 공을 낳았다. 참의공은 홍치(弘治) 병진년(1496) 진사시에 합격하였지만, 연산군 때 정치가 어지러워져 마침내 과거공부를 그만두었다가, 정덕(正德) 정묘년(1507)에 이르러 중종조(中宗朝)가 실시한 문과에 급제하였는데, 문무에 뛰어난 재주가 있어 나라의 안팎에서 40여 년이나 드날렸다.

공은 어려서부터 글을 좋아하였는데, 겨우 15세에 진사시의 향시에 합격하였고, 가정(嘉靖) 병오년(1546) 문과에 급제하였다. 신씨는 대대로 가문의 명성을 세웠으니, 남전(藍田: 중국 陝西省 유명한 미옥 생산지)에서 미옥(美玉)이 나는 것처럼 좋은 집안에서 훌륭한 인물이 나는 것은 당연하다. 처음에 성균관 학정(學正)과 박사(博士)에 등용되었다가 전적(典籍)에 승진하였고, 형조좌랑(刑曹佐郞)으로 전직되어 원통한 일을 바로잡고 감춰졌던 진실을 드러냈다. 형조의 관리 중에 정랑(正郎)이었을 때의 참의공을 직접 섬겼던 이들이 공을 일컬어 숙동(淑同: 淑問의 오기. 잘 심문하고 송사하는 일)하는 것이 정랑과 같다고 하였다. 경술년(1550) 경상도 도사(慶尙道都事) 겸 춘추관 기주관(春秋館記注官)에 제수되었다. 그러나 그 해 10월에 부친상을 당하여 예에 지나쳐 몸이 상할 정도로 애통해 하였고, 몸소 상식(上食)을 장만하였다. 그 사이에 어머니를 곁에서 밤낮으로 정성을 다해 보살폈지만, 연실(燕室: 내실)에는 들지 않았다.

임자년(1552) 함경도 도사(咸鏡道都事)에 제수되었는데, 어머니와 멀리 떨어진다고 하여 부임하지 않았다. 다시 예조·공조·형조의 정랑으로 전직되었다가, 어머니를 봉양하기 위해 예천군수(醴泉郡守)를 청하였고, 다시 영해부사(寧海府使)를 청하였으며, 계해년(1563) 가을에 또다시 광주목사(光州牧使)를 청하였다. 그러나 어머니가 연로하여 부임 길을 감당할 수 없자 마침내 벼슬을 버리고 고향으로 돌아가 봉양하였으니, 손수 음식을 장만하며 정성을 다하였다. 기축년(己丑年: 을축년의 오기. 1565) 5월에 병으로 집에서 일생을 마치니, 향년 62세였다.

공은 선무랑(宣務郎) 남정소(南廷召)의 딸[역자주: 의령남씨, 1510~1556]에게 장가들었다. 남정소는 죽계절부(竹溪節婦)인 부사(府使: 부평도호부사) 안장(安璋)의 딸에게 장가들어 부인을 낳았다. 이 사람이 아들은 둘을 낳았으니 신여근(辛汝謹)과 신여성(辛汝誠)이라 하며, 딸은 사성(司成) 진관(陳瓘)의 아들 진유경(陳裕慶)에게 시집갔다. 신여근은 생원 곽지원(郭之元)의 딸에게 장가들어 아들은 하나를 낳았으니 신려(辛膂)라 하며, 딸은 어리다. 신여성은 경력(經歷) 장세침(張世沈)의 딸에게 장가들어 아들은 하나를 낳았으니 신윤(辛胤)이라 한다.

공은 풍채가 훤칠하고 성질이 순후하였다. 부모를 섬김에 효성스러웠고 백성을 다스림에 화평스러웠다. 일을 처리하고 사람을 대할 때는 진실하고 성실하였다. 말은 화려하지 않았고 행실은 거짓이 없었다. 고을 사람들이 그의 효성을 칭찬하였지만, 벼슬자리가 그의 그릇에 걸맞지 않아 사람들의 아쉬움을 샀다. 부인은 단아하여 부녀자의 법도가 있었는데, 공보다 10년 먼저 죽었다. 신여근은 내가 선친과 친분이 있는데다 또한 아첨하지 않을 것으로 생각하여 내게 와서 명(銘)을 청하였다. 명은 이러하다.

마포(馬浦)의 북쪽 영축산(靈鷲山)에 신령이 있어,
주나라의 기둥 내려주니 신보(申甫)가 그 신씨로다.
벼슬아치 대대로 이어졌으니 갑자기 일어난 것이 아니로다.
어진 사람으로서 오래 산 이는 참의공이고,
어진 사람으로서 오래 살지 못한 이는 오직 목사공이다.
현명하여 남달리 수고하다가 세 번이나 벼슬자리 그만두었고,
공경한 기색으로 부지런하여 붉은 휘장 두른 수레 여러 번 탔도다.
나라에는 훌륭한 신하가 되었고, 선조에게는 훌륭한 후손이 되었도다.
그대는 증자처럼 어머니 봉양하지 못하고 늙은 어머니에게 손자를 맡겼거늘, 경립(景立: 辛崙)을 알아 보지 못하였으니 그대의 눈은 감기지 않았으리라.
무엇으로 그를 기릴 것이랴, 한 쌍의 백벽(白璧)이 그곳에 있으리라.
그대의 덕은 깊은 못 같았고 산처럼 높았는지라, 나는 그대가 오기를 기다리니 하늘이 보내주리라.
천 년이 지난 뒤에도 향기가 끊어지지 않고 돌은 여기에 남으리라.

융경 원년 정묘년(1567) 12월 17일
벗 남명 조 아무개가 짓다

通訓大夫光州牧使辛公墓銘 幷序

辛氏系出靈山。爲東國右宗，猶尹詰於周也。公諱崙，字景立。玄祖諱斯蕆，仕高麗，爲典工判書。高祖諱蒨，爲郡事，娶宗簿寺正鄭仁慈之女，生節度使俶晴，是公之曾王父也。郡事當麗季，賊肫慕其名，欲托以同宗，怵以禍福，竟不屈。祖諱秀武，爲黃州判官。考諱弼周，爲參議，娶昌原黃氏, 生公。參議公, 中弘治丙辰進士, 燕山政亂, 遂廢擧子業, 至正德丁卯, 中中廟文科。有文武長才, 顯揚中外者四十餘年。公少好文, 甫十五歲, 中進士鄕選, 嘉靖丙午, 登第。辛氏世樹家聲, 藍田生美玉, 固也。始調授成均館學正·博士, 陞典籍, 遷刑曹佐郞, 伸寃撥伏。曹吏逮事參議公之爲正郞者, 稱之爲淑同如正郞。庚戌, 授慶尙道都事, 兼春秋館記注官。是年十月, 丁外憂, 哀毁踰禮, 躬執奠饌。定省慈闈, 不入燕室。壬子年, 除咸鏡道都事, 以母夫人之遠, 不就。遷禮工刑曹正郞, 爲養親乞醴泉郡, 又乞爲寧海府使, 癸亥秋, 又乞爲光州牧使。母夫人以年老, 不任登道, 遂棄官歸養, 躬自瀡瀡。己丑五月, 以疾終于家, 享年六十二。娶宣務郞南廷召之女。廷召娶竹溪節婦府使安璋之女, 生夫人。是生二子, 曰汝謹·汝誠, 女嫁司成陳瓘子裕慶。汝謹娶生員郭之元女, 生一男曰簮, 女幼。汝誠娶經歷張世沈女, 生一男曰胤。公狀貌嵬峨, 質性醇厖。事親孝, 理民和。應事接物, 以實以誠。言不美華, 行無虛僞。鄕里稱其孝, 位不稱器, 爲人所惜。夫人端雅有婦規, 先公十年卒。汝謹以某有分於先公, 且以爲不諛, 來乞銘。銘曰: 馬浦之北, 靈鷲有神, 周楨之降, 其辛維申。簮纓爪瓞, 非敎其起。仁者之壽, 於參議, 仁者之不壽, 唯牧使。賢勞之獨, 三已其位, 敬色之勤, 累朱其轓。惟鄕國有臣, 惟玄考有昆。而曾參莫養, 而黃媼抱孫, 皐皐景立, 不瞑爾目。何以樹之, 雙白之其。君之淵兮子之山, 傒我侯兮天送之。後千香絶, 石乎在玆。隆慶元年丁卯十二月十七日。友人南冥曺某。撰。

〔南冥先生集, 卷4, 補遺〕

14. 왕희걸

왕희걸의 자는 사아, 본관은 개성이다. 선계는 고려에서 나왔다. 연산군 을축년(1505)에 태어났다. 중종 갑오년(1534) 사마시에 합격하고, 계묘년(1543) 문과에 급제하였다. 한림(翰林)·홍문정자(弘文正字)·양사(兩司)·사인(舍人)·전한(典翰)·부제학(副提學)을 역임하고 장차 의주목사에 천거되었다. 명종 계축년(1553) 관아에서 죽었다.

퇴계(退溪: 이황)와 소재(蘇齋: 노수신) 및 정종영(鄭宗榮)·홍섬(洪暹)·홍성민(洪聖民) 형제(兄弟: 洪天民, 1526~1574; 洪逸民, 1531~1586)들과 함께 놀며 교유하였다. 문장과 언행 및 글씨와 그림, 바둑과 장기, 활쏘기와 말타기까지 더 나아가 노래와 춤, 바둑과 장기에 이르기까지 그보다 나은 자가 없었으니, 당시 사람들이 장군이나 재상이 될 만한 인재라고 칭송하였다.

부친상을 당하여 무덤 곁에 움막을 짓고 지냈는데, 그의 형에게 말하기를, "아버지와 어머니는 항상 내가 과거에 급제하지 못하면 죽어서 조상들께 뵐 면목이 없다고 하였습니다."라고 하였다. 아침이면 궤연에서 통곡하였는데, 하루 동안 읽은 책의 면수를 헤아려 이튿날 아침에 궤연에서 또 외워 아뢰었다. 3년상을 마치고는 마침내 과거에 급제하였다.【협주: 장유가 찬한 묘갈에 실려 있다.】

- **王希傑**

王希傑[1], 字士雅, 開城人。系出高麗。燕山乙丑生。中宗甲午司馬,

---

1 王希傑(왕희걸, 1505~1553): 본관은 開城, 자는 士雅. 증조부는 王地德이며, 조부는 王宗義이다. 아버지는 경흥도호부사 王懋이다. 첫째부인은 洪若弼의 딸이며, 둘째부인은 李榮幹의 딸이며, 셋째부인 慶州李氏는 李鷟의 딸이다. 1534년 생원시에 합격하고, 1543년 식년문과에 급제하였다. 예문관검열을 거쳐 1545년 홍문관정자가 되었으며 1546년 경성판관, 1550년 비변사 낭청이 되었다. 이듬해 慈山郡守가 되었고, 사인·홍문관부제학 등을

癸卯文科。歷翰林·弘文正字·兩司·舍人·典翰·副提學, 將薦義州牧使。明宗癸丑, 卒于官。

與退溪·蘇齋[2]及鄭宗榮[3]·洪暹[4]·洪聖民[5]兄弟從遊。文章·言行及書

역임하였다. 을사사화가 일어나기 전인 1551년에 함경도어사로 나가 있으면서 장계를 올려 普雨가 안변 黃龍寺·釋王寺 등지를 옮겨 다니면서 桂林君을 숨겨주었다고 하였다. 이때의 장계가 보우의 승직을 삭탈시키는 데 큰 구실이 되었다.

2 蘇齋(소재): 盧守愼(1515~1590)의 호. 본관은 光州, 자는 寡悔, 호는 伊齋·暗室·茹峰老人. 할아버지는 盧琊이다. 아버지는 활인서별제 盧鴻이며, 어머니 星州李氏는 李自華의 딸이다. 부인 廣州李氏는 李延慶의 딸이다. 이연경의 문인이다. 康惟善은 그의 동서이다. 을사사화 때 순천으로 유배되었다가, 양재역벽서사건에 연루되어 진도에서 귀양살이를 했다. 이언적에게 배우고, 이황, 김인후 등과도 학문을 논하였다. 충주의 팔봉서원 등에 제향되었다. 우의정, 좌의정, 영의정 등을 역임한 문신이자 학자이다.

3 鄭宗榮(정종영, 1513~1589): 본관은 草溪, 자는 仁吉, 호는 恒齋. 증조부는 鄭溫이며, 조부는 鄭允謙이다. 아버지는 현감 鄭淑이며, 어머니 慶州金氏는 忠義衛 金季勳의 딸이다. 첫째부인 文化柳氏는 사도시 정 柳滄의 딸이며, 둘째부인 星州李氏는 선공감 감역 李滄의 딸이다. 金安國의 문인이다. 1540년 사마생원 양시에 합격하고, 1543년 식년문과에 급제하였다. 강원도관찰사와 평안도관찰사를 거쳐 1562년 경상도관찰사로 부임하여 尹元衡에게 아부해 부정행위를 자행하는 수령들을 응징하고, 내전의 힘을 빌려 발호하는 妖僧을 제거하였다. 1567년 한성부판윤으로 進香使가 되어 명나라에 다녀와 육조의 판서를 역임하고 우찬성으로 사직하였다.

4 洪暹(홍섬, 1504~1585): 본관은 南陽, 자는 退之, 호는 忍齋. 증조부는 洪貴海이며, 조부는 洪泂이다. 아버지는 영의정 洪彦弼이며, 어머니 礪山宋氏는 영의정 宋軼의 딸이다. 첫째부인 清州韓氏는 韓慈의 딸이며, 둘째부인 晉州柳氏는 柳泓의 딸이다. 趙光祖의 문인이다. 1528년 사마시에 합격하고, 1531년 식년문과에 급제하였다. 1535년에 金安老의 전횡을 탄핵하여 유배되었다가 김안로가 죽은 후에 풀려났는데, 이때 자신의 심경을 읊은 〈冤憤歌〉가 전한다. 1560년 李樑의 횡포를 탄핵하다가 사직하였고, 1563년 판의금부사로 복직되어 예문관·홍문관의 대제학을 지냈다. 1567년 예조판서가 되고, 이듬해 명종이 승하하고 선조가 즉위하자 院相(어린 임금을 보좌하던 연로한 정승)으로 庶政을 처결하고 이어 우의정에 올랐으나 南袞의 죄상을 탄핵하다 또다시 파직되었다. 1571년 좌의정이 되어 几杖을 하사받고 영의정에 승진되어 세번이나 중임하였다.

5 洪聖民(홍성민, 1536~1594): 본관은 南陽, 자는 時可, 호는 拙翁. 증조부는 洪潤德이며, 조부는 洪係貞이다. 아버지는 관찰사 洪春卿이며, 어머니 固城李氏는 固城君 군수 李孟友의 딸이다. 부인 坡平尹氏는 尹曦의 딸이다. 연안부사 1561년 진사시에 합격하고, 1564년 식년문과에 급제하였다. 1575년 호조참판에 이르러 사은사로 명나라에 건너가 宗系辨誣에 대하여 힘써, 명나라 황제의 허락을 받아 가지고 돌아왔다. 그 뒤 부제학·예조판서·대사헌·경상감사 등을 역임하였다. 1590년 8월에 종계변무의 光國功臣 2등에 책록되고, 아울러 討逆한 공으로 平難功臣에 책록되었으며, 益城君에 봉하여졌다. 이듬해 판중추부사가 되었다가 建儲問題로 鄭澈이 실각하자, 그 일당으로 몰려 북변인 부령으로 유배되었다가 1592년 임진왜란이 일어나자 특사로 풀려나 복관되어 대제학을 거

畫·射御, 至於歌舞碁奕, 無出其右, 時人稱爲將相才。

父喪廬墓, 謂其兄曰: “父母常謂我讀書登第否者, 死無面目見先人.” 朝於几筵痛哭, 計一日所讀冊張數, 翌朝又誦告於几筵。服闋, 遂登第。【張維[6]撰碣[7]】

쳐, 호조판서에 이르렀다.

6 張維(장유, 1587~1638): 본관은 德水, 자는 持國, 호는 谿谷·默所. 증조부는 장례원사 張自重이며, 조부는 목천현감 張逸이다. 아버지는 판서 張雲翼이며, 어머니 密陽朴氏는 판윤 朴崇元의 딸이다. 부인 安東金氏는 우의정 金尙容의 딸이다. 孝宗妃 仁宣王后의 아버지이다. 金長生의 문인이다. 1605년 사마시에 합격하고, 1609년 문과에 급제하였다. 인조반정 때 공을 세웠고 정묘호란 때 임금을 수행하여 우의정에 이르렀다. 특히 문장에 뛰어났다.

7 장유의 《谿谷集》에는 실려 있지 않음.

15. 김언건

김언건의 자는 정보, 호는 운정, 본관은 영산이다. 중종 신미년(1511)에 태어났다. 경자년(1540) 사마시에 합격하였다. 선조 신미년(1571)에 죽었다. 지극한 행실로 감찰에 추증되었다. 상주(尙州)의 연악서원(淵岳書院)에 향사하였다.

8세 때 아버지를 여의고 아침저녁으로 무덤에 가서 곡하였다. 묘는 집과의 거리가 10리나 되는 먼 길이었는데, 추위와 더위에도 아랑곳하지 않았으니 이를 들은 자들은 눈물을 흘렸다.

과거공부를 그만두고 세상에 나아가지 않고 자신의 뜻을 추구하며, 어머니를 봉양하여 언제나 얼굴빛을 살펴 뜻을 따르는데 곁에서 일정한 법도가 없을 정도로 정성을 다하니, 마을 사람들은 선생이 행한 효도를 자신들의 자식에게 바라지 않는 이가 없었다.

일찍이 태학에서 공부한 적이 있었는데, 이량(李樑)이 국정을 쥐고 있을 때 공을 끌어들이려 했지만, 공은 끝내 흔들리지 않았다. 공이 죽자, 임갈천(林葛川: 林薰)이 만사(挽詞)를 지어 말하기를, "효행은 증삼(曾參)에 견주어도 무방하고, 어질기는 진식(陳寔)에 비겨도 허황되지 않도다."라고 하였는데, 사람들이 사실을 기록한 것이라 한다.【협주: 이상정이 찬한 묘갈명에 실려 있다.】

- 金彦健

金彦健，字精甫，號芸亭，永山[1]人。中宗辛未生。庚子司馬。宣祖辛未卒。以至行贈監察。享尙州淵岳書院。

1　永山(영산): 충청북도 永同의 옛 이름.

八歲孤，朝夕哭于墓。墓距家十里之遠，寒暑不怠，聞者爲之涕。

廢擧求志，奉養大夫人，承顔順志，左右無方，鄕里莫不以先生之孝望其子。

嘗遊太學，李樑[2]柄國，欲鉤致之，終不動。及歿，林葛川[3]挽之曰："孝擬曾參[4]猶是可，賢方陳寔[5]未爲欺." 人謂實錄。【李象靖[6]撰碣】

---

2 李樑(이량, 1519~1582): 본관은 全州, 자는 公擧. 孝寧大君의 5대손이고, 증조부는 栗原君 李倧이며, 조부는 呂陽君 李子謙이다. 아버지는 현령 全城君 李葕이며, 어머니 東萊鄭氏는 鄭宗輔의 딸이다. 첫째부인 咸安尹氏는 尹之淸의 딸이며, 둘째부인 坡平尹氏는 尹之讓의 딸이다. 明宗妃 仁順王后沈氏의 외숙이다. 鄭士龍의 문인이다. 1552년 식년문과에 급제하였다. 尹元衡의 독주를 견제하려는 왕의 뜻으로 승진을 거듭하여 예조·이조판서를 지냈으나 왕의 총애를 믿고 전횡을 일삼다가 江界로 유배되어 그곳에서 죽었다.

3 葛川(갈천): 林薰(1500~1584). 본관은 恩津, 자는 仲成, 호는 自怡堂·枯査翁·葛川. 아버지는 진사 林得蕃이며, 어머니 晉州姜氏는 姜壽卿의 딸이다. 부인 高靈兪氏는 진사 兪瑍의 딸이다. 1540년 생원시에 합격하였다. 1555년 전생서참봉이 되었다가 얼마 후 사직하고 고향에 돌아와서 80세가 넘은 노부를 봉양하여 1566년 관찰사의 추천으로 효행의 정려를 받았다. 1566년 언양현감에 발탁되었고, 1569년 군자감주부에 제수되었으나 부임하지 않았다. 곧 비안현감을 거쳐 1573년 지례현감이 제수되었는데 병으로 부임하지 못하자, 곧 宗廟署令에 제수되었지만 역시 부임하지 않았다. 얼마 뒤 장악원정을 거쳐 光州牧使를 지냈고, 1582년 장례원판결사에 임명되었으나 사퇴하고 고향으로 돌아갔다.

4 曾參(증삼): 曾子. 공자의 제자. 유가에서 강조하는 '효'를 재확립하는 데 힘썼는데, "부모를 기리고, 부모를 등한시하지 않으며, 부모를 부양한다."라고 하여 효를 3단계로 열거했다.

5 陳寔(진식): 후한 말 靈帝 때 영천군 태구현 현감. 가난한 집안 출신이지만 글을 좋아했으며, 현감 벼슬에 있을 때 그의 善德과 敎化가 세상에 널리 퍼져 그의 명성을 듣고 태구땅으로 이주하는 백성들도 많았다고 한다.

6 李象靖(이상정, 1711~1781): 본관은 韓山, 자는 景文, 호는 大山. 증조부는 통덕랑 李孝濟이며, 조부는 통덕랑 李碩觀이다. 아버지는 李泰和이며, 어머니 載寧李氏는 李玄逸의 손녀이자 李栽의 딸이다. 경상북도 안동 출신이다. 1735년 사마시와 대과에 급제하여 가주서가 되었으나 곧 사직하고, 학문에 전념하였다. 1739년 連原察訪에 임명되었으나, 이듬해 9월 관직을 버리고 고향으로 돌아와 大山書堂을 짓고 제자 교육과 학문 연구에 힘썼다. 1753년 연일현감이 되어 민폐를 제거하고 교육을 진흥하는 데 진력하였다. 2년 2개월 만에 사직하려 하였으나 허락되지 않자, 그대로 벼슬을 버리고 돌아와 告身(직첩의 별칭)을 박탈당하였다. 그 이후로는 오직 학문에만 힘을 쏟아 사우들과 강론하고, 제자를 교육하는데 전념하였다.

보충
이상정(李象靖, 1711~1781)이 찬한 묘갈

운정 김공 묘갈명 병서

옛날에 독실하게 실천한 군자로 운정(芸亭) 김공(金公)이라 하는 이가 있었으니, 선생의 묘는 상주(尙州)의 산천에 있는데 북쪽을 등지고 남쪽 방향의 언덕이다. 그의 명망 있는 먼 후손 상사(上舍) 김광철(金光澈, 1712~?. 1750년 진사시 합격)이 이상정(李象靖) 나에게 부탁하며 말하기를, "선조(先祖)의 묘에 명(銘)으로 새겨서 남기지 않을 수 없는 터인데, 집안에 대대로 어려운 일이 많아서 아직 이를 이루지 못하였으니 자네가 지어주게나."라고 하였다. 이상정이 잘 짓지 못한다고 사양하자, 또 말하기를, "자네가 한마디를 써 주지 않는다면, 선조의 묘는 끝내 명(銘)도 없이 남을 것이니 훗날 저승에서 선조를 뵐 면목이 없을까 두렵다네. 자네가 끝까지 힘써 지어 주게나."라고 하니, 이상정은 감히 명을 지을 수 없다고 사양할 수가 없었다.

공의 휘는 김언건(金彦健), 자는 정보(精甫), 본관은 영산(永山: 永同)이다. 그 선조는 신라 왕족의 후예이다. 판도사 판서(判圖司判書) 휘 김길원(金吉元: 金令貽의 아들), 우찬성 휘 김종경(金宗敬: 김길원의 장남), 영의정 휘 김훈(金訓: 김종경의 장남. 金守省·金守經·金守溫·金守和의 아버지)이 3대에 걸쳐 여말 선초 때에 크게 현달하였으니, 공에게는 4대조 위이다. 증조부 휘 김민(金旼)은 형조 좌랑을 지냈다. 조부 휘 김공저(金公著)는 동지중추부사를 지냈다. 아버지 휘 김자(金滋)는 장사랑(將仕郎)이었다. 어머니 흥양이씨(興陽李氏)는 부녀자로서 도리를 지키기로 자자하였는데, 명종(明宗)이 그 집안의 부역을 면제하도록 명하고 '효열의인(孝烈宜人)'이라는 칭호를 하사하였다.

공은 어려서부터 지극한 효성을 지녔다. 8세 때 아버지를 여의고 아침저녁으로 무덤에 가서 곡하는 것을 추위와 더위에도 아랑곳하지 않았으니, 이를 들은 자들 또한 눈물을 흘렸다. 자라서는 마을 선생에게 나아가 배우며 자세히 묻고 깊이 생각하여 종종 스승의 견해를 반박하기도 하였다. 노이재(盧伊齋: 盧守愼), 김후계(金后溪: 金範), 임갈천(林葛川: 林薰) 등 여러 현인들과 도의지교(道義之交)를 맺었다.

경자년(1540) 사마시에 합격하였으나, 마침내 세상에 나아가지 않고 자신의 뜻을 추구하였다. 어머니를 봉양하며 언제나 얼굴빛을 살펴 뜻을 따르는데, 곁에서 일정한 법도가 없을 정도로 정성을 다하였다. 어머니가 일찍이 병중에 있으면서 산에 사는 노루 고기를 먹고 싶어 한 적이 있었는데, 공이 직접 온 산을 헤매며 두루 찾아다니니 갑자기 노루가 스스로 그물에 걸려들자 그것을 잡아서 돌아와 반찬으로 올렸다. 해마다 축수할 때면 자손들이 술잔을 올리고 번갈아 춤을 추며 음악까지 어울려 화목한 기운이 가득하였으니, 마을 사람들은 감탄하여 부인이 누리는 장수를 자신들의 부모도 누리게 해 달라고 축복하면서 공이 행한 효도를 자신들의 자식에게 바라지 않는 이가 없었다.

병인년(1566)에 어머니가 천수를 누리고 세상을 떠났는데, 공은 나이가 쉰이 넘었는데도 오히려 상을 치르며 지나치게 슬퍼하였다. 장례를 치르려 할 때 비가 심하게 내리자, 공은 장례를 제대로 치르지 못할까 두려워하여 비를 맞으며 서서 정성껏 기도하며 곡하는 소리를 그치지 않았는데, 조심스럽게 치르려 하자 비가 그쳤다. 마침내 무덤 곁에 움막을 짓고 지내며 전을 올리고 조문객에게 절하면서 반드시 곡하기도 전에 눈물을 흘렸다. 제삿날이 되어 3번이나 육아편(蓼莪篇)을 반복해 읊조리니, 그 슬픔과 애절함이 사람의 마음을 움직였다. 이에 고향 사람들이 그것을 보고 본받아 또한 돈독한 행실로 이름난 자도 있었다.

공은 젊어서부터 지조와 절개가 있었다. 일찍이 태학에서 공부한 적이 있었는데, 이량(李樑)이 국정을 쥐고 세력을 크게 떨치고 있을 때 공을 끌어들이려 했지만, 공은 끝내 흔들리지 않았다. 일가친척 중에 아버지를 여의어 하소연할 데가 없는 자가 있으면 모두 보살펴 키워 성취시켜 주었다. 사람과 말할 때는 진실한 마음이 드러나 믿음을 주었으니, 완악하고 사나운 자도 감복하여 따랐으며, 흉포하고 오만한 자도 태도를 고쳤다.

신미년(1571) 9월 20일에 죽으니, 향년 61세였다. 후에 방백(方伯)이 그 행적을 기록하여 조정에 아뢰니, 승훈랑(承訓郎) 사헌부 감찰(司憲府監察)에 추증하였다. 고을 사람들은 연악사(淵嶽祠)에 제향하였다. 공의 부인 풍양조씨(豐壤趙氏)는 참봉 조이(趙懊)의 딸이자 검상(檢詳) 조서정(趙瑞廷)의 손녀인데, 죽은 뒤에 공의 묘소에 합장되었다.

아들은 둘을 두었으니, 장남 김각(金覺)은 현감을 지내고 승지에 추증되었고, 차남은 김학(金學)이다. 승지는 아들 넷을 두었으니, 참봉 김지백(金知白), 첨정 김지절(金知節), 김지덕(金知德), 장령 김지복(金知復)이며, 딸은 주부(主簿) 강진립(康震立)에게 시집갔다. 김학의 두 딸은 장여순(張汝恂), 이원(李源)에게 각각 시집갔다. 증손, 현손, 5대손, 6대손은 매우 많아서 다 기록하지 못한다.

공이 죽은 지 195년이 되었다. 그 사이 여러 차례 병란을 겪어 문적(文蹟)이 흩어져 사라지고 겨우 몇 수의 시(詩)만이 남아 있을 뿐이다. 뜻 깊은 말과 아름다운 덕행이 대부분 묻혀 전하지 않으니, 애석할 따름이다. 그러나 그 남아 있는 것만 보더라도 근본이 확립되어 도가 빛났으며 내실이 쌓여서 믿음을 받았으니, 백 년이 지난 뒤에도 사람들로 하여금 저절로 감동하여 분발하게 한다. 이러한 점에서 보면 선생의 말 없는 가르침은 끝없는 것이니, 또 어찌 한스러하겠는가? …(이하 명문 생략)…

芸亭金公墓碣銘 幷序

有故篤行君子, 曰芸亭金公, 先生之墓, 在尙之山川, 負坎之原。其聞孫上舍光澈, 屬象靖, 曰: "先祖之墓, 不可以無銘, 而家世多故, 迄未有以濟焉, 吾子其圖之." 象靖辭以不能。又曰: "吾子不惠以一言, 是先祖之墓, 終無銘也, 異日者, 懼無以拜先祖於地下。吾子其卒圖之." 象靖不敢以不能辭。公諱彦健, 字精甫, 永山人。其先新羅王氏之後。版圖判書諱吉元, 右贊成諱宗敬, 領議政諱訓, 仍三世大顯于麗鮮之際, 於公間四世。曾祖諱旼, 刑曹佐郎。祖諱公著, 同知中樞府事。考諱滋, 將仕郎。妣興陽李氏, 閨範著聞, 明廟命復其戶, 錫孝烈宜人之號。公幼有至性。八年而孤, 朝夕哭于冢墓, 寒暑不廢, 聞者亦爲之涕。及長, 就學鄕先生, 審問硏思, 往往操戈入室。與盧伊齋·金后溪·林葛川諸賢, 爲道義交。庚子, 中司馬, 遂隱居求志。奉養太夫人, 承顔順志, 左右無方。夫人嘗病思山獐, 公躬走遍求, 忽有獐自罹于網, 歸而供餐。歲時爲壽, 子孫稱觴迭舞, 間以管絃, 和氣薰然。鄕里咨嗟, 莫不以夫人之壽而福祝其親而以公之孝望其子也。丙寅, 太夫人以天年終, 公年已踰艾, 猶執禮過哀。及葬而雨甚, 公懼不克襄, 露立虔禱, 哭不絶聲, 將愼而雨止。遂廬于墓側, 奉奠拜賓, 淚必先哭而下。遇忌日, 三復蓼莪, 哀惻動人。於是鄕里觀效, 亦有以篤行聞者。公少有志節。嘗遊太學, 李樑柄國張甚, 欲鉤致, 公終不動。門族有孤子無告者, 皆撫育成就。與人言, 誠意孚著, 頑狠者以服而驁傲者以革也。辛未九月二十日卒, 享年六十一。後方伯列其行于朝, 贈承訓郎司憲府監察。州人腏享于淵嶽祠。公配豐壤趙氏, 參奉悏之女, 檢詳瑞廷之孫, 卒祔于公墓。有二男, 長覺縣監贈承旨, 次學。承旨四男, 知白參奉·知節僉正·知德·知復掌令, 女適主簿康震立。學二女, 適張汝恂·李謜。曾玄來昴, 甚衆不盡載。公之沒且百有九十五年。重經兵燹, 文蹟散佚, 僅有寂寥數首詩耳。微言懿行, 率湮沒而不傳, 爲可慨已。然就其所存者, 本立而道光, 實積而孚達, 使人感奮於百載之下而不自知。是則先生不言之教爲無窮焉, 又何恨哉?
…(이하 명문 생략)…

〔大山先生文集, 卷48, 墓碣銘〕

16. 김범

> 김범의 자는 덕용, 호는 후계, 본관은 상산이다. 명종조에 천거로 교관에 제수되었고, 벼슬은 현감에 이르렀다.

부모를 섬김에는 따뜻하게 하고 시원하게 하는 예를 겨울과 여름에 한번도 어긴 적이 없었으며, 맛있는 음식을 올려 봉양하는 것을 아침저녁으로 직접 장만하였다. 상례(喪禮)와 제례(祭禮)의 의식은 하나같이 《가례(家禮)》를 따랐으며, 제수에 올리고 남은 것들을 비록 털 한 오라기, 비늘 한 조각이라도 함부로 버리는 일이 없었다. 국상(國喪)이 있으면 집밖에서 지내며 소식(素食)을 졸곡(卒哭) 때까지 하였고, 나라의 제사일에는 채소만 먹는 것을 상도(常道)로 여겼으니, 집안 사람들 모두가 어느 날이 어느 능(陵)의 제삿날인지 알 정도였다.

교관으로서 경명행수(經明行修: 경서에 밝고 행실이 바름)로 부름에 응했는데, 대곡(大谷) 성운(成運)·일재(一齋) 이항(李恒)도 함께 부름을 받았다. 명종(明宗)이 전지(傳旨)를 내려 속히 올라오도록 재촉하였고, 옥당(玉堂: 홍문관)에서 차자(箚子)를 올려 청하기를, "현명한 이를 예우로써 대하고 날짜나 기한에 구애받지 않고서 올라오게 하소서."라고 하였다.

옥과현감(玉果縣監)을 제수하고 약물과 음식물을 하사하도록 명하였는데, 공은 감히 임금의 은혜를 헛되이 욕되게 할 수 없어 마지못해 길을 떠났다. 징군(徵君) 조식(曺植)과 함께 같이 입대(入對)하여, 한결같은 마음을 완전히 기르고서 덕을 가지고 오래도록 전념하는 것이 도를 다스리는 근본임을 아뢰었는데, 누누이 아뢴 수백 마디의 말이 간결하면서도 절실한데다 의리까지 명백하였으니, 주상이 모두 기꺼이 받아들였다.【협주: 이준이 찬한 전에 실려 있다.】

• 金範

| 金範[1], 字德容, 號后溪, 商山人。明宗朝, 以薦授敎官, 官至縣監。

公事親, 溫凊之禮, 冬夏無愆, 滫瀡之奉, 晨夕必躬。喪祭之儀, 一遵《家禮》, 特俎之餘, 雖一羽一鱗, 無敢褻棄。有國哀, 則居外素食[2], 以終卒哭[3], 國忌茹蔬以爲常, 家人皆知某日之爲某陵忌辰。

以敎官, 應經明行修之聘, 與成大谷運[4]·李一齋恒[5], 同被召。明廟下旨促來, 玉堂箚請: "待賢以優禮, 令勿拘日限上來."

授玉果縣監, 仍命藥物及食物, 公以不敢虛辱上恩, 黽勉就道。與曺徵君植, 同入對[6], 以完養一心·執德專久, 爲治道之本, 縷縷累百言, 語簡而切, 義理明白, 上皆嘉納。【李埈[7]撰傳】

---

1 金範(김범, 1512~1566): 학행으로 천거되어 玉果縣監이 되었다. 명종의 부름을 받아 학문, 정치에 관한 진언을 하고, 만년에 성리학에 전심하여 많은 후진을 가르쳤다.

2 素食(소식): 애통해하면서 밥을 먹을 적에 고기반찬을 먹지 않고 채소만 먹는 것을 일컬음.

3 卒哭(졸곡): 사람이 죽은 지 석 달 만에 丁日이나 亥日을 택해 지내는 제사.

4 成大谷運(성대곡운): 大谷 成運(1497~1579). 본관은 昌寧, 자는 健叔, 호는 大谷. 증조부는 成得識이며, 조부는 成忠達이다. 아버지는 繕工監副正 成世俊이며, 어머니 比安朴氏는 사간 박효원의 딸이다. 부인 慶州金氏는 金碧의 딸이다. 1531년 진사시에 합격하고, 1545년 성운의 형이 을사사화로 화를 입자 보은 속리산에 은거하였다. 그 뒤 참봉·도사 등에 임명되었으나 곧 사퇴하고, 선조 때도 여러 차례 벼슬에 임명되었으나 취임하지 않았다.

5 李一齋恒(이일재항): 一齋 李恒(1499~1576). 본관은 星州, 자는 恒之, 호는 一齋. 증조부는 李洧이며, 조부는 李湊이다. 아버지는 義盈庫主簿 李自英이며, 어머니 全州崔氏는 소경전참봉 崔仁遇의 딸이다. 부인 寧越辛氏는 辛伯粹의 딸이다. 朴英의 문하에서 수학하였다. 벼슬에 나아가지 않고 태인으로 돌아가 스스로 농사지으면서 어머니를 봉양하고 爲己의 학문에 전념하였다. 당시의 학자 白仁傑은 이항의 학문이 曺植에게 비길만하다고 칭찬하였다. 당시의 대학자 奇大升·金麟厚·盧守愼 등과 교유하면서 학문의 질을 높였다. 1566년 明經行修하는 선비를 뽑을 때 첫 번째로 추천되어 司畜承傳에 임명되었다.

6 入對(입대): 궁궐에 들어가 임금을 알현하던 일.

7 李埈(이준, 1560~1635): 본관은 興陽, 자는 叔平, 호는 蒼石. 증조부는 李兆年이며, 조부는 李琢이다. 아버지는 李守仁이며, 어머니 高靈申氏는 申守涇의 딸이다. 첫째부인 善山文氏는 文秀民의 딸이며, 둘째부인 綾城具氏는 具忠胤의 딸이다. 柳成龍의 문인이다. 李坱의 동생이다. 1582년 생원시를 합격하고, 1591년 별시문과에 급제하였다. 임진왜란과 정묘호란 때 여러 차례 의병을 모았다. 예조정랑, 수찬, 첨지중추부사, 승지, 부제학 등을 역임하였다. 선조대에서 인조대에 이르는 복잡한 현실 속에서 국방과 외교를 비롯한 국정에 대해 많은 時務策을 제시했으며, 정경세와 더불어 유성룡의 학통을 이어받아 학계에 중요한 위치를 차지하였다. 또한, 정치적으로는 남인세력을 결집하고 그 여론을 주도하는

보충
이준(李埈, 1560~1635)이 찬한 전

후계전

김공의 이름은 범(範), 자는 덕용(德容), 호는 후계(后溪), 본관은 상산(商山)이다. 영묘조(英廟朝: 세종조) 때 명신 김상직(金尙直: 집현전 부제학)의 후손이다.

공은 태어나면서부터 영특하고 남달랐다. 조금 자라면서부터 마음을 다잡아 글을 읽었는데, 비로소 세속적인 학업 외에도 우리 유자들이 공부해야 할 내용이 있음을 알았다. 그리하여 몸가짐을 바르게 하고 행실을 닦으며 걸핏하면 옛사람을 본받았다. 문장의 훌륭함을 뛰어나게 발휘하여 진사시에 장원으로 발탁되었는데, 고관(考官: 시험관) 김모재(金慕齋: 金安國)가 매우 장려하며 상을 내렸다. 이후로 문을 닫아걸고 들어앉아 뜻을 구하여 명성이 자자하자, 조정에서 사명(使命)을 받아 본도(本道: 경상도)로 나오는 자들은 반드시 공의 집을 찾아 예를 갖추었다.

부모를 섬김에는 날이 밝기도 전에 일어나 손을 씻고 머리를 빗은 뒤 문안을 드렸는데, 따뜻하게 하고 시원하게 하는 예를 겨울과 여름에 어긴 적이 없었으며, 맛있는 음식을 올려 봉양하는 것을 아침저녁으로 반드시 직접 장만하였다. 하루는 맛있는 음식이 고갈되자, 타던 말을 팔아 충당하였다. 상례(喪禮)와 제례(祭禮)의 의식은 하나같이 《가례(家禮)》를 따랐으며, 제수에 올리고 남은 것들을 비록 털 한 오라기, 비늘 한 조각이라도 함부로 버리는 일이 없었다. 형제 간의 우애는 지극한 천성에서 나왔으니, 집안의 재산과 노비 가운데 자신의 몫을 떼어 주었다. 임금을 사랑하고 나라를 걱정하는 마음은 노년에 이를 때까지도 변치 않았는데, 임금의 상(喪)이 있으면 집밖에서 지내며 소식(素食)을 졸곡(卒哭) 때까지 하였고, 나라의 제사일에는 채소만 먹는 것을 상도(常道)로

중요한 소임을 하였다.

여겼으니, 이로 인해 집안 사람들 모두가 어느 날이 어느 능(陵)의 국기(國忌)인지 알 정도였다. 가슴속에 가득한 것은 모두 측은지심(惻隱之心)이었으니, 미물인 벌레조차 죽는 것을 차마 보지 못하였고, 남에게 환난이 있으면 힘을 다하여 도와주었다. 남을 대할 때는 한결같이 성의를 다하였고, 도리에 맞지 않게 찾아와도 서로 따지지 않았다. 경전과 사서를 넓고 깊게 익혀 그 근본적인 뜻을 통달하자, 덕을 닦고 학업을 묻는 자들이 멀고 가까운 곳에서 몰려들었으니, 모두 그 자질에 따라 권면하고 가르쳤다. 지금까지도 고향의 아름다운 풍속은 모두 그의 영향이 미친 것이다.

본성이 맑고 깨끗하여 세상의 영화와 이익, 부귀와 권세에 담담하였다. 일찍이 천거로 교관에 제수된 적이 있었으나 나아가지 않았다. 얼마 지나지 않아, 경서에 밝고 행실이 바르다는 경명행수(經明行修)로 부름에 응하였는데, 대곡(大谷) 성운(成運)·일재(一齋) 이항(李恒)과 함께 소명(召命)을 받았다. 명종(明宗)이 전지(傳旨)를 내려 속히 올라오도록 재촉하였고, 옥당에서 차자(箚子)를 올려 현명한 이를 예우로써 대할 것을 논하며 날짜나 기한에 구애받지 않고 올라오게 할 것을 아뢰었다. 공은 상소를 올려 아뢰기를, "신은 본래 지극히 미천하고 지극히 천한 사람으로서 분에 넘치게도 은혜로운 어명을 받들게 되었으나, 애석할 만한 것은 관직과 작위이며 가볍게 여길 수 없는 것은 특별한 은전입니다."라고 하면서 매우 확고히 사양하였다. 이에 주상이 또 전지(傳旨)를 내려 돈독히 타이르고 자급을 뛰어넘어 옥과현감(玉果縣監)을 제수하며 약물을 하사하도록 명한데다 본도(本道: 경상도)에서 음식물을 하사하도록 하였다. 공은 감히 임금의 은혜를 헛되이 욕되게 할 수 없어서 마지못해 길을 떠났다. 징군(徵君) 조식(曺植)과 함께 같이 입대(入對)하여, 한결같은 마음을 완전히 기르고서 덕을 가지고 오래도록 전념하는 것이 도를 다스리는 근본임을 아뢰었는데, 누누이 아뢴 수백 마디의 말이 간결하면서도 절실한데다 의리까지 명백하였으니, 주상이 모두 기꺼이 받아들였다.

공은 세상에 드문 대우를 받고 감격하여 감히 고결하게 은둔하려는 것으로 자처하지 못하고 임지에 간 뒤에 사직할 계획을 세웠다. 병을 무릅쓰고서 옥과현에 부임해 번다한 폐단을 쓸어 없애고 혜택이 돌아가도록 힘썼으며, 백성들을 어루만지고 아전을 단속하는데 너그럽더라도 해이하지 않게 하였다. 학교를 일으켜 교화를 펼침에 있어 옛 제도를 근본으로 삼았다. 몇 달 사이에 은혜와 신망이 흡족하게 두드러졌다. 오래지 않아 우연히 병을 얻어 일어나지 못하였으니, 향년 55세였다.

아! 공의 학문은 순수하였고, 효도와 공경은 돈독하였으며, 그 포부는 커서 옛 성인들의 가르침을 이어받아 후세에 전할 만하였지만 숲속에 은거하여 그 만분의 일도 펼치지 못하였다. 그러하지만 덕을 후하게 쌓아서 후손에게 남긴 계책이 넉넉하였으니, 두 아들의 문학과 행실이 높아 모두 당대의 이름난 유학자, 위대한 선비가 되었다. 사람들이 이를 칭송하여 말하기를, "의당 이러한 아버지에게서 이러한 아들이 나왔도다."라고 하였다. 하늘이 착한 이를 복되게 하고 그 후손을 창성하게 한다는 것이야말로 이에서 어긋남이 없었다.

공의 행실은 기록할 만한 것이 많다. 임금이 내린 제문에 이르길, "나는 나라를 위하여 염려하였노라. 어진 이가 아니면 정사를 맡길 수 없으니, 이에 명을 내려 천거하도록 하였도다. 여섯 가지 갖추어야 할 일들을 내가 간절히 구하니 흔쾌히 왔으며, 바른말을 듣고자 하여 강론할 자리를 여니 역대 제왕들의 다스림과 혼란의 이치, 예로부터 지금까지의 득실과 교훈, 학문을 이루는 방도, 다스림의 방략 등을 두루 논하였는데, 묻고 답하는 것이 거침없어 마치 메아리처럼 바로 답하였도다. 어찌 탱자나무와 가시나무가 봉황이 깃들 곳이겠는가. 그리하여 설산옥과(雪山玉果: 옥과현)가 가볍거나 무겁다고도 하였지만, 그대가 갔다가 그대가 오면서 전념한 뒤에야 다 함께 이루어졌으니, 내가 의지함이 바야흐로 돈독하였거늘 어찌 정돈하지 않았겠는가. 그러나 하늘이 공을 거두어 감이 빠르니, 본디 마음을 기울여서 사랑하고 대우한 것이 잠깐이었도다. 재능을 마음껏 다 펼치지 못하였으니, 그 쓰임에 아쉬움이 남는도다.

슬프도다!"라고 하였다. 오직 이 규벽(奎璧) 같은 글이 공의 실제 행적을 드러내기에 충분하리로다.

공이 저술한 것으로는 모두 네 편이었고, 마음을 논하고 학문을 논한 글은 정곡을 찌른 것이 많이 있었다. 후세에 공을 논하는 자들은 장차 이에 근거할 것이나, 모두 병화로 인해 보존되지 못하였다고 한다.

后溪傳

金公名範, 字德容, 號后溪, 商山人也。英廟朝名臣尙直之後。公生而穎異。稍長, 刻意讀書, 乃於俗學擧業之外, 知有吾人用力處。飭身砥行, 動法古人。文華逸發, 擢進士第一, 考官金慕齋, 極加奬賞。是後, 杜門求志, 聲譽藹然, 使命之出本路者, 必造其廬而禮焉。其事親, 未明而起, 盥櫛問安, 溫凊之禮, 冬夏無愆, 滫瀡之奉, 晨夕必躬。一日, 甘旨告匱, 鬻所乘以充。喪祭之儀, 一遵《家禮》, 牲俎之餘, 雖一羽一鱗, 無敢褻棄。友愛兄弟, 出於至性, 宅産臧獲, 割其所得以與之。愛君憂國之念, 至老不衰, 君喪則居外素食, 以終卒哭, 國忌茹蔬以爲常, 以此而一家之人皆知某日之爲某陵國忌。滿腔皆惻隱之心, 虫豸之微, 不忍其死, 人有患難, 極力以救之。接物一以忱意, 非義之來, 不相較。淹精書史, 領其歸趣, 考德問業之徒, 遠近坌集, 皆隨其資而勸課之。至今鄕俗之美, 皆餘波所及也。雅性沖澹, 於世之榮利貴勢, 泊如也。嘗以薦授敎官, 不就。俄應經明行修之聘。與成大谷運·李一齋恒。同被召。明廟下旨促來, 玉堂上箚, 論待賢以優禮, 令勿拘日限上來。公上章言: "臣本至微至賤, 猥承恩命, 所可惜者名器也, 不可輕者異數也." 辭之甚確。上又降旨敦諭, 超授玉果縣監, 仍命賜藥物, 且令本道賜食物。公不敢虛辱上恩, 僶勉就道。與曹徵君植。同入對, 以完養一心·執德專久, 爲治道之本, 縷縷累百言, 語簡而切, 義理明白, 上皆嘉納。公感不世之遇, 不敢以高遯自居, 欲於上任之後, 爲決去計。力疾赴縣, 掃滌苛碎, 務推惠澤, 紓民束吏, 寬不至弛。興學宣化, 本諸古規。數月之間, 恩信洽著。未久, 偶感疾不起, 壽五十五。嗚呼! 公之學問之醇, 孝弟之篤, 其抱負之大, 有足以繼往垂後, 而屛居林下, 不得施其萬一。然而種德之厚, 貽謀之裕, 其二子文學行誼之高, 皆爲當世之名儒·偉士。使人稱之曰: "宜是父之有是子." 天之所以福于善而昌其後者, 於是而不爽矣。公之行實, 可紀者多矣。自上賜祭文, 有曰: "予念爲國。非賢罔理, 乃命乃擧。六條之備, 予求之切, 幡然而來, 昌言欲聞, 講幄斯開, 皇王理亂, 古今得失, 爲學之方, 致治之術, 酬酢從容, 如響斯答。豈伊枳棘, 鳳凰之棲? 雪山玉果號輕重, 爾去爾來, 專而後咸, 予倚方篤, 云胡不整? 天奪之速。傾翹之素, 眷遇之暫。施不盡才, 用有餘憾. 嗚呼!" 惟此奎璧之章, 足以槩公之實蹟矣。公所著凡四編, 而其說心說學, 多有發肯綮處。後之論公者, 將有徵於此, 而皆不保於兵火云。

〔蒼石先生文集, 卷13, 雜著〕

17. 김충

> 김충의 자는 화길, 호는 서대, 본관은 상산이다. 중종 계유년(1513)에 태어났다. 명종 신해년(1551) 문과에 장원급제하였고, 관직은 선공감정을 지냈다. 선조 임신년(1572)에 죽었다.

청렴하고 개결한데다 소박하고 진솔하였는데, 조정에 등용되어서는 윗사람의 비위를 맞추거나 사사로운 일로 알현을 청하는 일이 없었다. 때로는 모함을 받기도 하였으니, 평소에 술을 마시지 않았거늘 호서 막부(湖西幕府)에 있을 때 술에 빠져서 주정을 하였다는 이유로 탄핵을 받자, 이를 들은 자들은 비웃었다.

명(銘)에 이르기를, "남이 뱉는 침을 받아들이면, 사람들은 이를 공손타 하네. 남의 초(醋)를 빌려다 주면, 사람들은 이를 충직타 하네. 공은 이런 짓을 하지 못하여서, 넘어져 궁색한 것이야 마땅하네. 사람들은 공에게 궁하다고 하나, 공은 스스로 통달했다 여기누나."라고 하였다.【협주: 정경세가 찬한 묘갈명에 실려 있다.】

- 金冲

> 金冲, 字和吉, 號西臺, 商山人。中宗癸酉生。明宗辛亥文科魁, 官繕工監正。宣祖壬申卒。

廉潔簡拙, 立朝不事干謁[1]趍承[2]。或遭媒孼[3], 素不飮酒, 在湖幕, 以沈酗[4]見彈, 聞者笑之。

銘曰: "有受其唾, 人則以爲恭也, 有乞其醯, 人則以爲忠也。公不能

---

1 干謁(간알): 사사로운 일로 알현을 청함.
2 趍承(추승): 비위를 맞춤. 아첨함.
3 媒孼(매얼): 죄에 빠뜨림. 모함을 함.
4 沈酗(침후); 술에 빠져서 주정함.

此, 宜其躓而窮也。人謂公窮兮, 公乃自以爲通也."【鄭經世撰碣銘】

보충

정경세(鄭經世, 1563~1633)가 찬한 묘갈명

중직대부 성균관 사성 김공 묘갈명 병서

공의 휘는 김충(金沖), 자는 화길(和吉), 성씨는 김씨(金氏), 본관은 상산(商山), 고려 때 문하찬성사(門下贊成事) 휘 김비궁(金匪躬)의 후손이다. 찬성사의 후손 중에 찬성사(贊成事) 휘 김정신(金鼎臣), 선산부사 휘 김겸(金謙), 집현전 부제학 휘 김상직(金尙直), 내원서 영(內苑署令) 휘 김신지(金愼知)가 있었으니, 대대로 높은 벼슬을 지낸 집안의 자손이다. 내원서 영은 바로 공의 고조부이다. 증조부 휘 김극효(金克孝)는 부사과(副司果)를 지냈다. 조부 휘 김삼산(金三山)은 벼슬을 하지 않았다. 부친 휘 김옹(金顒, 1484~1567)의 자호(自號)는 외재(畏齋)인데, 중종 기묘년(1519) '옛것을 흠모하면서 뜻을 고상히 하고, 학문이 순정하고 바르다.(慕古尙志, 學問醇正.)'라고 하여 공천(公薦: 여러 사람의 합의에 의하여 천거하던 제도)되어 현량과(賢良科)에 급제하여 성균관 전적(成均館典籍)에 제수되었다. 어머니 의인정씨(宜人鄭氏)는 사인(士人) 정구(鄭俅)의 딸이다. 정덕(正德) 계유년(1513)에 공을 낳았다.

공은 어려서부터 집안에서 수학하며 문예(文藝)로써 스스로 닦았다. 신해년(1551) 명종(明宗)이 선성(先聖)을 제사하고 과거를 열어 선비를 뽑을 때, 공이 장원으로 발탁되어 곧바로 성균관 전적에 제수하였다. 얼마 되지 않아 태상시 주부(太常寺主簿)에 제수되었고, 형조좌랑·사헌부 감찰로 승진하여 옮겨졌다. 계축년(1553) 해서막부(海西幕府)에서 보좌하였고 춘추관 기주관(春秋館記注官)을 겸하였다. 갑인년(1554) 임기가 차서 호서(湖西)로 옮겨져 제수되었고 오래지 않아 파직되었다. 병진년(1556) 함흥부 통판(通判)에 제수되었고, 정사년(1557)에 파직되어 돌아왔다가 성균관 직강(直講)으로 승진하여 옮겨졌으며, 호조정랑·승문원 교감(校勘)을 역임하였다.

신유년(1561) 외직으로 나가 평택현감(平澤縣監)이 되었고, 을축년(1565) 관직을 버리고서 고향으로 돌아갔다. 정묘년(1567) 다시 호조정랑에 제수되었다가 봉상시 첨정(奉常寺僉正)·성균관 사예(司藝)로 승진하여 옮겨졌다. 무진년(1568) 외직으로 나가 초계군수(草溪郡守)에 제수되었고 기사년(1569) 파직되었다. 신미년(1571) 성균관 사성(司成)으로 승진하여 옮겨졌다가 선공감 정(繕工監正)에 제수되었다.

임신년(1572) 4월에 큰아들의 죽음을 슬퍼하여 몸이 심하게 상하였고, 11월에 병을 얻어 도성(都城)의 집에서 죽었으니, 향년 60세였다. 이듬해 3월 장천(長川)에 있는 추동(楸洞)의 신좌을향(辛坐乙向) 언덕으로 운구하여 안장하였으니, 바로 선영(先塋)이 있는 곳이었다.

공은 청렴하고 개결한데다 소박하고 진솔하였다. 사람을 대할 때는 냉담하였고, 평소에 지내며 남에게 우쭐대거나 남을 향응하려는 마음이 없었다. 조정에 등용되어서는 더욱더 윗사람의 비위를 맞추거나 사사로운 일로 알현을 청하는 일을 하지 않았고, 뇌물을 바치면서 청탁하는 일이 들어와도 뜻을 굽혀 따른 적이 없었다. 이로 인해 가는 곳마다 번번이 뜻이 맞지 않거나 때로는 모함을 받기도 하였으니, 평소에 마시지 않아 술을 짐독(鴆毒)처럼 여겼거늘 호서 막부(湖西幕府)에 있을 때 술에 빠져서 주정을 하였다는 이유로 탄핵을 받았다. 이를 들은 자들은 비웃으면서도 한편으로는 탄식하였으며, 공 또한 끝내 남의 눈치를 볼 뜻이 없었다.

사는 곳에서 서쪽으로 5리쯤 떨어진 곳에 언덕 하나가 있었는데, 맑고 얕은 시냇물 가에 수목이 울창한 것을 아꼈다. 평택(平澤)에서 돌아온 뒤 그곳에 자그마한 초가집을 지었는데, 무릎이나 들여놓을 만하다면 족하다고 여겼으니 '서대초당(西臺草堂)'이라 이름하였다. 날마다 그 속에서 시를 읊조리며 스스로 매우 만족하였으니, 쌀독이 자주 비는 것도 높은 벼슬살이가 부러운 것도 모른 채 지냈다.

평소에 시 읊조리기를 좋아하였고 특히 짤막한 절구(絶句)를 잘 지었으니, 쓸쓸하면서도 여운이 남아서 자못 사람들에 의해 전송되었다. 그러나 흩어져서 거두지 못하여 지금은 한 권만이 집에 보관되어 있다. 또 일찍이 들은 바를 손수 기록하여 1권의 책으로 엮어 이름을 《서대이문록(西臺異聞錄)》이라 하였지만, 또한 병란에 유실되었다.

숙인(淑人) 풍덕장씨(豐德張氏)는 현감 장세강(張世綱)의 딸로 고려 금자광록대부(金紫光祿大夫) 장맹경(張孟卿)의 후손이다. 공보다 17년 뒤에 죽어 공의 묘에 합장되었으며, 향년 73세였다.

아들은 둘을 두었으니 김지대(金之岱)와 김지연(金之衍)이고, 딸은 넷을 두었으니 사인(士人) 권이중(權以中)·현감 김각(金覺)·생원 변경장(邊慶長)·진사 신봉서(辛鳳瑞)가 그 사위이다. 김지대는 선무랑(宣務郎) 반사렴(潘士濂)의 딸에게 장가들어 아들 하나를 두었으니 이름이 김계(金繼)이며 생원이다. 김지연은 충의위(忠義衛) 안황(安滉)의 딸에게 장가들어 아들은 둘을 두었으니 이름이 김진(金縝)과 김강(金絳)이며, 딸은 하나를 두었으니 최집(崔集)에게 시집갔다. 외손(外孫)은 남자와 여자를 합해 모두 여덟 명이다. 증손은 이름이 김철(金喆)이고, 또 남자 셋과 여자 둘이 있는데 이들은 모두 어리다.

공의 둘째 아들이 이 세상에 살아 있을 적에 욕되게도 나와 더불어 종유하면서 일찍이 공의 비석에 새길 글을 지어달라고 부탁하여 승낙을 하고서도 미처 짓지 못하였었다. 그 자질(子姪)들이 다시 찾아와 부탁하니, 마침내 대략 관직(官職)과 가계(家系), 행실(行實)과 치적(治績)을 서술하면서 처음 마음먹었던 것을 끝까지 지키는 의미로 칼을 거는 마음을 붙이고 이어 명(銘)을 지었는데, 이러하다.

남이 뱉는 침을 받아들이면
사람들은 이를 공손타 하고,

남의 초(醋)를 빌려다 주면
사람들은 이를 충직타 하네.
공은 이런 짓을 하지 못하여서
넘어져 궁색한 것이야 마땅한데,
사람들은 공에게 공하다고 하나
공은 스스로 통달했다 여기누나.
서대의 물은 맑고도 고요하니
완연히 공의 모습과 같으며,
추동의 묘지는 그윽하고 깊으니
실로 공이 묻혀 잠든 곳이로다.

中直大夫成均館司成金公墓碣銘 幷序

公諱沖, 字和吉, 姓金氏, 商山人, 高麗門下贊成事諱匪躬之後也。贊成後有贊成事諱鼎臣, 善山府使諱謙, 集賢殿副提學諱尙直, 內苑署令諱愼知, 世爲簪纓冑。令卽公之高祖也。曾祖諱克孝, 副司果。祖諱三山, 不仕。考諱顒, 自號畏齋, 中廟己卯歲, 以慕古尙志·學問醇正, 被公薦, 登賢良科, 授成均館典籍。妣宜人鄭氏, 士人俅之女。以正德癸酉生公。公幼學于家庭, 以文藝自治。歲辛亥, 明廟祀先聖取士, 公擢第一, 卽拜成均館典籍。尋主太常簿, 遷刑曹佐郎·司憲府監察。癸丑, 佐海西幕, 兼春秋館記注官。甲寅秩滿, 對移湖西, 不久而罷。丙辰, 通判咸興府, 丁巳罷還, 遷成均館直講, 歷戶曹正郎·承文院校勘。辛酉出宰平澤縣, 乙丑棄歸。丁卯, 復爲戶曹正郎, 遷奉常寺僉正·成均館司藝。戊辰, 守草溪郡, 己巳罷。辛未, 遷成均館司成, 授繕工監正。壬申四月, 哭長子甚毁, 十一月, 病卒于京第, 享年六十。明年三月, 歸葬于長川楸洞辛坐乙向之原, 先兆次也。公廉潔簡拙。與人面冷, 平居無詡詡徵逐意。立朝尤不爲趨承干謁事, 有以關節至, 未嘗曲徇。以此所如輒齟齬, 或遭媒孼, 素不飮, 視酒如酖, 在湖幕, 以沈酗見彈, 聞者笑且嘆, 公亦終無俯仰意。所居西五里許得一丘, 愛其溪流淸淺, 樹木蔥蒨。自平澤歸,結小茅屋, 取足容膝, 榜曰'西臺草堂.'日嘯詠其中, 欣然自得, 不知甔石之屢空, 軒冕之可慕也。平生喜吟詩, 尤工於小絶, 寂寥而有餘味, 頗爲人所傳誦。散逸不收, 今有一卷藏于家。又嘗手記所聞, 爲一書, 名之曰《西臺異聞錄》, 亦失於兵。淑人豐德張氏, 縣監世綱之女, 高麗金紫光祿大夫孟卿之後。後公十七年歿, 合祔公塋, 享年七十三。子二, 男之岱·之衍, 四女, 士人權以中·縣監金覺·生員邊慶長·進士辛鳳瑞其壻也。之岱娶宣務郎潘士濂女, 生一男繼, 生員。之衍娶忠義衛安滉女, 生二男縯·絳, 一女適崔集。外孫男女凡八人。曾孫男喆, 餘男三女二皆幼。公之男季君在世時, 辱與余遊, 嘗以銘公石見托, 諾之而未成。其子姪等, 復以請, 遂略敍官系·行治, 以寓懸劍之心, 繼之以銘曰: 有受其唾, 人則以爲恭也。有乞其醯, 人則以爲忠也。公不能此, 宜其躓而窮也。人謂公窮, 公乃自以爲通也。西臺之水淸且恬兮, 宛若公之容也。楸洞之宅窈而深兮, 寔惟公之宮也。

〔愚伏先生文集, 卷18, 碣銘〕

18. 노수신 문간공

노수신의 자는 과회, 호는 소재, 본관은 광산이다. 우의정 노숭(盧嵩)의 후손이다. 중종 을해년(1515)에 태어났다. 계묘년(1543) 문과에 장원으로 급제하여 수찬(修撰)·사서(司書)·이랑(吏郎)·호당(湖堂)을 역임하였다. 을사년(1545) 진도(珍島)로 유배되었다. 선조 무진년(1568)에 서용(敍用)되어 직제학·예문관 응교·부제학·관찰사·대사간·대사헌·이조참판·이조판서·대제학을 지냈다. 계유년(1573) 우의정에 제수되어 영의정에 이르렀다. 경인년(1590)에 죽었다. 상주(尙州)의 도남서원(道南書院)에 향사하였다.

선생은 총명하고 박학하였으니, 문장을 지을 때면 특히 경술(經術)에 조예가 깊었다. 모재(慕齋) 김 문경공(金文敬公: 金安國, 1478~1543)이 시습잠(時習箴)으로 태학의 유생들을 시험하였으나 인재들의 글이 활기차지 못하는 것을 한탄하다가 선생의 지은 글을 보고 다시 탄식하기를, "말은 삼가지 않으면 안 된다."라고 하였다.

처음으로 회재(晦齋) 이 문원공(李文元公: 李彦迪, 1491~1553)을 찾아가서 마음을 보존하는 방법에 대해 깨우쳐 주기를 청하였는데, 문원공이 손바닥을 가리키며 말하기를, "여기에 어떤 물건이 있는데 쥐면 부서지고 쥐지 않으면 달아난다."라고 하니, 선생이 기뻐하며 말하기를, "이 말씀은 망조(忘助: 잊지도 말고 억지로 조장하지도 말라.)의 다른 이름이다."라고 하였다.

퇴도(退陶) 이 문순공(李文純公: 李滉)과 함께 독서당(讀書堂)에 선발되었고, 도학(道學)으로 서로 추앙하고 존중하는 사이가 되었다.

사간원 정언이 되었을 때 이기(李芑)를 마음이 삐뚤어진 사악한 소인으로 논핵하였다. 사화(士禍)가 일어나자, 선생은 직첩(職牒)이 거두어져 충주(忠州)로 돌아갔다. 정언각(鄭彦慤)이 벽서(壁書: 良才驛壁書. 여왕이 집정하고 李芑 등이 권세를 자행하여 나라가 망하려 한다는 익명의 벽서)를 올렸는데, 을사사화(乙巳士禍)에 연루된 사람들에게 죄를 가하여 선생도 처음에는 순천(順天)으로 유배되었고 그해 진도(珍島)로 이배(移配)되었다.

진도에서 19년 동안 있었는데, 바다 가운데 있는 섬이라 본디 예절에 어두워 주민들의 언행이 경솔하였으니, 선생이 예속(禮俗)으로 그들을 가르쳐 비로소 시집가고 장가드는 것에도 예(禮)가 있음을 알게 하였다. 〈인심도심변(人心道心辨)〉, 〈집중설(執中說)〉, 〈숙흥야매잠해(夙興夜寐箴解)〉를 저술하였는데, 이 문순공이 이를 보고 말하기를, "사도(斯道)가 동방에서 끊어지지 않았다."라고 하였다.

호서관찰사가 되었을 때 다스림의 근본에 관한 수천 마디의 말을 올리고 이어 〈숙흥야매잠해(夙興夜寐箴解)〉를 바치자, 주상이 교서관(校書館)에 내려 간행하도록 하였다.

부친상을 당하여 슬픔으로 몸이 여위어 거의 삼년상을 견뎌내지 못할 뻔했는데, 주상이 특별히 의관(醫官)을 보내어 문병하였다. 선생이 상소하여 사례하고 임금으로서의 덕에 관한 여섯 가지 경계할 조목을 바쳤다. 곧 첫째, 훈고적 풀이를 논쟁하는 데에만 힘쓰고 실질적 의미를 밝히는 데에는 힘쓰지 않는 것, 둘째, 사소한 잘못과 결점을 살피는 데에만 힘쓰고 바른 정치의 도를 세우는 데에는 힘쓰지 않는 것, 셋째, 권력을 움켜쥐는 데에만 힘쓰고 민심을 얻는 데에는 힘쓰지 않은 것, 넷째, 선례를 따르는 데에만 힘쓰고 옛 성현의 참뜻을 행하는 데에는 힘쓰지 않는 것, 다섯째, 아첨의 말을 듣고 기뻐하는 데에만 힘쓰고 정직한 말을 듣고서 존중하는 데에는 힘쓰지 않는 것, 여섯째, 재주와 기예를 좋아하는 데에만 힘쓰고 그릇됨과 식견을 중시하는 데에는 힘쓰지 않는 것이었다.

주상(主上: 宣祖)의 원년(1568)에 교리로 불러들여져 1년 동안 3번이나 옮겨진 뒤에 대사간이 되었으며, 부친상으로 인하여 관직에서 물러났다가 다시 들어온 지 겨우 3년 만에 삼공(三公)의 지위에 이르렀다. 정업원(淨業院)을 철폐하고 장오법(贓汙法)을 거듭 엄중히 할 것을 청하였다.

인순대비(仁順大妃: 明宗妃)가 죽자, 선생은 좌상 박순(朴淳)과 함께 흰색의 사모(紗帽)와 관대(冠帶) 차림으로 삼년상을 마치는 의견을 올리니, 주상이 따랐다.

당론(黨論: 을해당론)이 일어나, 곽월(郭越, 1518~1586. 곽재우의 아버지)이 상소를 올려 시사(時事)를 논하면서 "외인(外人)이 궁중과 내통하여 사림을 해치려 한다."라는 말이 있자, 주상이 진노하니, 선생이 말하기를, "곽월이 비록 잘못하기는 했지만 그 말을 했다 하여 말한 사람을 죄줄 수는 없습니다."라고 하였다.

주상이 이류(李瑠: 桂林君. 성종의 셋째아들인 계성군의 양자), 윤임(尹任), 류관(柳灌), 류인숙(柳仁淑)을 복관(復官)하는 일을 물으니, 대답하기를, "신(臣)은 을사죄인(乙巳罪人)이니, 말하는 것도 말하지 않은 것도 모두 죄이기는 마찬가지입니다. 그렇지만 네 사람의 관작을 회복하여 대비를 위로해 드리는 것이 좋겠습니다."라고 하였다.

모친 정경부인이 죽었을 때 선생은 이미 67세였는데도 여막(廬幕)에 거처하면서 거적자리를 깔고 흙덩어리를 베며 거친 밥으로 끼니를 이었다. 주상은 이를 염려하여 권제(權制: 임시로 변통해서 적당하게 처리하는 禮制)를 따르도록 권하면서 쌀과 콩을 하사하자, 선생은 상소를 올려 사례하였다.

일본왜(日本倭)가 사신을 보내어 화친을 청하자, 선생이 아뢰기를, "천하의 악한 자는 모두 마찬가지입니다. 수길(秀吉: 豊臣秀吉)은 제 임금을 시해하였으니 도의적으로 교류해서는 안 됩니다."라고 하였다.

선생이 예전에 명을 받아 김우옹(金宇顒) 등을 천거한 적이 있었는데, 정여립(鄭汝立)이 한창 명성이 있어서 또한 천거한 명단 속에 있었다. 모반을 상고(上告)한 일이 일어났는데, 선생은 즉시 국문(國門: 도성의 문) 밖으로 나가 죄를 기다렸다. 그리하여 정철(鄭澈)이 좌상으로서 실제로 옥사를 주관하였는데, 옥사가 점점 확대되어 진신(縉紳)들이 크게 화를 입게 되자 민심이 흉흉하였다. 누군가가 전례(前例)를 들어 스스로 해명하도록 하자, 선생이 말하기를, "이미 잘못 천거한 것은 법이 용서하지 않는 일이니, 어찌 스스로 변명한다고 해서 억울함을 풀 수 있겠는가."라고 하였다.

선생의 학문은 인륜과 일상생활의 법칙에 돈독히 힘썼고, 천부(天賦)의 덕과 하늘의 이치를 깨달아서 더 나아가 세상의 모든 일과 사물에까지 미쳤다. 자신에게 근본하고 가정에서 시작하여 나라에까지 미루어 나간 것인데, 임금의 마음을 바르게 하고 대의를 바로잡으며 어진 인재를 천거하고 예로부터 내려오는 제도를 따르면서 다스림의 요체를 밝혔으니, 강의(講義: 書筵講義)·구색(懼塞: 懼塞錄)·양정(養正: 養正錄)에서 볼수 있는데 모두 임금에게 학문을 권하는 글이다. 바다 섬에 갇혀 억류되고 나서 깊은 시름과 곤궁 속에서도 재주와 학문을 함양하여 마침내 크게 쓰이게 된 것은 하늘의 뜻이었다.

어떤 이는 선생의 문장이 송나라 유자들과 같지 않다고 의심하나, 무숙(茂叔: 송나라 周敦頤)은 간결하고 빼어나며, 이정(二程: 송나라 程顥와 程頤)은 명징하고 온당하며, 자후(子厚: 송나라 張載)는 침착하고 깊었으니, 도를 지킨 면에서 결국 똑같다.

광해군 2년(1610) 조정에서 의논하여 선생을 소경왕(昭敬王: 宣祖)의 묘정(廟廷)에 배향하기를 청하였으나, 광해군은 선조와의 관계가 시종일관 유지되지 못했다 하여 이 논의를 파하도록 하였다.

명(銘)에 이르기를, "도덕에 학문을 널리 닦음은 인(仁)이다. 나라를 예(禮)로써 다스림은 경(敬)이다. 할 말을 다하여 숨김없음은 충(忠)이다. 곧은 의리로 정도를 지킴은 정(正)이다."【협주: 허목이 찬한 묘비에 실려 있다.】

• 盧守愼 文簡公

盧守愼, 字寡悔, 號蘇齋, 光山人。右議政嵩後。中宗乙亥生。癸卯文科魁, 歷修撰·司書·吏郎·湖堂。乙巳配珍島[1]。宣祖戊辰敍, 直提學·

藝文應教·副提學·監司·大司諫·大司憲·吏曹參判判書·大提學。癸酉拜右議政, 至領議政。庚寅卒。享尙州道南書院。

先生聰明博學, 爲文章, 尤深於經術。慕齋金文敬公, 以時習箴[2]試諸生, 歎人才不競, 見先生作, 復歎曰: "言不可不愼."

初見李文元公[3], 請問存心之術, 文元公指掌曰: "有物於此, 握則破, 不握則亡." 先生喜曰: "此忘助[4]之異名也."

與李文純公[5], 同選書堂[6], 以道學相推許爲重。

爲正言, 論劾李芑[7]傾邪小人。士禍起, 先生收職牒歸忠州[8]。鄭彦慤[9]

---

1 珍島(진도): 전라남도 서남쪽에 있는 섬.

2 《穌齋先生文集》 권7 〈箴·時習箴幷序〉로 실려 있음.

3 李文元公(이문원공): 李彦迪(1491~1553). 경상북도 경주 출신. 본관은 驪江, 초명은 李迪, 자는 復古, 호는 晦齋·紫溪翁. 조부는 군 李壽會이다. 아버지는 생원 李蕃이며, 어머니 慶州孫氏는 鷄川君 孫昭의 딸이다. 金安老의 등용을 반대하다가 관직에서 쫓겨나 7년간 성리학 연구에 전념했다. 복직 후 좌찬성에 이르렀으나 을사사화가 발생하여 추국하는 역할이 주어지자 스스로 관직에서 물러났다. 이후 양재역벽서사건에 무고하게 연루되어 유배됐고 유배지에서 많은 저술을 남긴 후 세상을 떴다. 조선시대 성리학의 정립에 선구적인 인물로서 성리학의 방향과 성격을 밝히는 데 중요한 역할을 하였고, 朱熹의 주리론적 입장을 정통으로 확립하여 李滉에게 전해주었다.

4 忘助(망조): 《孟子》 〈公孫丑章句 上〉에 나오는 勿忘勿助長의 줄임말. 호연지기를 기르려면 늘 여기에 힘을 쓰되 그 효과를 기대하지 말아서 마음에 잊지도 말고 억지로 조장하지도 말아야 한다는 것이다. 여기서는 평소 항상 存心을 염두에 두되 인위적으로 하지 말고 자연스럽게 내면에서 우러나오도록 해야 한다는 뜻으로 쓴 것이다. 이언적이 설명한 말의 뜻을 노수신(盧守愼)이 이렇게 해석한 것이다.

5 李文純公(이문순공): 李滉(1501~1570). 본관은 眞寶, 자는 景浩, 호는 退溪·退陶·陶叟. 조부는 李繼陽이며, 아버지는 李植이다. 이식의 첫째부인 義城金氏는 金漢哲의 딸이며, 둘째부인 춘천박씨는 朴緇의 딸이다. 이황은 춘천박씨의 소생이다. 첫째부인 金海許氏는 許瓚의 딸이며 둘째부인 安東權氏는 權磌의 딸이다. 성균관 대사성, 대제학, 지경연 등을 역임한 문신이자 학자이다. 문과에 급제하여 관직에 진출했으나 1545년 을사사화 이후 고향 퇴계에 은거하여 학자의 삶을 살았다. 명유들과 토론하고 《주자대전》 등 주자학 관련서적을 주해·편찬하고 후진들을 양성하여 영남학파 및 친영남학파를 포괄한 거대한 주리파 철학을 형성했다. 68세에 무진육조소와 《성학십도》를 써서 선조에게 바쳤다.

6 書堂(서당): 讀書堂. 연소한 문관 가운데 특히 문학에 뛰어난 사람에게 사가독서를 시켜 학업을 닦게 한 곳으로 후에 湖堂이라 함.

7 李芑(이기, 1476~1552): 본관은 德水, 자는 文仲, 호는 敬齋. 증조부는 李明晨이며, 조부는 知溫陽郡事 李抽이다. 아버지는 사간 李宜茂이며, 어머니 昌寧成氏는 成熺의 딸이다. 부인 光山金氏는 金震의 딸이다. 김종직의 문인이다. 좌의정 李荇의 형이다. 율곡 이이의

上壁書[10], 加罪乙巳人, 初配順天[11], 遷珍島。

在島十九年, 海中貿貿[12], 先生敎以禮俗, 始知嫁娶有禮。著〈人心道心辯〉·〈執中說〉·〈夙興夜寐箴解〉, 李文純公見之曰: "斯道不亡於東方."

爲湖西觀察使, 上治本數千言, 仍進《夙興夜寐箴解》, 上下校書, 令刊行。

丁外艱, 幾不勝喪, 上特遣醫問之。先生上疏謝, 進君德之戒六事。一務討訓解, 不務求實〈義〉, 二務察瑕類, 不務立治道, 三務攬權柄, 不務合人心, 四務循前例, 不務行古義, 五務悅諂諛, 不務愛正直, 六務喜才藝, 不務重器識。

上之元年, 以校理召還, 一年三遷, 爲大司諫, 以憂去, 復入纔三年, 致位三公。請撤淨業院[13], 申嚴贓汚法[14]。

仁順大妃[15]薨, 與左相朴淳[16], 上白帽帶從三年議, 上從之。

재종부이다. 명종이 즉위해 文定王后가 수렴첨정을 하자, 윤원형, 윤원로, 윤춘년, 정순붕, 임백령 등과 손잡고 을사사화를 일으켰다. 이때 윤임·유관 등을 제거하고, 1547년 윤원형·尹仁鏡 등과 더불어 良才驛壁書事件(일명 丁未士禍)를 일으켜 지난날 윤원형을 탄핵한 바 있는 宋麟壽, 윤임 집안과 혼인 관계에 있던 李若水를 賜死하고, 李彦迪·鄭磁·盧守愼·鄭熿·柳希春·白仁傑·金鸞祥·權應挺·權應昌·李天啓 등 사림파 20여 명을 유배하였다.

8 忠州(충주): 충청북도 북동부에 있는 고을.

9 鄭彦慤(정언각, 1498~1556): 본관은 海州, 자는 謹夫. 증조부는 鄭忱이며, 조부는 鄭延慶이다. 아버지는 진사 鄭希儉이며, 어머니 平山申氏는 申承濬의 딸이다. 부인 高靈申氏는 申公濟의 딸이다. 鄭希良의 조카이다. 1547년 부제학으로 재임시 良才驛에서 "여왕이 집정하고 간신 李芑 등이 권세를 자행하여 나라가 장차 망하려고 하니 이를 보고만 있을 것인가."라는 익명의 벽서를 발견, 李芑·鄭順朋 등에게 알림으로써 벽서사건을 일으켰다. 이로 인하여 을사사화의 잔당이 아직 남아 있다고 하여 鳳城君(중종의 아들)·宋麟壽·李若氷 등을 죽이고, 權橃·李彦迪 등 20여 명을 유배시킴으로써 尹元衡 일파가 정권을 장악하게 하였으며, 그 권세를 빌려 온갖 횡포를 자행하였다.

10 壁書(벽서): 良才驛壁書. 여왕이 집정하고 李芑 등이 권세를 자행하여 나라가 망하려 한다는 익명의 벽서.

11 順天(순천): 전라남도 동남부에 있는 고을.

12 貿貿(무무): 무식하고 예절에 어두워 언행이 서투른 모양.

13 淨業院(정업원): 동대문 밖에 있던 절. 태조의 셋째 딸인 慶順公主가 이 절에서 중이 되었고, 端宗妃 宋氏도 이 절에서 중이 되었다 한다.

14 贓汚法(장오법): 뇌물이나 청탁 등을 받은 부정한 관리를 다스리는 법.

15 仁順大妃(인순대비, 1532~1575): 明宗妃. 아버지는 青陵府院君 沈鋼으로 세종비 소헌왕

黨議起, 郭越[17]上疏言事, 有"外人通宮禁, 代士林"之言, 上怒, 先生曰: "越雖過矣, 不可以言, 罪人."

上問瑠[18]·任[19]·灌[20]·仁淑[21]復官事, 對曰: "臣乙巳罪人, 言不言皆罪

후의 아버지 沈溫의 6세손이다. 어머니 全州李氏는 李薿의 딸이다.

16 朴淳(박순, 1523~1589): 본관은 忠州, 자는 和叔, 호는 思菴. 증조부는 殷山郡事 朴蘇이며, 조부는 성균관사 朴智興이다. 아버지는 右尹 朴祐이며, 어머니는 棠岳金氏이다. 기묘명현 牧使 朴祥의 조카이다. 徐敬德의 문인이다. 1540년 사마시에 합격하고, 1553년 식년문과에 장원급제하였다. 1561년 홍문관응교로 林百齡의 시호 제정 문제에 관련, 尹元衡의 미움을 받고 파면되어 나주로 돌아왔다. 1565년 대사간, 1566년 부제학에 임명되고, 이어 이조판서와 예조판서를 겸하였다. 1579년에는 영의정에 임용되어 정승으로 15년간 재직하였다. 李珥가 탄핵되었을 때 옹호하다가 도리어 兩司(사헌부와 사간원)의 탄핵을 받고 스스로 관직에서 물러나 永平 白雲山에 암자를 짓고 은거하였다.

17 郭越(곽월, 1518~1586): 본관은 玄風, 자는 時靜, 호는 定齋. 증조부는 郭承華이며, 조부는 예안현감 郭瑋이다. 아버지는 사성 郭之藩이며, 어머니 陽川許氏는 동지중추부사 許磷의 딸이다. 첫째부인 晉州姜氏는 姜應斗의 딸이며, 둘째부인 金海許氏는 許瓊의 딸이다. 아들이 의병장 郭再祐이다. 1546년 사마시에 합격하고, 1556년 별시문과에 급제하였다. 그뒤 승문원정자·영천군수를 지내고 고향으로 돌아갔다. 1570년 다시 관직에 복귀하여 1573년 지평, 장령, 사간에 제수되었고, 1576년에는 의주목사, 그뒤 호조참의를 거쳐 1578년에는 冬至使로 명나라에 다녀왔다. 그 이듬해 황해도관찰사에 제수되었으나 사직하고 부임하지 않았다. 1581년에 제주목사에 제수되었으나 나이가 많다는 이유로 青松府使로 다시 제수되었다. 1585년에 남원부사로 제수된 뒤 얼마되지 않아 파직되었다.

18 瑠(류): 桂林君 李瑠(?~1545). 본관은 全州, 자는 彦珍. 조부는 成宗의 형 月山大君이고, 아버지는 성종의 셋째아들 桂城君이다. 어머니 坡平尹氏는 중종의 첫째계비인 章敬王后의 아버지 尹汝弼의 딸이다. 1545년 을사사화로 윤임이 제거되자, 미리 겁을 먹고 楊花島에서 배를 타고 도망쳐 黃龍山 기슭에 있는 李雄의 집에 이르러 머리를 깎고 중이 되어 숨어 있다가, 토산현감 李坎男에게 체포되어 서울로 압송되어 車裂刑을 당하였다.

19 任(임): 尹任(1487~1545). 본관은 坡平, 자는 任之. 증조부는 尹士昀이며, 조부는 尹甫이다. 아버지는 중종의 장인 坡原府院君 尹汝弼이며, 어머니 順天朴氏는 朴仲善의 딸이다. 첫째부인 驪州李氏는 李俌의 딸이며, 둘째부인 玄風郭氏는 병마절도사 郭翰의 딸이다. 章敬王后의 오빠이다. 중종 반정에 참여하여 중종을 옹립하는데 기여하였다. 仁宗이 세자로 있을 때, 중종의 繼妃 文定王后가 慶源大君(뒤에 명종)을 낳자, 金安老와 함께 세자를 보호해야 한다고 주장하여 문정왕후와 알력이 생겼다. 대윤과 소윤 사이에 알력이 생기자 대윤의 거두가 되었는데, 명종이 즉위하여 소윤이 을사사화를 일으키게 되자 평소 반목하던 대윤 일파를 모두 숙청하였으며, 마침내 윤임은 남해로 귀양가다가 충주에 이르러 사사되었다.

20 灌(관): 柳灌(1484~1546). 본관은 文化, 자는 灌之, 호는 松庵. 증조부는 柳尙榮이며, 조부는 柳崖이다. 아버지는 장령 柳廷秀이며, 어머니 密陽朴氏는 朴潤孫의 딸이다. 부인 驪興閔氏는 閔季會의 딸이다. 이조판서 재직 시에는 병조판서 李芑의 비행을 공격했는데, 이것이 후일 이기의 모함을 받는 직접적인 계기가 되었다. 소윤에 의해 일어난 을사사화에서 尹任·柳仁淑 등과 함께 三兇으로 몰려, 宗社를 謀危했다는 죄목으로 처벌받았다. 처음에는 絶島流配刑에 처해져 서천으로 귀양갔지만, 온양에 이르러 賜死되었다.

也。復四人官, 以慰大妃, 可也."

貞敬夫人卒, 先生已六十七, 居倚廬, 寢苫疎食。上憂之, 勉權制, 賜米豆, 先生上疏謝。

日本倭遣使求和, 先生曰: "天下之惡一也。秀吉[22]弑其君, 義無可交也."

先生嘗薦金宇顒[23]等, 汝立[24]方有名譽, 亦在薦中。上變事起, 先生卽出國門外, 待罪。於是, 鄭澈[25]爲左相, 實主獄, 獄事滋蔓, 搢紳大陷, 人

---

21 仁淑(인숙): 柳仁淑(1485~1545). 본관은 晉州, 자는 原明, 호는 靜叟. 증조부는 柳依이며, 조부는 柳宗植이다. 아버지는 사간 柳文通이며, 어머니 德水李氏는 온양군수 李抽의 딸이다. 부인 星州李氏는 李敭의 딸이다. 端敬王后 愼氏의 복위를 주장한 朴祥과 金淨의 처벌을 적극 반대하였다. 1519년 기묘사화에 연루되어 기묘당인으로 대간의 탄핵을 받았고, 신사무옥으로 경주부윤에 좌천되었다가 파면되었다. 1537년 재서용되어 대사헌·대사간, 형조·호조·이조·공조의 판서 등을 역임하였다. 1545년 을사사화에 연루되어 윤임과 유관 등과 함께 죽임을 당하였고, 네 아들도 모두 교살되었다.

22 秀吉(수길): 豐臣秀吉(도요토미 히데요시, 1536~1598). 일본 전국시대 최후의 최고 권력자. 밑바닥에서 시작해서 오다 노부나가에게 중용되어 그의 사후 전국시대의 일본을 통일시키고 關白과 天下人의 지위에 올랐다. 전국시대를 평정한 그는 조선을 침공해 임진왜란을 일으켰으나 실패하였다.

23 金宇顒(김우옹, 1540~1603): 본관은 義城, 자는 肅夫, 호는 東岡·直峰布衣이다. 아버지는 부사 金希參이며, 어머니 淸州郭氏는 郭人和의 딸이다. 24세 때 曺植의 외손녀와 혼인하였다. 吳健의 문인이다. 伊溪 金宇弘(1522~1590)과 開巖 金宇宏(1524~1590)의 동생이다. 1558년 진사시에 합격하고 1567년 식년문과에 급제하였다. 정치적으로 류성룡, 김성일 등과 가까워 동인에 속하였다. 김우옹은 학문적 문제와 정치에 시무책을 진언하여 선조의 두터운 신임을 받았다.

24 汝立(여립): 鄭汝立(1546~1589). 본관은 東萊, 자는 仁伯·大輔. 증조부는 진사 鄭克良이며, 조부는 鄭世玩이다. 아버지는 청도군수를 지낸 鄭希曾이며, 어머니 密陽朴氏는 朴纘의 딸이다. 1567년 진사시에 합격하고, 1570년 식년문과에 급제하였다. 이어 성균관학유를 거쳐 李珥와 成渾 등을 따르며 1583년 예조좌랑이 되었고 1584년 홍문관수찬에 올랐다. 홍문관수찬이 된 뒤 이이, 성혼, 박순 등 서인의 주요 인물을 비판하고 동인으로 돌아섰다. 1584년 율곡 이이를 배반했다는 탁핵을 받고 선조의 진노를 사서 좌천되었다. 즉시 관직을 버리고 낙향한 뒤 정여립은 진안 죽도에 書室을 짓고 호를 죽도라고 하였다. 그곳에서 대동계를 조직해 매달 활쏘기 모임을 열면서 세력을 확장하였다. 1589년에는 왜선들이 전라도 損竹島에 침입하자 전주부윤 南彦經의 부탁으로 왜적을 물리쳤다. 1589년 10월 기축옥사에 연루되어 관군의 포위가 좁혀들자 자살했다.

25 鄭澈(정철, 1536~1593): 본관은 延日, 자는 季涵, 호는 松江. 증조부는 鄭自淑이며, 조부는 鄭潙이다. 아버지는 돈녕부판관 鄭惟沈이며, 어머니 竹山安氏는 安彭壽의 딸이다. 부인 文化柳氏는 柳强項의 딸이다. 인종의 귀인이 된 큰 누이와 桂林君 李瑠의 부인이 된 둘째누이가 있다. 林億齡에게 시를 배우고 金麟厚·宋純·奇大升에게 학문을 배웠다. 사화와 당쟁이 이어지는 어지러운 시기에 파직·사직·유배를 반복하는 삶을 살았다. 문재가

心懼之。客欲援例[26]自列[27], 先生曰: "旣誤薦, 法之所不貸, 豈自明而得伸哉?"

先生之學, 篤於彝倫日用之則, 達之天德天道, 推之萬事萬物。本諸身, 施諸家, 推諸邦國。格君心, 正大義, 擧賢才, 遵舊制, 明治體, 可見於講義·懼塞·養正, 皆典學[28]之文也。拘囚海島, 幽思窮抑, 涵蓄才學, 卒以成大用者, 天也。

或疑先生之文不類宋儒, 而茂叔[29]之簡俊, 二程[30]之明當, 子厚[31]之沈深, 其衛道一也。

光海二年, 建議以先生請配享昭敬廟庭, 光海以爲"不保終始", 報罷。

銘曰: "道德博文, 仁也。爲國以禮, 敬也。盡言無隱, 忠也。守經直義, 正也。【許穆[32]撰碑】

뛰어나 관직 진출 전에 〈성산별곡〉을 지었고 〈관동별곡〉·〈사미인곡〉 등을 지었다. 정여립 사건 때는 우의정 겸 서인의 영수로서 동인들을 가혹하게 숙청하여 원성을 샀다. 왕세자 책봉문제로 선조의 노여움을 사 유배되었다가 임진왜란을 맞아 다시 복귀했으나 동인의 모함으로 사직하고 강화에 우거하다가 사망했다. 우의정, 좌의정, 전라도체찰사 등을 역임하였다.

26 援例(원례): 前例를 끌어다 댐.

27 自列(자열): 자신의 죄상을 스스로 늘어놓는 것. 스스로 해명함.

28 典學(전학): 군주가 늘 학문에 힘쓰는 것을 일컬음. 殷나라 高宗이 傅說에게 가르침을 줄 것을 청하자 부열이 말하기를, "오직 학문은 뜻을 겸손하게 해야 합니다. 힘써서 때로 민첩하게 하면 그 닦여짐이 올 것이니, 독실히 믿어 이것을 생각하면 도가 그 몸에 쌓일 것입니다. 가르침은 배움의 반이니, 생각의 처음과 끝을 항상 학문에 둔다면 그 덕이 닦여짐을 자신도 깨닫지 못할 것입니다.(惟學遜志, 務時敏, 厥修乃來, 允懷于玆, 道積于厥躬. 惟斅學半, 念終始典于學, 厥德修罔覺.)"라고 하였다.

29 茂叔(무숙): 송나라 유학자 周敦頤(1017~1073)의 字. 호는 濂溪. 당대의 경전 주석의 경향에서 벗어나 불교와 도교의 이치를 응용한 유교 철학을 창시하였다.

30 二程(이정): 송나라의 程顥와 程頤. 정호(1032~1085)의 자는 伯淳, 호는 明道. 아우 程頤와 함께 二程子로 불리며, 도덕설을 주장하여 우주의 본성과 사람의 性이 본래 동일하다고 보았다. 정이(1033~1107)의 자는 正叔, 호는 伊川. 최초로 理氣의 철학을 내세우고 유교 도덕에 철학적 기초를 부여하여, 형 程顥와 함께 二程子라고 불린다.

31 子厚(자후): 송나라 張載(1020~1077). 자는 子厚, 호는 橫渠. 유가와 도가의 사상을 조화시켜 우주의 일원적 해석을 설파함으로써 二程·朱子의 학설에 영향을 끼쳤다.

32 許穆(허목, 1595~1682): 본관은 陽川, 자는 文甫·和甫, 호는 眉叟. 증조부는 찬성 許磁이며, 조부는 별제 許橿이다. 아버지는 현감 許喬이며, 어머니 羅州林氏는 정랑 林悌의 딸이다. 부인 全州李氏는 영의정 李元翼의 손녀이다. 과거를 보지 않고 학문과 글씨에 전념해 독특한 전서를 완성했다. 예론에 뛰어나 두 차례 예송 논쟁에서 서인의 영수 송시열

보충
허목(許穆, 1595~1682)이 찬한 비명

소재선생 신도비명

원임(原任: 전임) 영의정 소재(穌齋) 노 선생(盧先生)의 휘는 수신(守愼), 자는 과회(寡悔)이다. 노씨는 삼한(三韓)의 대성(大姓)으로 광산(光山: 광주)에서 나왔다. 고려 감문위 대호군(監門衛大護軍) 노서(盧恕)가 좌우위 대호군(左右衛大護軍)으로 벼슬에서 물러난 노단(盧亶)을 낳았고, 노단은 감찰지평(監察持平) 노준경(盧俊卿)을 낳았다. 노준경은 노숭(盧嵩)을 낳았으니, 우리 왕조에 들어와 우의정이 되었다. 우의정에서 2대를 내려와 지사간원사(知司諫院事) 노상례(盧尙禮)가 있고, 지사간원사에서 2대를 내려와 동지중추(同知中樞) 노덕기(盧德基: 세조의 동서. 세조비 貞熹王后의 제부)가 있다. 혜장왕(惠莊王: 世祖의 시호) 때에 출처대절(出處大節)이 있었으니, 그 사실은 김 문간공(金文簡公: 金宗直)이 지은 지석문(誌石文)에 기록되어 있으며, 선생에게 5대조가 된다.

증조부는 돈녕부 참봉(敦寧府參奉)을 지내고 이조판서로 추증된 노경장(盧敬長: 노덕기의 장남인 盧熙善의 아들)이고, 조부는 풍저창 수(豐儲倉守)를 지내고 의정부 좌찬성으로 추증된 노후(盧珝)이고, 아버지는 활인서 별제(活人署別提)를 지내고 의정부 영의정으로 추증된 노홍(盧鴻)인데, 모두 선생이 귀하였으므로 삼대(三代)에 걸쳐 추은(推恩)한 것이다. 어머니 정경부인(貞敬夫人) 이씨(李氏)는 성주(星州)를 관향으로 한 예조참판 이자화(李自華)의 딸이다.

선생은 총명하고 박학하였으니, 문장을 지을 때면 특히 경술(經術)에 조예가 깊었다. 성동(成童: 15세)이 미처 되기도 전에 이미 문학으로 이름났다. 17세 때 탄수(灘叟) 이연경(李延慶)의 딸을 아내로 맞이하였고, 이

을 대상으로 남인의 주장을 대변했다. 현종 대에는 서인의 주장이 관철되면서 좌천되었으나 숙종 대에 남인의 주장이 채택되어 대사헌을 거쳐 우의정에 올랐다. 경신대출척으로 서인이 집권하자 파직되어 저술과 후진양성에 전념했다.

로 인해 그를 스승으로 섬겼다. 20세 때 박사제자(博士弟子: 태학생)에 뽑혔고, 태학(太學)의 선비들 가운데 선생을 공경하는 자들이 많았다. 모재(慕齋) 김 문경공(金文敬公: 金安國, 1478~1543)이 지관사(知館事: 1537년, 동지성균관사)로 있을 때, 시습잠(時習箴)으로 태학의 유생들을 시험하였으나 인재들의 글이 활기차지 못하는 것을 한탄하다가 선생의 지은 글을 보고 다시 탄식하기를, "말을 삼가지 않을 수 없는 것이다."라고 하였다.

27세 때 예를 갖추어 처음으로 회재(晦齋) 이 문원공(李文元公: 李彦迪, 1491~1553)을 찾아가서 마음을 보존하는 방법에 대해 깨우쳐 주기를 청하였는데, 문원공이 손바닥을 가리키며 말하기를, "여기에 어떤 물건이 있는데 쥐면 부서지고 쥐지 않으면 달아난다."라고 하니, 선생이 기뻐하며 말하기를, "이 말씀은 망조(忘助: 잊지도 말고 억지로 조장하지도 말라.)의 다른 이름이다."라고 하였다.

가정(嘉靖) 22년(1543) 갑과(甲科: 식년문과) 장원으로 급제하여 처음에는 성균관 전적에 제수되었고, 다시 홍문관 수찬으로 옮겼다. 이듬해에 세자시강원 사서(司書)로 승진되어 옮겼는데, 《서연강의(書筵講義)》를 지은 것이 있다. 퇴도(退陶) 이 문순공(李文純公: 李滉)과 함께 독서당(讀書堂)에 선발되었고, 도학(道學)으로 서로 추앙하고 존중하는 사이가 되었다. 그해 공희왕(恭僖王: 中宗)이 죽었고 영정왕(榮靖王: 仁宗)이 즉위하였다. 이듬해 을사년(1545) 사간원 정언이 되었을 때 이기(李芑)를 마음이 삐뚤어진 사악한 소인으로 논핵하였고, 이조좌랑으로 옮겼다.

영정왕이 즉위한 지 8개월 만에 죽고 공헌왕(恭憲王: 明宗)이 즉위하자, 윤임(尹任, 1487~1545)의 일로 사화(士禍)가 일어났는데, 선생은 직첩(職牒)이 거두어져 충주(忠州)로 돌아갔다. 3년(1548) 정언각(鄭彦慤)이 벽서(壁書: 良才驛壁書. 여왕이 집정하고 李芑 등이 권세를 자행하여 나라가 망하려 한다는 익명의 벽서)를 올렸는데, 을사사화(乙巳士禍)에 연루된 사람들에게 죄를 가하여 선생도 처음에는 순천(順天)으로 유배되었고 그해 진도(珍島)로 이배(移配)되었다. 이때 〈옥주이천언(沃州二千言: 옥주는 진도의 옛 이름)〉 시를 지었다.

선생은 진도에서 19년 동안 있었다. 바다 가운데 있는 섬이라 본디 예절에 어두워 주민들의 언행이 경솔하였는데, 선생이 예속(禮俗)으로 그들을 가르쳐 비로소 시집가고 장가드는 것에도 예가 있음을 알게 하였다. 이곳에서 〈인심도심변(人心道心辨)〉, 〈집중설(執中說)〉, 〈숙흥야매잠해(夙興夜寐箴解)〉를 저술하였는데, 이 문순공이 이를 보고 말하기를, "사도(斯道)가 동방에서 끊어지지 않았다."라고 하였다. 서로 왕복한 서찰이 있다.

공헌왕(恭憲王: 명종)이 즉위한 지 20년 만에 비로소 을사사화에 관련된 사람들을 풀어 주었는데, 선생은 괴산(槐山)으로 양이(量移: 섬이나 변경으로 멀리 귀양 보냈던 사람의 죄를 감등하여 내지나 가까운 곳으로 옮김)되었다. 소경왕(昭敬王: 宣祖)이 즉위하자 이 충정공(李忠正公: 李浚慶)이 주상에게 아뢰니, 마침내 면관(免官)된 사람들을 거두어 서용(敍用)하는 일이 있어 선생은 홍문관 교리에 제수되었다. 이듬해 직제학으로 승진되었고 예문관 응교를 겸하였는데, 얼마 되지 않아 부제학으로 승진되었지만 부모님을 봉양하기 위해 고향으로 돌아갈 것을 청하니, 주상이 대신(大臣)의 말에 따라 특별히 청주 목사(淸州牧使)에 제수하였다가 곧이어 호서관찰사(湖西觀察使)로 바꾸었다. 선생은 다스림의 근본에 관한 수천 마디의 말을 올리고 이어 〈숙흥야매잠해(夙興夜寐箴解)〉를 바치자, 주상이 교서관(校書館)에 내려 간행하도록 하였다.

이때 의정공(議政公: 아버지 盧鴻)이 죽어 분상(奔喪: 먼 곳에서 부모상의 소식을 듣고 급히 집으로 돌아감)하였는데, 슬픔으로 몸이 여위어 거의 삼년상을 견뎌내지 못할 뻔하였다. 이 일이 조정에 알려지자, 주상이 특별히 의관(醫官)을 보내어 문병하였다. 선생이 상소하여 주상의 은혜에 사례하고, 임금으로서의 덕에 관한 여섯 가지 경계할 조목을 바쳤다. 곧 첫째, 훈고적 풀이를 논쟁하는 데에만 힘쓰고 실질적 의미를 밝히는 데에는 힘쓰지 않는 것, 둘째, 사소한 잘못과 결점을 살피는 데에만 힘쓰고 바른 정치의 도를 세우는 데에는 힘쓰지 않는 것, 셋째, 권력을 움켜쥐는 데에만 힘쓰고 민심을 얻는 데에는 힘쓰지 않은 것, 넷째, 선례를 따르는 데에만 힘쓰고 옛 성현의 참뜻을 행하는 데에는 힘쓰지 않는 것, 다섯째, 아첨의 말을 듣고 기뻐하는 데에만 힘쓰고 정직한 말을 듣고서 존중하는 데에는 힘쓰지 않는 것, 여섯째, 재주와 기예를 좋아하는 데에만 힘쓰고 그릇됨과 식견을 중시하는 데에는 힘쓰지 않는 것이었다. 이때 이 문순공(李文純公: 이황)에게 제례(祭禮)와 상례(喪禮)를 배우려는 편지가 있다.

삼년상을 마치고 대사간에 제수되어 사양하였으나 윤허를 받지 못하였고, 특별히 대사헌에 제수되어 또다시 고사하였으나 윤허를 받지 못하였다. 모친의 병으로 인하여 휴가를 청하자, 주상이 말하기를, "경(卿)은 하루도 내 곁에 있지 않으면 안 되니, 노모를 경성(京城)으로 올라오게 하시오."라고 하고서 이어 고을 수령과 관찰사에게 함께 이 일을 처리하도록 명하였다. 경성에 들어와서는 상소를 올려 백성들의 형편을 아뢰자, 주상이 그것을 위해 애쓴 노고에 위로하고 또 말하기를, "어진 인재를 잘 판별하고 수령을 잘 선택하여 먼저 백성들을 부유하게 한 뒤에야 조종(祖宗)의 치적이 회복되기를 바랄 수 있을 것이다."라고 하였다.

임신년(1572) 이조참판에 제수되었고, 이어 판서로 승진하여 제수되었다. 이때 현황제(顯皇帝: 명나라 神宗)가 즉위하여 등극을 반포하는 조사(詔使: 조서를 받들어 온 사신)가 오게 되자, 선생이 상빈(上儐: 원접사)에 임명되었으나 사양하여 관반(館伴: 館伴使. 외국 사신의 영접과 접대 임무를 관장하는 임시 관직)으로 바뀌었다. 이어서 대제학에 제수되었고, 상관의 〈(祥冠儀)〉를 지어 올렸다.

이듬해 계유년(1573) 우의정에 제수되었다. 주상(主上: 宣祖) 원년(1568)에 교리로 불러들여져 1년 동안 3번이나 옮겨진 뒤에 대사간이 되었으며, 부친상으로 인하여 관직에서 물러났다가 다시 들어온 지 겨우 3년 만에 삼공(三公)의 지위에 이르러 요직에 등용된 것이 비할 데 없으니, 사방의 사람들이 서로 우러러 보았다.

여름에 주상이 삼공과 천관(天官: 이조의 별칭)에게 학문과 덕행이 있는 자를 천거하도록 명하자, 선생은 조목(趙穆)·이지함(李之菡)·김천일(金千鎰)·최영경(崔永慶)을 천거하였으며, 또한 선비 네 사람을 천거하였으니 류몽학(柳夢鶴)·기대정(奇大鼎)·홍가신(洪可臣)·류몽정(柳夢井)인데, 모두 6품직에 제수되었다.

재이(災異: 기상이변)가 있자 병을 핑계하여 사직하려고 면직을 강력하게 청하였고 주상이 이를 윤허하자, 정원(政院: 승정원)과 옥당(玉堂: 홍문관)이 모두 국가의 원로를 떠나게 해서는 안 된다고 하였다. 대신들 또한 주상에게 아뢰자, 결국 재상에 복귀하였다. 정업원(淨業院: 동대문 밖에 있던 절)을 철폐하고 장오법(贓汚法: 뇌물이나 청탁 등을 받은 부정한 관리를 다스리는 법)을 거듭 엄중히 행할 것을 청하였다.

을해년(1575) 인순대비(仁順大妃: 明宗妃, 1532~1575)가 죽자, 선생은 좌상 박순(朴淳)과 함께 흰색의 사모(紗帽)와 관대(冠帶) 차림으로 삼년상을 마치는 의견을 올리니, 주상이 따랐다. 이때 당론(黨論: 을해당론)이 크게 일어나자, 선생은 주상에게 아뢰어 심의겸(沈義謙)과 김효원(金孝元)을 둘 다 좌천시켜 외직으로 보임하도록 하였다. 곽월(郭越, 1518~1586. 곽재우의 아버지)이 상소를 올려 시사(時事)를 논하면서 "외인(外人)이 궁중과 내통하여 사림을 해치려 한다."라는 말이 있자, 주상이 진노하니, 선생이 말하기를, "이 말은 시중에 떠도는 것으로 신 또한 들었습니다. 곽월이 경솔하게 길에서 떠도는 말을 믿고 그러한 것이니, 곽월이 비록 잘못하기는 했지만 그 말을 했다 하여 말한 사람을 죄줄 수는 없습니다."라고 하였다.

정축년(1577) 인성대비(仁聖大妃: 仁宗妃, 1514~1577)가 위독하자 대신에게 교서(敎書)를 내렸는데, 이류(李瑠: 桂林君. 성종의 셋째아들인 계성군의 양자), 윤임(尹任), 류관(柳灌), 류인숙(柳仁淑)을 복관(復官)하는 일이었다. 주상이 이 일에 대해 물으면서 말하기를, "복관하는 일을 어찌해야겠소?"라고 하자, 대답하기를, "신(臣)은 을사죄인이니, 말하는 것도 말하지 않은 것도 모두 죄이기는 마찬가지입니다. 그렇지만 네 사람의 관작을 회복하여 대비를 위로해 드리는 것이 좋겠습니다."라고 하였다. 의정부에서도 이어 공신들의 훈작을 삭제하고 연좌된 이를 풀어주며 적몰한 재산을 돌려주도록 청하였다.

무인년(1578) 정월에 흰 무지개가 해를 꿰뚫자, 면직을 청하였으나 윤허하지 않았다. 이때 선생의 모친이 나이가 80여 세였는데, 주상이 미두(米豆) 30석과 주(酒), 수(脩腊: 乾肉), 어석(魚腊: 생선포) 등의 음식물을 하사하였다. 선생은 전문(箋文)을 올려 사례하고 이어 사직을 간청해 마지않았으나, 판중추부사에 제수되었다가 얼마 되지 않아 다시 재상에 제수되었으니, 이는 대신이 주상에게 아뢰었기 때문이다.

간관(諫官) 강서(姜緖: 姜士尙의 아들)가 교만함을 경계하는 말을 올렸는데, 그 말이 매우 직설적이라서 주위의 사람들이 숙연히 두려워하고 꺼려서 감히 말하지 못하였다. 선생이 말하기를, "강서의 말은 남들이 말하기 어려워한 바를 능히 말한 것이고, 주상께서도 듣기 싫어하는 기색이 없으셨습니다. 옛사람이 말하기를, '임금이 어질면 신하가 충직하다.'라고 하였는데, 주상께서 간언을 이와 같이 용납하시니, 의당 이와 같은 신하가 있는 것입니다."라고 하자, 주상이 기뻐하였다.

교리(校理) 김우옹(金宇顒)이 성운(成運)의 증직에 대한 일을 말하자, 선생이 아뢰기를, "조식(曺植), 성운(成運), 이항(李恒)은 선왕(先王)께서 불러들인 세 사람입니다. 조식은 지조가 높고 성운은 겸손하였으니, 모두 자신의 언행을 스스로 조심하여 지킨 인물입니다. 이항은 진실하고 겸손하였는데, 후학들에게 지식의 창을 열어 깨우쳐 주어서 배우는 자들에게 끼친 공로가 많이 있습니다. 지금 포상하는 은전을 베푸려면 마땅히 이항을 우선하고 성운은 다음으로 해야 할 것입니다."라고 말하였다. 이때 조식은 이미 대사간에 추증되었다.

겨울에 주상이 편찮아서 선생을 침소로 불러들이자 모든 대신들도 따라 들어갔는데, 주상이 선생의 손을 잡고 말하기를, "사자(嗣子: 세자)

를 잘 보필하도록 하라."라고 하니, 선생이 대답하기를, "신(臣)이 마땅히 목숨을 걸고 하겠습니다."라고 하였다. 주상이 병에서 회복되자 삼공(三公)을 불러서 만나 선비를 천거하게 하니, 선생이 민순(閔純)을 천거하였다.

신사년(1581) 봄에 재이(災異: 기상이변)로 인하여 더욱 강하게 면직을 청하였으나, 주상이 윤허하지 않았다. 정철(鄭澈)이 비답(批答: 상소에 대한 임금의 답문)을 찬하였는데, 글에는 선생을 비웃거나 모욕하는 말이 자못 있었으나, 주상이 이를 알았지만 글을 고치도록 하는 일은 없었다. 선생이 거듭 강력하게 사직해 마지않자, 주상이 말하기를, "하늘이 경(卿)을 과인에게 내려 준 것이니 떠나서는 안 된다."라고 하였다.

그해 9월 모친 정경부인이 죽으니, 주상이 특별히 예우를 더하여 조문과 부의(賻儀)를 내리며 말하기를, "지나치게 슬퍼하다 몸을 해쳐 사방의 기대를 저버리지 말라."라고 하고는, 날씨가 춥고 길이 먼 것을 염려하여 담비 갖옷을 벗어 약물과 함께 하사하면서 묘소를 지키지 말고 반곡(返哭: 장지에서 신주나 혼백을 본가로 모셔 오는 것)하도록 하였으며, 여러 고을로 하여금 상사(喪事)를 돕도록 하였다. 장사를 지내기 전에는 선생이 초상(初喪)의 예법대로 치르는 중임을 주상이 듣고는 예(禮)에 따라 매우 간곡히 타일렀고, 장사를 마친 뒤에는 또 반곡(返哭)하라는 명을 내렸으며, 반곡한 뒤에는 선생이 여막(廬幕)에 거처하면서 거적자리를 깔고 풀베개를 하며 거친 밥으로 끼니를 잇자 선생이 이미 67세임을 주상이 염려하여 권제(權制: 임시로 변통해서 적당하게 처리하는 禮制)를 따르도록 권면해 마지않으면서 쌀과 콩을 하사하였고 겨울이 되자 또 하사하였다. 이에 선생은 상소를 올려 사례하기를, "스스로 생각건대 벼슬하여 녹봉을 받아서 봉양하였고, 초상을 당하여 하사물을 받아서 제사를 지냈으니, 신(臣)의 어머니는 생전에나 사후에나 모두 신(臣)이 아무 공도 없이 받은 녹을 먹은 것입니다."라고 하였다. 대상(大祥)이 다가오자, 고향으로 돌아가 가묘(家廟: 집안의 사당)에 신주(神主)를 모실 수 있도록 해 주기를 청하였다. 이때 좌상의 자리가 비어 있었고, 바야흐로 붕당이 서로 공격하여 조정이 크게 어지러웠다. 주상이 자리를 비워 두고 기다렸다가 선생이 삼년상을 마치자마자 마침내 좌의정에 제수하였다. 상소를 올려 면직을 청하였으나 윤허하지 않은 채 특별히 승지를 보내어 불렀는데, 또 사관(史官)을 보내어 중도에 위문케 하였고 또 한강(漢江) 가에서 술을 하사하였으니 총애와 예우가 매우 심하였다.

을유년(1585)에 늙은 것을 칭탁하여 면직을 청하였으나 윤허하지 않은 채 궤장(几杖: 안석과 지팡이)을 하사하고 영의정으로 승진시켜 제수하였다. 어명에 사은하고 나서 주상에게 아뢰어 박근원(朴謹元)·송응개(宋應漑)·허봉(許篈) 모두를 삭탈관작하고 제 고향으로 내쫓도록 하였는데, 박근원은 이미 죽은 뒤였다. 세 사람은 계미년(1583)에 쟁론하다가 죄를 얻었으니, 이들을 '삼찬(三竄)'이라고 불렀다.

병술년(1586) 4월에 흰 무지개가 해를 꿰뚫자, 상소하여 면직을 청하였으나 윤허하지 않았다. 겨울에 십청정(十靑亭)을 지어 편액(扁額)을 달았고, 자명(自銘)을 지었다.

정해년(1587) 또 늙은 것을 칭탁하여 상소를 올려 면직을 청하였는데, 주상이 비로소 허락했으나 대신들이 주상에게 아뢰기를, "요즘 나라의 안팎에 근심거리가 많은데 아무개의 덕망이 아니면 진정시킬 수 없으니 물러나게 해서는 안 됩니다."라고 하니, 마침내 그 명을 취소하였다. 이듬해 여름에 다시 강력하게 사직하여 윤허를 받았으나, 주상이 얼마 되지 않아 다시 특명을 내려 도로 제수하고 하교하기를, "사관(史官)을 보내면 아무개가 연로하여 예식을 행하지 못할 것이니, 본부(本府)의 낭사(郎舍)로 하여금 선유(宣諭: 임금의 훈유를 널리 공포함)하게 하라."라고 하자, 선생은 오히려 굳이 사양해 마지않았지만, 판중추부사(判中樞府事)로 옮겨졌다. 기축년(1589) 봄에 봉조하(奉朝賀: 벼슬을 사양한 뒤에 임명되는 관직)가 되기를 청했으나 윤허하지 않았으며, 또 치사(致仕)를 청했으나 윤허하지 않았다.

일본왜(日本倭)가 사신을 보내어 화친을 청하자, 이 일을 대신에게 내려 의논하게 하였는데, 선생이 아뢰기를, "천하의 악한 자는 모두 마찬가지입니다. 수길(秀吉: 豐臣秀吉)은 제 임금을 시해하였으니 도의적으로 교류해서는 안 됩니다."라고 하였다.

겨울에 정여립(鄭汝立)의 모반을 상고(上告)한 일이 있어 옥사(獄事)가 크게 일어났다. 선생이 예전에 명을 받아 김우옹(金宇顒) 등을 천거한 적이 있었는데, 정여립(鄭汝立)이 한창 명성이 있어서 또한 천거한 명단 속에 있었다. 주상이 말하기를, "아무개를 높이 예우한 것이 매우 후하였거늘 죄인을 끌어들여서 등용하였으니, 나라의 위망과 관계된 것이다. 군신의 의리가 매우 엄하도다."라고 하였다. 선생은 즉시 국문(國門: 도성의 문) 밖으로 나가 죄를 지은 사람처럼 자처하자, 주상은 대신의 말을 듣고 판중추부사를 파직하였다. 그리하여 정철(鄭澈)이 좌상으로서 실제로 옥사를 주관하였는데, 옥사가 점점 확대되어 진신(縉紳)들이 크게 화를 입게 되자 민심이 흉흉하였다. 누군가가 전례(前例)를 들어 스스로 해명하도록 하자, 선생이 말하기를, "이미 잘못 천거한 것은 법이 용서하지 않는 일이니, 어찌 스스로 변명한다고 해서 억울함을 풀 수 있겠는가."라고 하였다. 이듬해 4월 7일에 선생은 죽었다.

선생은 정덕(正德) 10년(1515)에 태어나 만력(萬曆) 18년(1590)에 별세하였으니, 향년 76세였다. 고향 화령(化寧)으로 모셔다가 안장하였는데, 장례 때 자신이 지은 묘지명(墓誌銘)을 썼다. 아내 정경부인 광릉이씨(廣陵李氏)는 선생과 같은 해에 태어나 선생이 죽은 해 3월 11일에 죽어 선생의 묘소에 합장하였다. 아들이 없어 조카 노대해(盧大海: 1546~1610, 盧克愼의 아들)를 후사로 삼았는데 영천군수(榮川郡守)를 지냈다. 측실에서 아들 3명은 노계래(盧戒來)·노계난(盧戒難)·노계후(盧戒後)이고, 사위 1명은 파주목사(坡州牧使) 허징(許澂)이다. 노대해는 예천군수(醴泉郡守) 노도형(盧道亨)을 낳았다. 노도형은 아들이 3명으로 생원 노석명(盧碩命)·안변도호부사(安邊都護府使) 노준명(盧峻命)·봉화현감(奉化縣監) 노경명(盧景命)이고, 사위는 4명으로 응교(應敎) 심대부(沈大孚)·진사 류덕구(柳德耉)·도사(都事) 이항(李沆)·진사 이홍석(李弘奭)이다.

선생의 학문은 인륜과 일상생활의 법칙에 돈독히 힘썼고, 천부(天賦)의 덕과 하늘의 이치를 깨달아서 더 나아가 세상의 모든 일과 사물에까지 미쳤다. 부모를 섬기고 형제들과 지내며 친구와 사귀는 것에서부터 임금을 섬기고 풍속을 교화하는 것에 이르기까지 그 순서는 자신에게 근본하고 가정에서 시작하여 나라에까지 미루어 나간 것인데, 임금의 마음을 바르게 하고 대의를 바로잡으며 어진 인재를 천거하고 구장(舊章: 예로부터 내려오는 典章)을 따르면서 다스림의 요체를 밝혔으니, 강의(講義: 書筵講義)·구색(懼塞: 懼塞錄)·양정(養正: 養正錄)에서 볼수 있는데 모두 임금에게 학문을 권하는 글이다.

선생이 바다 섬에 갇혀 억류되고 나서 깊은 시름과 곤궁 속에서도 재주와 학문을 함양하여 마침내 크게 쓰이게 된 것은 하늘의 뜻이었다. 문장이 매우 고결하였으니, 용주(龍州) 학사(學士) 조경(趙絅)이 말하기를, "그 글의 음률과 고풍스러운 기운은 은유(殷卣: 은나라 제사 때 술 담는 그릇)와 주이(周彛: 주나라 제사 때 술 담은 그릇)에 견줄 만하다."라고 하였다. 선생은 옛 성인과 현인의 글을 읽고서 문장의 깊은 맛을 흠뻑 음미하고 축적하였다가 그것을 풀어내어 문장을 지어냈던 까닭에 《역경(易經)》처럼 기이하면서 법도가 있었고, 《시경(詩經)》처럼 바르면서 화려하였으며, 《춘추(春秋)》처럼 삼가고 엄격하였으니, 바로 선생이 지은 문장의 잣대이자 본보기였다.

어떤 이는 선생의 문장이 송나라 유자들과 같지 않다고 의심하나, 왕봉주(王鳳洲: 명나라 王世貞)가 말하기를, "이치를 담론한 문장도 또한 품격의 구별이 있으니, 무숙(茂叔: 송나라 周敦頤)은 간결하고 빼어나며, 이정(二程: 송나라 程顥와 程頤)은 명징하고 온당하며, 자후(子厚: 송나라 張載)는 침착하고 깊이가 있다."라고 한바, 도를 지킨 면에서 결국 똑같다.

선생의 운문은 바다 섬에서 19년 동안 택반음(澤畔吟: 관직에서 쫓겨나

실의에 빠져 지은 시)이다. 참으로 굴좌도(屈左徒: 초나라 屈原)의 우수에 차고 사려 깊은 운치와 같다. 장계곡(張谿谷: 張維)이 말한 바가 있으니, "소재(穌齋)의 기운(氣韻)과 풍격(風格)이 웅건하고 빼어나다."라고 하였으며, 최간이(崔簡易: 崔岦)·차창주(車滄洲: 車雲輅)가 극언하기를, "우리 조선 300백 년 문장가 중에 소재를 따를 자는 한 사람도 없다."라고 하였다. 아! 어찌 후세의 양자운(揚子雲: 漢나라 揚雄)을 기다려야겠는가?

선생의 별호(別號)는 소재(穌齋) 또는 이재(伊齋), 암실(暗室)이다. 최후에 좌상(左相) 정탁(鄭琢)이 주상을 모시고 조용히 아뢰기를, "아무개가 어질다 하여 주상께서 신임하고 중책을 맡겼는데, 하루아침에 잘못 천거한 일에 연좌되어 배척을 받았으니 사람들이 애석해하고 있습니다."라고 하였으나, 주상이 듣지 않았다.

광해군 2년(1610) 조정에서 의논하여 선생을 소경왕(昭敬王: 宣祖)의 묘정(廟廷)에 배향하기를 청하였으나, 광해군은 선조와의 관계가 시종일관 유지되지 못했다 하여 이 논의를 파하도록 하였다.

선생이 죽고 나자, 옥주(沃州: 珍島) 사람들이 사당을 세워 제사를 지냈으며, 상주(尙州)의 도남서원(道南書院)과 충주(忠州)의 계상사(溪上祠)에서 모두 선생을 합향(合享)하였다. 명(銘)은 이러하다.

도덕에 학문을 널리 닦음은 인(仁)이다.
나라를 예(禮)로써 다스림은 경(敬)이다.
할 말을 다하여 숨김없음은 충(忠)이다.
곧은 의리로 정도를 지킴은 정(正)이다.

穌齋先生神道碑銘

原任領議政穌齋盧先生，諱守愼，字寡悔。盧氏，三韓大姓，本於光山。高麗監門衛大護軍恕生致仕左右衛大護軍亶，亶生監察持平俊卿。俊卿生嵩，入本朝爲右議政。右議政二世，有知司諫院事尙禮，知司諫院事二世, 有同知中樞德基。在惠莊王時, 有出處大節, 事在金文簡公所撰誌石文, 於先生爲五世祖。曾祖敦寧府參奉贈吏曹判書敬長, 祖豐儲倉守贈議政府左贊成珝, 父活人署別提贈議政府領議政鴻, 皆以先生貴故, 推恩三世者也。母貞敬夫人李氏, 籍星州, 禮曹參判自華之女也。先生聰明博學, 爲文章, 尤深於經術。未成童, 旣以文學名。十七, 灘叟李先生延慶, 妻以女, 仍師事之。二十, 選博士弟子, 學中士多敬之者。慕齋金文敬公知館事, 以'時習箴'試諸生, 歎人才不競, 見先生作, 復歎曰: "言不可不愼." 二十七, 以禮初見晦齋李文元公, 請聞存心之術, 文元公指掌曰: "有物於此, 握則破, 不握則亡." 先生喜曰: "此忘助之異名也." 嘉靖二十二年, 擢甲科第一名, 初授成均典籍, 移弘文修撰。明年, 遷侍講司書, 有《書筵講義》。與退陶李文純公, 同選書堂, 以道學相推許爲重。其年, 恭僖王薨, 榮靖王立。明年乙巳, 爲諫院正言, 論劾李芑傾邪小人, 移吏曹佐郎。榮靖王立, 八閱月而薨, 恭憲王立, 有尹任事, 士禍起, 先生收職牒歸忠州。三年, 鄭彦慤上壁書, 加罪乙巳人, 先生初配順天, 其年遷珍島。作〈沃州二千言〉。先生在珍島十九年。海中固貿貿, 先生敎以禮俗, 始知嫁娶有禮。著〈人心道心辨〉·〈執中說〉·〈夙興夜寐箴解〉。李文純公見之曰: "斯道不亡於東方." 有往復書。恭憲王, 立二十年, 始解乙巳人, 先生量移槐山。及昭敬王立, 李忠正公白上, 遂有收敍之事, 先生拜弘文校理。明年, 陞拜直提學兼藝文應敎, 尋陞副提學, 乞歸養, 上用大臣言, 特拜淸州牧使, 尋改湖西道觀察使。先生上治本數千言, 仍進〈夙興夜寐箴解〉, 上下校書。令刊行。時議政公歿而奔喪, 幾不勝喪。事聞, 上特遣醫問之。先生上疏謝, 進君德之戒六事。一務討訓解, 不務求實義, 二務察瑕纇, 不務立治道, 三務攬權柄, 不務合人心, 四務循前例, 不務行古義, 五務悅諂諛, 不務愛正直, 六務喜才藝, 不務重器識。時有與李文純公, 講喪祭禮書。旣三年, 拜大司諫, 辭不許, 特拜大司憲, 又固辭不許。以母病請告, 上曰: "卿一日不可不在左右, 以老母來京." 仍令縣道共行事。及入京, 上疏言民事, 上爲之勞慰, 且曰: "任賢才, 擇守令。先致富庶。然後庶復祖宗之治." 壬申, 拜吏曹參判, 仍陞拜判書。時顯皇帝卽位, 頒登極詔使來, 先生爲上儐, 辭改館伴。仍拜大提學, 上〈祥冠儀〉。明年癸酉, 拜右議政。上之元年, 以校理召還, 一年三遷, 爲大司諫, 以憂去, 復入才三年, 致位三公, 尊用無比, 四方想望。夏, 上命三公同天官, 薦有學行者, 趙穆·李之菡·金千鎰·崔永慶, 又薦士四人。柳夢鶴·奇大鼎·洪可臣·柳夢井, 皆授六品爵。有災異, 因辭疾乞免甚力, 上許之, 政院玉堂, 皆以爲國之元老不可去也。大臣亦白上, 遂復相。請撤淨業院, 申嚴贓汚法。乙亥, 仁順大妃薨, 先生與左相朴淳, 上白帽帶終三年議, 上從之。時黨議大起, 先生白上, 沈義謙·金孝元, 兩貶補外。郭越上疏言事, 有"外人通宮禁, 伐士林"之言, 上怒。先生曰: "此言相傳, 臣亦聞之。越輕信塗聽, 越雖過矣。不可以言。罪言者也." 丁丑, 仁聖大妃大漸, 下教大臣, 瑠·任·灌·仁淑復官事也。上問之曰: "事何如?" 對曰: "臣乙巳罪人, 言不言皆罪也。復四人官爵。以慰太妃, 可也." 政府仍請削其勳, 釋連坐, 還籍沒。戊寅正月, 白虹貫日, 乞免不許。時大夫人八十餘, 上賜米豆三十碩, 酒·脩魚腊·食物。先生上箋謝, 仍乞辭不已, 拜判中樞, 尋復相, 大臣白上也。諫官姜緖, 進驕溢之戒, 言甚切直, 左右肅然畏憚之, 不敢言。先生曰: "緖之言, 人之所難言者而能言之, 上無厭聞之色。古人曰: '君仁則臣直.' 上容諫如此, 宜有臣如此也." 上悅。校理金宇顒, 言成運贈爵事, 先生曰: "曺植·成渾·李恒, 先王召此三人。植高·運謙, 皆自守之士。恒平實, 開牖後學, 多有功於學者。今行褒與, 當先恒而後運也." 時植已贈大司諫矣。冬, 上不豫, 先生召入臥內, 諸大臣從之, 上執手言曰: "善輔嗣子." 先生對曰: "臣當死生以之." 上旣疾止, 引見三公, 令薦士, 先生薦閔純。辛巳春, 因災異, 乞免益力, 上不許。鄭澈撰批答, 文頗有譏侮語, 上覺之, 然無改作之事矣。先生仍力辭不已, 上曰: "天以卿授寡人, 不可去也." 其九月, 貞敬夫人卒, 上特加禮以賜弔賻, 曰: "毋過毁, 缺四方之望." 念日寒途遠, 解貂裘, 并賜藥物, 令毋守塚返哭, 令列邑共喪事。未葬, 上聞先生居初喪之節, 禮諭甚切, 旣葬, 又有返哭之命, 旣返哭, 先生居倚廬, 寢苫枕草, 食疏食, 先生已六十七, 上憂之, 勉以權制不已, 賜米豆, 至冬, 又賜之。先生上疏謝曰: "自惟仕而受祿以爲養, 喪而受賜以爲祭, 臣母生死, 皆食臣無功之食."云。及祥, 乞歸, 祔家廟。

時左相缺, 方朋黨相攻擊, 朝廷大壞矣。上虛位以待, 服闋, 遂拜左議政。上疏乞免, 不許, 特遣承旨宣召, 又遣史官, 問於中道, 又宣醞漢江上, 寵禮之殊甚。乙酉, 以老乞免, 不許, 賜几杖, 陞拜領議政。既謝命, 白上, 朴謹元·宋應漑·許篈, 皆放歸田里, 謹元已死矣。三人者, 癸未以爭論得罪, 謂之三竄者也。丙戌四月, 白虹貫日, 上疏乞免, 不許。冬, 扁十靑亭, 作自銘。丁亥, 又以老上疏乞免, 上乃許之, 大臣白上, 曰: "方中外多虞。非某之德望。無以鎭靜。不可去也." 遂寢其命。至明年夏, 又力辭, 許之, 而尋復特命還授, 敎曰: "遣史官, 某老不行禮, 令本府郎舍, 宣諭." 猶力辭不已, 移判中樞。己丑春, 乞奉朝賀, 不許, 又乞致仕, 不許。日本倭遣使求和, 事下大臣議, 先生曰: "天下之惡一也。秀吉弑其君, 義無可交也." 冬, 有鄭汝立上變事, 獄事大起。先生嘗有命薦金宇顒等, 汝立方有名譽, 亦在薦中。上曰: "某尊禮之甚厚, 而引用罪人, 國之危亡係焉。義甚嚴." 先生卽出國門之外, 以負罪自居, 上聽大臣言, 罷判中樞。於是, 澈爲左相, 實主獄, 獄事滋蔓, 搢紳大陷, 人心懼之。客欲援例自列。先生曰: "既誤薦, 法之所不貸, 豈自明而得伸哉?" 明年四月七日, 先生卒。先生生於正德十年, 卒於萬曆十八年, 壽七十六。歸葬化寧, 葬用自銘。貞敬夫人, 廣陵李氏, 與先生同年生, 先生卒之年三月十一日卒, 祔葬同原。無子, 以從子大海爲後, 官榮川郡守。側室子三人, 戒來·戒難·戒後, 壻一人, 坡州牧使許徵。大海生醴泉郡守道亨。道亨生三男, 生員碩命·安邊都護府使峻命·奉化縣監景命, 壻四人, 應敎沈大孚·進士柳德耇·都事李沆·進士李弘爽。先生之學, 篤於彝倫日用之則, 達之天德天道, 推之萬事萬物。自事父母, 處昆弟, 與朋友交, 以至事君·敎俗, 其序本諸身, 始諸家, 推諸邦國, 格君心, 正大義, 擧賢才, 遵舊章, 明治體, 可見於講義·懼塞·養正, 皆典學之文也。先生既拘囚海島, 幽愁窮抑, 涵蓄才學, 卒以成大用者, 天也。文章甚高, 龍州趙學士絅曰: "其聲律古氣, 可比於殷鹵·周彝." 先生讀古聖人賢人書, 沈浸醲郁, 積而洩之, 爲文章, 故易奇而法, 詩正而葩, 春秋謹嚴, 乃先生尺木繩準也。或疑先生之文不類宋儒, 王鳳洲之言曰: "談理之文, 亦有品別, 茂叔之簡役, 二程之明當, 子厚之沈深." 其衛道一也。其有韻之文, 海島十九年, 澤畔吟也。正與屈左徒, 牢愁幽思之同致。張谿谷有言: “穌之氣格, 雄拔.” 崔簡易·車滄洲, 極言: “本朝三百年, 操觚之士, 無一人及之者.”云。噫! 奚待後世之子雲哉。先生別號曰穌齋, 或曰伊齋, 或曰暗室。最後, 左相鄭公琢, 侍上從容, 言曰: “以某之賢, 上倚任之甚重, 一朝以謬薦坐斥, 人心惜之.” 上不聽。光海二年, 廷議以先生請配享昭敬廟庭, 光海以爲不保終始, 報罷。先生旣卒, 沃州人爲之立祠以祀之, 尙州道南·忠州溪上祠, 皆合享焉。其銘曰: 道德博文, 仁也。爲國以禮, 敬也。盡言無隱, 忠也。守經直義, 正也。

〔記言別集, 卷16, 丘墓文〕

19. 강사상 정정공

강사상의 자는 상지, 본관은 진주이다. 사인(舍人) 강온(姜溫)의 아들이다. 중종 기묘년(1519)에 태어났다. 계묘년(1543) 진사시에 합격하고, 병오년(1546) 문과에 급제하였다. 한림·이랑(吏郎)·사인·직제학·대사성·부제학·대사간·대사헌·예문관제학·이조판서·병조판서를 거쳐 벼슬이 우의정에 이르렀다. 선조 신사년(1581)에 죽었다.

풍채가 엄정하여 천박하지 않은데다 식견과 도량도 크고 넓었으며 말과 웃음을 함부로 하지 않았다. 천성이 학문을 좋아해 특히 《강목(綱目)》과 《대학연의(大學衍義)》를 즐겨 읽었다. 여러 차례 양전(兩銓: 吏曹와 兵曹)의 인사권을 쥐었으나, 청렴결백함을 스스로 지켜 문전에 새로이 찾아오는 손님이 없었다. 재상으로서 4년간 있었는데, 장중하고 엄숙하게 스스로를 단속하여 침착함은 태산처럼 굳건하였고 포용력은 깊은 못과 넓은 늪처럼 깊었다. 한가하고 아무 일도 없을 때에 비록 무더운 날일지라도 반드시 의복과 띠를 가지런히 차려입었고, 나태한 모습을 보이지 않았다.

평생토록 생업에는 담담하여 한 구역이라도 물러나 쉴 만한 곳이 없었는데, 자제들이 토구(菟裘: 은거지)를 짓자고 청하니, 공이 웃으며 말하기를, "벼슬하는 사람은 다만 물러나지 못할까 걱정할 뿐이지, 물러날 수 있다면 어찌 거처할 곳이 없을까 걱정하겠느냐?"라고 하였다. 부인 윤씨가 나이 85세였는지라, 아들 강신(姜紳) 등이 류천(柳川) 한준겸(韓浚謙)·모당(慕堂) 홍이상(洪履祥: 洪麟祥)·금계(錦溪) 박동량(朴東亮)과 계(契)를 결성하고 이름을 '경수(慶壽)'라 하면서 술잔을 올려 경하하였다. 선조(宣祖)가 일찍이 으뜸가는 술과 음악을 내려 연회를 베풀도록 명한 적이 있으니, 이는 보기 드문 은전이었다.

이량(李樑)은 공이 동갑이라고 해서 서로 사귀기를 바랐지만, 공이 끝

내 달가워하지 않았다.【협주: 이경석이 찬한 시장에 실려 있다.】

공은 영남의 관찰사였고, 부학공(副學公: 강사상의 동생 姜士弼)은 호서 지방의 관찰사였는데, 속리산(俗離山) 복천사(福泉寺)에서 만나기로 약속했으니, 두 도(道)의 경계였다. 두 관찰사의 깃발이 산사 뜰에 나란히 세워졌는데, 호서의 깃발이 마침 새로 만들어져서 새롭고 좋자, 부학공이 장난삼아 말하기를, "두 도의 깃발을 서로 바꿀 일은 없겠지요?"라고 하자, 공이 웃으며 말하기를, "두 관찰사의 관대(官帶)를 서로 바꿀 일은 없겠지."라고 하였다. 이때 공은 이미 금정(金鞓: 금띠)을 차고 있었다. 당시의 아름다운 일화로 전해졌으니, 공이 시를 지어 말하기를, "훗날 산중의 승려가 이 아름다운 일을 전하리니, 형제 두 관찰사의 깃발이 일시에 와서 모였노라."라고 하였다.【협주: 상산지에 실려 있다.】

• 姜士尙 貞靖公

姜士尙[1], 字尙之, 晉州人。舍人溫[2]子。中宗己卯生。癸卯進士, 丙午文科。歷翰林·吏郞·舍人·直提學·大司成·副提學·大司諫·大司憲·藝文提學·吏兵曺判書, 至右議政。宣祖辛巳卒。

風神凝遠, 識度宏厚, 言笑不苟。性嗜學, 尤喜《綱目》·《大學衍義》。累秉兩銓, 而淸白自守, 門無新賓。爲相四年, 莊穆自持, 鎭如喬嶽, 容如淵藪。燕居, 雖甚熱, 必整飭衣帶, 不見惰容。

平生於生產泊如也, 無一區可以退休, 子弟請營菟裘[3], 公笑曰: "仕宦

---

1 姜士尙(강사상, 1519~1581): 본관은 晉州, 자는 尙之, 호는 月浦. 증조부는 대사간 姜詗이며, 조부는 별제 姜永叔이다. 아버지는 舍人 姜溫이며, 어머니는 진사 朴拭의 딸이다. 부인 坡平尹氏는 훈련원 副正 尹光雲의 딸이다. 姜士弼의 형이다. 1543년 사마시에 합격하고, 1546년 문과에 급제하였다. 병조·형조·이조 판서와 한성판윤 등을 역임하고, 1576년 우참찬을 거쳐, 1578년 우의정이 되었고, 2년 뒤 영중추부사로 옮겼다.

2 溫(온): 姜溫(1496~1533). 본관은 晉州, 초명은 姜後, 자는 粹然. 증조부는 姜子平이며, 조부는 姜詗이다. 아버지는 姜永叔, 어머니는 李貞陽의 딸이다. 부인 密陽朴氏는 진사 朴拭의 딸이다. 1519년 생원시에 합격하고, 1525년 문과에 급제하였다.

3 菟裘(토구): 춘추시대 魯나라의 지명. 魯隱公이 "토구에 집을 짓게 하여 그곳에서 나의

者，但患不得退，退何患無居乎？" 夫人尹氏壽八十五，子紳[4]等，與韓柳川浚謙[5]·洪慕堂履祥[6]·朴錦溪東亮[7]諸宰結契，名曰慶壽，稱觴以慶之。宣廟嘗命賜一等酒樂設宴，異數也。

李㰒以公同庚，要與交結，而公終不肯。【李景奭[8]撰諡狀】

노년을 보낼까 한다."라고 말한 고사에서 유래하여 만년의 은거지를 뜻하는 말이 되었다.

4 紳(신): 姜紳(1543~1615). 본관은 晉州, 자는 勉卿, 호는 東皐. 증조부는 姜永叔이며, 조부는 姜溫이다. 아버지는 우의정 姜士尙이며, 어머니 豐川任氏는 任幹의 딸이다. 姜士安에게 입양되었다. 1567년 진사시에 장원하고, 1577년 별시문과에 장원급제하였다. 1589년 問事郎으로 鄭汝立獄事의 처리에 참여하여 1590년 平難功臣에 채록되고 晉興君에 봉해졌다. 이조낭관·홍문관직을 역임하고, 1592년 승지로 있다가 임진왜란이 일어난 뒤 강원도관찰사로 임명되었고, 다시 강원도순찰사를 거쳐 1594년 도승지, 1596년 西北面巡檢使와 대사간을 역임하였다. 정유재란 때 명나라 군사와 함께 왜군을 격퇴한 뒤에 1602년 경기도관찰사, 1609년 우참찬, 이듬해 좌참찬을 역임했다.

5 韓柳川浚謙(한류천준겸): 柳川 韓浚謙(1557~1627). 본관은 淸州, 자는 益之, 호는 柳川. 증조부는 정선군수 韓承元이며, 조부는 中樞府經歷 韓汝弼이다. 아버지는 宗簿寺主簿 韓孝胤이며, 어머니 平山申氏는 禮賓寺正 申健의 딸이다. 부인 昌原黃氏는 예조좌랑 黃城의 딸이다. 1579년 생원진사 양시에 합격하고, 1586년 별시문과에 급제하였다. 딸이 仁烈王后로 책봉되자 領敦寧府事로 西平府院君에 봉해졌다.

6 洪慕堂履祥(홍모당이상): 慕堂 洪履祥(1549~1615). 본관은 豐山, 개명은 洪麟祥, 자는 元禮, 개명은 履祥, 호는 慕堂·西湖. 증조부는 洪繼宗이고 생증조부는 洪哲孫이며, 조부는 洪禹傳이고 생조부는 洪世敬이다. 아버지는 洪脩이며, 어머니 閒慶白氏는 白承秀의 딸이다. 부인 安東金氏는 金顧言의 딸이다. 1573년 생원시에 합격하고, 1579년 식년문과에 급제하였다. 1591년 직제학을 거쳐 동부승지가 된 뒤, 다시 이조참의가 되었다. 1592년 임진왜란 때는 예조참의로 옮겨 왕을 扈駕해 西行하였다. 그리고 곧 부제학이 되었다가 성천에 도착해 병조참의에 전임하였다. 1593년 정주에서 대사간에 임명되었고, 이듬해 성절사가 되어 명나라에 다녀왔다. 그 뒤 좌승지가 되었다가 곧 경상도관찰사로 나갔다. 비변사와 긴밀하게 연락해 일본군 장수 小西行長과 加藤淸正 사이의 이간을 계획, 추진하기도 하였다. 1596년 형조참판을 거쳐 대사성이 되었다. 그러나 영남 유생 文景虎 등이 成渾을 배척하는 상소를 올리자, 성혼을 두둔하다가 안동부사로 좌천되었다.

7 朴錦溪東亮(박금계동량): 錦溪 朴東亮(1569~1635). 본관은 潘南, 자는 子龍, 호는 寄齋·梧窓·鳳洲. 증조부는 朴兆年이며, 조부는 사간 朴紹이다. 아버지는 대사헌 朴應福이며, 어머니 善山林氏는 林九齡의 딸이다. 부인 驪興閔氏는 閔善의 딸이다. 1589년 진사시에 합격하고, 1590년 증광문과에 급제하였다. 벼슬이 호조판서에 이르렀고, 임진왜란때 宣祖를 義州로 호종한 공으로 扈聖功臣이 되었다. 1613년 癸丑獄事에 연루되어 파직, 인조반정 때 부안에 유배되었다.

8 李景奭(이경석, 1595~1671): 본관은 全州, 자는 尙輔, 호는 白軒. 증조부는 咸豐守 李繼壽이며, 조부는 李秀光이다. 아버지는 동지중추부사 李惟侃이며, 어머니 開城高氏는 大護軍 高漢良의 딸이다. 부인 全州柳氏는 柳橚의 딸이다. 金長生의 문인이다. 1613년 진사시에 합격하고, 1617년 증광문과에 급제하였으나, 이듬해 인목대비의 폐비 상소에 가담하지 않아 削籍되고 말았다. 1623년 인조반정 후 알성문과에 급제하였다. 1632년 가선대부에

公爲嶺伯, 副學公[9]按湖西, 約會於俗離山[10]福泉寺[11], 兩道之界也。旌節交樹山庭, 湖西節適新造鮮好, 副學公戱曰: “兩道節, 無或互換也.” 公笑曰: “兩方伯帶, 無或互換也.” 時公已金鞓也。一時傳爲美事, 公詩曰: “他日山僧傳勝事, 弟兄旌節一時來.”【商山誌[12]】

보충

이경석(李景奭, 1595~1671)이 찬한 시장

우의정 증 진천부원군 강공 시장

공의 휘는 강사상(姜士尙), 자는 상지(尙之), 본관은 진주(晉州)이다. 고려조에서 국자박사(國子博士)를 지낸 휘 강계용(姜啓庸)은 공의 먼 조상이다. 혁혁하게 대대로 벼슬을 이어와서 국사(國史)에 실렸는데, 그 가운데 특히 두드러진 사람은 휘 강군보(姜君寶, ?~1380)로 재보(宰輔: 宰相)에 이르렀고 시호는 문경(文敬)이었으며, 휘 강시(姜蓍, 1339~1400)로 판도평의

올라 재신에 들었다. 병자호란 끝에 인조가 척화신들을 배격하는 상황에서 도승지를 맡았는데 이때 예문관제학을 겸하여 아무도 맡지 않으려는 자리였던청나라의 승전을 기념하는 대청황제공덕비의 비문을 쓰게 된다. 이때 백헌 외에 李慶全, 張維, 趙希逸에게도 비문을 쓸 것을 명했는데, 이경전은 병 때문에 빠지고 조희일은 채택되지 않으려고 일부러 거칠게 지었다. 결국 장유와 백헌의 글만 남았는데 청측에서는 장유의 글은 인용이 온당치 않고 백헌의 글은 첨가할게 있다며 그의 글을 약간 수정하는 것을 전제로 채택했다. 1637년 예문관과 홍문관의 대제학을 겸하고 이조 판서를 거쳐 1641년 이사가 되어 청나라로 가서 소현세자를 보필하였다. 이때 평안도에 명나라의 배가 왕래한 전말을 사실대로 밝히라는 청제의 명령을 어겼다 하여 청나라에 의해 등용이 금지되었다. 이후 1644년에 이조판서를 거쳐 우의정·좌의정이 되었으며 이듬해 영의정에 올랐다.

9 副學公(부학공): 姜士弼(1526~1576)를 가리킴. 본관은 晉州, 자는 景猷. 姜士尙의 동생이다. 어려서 조욱(趙昱)의 문하에서 학문을 닦았으며, 1555년 식년문과에 급제하여 홍문관 정자를 시발로 1558년 홍문관의 저작·박사·수찬과 이조좌랑 등을 거쳐 예문관응교를 지냈다. 1560년에 병조참의가 되었고, 1564년에는 사헌부대사헌·승문원부제조 등을 역임하였다. 그 뒤 충청감사·강원감사에 이르렀다.

10 俗離山(속리산): 충청북도 보은군 내속리면과 괴산군 및 경상북도 상주시 화북면 사이에 있는 산.

11 福泉寺(복천사): 충청북도 보은군 내속리면 사내리 속리산에 있는 사찰.

12 商山誌(상산지): 李埈이 경상도 상주읍의 연혁·인문지리·행정 등을 수록하여 1617년에 편찬한 사찬 읍지.

사사사(判都評議使司事)를 지냈다. 2대를 내려와 강자평(姜子平, 1430~1486)이란 분이 있어 관찰사를 지냈는데, 바로 공의 고조부이다. 그 아들 휘 강형(姜詗, 1451~1504)은 대사간을 지냈고 이조판서에 추증되었다. 그 아들 휘 강영숙(姜永叔, ?~1504)은 별제(別提)를 지냈고 의정부 좌찬성에 추증되었다. 판서(判書: 강형)는 연산조에서 직언하다가 죽임을 당했고, 찬성(贊成: 강영숙)도 같은 날에 화를 입었는데, 중종 때 그 억울함이 풀렸다. 아버지 휘 강온(姜溫, 1496~1533)은 의정부 사인(舍人)을 지냈고 영의정에 추증되었다. 어머니 정경부인(貞敬夫人) 박씨(朴氏)는 진사 박식(朴拭)의 딸이다. 정덕(正德) 기묘년(1519)에 공을 낳았다.

공은 나이가 겨우 15세 때 부친상을 당하였으나, 모친의 가르침을 받들어 스스로 힘쓰며 게으르지 않았고, 동생들에게 학업을 권장하여 모두 성취시켰다. 가정(嘉靖) 계묘년(1543) 사마시에 합격하고, 갑진년(1544) 문과에 급제하여 천거로 예문관 검열에 보임되었다. 기유년(1549)에 상을 당하여 상복을 벗고 나자 다시 한원(翰苑: 한림원)에 들어가서 봉교(奉教)로 서승(序陞: 관직에 있는 햇수를 따라서 품계나 벼슬을 올림)되었고, 성균관 전적으로 승진되어 옮겼으며, 옥당(玉堂: 홍문관)에 선발되어 들어가 부수찬(副修撰)이 되었다. 사간원에서는 정언과 헌납을 지냈고, 천조(天曹: 이조)에서는 좌랑과 정랑을 지냈으며, 의정부에서는 검상(檢詳)을 거쳐 사인(舍人)으로 옮겼고, 옥당에서는 차례차례 부응교·전한·직제학으로 승진하였다. 정사년(1557) 겨울에 승정원 동부승지로 승진하여 우부승지로 옮겼고, 대호군(大護軍)으로 바뀌었다가 병조참지(兵曹參知)로 제수되었다. 오래지 않아서 좌부승지가 되었고 우부승지로 옮겼으며, 특별히 부제학에 제수되었고 도승지로 옮겼으며, 병조참의와 예조참의를 역임하였고 또 부제학과 도승지에 임명되었다. 신유년(1561)에 특별히 형조참판으로 승진하였고, 얼마 지나지 않아 사헌부 대사헌에 임명되었다. 성절사(聖節使)로서 북경에 갔다가 돌아와서 다시 부제학과 도승지, 대사간과 대사헌에 임명되었고, 동지중추부사로 바뀌었으며,

경상도 관찰사로 나갔다가 다시 내직으로 들어와 예조참판·대사헌·부제학·대사성이 되었다.

융경(隆慶) 정묘년(1567)에 선조(宣祖)가 즉위하자, 무진년(1568) 봄에 황제가 사신을 보내어 고명(誥命: 중국에서 사용한 황제 명령 문서의 하나로 외국의 국왕을 책봉할 때 사용함)을 반포하니, 공이 예조참판으로서 원접사가 되었다. 다시 대사간·대사성·병조참판에 임명되었다. 경오년(1570) 중궁(中宮)의 고명(誥命)을 위한 주청사(奏請使)로서 경사(京師: 북경)에 갔다가 일을 마치고 돌아오자, 전토(田土)와 동복(僮僕)을 하사하였다. 대사헌, 이조참판에 임명되어 동지경연(同知經筵)을 겸하였다. 호조참판으로서 예문관 제학을 겸하게 되었는데, 사양하여 임명되지 않았다. 또 이조참판에 제수되었다. 계유년(1573) 특별히 병조판서로 승진하였다가 교체되어 면직되었으며, 얼마 되지 않아 대사헌에 임명되었다.

그 후로 형조판서 3번, 이조판서 2번, 의정부 참찬 3번, 예조판서 1번을 지냈고, 지경연사(知經筵事)를 겸하였으며, 또 병조판서를 지냈다. 무인년(1578) 겨울에 의정부 우의정에 발탁되어 임명되었으며, 신사년(1581) 가을에 병으로 영중추부사(領中樞府事)로 교체되었다. 겨울 10월 경신일(30일)에 정침(正寢)에서 죽었으니, 향년 63세였다.

임종에 이르러 사사로운 일은 언급하지 않고 오직 승지가 왔는지 여부만을 여러 차례 물었으니, 아마도 아뢰고 싶은 말이 있었기 때문이었으리라. 그러나 승정원에서 곧바로 아뢰지 못하여 승지가 급히 달려왔을 때는 숨을 거두어 숨결이 이미 식었다. 선조(宣祖)가 매우 슬퍼하여 조회와 시장을 철폐하고 조문과 제사를 내렸다. 임오년(1582) 2월 병신일(8일) 금천(衿川) 난곡리(蘭谷里)의 가족 묘역에 있는 판서(判書: 강형) 묘 곁에 크게 장례를 치렀으며. 청천(聽天) 심상공(沈相公: 沈守慶, 1516~1599)이 묘지명을 지었다. 뒷날 아들 강인(姜絪, 1555~1634)이 추증된 것으로 인하여 보조공신(補祚功臣) 대광보국숭록대부(大匡輔國崇祿大夫) 의정부 영의정 겸 영경연(領經筵) 홍문관 예문관 춘추관 관상감사(觀象監事) 세자사

(世子師) 진천부원군(晉川府院君)에 추증되었다.

공은 방정하고 엄숙하여 법도가 있었으니, 풍채가 엄정하여 천박하지 않으며 말과 웃음을 함부로 하지 않았다. 젊어서 반궁(泮宮: 성균관)에서 놀았을 때 또래들 가운데 빼어나 모두 공보(公輔: 宰相)가 될 것으로 기대하였다. 문과에 급제하여 처음으로 벼슬길에 나섰을 때부터 교유를 삼갔으니, 권세 있는 자를 만나면 마치 더럽혀질 듯이 여겼다. 이량(李樑)이 바야흐로 권세를 잡자 공이 동갑이라고 해서 결탁하려고 하는 것이 심하였지만, 공이 끝내 피하다가 하마터면 중상모략을 당할 뻔하였다.

천성이 평소 학문을 좋아해 글 읽는 것을 그치지 않았고, 특히 《강목(綱目)》과 《대학연의(大學衍義)》를 즐겨 읽었다. 늘 등불 아래에서 글 읽는 소리가 밤이면 새벽녘까지 이어졌고, 다시 닭 우는 소리를 들으면 일어나 먼동이 틀 때까지 부지런히 읽었으니, 백발이 되어서도 젊었을 때와 같았다. 학사(學士)로 있을 때 경연(經筵)에 입시하였는데, 목소리가 우렁찬데다 강의가 정밀하고 적절하여 좌우 신하들이 온 마음을 기울여 들었다.

일찍 부모를 여의어 녹봉으로 봉양하지 못한 것을 종신토록 애통해하였다. 매월 초하루와 보름에는 반드시 진귀한 음식을 마련해 제사를 올렸는데, 반드시 몸소 올렸으며 몹시 춥고 혹독한 더위에도 또한 거르지 않았다. 또 여러 동생들이 일찍 죽고 자신만 후한 녹을 받았던 까닭에 부모의 제사는 윤회봉사(輪回奉祀)를 하지 않았으며, 과부가 된 제수들을 도와주고 남은 조카들을 돌보는 것이 한결같은 성심에서 우러나왔다.

사람을 대함에 공손하고 부지런하며 귀천을 가리지 않았고, 찾아오는 사람이 있으면 문전에서 기다리게 하여 머무는 일이 없었다. 비록 퇴청하고 너무 피곤하더라도 번번이 나가 맞이하면서 힘들어 하지 않았다.

평생토록 생업을 도모하지 않아 사방에 전답이 없었는데, 자제들이 일찍이 조그만 별장을 지어 물러나서 쉴 때에 대비하자고 청하니, 공이 웃으며 말하기를, "벼슬하는 사람은 다만 물러나지 못할까 걱정할 뿐이지, 물러날 수 있다면 어찌 돌아갈 곳이 없을까 걱정하겠느냐?"라고 하였다. 거처하는 집은 좁고 누추하였으나 태연히 유유자족하였다. 외부의 사물은 자신만을 봉양하는 도구라서 전혀 관심을 두지 않았으니, 영예나 이익에 담담하였다. 한가하고 아무 일도 없을 때에는 항상 기운 옷을 입었으니, 자제들 또한 감히 유행하는 옷을 입고 나타나지 못하였다.

첩을 두지 않았고, 두 가지 이상의 고기를 먹지 않았다. 술은 잘 마셨으나 또한 덕으로 이어가 취하지 않았다. 비록 무더운 날에도 반드시 의복과 띠를 가지런히 차려입었고, 나태한 모습을 보이지 않았다. 재상으로 있을 때는 이미 전해 내려오던 법도를 준수하였고, 혼란스럽게 변경하는 것을 좋아하지 않았다. 세속의 경박한 풍습을 보면 곧바로 얼굴을 찌푸리며 못마땅해 하였다.

애초에 병들었을 때 상소를 다섯 번이나 올렸지만 체직(遞職)되지 않아서 억지로 몸을 일으켜 힘을 다하였다. 한 해가 지나 병이 다시 심해지자 마침내 사직하여 물러났는데, 임금이 태의(太醫)를 보냈고 태의 또한 병을 어느 정도 누그러뜨리고서 움직이지 말라 하니, 공이 빙그레 웃으며 말하기를, "내가 다시 무엇을 구하겠다고 내 마음을 움직이겠소?"라고 하였다. 임종에 이르러서도 이렇게도 담담하고 태연하였다. 세상을 떠난 뒤 집에는 한 항아리의 곡식도 남지 않아 특별히 쌀과 베 등을 하사하였다.

아내 정경부인(貞敬夫人) 파평윤씨(坡平尹氏)는 훈련원 부정(訓鍊院副正) 윤광운(尹光雲)의 딸이다. 네 아들을 낳았다. 장남 강서(姜緖, 1538~1589)는 문과에 급제하여 승지가 되었으며 감식(鑑識)이 있다고 알려졌다. 차남 강신(姜紳, 1543~1615)은 진사와 문과에 모두 장원하였고, 숭정대부 의정부 우참찬을 역임하였으며, 평난공신(平難功臣: 정여립의 모반을 평정한 공신)으로 진흥군(晉興君)에 봉해졌으며, 공의 가운데 동생 정랑 강사안(姜士安, 1523~1582)의 후사를 이었다. 삼남 강인(姜絪, 1555~1634)

은 유학을 좋아하여 경전(經傳)과 사서(史書)에 두루 통달하였고, 처음 벼슬길에 올라 호성공신(扈聖功臣)으로 책훈되어 자헌대부 진창군(晉昌君)에 봉해졌다. 4남 막내아들 강담(姜紞)은 첨지중추부사를 지냈는데, 음서(蔭敍)로 벼슬을 시작하였으나 재주와 기국이 있어서 서애(西厓) 류상(柳相: 류성룡)이 일찍이 관찰사로 있을 때 종사관으로 임명한 적이 있었다. 사위는 2명이었으니, 민여건(閔汝健, 1538~1585)은 장흥고 령(長興庫令)이었고, 이의가(李義可)는 사인(士人)이었다.

이경석이 늦게 태어나 공의 생전 모습을 바라보지 못했으나, 고인의 어린 자식들인 진창군(晉昌君: 강인)과 첨지(僉知: 강담) 두 어른의 뒤를 가장 오랫 동안 따르면서 공의 학문이나 사상의 핵심을 가장 익숙하게 들었으니, 공은 한 시대의 흠결없는 분으로서 남긴 풍교(風教)는 지금도 여전히 남아 있다. 또한 말을 겨우 돌릴 만한 좁은 마당의 옛 집터를 보면 집안에 아무것도 없는 매우 가난한 형편을 상상할 수 있으며, 그 덕 있는 어른의 맑고 향기로운 인품은 후대 사람들에게 경의를 불러일으키기에 충분하였다.

진창군은 이경석이 글재주가 없다고 여기지 않고 선상공(先相公: 강사상)의 행장을 부탁하였는데, 내가 뜻밖에 대고(大故: 부모의 상사)를 당하였고 진창군까지도 얼마 뒤에 세상을 떠나서 첨지공이 이어 힘썼지만 전란으로 인하여 미처 이루지 못하였다. 지금 첨지의 묘소 풀도 벌써 묵었다. 나는 상공(相公: 강사상)의 업적이 오래되어 점차 민멸될까 두렵고, 또 두 어른이 한을 품고 죽은 것을 애도한다. 삼가 심상(沈相: 심수경)의 묘지에 근거하여 위와 같이 편차하여서 역명지전(易名之典: 諡號)을 청한다.

右議政贈晉川府院君姜公諡狀

公諱士尙, 字尙之, 晉州人。在麗朝, 有爲國子博士者諱啓庸, 公之遠祖也。赫世蟬聯, 載諸國乘, 其尤著者, 諱君寶, 臻宰輔, 諡文敬, 諱蓍,判都評議使司事。後二代而有曰子平，觀察使，寔爲公之高祖。觀察生諱詗，大司諫，贈吏曹判書。判書生諱永叔，別提，贈議政府左贊成。判書於燕山朝，以直言死，贊成同日被禍，中廟雪其冤。考諱溫，議政府舍人，贈領議政。妣贈貞敬夫人朴氏，進士拭之女。以正德己卯生公。公年甫志學而丁外艱，服慈闈之訓，能自强不怠，課群弟學業，皆得成立。中嘉靖癸卯司馬，登甲辰第，薦補藝文館檢閱。己酉，遭憂外除，復入翰苑，序陞奉教，遷成均館典籍，選入玉堂，爲副修撰。於諫院爲正言·獻納，於天曹爲佐郎·正郎，政府則由檢詳轉舍人，玉堂則累遷副應教·典翰·直提學。丁巳冬，陞承政院同副承旨，轉右副，遞爲大護軍，授兵曹參知。無何，爲左副承旨，轉右承旨，特拜副提學，移都承旨，歷兵禮二曹參議，又拜副提學都承旨。辛酉，特陞刑曹參判，俄拜司憲府大司憲。以聖節使朝京，還復拜副提學·都承旨，大司諫·大司憲，遞爲同知中樞府事，出按慶尙道，入爲禮曹參判·都憲·副學·大司成。隆慶丁卯，宣廟卽位，戊辰春，皇帝遣使頒誥命，公以禮曹參判，爲遠接使。還拜大司諫·大司成·兵曹參判。庚午，以中宮誥命奏請使，如京師，竣事還，賜田僮。拜大司憲，吏曹參判兼同知經筵。以戶曹參判兼藝文館提學，辭不拜。又爲吏曹參判。癸酉，特陞兵曹判書，遞免，尋拜都憲。自後判刑曹者三，判吏曹者再，參贊政府者三，判禮曹者一，兼帶知經筵事，又判兵曹。戊寅冬，擢拜議政府右議政，辛巳秋，病遞領中樞府事。冬十月庚申，卒于正寢，得年六十三。臨絶，言不及私，惟數問承旨來否，蓋欲有所陳。而政院未卽以聞，及承旨馳至，纊息已冷矣。宣祖震悼，輟朝市，賜弔祭。壬午二月丙申，大葬于衿川蘭谷里家塋判書墓側，聽天沈相公誌其窆。後以子絪追榮。贈補祚功臣·大匡輔國崇祿大夫·議政府領議政兼領經筵弘文館藝文館春秋館觀象監事·世子師·晉川府院君。公方嚴有度，風神凝遠，言笑不苟。少游泮宮，秀出輩行，皆以公輔期之。及釋褐，愼交遊，見權要，若將浼焉。李樑方用事，以公同庚，欲結納甚，公終斂屛，幾被中傷。性素嗜學，不輟讀，尤喜看《綱目》與《大學衍義》。每對燈吾伊，夜輒分晨，復聞鷄興，孜孜達曙，蓋白首而猶少日也。其爲學士也，入侍經帷，聲音洪暢，講義精當，左右盡傾。早失怙恃，祿不及養，以爲終身痛。每於朔望，必具珍品以薦，薦必躬，祁寒盛暑，亦不廢。又以諸弟早沒而身受厚祿，考妣之祭，不使輪行，贍寡嫂撫遺孤，一出於誠。接人恭而勤，無問貴賤，到門無留者。雖公退憊甚，輒出迎，不以爲勞焉。平生不營生産，四野無田園，子弟嘗請搆小莊，以備退休，公笑曰："仕宦者，但患不得退，退何患無歸乎?" 所居室湫隘，而晏然自適。外物奉身之具，無所入其心，於芬華貨利，泊如也。燕居，常衣補綴之衣，子弟亦不敢以時樣服色見。不畜姬妾，不食重肉。惟能飮，而亦能德將。雖暑熱，必整飭衣帶，不見有惰容。其爲相也，遵守成憲，不喜紛更。見末俗輕浮之習，輒蹙然不悅。初遘疾，章五上而未遞，勉起盡瘁。閱歲而疾復作，遂辭退，命遣太醫，醫且寬之，願毋動，公莞爾曰："吾復何求而動吾心乎?" 其臨死，通坦又如此。旣卒，家無甔石，特賜米布等物。配曰貞敬夫人坡平尹氏，訓鍊院副正光雲之女。生四男。長緖，文科承旨，號有鑑識。次紳，進士·文科俱第一，崇政大夫議政府右參贊，以平難功，封晉興君，後于公中弟正郎士安。次絪，好儒術，博通經史，初以任仕，策扈聖勳，爲資憲大夫晉昌君。最季紞。僉知中樞府事。蔭仕而有才局。西厓柳相，嘗以體察使。署爲從事。女壻二人，閔汝健長興庫令，李義可士人也。景奭生晩，不及望公履幙，而以故人稚子，從晉昌·僉知兩丈人後塵最久，聞諸公緖論最熟，公蓋一代完人，而餘風猶有存焉。且見旋馬之遺基，則可想環堵之蕭然，其長德淸芬，有足以起後輩之敬矣。晉昌君，不以景奭不文，屬之以先相公行狀，而余奄遭大故，晉昌尋卽世，僉知公繼而勉之，而因亂未卽就。今僉知墓草亦已宿矣。余懼相公之蹟久而漸泯焉，又悼兩丈人之齎恨而沒。謹据沈相之誌，撰次如右。以請易名之典。

〔白軒先生集，卷37，○文稿 / 諡狀〕

20. 성윤해

성윤해의 자는 화중, 호는 판곡이다. 중종 경진년(1520)에 태어났다. 선조 경오년(1570)에 행의(行誼)로 천거되어 참봉·사부(師傅)·현감에 제수되었으나 모두 나아가지 않았다. 병술년(1586)에 죽었다. 상주(尙州)의 봉산서원(鳳山書院)에 향사하였다.

그는 학문을 함에 있어서 힘써 실천하는 것을 근본으로 삼았고, 일찍이말하기를, "인사(人事)를 도외시하고 성명(性命)을 담론하는 것은 위기지학(爲己之學)이 아니다."라고 한 적이 있는데, 숙부 대곡(大谷: 成運) 선생이 늘 말하기를, "아무개의 기품이 남들보다 몇 등급이나 뛰어나니 만년의 성취는 내가 미칠 바가 아니다."라고 하였다.

늘 조정에서의 부름이 이를 때면 번번이 문을 닫고 나가지 않았으니, 마치 용납한 바가 없는 듯하였다. 어떤 사람이 상소를 올려 사례하라고 권하자, 선생은 언짢아하면서 말하기를, "만약 그렇게 한다면 마치 그 자리에 합당한 것처럼 보이니, 나는 감히 그렇게 하지 못하겠소."라고 하였다.

명(銘)에 이르기를, "자신에게서 구하여 자득하는 것은 선생의 뜻이고, 즐기는 바를 버리고 백성을 위해 나아가는 것은 선생의 부끄러움이다. 이것이야말로 선생의 학문이 오늘날 사람들과 같지 않은 바이면서도 옛날의 위기지학에 부끄러움이 없는 것이다."라고 하였다.【오억령이 찬한 묘갈에 실려 있다.】

- **成允諧**

成允諧, 字和仲, 號板谷。中宗庚辰生。宣祖庚午, 薦行誼, 除參奉·師傅·縣監, 皆不起。丙戌卒。享尙州鳳山書院[1]。

其爲學以力行爲本, 嘗曰: "外人事而談性命, 非爲己之學也." 叔父大谷先生, 常言: "某氣禀加人數等, 晩年成就, 非吾所及."

每朝命至, 輒閉戶不出, 若無所容。人或勸以上章陳謝, 先生蹙然曰: "若是, 則有似自有其實者, 吾不敢也."

銘曰: "求在我而自得者, 先生之志, 舍所爲而爲人者, 先生之耻。此先生之學, 所以不同乎今人而無愧於古之爲己者."【吳億齡[2]撰碣[3]】

---

1 鳳山書院(봉산서원): 경상북도 상주시 화서면에 있는 조선후기 노수신 등 3인의 선현을 추모하기 위해 1708년 창건한 서원.

2 吳億齡(오억령, 1552~1618): 본관은 同福, 자는 大年, 호는 晩翠. 증조부는 참봉 吳元蒙이며, 조부는 常瑞院直長 吳克權이다. 아버지는 司饔院直長 吳世賢이며, 어머니 昌寧成氏는 참봉 成近의 딸이다. 부인 南陽洪氏는 洪曇의 딸이다. 이조참판 吳百齡의 형이다. 성윤해는 오억령의 외삼촌이다. 1570년 사마시에 합격하고, 1582년 식년문과에 급제하였다. 일본의 사신 玄蘇가 왔을 때 宣慰使가 되어 접대하였다. 이때 왜군이 대거 침입할 것을 예감하고 선조에게 馳啓하였다. 조정에서는 일을 만들어 세상을 소란하게 한다고 하여 해임시켰으나 끝까지 주장을 굽히지 않았다. 1591년 陳奏使의 質正官이 되어 명나라에 갔다가, 이듬해 귀국하는 도중에 임진왜란이 일어나 개성에서 宣祖를 扈從하였다. 의주에서 直提學에 임명되고, 그 뒤 이조참의 우부승지가 되고 대사성을 거쳤다. 1615년 인목대비의 폐출에 반대하자 대북파 鄭仁弘 등이 告訃使의 일을 다시 들추며 탄핵하였다. 이에 신병을 이유로 사직하고 낙향하였다. 멀리 귀양을 보내자는 논의가 일어나자 4년 동안 처벌을 기다리다가 죽었다.

3 오억령의 《晩翠集》에 실려 있지 않으며, 墓碣文을 확인할 수 없음.

21. 정국성

> 정국성의 자는 숙거, 호는 복재, 본관은 진양이다. 중종 병술년(1526)에 태어났다. 명종 무오년(1558) 사마시에 합격하고 학행으로 천거되어 참봉에 제수되었다. 임진왜란 때 군중(軍中)에서 죽었다.

타고난 도량과 품성이 너그럽고 후덕하여 말하거나 침묵할 때에도 법도가 있었으니, 그를 보기만 해도 자연스레 공경하는 마음이 일어났는데, 비록 무인(武人)이나 어린아이일지라도 그가 후덕한 어른임을 알았다. 그러나 혹여 사건을 처리하며 의리로써 결단해야 할 때에는 의연하여 감히 범할 수 없는 기상이 있었다.

일찍이 말하기를, "선비란 은거하든 벼슬하든 관계없이 자신의 뜻을 행하는 것은 한결같다. 이미 세상에서 도(道)를 행할 수 없다면 자신이 배운 바를 남에게 미치는 것 또한 도를 행하는 하나의 길이다."라고 한 적이 있었다. 후학을 가르쳐 깨우치고 글을 가르치는데 게으르지 않았으니, 사람들이 서로 감동하고 분발하여 성취한 자가 많았는데, 우곡(愚谷) 정경세(鄭經世) 같은 절행과 문장이 더욱 더 두드러진 것이다.

일찍이 부모를 봉양하지 못한 것이 평생 동안 가장 큰 슬픔이 되었으니, 누이를 어머니처럼 섬기는 것이 지극한 정성에서 나왔고, 그 누이가 죽자 심상(心喪) 3년을 행하였다.

아, 선생이시여! 겉은 온화하고 마음은 굳세었으니, 몸가짐과 남을 대함에 한결같은 덕이 공손함이었네. 예로써만 움직이고 깊이 생각한 뒤에야 말하였으니, 골짜기에 핀 난초처럼 그 향기는 절로 드러났도다. 온 세상이 뒤쫓는 길일지라도 군자는 지조 지켰으니, 스스로를 믿는 이 고명해 남의 취함에 개의치 않도다. 담장처럼 우뚝히 서 있자 젊은 선비들 서로 마주하니, 또한 즐겁지 않았겠으며 신뢰하고 따르는 자 많았도다. 구름과 천둥 뒤엉켜 어려움 닥치고 독사가 재앙 이루니, 도가 재앙을 이기지 못하여 하늘마저 또한 슬퍼하도다. 하늘이 준 바는 두텁거늘 어찌 쓰임에는 인색하였던고, 인과응보는 아득하기만 하여 이치로 헤아리기 어렵도다.【협주: 이준이 찬한 묘갈명에 실려 있다.】

• **鄭國成**

鄭國成, 字叔擧, 號復齋, 晉陽人。中宗丙戌生。明宗戊午司馬, 學行薦除參奉。壬辰亂, 卒於軍。

德器渾厚, 語默有成法, 見之者, 自然起敬, 雖武夫·孺子, 皆知其厚德長者。然或當酬酌事變, 斷以義理, 有毅然不可犯者。

嘗言: "士無隱見, 行其志一也。旣不能行道於世, 則推其所學於人, 亦行道之一也." 敎誨後學, 授書無倦, 人相感發, 成就者多, 若愚伏鄭經世之節行文章, 尤其表表者也。

嘗以失養於親, 爲平生至痛, 母事姊氏, 出於至性, 其歿, 服心制三年。

猗歟先生! 和外剛中。持身接物, 一德之恭。動之以禮, 思以後言。有蘭在谷, 其香自聞。擧世之趍, 君子之守。自信者明, 彼取我否。屹彼墻仞, 衿佩相拱。不亦樂乎? 信從者衆。雲雷搆屯, 厖毒成祲。道不勝禍, 惟帝亦憯。所畀之厚, 何施之嗇? 報應茫茫, 難以理測。【李埈撰碣】

보충

이준(李埈, 1560~1635)이 찬한 묘갈

복재 정공 묘갈명

선생의 휘는 정국성(鄭國成), 자는 숙거(叔擧), 성은 정씨(鄭氏), 본관은 진양(晉陽)이다. 7대조 정택(鄭澤)은 상주 판목사(尙州判牧事)로 재임하였다가 아들 1명을 상주에 남겨두었으니, 후손들이 그대로 그곳에 살았다. 고조부 휘 정걸(鄭傑)은 호군을 지냈다. 증조부 휘 정극공(鄭克恭)은 장신

교위(彰信校尉)를 지냈으며, 증조모는 의인(宜人) 일선임씨(一善林氏: 선산임씨)이다. 조부 휘 정번(鄭蕃)은 수의부위(修義副尉)를 지냈으며, 조모는 단인(端人) 상산김씨(商山金氏)이다. 대대로 은자(隱者)로서의 덕을 지녔다. 아버지 휘 정계함(鄭繼咸)은 통정대부 승정원 좌승지 겸 경연 참찬관에 추증되었다. 총명함과 민첩함이 남보다 뛰어나 책을 한번 보기만 하면 바로 외울 정도였지만, 여러 차례 과거에 응시하였으나 급제하지는 못했다. 어머니는 숙부인(淑夫人)에 추증된 장수황씨(長水黃氏)로 절충장군 첨지 황근(黃瑾)의 딸이자 영의정 황희(黃喜)의 후손이다.

가정(嘉靖) 병술년(1526) 3월 16일에 선생이 태어났다. 태어난 지 석 달 만에 부모를 여의어 누이에게 길러졌고, 말을 배우자마자 중씨(仲氏) 송오공(松塢公: 鄭大成, 1514~1567)에게 가르침을 받았다. 장성하여서는 문장이 풍성하고 아름답게 빛났으니, 늘 시험에 나아갈 때마다 앞자리를 차지하였으며, 무오년(1558)의 과거에 응시하여 진사가 되었다. 이후 과거 공부하는 것을 버리고 다시는 과거에 응시하려는 뜻이 없었다.

거처하는 곳에 서실(書室)을 짓고 이름을 복재(復齋)라 하였는데, 서재 앞에 꽃과 대나무를 줄지어 심고 조화옹이 만물을 만들어내는 오묘함을 관찰하여 자신의 마음속 인(仁)을 기르고자 하였으니, 향기롭고 깨끗한 것을 감상하는 데에만 그쳤을 따름이 아니었다. 서재의 창과 벽에는 옛 성현들의 가르침 가운데 몸과 마음에 간절히 필요한 글귀를 써서 붙여두었다. 눈으로 보며 뜻을 새기고 몸으로 실천하며 경험하니, 그 학문을 닦고자 하는 정성이 잠시도 게을리한 적이 없었다. 때로 달이 밝은 밤이면 거문고를 가져다 몇 곡을 타기도 하였는데, 옛 성현들이 마음을 기르고 경거망동을 금하던 뜻을 깨달은 것 또한 많았다.

타고난 도량과 품성이 너그럽고 후덕하여 말하거나 침묵할 때에도 법도가 있었으니, 사람을 대함에 있어서는 마치 봄기운이 만물에 스미듯 하였다. 자신의 생각을 저버리는 자를 만나는 경우가 있어도 불만스러운 말과 노기에 찬 안색을 보인 적이 없이 그가 스스로 뉘우치기를 기다렸으며, 혹시 선하지 않는 일이 있더라도 또한 들추어내어 말하기를 좋아하지 않았다. 사람들은 그를 보기만 해도 자연스레 공경하는 마음이 일어나 상스럽고 교만한 마음이 사라졌는데, 무인(武人)이나 어린아이일지라도 그가 후덕한 어른임을 알았다. 그러나 혹여 사건을 처리하며 의리로써 결단해야 할 때에는 의연하여 감히 범할 수 없는 기상이 있었다.

한 문하생이 집에 명주(名姝: 기생)를 두려 하자, 준엄하게 사절하면서 일찍이 말하기를, "선비란 은거하든 벼슬하든 관계없이 자신의 뜻을 행하는 것이 한결같다. 이미 세상에서 도(道)를 행할 수 없다면 자신이 배운 바를 남에게 미치는 것 또한 도를 행하는 하나의 길이다."라고 한 적이 있었다. 중년 이후에는 후학을 가르쳐 깨우치고 글을 가르치는데 게으르지 않았다. 늘 조회에 나아갈 때처럼 관대(冠帶)를 갖추고 앉아서는 배우러 오는 이들을 앞에 두고서 귀에 대고 일러 주듯 얼굴을 맞대고 명하듯 하여 글자마다 그 깊은 의미를 풀이해 주고 구절마다 그 취지를 분석해 주었다. 제자들의 배우는 순서를 따라 대나무를 쪼개어 죽간(竹簡: 글자를 기록한 대나무 조각)을 만들고는 아침에 나아가 그것을 뽑아내어 돌아앉아서 외우게 하였는데, 혹 기억을 잘 하지 못하는 자가 있으며 반드시 매질하여 용서하지 않았다. 사람들이 서로 감동하고 분발하여 성취한 자가 많았는데, 우곡(愚谷) 정경임(鄭景任: 정경세) 같은 절행과 문장이 더욱 더 두드러진 것이다.

일찍이 부모를 봉양하지 못한 것이 평생 동안 가장 큰 슬픔이 되었으니, 누이를 어머니처럼 섬기는 것이 지극한 정성에서 나왔고, 그 누이가 죽자 심상(心喪) 3년을 행하였다. 목사(牧使) 윤국형(尹國馨: 尹先覺, 1543~1611)이 그의 학행을 조정에 천거하여 연은전(延恩殿) 참봉에 제수되었으나 사양하고 나아가지 않았다.

만년에 송계(松溪: 경상북도 상주시 낙동면 장곡리)의 그윽한 곳을 택하여 노년의 한가로이 지낼 곳으로 삼았으나, 불행히도 임진왜란을 만나 안령(鞍嶺: 경상북도 상주시 외남면 구서리)의 군중(軍中)에서 전사하였다. 산천

(山川: 경상북도 상주시 외남면 신상리 뫼내) 면지(綿枝) 골짜기의 간좌곤향(艮坐坤向) 언덕에 안장하였으니, 선대의 묘역을 따른 것이다.

아, 공의 어질고 두터운 덕과 바른 경술(經術)로도 끝내 세상에 드러나 백성을 복되게 하지 못하였으니, 어찌 사람의 귀천과 화복이란 것이 모두 결단코 바꿀 수 없는 천명이라서 사람은 그것에 간여할 수 있는 바가 아니란 말인가? 또한 이른바 '천명(天命)'이란 과연 어떠한가? 만약 그것을 하늘에서 나온 것이라 한다면 선한 이에게 복을 주는 하늘일 것인데도 그 이치가 아득함은 이와 같았으니, 어찌 선한 자에게 복이 돌아감은 떳떳한 것인데도 이치가 아득하다고 하여 그 떳떳함을 얻지 못했단 말인가? 아니면 하늘이 원래 그러하여 그런 것이라서 애초부터 그 사이에 주거나 빼앗는 것이 없었던 것인가? 사람이 하늘로부터 기(氣)를 받음에 간혹 후하거나 박한 것이 고르지 않은데, 하늘이 어떻게 해 볼 수 있는 것이 아니란 말인가? 혹자가 말하기를, "사람이 자기 자신에게 있어서는 비록 그 보답을 받지 못하더라도, 덕을 심은 것이 두터우면 그 결실은 뒤늦게 있다."라고 하였는데, 하늘의 도를 믿을 만한 것이 여기에 있단 말인가?

선생은 성산이씨(星山李氏)를 아내로 맞이하였으니, 감찰(監察) 이요년(李堯年)의 딸로서 삼한개국벽상공신(三韓開國壁上功臣) 사공(司空) 이능일(李能一)의 후손이다. 어질고 아름다운 행실로 집안의 귀감이 되었다. 선생보다 19년 뒤에 죽었고, 부동(釜洞)의 묘향(卯向) 언덕에 묻혔다. …(중략)…

이준(李埈)은 백씨(伯氏: 李㙉)를 따라 어린 시절에 선생의 문하에서 공부하였는데, 드러나지 않는 덕과 행실에 감화된 것이 많았다. 세월이 흘러 모범은 점차 멀어져만 가나, 훌륭한 행실은 남아 있어 감회를 금할 수 없다. 정헌세(鄭憲世) 등이 지금 묘갈명을 청하므로 대략 그 줄거리를 적고 명(銘)을 붙였으니, 이러하다.

아, 선생이시여! 겉은 온화하고 마음은 굳세었으니,
몸가짐과 남을 대함에 한결같은 덕이 공손함이었네.
예로써만 움직이고 깊이 생각한 뒤에야 말하였으니,
골짜기에 핀 난초처럼 그 향기는 절로 드러났도다.
온 세상이 뒤쫓는 길일지라도 군자는 지조 지켰으니,
스스로를 믿는 이 고명해 남의 취함에 개의치 않도다.
담장처럼 우뚝히 서 있자 젊은 선비들 서로 마주하니,
또한 즐겁지 않았겠으며 신뢰하고 따르는 자 많았도다.
구름과 천둥 뒤엉켜 어려움 닥치고 독사가 재앙 이루니,
도가 재앙을 이기지 못하여 하늘마저 또한 슬퍼하도다.
하늘이 준 바는 두텁거늘 어찌 쓰임에는 인색하였던고,
인과응보는 아득하기만 하여 이치로 헤아리기 어렵도다.
군자는 중히 여기는 것이 여기에 있지 않았으니,
귀해져서 경상(卿相)이 되었으면 천명이 두터운 것이다.
살아서 유익함 없으면 죽어서 또한 내세울 것 없으리니,
천명이 후한지 박한지를 어디에서 증명할 수 있겠는가.
이름과 실상이 서로 부합하여 하늘에까지 이르렀으니,
공은 도에 대하여서 부끄러워할 바가 없었도다.
더구나 그 보답을 받음은 후세에게 기대할 수 있으니,
뒷날에 상고하려 하는 이는 이 묘갈을 살펴보라.

復齋鄭公墓碣銘

先生諱國成, 字叔擧, 姓鄭氏, 晉陽人。七世祖澤, 爲尙州判牧事, 留一子于尙, 後世仍居焉。高祖諱傑, 護軍。曾祖諱克恭, 彰信校尉, 妣宜人一善林氏。祖諱蕃, 修義副尉, 妣端人商山金氏。世有隱德。考諱繼咸, 贈通政大夫承政院左承旨兼經筵參贊官。聰敏絶倫, 書過目成誦, 屢擧不第。妣贈淑夫人長水黃氏, 折衝將軍僉知瑾之女, 領議政喜之後

也。嘉靖丙戌三月十六日先生以降。生三月而失怙恃，鞠於姊氏，自能言，學于仲氏松塢公。既長，文華蔚然，每赴試輒居前列，擧戊午榜進士。是後棄科業，無復覔擧意。所居，築書室，號復齋，齋前列植花竹，觀造化生生之妙，以養其胸中之仁，非止於賞玩芳潔而已也。齋之窓壁，書古謨訓之切於身心者以貼之。目寓而體驗，其進修之篤，未嘗暫廢。或於月明之夕，取玄琴弄數闋，其有得於先賢養性禁妄之趣者亦多矣。德器渾厚，語默有成法，其接人也如春氣之着物。遇有相負者，未嘗示以聲色，以待其自悔，或有不善，亦不喜摘抉以爲言。人之見之者，自然起敬而消其鄙慢之心，雖武夫孺子，皆知其厚德長者。然或當酬酢事變，斷以義理，有毅然不可犯者。有一門生，家畜名姝，嚴辭絶之，嘗言："士無隱顯，行其志一也。既不能行道於世，則推其所學於人，亦行道之一也." 中年以後，教誨後學，授書無倦。每朝冠帶而坐，進學者於前，耳提而面命之，字解其訓，句析其旨。從學徒次第而剖竹爲柱，詣朝抽出而背誦之，或有記不起者，必撻之而無貸。人相感發，成就者多，若愚谷鄭景任之節行文章，尤其表表者也。嘗以失養於親，爲平生至慟。母事姊氏。出於至誠。其沒服心制三年。牧使尹公國馨，薦其學行于朝，授延恩殿參奉，辭不赴。晩卜松溪之幽處，爲暮景逍遙之地，不幸遭壬辰之亂，歿於鞍嶺之兵中。葬于山川綿枝洞艮坐坤向之原，從先兆也。嗚呼！以公仁厚之德，經術之正，而卒不得顯於世而福斯民，豈人之貴賤禍福，皆有決然不可易之命，非人爲之所得與邪？且所謂命，果如何哉？若謂之出於天則以福善之天，而其理之茫然有如是，豈福於善者其常，而理之茫然者不得其常歟？抑天之自然而然，初無予奪於其間耶？人之受其氣，或厚薄不齊，而非天之所能爲乎？或言："人於其躬，雖不受其報，而種德之厚，其食在後."云，天道之可恃，其在是耶？先生聘星山李氏，監察堯年之女，三韓開國壁上功臣司空能一之後也。有懿行淑範。後先生十九年而卒，葬于釜洞卯向之原。…(중략)… 埈從伯氏，丱角遊先生之門，其潛德隱行之得於濡染者多矣。歲月云邁，典型漸邈，景行遺範，不勝慨然。憲世等今以碣銘爲請。略叙其槩。系之以銘曰：猗歟先生，和外剛中，持身接物，一德之恭。動之以禮，思而後言，有蘭在谷，其香自

聞。擧世之趍，君子之守，自信者明，彼取我否。屹彼墻仞，襟佩相拱，不亦樂乎，信從者衆。雲雷搆屯，虺毒成祲，道不勝禍，惟帝亦憯。所畀之厚，何施之嗇，報應茫茫，難以理測。君子所重，不在於是，貴爲卿相，命則厚矣。生而無益，死亦無穪，命之厚薄，于何可徵。名實所孚，上徹于天，公之於道，無所愧焉。况其食報，在後可恃，後欲有考，其視諸此。

〔蒼石先生續集，卷8，碑碣〕

22. 강사필

강사필의 자는 경유, 호는 소암, 본관은 진주이다. 우의정 강사상(姜士尙)의 동생이다. 중종 병술년(1526)에 태어났다. 병오년(1546) 사마시에 합격하고, 명종 을묘년(1555) 문과에 급제하였다. 한림·홍문원정자·이랑(吏郎)·호당(湖堂)·예문관응교·승지·대사간·대사성·승문원부제조·청홍감사·강원감사를 역임하였다. 선조 병자년(1576)에 죽었다.

서장관으로서 연경(燕京)에 조회하러 갈 때 여양포(閭陽舖: 廣寧城 소재)에 이르자, 달로족(㺚虜族: 만주족)이 갑자기 성을 에워싸서 성안이 흉흉하여 두려워하였다. 공이 장사(將士)를 독촉하고 격려하여 성을 굳게 지키면서 군관(軍官)들로 하여금 편전(片箭: 작고 짧은 화살)을 많이 쏘아 적을 사살하고 항거해 싸우도록 하니, 달로가 포위를 풀고 달아났다. 명나라 총병 양조(楊照)가 이 사실을 황제에게 보고하였다.

조욱(趙昱) 선생이 용문산(龍門山)에 은거하며 도를 강론하였는데, 공이 어렸을 적에 따라 배웠고 끝내 대유(大儒)가 되었다.【협주: 강석이 찬한 묘지에 실려 있다.】

• 姜士弼

姜士弼, 字景猷, 號笑菴, 晉州人。右議政士尙弟。中宗丙戌生。丙午司馬, 明宗乙卯文科。歷翰林·弘文正字·吏郎·湖堂·藝文應教·承旨·大司諫·大司成·承文副提調·清洪江原監司。宣祖丙子卒。

以書狀朝京, 至閭陽舖, 㺚虜猝至圍城, 城中洶懼。公責厲將士固守, 使軍官等, 多發片箭, 射賊拒戰, 虜解去。天朝摠兵楊照[1], 以事上聞。

趙先生昱[2], 隱居講道於龍門山[3]下, 公少從受學, 卒成大儒。【姜檡[4]撰

墓誌[5]】

1 楊照(양조, ?~1563): 명나라 사람. 자는 明遠이다. 嘉靖 연간에 여러 번 무공을 세워서 遼東總兵官이 되었는데, 충성스럽고 용감하였으며 胡賊과 싸우다가 죽었다.

2 趙先生昱(조선생욱): 趙昱(1498~1557). 본관은 平壤, 자는 景陽, 호는 龍門·葆眞齋. 아버지는 판관 趙守誠이며, 어머니 全州李氏는 春陽君 李俫의 딸이다. 부인 陽城李氏는 李仲臣의 딸이다. 1516년 생원진사 양시에 합격하였으나 벼슬을 단념하고, 趙光祖와 金湜을 사사하면서 학문연마에 힘썼다. 趙晟과 함께 삭령에 집을 짓고 학문을 강론하며 지냈는데, 세상사람들은 그들을 程顥·程頤 형제에 비겨 칭송하였다. 뒤에 璿源殿·順陵·寧陵 등의 참봉에 제수되었으나 사양하였다. 어머니가 죽은 뒤 3년상을 마치고 龍門山에 들어가 은거하였는데, 학문이 알려져 용문선생이라 일컬어졌다. 명종 때 成守琛·曺植 등과 함께 천거되어 內贍寺主簿가 제수되었고, 이듬해 장수현감에 이르렀다.

3 龍門山(용문산): 경기도 양평군 용문면에 있는 산.

4 姜檡(강석, 1669~?): 본관은 晉州, 자는 仲美. 고조부는 姜絪이다. 증조부는 姜弘定이며, 조부는 姜瑱이고, 조모 韓山李氏는 李昌源의 딸이다. 아버지는 대사성 晉善君 姜碩賓으로, 강석빈의 첫째부인 泗川睦氏는 睦兼善의 딸이며, 둘째부인은 崔晟의 딸이다. 1708년 생원진사시 모두 합격하였다.

5 姜檡이 찬한 묘지문은 현재 확인할 수 없음.

23. 송량

송량의 자는 경명, 호는 우곡, 본관은 여산이다. 중종 갑오년(1534)에 태어났다. 효행으로 천거되어 참봉에 제수되었고, 관직은 주부(主簿)에 이르렀다. 광해군 무오년(1618)에 죽었다.

임진년(1592)에 왜적의 칼날이 몹시 급박하여 온 고을이 소란할 때 혼자 향교로 달려 들어가 성묘(聖廟)의 위패(位牌)를 묻은 후 부모를 모시고 산골짜기로 들어갔다. 하루는 왜적이 갑자기 들이닥쳐 공(公: 아버지 송당)을 위협하려 하자, 장남 송이회(宋以誨)가 몸으로 이를 막다가 죽음을 당하였고, 막내아들 송이진(宋以鎭)이 분연히 꾸짖으며 적을 쏘아 죽여 마침내 살아남았다. 장녀는 노경건(盧景鍵: 盧景健의 오기)의 아내로 적에게 붙잡히게 되자 자기의 팔을 베고서 죽었다.

헌릉(獻陵: 태종 왕릉) 참봉에 제수되었는데, 당시 나라가 전란을 겪고 있어 능침(陵寢)의 제사를 폐하여서 재관(齋官: 제사를 지내는 관원)이 대부분 그 직분을 수행하지 않았지만, 공은 단 하루도 직소(直所)를 비운 적이 없었다. 주상이 중사(中使: 내시)를 보내어 살펴 보게 하였는데, 돌아와서 말하기를, "헌릉에만 재관이 있었습니다."라고 하였다.【협주: 이원규가 찬한 묘갈문에 실려 있다.】

- **宋亮**

宋亮，字景明，號愚谷，礪山人。中宗甲午生。薦孝行授參奉，至主簿。光海戊午卒。

壬辰，賊鋒甚急，所在震擾，獨馳入鄕校，奉位版瘞之，奉二親，入山谷。一日，賊猝至，將逼公，長子以誨[1]以身蔽之，遇害，季子以鎭[2]奮罵射殪賊，遂得脫。長女，盧景鍵妻，被執於賊，自斫其臂而死。

授獻陵[3]參奉，時國被兵，陵寢廢祭，齋官多闕職，公未嘗一日曠直。上遣中使[4]審視，還曰："獨獻陵有齋官."【李元圭[5]撰碣[6]】

보충

이원규(李元圭, 1597~1661)가 찬한 묘갈명

묘갈명

어렸던 내가 소년이 되어 총각머리를 하고 선친(先親) 곁에서 시중들고 있었다. 하루는 문지기 하인이 급히 달려와 고하기를, "연로하신 어른이 문 앞에 오셨습니다."라고 하자, 선친이 급히 나가 살펴보고서 마중하여 모시고 들어왔다. 눈빛이 빛나는데다 흰 수염에 붉은 빰을 지녔으니, 바라보면 마치 신선과 같았다. 선친의 숙부가 그 어른을 부르고는 자손들을 불러 나와서 절하게 하며 말하기를, "이 분은 너희들의 족조(族祖) 항렬이니, 너희들은 할아버지와 같이 받들어 따라야 한다."라고 하였다. 비록 어려서 아는 것이 없었지만 저절로 숙연히 공경하고 감탄하면서 그 크나큰 덕과 위대한 현자임을 알 수 있었다.

몇 해가 지난 뒤에 선생이 죽었다는 소식을 듣고 미처 문하에서 배우

---

1 以誨(이회): 宋以誨(생몰년 미상). 본관은 礪山, 자는 敬甫, 호는 覺悔軒. 증조부 용양위부사직 宋洗輝이며, 조부는 부호군 宋瑠이다. 아버지는 宋亮이며, 어머니 密陽朴氏는 朴彦箕의 딸이다.

2 以鎭(이진): 宋以鎭(1577~1660). 본관은 礪山, 자는 中甫. 宋以誨의 막내동생이다. 부인 晉州姜氏는 姜汝艇의 딸이다. 復齋 鄭國成과 愚伏 鄭經世의 문인이다.

3 獻陵(헌릉): 太宗과 그의 비 元敬王后의 능.

4 中使(중사): 왕의 명령을 전하던 내시.

5 李元圭(이원규, 1597~1661): 본관은 興陽, 자는 器成, 호는 鋤谷. 증조부는 李琢이며, 조부는 李守仁이다. 아버지는 李埈이며, 이준의 첫째부인 善山文氏는 文秀民의 딸이며, 둘째부인 綾州具氏는 사포서별제 具忠胤의 딸이다. 이원규는 선산문씨의 소생이다. 첫째부인 高靈朴氏는 생원 朴成範의 딸이며, 둘째부인 綾州具氏는 具文起의 딸이며, 셋째부인 漢陽趙氏는 趙儞의 딸이다. 1627년 진사시에 합격하고, 1639년 별시문과에 급제하였다.

6 宋亮의 《愚谷先生文集》 권3에 〈墓碣銘〉으로 실려 있음. 국립중앙도서관과 한국국학진흥원에 소장되어 있다.

지 못한 것을 마음 아파한 적이 있었다. 또 수십 년이 지나 공의 대를 이은 아들 계공(季公: 宋以鎭, 1577~1660)이 지나는 길에 이원규(李元圭) 나를 찾아와 말하기를, "선친의 묘소에 아직도 묘표가 없는데, 나는 어느덧 80세에 이르렀다네. 선배들 가운데 선친의 행적을 아는 이로 남아 있는 자가 없고, 오직 자네만 나와 친하니 반드시 선친의 덕에 대해 잘 말할 수 있을 것이네. 바라건대 한마디 말을 남겨서 내가 죽기 전에 돌에다 새길 수 있게 해준다면 여한이 없겠네."라고 하였다. 이원규 내가 사양하며 말하기를, "그럴 만한 사람이 아니니, 감히 그 명을 받들지 못하겠습니다."라고 하였는데, 그래도 계공의 부탁은 그치지 않았고 사양해도 뜻대로 되지 않아서 삼가 기록한다.

송씨는 여산(礪山)의 큰 성씨인데, 고려 벽상공신(壁上功臣) 문하시중(門下侍中) 휘 송송례(宋松禮)로부터 비롯해 큰 업적을 드러내며 우리 왕조에 들어와 갈래와 분파가 백여 개에 이르렀고, 이름난 벼슬아치와 현인(賢人)들이 서로 어울려 빛났다. 한성판윤 휘 송복산(宋福山), 음직(蔭職) 사헌부집의(司憲府執義)를 지내고 이조참판에 추증된 송숙기(宋叔琪), 부사직(副司直) 휘 송세휘(宋洗輝)는 바로 공에게 고조부·증조부·조부가 되는 삼대이다. 아버지 휘 송당(宋璫)은 벼슬이 부호군(副護軍)이었는데, 그릇됨과 도량이 크고 태도와 행실이 바르니 고을 사람들이 공경하고 소중히 여겼다. 어머니 재령강씨(載寧康氏)는 선무랑(宣務郞) 강완(康琬)의 딸로 부녀자의 도리를 잘 갖추었다. 가정(嘉靖) 갑오년(1534) 12월 20일에 공을 소곡리(素谷里) 집에서 낳았다.

휘는 송량(宋亮), 자는 경명(景明), 호는 우곡(愚谷)이다. 공은 나면서부터 몸집이 컸고 마음이 넓어 거리낌 없이 당당하였다. 효성과 우애는 타고났으니, 부모를 늘 곁에서 모시며 부모의 안색을 살펴 봉양하는데 어긋남이 없었고, 어머니상을 당하여서는 하나같이 예법을 따라 지내어 흠결이 없었다. 늘 병을 앓고 있는 동생이 있었는데, 공은 즉시 가서 직접 옷과 음식이 후한지 박한지를 살펴 편히 지내도록 하였고,

약물이 필요할 때면 스스로 마련하였지 혹여라도 남의 도움을 빌린 적이 없었다.

고을 사람들이 경술(經術: 학문)과 효행으로 조정에 천거하여 만력(萬曆) 계사년(1593) 헌릉(獻陵: 태종 왕릉) 참봉에 제수되었는데, 이때 나라가 전란을 겪고 있어 능침(陵寢)의 제사를 폐하였고 다만 재관(齋官: 제사를 지내는 관원)이 초하루와 보름에만 향을 피우도록 하였지만, 공은 단 하루도 빠진 적이 없었으니 비록 걸어서라도 가서 제사 지내는 일 또한 거른 적이 없었다. 주상이 중사(中使: 내시)를 보내어 순시하게 하였는데, 돌아와서 말하기를, "헌릉에만 재관이 있었습니다."라고 하니, 주상이 이를 가상히 여겨 특별히 승진시켜 서용(敍用)하도록 명하였으니, 수령의 천거를 받아 갑오년(1594) 유곡찰방(幽谷察訪)에 제수되었다. 유곡역(幽谷驛: 경상북도 문경시 유곡동에 설치되었던 역참)은 영남의 요충지로 천병(天兵: 명나라 군)이 지경을 압박하고 있어 사람과 말의 소리가 밤낮으로 끊이지 않았는데, 공은 능히 응대함에 그 기회를 놓치지 않고 알맞게 하니, 역은 없어지지 않았다. 갑진년(1604) 사포서 별제(司圃署別提)에 제수되었고, 얼마 되지 않아 승진되어 전옥서 주부(典獄署主簿)로 옮겼으나, 을사년(1605)에 늙은 것으로 칭탁하여 고향으로 돌아왔다.

거처하는 곳을 선영 옆에 준비하고 아침저녁으로 참배하며 비바람에도 거른 적이 없었으며, 한가로이 편히 지내면서 스스로 즐긴 지 10여 년이 되었다. 무오년(1618) 12월 9일에 병으로 정침(正寢)에서 세상을 떠났으니, 향년 85세였다. 부인 숙인(淑人) 밀양박씨(密陽朴氏)는 사인(士人) 박언기(朴彦箕)의 딸로 어질고 부녀자로서의 법도가 있었으며, 공보다 26년 먼저 죽어서 이때에 이르러 가리방(佳里坊) 오향(午向) 언덕에 합장하였다.

5남4녀를 두었는데, 아들은 송이회(宋以誨)·송이필(宋以弼)·송이수(宋以脩)·송이기(宋以琦)이고 그 5남은 계공(季公) 송이진(宋以鎭)이며, 딸은 사인(士人) 노경건(盧景健)·진사 김계(金繼)·사인 신태(申兌)·정이괄(鄭以

适)에게 시집갔다.

장공(長公: 송이회)은 성격이 강하고 굳세었는데, 임진년(1592)에 왜적의 칼끝이 들이닥쳐 온 고을이 소란할 때 홀로 달려 향교에 들어가 성묘(聖廟)의 위패(位牌)를 꺼내어 묻은 후 부모를 모시고 산골짜기로 들어갔다. 어머니는 평소 가슴 답답증을 앓아 술로 다스렸는데, 장공은 늘 술을 지니고서 다녔으며, 비록 위급한 중에서도 날마다 술을 받들었다. 하루는 왜적이 갑자기 들이닥쳐 공(公: 아버지 송당)을 위협려 하자, 장공이 몸으로 이를 막다가 결국 죽음을 당하였다. 계공은 준비를 갖추고 분연히 꾸짖으며 적을 쏘아 죽여 마침내 살아남았으니, 신의 도움이 아니겠는가? 맏사위 노공(盧公: 노경건) 또한 왜적에게 죽임을 당했고, 그 아내도 붙잡히자 스스로 적에게 붙잡힌 팔을 베어버리고서 죽었다. 송이수는 참판 전행(全緈)의 딸에게 장가들어 3남1녀를 두었으니, 아들은 송덕영(宋德榮)·송덕항(宋德降)·송덕성(宋德成)이고 딸은 이연미(李延美)에게 시집갔다. 송이기는 황몽상(黃夢祥)의 딸에게 장가들어 4남1녀를 두었으니, 아들은 송덕준(宋德峻)·송덕윤(宋德潤)·송덕여(宋德輿)·송덕립(宋德立)이고 딸은 김보(金堡)에게 시집갔다. 계공은 참의 강여성(姜汝醒)의 딸에게 장가들어 1남2녀를 두었으니, 아들은 송덕부(宋德溥)이고 딸은 박선(朴璿)·채극과(蔡克戣)에게 시집갔다. 김계(金繼)는 2남1녀를 두었으니, 아들은 김호철(金好哲)로 문과에 급제하였고 딸은 문과에 급제한 신즙(申楫)에게 시집갔다. 신태(申兌)는 양자로 들인 신복경(申復慶)이 있고, 내외의 증손자와 증손녀가 60여 명에 이른다. 정이괄(鄭以适)은 호남에 들어갔다가 병으로 죽었고, 그 아내도 3일 동안 곡하며 먹지 않다가 또한 따라 죽었다. 송이회, 송이필, 노경건, 정이괄은 모두 후손이 없다. 아, 애석하도다.

공의 순수한 덕과 지극한 행실은 온전하고 깨끗하여 조금의 티끌도 없었으니, 하늘이 그에게 장수(長壽)를 내린 것이야 마땅하였다. 그렇다면 세 가지(벼슬·연치·덕)에 높여져야 할 것인데도 벼슬의 지위가 그 덕에 미치지 못하였으니, 이는 유감이 없을 수 없다. 그러나 공의 아들들과 딸들은 효행이 있고 절행이 있어 이를 보거나 들은 이들을 감동시켰으니, 이는 공이 효도와 우애로 집안을 다스렸음(爲政于家)을 알 수 있다. 성인(聖人: 공자)이 이른바 '이것 또한 정치를 하는 것이다.(是亦爲政)'라고 한 것이니, 어찌 그것을 위정(爲政)이라고 하였겠는가? 그 자신에게 있는 것은 이미 천작(天爵: 타고난 덕행)이 있었으니, 사람에게 있는 것을 무엇이라고 하겠는가? 그렇다면 그것을 삼달존(三達尊)이라고 부르는 것이 가하지 않겠는가? 더구나 공의 자손들은 오늘날 더욱 번성하여 모두 학문을 닦고 문장을 지으며 그 아름다운 업적을 잇고 있다. 그 집안에서 일찍이 '온축함은 반드시 발현되며 발현되면 크게 빛난다.'고 들은 적이 있는데, 나는 그 발현이 반드시 여기에 있음을 알겠다. …(이하 명문 생략)…

통훈대부 행 통례원우통례 겸 지제교 이원규 삼가 짓다

墓碣銘

幼余童而丱, 侍先子側。一日, 鈴下童疾趨而告曰: "有大老至門." 先公急出候之, 迎而入。神彩炯炯, 白鬚紅頰, 望若神仙然。先公叔呼之, 呼子侄出拜, 曰: "是汝族祖行也, 若等遵奉之如乃祖也." 雖幼無知識, 不覺肅然敬歎, 知其爲碩德偉賢也。後數年, 聞先生歿, 嘗以未及執役於門下, 病焉。又數十年, 公之胤子季公, 過元圭, 語曰: "先公墓道尙無表, 吾幾耄矣。先輩之知先人行者無在者, 惟君與我善, 必能道先人德。願以一言, 及未死, 以被石, 無憾矣." 元圭謝曰: "非人不敢當命之." 猶不已, 旣辭不獲, 則謹條。宋氏, 礪山大姓, 始于麗壁上功臣門下侍中諱松禮, 大顯入我朝, 支而派者以百數, 名公巨賢, 錯落相望。曰漢城判尹諱福山, 曰蔭司憲府執義贈吏曹參判諱叔琪, 曰副司直諱洗輝, 於公高曾祖祖三世。考諱瑠, 官副護軍, 器量大, 操持正, 鄕人敬重之。妣載寧康氏, 宣務郎琬之女, 得婦道甚。以嘉靖甲午十二月二十日, 生公于素谷里第。諱亮, 字景明, 號愚谷。公生而魁恢坦蕩。孝友出天, 事親左

右, 色養無違, 丁內艱, 一以禮罔缺。有一弟常多疾, 公卽自視衣服飮食厚薄以安之, 藥餌之需, 自己出, 未嘗或假之人。鄕人薦經術孝行于朝, 萬曆癸巳, 授獻陵參奉。時國被兵, 陵寢廢祭, 只令齋官朔望焚香, 公未嘗一日曠, 雖徒步往, 亦不廢。上遣中使巡視之, 還曰: "獨獻陵有齋官." 上嘉之, 特命陞敍, 被守令薦, 甲午除幽谷察訪。驛當嶺之衝, 天兵壓境, 人馬聲日夜不絶, 公能酬應不錯中其機, 驛不弊。甲辰授司圃署別提, 未幾遷典獄署主簿, 乙巳以老歸。所居備松楸, 晨夕展拜, 風雨不廢, 優遊焉, 自樂者一紀餘。戊午十二月九日, 以疾考終于正寢, 春秋八十五矣。淑人密陽朴氏, 士人彦箕女, 賢而有閫範, 先公二十六年卒, 及是合窆于佳里坊午向之原。有五男四女, 男以誨·以弼·以脩·以琦, 其五卽季公以鎭。女士人盧景健·進士金繼·士人申兌·鄭以适。長公性剛毅, 壬辰賊鋒迫, 所在震擾, 獨馳入鄕校, 輟聖廟位版, 瘞之地, 奉二親入山谷。母夫人素患胸結, 酒下之, 長公常以酒隨之, 雖在蒼黃中, 輒奉之。一日, 賊猝至, 將逼公, 長公以身蔽之, 遂遇害。季公從備奮罵, 射賊殪之, 遂得全, 非神天也耶? 長壻盧公, 亦死於賊, 孺人被執, 自斫賊所執之臂而殉焉。以脩娶參判全綍女, 生三男一女, 男德榮·德降·德成, 女李延美。以琦娶黃夢祥女, 生四男一女, 男德峻·德潤·德輿·德立, 女金堡。季公娶參議姜汝艉女, 生一男二女, 男德溥, 女朴瑠·蔡克莪。金繼, 二男一女, 男好哲文科, 女申楫文科。申兌有繼子復慶, 內外曾孫男女六十餘人。鄭以适入湖南病卒, 孺人哭三日不食亦殉焉。以誨·以弼·盧景健·鄭以适, 皆無后。嗚呼! 公之純德至行, 完潔無玷, 宜天錫之壽考。然則可以達尊於三而位不稱德, 是不能無憾。然公之子若女, 有孝有烈, 聳動人觀聽, 可見公以孝友爲政于家。聖人所謂'是亦爲政', 奚其爲爲政者也? 其在已者, 旣有天爵, 其在人者又何論? 然則謂之三達尊, 不可可耶? 況公之子孫, 在今日益衆多, 皆能種學績文, 趾厥美業。其家嘗聞之'蘊必發, 發必大', 吾知其發之必在乎是。…(이하 명문 생략)… 通訓大夫·行通禮院右通禮·兼知製敎李元圭謹撰。

24. 김담수

김담수의 자는 태수, 호는 서계, 본관은 의성이다. 중종 을미년(1535)에 태어났다. 명종 갑자년(1564) 사마시에 합격하고 천거되어 참봉에 제수되었다. 선조(宣祖) 계묘년(1603)에 죽었다. 성주(星州)의 청천사(晴川祠)에 배향하였다.

어머니를 봉양하며 늘 말하기를, "어머니의 일을 주관하는 것은 아버지를 섬기는 것과 다르니, 매사 반복해 말씀드리고 도(道)로써 설명하여 어머니의 마음이 받아들여 믿게 하여야 한다."라고 하였다.

덕계(德溪) 오건(吳健)에게 《심경(心經)》·《근사록(近思錄)》을 배웠고 금계(錦溪) 황준량(黃俊良: 1560년부터 4년간 성주목사)이 성주목사로 있을 때 《중용(中庸)》·《대학(大學)》을 강론받았으며, 동강(東岡: 金宇顒)·한강(寒岡: 鄭逑)과 도의지교(道義之交)를 맺었다. 허한(許僩: 許潛의 오기)이 공에게 묻기를, "제가 몇 해 동안 이 고을을 다스렸으나 공의 집안 사람들이 남으로부터 고소당한 것을 미처 보지 못했는데, 무슨 덕정(德政)을 행하였기에 이런 일이 있는 것입니까?"라고 하자, 공이 사례하며 말하기를, "남을 두려워하여 공경하고 자신을 굽혀 낮추었기 때문입니다."라고 하였다.【협주: 이상정이 찬한 행장에 실려 있다.】

- **金聃壽**

金聃壽, 字台叟, 號西溪, 義城人。中宗乙未生。明宗甲子司馬, 薦授參奉。宣廟癸卯卒。配享星州[1]晴川祠[2]。

1 星州(성주): 경상북도 남서쪽에 있는 고을.

2 晴川祠(청천사): 晴川書院. 1729년 경상북도 성주군에 건립하여 金宇顒·金聃壽·朴而章을 봉향하였다

奉母夫人, 常曰: "幹母之蠱[3], 異於事父, 每事反復開陳, 喩之以道, 使親意信之可也."

從吳德溪健[4], 受《心經》·《近思錄》, 黃錦溪俊良[5]講《中用》·《大學》, 與東岡·寒岡[6], 結道義交。許公僩[7], 問公曰: "吾蒞州數年, 未見公一家人被訴於人, 行何德政而致此?" 公謝曰: "畏人屈己故也."【李象靖撰行狀[8]】

3 幹母之蠱(간모지고): 《周易》〈蠱卦·九二〉의 "구이는 어머니의 일을 주관함이니, 곧고 굳세게만 해서는 안 된다.(九二, 幹母之蠱, 不可貞.)"에서 나오는 말.

4 吳德溪健(오덕계건): 吳健(1521~1574). 본관은 咸陽, 자는 子强, 호는 德溪. 증조부는 吳從閭이며, 조부는 吳軾이다. 아버지는 吳世紀이며, 어머니 星州都氏는 훈도 都永康의 딸이다. 부인 碧珍李氏는 李光의 딸이다. 조식·김인후·이황의 문인이다. 1552년 진사시에 합격하고 1558년 식년문과에 급제하였다. 1571년 이조좌랑으로서 춘추관기사관을 겸해 《명종실록》의 편찬에 참여하였다. 經筵에서 학문의 길은 窮理와 居敬에 있다고 논했으며, 소를 올려 학문을 진흥시키고 간쟁을 받아들일 것을 주장하였다. 그러나 조정의 분위기가 직언을 싫어하고 士類들을 외면하는 경향이 강하자, 1572년 이조정랑으로 있다가 관직을 버리고 경상도 산음 德溪里로 낙향하였다. 여러 차례 조정에서 불렀으나 모두 거절하고 書史를 섭렵하면서 詩作과 강론으로 여생을 마쳤다.

5 黃錦溪俊良(황금계준량): 黃俊良(1517~1563). 본관은 平海, 자는 仲擧, 호는 錦溪. 증조부는 사온서주부 黃永孫이며, 조부는 黃孝童이다. 아버지는 黃觶이며, 어머니 昌原黃氏는 교수 黃漢弼의 딸이다. 부인 永川李氏는 李賢輔의 아들인 李文樑의 딸이다. 자식이 없어서 아우 黃遂良의 장남 黃之璵을 양자로 삼았다. 李滉의 문인이다. 1537년 생원시에 합격하고 1540년 식년문과에 급제하였다. 신녕현감·단양군수·성주목사 등을 지냈다.

6 寒岡(한강): 鄭逑(1543~1620)의 호. 본관은 淸州, 자는 道可. 증조부는 철산군수 鄭胤曾이며, 조부는 사헌부감찰 鄭應祥이다. 아버지는 忠佐衛 副司孟 鄭思中이며, 어머니 星州李氏는 李煥의 딸이다. 仲兄 鄭崑壽는 문과에 급제하여 병조와 형조의 참판, 의정부좌성 등을 지냈다. 향시에 합격했으나 문과에 응시하지 않고 1563년 이황과 1565년 조식을 스승으로 학문 연구에 전념하였다. 특히 예학에 조예가 깊어 《가례집람보주》 등 많은 예서를 편찬했다. 國家禮와 私家禮를 하나의 체계 속에 종합적으로 정리하려는 주자의 총체적인 예학을 추구하였다. 벼슬자리를 사양하다가 비로소 1580년 창녕현감으로 관직생활을 시작하여 1584년 동복현감, 1584년 교정청낭청, 1592년 통천군수, 1593년 우부승지를 거쳐 장례원 판결사, 강원도관찰사, 형조참판 등을 지냈다. 1603년 《南冥集》을 편찬하는 과정에서 鄭仁弘이 이황과 李彦迪을 배척하자 그와 절교하였다. 1608년 臨海君의 역모사건이 있자 관련자를 모두 용서하라는 소를 올리고 대사헌직을 그만두고 귀향하였다.

7 許公僩(허공한): 許僩(1574~1642). 허한은 1560년부터 4년간 성주목사를 지낸 許潛(1540~1607)의 아들로 1612년 생원시에 합격한 인물이며, 이상정이 찬한 행장을 보면 허잠이 허목사로 되어 있는 바, 허잠의 오기임.

8 李象靖의 《大山先生文集》에는 실려 있지 않음. 김담수의 《西溪先生逸稿》 권3 부록에 실려 있으며, 국립중앙도서관에 소장되어 있다.

보충
이상정(李象靖, 1711~1781)이 찬한 행장

행장

공의 휘는 김담수(金聃壽), 자는 태수(台叟), 성씨는 김씨(金氏)이다. 고려 초 신라 왕자 김석(金錫)이 의성(義城)에 봉토를 받았다. 3세를 지나 김용비(金龍庇)에 이르러 봉작을 이어받고 백성에게 큰 공덕을 세워 사당에서 백세토록 제향을 받았다. 다시 2세를 지나 군수(郡守: 초계군수) 김지예(金之銳, 1295~1360)에 이르러 성산인(星山人: 성산이씨 李萬年의 딸)에게 장가들어 자손들이 그곳에 터를 잡았다. 또 2세를 지나서 휘 김용초(金龍超)에 이르면, 우리 태조(太祖)를 도와 정벌의 공이 있었고 벼슬이 절도사였는데, 공에게 6대조이다. 증조부는 김귀손(金貴孫)이고 조부는 김윤적(金允迪)인데, 효성스럽고 우애로우며 독실한 행실이 있었다. 아버지 휘 김관석(金關石)은 장사랑(將仕郎)을 지냈고, 어머니 순천박씨(順天朴氏)는 처사(處士) 박탄(朴坦)의 딸이자 평양부원군(平壤府院君) 박천상(朴天祥)의 후손이다. 가정(嘉靖) 을미년(1535) 10월 10일에 공을 낳았다.

어려서부터 지극한 성품을 지녔으니, 8세(1542)에 아버지를 여의고서 상(喪)을 치르는 것이 어른과 같았는데, 외조모 이씨가 공의 병약함을 걱정하여 초목(草木: 생강과 계피)의 맛난 것을 곁들이도록 하였다. 장성한 뒤에도 가슴 아프게 몹시 추모하여 번번이 제사 달이면 술과 고기를 입에 대지 않았는데, 혹자가 이를 예(禮)에 지나치다고 하자, 마침내 마음을 굽혀 중의(衆議)를 따랐다. 13세(1547) 때 비로소 글을 배웠는데 부지런히 노력하여 조금도 게으르지 않았으니 비록 병이 들어도 또한 폐하지 않았다. 어머니를 봉양하면서 온순하게 뜻을 받들어 어김이 없었고, 늘 가난하여 맛있는 음식을 마련하지 못하는 것을 한스럽게 여기며 말하기를, "어머니의 일을 주관하는 것은 아버지를 섬기는 것과 다르니, 내 평생 비록 제대로 봉양하지 못했지만 어머니의 뜻을 거스른 적이 없었다. 무당에게 치성하는 것과 같은 일들은 반복해 말씀드리고 도(道)로써 설명하여 어머니의 마음이 받아들여 믿게 하였다."라고 하면서, 며느리들에게 경계하여 말하기를, "진실로 이것은 허망한 것이니 해서는 안 되는 일이다."라고 하였다. 어머니가 병이 들자 의원을 불러 약을 썼는데, 탕제를 달여서는 반드시 직접 맛을 본 뒤에 올렸으니 병이 마침내 다 나았다.

신묘년(1591)에 천거되어 선공감 참봉(繕工監參奉)에 제수되었는데, 누군가 명을 받아 부임하라고 권하자, 공이 말하기를, "백발이 되어 풍진 세상의 하찮은 벼슬에 달려가는 것은 또한 수고롭지 않겠는가?"라고 하고는 마침내 나아가지 않았다.

임진왜란이 일어나자 노모를 모시고 가야산(伽倻山) 골짜기로 피란하였는데, 비록 엎어지고 자빠지며 떠돌아다니는 동안에도 봉양하는데 필요한 도구가 부족하거나 떨어진 적이 없었다. 함께 피란한 이들 가운데 비록 승려와 같은 이류(異類)들일지라도 또한 감탄하고서 다투어 음식을 보내왔다. 왜적이 물러간 뒤 고향으로 돌아왔으나 어머니가 막내아들을 잃고 곡하며 몹시 애통해 하니, 공은 여러 방면으로 위로하면서 성의를 가지고 정성을 다했다. 목사(牧使: 성주목사) 허잠(許潛, 1540~1607)이 공의 지극한 효행을 듣고 만날 때마다 반드시 예로써 공경을 표하였고, 계속해서 반찬과 쌀을 대주었다.

묵재(默齋) 이문건(李文健, 1494~1567. 1545년 을사사화로 성주로 유배됨)이 고을 경내에 유배되어 지냈을 적에 공은 책보따리를 메고 찾아가 배웠는데, 이공(李公: 이문건)이 더욱 아끼고 훈계하면서 그의 종손(從孫) 이현배(李玄培, 1541~1595)에게 같이 강독하도록 명하였다. 일찍이 공에게 말하기를, "우리 두 사람의 교분은 비록 천 리 떨어져 있더라도 잊을 수가 없을 것이네."라고 하였다. 번번이 남쪽 고을 수령으로 나갈 때마다 마루에 올라가 어머니에게 절하고는 계속해서 맛있는 음식을 보내왔다.

공은 일찍이 덕계(德溪) 오건(吳健, 1521~1574)에게 《심경(心經)》·《근사록(近思錄)》을 배우고 금계(錦溪) 황준량(黃俊良, 1517~1563. 1560년부터

4년간 성주목사)이 성주목사로 있을 때 《중용(中庸)》·《대학(大學)》을 강론받은 적이 있었는데, 두 분은 모두 공이 정밀하게 사색하고 힘들여 공부하는 모습에 자주 감탄하였다. 젊어서 남명(南冥: 조식) 선생 문하에 한번 종유했으나 얼마 되지 않아 선생이 세상을 떠나자, 공은 가르침을 청하여 배우지 못한 것을 늘 한스럽게 여겼다.

공은 어머니의 권유로 과거 공부를 부지런히 힘써서 갑자년(1564) 사마시에 합격하였으나, 여러 차례 질병으로 인하여 어렵사리 어머니에게 강청하여 마침내 과거 공부를 그만두고 좋아하는 바를 하게 되었다. 날마다 문을 닫아걸고 조용한 곳에서 경전(經傳)에 온 마음을 기울여 열중하였으니, 비록 처자식일지라도 그의 게으른 모습을 보지 못했다. 걸을 때는 반드시 의봉(蟻封: 개미둑)을 피하였고, 용변은 반드시 하인들이 식사를 마칠 때까지 기다렸다. 어렸을 때 《소학(小學)》을 돌려가며 읽고 느껴 깨달은 바가 있어서 스스로를 낮추어 겸손하고 삼가며 하인까지 생각하였던 것이다.

동강(東岡: 金宇顒, 1540~1603) 선생의 형제는 단문지친(袒免之親: 촌수가 먼 일가)으로 도움을 받은 일이 더욱 많았고, 한강(寒岡: 鄭逑) 선생과는 도의지교(道義之交)를 맺었다. 온 고을의 착한 모든 선비들을 벗하는 것을 즐거워하지 않음이 없었으나, 행단(杏壇: 학문 닦는 곳)에서 같은 마을 사람인 상사(上舍) 박운기(朴雲驥, 1530~?)와는 아침저녁으로 서로 만나지만 무례하게 군 적이 없었으니 전송할 때나 맞이할 때면 반드시 당(堂) 아래로 내려와 읍(揖)을 하였다. 길을 가다가 충효와 정렬의 정려문이나 고을 수령의 선정(善政)을 기린 비석을 보면 반드시 절하며 말하기를, "인륜을 도탑게 하는 행실과 백성에게 혜택을 베푸는 정사는 게을리 해서는 안 된다."라고 하였으며, 또한 이것으로 공의 자손들에게 경계하였다.

형제와 친척 사이에는 언제나 은혜가 의리를 가렸으니 서로 본받고자 하지 않았다. 외척이 공의 선조 묘지를 몰래 넘보며 관아에 무고하여 일이 장차 예측할 수 없게 되었지만, 공은 서로 설명하여 이해하고 함께 법사(法司: 형조와 한성부)에 나아가 일을 해결하였으되 조금도 마음에 담아두지 않았다. 자손들 가운데 간혹 말하는 이가 있으면, 공이 금하며 말하기를, "친한 이를 친히 대하는 사이에는 다만 우리가 친히 사랑하는 것을 의당 다할 뿐이니, 어찌 원한을 품을 수 있겠느냐?"라고 하였다.

외구(外舅: 장인) 조공(曺公: 曺夢吉, 1521~1561)이 강양(江陽: 경상남도 합천)에서 객지 생활을 하였는데, 자녀들이 아직 장성하지 못한 채 임종할 즈음에 공의 손을 잡고 부탁하자, 공은 장례와 제사를 주관하고 자녀들을 구원하여 시집보내고 장가가는 것까지 마친 뒤에야 돌아왔다. 난리가 끝난 뒤 사람들이 항심(恒心)을 잃어버리자, 공은 자식들을 경계하며 말하기를, "너희는 비록 선을 행하지 못하더라도, 부디 악을 행하여 조상을 욕되게 하지 말라."라고 하였다. 만년에 얻으려는 욕심을 더욱 엄격히 경계하면서 자제들을 타이르며 말하기를, "차라리 굶어 죽을지언정 의롭지 못한 일을 해서는 안 된다."라고 하였다. 이 때문에 자손들이 재물과 이익에 대해서는 비록 바로 내 눈앞에 있어도 또한 감히 남과 다투지 않았다. 허 목사(許牧使: 許潛)가 공에게 묻기를, "제가 몇 해 동안 이 고을을 다스렸으나 그대의 집안 사람들이 남으로부터 고소당한 것을 미처 보지 못했는데, 무슨 덕을 행하였기에 이런 일이 있는 것입니까?"라고 하자, 공이 사례하며 말하기를, "남을 두려워하여 공경하고 자신을 굽혀 낮추었기 때문입니다."라고 하였다.

정유년(1597)에 왜란이 다시 일어났다. 당시 맏아들 김정룡(金廷龍, 1561~1619)이 예안현감을 지내고 있었는지라 공이 어머니를 모시고 관아에 가서 봉양하였는데, 자신은 안동 근처에 임시로 머물러 있으면서 때때로 오가며 찾아 뵈었다.

월천(月川) 조목(趙穆, 1524~1606)·제월(霽月) 김부륜(金富倫, 1531~1598)·성재(惺齋) 금난수(琴蘭秀, 1530~1604)·일휴당(日休堂) 금응협(琴應夾, 1526~1596)과 종유하며 서로 시를 지어 화답하였다. 어떤 사람이 연줄로

공을 번거롭게 하려고 하면, 공은 곧바로 사양하며 말하기를, "나랏일은 본래 저들이 맡은 직무인데, 아버지와 형이 어찌 간섭할 수 있겠는가?" 라고 하고는, 이후로 감히 다시는 말하지 않았다.

무술년(1598) 겨울에 어머니가 죽자, 공은 곧바로 정신을 잃었다가 다시 깨어났고, 상례(喪禮)를 치르면서 나태함이 없이 지켰다. 이때 왜구가 아직 물러가지 않아서 상주(尙州)의 위수(渭水: 경상북도 상주시 중동면 우물리 위천) 남쪽에 있는 승동(勝洞) 부진(負震: 卯坐)의 언덕에 임시로 안장하였다. 삼년상을 마치고 나서는 죽암(竹巖: 경상북도 상주시 중동면 소재)의 산수를 좋아하였으니, 소나무와 대나무를 기르고 매화와 국화를 심으며 여생을 마칠 뜻을 두었다. 임인년(1602) 가을 성산(星山)의 선영에 돌아와 살피다가 병이 들어 가천(伽川: 경상북도 성주군 소재)의 옛집에 눕게 되었다. 임종할 즈음 정신이 흐트러지지 않았고 또렷하였으니, 부녀자들을 물리쳐 가까이 오지 못하도록 하고 흡족한 모습으로 세상을 떠났다. 계묘년(1603) 정월 26일이었으니, 향년 69세였다. 그해 4월 11일 어머니의 무덤 곁으로 옮겨서 장사지냈다. 부인 창녕조씨(昌寧曺氏)는 승지에 추증된 조몽길(曺夢吉)의 딸이자 우부승지 조계형(曺繼衡)의 증손녀이다. 공보다 13년 뒤에 죽어 공과 함께 묻혔다. …(중략)…

공은 타고난 기품이 매우 두터워 행실이 매우 고상하였다. 젊어서는 덕계(德溪: 오건)·금계(錦溪: 황준량)의 문하에서 배웠고, 양강(兩岡: 동강 김우옹과 한강 정구) 선생과는 도의(道義)를 갈고닦았다. 효도와 우애의 행실은 집에서 실천한 것이고, 겸손과 공손의 덕행은 남을 감화시킨 것이다. 고향에서는 자기를 굽혀서 의를 지켰고, 벗을 사귈 때는 어진 이를 가까이하고 선을 즐겼다. 재물에 소홀하고 이익을 멀리하며 묵묵히 실행하고 몸소 수양하는 것은 모두 옛날의 독실한 행실로 그럭저럭 살아가는 사람들이 독실해야 할 것들이다.

다만 남긴 글들이 흩어지고 없어져서 소급하여 구해 보아도 그 학문의 조예가 얼마나 깊은지 실상을 알 수가 없다. 시와 서찰이 몇 편이 남아 있지만 겨우 털끝만큼 남은 것과 같다. 그러나 말의 뜻이 간절하고 정중하며 말투가 온화하여 성대히 덕이 깃든 말이었다. 당대 여러 어진 선비들이 지은 만사(輓詞)와 뇌사(誄詞) 등에서 애도하고 탄식한 것 또한 공의 실상 가운데 만분의 일이라도 얻을 수 있을 것이다. 성산(星山)의 인사들이 청천사(晴川祠)에 배향한 것은 참된 덕과 아름다운 행실이 수백 년 동안 사람을 감동시키지 아니하고서야 어찌 이와 같을 수 있겠는가?

공의 먼 후손 김동엽(金東曄, 1731~1779) 씨가 가첩(家牒) 1통을 가지고 와서 이상정(李象靖) 나에게 공의 덕행을 기록한 글을 부탁하였는데, 스스로 늦게 태어난데다 아는 바가 없었으니 어찌 논술하여서 주제 모르는 짓을 범하는 것임을 감히 잊겠는가? 그러나 김동엽 씨가 다시 그의 일가붙이를 시켜 부탁을 마지않았으니, 그 성의가 사람을 감동시키기에 족하였다. 가첩에 의거해 대략 다만 위와 같이 기록하여서 훗날 붓을 잡는 자에게 채택되기를 바란다. 삼가 행장을 짓는다.

한산 이상정 짓다

行狀

公諱聃壽, 字台叟, 姓金氏。勝國初, 新羅王子錫, 受采於義城。三世至龍庇, 襲爵有大功德於民, 廟食百世。又二世至郡守之銳, 娶于星山, 子孫仍家焉。又二世而至諱龍超, 佐我太祖, 有征討功, 官節度使, 是於公間六世。曾祖諱貴孫, 祖諱允迪, 有孝友篤行。考諱關石, 將仕郎, 妣順天朴氏, 處士坦之女, 平壤府院君天祥之後。以嘉靖乙未十月十日生公。幼有至性, 八歲而孤, 執喪如成人, 外王母李氏, 閔其病弱, 强以草木之滋。及長追痛恨, 每遇忌辰之月, 不御酒肉, 或言其過禮, 遂屈情從衆。十三始入學, 勤劬不少懈, 雖疾病亦不廢。奉養母夫人, 承順無違志, 常以貧無以供甘旨爲恨, 曰: "幹母之蠱, 異於事父, 吾平生雖不能爲養, 但未嘗拂親意也。如禱巫等事, 反復開陳, 喩之以道, 親意信之." 戒諸婦曰: "眞是虛妄, 不可爲也." 有親癠, 謁醫攻藥, 煎湯必親嘗而後進, 病遂良已。辛卯, 薦授繕工監參奉, 人有勸其赴命, 公曰: "白首紅塵, 趍走末官, 不亦勞乎?" 遂不起。壬辰倭難作, 奉老避于伽倻山谷間, 雖顚沛流離, 奉養之具, 未嘗乏絶。同時避亂者, 雖緇髠異類, 亦感歎, 爭致餽遺。賊退, 還鄕井, 母夫人, 喪季子, 哭甚哀, 公多方慰解, 誠意懇至。許牧使潛, 聞其至行, 每見必禮敬, 繼以庖廩。默齋李公文健, 嘗謫居州境, 公負笈往從, 李公深加愛敬, 命其從孫玄培同講讀。嘗語公曰: "吾兩人交道, 雖隔千里, 不可忘也." 每出守南邑, 陞堂拜母, 繼致甘旨。公嘗從吳德溪健受《心經》·《近思》, 黃錦溪俊良, 莅州牧, 講《中庸》·《大學》, 二公亟歎其精思攻苦。少時一遊南冥先生之門, 未幾而先生歿, 公每恨其摳衣之未蚤也。公以親故, 黽勉擧業, 甲子中司馬, 屢以疾病, 難强請於親, 遂撤擧, 從所好。日杜門靜處, 潛心經傳, 雖妻子, 不見其惰容。行步必避蟻封, 便旋必俟童僕食畢也。幼時回讀《小學》, 有所感發, 折節爲謙謹, 思以下人。東岡先生兄弟, 爲袒免之親, 資益爲多, 與寒岡先生, 結道義交。凡一鄕善士, 無不樂與之友, 而與杏壇朴上舍雲驤同里閈, 朝夕相遝, 未嘗爲狎昵, 送迎必下堂而揖。行路遇忠孝貞烈之閭, 邑宰去思之碑, 必式曰: "篤倫之行, 惠民之政, 不可慢也." 亦以此戒其子孫。處兄弟親戚, 恩常掩義, 不要相學。外戚有潛覦先墓, 搆誣于官, 事且不測。公相與講解, 於法司事平, 絶不介意。子姪或有言, 公禁曰: "親親之間, 只當盡吾親愛而已, 豈可宿怨?" 外舅曺公, 客寓江陽, 子女未成立, 臨歿執公手爲託。公幹喪祭, 救諸子, 待嫁娶畢而後還。亂離之餘, 人失恒心, 公戒諸子曰: "汝等雖不爲善, 幸勿爲惡, 以忝所生也." 晩年, 尤嚴在得之戒, 勅諸子曰: "寧餓死, 不可爲不義事." 以故諸子於財利, 雖所直在我, 亦不敢與人校也。許牧使問公曰: "吾莅州數年, 未見君一家人被訴於人, 行何德而致此 ?" 公謝曰: "畏人屈己故也." 丁酉, 倭難復作。時胤子廷龍, 監禮安縣, 公以大夫人, 就養于官衙, 身寓安東近境, 時往來省覲。與趙月川穆·金霽月富倫·琴惺齋蘭秀·日休堂應夾遊從, 相與唱酬。或以關節溷公者, 公輒謝曰: "國事自是渠所職, 父兄何敢干?" 自是不敢復言。戊戌冬, 大夫人卒, 公頓絶方蘇, 執禮不懈。時

倭寇未熄, 權窆于尙州渭水之陽, 勝洞負震之原。旣免喪, 愛竹巖山水, 養松竹, 蒔梅菊, 有終焉之志。壬寅秋, 歸省星山先墓, 寢疾于伽川舊第。臨歿, 精神不爽, 屛婦女不得近, 逌然而逝。癸卯正月二十六日也, 享年六十有九。用其年四月十一日, 返葬于先夫人墓右。配昌寧曺氏, 贈承旨夢吉之女, 右副承旨繼衡之曾孫。後公十三年卒, 葬與公同壙。…(중략)… 公天稟甚厚, 制行甚高。早遊德溪·錦溪之門, 與兩岡先生, 琢磨道義。孝友之行脩於家, 謙恭之德孚於人。處鄕則屈己而守義, 交友則親賢而樂善。踈財遠利, 默行躬修, 皆古篤行混子之所慥慥者。第恨遺文散佚, 無以溯求其造詣之實。所餘詩札若干篇, 僅同毫芒之零落。然語意懇到, 辭氣溫和, 藹然有德之言。而一時諸賢輓誄·推詞悼歎之作, 亦可以得公之萬一矣。星之人士, 躋祔于晴川之祠, 非實德懿行感人於數百年之久, 烏能若是哉! 公之聞孫東曄氏, 奉家牒一通, 屬象靖以紀德之狀, 自惟晚生, 無所識知, 何敢忘有論述以犯不韙之罪。東曄氏, 又使其族人要責不置, 其誠意有足動人者。謹据家牒, 畧加第錄如右, 以備秉筆者之采擇云。謹狀, 韓山李象靖狀。

〔西溪先生逸稿, 卷3, 附錄〕

25. 강서

강서의 자는 원경, 호는 난곡, 본관은 진주이다. 우의정 강사상(姜士尙)의 아들이다. 중종 무술년(1538)에 태어났다. 명종 갑자년(1564) 사마시에 합격하고, 선조 기사년(1569) 문과에 급제하였다. 삼사(三司)를 거쳐 벼슬이 좌승지에 이르렀다. 기축년(1589)에 죽었다. 영의정에 추증되었다.

당로자(當路者: 권세를 갖고 높은 자리에 있는 사람)가 대사헌이 되어 탑전(榻前)에서 아뢰기를, "사람을 천거하는 것을 마땅히 대사헌으로 하여금 겸하게 하여야 합니다."라고 하자, 공이 아뢰기를, "대사헌은 탄핵하는 것을 주관하는데다 또 인재를 천거하도록 한다면 권력이 지나치게 집중됩니다. 불행히도 간사한 자가 그 자리에 있게 되면 화(禍)를 이루 말할 수 없을 것입니다."라고 하니, 이를 들은 자들이 옳게 여겼다.

이때의 논의가 전조(銓曹)의 자리로 끌어들이려 하자, 고의로 조금도 거리끼지 않고 마음 내키는 대로 하는 짓을 하여 이를 피하였으니, 복록이 넘쳐나는 것을 두려워하였기 때문이었다. 만년에 더욱 세상일에 뜻이 없어 형해(形骸: 예의나 격식)에 얽매이지 않은 채 미치광이처럼 술을 마시고 있으니, 사람들이 괴이쩍게 여기지 않는 사람이 없었으나 조금도 개의치 않았다. 시사(時事)를 언급할 때면 번번이 개연히 탄식하며 말하기를, "내가 천시(天時: 하늘의 기운)와 인사(人事: 인간 세상의 일)를 살펴보건대, 네댓 해가 지나지 않아 큰 화가 일어날 것이다."라고 하였다. 얼마 지나지 않아 과연 정여립(鄭汝立)의 옥사가 있었던데다 임진년(1592)에 이르자, 그 말은 모두 들어맞았다.

완평부원군(完平府院君) 이 상국(李相國: 이원익)·고사(高士) 조충남(趙忠男)과 허물이 없이 지내는 아주 친한 친구로서 사대부들의 어짊과 어질지 않음을 평하고 논하였는데, 운명의 길흉에까지 부합하지 않는 것이 없었으니 사람들 모두 기이하게 여겼다. 이 상국(李相國)에게 말하기를, "나에게 번잡한 사무를 처리할 만한 솜씨가 있으니, 나를 진주목사로 제수하면 내가 지닌 재능의 크기를 알 수 있을 것이다."라고 한 적이 있었으니, 대체로 당시에 용납되지 못하여 무슨 일을 할 수 없게 되자 차선책을 생각한 것이다.【협주: 정경세가 찬한 묘표에 실려 있다.】

비록 오로지 학문에만 전념하려 한 적이 없을 지라도, 기개가 시원하고 마음이 탁 트여 마음가짐과 일처리에서 자연스럽게 바른 의리에 어긋나지 않았다. 마음가짐은 강직하고 방정하며 몸가짐은 바르고 엄숙하기가 가을서리와 여름 햇볕 같았으니, 남의 악행을 보면 원수 같이 미워하였지만, 남의 잘못이나 허물은 용서하면서 가혹하게 각박한 짓을 하지 않았다. 술수(術數: 길흉을 점치는 방법)를 의지하지 않고도 능히 인간의 길흉과 세상의 흥망성쇠를 미리 알았다.

일찍이 나와 함께 옥당(玉堂: 홍문관)에 당직했던 적이 있었는데, 공이 모두 가득히 따른 술잔을 들어 마시면서 담소하며 크게 웃곤 하다가 술에 취해 쓰러져 깨어나지 못하였다. 불시에 소대(召對: 왕명으로 대면하여 임금의 하문에 응대하는 일)의 왕명이 내려지자 허겁지겁 일어나서 주상 앞에 나아갔는데, 그의 말과 기색은 평소와 다름이 없었다. 내가 보기에 참으로 불세출의 호걸스러운 선비였다. 식견과 도량은 넓고 원대한데다 지조와 행실은 순결하고 재주와 국량은 굉장히 컸으니, 만일 국가에 의해 맡겨져 쓰였다면 그 사업이 어찌 작았겠는가?【협주: 이원익이 찬한 언행록에 실려 있다.】

일찍이 주상을 모시고 있다가 눈물이 줄줄 흘러내린 적이 있었는데, 주상이 괴이하게 여기고 그 까닭을 물으니, 대답하기를, "신(臣)이 타고난 운명이 지극히 기박하고 수명이 다하여 전하를 길이 모시지 못하게 되었으니, 이 때문에 우는 것입니다."라고 하고는 동료에게 말하기를, "큰 난리가 장차 일어날 것인데, 감히 곧이곧대로 대답할 수가 없었다." 라고 하였다. 그해 겨울에는 정여립(鄭汝立)의 옥사가 있었고, 임진년

(1592)에는 왜란이 있었다.

괴원(槐院: 승문원)에 있으면서 오리(梧里) 이 문충(李文忠: 이원익)을 가리키며 동료들에게 이르기를, “너희는 모두 이 사람에게 미치지 못할 것이다. 다만 위태롭고 어려운 시기에 정승이 되더라도 눈물을 흘리며 그것을 당해낼 것이다.”라고 하였다.

길에서 동자(童子)들이 무리를 지어 노는 것을 보다가 한 동자를 불러 머리를 쓰다듬으며 말하기를, “이 아이는 움직이는 중에 고요함이 있으니, 훗날 반드시 귀하게 될 것이다.”라고 하였는데, 바로 상국(相國) 신흠(申欽)이었다.【협주: 허목이 찬한 유사에 실려 있다.】

이때 조정이 안정되지 못하였으니 〈당을 나누어〉 서로 밀치거나 끌어주자, 공은 문을 닫아걸고 자취를 감추었는데, 시를 지었으니 이러하다.

동서남북에서 바람이 불고
그 가운데 누군가가 있으니,
대취하고 다시 대취하더라도
따뜻한 기운이 절로 가득하리라.【협주: 가승에 실려 있다.】

• **姜緖**

姜緖, 字遠卿, 號蘭谷, 晉州人。右議政士尙子。中宗戊戌生。明宗甲子司馬, 宣祖己巳文科。歷三司, 至左承旨。己丑卒。贈領議政。

有當路者爲憲長, 啓於榻前, 曰: “薦人當使憲長兼之.” 公曰: “憲長主彈劾, 又令薦人, 則權柄太重。不幸奸人處之, 則禍不可言.” 聞者韙之。

時議欲引入銓地, 則故爲放曠之態以避之, 盖以盛滿爲懼也。晚益無意於世, 脫略形骸, 猖狂盃酒, 人莫不怪之, 而略不屑意。語及時事, 輒慨然歎曰: “吾觀天時人事, 不出四五年, 大禍作矣.” 未幾, 果有汝立之獄, 至壬辰而其言悉驗。

與完平李相國[1]·高士趙忠男, 爲莫逆交, 評論士大夫賢否, 命途吉凶無不符契, 人皆異之。常[2]語李相國曰: "我有掣煩手, 除我晉州牧使, 乃見我才大." 盖不見容於世, 不得有爲, 而思其次也。【鄭經世撰墓表】

雖不曾專意學問, 而氣度爽悟, 心地豁達, 處心行事, 自然不違於義理之正。剛方正肅, 若烈日秋霜, 見人之惡, 嫉之若讐, 而容人過誤, 不爲苛刻。不任術數, 而能前知吉凶隆替。

嘗與余直玉堂, 引滿擧白, 談笑大噱, 仍醉臥不省。不時, 有召對[3]之命, 蒼黃扶起, 至上前, 其言論辭氣, 無異平日。以余觀之, 誠不世出豪傑之士也。識度之弘遠, 志行之純潔, 才局之宏博, 倘爲國家所倚任, 則其事業, 豈淺淺乎?【李元翼撰言行錄】

嘗侍上, 泫然出涕, 上怪問之, 對曰: "臣賦命至薄, 大限至矣, 不得長侍殿下, 是以泣出." 語同僚, 曰: "大亂將作, 不敢直對." 其冬, 有汝立之獄, 壬辰有倭難。

在槐院[4], 指梧里李文忠, 謂同僚, 曰: "若等俱不及此人。但作相危難之際, 垂涕泣而當之."

路見童子羣戲, 招一童子拊頂曰: "此兒動中有靜, 他日必貴." 乃申相

---

1 完平李相國(완평이상국): 李元翼(1547~1634). 본관은 全州, 자는 公勵, 호는 梧里. 증조부는 秀泉君 李貞恩이며, 조부는 靑杞守 李彪이다. 아버지는 咸川正 李億載이며, 어머니 東萊鄭氏는 감찰 鄭鎦의 딸이다. 부인 延日鄭氏는 鄭樞의 딸이다. 1587년 이조참판 權克禮의 추천으로 안주목사에 기용되었다. 1592년 임진왜란이 발발하자 이조판서로서 평안도도순찰사의 직무를 띠고 먼저 평안도로 향했고, 宣祖도 평양으로 파천했으나 평양마저 위태롭자 영변으로 옮겼다. 이때 평양 수비군이 겨우 3,000여 명으로서, 당시 총사령관 金命元의 군통솔이 잘 안되고 군기가 문란함을 보고, 먼저 당하에 내려가 김명원을 元帥의 예로 대해 군의 질서를 확립하였다. 평양이 함락되자 정주로 가서 군졸을 모집하고, 관찰사 겸 순찰사가 되어 왜병 토벌에 전공을 세웠다. 1593년 정월 李如松과 합세해 평양을 탈환한 공로로 崇政大夫에 가자되었고, 선조가 환도한 뒤에도 평양에 남아서 군병을 관리하였다. 1595년 우의정 겸 4도체찰사로 임명되었으나, 주로 영남체찰사영에서 일하였다. 이때 명나라의 丁應泰가 經理 楊鎬를 중상모략한 사건이 발생해 조정에서 명나라에 보낼 陳奏辨誣使를 인선하자, 당시 영의정 유성룡에게 "내 비록 노쇠했으나 아직도 갈 수는 있다. 다만 학식이나 언변은 기대하지 말라." 하고 자원하였다. 그러나 정응태의 방해로 소임을 완수하지 못하고 귀국하였다.

2 常(상): 嘗의 오기인 듯.

3 召對(소대): 왕명으로 대면하여 임금의 하문에 응대하는 일.

4 槐院(괴원): 承文院. 외교에 대한 문서를 맡아보던 관아.

國欽[5]也。【許穆撰遺事】

是時, 朝著不靖, 互爲擠援, 公杜門屛跡, 有詩曰: "東西南北風, 有人在其中。大醉復大醉, 和氣自融融."【家乘】

보충
정경세(鄭經世, 1563~1633)가 찬한 묘표

통정대부 행 승정원좌승지 강공 묘표

공의 휘는 강서(姜緖), 자는 원경(遠卿), 성씨는 강씨(姜氏), 본관은 진양(晉陽)으로 고려조 국자박사(國子博士) 강계용(姜啓庸)의 후예이다. 박사의 후손으로 강군보(姜君寶, 1312~1380)가 있어 봉산군(鳳山君)에 봉해지고 문경(文敬)이라는 시호를 받았으며, 강시(姜蓍, 1339~1400)가 있어 문하찬성사(門下贊成事)를 지내고 공목(恭穆)이라는 시호를 받았는데, 이들은 모두 이름이 널리 알려진 사람들이다.

공의 고조부 휘 강형(姜詗, 1451~1504)은 연산조(燕山朝) 때 대사간(大司諫)이 되었다가 세 아들과 함께 같은 날에 화를 당하였고 훗날 이조판서에 추증되었다. 증조부 휘 강영숙(姜永叔, ?~1504)은 좌찬성에 추증되었다. 조부 휘 강온(姜溫, 1496~1533)은 의정부 사인(議政府舍人)을 지냈고

5 申相國欽(신상국흠): 相國 申欽(1566~1628). 본관은 平山, 자는 敬叔, 호는 玄軒·象村·玄翁·放翁. 증조부는 申世卿이며, 조부는 우참찬 申瑛이다. 아버지는 개성도사 申承緖이며, 어머니 恩津宋氏는 宋麒壽의 딸이다. 부인 全義李氏는 李濟臣의 딸이다. 宋麟壽와 李濟民의 문하에서 수학했다. 1585년 진사시와 생원시에 차례로 합격하고, 1586년 별시문과에 급제하였다. 임진왜란 때에 삼도 순변사 申砬을 따라 조령 전투에 참가했으나, 신립이 패하자 강화에 들어갔다가 체찰사 정철의 종사관이 되었다. 이후 도승지, 병조참판, 부제학, 대사성을 거쳐 한때 명나라에 다녀오기도 했다. 동지성균관사, 예문관 대제학을 지내고 1608년, 한성부판윤, 병조판서, 예조판서를 거쳐 경기도관찰사에 이어 지의금부사와 대사헌을 지내다 숭정대부가 되고 동지경연사가 되었다. 光海君이 즉위하자 대사헌으로서 세자 책봉 주청사가 되었고 선조로부터 영창대군을 보필하라고 부탁 받은 7대신 중의 한 사람으로, 1608년 柳永慶의 옥사 직후 定運功臣에 책록되었다. 1613년 계축옥사 때에 유배되었다. 仁祖反正 후 다시 등용되어 이조판서와 대제학을 거쳐 우의정을 지냈으며, 정묘호란 때 좌의정으로서 세자를 모시고 전주에 피난갔다가 돌아와서 영의정이 되었다.

영의정에 추증되었다. 아버지 휘 강사상(姜士尙, 1519~1581)은 우의정을 지냈고 영의정에 추증되었으며, 진천부원군(晉川府院君)에 봉해졌다. 어머니 정경부인(貞敬夫人) 윤씨(尹氏)는 훈련원 부정(訓鍊院副正) 윤광운(尹光雲)의 딸이다.

공은 가정(嘉靖) 무술년(1538) 3월 경자일(13일)에 출생하였다. 갑자년(1564) 상상(上庠: 성균관)에 올랐다. 융경(隆慶) 무진년(1568) 음직(蔭職)으로 유곡도 찰방(幽谷道察訪)에 보임되었다. 기사년(1569) 문과에 급제하여 처음으로 벼슬길에 나가 승문원(承文院)에 선발되어 들어갔다가 병으로 7년 동안이나 관청에 나오지 못하였다. 만력(萬歷) 병자년(1576) 비로소 성균관 전적으로 승진하여 옮겨졌고, 형조·공조·예조·병조의 좌랑으로 전직(轉職)되었고, 정언·수찬·지평을 거쳐 직강(直講)으로 교체되어 제수되었고, 얼마 되지 않아 홍문관 교리(弘文館校理)로 승진하여 옮겨졌다가 부응교(副應教)로 승진하였다. 사간(司諫)이었다가 사예(司藝)로 교체되어 제수되었고, 장령(掌令)으로 승진하여 옮겨졌다.

신사년(1581)에 아버지상을 당하였고 갑신년(1584) 봄에 다시 장령에 제수되었는데, 어머니를 봉양하기 위해 외직으로 나가 수원부사(水原府使)가 되어 판결하는 것이 엄정하고 명백하자, 아전들은 두려워하고 백성들은 의탁해 따랐다. 겨울에 품계가 올랐으나 1년도 되지 않아 병을 칭탁하고 고향으로 돌아왔다. 병술년(1586) 남양부사(南陽府使)에 제수되었는데, 응당 외직에 도로 제수되어야 했기 때문이었다. 이때 변방의 소란에 대한 경보가 있어서 바닷가에 인접한 고을의 수령이 모두 무변(武弁: 무과 출신 벼슬아치)으로 바꾸었는데, 이로 인해 교체되어 돌아와 동부승지에 제수되었고, 햇수를 채우고 승진하여 우부승지가 되었으나 병으로 교체되었다. 얼마 되지 않아 우승지를 거쳐 좌승지를 역임하고 사직하여 교체되었다. 무자년(1588) 여름 인천부사(仁川府使)에 제수되었다가 그 이듬해 기축년(1589) 봄에 파직되어 고향으로 돌아왔다가 5월 임신일(28일)에 정침(正寢)에서 병으로 죽었으니, 향년은 52세였다. 그해

10월 무인일(18일)에 금천(衿川)의 난곡리(蘭谷里)에 있는 진향(辰向)의 언덕에 안장하였다. 아들 강홍덕(姜弘德)이 원종공신(原從功臣)으로 녹훈되었기 때문에 여러 차례 추증되어 영의정에 이르렀다.

공은 타고난 성품이 활달하고 의젓하였으며, 그릇됨과 도량이 명쾌하였다. 비록 오로지 학문에만 뜻을 두지는 않았으나, 마음가짐과 일처리하는 것이 의리에 배치되지 않았다. 남의 악행을 보면 마치 자기 몸을 더럽힐 것처럼 여겼으나 또한 각박하게 실상을 캐내려는 논의만은 하지 않았으니, 이 때문에 사람들이 비록 공경하면서도 꺼리기는 했으나 감히 원망하거나 화를 내지는 않았다. 스스로는 평탄하게만 처신하고 모난 짓을 하지 않았으며 명성을 혁혁하게 떨치려고 하는 짓을 가장 꺼렸다. 지제교(知製敎)와 같은 벼슬은 비록 화려한 직함이라고 부르나, 본래 현달한 관직이 아닌데도 여러 차례나 글재주가 부족하다며 사양하였다. 이때의 논의가 전조(銓曹)의 자리로 끌어들이려 하자, 고의로 조금도 거리끼지 않고 마음 내키는 대로 하여 이를 피하였으니, 복록이 넘쳐나는 것을 두려워하였기 때문이었다.

공은 성품이 강직하고 방정하여 경연(經筵)에 있을 때에는 할 말을 피하지 않고서 다하였으니, 주색(酒色)을 삼가고 궁중의 금법(禁法)을 엄하게 하는 일 등을 여러 차례 풍간(諷諫)하였다. 또한 교만하여 공손치 못하게 올린 상소에 자못 기휘(忌諱)를 저촉하는 말이 있었으나, 선조(宣祖)는 평소 공의 숨김이 없는 정직함을 알아 그 말이 반드시 충심에서 나왔으리라 여겼기 때문에 일찍이 귀에 거슬려 한 적이 없었다. 한 당로자(當路者: 권세를 갖고 높은 자리에 있는 사람)가 대사헌이 되어 탑전(榻前)에서 아뢰기를, "사람을 천거하는 것을 마땅히 대사헌으로 하여금 겸하게 하여야 합니다."라고 하자, 공이 아뢰기를, "대사헌은 탄핵하는 것을 주관하는데다 또 인재를 천거하도록 한다면 권력이 지나치게 집중됩니다. 불행히도 간사한 자가 그 자리에 있게 되면 화(禍)를 이루 말할 수 없을 것입니다."라고 하니, 이를 들은 자들이 옳게 여겼다.

일찍이 장령(掌令)으로서 대궐에 나아간 적이 있었는데, 술이 취한 채로 옥당(玉堂: 홍문관)에 들어갔다가 조정의 논의를 주도하고 당시 사람들의 우두머리라 일컬어지는 자가 그 자리에 있자, 공은 눈을 부릅뜨고 꾸짖으며 말하기를, "옥당은 지위와 명망이 매우 엄중한 곳인데, 네가 어찌 이러이러할 수가 있느냐?"라고 하니, 그 사람은 얼굴빛이 흙빛이었고 곁에서 들은 자들은 소름이 끼쳤다. 그 훗날에 묻기를, "어찌 함부로 하는 말이 그 지경에 이를 수 있단 말인가?"라고 하자, 공이 웃으면서 말하기를, "취중에 미친 말을 하여 후회스럽다."라고 하였지만, 공의 얼굴빛을 보니 실제로는 후회하는 마음이 없었다.

늘 시속이 분수에 지나친 사치를 숭상하는 것을 싫어하여 번번이 한가로이 지낼 때면 자제들에게 말하기를, "우리 집안은 대대로 청빈하였으니, 너희들은 마땅히 마음가짐과 몸가짐을 삼가서 이를 바꾸어서는 안 된다. 거처와 의복, 음식 모두 검소하고 소박하게 하여라."라고 하였으니, 집안의 젊은 사람들이 감히 화려하고 사치스런 모습으로 나타나지 못하였다. 자식들을 훈계하는 명(銘)이 서갑(書匣: 책이 상하지 않도록 보관하는 상자)에 있었는데, 그 글에 이르기를, "어버이를 사랑하고 어른을 공경하며, 형제간에는 우애하라. 성심으로 대하고 속이지 말며, 침착하고 과묵하여 말수가 적어라. 검소함을 응당 숭상하며, 분수에 지나친 생활을 부러워 말라. 주색은 패가망신하나니, 이를 가장 경계하라. 남의 착한 행실을 보거든, 북받쳐서 그와 같아지기를 생각하라. 남의 악한 행실을 듣거든, 꾸짖고 벌할 것이지 논의만 하지 말라. 잡스런 연희는 물리쳐 단절하며, 경서와 사서 읽기에 마음을 두어라. 옛사람에게서 배우지 않으면, 노예나 오랑캐와 무엇이 다르겠는가. 남이 한번에 하면 나는 백번이라도 할지니, 낙담 말고 게으르지 말라. 이 훈계를 행하기만 하면, 바로 진정한 효자가 되리로다."라고 하였다.

이때 조정이 안정되지 못하였으니 〈당을 나누어〉 서로 밀치거나 끌어주자, 공은 문을 닫아걸고 자취를 감추고서 남들과 교유하는 것을 좋아하지 않았다. 오직 경서와 사서를 보는 것으로 스스로를 즐겼는데, 때로는 거문고를 타며 홀로 술을 기울이다가 취하면 큰 소리로 노래를 불러 흥취를 달랬다.

만년에 더욱 세상일에 뜻이 없어 형해(形骸: 예의나 격식)에 얽매이지 않고 미치광이처럼 술자리에서 보내고만 있으니, 사람들이 괴이쩍게 여기지 않는 사람이 없었으나 공은 조금도 개의치 않았다. 시사(時事)를 언급할 때면 번번이 개연히 탄식하며 말하기를, "내가 천시(天時: 하늘의 기운)와 인사(人事: 인간 세상의 일)를 살펴보건대, 예로부터 이와 같고도 어지러워지지 않은 적이 없었으니 네댓 해가 지나지 않아 큰 화가 일어날 것이다."라고 하였다. 임종할 즈음 자제들을 돌아보며 말하기를, "너희들은 슬퍼하지 마라. 병들어서 죽는 것을 어찌 슬퍼할 것이 있겠느냐?"라고 하였다. 그해 겨울에 과연 정여립(鄭汝立)의 변고가 있었던데다 임진년(1592)이 되자, 공의 말은 모두 들어맞았다.

공은 평소에 완평부원군(完平府院君) 상국(相國) 이원익(李元翼, 1547~1634)·고사(高士: 고결한 선비) 조충남(趙忠男)과 허물이 없이 지내는 아주 친한 친구가 되어 도를 같이하고 뜻을 같이하였는데, 당시 사대부 가운데 어짊과 어질지 않음이 미처 드러나지 않은 자에 대해 서로 평하고 논하면서 말하기를, "아무개는 어질다, 아무개는 어질지 못하다."라고 하였다. 그 후로 가서는 그들의 말이 하나도 합치되지 않는 것이 없었고, 운명의 길흉에 대해서도 또한 모두 부합하였으니, 사람들 모두 기이하게 여겼으나 능히 추측할 수가 없었다.

또 일찍이 동생들의 어짊을 칭찬하며 말하기를, "강인(姜絪)은 더욱 차분하고 조용하면서도 도량과 식견을 지녔으니 오랜 뒤에는 의당 현달할 것이다."라고 한 적이 있었다. 또 이 상국(李相國: 이원익)에게 말하기를, "나에게 번잡한 사무를 처리할 만한 솜씨가 있으니, 나를 진주목사로 제수하면 내가 지닌 재능의 크기를 알 수 있을 것이다."라고 한 적이 있었으니, 대체로 당시에 용납되지 못하여 무슨 일을 할 수 없게 되자 차선책을 생각한 것이다.

공은 정랑(正郞) 우치홍(禹治洪)의 딸에게 장가들었다. 아들은 하나를 낳았으니 강홍덕(姜弘德)으로 군수를 지냈고 기량이 활달한데다 선친(先親)의 풍모를 크게 이어받았으며, 딸은 감사(監司) 정호선(丁好善)에게 시집갔다. …(중략)…

공의 동생 진창군(晉昌君) 강인(姜絪, 1555~1634)과 첨지중추부사(僉知中樞府事) 강담(姜紞, 1559~1637)이 가장(家狀)을 가지고 와서 이 상국(李相國: 이원익)의 명으로 나에게 고하기를, "가형(家兄: 姜緖)이 죽은 지 이미 수십 년이 지났는데도 묘지에 묘표가 없네. 조카 강홍덕이 일찍이 비석을 마련해 놓고 장차 입언(立言)하는 군자에게 청하여 그 선친의 덕을 드러내려 하였으나 불행하게도 일을 이루기 전에 죽고 말았네. 이 상국이 가형을 친동기처럼 보고 그대에게 그 일을 부탁하라고 명하였으니, 그대는 그 일을 도모하여 주게."라고 하였다.

정경세(鄭經世) 나는 비록 공의 모습을 미처 바라보지는 못하였으나, 이 상국을 모시고서 청하여 많은 것을 배웠는데, 공을 호걸스러운 선비라고 자주 칭찬하는 것을 보았으며, 또 말하기를, "식견과 도량은 넓고 원대한데다 지조와 행실은 순결하고 그릇됨은 굉장히 크니, 오늘날 구하려 해도 그 짝을 찾기 어려울 것이다. 만약 국가에 의해 맡겨져 쓰였다면 그 사업이 어찌 작았겠는가? 그런데도 끝내는 거문고를 뜯고 노래를 부르며 술에 취한 채 옷을 풀어 해치고서 이리저리 떠돌다가 자포자기하는 처지에 놓이는 것을 달갑게 여기고 말았던 것이야 어찌 그의 본심이었으랴?"라고 하였다. 아, 이 말로 본다면 공은 말세의 평범한 사람이 아님을 단언할 수 있을 것이다. 마침내 명을 받들어 즐겁게 위와 같이 말하면서 후세 사람들이 상고할 수 있기를 기다린다.

通政大夫行承政院左承旨姜公墓表

公諱緖, 字遠卿, 姓姜氏, 晉陽人, 麗朝國子博士啓庸之裔孫也。博士後有曰君寶, 鳳山君, 諡文敬, 曰蓍, 門下贊成事, 諡恭穆, 皆聞人也。公高祖諱訶, 燕山朝爲大司諫, 與三子, 同日被禍, 後贈吏曹判書。曾祖諱永叔, 贈左贊成。祖諱溫, 議政府舍人, 贈領議政。考諱士尙, 右議政, 贈領議政晉川府院君。妣貞敬夫人尹氏, 訓鍊副正光雲之女。公嘉靖戊戌三月庚子生。甲子陞上庠。隆慶戊辰, 蔭補幽谷道察訪。己巳釋褐, 選入承文院, 病不仕七年。萬歷丙子, 始遷成均館典籍, 轉刑工禮兵佐郎, 歷正言·修撰·持平, 遞授直講, 尋遷弘文館校理, 陞副應教, 以司諫, 遞授司藝, 遷掌令。辛巳, 丁外艱。甲申春, 復拜掌令, 爲養出爲水原府使, 剖決嚴明, 吏畏民懷。冬命增秩, 未一年, 謝病歸。丙戌, 授南陽府使, 法應還除外任故也。時有邊警, 沿海守令皆易以武弁, 因此遞歸。拜同副承旨, 序陞至右副, 以病遞。未久, 由右承旨, 歷左承旨。辭遞。戊子夏, 拜仁川府使, 己丑春, 罷還, 五月壬申, 疾終於寢, 得年五十二。以十月戊寅, 葬于衿川蘭谷里辰向之原。以子弘德原從勳, 累贈至領議政。公天資豁達, 器度明快。雖不專意於學問, 而處心行事, 不背於義理。見人之惡, 若將浼己, 而亦不爲刻覈之論, 以此人雖敬憚, 而不敢怨怒。自處平坦, 不求崖異, 最忌燀赫聲。如知製教, 雖名華銜, 本非顯職, 而累以不文辭。時議欲引入銓地, 則故爲放曠之態以避之。蓋以盛滿爲懼也。性剛方, 在經幄, 盡言不避, 以愼酒色·嚴宮禁等事, 累爲諷諫。且以驕亢陳戒, 頗有觸諱之語, 宣祖素知公質直, 謂其言必出於衷曲, 故未嘗逆耳焉。有一當路者爲都憲, 於榻前啓曰: "薦人當使憲長兼之." 公曰: "憲長主憚劾, 又令薦人則權柄太重。不幸奸人處之, 則禍不可言." 聞者韙之。嘗以掌令詣闕。乘醉入玉堂。有把握朝論爲時輩領袖者在其座, 公瞋目數之曰: "玉堂地望甚重, 汝何可如此如此?" 其人面色如土, 傍聽者竦然。異日問曰: "何放言至此?" 公笑曰: "醉裏狂言, 可悔也." 觀其色, 實無悔意。常惡俗尙侈靡。每於燕居。語子弟曰: "吾家世清貧, 汝輩當恪謹, 不可渝也。居處服食, 悉從儉素." 家少輩不敢以華靡見。有訓子銘, 在書匣, 辭曰: "愛親敬長, 友于兄弟。誠心勿欺, 沈默寡言。當崇儉素, 莫慕奢侈。酒色敗身, 最戒于是。見人之善, 激昂思齊。聞人之惡, 懲而勿議。屛絶雜戲, 留心書史。不學于古, 奴虜何殊?

人一己百, 勿沮勿怠。行此訓言, 是爲孝子." 是時, 朝著不靖, 互爲擠援, 公杜門屛跡, 不喜交遊。惟以書史自娛。時或鳴琴獨酌。醉則浩歌以遣興。晩年, 益無意於世, 脫略形骸, 猖狂杯酒間, 人莫不怪之, 而公略不屑意。語及時事。輒慨然歎息曰: "吾觀天時人事。自古未有如此而不亂者, 不出四五年, 大禍作矣." 臨歿。顧子弟曰: "爾輩無戚。病死何戚?" 是冬, 果有汝立之變, 至壬辰則其言悉驗矣。公素與完平李相國元翼·高士趙忠男, 爲莫逆交。同道同志。相與評論一時士大夫之賢否未著者而曰: "某也賢, 某也否." 及後, 其言無一不合, 至於命途之吉凶, 亦皆符契, 人皆異之而莫能測。又嘗稱其諸弟之賢而曰: "絪尤沈靜有器識, 久而當顯." 嘗語李相國曰: "我有剸煩手, 除我晉州牧, 乃見我才大." 蓋不見容於時, 不得有爲, 而思其次也。公娶正郎禹治洪女。生一男, 卽弘德, 郡守, 器宇軒豁, 大有先人風, 女適監司丁好善。…(중략)… 公之弟晉昌君絪·僉知紘, 持家狀來, 以李相國命, 告經世曰: "家兄歿已數十年, 而墓道無表。從子弘德, 嘗具碣石, 將請於立言之君子, 以顯其先德, 不幸未就而死。李相國視家兄如同氣, 命屬筆於吾子, 吾子其圖之." 經世雖未及望公儀表, 而得侍李相國坐請益多矣, 見其亟稱公爲豪傑之士, 且曰: "識量之弘遠, 志行之純潔, 器局之宏博, 求之今世, 罕見其倫。倘爲國家所任用, 則其事業豈淺淺乎哉? 而畢竟琴歌縱飮, 流蕩昌披, 甘處於自棄之地者, 豈其本心哉?" 嗚呼! 觀於此語, 可以斷公之非叔世人矣。遂承命而樂道之如右, 以俟來者之取考焉。

〔愚伏先生文集, 卷18, 墓表〕

보충

이원익(李元翼, 1547~1634)이 찬한 언행기

집우 강 승지 언행기

나는 공과 함께 갑자년(1564) 사마시에 같이 합격하고 반사(泮舍: 성균관)에 오가며 지냈으나 서로 깊이 알지는 못했다. 기사년(1569) 문과에도 같이 급제하고 괴원(槐院: 승문원)에 들어가 벼슬살이를 하였는데, 날마다 어울려 놀며 지내면서 비로소 공이 말세의 평범한 인물이 결코 아님을 알게 되었다.

공은 비록 오로지 학문에만 종사하려는 뜻을 둔 적이 없었을 지라도, 기개가 시원하고 마음이 탁 트여 마음가짐과 일처리에서 자연스럽게 바른 의리에 어긋나지 않았으니, 혼자 우뚝 서서 스스로 터득한 경지는 어느 사람이라도 가히 미칠 수 없었고 또한 헤아릴 수 없었다. 겉으로는 마치 방탕하여 규범을 따르지 않는 듯 보였지만, 그 속마음은 강직하고 방정하며 몸가짐은 바르고 엄숙하기가 가을서리와 여름 햇볕 같았던 것은 어느 사람이라도 가히 미칠 수 없었다. 남의 악행을 보면 마치 자기 몸을 더럽혀지는 것처럼 여겨 원수 같이 미워하였지만, 남의 잘못이나 허물을 용서하면서 가혹하게 각박한 짓을 하지 않았던 것은 어느 사람이라도 가히 미칠 수 없었다. 스스로는 평범하게 처신하면서 남들과 다르기를 바라지 않았고, 또한 남들이 자기의 선행을 알게 하거나 자기의 능력을 알게 하고 싶어하지 않았던 것은 어느 사람이라도 미칠 수 없었다. 번화한 문벌에서 태어나 자랐고 현달하여 요직을 드나들면서도 이를 뜬구름처럼 여겨 끝내 그 마음을 얽매지 않은 채, 검소하여 마치 가난한 선비와 같았고 감히 남에게 교만하지 않았던 것은 어느 사람이라도 미칠 수 없었다. 스스로를 형해(形骸: 예의나 격식)의 밖으로 풀어놓아 마치 바보인 듯 미친 듯했던 것은 어느 사람이라도 헤아릴 수 없었다. 술수(術數: 길흉을 점치는 방법)에 의지하지 않고도 능히 사람의 길흉을 알았고 세상의 흥망성쇠를 알았던 것은 어느 사람이라도 헤아릴 수 없었다.

심지어 인물을 변별하고 장단점을 평하고 말할 때면 비록 옛사람에게 또한 크게 뒤지지 않았다. 일찍이 사대부가 벼슬길에 들어서서 어짊과 어질지 못함을 드러내지 않은 자에 대해 아무개를 지적하며 어질다거나 아무개를 지적하며 어질지 않다거나 나와 함께 말한 적이 있었다. 그때

나 또한 깊이 믿지 않았었는데, 시간이 오래 지나고서야 그의 말이 하나도 들어맞지 않은 것이 없었다. 이것은 그 자리에 몸소 있던 사람이 아니라면 어찌 이와 같을 수가 있었겠는가? 동료 사이에서, 비록 그들의 죄과를 알면 때로 주상 앞에서 그것을 논하거나 때로 면전에서 배척하여 물리쳤을지라도 말세의 남몰래 헐뜯거나 음모를 꾸미는 태도를 일체 취하지는 않았다. 이 때문에 사람들이 비록 꺼렸을지라도 또한 깊이 원망하지는 않았다.

하루는 내가 옥당(玉堂: 홍문관)에서 당직하고 있었는데, 공이 장령(掌令)으로서 술에 취한 채로 들러 옥당 안으로 들어왔다. 옥당의 관원 가운데 조정의 논의를 주도하고 당시 사람들의 우두머리라 일컬어지는 자가 있자, 공이 눈을 부릅뜨고 그 사람을 보며 말하기를, "내 몸에 국가의 기강을 짊어지고 있으니 바로 그대를 논박할 수 있다. 옥당은 지위와 명망이 매우 엄중한 곳인데, 네가 어찌 이와 같이 할 수 있단 말인가?"라고 하고는 이어서 그의 죄과를 하나하나 들추어 꾸짖으니, 그 사람은 얼굴빛이 흙빛이었고 들은 자들은 소름이 끼쳤다. 그 훗날에 내가 공에게 묻기를, "어찌 함부로 하는 말이 그 지경에 이를 수 있단 말인가?"라고 하자, 공이 웃으면서 답하기를, "취중에 미친 말을 하여 정말로 후회스럽다."라고 하였지만, 공의 얼굴빛을 보니 또한 후회하는 마음이 없었다.

공의 성품이 소탕하여 세상의 일을 마음에 두지 않았고 뜻이 고상하고 원대하여 큰 절개가 많았다. 임금을 사랑하고 나라를 걱정하는 마음이 지극히 정성스럽고 간절했으며, 세태를 근심하고 시속을 슬퍼하는데 의기가 격렬하였으니, 간쟁하는 자리를 맡으면 조정의 기강을 엄숙하게 할 바를 생각하였고, 논사(論思: 경연관)의 직책을 맡으면 임금의 덕을 도울 방도를 생각하였는데, 뜻이 받아들여지지 않으면 곧바로 벼슬을 내어놓았고 결코 구차하게 받아들이도록 할 생각을 하지 않았다.

늘 임금 앞에 나아갈 때마다 용모를 가다듬고 얼굴빛을 엄정히 하고서 말하는 기운이 늠름하였는데, 논하는 바는 반드시 근본을 밝히고 근원을 맑게 하는 것을 우선하였다. 일찍이 나와 함께 옥당(玉堂)에 당직했던 적이 있었는데, 공이 모두 가득히 따른 술잔을 들어 마시면서 담소하며 크게 웃곤 하다가 술에 취해 쓰러져 깨어나지 못하였다. 불시에 소대(召對: 왕명으로 대면하여 임금의 하문에 응대하는 일)의 왕명이 내려지자, 관리(館吏: 홍문관의 관리)가 허겁지겁 공의 얼굴에 물을 끼얹어 깨우고 부축해 일으켰다. 그러나 주상 앞에 나아가서는 그의 말과 기색이 늠름하여 평소와 다름이 없었으니, 그의 가슴속에 보전한 바에는 뜻이 정해진 다음에 마음이 고요해질 수 있는 힘이 있어서 외물에 의해 흔들리거나 어지럽혀지지 않음을 알 수 있다.

내가 보기에 공은 참으로 불세출의 호걸스러운 선비였다. 그의 식견과 도량은 넓고 원대한데다 지조와 행실은 순결하고 재주와 국량은 굉장히 크니, 지금의 세상에 구하려 해도 그 짝을 찾기 어려울 것이다. 만일 국가에 의해 맡겨져 쓰였다면 그 사업이 어찌 작았겠는가? 그런데도 끝내는 거문고를 뜯고 노래를 부르며 술에 취한 채 옷을 풀어 해치고서 이리저리 떠돌다가 자포자기하는 처지에 놓였던 것이 어찌 그의 본심이었으랴? 그 마음 또한 애처롭도다. 일찍이 나에게 말하기를, "나에게 번잡한 사무를 처리할 만한 솜씨가 있으니, 나를 진주목사로 제수하면 내가 지닌 재능의 크기를 알 수 있을 것이다."라고 한 적이 있었으니, 대체로 당시에 용납되지 못하여 무슨 일을 할 수 없게 되자 차선책을 생각한 것이다.

공의 아들 군수 강홍덕(姜弘德)은 기품과 식견이 넓은데다 선친의 풍모를 크게 이어받아서 몸가짐을 바로하고 직무를 맡아 수행하여 집안의 가르침을 저버리지 않았다. 지금 선친이 두루 역임한 사실을 기록해 한 권으로 엮어 가지고 와 나에게 보여주면서 장차 묘갈문을 오봉공(五峯公)에게 청하려 하는데, 내가 일찍이 선공(先公: 강서)의 지우(知遇)를 입었으니 선공의 평소 언행을 나에게 부탁하였다. 공의 평생 마음과 행적은 이미 이 기록에 모두 담겨 있었으니, 내가 다시 덧붙일 말이 없었다. 다만 나는 비천하고 용렬한데다 하찮은 몸이었지만 공에게 지우를 입었으니, 공이야 비록 사람을 알아보는 데에는 실수였을지라도 나에게는 참으로 또한 하나의 큰 영광으로 느껴지는 행운이었으므로 한마디라도 언급하지 않을 수 없었다. 이에 감히 보거나 들은 바를 대략 적어서 오봉공의 첨삭을 기다린다.

執友姜承旨言行記

余與公同甲子司馬, 來往泮舍, 相知未深。及同登己巳科, 入仕槐院, 日與之遊處, 始覺公大非叔世人物。公雖不曾專意從事於學問, 而氣度快爽, 心地豁達, 處心行事, 自然不違於義理之正, 其卓然自立而自得處, 人不可及, 而亦不可測。外似放曠不遵繩墨, 而其中剛方整肅, 若秋霜烈日者, 人不可及。見人之惡, 若將浼己, 嫉之如讐, 而容人過誤, 不爲苛刻者, 人不可及。自處平平, 不欲畦異, 亦不欲令人知己之善, 知己之能者, 人不可及。生長華閥, 出入顯要, 而視若浮雲, 終不以累其心, 儉素如寒士, 不敢驕人者, 人不可及。自放形骸之外, 如癡如狂者, 人不可測。不任術數, 而能知人吉凶, 知世隆替者, 人不可測。至於辨別人物, 評論長短, 雖古人亦不多讓。嘗與余言士大夫之入仕, 而賢否未著者, 指某爲賢, 指某爲否。伊時, 余亦不深信, 久後其言無一不驗。此非身在堂上者, 安能若此? 僚友間, 雖知其罪過, 而或於上前論之, 或面加斥絶, 一切不爲末世陰搆之態。以此人雖憚之, 而亦無深怨。一日, 余直玉堂, 公以掌令, 乘醉歷入玉堂。玉堂官有把握朝論, 爲時輩領袖者, 公瞋目視其人, 曰: “我身佩國家綱紀, 正可駁汝。玉堂地望甚重, 汝所爲若是乎?” 仍歷數其罪過, 其人面色如土, 聞者悚然。異日, 余問公, 曰: “何放言至此?” 公笑答: “醉裏狂言, 誠悔之.” 觀其色, 亦無悔意。公性闊略, 不屑世務, 而磊磊多大節。其愛君憂國, 至誠懇惻, 傷時悼俗, 義氣激烈, 任諫諍則思所以肅朝綱, 職論思則思所以輔君德, 不得意, 卽解官, 決不爲苟容計。每於上前, 整容正色, 辭氣凜然, 其所論, 必以澄本淸源爲先。嘗與余共直玉堂，公引滿擧白，談笑大噱，仍醉臥不省。不時，有召對之命，館吏蒼黃以水灑其面而扶起之。及至上前，其言論辭氣之凜然，無異平日，可見其中之所存，有定靜之力，不爲物所撓亂矣。以余觀之，公誠不世出豪傑之士也。其識度之弘遠，志行之純潔，才局之宏博，求之今世，罕見其倫。儻爲國家所倚任，則其事業，豈淺淺乎哉? 而畢竟琴歌縱飮，流蕩猖披，甘處於自棄之地者，豈其本心哉? 其情亦戚矣。嘗謂余曰: "我有剸煩手段，除我晉州牧，乃見我才大." 蓋不見容於時，不得有爲，而思其次也。其胤郡守弘德，氣味識量，大有先人風，持身任職，能不墜家訓。今以先人莅歷事實，一錄來示余，仍將請碣文於五峯公，以余嘗爲先公所知，求先公平日言行於余。公之平生心事，已悉於此錄，余無可復贅。第余以卑庸下品，遇知於公，公雖失於知人。而於余誠亦一大榮幸，不可無一言之相及。玆敢略敍見聞，以俟五峯之存削。

〔梧里先生文集，卷1，雜著〕

보충

허목(許穆, 1595~1682)이 찬한 유사

강 승지 유사

강서(姜緖)의 자는 원경(遠卿), 그 선계(先系)는 진양(晉陽)이다. 4대조 강형(姜詗)은 성종(成宗)을 섬겼다. 연산군(燕山君)이 처음 왕위에 오르고서 어머니인 왕비의 폐위를 원망하여 관련자들을 죽이기로 하고 어머니의 묘호(墓號)를 회릉(懷陵)이라 하자, 강형이 간하기를, "선왕(先王: 성종)이 금하신 일입니다."라고 하였다. 연산군은 깊이 감정을 품은 뒤 이전에 법을 들어 논죄하던 자들을 죽이고 강형의 집안까지도 멸족시켰다. 중종 때에 이르러 강형의 손자 강온(姜溫)은 사인(舍人)이 되었고, 강온의 아들 강사상(姜士尙)은 선조(宣祖) 때에 재상이 되어 정정(貞靖)의 시호를 받았다. 공은 정정공의 맏아들이다.

공은 성품이 지혜롭고 사리에 밝은데다 항상 대절(大節)이 많았다. 명종 20년(1565) 국자시(國子試)에 선발되었으며, 선조 2년(1569) 문과 병과(丙科)로 급제하여 승문원(承文院)에 선발되었지만 병이 많아서 직책을 7년이나 맡지 못하다가, 국자감 전적(國子監典籍)으로 옮겼다. 그 후로 항상 삼사(三司)에 있었는데, 지제교(知製敎)에 선발되었지만 사양하여 나아가지 않으니 재차 선발되었는데도 사양하자, 주상이 마침내 받아들였다. 어머니가 늙은 것을 이유로 고을 수령이 되기를 구하여 수원 부사(水原府使)가 되었으나 1년 만에 병으로 인해 사직하고 돌아왔으며, 다시 외직으로 나가 남양 부사(南陽府使)에 부임하였으며, 재차 승정원으로 들어와 좌승지에 이르렀다. 후에 외직으로 나가 인천 부사(仁川府使)에 부임하였으나 1년 만에 파직되고 돌아와서 죽었다. 향년은 52세였다.

공의 집안은 훌륭하고 명문이었으니, 이미 삼공(三公: 우의정 강사상)을 지냈고, 아들(姜弘德)과 두 동생(姜絪과 姜紞)이 모두 높은 벼슬을 지냈다. 늘 양보하거나 사양하였으며, 남을 업신여긴 적이 없었다. 검소한 것을 좋아하였고 스스로 잘 지키며 더욱 겸손하였다. 근신(近臣)으로서 항상 임금 곁을 모셨는데, 늘 음악과 여색을 멀리하고 교만과 자만을 경계하여 궁중을 엄숙히 하도록 자주 올곧게 말하고 바르게 간언하는데 거리낌이 없었으니, 주상은 그의 말이 임금을 사랑하는 데에서 나온 것임을 알고 깊이 받아들였다.

당시 권력을 잡은 자가 대사헌이 되어 주상에게 아뢰기를, “인재를 논하여 천거하는 것은 마땅히 법사장(法司長: 대사헌)이 겸하여 맡도록 해야 합니다.”라고 하자, 공이 말하기를, “안 됩니다. 이미 오로지 탄핵을 전담하고 있는데 또한 천거를 논하여 주관하도록 한다면 권력이 지나치게 집중됩니다. 불행히도 간사한 자가 그 자리에 있게 되면 그 해악이 도리어 클 것입니다”라고 하니, 그 말을 한 사람이 감히 다시 말하지 못하였다.

일찍이 장령(掌令)이 되어 술에 취한 채로 옥당(玉堂: 홍문관)에 들른 적이 있었다. 한 사람이 자신의 주장을 내세우는 것을 좋아하여 당대의 언론을 좌우할 만한 자가 있자, 공을 부릅뜨고 말하기를, "옥당은 사람의 기대가 집중되는 곳이거늘, 네가 하는 일이 이와 같다면 내가 논박하여 바로잡겠다."라고 하고는 이윽고 꾸짖으니, 그 사람은 얼굴이 붉어지며 크게 부끄러워하였다. 이때 문충공(文忠公) 이원익(李元翼) 또한 옥당에 같이 있었는데, 그 후에 묻기를, "어떻게 그리 함부로 말하셨소?"라고 하니, 웃으며 말하기를, "취중에 한 말이라 후회스럽소."라고 하였지만, 실제로는 후회하는 기색이 없었다. 후에 그 사람은 화를 입고 패망하였다.

한 재상(宰相)과 평소 서로 사이가 좋았는데, 같이 주상 앞에 있었을 때 주상이 말하기를, "조정에 청렴한 기풍이 없으니 사대부의 수치이다."라고 하자, 공이 대답하기를, "먼저 아무개를 벌하시면 사대부들이 부끄러움을 알 것입니다."라고 하였다. 그 사람이 땅에 엎드려 사죄하고 나의 말을 받아들이면서 죄주기를 청하며 말하기를, "강서의 말은 모두 옳습니다."라고 하자, 주상이 말하기를, "그 잘못을 숨기지 않으니 두 사람은 훌륭하도다."라고 하였다. 그 사람이 나와서 사례하며 말하기를, "그대의 직언 덕분에 내가 화를 면할 수 있었다는 것을 압니다."라고 하고는 이윽고 술을 따라 마시며 즐거워하자, 공은 담담하게 마음껏 마시고 취한 채로 돌아왔다.

이때 동인과 서인의 붕당 논의가 일어나자, 공은 남들과 교유하는 것을 일체 끊고서 늘 글을 읽었는데, 감흥이 일면 거문고를 타며 홀로 술에 취하여 번번이 큰 소리로 노래를 불렀고, 때로는 미친 듯이 제멋대로 행동하였다. 일찍이 탄식하며 말하기를, "천시(天時: 하늘의 기운)와 인사(人事: 인간 세상의 일)를 살펴보건대, 네댓 해가 지나지 않아 큰 난리가 일어날 것이다."라고 하면서, 때로는 사람을 대하여 눈물을 흘리니 사람들이 괴이하게 여겼다. 훗날에 주상을 모시고 있다가 눈물이 줄줄 흘러 내리자, 주상이 괴이하게 여기고 그 까닭을 물으니, 대답하기를, "신(臣)이 타고난 목숨이 다하여 전하를 길이 모시지 못하게 되었으니, 이 때문에 우는 것입니다."라고 하고는 밖으로 나와 동료에게 말하기를, "큰 난리가 장차 일어날 것이다. 전하의 말과 기색에서 그 조짐이 이미 나타나 있었으나, 감히 곧이곧대로 대답할 수가 없었다."라고 하였다. 그해 10월에는 정여립(鄭汝立)의 모반을 상고하는 일이 있어 큰 옥사가 일어났으며, 임진년(1592)에 이르러서는 왜구의 침략이 있어 나라가 크게 혼란스러웠다. 임종할 즈음 아들에게 이르기를, "슬퍼하지 마라. 재앙과 난리가 닥칠 터인데 병들어서 죽는 것을 어찌 슬퍼할 것이 있겠느냐?"라고 하였다.

공은 사람을 잘 알아보아 일찍이 크게 술에 취하여 인품을 논한 적이 있었는데, 그 선악·장단·길흉이 하나라도 들어맞지 않은 것이 없었다. 고사(高士) 조충남(趙忠男)·이 문충공(李文忠公: 李元翼)과 마음이 서로 맞았는데, 문충공에게 이르기를, "그대는 훗날 크게 귀해질 것이고 또 그 기간이 오래 갈 것이니, 내가 죽은 뒤에 내 어린 아들을 그대에게 부탁하네."라고 하였다. 일찍이 문충공과 함께 괴원(槐院: 승문원)에 있었는데, 술에 취하여 동료를 보고는 악한 말로 능욕하고 더러운 말로 헐뜯으며 제멋대로 하였으나, 유독 이 문충공을 가리키며 말하기를, "너희는 모두 이 사람에게 미치지 못할 것이다. 다만 위태롭고 어지러운 시기에 정승이 되더라도 눈물을 뿌리며 그것을 당해낼 것이다."라고 하였다. 문충공은 조정에 들어가 재상으로 지낸 것이 40년인데, 임진년 황폐해진 이후로 광해군에게 간하다가 쫓겨난 것이 거의 10년이었고, 광해군이 폐위되고 인조 때에 이르러서도 계속 병란이 있어 일찍이 파천을 한 것이 2번이나 되었다. 나이 88세에 죽었다.

일찍이 길을 지나다가 동자(童子)들이 무리를 지어 노는 것을 보고는 한 동자를 불러 머리를 쓰다듬으며 말하기를, "아이가 움직이는 중에 고요함이 있으니, 훗날 반드시 귀하게 될 것이다."라고 한 적이 있었는데, 그 동자는 바로 고(故) 상국(相國) 신흠(申欽)이었다.

조인후(趙仁厚)·김홍민(金弘敏)이 있어 모두 당시에 이름이 있었는데, 어떤 사람이 묻기를, "조(趙)는 어떤 사람입니까?"라고 하니, 두 다리를 뻗으며 말하기를, "나의 종이오."라고 하고, 또 묻기를, "김(金)은 어떠합니까?"라고 하니, 바로 무릎을 꿇으며 말하기를, "나의 스승이시다."라고 하니, 사람들이 모두 웃었다. 뒤에 조인후는 대부분 사리에 어그러지고 망녕되어 본성을 잃고 죽었다.

이 문충공이 공에 대해 말하기를, "일찍이 나와 함께 옥당에서 당직했던 적이 있었는데 술을 많이 마시고 크게 웃곤 하다가 그대로 술에 취해 쓰러져 깨어나지 못하였다. 잠시 뒤에 소대(召對: 왕명으로 대면하여 임금의 하문에 응대하는 일)한다는 왕명이 내려지자 소리(小吏)가 얼굴을 씻기고 취한 사람을 부축해 일으켰다. 주상 앞에 이르러서는 태도가 의젓하고 말과 기색이 엄중하였으니, 수양한 정신력이 아니고서는 할 수 있는 일이겠는가?"라고 하였다.

공은 처신을 깨끗이 하고 행실이 고상하여 능히 우뚝 스스로 선 사람이다. 선(善)을 좋아하여 마치 자신의 기쁨같이 여겼고, 악(惡)을 미워하였지만 사사로이 노여워하지 않았으니, 사람을 너그럽게 잘 받아들여 능히 그의 선행을 보면 그의 허물은 잊어버렸다. 이는 옛날의 이른바 청자(淸者: 伯夷. 임금다운 임금이 아니면 섬기지 않고 벗다운 벗이 아니면 사귀지 않으며 악인의 조정에는 벼슬하지 않은 인물)의 도량이다. 사람의 화복과 길흉을 알았고 시세(時世)의 치란(治亂)을 귀신같이 미리 알아차릴 수 있었으니, 이는 어찌된 까닭일까? 그의 집안 사람에게 물어보니, 일찍이 점술이나 관상법은 궁구한 적이 없었으나 한밤중에 《주역》을 읽거나 때로는 뜰을 거닐며 천체(天體)의 현상을 관찰하였다고 한다.

아들 강홍덕(姜弘德)은 벼슬하여 괴산군수(槐山郡守)를 지냈고, 강홍덕의 아들 강탕(姜瑒)과 강환(姜瓛)은 모두 일찍 요절하였다. 강환의 아들 강석무(姜碩茂)는 이 문희공(李文僖公: 李好閔)의 외손으로 부모가 모두 죽어 어려서 고아가 되었으니, 문충공이 굶주림과 추위를 돌보며 친자식처럼 길렀다. 지금 공의 묘는 금천(衿川)의 난곡(蘭谷)에 있으니, 문충공이 그의 사적을 돌에 새겨서 그의 무덤임을 표하였다.

姜承旨遺事

姜公緖, 字遠卿, 其先晉陽人。四世祖詗, 事成宗。及燕山初立, 怨母妃廢而論死, 封其墓號曰懷陵, 詗諫曰: "先王之禁也." 燕山旣深怒之, 前時論法者盡殺之, 幷族詗家。及中宗世, 詗孫溫爲舍人, 溫子士尙相宣祖, 謚貞靖。公貞靖公之長子也。性明達, 牢牢多大節。明宗二十年, 選國子試, 宣祖二年, 以丙科, 選承文院, 以多病不任職者七年, 遷國子典籍。後常在三司, 知製敎辭不就, 再選再辭, 上遂任之。以親老乞郡爲水原, 一年謝病歸, 復出爲南陽, 再入政院, 至左承旨。後出仁川, 一年罷歸而卒。年五十二。公家世貴大, 旣以三公, 子兄弟二人, 皆在顯仕。常退讓, 未嘗以慢易加人。好儉約, 自守益謙。以近臣常侍左右, 每以遠聲色, 戒驕盈, 嚴宮禁, 多直言正諫無所諱, 上知其言出於愛, 上深納之。時有執權者, 爲大司憲, 啓上, 曰: "論薦人, 當令法司之長兼攝之." 公曰: "不可。旣專彈劾, 又主論薦, 令權柄太重。不幸姦人處之, 其害反大." 其言者不敢復言。嘗爲掌令, 被酒過玉堂。有一人好持論, 能輕重一時者, 公瞋目曰: "玉堂, 人望所屬, 若所爲如此, 吾駁正之." 因數之, 其人面赤大愧。時李文忠公元翼, 亦同館, 後問之曰: "何放言也?" 笑曰: "醉中言, 可悔." 然實無悔色。後其人以禍敗終。有與一宰執, 素相善, 同在上前, 上曰: "朝無廉風, 士大夫之恥也." 公對曰: "先罪某, 士知恥矣." 其人伏地謝, 受而爲罪, 曰: "緖之言皆是也." 上以爲: "不隱其過, 兩善之." 其人出而謝曰: "賴君直言, 吾知免矣." 因酌酒爲驩, 公傲然飮醉而歸。時東西朋黨之議起, 公一謝交遊, 常讀書, 感則鼓琴, 獨酌醉, 輒放歌, 或猖狂自恣。嘗嘆息曰: "觀天時人事, 不出四五年, 大亂作矣." 或對人流涕, 人怪之。後, 侍上泫然出涕, 上怪問之, 對曰: "臣賦命至矣, 不得長侍殿下, 是以泣之." 出語同僚, 曰: "大亂將作。殿下辭氣之間, 其兆已見矣, 不敢直對." 其十月, 有鄭汝立上變事, 大獄起, 而至壬辰有倭寇, 國果大亂。臨沒, 謂其子, 曰: "毋慼。禍難迫矣, 病死何慼?" 公善知人, 嘗大醉論人品, 其善惡·脩短·吉凶。無一不驗。與高士趙忠男·李文忠公, 心相得, 謂文忠公, 曰: "君他日大貴, 且期其久長, 吾死以稚子託君." 嘗與文忠公, 同在槐院, 乘醉, 視同僚, 罵詈恣所爲, 獨指李文忠, 曰: "若等皆不及此人。但作相於危亂之際, 揮涕泣而當之." 文忠公入相四十年, 自壬辰殘破以來, 諫光海放逐者幾十年, 光海廢而及仁祖世, 繼有兵革, 嘗去邠者再。而年八十八卒。嘗過路上, 遇童子群戲, 招一童子撫頂, 曰: "童子動中有靜, 他日必貴." 童子乃故相國申欽也。有趙仁厚·金弘敏, 皆有名於一時, 客問之曰: "趙何如人也?" 箕踞曰: "吾奴也." 又問: "金何如?" 卽跽曰: "吾師也." 人皆笑之。後, 趙多乖妄, 失其性而死。李文忠稱之曰: "嘗與我直玉堂, 引觴大噱, 仍醉臥不省。俄有命召對, 小吏盥其面, 扶醉起。至上前, 儼然, 辭氣嚴重, 非定力, 能之乎?" 公潔身高行, 能卓然自立。好善若私喜, 疾惡無私怒, 善容人, 能見其善而忘其過。此古之所謂淸者之量也。其知人禍福吉凶, 時世之治亂, 先見如鬼神, 此何也? 問其家人, 未嘗推占相人之法術, 而中夜讀易, 或步於庭, 觀天象云。子弘德仕爲槐山郡守, 弘德子瑒·瓛, 皆早殀。瓛子碩茂, 李文僖公之外孫也, 父母皆亡, 幼孤弱, 文忠公恤其飢寒, 撫之如親兒。今公之墓, 在衿川之蘭谷, 文忠公刻石其事, 以表其葬。

〔記言, 卷38, 東序記言1〕

26. 김홍민

김홍민의 자는 임부, 호는 사담, 본관은 상주(尙州)이다. 중종 경자년(1540)에 태어났다. 선조 경오년(1570) 문과에 급제하였다. 한림·삼사(三司)·이랑(吏郎)·사인(舍人)을 거쳐 전한(典翰)에 이르렀다. 갑오년(1594)에 죽었다.

소재(蘇齋: 노수신)가 영의정으로 있으면서 부모상을 당했을 때, 의론이 그가 조정을 떠나게 된 것을 중하게 여겨 장례를 치른 후에 다시 경성(京城)으로 돌아오게 하려고 한데다, 또한 늙고 쇠약하여 생긴 병으로 인하여 초상(初喪)인데도 고기를 먹도록 권하려고 한 것까지 모두 경연(經筵)에서 말을 꺼내자, 공이 홀로 그것을 불가하다고 말하였다. 혹자는 공이 권도(權道)를 알지 못한다고 비난하였으나, 사리를 아는 자들은 대부분 공을 옳게 여겼다.

삼사(三司)가 함께 율곡(栗谷) 이이(李珥)와 사암(思庵) 박순(朴淳)을 탄핵하였으니, 탄핵하는 글이 매우 준엄하자 주상이 바야흐로 진노하였다. 공은 수천 자에 이르는 상소문을 올렸는데, 말이 간절하고 의리가 곧으면서도 지나치게 격렬한 논조는 아니었다. 주상이 '부유(腐儒: 고루하여 쓸모없는 선비)'라고 칭하고도 죄주지 않았다.

임진년(1592)에 의병을 규합하여 충보군(忠報軍)이라 불렀는데, 상주(尙州)의 왜적들이 호서 지역에서 마음대로 약탈하지 못하도록 차단하여 막은 것은 공의 힘이 매우 컸다.

책이라면 읽지 않은 것이 없었고, 한번 읽으면 곧바로 외웠다. 중년 이후로는 내면을 닦는 공부에 전념하였으니, 특히 《주서(朱書: 朱書節要)》 및 《심경(心經: 心經附註)》·《근사록(近思錄)》을 즐겼고, 또한 《역학(易學)》에 관심을 두었다. 새벽에 일어나 가부좌하여 앉았으며, 밤새도록 깊이 생각하기도 하였다. 역사 공부는 《강목(綱目)》을 위주로 하였다.

6세가 되었을 때 어머니가 열병을 앓았고 공 또한 같은 병에 걸렸지만 비록 음식을 반숟가락이라도 먹거나 물을 한 움큼이라도 마시게 되면 어머니가 먼저 드시고 난 후에야 먹었으며, 어머니가 병이 심하여 먹는 것을 싫어하였으나 공을 위해 억지로라도 먹었다.【협주: 김홍미가 찬한 행장에 실려 있다.】

• **金弘敏**

金弘敏，字任父，號沙潭，尙州人。中宗庚子生。宣祖庚午文科。歷翰林·三司·吏郞·舍人，至典翰。甲午卒。

蘇齋以首相丁憂時，議重其去，欲命葬後返京，且以衰病欲於初喪勸肉，並於筵對發之，公獨言其不可。或訾公不識權宜[1]，而識者韙之。

三司共劾李栗谷珥[2]·朴思庵淳[3]，彈辭甚峻，上怒方震。公陳疏數千言，辭懇義直，而不爲過中激發之論。自上稱以腐儒[4]，而不之罪焉。

壬辰，科合義旅，號曰忠報軍，遏絶尙州之賊，不得肆於湖西地面者，

1 權宜(권의): 權道. 임시로 편의한 방도를 취한 조처.

2 李栗谷珥(이율곡이): 栗谷 李珥(1536~1583). 본관은 德水, 자는 叔獻, 호는 栗谷·石潭·愚齋. 증조부는 李宜碩이며, 조부는 李蕆이다. 아버지는 사헌부 감찰 李元秀이며, 어머니는 현모양처의 사표로 추앙받는 신師任堂申氏이다. 부인 谷山盧氏는 목사 盧慶麟의 딸이다. 19세 때 금강산에 들어가 불교를 공부하기도 했으나 20세에 하산해 유학에 전념했다. 이후 총 9번의 과거에 모두 장원급제하여 구도장원공이라 불렸다. 1568년 千秋使의 서장관으로 명에 다녀왔고, 1583년 병조판서가 되어 선조에게 시무육조와 십만양병설 등 개혁안을 올렸다. 학문 연구와 후진 양성에도 힘썼으며 주자학의 핵심을 간추린《성학집요》등 많은 저술을 남겼다.

3 朴思庵淳(박사암순): 思庵 朴淳(1523~1589). 본관은 忠州, 자는 和叔, 호는 思菴. 증조부는 殷山郡事 朴蘇이며, 조부는 성균관사 朴智興이다. 아버지는 右尹 朴祐이며, 어머니는 棠岳金氏이다. 己卯名賢 牧使 朴祥의 조카이다. 徐敬德의 문인이다. 훈구파와 신진 사림의 교체기에 曺植과 李滉의 문하생으로서 사림운동에 전력한 선비이자 관료로서, 왕의 외삼촌이자 훈구파의 대부였던 윤원형을 축출시켜 조선 역사에 사림의 시대를 열었다. 성균관 대사성, 예조판서, 이조판서, 한성부 판윤 등을 거쳐 우의정, 좌의정, 영의정에 올랐고 청백리에 녹선됐다. 정승은 내리 14년을 지냈으며, 그 중 영의정은 7년을 지내어 조선시대를 통틀어 장원급제자는 영의정이 되지 못한다는 징크스를 깬 몇 안되는 인물이기도 하다.

4 腐儒(부유): 생각이 낡고 완고하여 쓸모없는 선비.

公之力與多。

於書, 無所不讀, 一覽輒記。中年以後, 專心向裡之學, 尤好《朱書》及《心經》·《近思錄》, 且留意易學。晨起兀坐, 竟夕沈思。史學以《綱目》爲主焉。

六歲, 母氏遘瘟, 公亦同病, 而半匙飯一掬飮, 母氏先進而後乃進, 母氏病甚厭進, 而爲公强焉。【金弘微[5]撰行狀[6]】

보충

김홍미(金弘微, 1557~1604)가 찬한 행장

백씨 통훈대부 행 홍문관 전한 지제교 겸 경연시강관 춘추관편수관 교리공 행장

공의 휘는 김홍민(金弘敏), 자는 중원(重遠), 개자(改字)는 임부(任父), 본관은 상주(尙州)이다. 6대조 김상직(金尙直)은 영묘(英廟: 세종의 묘호) 때 관직에 임명되어 집현전 부제학까지 올랐다. 고조부 휘 김극충(金克忠)은 통례문 통찬(通禮門通贊)이었다. 증조부 휘 김예강(金禮康)은 건공장군(建功將軍)으로 충무위 부사직(忠武衛副司直)을 지냈다. 조부 휘 김윤검(金允儉)은 장사랑(將仕郞)이었다. 아버지 휘 김범(金範)은 경명행수(經明行修: 경서에 밝고 행실이 바르다는 뜻으로, 과거에 의하지 않고 학문과 덕행이 높은 이를 薦用하는 인재 등용 방법)로 옥과현감(玉果縣監)을 지냈다. 어머니 창녕

---

5 金弘微(김홍미, 1557~1605): 본관은 尙州, 자는 昌遠, 호는 省克堂. 증조부는 金禮康이며, 조부는 將仕郞 金允儉이다. 아버지는 玉果縣監 金範이며, 어머니는 昌寧曺氏이다. 曺植과 柳成龍의 문인이다. 1579년 진사시에 합격하고, 1585년 식년문과에 급제하였다. 당시 형 金弘敏과 함께 사림으로 영예를 누렸다. 1589년 이조좌랑으로 있을 때 남인으로 鄭汝立의 모반사건에 연루되어 파면되었다. 그 뒤 복관되어 1592년 임진왜란이 시작될 무렵에는 경상좌도도사가 되고, 이어 교리 겸 시강원문학을 거쳐 이듬해 경연관·응교·사간·사성 등을 역임하였다. 1597년 승정원동부승지로 있을 때, 삼도수군통제사 李舜臣을 탄핵하여 파면하게 하고 元均을 통제사로 삼게 하는 데 가담하였다. 그 뒤 여러 벼슬을 거쳐 1599년 靑松府使, 1604년 강릉부사를 지냈다.

6 金弘微의 《省克堂先生文集》 권3에 실려 있으며, 국립중앙도서관에 소장되어 있음.

조씨(昌寧曺氏)는 계공랑(啓功郎) 조한신(曺漢臣)의 딸이다. 가정(嘉靖) 경자년(1540) 10월 초하루 해시(亥時: 밤 10시 전후)에 공을 낳았다.

공은 태어나면서부터 아름다운 자질이 있었으니, 겨우 6세가 되었을 때 어머니가 열병을 앓았고 공 또한 같은 병에 걸렸지만 비록 음식을 반숟가락이라도 먹거나 물을 한 움큼이라도 마시게 되면 반드시 어머니가 드시는 것을 기다리고서야 먹었다. 어머니는 병으로 인한 괴로움으로 마시는 것도 먹는 것도 생각이 없었으나 공을 위해 억지로 마시고 먹었다.

공은 어려서부터 성품이 배우기를 좋아하였다. 아버지는 공이 쇠약한 몸에 나이가 어려서 비록 학업을 청하는 것이 매우 간절해도 기꺼이 가르치거나 타이르려 하지 않았으니, 공은 그것 때문에 슬피 울기도 하다가 몸에 지니고 있던 물건까지 풀어서 책을 구해 먼저 배운 또래들에게 물어 날마다 정해 놓은 과정을 쉬지 않고 부지런히 힘썼다. 10세쯤 되었을 때 이미 우뚝하게 두각을 나타냈다.

관례(冠禮)를 치른 뒤 잇따라 과거시험에 합격하여 화려한 명성이 날로 퍼져 나갔다. 병인년(1566) 겨울에 아버지상을 당하여 슬픔이 지나쳐서 몸을 훼손해 거의 목숨을 잃을 지경에 이를 뻔했다. 기사년(1569)에 상복을 벗고 나서 가을의 시험에서 1등으로 뽑혔으며, 경오년(1570) 봄에 회시(會試: 覆試)에서 또 1등을 하였고, 전시(殿試: 임금이 친히 치르는 과거)에서 김대명(金大鳴, 1536~1593: 1570년 식년문과에서 장원 급제)과 함께 급제한 가운데 병과(丙科) 3위로 급제하였다. 권지(權知: 견습 관원) 성균관 학유(成均館學諭)를 거쳐 성주 교관(星州教官)의 빈자리에 임명되었다. 계유년(1573)에 임기가 차서 교체되었다가, 다시 청주(淸州) 교관의 빈자리에 임명되었으나 병으로 나아가지 않았다. 을해년(1575) 학유로 승진하였고, 일찍이 왕명을 받들어 호송관으로 다녀온 적이 있었다. 병자년(1576)과 정축년(1577)에는 학록(學錄)과 학정(學正)으로 승진하였다. 무인년(1578) 봄에 승진하여 예문관 검열(藝文館檢閱)로 옮겨져 춘추관

기사관(春秋館記事官)을 겸했다가 시교(侍教)·봉교(奉教)로 승진하였고 겨울에도 또 성균관 전적으로 승진하였다. 기묘년(1579) 봄에 또 추천되어 옥당(玉堂: 홍문관)에 등록되었고, 예조좌랑으로 제수되었으며, 여름에 제천현감(堤川縣監)의 빈자리에 임명되었다. 신사년(1581) 8월에 홍문관으로 들어가 부수찬에 제수되어 지제교(知製教)를 지내면서 경연검토관(經筵檢討官)과 춘추관기사관(春秋館記事官)을 겸했다가 수찬(修撰)으로 승진하였다. 얼마 되지 않아 사간원정언으로 제수되었다가 곧 교체되어 수찬에 제수되었고, 또 병조좌랑으로 옮겼다가 열흘도 안 되어 이미 옥당으로 되돌아 들어갔다. 계미년(1583) 봄에 천거로 이조좌랑에 제수되었고, 곧이어 승진하여 수찬에 제수되었다가 다시 이조좌랑에 제수되었으며, 곧 교체되어 수찬에 제수되었다가 다시 이조좌랑에 제수되었다. 부모를 뵙기 위하여 고향으로 돌아왔다가 휴가가 끝나서 교체되어 수찬에 제수되었으나 나아가지 않았고, 겨울에 부교리(副校理)로 승진하였으나 또 나아가지 않았으며, 갑신년(1584) 봄에 다시 부교리에 제수되었으나 나아가지 않았다. 가을에 부교리에 제수되었고 그대로 교리로 승진되었으며, 부응교(副應教)로 승진되었다. 을유년(1585)에 응교로 승진하였고, 가을에 옥당에서 차례차례 전한(典翰)으로 승진하였다. 대체로 주상이 특별히 여러 유신(儒臣)들을 포상한 것은 그야말로 특이한 은전(恩典)이었다.

병술년(1586)에 사헌부 집의로 옮겨 제수되어 지제교를 지내면서 교서관 교리(校書館校理)를 겸하였고, 곧이어서 교체되어 의정부 사인(議政府舍人)으로 제수되었다. 부모를 뵐 수 있는 말미를 얻어 고향으로 돌아왔다가 전한(典翰)으로 제수되었지만 나아가지 않자, 교체되어 종부시첨정(宗簿寺僉正)으로 제수되었으니 지난해에 교리의 직임을 겸하였기 때문이다. 또 응교(應教)에 제수되었다가 교체되어 사인에 제수되었고, 또 전한으로 제수되었다. 무자년(1588)에 교체되어 장악원 정(掌樂院正)으로 제수되었다가 사간원 사간으로 옮겨 제수되었으며, 다시 집의(執

義)에 제수되었고 응교로 제수되었다. 기축년(1589) 여름에 전한으로 제수되었고, 가을에 외직으로 나가 청주목사(淸州牧使) 빈자리에 제수되어 춘추관 편수관(春秋館編修官)을 겸하였지만 임진년(1592) 봄에 병으로 교체되었다.

왜적의 변란이 일어나자, 보은(報恩) 지역에서 600여 명의 의병을 규합하여서 왜적을 토벌하며 '충보군(忠報軍)'이라 불렀는데, 상주(尙州)의 왜적들이 호서 지역에서 마음대로 약탈하지 못하도록 차단하여 막은 것은 공의 힘이 매우 컸다.

계사년(1593) 5월, 어머니가 청주(淸州) 주안현(周岸縣)에서 병으로 죽었는데, 윤 11월이 되어서야 동생 김홍미(金弘微)와 함께 어머니의 상여를 들것에 실어 돌아와 아버지의 무덤 곁에 안장하였고, 보은의 종곡리(鍾谷里)에 제사를 받들어 모셨다. 이듬해 갑오년(1594) 6월, 공은 열병을 심하게 앓다가 29일에 이르러서 끝내 구할 수 없었으니, 향년 55세였다. 그해 10월, 고을 치소(治所) 동남쪽 탄부곡(炭釜谷: 충청북도 보은군 소재)에 임시로 안장하였다.

공은 참되고 순박한데다 화락하고 까다롭지 않으면서 맑고 수더분하며 소탈하고 담박였으니, 하늘로부터 타고난 것이라서 거짓으로 과장하거나 꾸미지 않아 편 가르는 마음도 없고 겉으로 드러내려는 마음도 없었다. 사람을 대할 때는 속마음까지 터놓으며 봄볕처럼 넘쳐나도록 따뜻하였고 얼음처럼 맑게 빛났다. 그리고 천성이 지극히 효성스러웠으니, 어머니를 섬길 때는 언제나 미리 그 뜻을 받들어 행하며 오직 혹시라도 어길까 두려워하였다. 평생 사사로이 재산을 가지려 하지 않았으며, 비록 먹고 마시는 자잘한 것까지 또한 하나같이 모두 물어서 처리할 때면 오직 어머니의 명만 따랐다. 과거에 급제한 지 20여 년 동안, 영광과 기쁨으로 즐겁게 모시기 위한 것이라면 지극한 마음을 쓰지 않은 바가 없었다. 매년 좋은 절기와 명절이 되면 반드시 크게 잔치를 베풀었으니, 원근의 친척들까지 모두 모였고 즐겁게 풍악 소리가 울려 퍼졌으며 구경하는 사람들이 문에 가득하였다. 동생을 지극히 아끼며 보살펴 오직 혹시라도 상처날까 두려워하였고, 장성하고 나서도 여전히 같은 이불을 덮었다. 큰 누나를 어머니 섬기듯 섬겼고, 형제자매의 따뜻한 마음과 뜻이 흡족하도록 두터웠으며, 집안 재산이나 노비도 대부분 자기의 몫을 다 나누어 주었다. 친족과의 친목을 다졌는데, 급한 일이 있으면 번번이 도와주면서 번거롭고 귀찮은 일도 마다하지 않았다. 이로 인하여 어머니는 더욱 위로되고 기뻐서 늘 말하기를, "나의 아들은 매사에 모두 내 마음을 헤아려 주니 참으로 효자로구나."라고 하였다.

처음에 공은 한원(翰苑)에서 6품으로 승진하였고, 또 바야흐로 천거되어 옥당(玉堂)에 제수되었으니 요직이 눈앞에 있었으나, 오직 어머니를 편안히 봉양하는 것이 급선무여서 지극한 정성으로 외직을 청하여 제천현감(堤川縣監)으로 제수되었는데, 청렴한 것이 맑은 물과 같아 털끝만큼도 취하지 않았으며, 백성을 사랑한 것이 자애로운 어머니가 자식을 돌보듯 하였으며, 관리를 대하는 것 또한 한결같이 은혜와 믿음으로만 하고 매질하거나 꾸짖은 적이 없었으니 관리와 백성들이 모두 공의 덕을 사모하고 공의 성심에 감복하였다. 고을은 원래 빈곤하고 외져서 사람들이 학문을 드물게 알았는데, 공이 고을 사람들 중에서 배울 만한 것을 발췌하고 정리하여 친히 가르쳤고 관아에서 양식을 지급하였으며, 또 고을의 치소(治所) 남쪽에 서당을 세웠고 작은 연못이 그 앞에 있었기 때문에 '남당(南塘)'이라 불렀다. 이는 남당(南塘) 진무경(陳茂卿: 송나라 陳柏)의 숙흥야매(夙興夜寐: 아침 일찍 일어나고 밤늦게 자면서 공부와 수양에 매진한다는 내용) 잠(箴)에 뜻을 붙이고서 이를 여러 학생들에게 가르침으로 삼고자 한 것이다.

공은 공무의 여가가 날 때마다 홀로 말을 타고 문득 찾아가서 선비들과 강의하며 토론하여 거문고 타고 경전을 읽는 소리가 가득 울려 퍼졌는데, 제천(堤川)에 문풍이 깃들게 된 것은 실로 공의 창도에서 비롯되었으며, 공이 떠난 뒤에도 고을 사람들은 공덕비를 세워 기렸고, 공이 죽은 뒤에도 온 고을의 백성들이 남녀노소 모두 놀라서 울부짖었으니 마치 자신의 부모를 잃은 듯이 곡하였다. 계사년(1593)과 갑오년(1594) 무렵에 흉년과 역병으로 사람들이 도무지 살아갈 수 없었는데, 비록 일가친척의 상(喪)일지라도 또한 서로 돌볼 수 없었으나, 각자 제수(祭需)를 갖추어 초하루와 보름마다 공덕비 앞에서 제사를 지낸 것이 몇 달이나 이어졌고, 또 부의(賻儀)를 마련하여 몇 백 리 떨어져 있어도 보내왔다. 청주(淸州) 사람들 또한 각자 쌀과 콩을 내놓아 장례에 필요한 것을 도왔으니, 사람들의 진심어린 감동을 얻은 것은 옛날에도 또한 드물게 볼 수 있는 일이었다.

임금을 섬길 때에는 아첨하여 따르지도 않았고 교만스럽게 남의 허물을 들추어내지도 않았으며, 임금을 모시고 경전을 강의할 때에는 말과 논의가 끊임없이 이어졌으며 모두 경전에 근거하고 사서를 고증하여 쏟아내듯 토로하면서 아는 바를 말하지 않는 것이 없었으니 주상 또한 공의 진실한 마음을 헤아려 대부분 기꺼이 받아들였다.

공은 성품이 본래 자애롭고 어질었으나, 옳고 그름이나 사악하고 바름의 문제에서는 칼로 두 조각 내듯이 단호하여 조금도 범접할 수가 없었다. 임오년(1582) 노 소재(盧穌齋: 盧守愼)가 영의정으로 있을 때 부모상을 당하였는데, 당시 여론이 그가 조정을 떠나게 된 것을 중하게 여겨 장례를 치른 후에 다시 경성(京城)으로 돌아오게 하려고 한데다, 또한 늙고 쇠약하여 생긴 병으로 인하여 초상(初喪)인데도 고기를 먹도록 권하려고 한 것까지 모두 경연(經筵)에서 말을 꺼냈다. 공이 수찬(修撰)으로서 입시(入侍)했다가 홀로 그것을 불가하다고 말하였으니, 대강의 뜻은 〈상기(喪記)〉를 주된 근거로 삼았던 것이다. 혹자는 공이 권도(權道)를 알지 못한다고 비난하였으나, 사리를 아는 자들은 대부분 공을 옳게 여겼다.

계미년(1583) 여름에 삼사(三司)가 함께 찬성(贊成) 이이(李珥) 및 상국(相國) 박순(朴淳)을 탄핵하였으니, 탄핵하는 글이 매우 준엄하였다. 주상이 바야흐로 진노하였으나, 공은 어머니를 뵙기 위해 고향에 와 있다가 마침 옥당(玉堂)의 명이 있었다. 공은 함창(咸昌)까지 갔으나 병을 핑계로 부임하지 않고서 수천 자에 이르는 상소문을 올려 직언하였으니, 말이 간절하고 의리가 곧으면서도 지나치게 격렬한 논조는 아니었다. 주상이 '부유(腐儒)'라고 칭하고도 죄주지 않았다.

공은 어머니의 나이가 매우 많아 항상 보은(報恩)할 날이 짧을까 근심하였다. 병술년(1586) 봄에 집의(執義)로 입시하였는데, 상주제독(尙州提督)이 되어 매달 봉급으로 노모의 양식을 삼게 해달라고 청하였다. 주상이 하교하기를, "사정이 매우 절박하지만 제독은 불가하고, 인근의 수령은 제수할 수 있으니 얼마 지나면 다시 불러올 것이다."라고 하였다. 조정의 여론으로는 공이 전조(銓曹)를 떠나는 것을 애석하게 여겨 마침내 공의 임명에 대해 부당함을 아뢰었으나, 공은 거듭 외직으로 내보내주기를 더욱 힘껏 청하였다. 그해 겨울에 또 상소를 올려 고을원을 청하였고 무자년(1588)에 또 상소를 올렸는데, 비답하기를, "이전부터 여러 차례 진심을 아뢰었으니, 인근의 수령으로 제수하라."라고 하자, 공은 성은(聖恩)에 감격하여 어머니를 뵈러 고향으로 돌아갔다. 전한(典翰)에 제수되었으나 또한 나아가지 않았는데, 조정의 여론으로는 여전히 공이 외직으로 나가는 것을 아까워하였으나, 공이 청주(淸州)의 관직에 지극한 성의를 보이자 부득이하여 아뢰니, 주상이 하문하기를, "어느 지역에 결원이 있느냐?"라고 하니, 전조(銓曹)에서 모 주(某州: 청주)를 아뢰었고, 주상이 하교기를, "그러면 그리하라."라고 하였다. 마침내 그곳에 보임되어 떠나갔고, 3년 동안 어머니를 영화롭게 봉양하였다. 임진년(1592) 2월에 병을 핑계로 고향으로 돌아갔는데, 마침내 병란(兵亂)을 당하였다. 공은 침식을 잊고서 매우 간절히 의병을 일으켜 왜적을 토벌하는 것을 급선무로 삼았는데, 사람들이 모두 공의 정성에 감동하여 앞다투어 달려왔다.

어머니상을 당했을 때 애통함이 지극하였고 최마(衰麻: 베옷 상복)를 벗지 않았다. 이때 마침 난리를 만나 비록 식견이 있는 사람이라 할지라도 상기(喪紀: 喪事에 관한 일)를 혹 대부분 제대로 지키지 않고 되는대로 했으나, 공은 더욱 삼가고 돈독하여 염습(殮襲)·빈소(殯所)·장례(葬禮)·우제(虞祭)를 하나같이 그대로 주문공가례(朱文公家禮)를 따랐다.

아, 공의 순수한 덕과 훌륭한 행실은 조정과 민간 모두의 기대를 한 몸에 받았으나, 수명은 예순을 채우지 못하고 벼슬은 시강(侍講)에 그쳤으니 어찌 운명이 아니겠는가? 공이 죽자, 아는 이나 모르는 이나 할 것 없이 놀라고 탄식하여 말하기를, "어진 사람이 죽었구나!"라고 하지 않는 자가 없었다. 주상도 경연(經筵)에서 또한 특별히 추념하였고, 심지어 '아무개가 또한 죽었구나.'라는 말이 있었다.

공은 책이라면 읽지 않은 것이 거의 없었고, 한번 읽으면 곧바로 외웠다. 계유년(1573) 이후로는 또 내면을 닦는 공부에만 전념하였으니, 특히 《주서절요(朱書節要)》 및 《심경부주(心經附註)》·《근사록(近思錄)》·《소학(小學)》 같은 책을 즐겼고, 또한 《역학(易學)》에 깊은 관심을 두었다. 매일 새벽에 일어나 세수하고 가부좌하여 앉았으며, 더러는 깊이 생각하느라 밤을 새우기도 하였다. 역사 공부는 《강목(綱目)》을 주로 삼아 세상의 다스려짐과 어지러짐의 까닭, 어진 자와 간사한 자의 흥망성쇠의 기미를 마음의 눈으로 환히 꿰뚫지 않음이 없었으며, 누가 물으면 곧바로 묻는 대로 메아리처럼 응답하였다.

성품이 술을 좋아하지 않은데다 여색에 대해서는 만년에 이르러서도 더욱 특별히 삼가기를 매우 엄격히 하여 대처하는 것이 담박하기만 하였으니, 사람들이 그의 강직함을 탄복하였다. 대개 효도와 우애, 충직과 청렴은 타고난 본성이었고, 실로 또한 마음을 다스리고 이치를 밝혀서 근본적 바탕을 두텁게 하였기 때문에, 근본이 확립되면 도가 생겨나니 이와 같이 속일 수가 없는 것이 있었다. 글을 지을 때에는 힘써 평범하고 진실하고자 하였고 꾸며서 공교롭게 하려고 하지 않았다.

평소의 뜻은 화평하고 담박하였으며, 아름다운 산수를 몹시 사랑하였다. 일찍이 산승(山僧)이 백화산(白華山) 기슭에 지은 정사(精舍)를 빌린 적이 있었는데, 네모난 연못을 굽어보고 붉은 절벽을 마주하여 바라보았다. 공은 언제나 그곳에서 한가로이 거닐며 마치 장차 생을 마칠 뜻이 있는 듯하였다. 이에 자호(自號)를 '사담(沙潭)'이라 하였고, 당호(堂號)를 '산택(山澤)'이라 하였는데, 《주역(周易)》〈손괘(損卦) 상(象)〉에서 취하였으니 분노를 누르고 욕심을 막으려는 뜻이었다.

함께 교유한 이는 모두 당대의 이름난 인사들이었는데, 그의 사람됨을 슬프게 사모하지 않는 사람이 없었다. 공이 죽은 뒤에도 공을 언급하게 되면 또한 모두 칭찬해 마지않았으며, 비록 당파가 다른 사람이라 할지라도 심지어 공의 흠결에 대해 비방하지 않은 채 모두 말하기를, "아무개 같은 이는 참으로 선한 사람이다."라고 하였다. 아, 이것이야말로 더욱 공의 마음속에 간직한 것을 족히 보인 것이다.

공의 첫째부인은 별제(別提) 이천(李蒨)의 딸로 아들 둘을 낳았으니, 장남 김탁(金琢)은 요절하였고, 차남 김환(金瓛)은 업유(業儒)로 일찍이 익위사 부솔(翊衛司副率)을 지낸 적이 있었다. 둘째부인은 습독(習讀) 이천수(李天授)의 딸로 자식이 없었다. 측실의 아들이 3명이었으니, 김순학(金筍鶴)·김진(金瑨)·김모(金瑁)라 한다.

공이 죽은 지 이미 8년이 되었는데, 병든 동생만이 홀로 세상에 살아남아 공의 지극한 행실과 아름다운 덕이 인멸되어 후세에 전해지지 않을까 깊이 두려워하여서 감히 고질병을 앓고 있는 중에도 정신을 가다듬고 대략 한두 가지라도 적어 붓을 잡는 자의 참고가 되게 한다.

만력 29년(1601) 9월 2월 일

동생 김홍미 삼가 행장을 짓다

伯氏通訓大夫行弘文館典翰知製敎兼經筵侍講官春秋館編修官校理公行狀

公諱弘敏, 字重遠, 改字任父, 尙州人也。六代祖諱尙直, 任英廟朝官, 至集賢殿副提學。高祖諱克忠, 通禮門通贊。曾祖諱禮康, 建功將軍, 忠武衛副司直。祖諱允儉, 將仕郎。考諱範, 經明行修, 玉果縣監。妣昌寧曺氏, 啓功郞諱漢臣之女。以嘉靖庚子十月初一日亥時生公。公生有美質, 甫六歲, 先宜人患瘟病, 公亦同病。雖半匙之食·一掬之飮, 必待先宜人進乃進。先宜人以病苦不思飮食, 而爲公强之焉。自幼少時, 性嗜學。先府君以公氣羸年稚, 雖請業甚懇而不肯敎誨, 公爲之涕泣, 至解其所佩之物, 轉丐於同輩之先學者, 日有程課, 孜孜不輟。至十許歲, 已嶄然出頭角矣。旣冠, 連占科試, 華聞日播。丙寅冬, 丁先府君憂, 公過毁幾至滅性。己巳服闋, 秋試擢第一, 庚午春, 會試又第一, 殿試金大鳴榜中丙科第三人。權知成均館學諭, 差補星州敎官, 癸酉滿遞, 又補淸州, 病不赴。乙亥陞學諭, 嘗以護送官承差。丙子·丁丑陞學錄·學正。戊寅春遷拜藝文館檢閱, 兼春秋館記事官, 陞待教·奉教, 冬又陞拜成均館典籍。己卯春又薦錄玉堂, 拜禮曹佐郎, 夏出補堤川縣監。辛巳八月入拜弘文館副修撰, 知製敎兼經筵檢討官·春秋館記事官, 陞修撰。俄拜司諫院正言, 旋遞拜修撰, 又遷兵曹佐郎, 不一旬已旋入玉堂。癸未春薦拜吏曹佐郎, 俄遷拜修撰, 又拜吏曹佐郎, 俄遞拜修撰, 又拜吏曹佐郎。以覲親還鄉, 假滿, 遞拜修撰, 不赴, 冬陞副校理, 又不赴, 甲申春又拜副校理, 不赴。秋拜副校理, 仍陞校理, 陞副應教。乙酉陞應教, 秋以玉堂次轉陞典翰。盖上特褒諸儒臣, 乃異數也。丙戌移拜司憲府執義, 知製教兼校書館校理, 俄遞拜議政府舍人。呈覲還鄉, 拜典翰不赴, 遞拜宗簿寺僉正, 盖自上年兼校正之任。又拜應教, 遞拜舍人, 又拜典翰。戊子遞拜掌樂院正, 移拜司諫院司諫, 又拜執義, 拜應教。己丑夏拜典翰, 秋出補淸州牧使, 兼春秋館編修官, 壬辰春病遞。賊變起, 糾合義旅六百餘人于報恩之地, 以討賊, 號曰忠報軍, 遏絶尙州之賊, 俾不得肆掠於湖西地面者, 公之力與多焉。癸巳五月, 先宜人病歿于淸州周岸縣, 至閏十一月, 與弟弘微, 扶舁靈輀, 返葬于先府君之原, 仍僑奉几筵于報恩鍾谷里。翌年甲午六月，公重患瘟氣，至二十九日，遂不救，享年五十五。同年十月，權葬于縣治東南炭釜谷。盖公眞醇樂易，淸踈簡澹，得之天分，不假矯餙，無畦畛，無表襮。其接人肝肺洞然，盎若春溫，瑩如氷照。而性至孝，事先宜人，常先意承志，惟恐或違。平生未當有私財，雖飮食之微，亦一皆禀裁，惟先宜人之命是遵。登第二十餘年，其所以榮悅娛侍之者，靡所不用其極。每年佳辰令節，必大張壽席，遠近族戚咸集，怡怡絲管鬧響，觀者塡門。撫愛弟甚至，惟恐或傷，旣長猶與之共被。事長姊如事先宜人，弟兄姊妹之情意懇洽，宅産臧獲，多以己所得推與之。惇睦親族，有急輒救，至不避煩猥之嫌。以此先宜人，益用慰悅，常曰："吾子每事皆體我心，眞孝子也." 初公自翰苑，陞六品，又方薦錄玉堂，要道當前，而惟便養是急。至誠求外，得補堤川，其淸如水，不干毫髮，其愛民也，如慈母之保子，其待官吏，亦一以恩信，未嘗捶撻，吏民皆慕其德而服其誠。縣素窮僻，人罕知學，公課抄邑人之可學者，親自教誨，官給廩料，又刱書舍于縣治之南，有小池在其前，因以南塘爲號。盖托意於南塘陳茂卿夙興夜寐之箴，而欲以是爲教於諸生也。公每公暇，單騎輒往，與士子講論，絃誦之聲洋洋，堤之有文風，實自公倡。公去後，邑人至立碑以詠焉。公沒後，一境大小之民，皆警號涕泣，如哭私親。方癸甲凶扎，人不聊生，雖一家親戚之喪，亦不得相顧，而至各具奠差祭朔望於碑下者，殆數月，又辦賻儀，越數百里以致之。淸州之人，亦皆各出米豆，以助葬需，得人之誠感，在古亦所罕聞矣。其事君也，不阿徇，不矯訐，勸講之際，其言論亹亹，皆據經訂史，而吐露傾倒，知無不言，自上亦諒其眞款，多所嘉納焉。公性本慈良，而至是非邪正之間，一刀兩段，毅然不可犯。歲壬午，盧穌齋以首相丁憂，時議重其去，欲令葬後來返京中，且以衰病，有欲於初喪勸肉者，並於經筵發之。公以修撰入侍，獨言其不可，大意以喪記爲主。或呰公不識權宜，而識者多韙之。癸未夏，三司共劾李贊成珥及朴相淳，彈辭甚峻。上怒方震，而公以省親來鄕，適有玉堂之命。公行到咸昌地，因辭疾不赴，而抗疏數千言，詞懇義直而不爲過中激發之論。自上稱以腐儒，而不之罪焉。公以親年甚高，常有日短之憫。丙戌春，以執義入侍，乞得尙州提督，以月捧爲老母粮。上教: “以情事甚切, 提督則不可, 爲隣近守令可除授, 少間可還召來也.” 朝議惜公之出銓曹, 逐防啓公, 仍請外愈力。是年冬, 又上疏乞郡, 戊子又上疏, 答曰: “自前累陳情悃, 隣近守令除授.” 公感激聖恩, 以省覲還鄕。拜典翰, 亦不赴, 朝議猶以公出外爲靳, 而見公至誠於淸州之窠, 不得已稟旨, 自上問曰: “何地有闕乎?” 銓曹啓以某州, 上教曰: “然則擬之.” 遂得補以去, 榮養三年。壬辰二月, 呈病還鄕, 遂遭兵亂。公忘寢與食, 懇懇以擧義, 討賊爲急, 人皆感公之誠, 爭來赴焉。及丁大故, 公哀戚備至, 衰痲不脫於身。時會亂離, 雖有識之人, 喪紀或多苟簡, 而公尤加謹篤, 殮殯葬虞, 一依朱文公家禮。嗚呼! 以公醇德懿行, 朝野咸屬望焉, 而壽不滿六十, 位止於侍講, 豈非命也歟? 公之沒, 知與不知, 莫不驚嗟曰: “善人亡矣.” 自上臨筵, 亦加追念, 至有‘某亦亡’之教焉。公於書, 殆無所不讀, 一覽輒記。自癸酉歲以後, 則又專心於向裏之學, 尤好《朱書節要》及《心經附註》·《近思錄》·《小學》等書, 且深留意《易學》。每晨起淨盥兀坐, 或深思竟夕。而史學則以綱目爲主, 凡理亂得失之故·賢邪消長之幾, 靡不了然於心目, 有問之, 輒應口答如響。性不善酒, 而於女色, 則晚尤特戒甚嚴, 處之泊如, 人服其剛。盖其孝友忠淸, 得之天性, 實亦治心明理, 以厚根基, 故本立道生, 有不可誣者如此耳。爲文務要平實, 不以組繪爲工。雅志沖恬, 酷愛佳山水。嘗借山僧結精舍于白華之麓, 俯瞰方池, 對挹丹壁。公每逍遙其間, 有若將終焉之志。因自號曰沙潭, 而堂以山澤爲名, 盖取諸易卦損象, 懲忿窒慾之義也。所與遊, 皆一世名流, 而莫不哀慕其爲人。公沒後, 語及公, 亦爲之嘖嘖不已, 雖異趣之人, 至公不敢疵玷, 咸曰: “如某乃善人也.” 噫! 此尤足以見公之所存矣。公先娶別提李蒨之女生二男, 長琢早夭, 次瓛業儒, 嘗爲翊衛司副率。後娶習讀李天授女, 無子。側室子三人曰筍鶴·曰瑨·曰瑁。公歿已踰八春秋, 惟病弟獨存於世, 深懼公之至行懿德, 湮沒而莫傳於後, 敢於痼疾之中撥昏, 略記一二, 以爲秉筆者考焉。萬曆二十九年二月日, 弟弘微謹狀。

〔省克堂先生文集, 卷3〕

27. 강신

강신의 자는 면경, 호는 동고, 본관은 진주이다. 우의정 강사상(姜士尙)의 아들이자, 승지 강서(姜緖)의 동생이다. 중종 계묘년(1543)에 태어났다. 명종 정묘년(1567) 진사시에 장원으로 합격하였다. 선조 정축년(1577) 문과에 장원으로 급제하였다. 삼사(三司)·이랑(吏郎)·검상(檢詳)·전한(典翰)·부제학(副提學)·병조판서·이조판서를 거쳐 판중추부사에 이르렀고 기사(耆社: 耆老所)에 들어갔다. 평난호성공신(平難扈聖功臣)에 책훈되었고, 진흥군(晉興君)에 봉해졌다. 광해군 기미년(1619)에 죽었다.

정여립(鄭汝立)의 옥사(獄事)가 일어났을 때, 공은 문랑(問郎)으로 들어가 주상을 모셨다. 조정의 명사(名士)들이 때때로 정여립 역적에게 편지를 보내어 문안하지 않은 자가 없었으나, 유독 공과 백사(白沙) 이공(李公: 李恒福) 등 몇 사람만이 한 글자도 주고받지 않았으니, 당시 여론은 이를 옳게 여겼다.

임진년(1592) 어머니상을 당하였으나, 대가(大駕)가 서쪽으로 피난을 떠나 송경(松京: 개성)에 이르렀을 때 특별히 관동백(關東伯)으로 제수되자 부득이하게 왕명을 받들어 경기 지역의 여러 장수들과 함께 진격하여 춘천(春川)과 원주(原州) 등지의 적을 무찔렀다. 계해년(1623: 계사년의 오기, 1593) 봄에 청정(淸正: 加藤淸正)이 북로(北路: 함경도)에서 돌아오자, 공이 정예병을 이끌고 그를 맞아 쳐서 참획한 것이 매우 많았다. 그해 여름에 평해(平海: 경상북도 울진군 평해읍 일대)의 왜적을 토벌한 공으로 가선대부(嘉善大夫)에 승진하였다.【협주: 강세동의 진양세덕편에 실려 있다.】

선조(宣祖)가 온 정신을 기울여 나라를 다스리는데 힘써서 늘 경연(經筵)에 나왔는데, 옥당(玉堂)의 제신(諸臣)들은 비록 경연이 끝났더라도 감히 의관을 벗지 못한 채로 자주 월랑(月廊)에서 잠시 물러났다가 그대로 다시 진강(進講)하였다. 하룻밤에 유신(儒臣)들을 불러 술자리를 베풀고 마음껏 마시게 하였다. 공이 잘 마셨는데, 중관(中官: 내시)이 촛불 아래에서 말하기를, "술잔을 다 비우지 않고는 감히 물러나지 못합니다."라고 하자, 공이 취하여 술잔을 뒤집어 보였다.【협주: 김시양의 하담잡록에 나온다.】

• **姜紳**

> 姜紳, 字勉卿, 號東皐, 晉州人。右議政士尙子, 承旨緖弟。中宗癸卯生。明宗丁卯, 進士壯元。宣祖丁丑, 文科壯元。歷三司·吏郎·檢詳·典翰·副提學·兵吏曹判書·至判中樞, 入耆社。策平難扈聖勳, 封晉興君。光海己未卒。

鄭汝立獄, 公以問郞[1]入侍。在朝名士, 無不時通書問于鄭賊, 而獨公與白沙[2]李公數人無一字, 時論韙之。

壬辰, 丁母憂, 大駕西幸, 到松京, 特授關東伯, 不得已膺命, 與畿輔[3]諸將, 進剿[4]春川·原州等賊。癸亥[5]春, 淸正[6]自北路歸, 公督精銳迎擊,

---

1 問郞(문랑): 죄인을 심문할 때에 그 내용을 기록하는 일을 맡아보던 郎官.

2 白沙(백사): 李恒福(1556~1618)의 호. 본관은 慶州, 자는 子常, 호는 弼雲·東岡. 증조부는 李成茂이며, 조부는 李禮臣이다. 아버지는 참찬 李夢亮이며, 어머니 全州崔氏는 결성현감 崔崙의 딸이다. 부인 安東權氏는 權慄의 딸이다. 1575년 초시에 합격하고, 1580년 알성문과에 급제하였다. 李珥의 추천으로 홍문관과 예문관의 청요직을 두루 거쳤다. 1589년 鄭汝立 모반사건을 처리한 공로로 평난공신 3등에 녹훈되었다. 1592년 임진왜란이 일어나자 선조와 왕비를 호종했고, 세자의 분조를 보필하여 군무를 맡았으며, 능란한 외교 솜씨로 명의 원군 파병과 양국 사이의 여러 문제를 조정했다. 仁穆大妃 폐위를 반대하다 北靑으로 유배되어 그곳에서 세상을 떠났다.

3 畿輔(기보): 畿內. 조선시대에 경기도 일대를 이르던 말.

4 進剿(진초): 진격하여 적을 무찌름.

5 癸亥(계해): 癸巳의 오기.

6 淸正(청정): 加藤淸正. 가토 기요마사. 임진왜란 당시 일본군 제2군을 지휘하여 조선을 침략한 장수. 한양에 입성한 후 함경도로 전진하여 조선의 왕자를 인질로 사로잡았다. 강화 교섭기에는 울산에 주둔하면서 조선의 사명대사 惟政과 교섭하기도 했다. 강화교섭 결렬 후 조선을 다시 침략했다. 조명연합군이 그의 진지 울산성을 공격한 울산성 전투(도산성 전투)에서 고전하기도 했다. 임진왜란이 끝난 후 벌어진 관원[關が原] 전투 때에는 德川家康의 동군에 속하여 구주에서 小西行長의 성을 공격했다. 소서행장에게 강한 경쟁심을 품고 있었으며 두 사람은 임진왜란과 관원 전투 때까지 지속적인 갈등 관계에 있었던

斬獲甚多。其夏，捕平海[7]賊，以功陞嘉善。【姜世東[8]《晉陽世德編》】

宣祖勵精圖治[9]，常御經筵，玉堂諸臣雖退，不敢脫衣冠。數於月廊[10]少退，仍復進講[11]。一夜，召儒臣設酌，使盡量。公善飮，而中官[12]於燭下，以爲："不盡杯，不敢退." 公醉飜盃而示之。【出金時讓[13]荷潭雜錄[14]】

보충

김시양(金時讓, 1581~1643)이 찬한 부계기문

부계기문

선조(宣祖)가 초년에 온 정신을 기울여 나라를 다스리는데 힘써서 하

것으로 알려져 있다.

7 平海(평해): 경상북도 울진군 평해읍 일대.

8 姜世東(강세동, 1714~?): 본관은 晉州, 자는 聖表, 증조부는 생원 姜碩老이며, 조부는 姜植이다. 아버지는 姜必文이며, 어머니 驪州李氏는 李澈의 딸이다. 1747년 진사시에 합격하였다.

9 勵精圖治(여정도치): 온 정신을 기울여 정치에 힘씀.

10 月廊(월랑): 궁궐이나 사찰 등에서 건물의 앞이나 좌우에 줄지어 만든 건물.

11 進講(진강): 왕이나 동궁의 앞에서 학문을 강의하던 일.

12 中官(중관): 내시. 內侍府에 속하여 임금의 시중을 들거나 숙직 따위의 일을 맡아보던 남자.

13 金時讓(김시양, 1581~1643): 본관은 安東, 초명은 金時言, 자는 子中, 호는 荷潭. 증조부는 金彦默이며, 조부는 金錫이다. 아버지는 비안현감 金仁甲이며, 어머니 南陽洪氏는 庶尹 洪以坤의 딸이다. 부인 慶州李氏는 李大遂의 딸이다. 1605년 식년문과에 급제하였다. 1611년 전라도 도사로 향시를 주관할 때 試題에 왕의 失政을 비유한 문제를 출제했다 하여 種城에 유배되었다가 1616년 寧海로 이배되었다. 1623년 인조반정으로 풀려나와 예조 좌랑·병조 정랑·수찬·교리를 역임하였고, 이듬해 이괄의 난이 일어나자 이원익의 종사관으로 활약했다. 1627년 정묘호란이 일어날 징후가 보이자 평안도관찰사 겸 체찰부사에 임명되었고 이어 병조판서가 되었으며, 의정부의 의논에 따라 도원수와 四道都體察使를 겸하였다. 그러나 왕의 뜻을 어기고 척화를 주장해 영월에 유배되었다가 풀려나, 1634년 지중추부사에 敍用되었다. 그 뒤 한성판윤을 거쳐 호조판서 겸 동지춘추·世子左副賓客이 되었다가 9월에 다시 도원수에 임명되었다. 이듬해 강화유수로 나갔다가 병으로 사직하였다.

14 荷潭雜錄(하담잡록): 荷潭 金時讓의 聞見雜錄인《涪溪記聞》을 가리킴. 김시양이 1611년 全羅都事로서 鄕試를 주관할 때, 왕의 失政을 비유한 試題를 출제한 죄목으로 鐘城에 유배되었는데, 그곳에서의 견문을 수필 형식으로 기록한 것이다. 부계는 종성의 異名이다.

루에도 세 번이나 접견하고도 또 밤에 신하를 불러서 경연(經筵)을 베풀었던 까닭에 조강(朝講: 이른 아침에 경연관이 임금에게 학문을 강연하던 일)을 끝나고도 강관(講官)은 감히 물러가지 못하고 그대로 전무(殿廡: 大成殿, 東廡, 西廡를 가리킴)에 있으면서 증거를 찾아가며 경전의 뜻을 논의하다가 주연(晝筵: 낮에 행해지는 경연)에 입대(入對)하였으며, 주연이 끝나면 또한 이같이 하다가 석강(夕講: 저녁에 행해진 강의)을 마친 뒤에야 비로소 물러갈 수 있었다.

하루는 유신(儒臣)들을 불러 술자리를 베풀고 각자 마음껏 마시게 하였다. 진흥군(晋興君) 강신(姜紳)이 잘 마셨는데, 중관(中官: 내시)이 촛불 아래에서 말하기를, “술잔을 다 비우지 않고는 감히 물러나지 못합니다.”라고 하자, 강신 또한 취하여 술잔을 뒤집어 보이니, 주상이 웃었다.

涪溪記聞

宣廟初年, 勵精求治, 日三晉接, 又有夜對, 故朝講畢, 講官不敢退, 仍在殿廡, 證論經義, 入對晝筵, 晝筵畢亦如之, 夕講然後始退。一日, 召儒臣設酌, 各使盡量。姜晉興紳善飮, 而中官於燭下, 以爲: “不盡杯, 不敢退.” 紳亦醉飜盃而示之, 上笑。

28. 김각

김각의 자는 경성, 호는 석천, 본관은 영산이다. 운정(芸亭) 김언건(金彦健)의 아들이다. 선조 정묘년(1567) 사마시에 합격하였다. 임진년에 의병을 일으켜 주부(主簿)에 제수되었고 선무원종(宣武原從) 공신(功臣)으로 녹훈되었으며 군자감 정(軍資監正)에 이르렀다. 광해군 경술년(1610)에 죽었다. 좌승지에 추증되었다.

임진년(1592)에 상주(尙州)가 왜적에게 함락되자, 힘센 놈들이 떼지어 도둑질하고 약한 이들은 풀 속에서 숨어 지냈는데, 공이 의병을 일으켜 거느리고는 변복한 채 난동을 일으키는 자들을 처단하였고, 무사(武士)들을 나누어 배치하여 적의 길목을 가로막았으니, 온 고을이 그에 힘입었다. 큰 난리가 조금 진정되자, 곧바로 용궁현감(龍宮縣監)을 그만두고 돌아와서 시내와 산을 소요하니, 사람들은 청복을 누린다고 여겼다.【협주: 이준이 찬한 묘갈명에 실려 있다.】

- **金覺**

金覺, 字景惺, 號石川, 永山人。芸亭彦健[1]子。宣祖丁卯司馬。壬辰倡義, 授主簿, 錄宣武原從勳, 至軍資監正。光海庚戌卒。贈左承旨。

壬辰, 尙州陷於倭, 强者聚爲盜, 弱者粢息草間, 公倡率義旅, 戮其變服爲亂者, 分部武士, 遮截賊衝, 一境以賴。大難稍定, 卽棄龍宮而歸, 婆娑溪山, 人以淸福歸之。【李埈撰碣】

1 芸亭彦健(운정언건): 芸亭 金彦健(1511~1571). 본관은 永同, 자는 精甫, 호는 芸亭. 증조부는 형조좌랑 金畋이며, 조부는 동지중추부사 金公著이다. 아버지는 將仕郎 金滋이며, 어머니는 興陽李氏이다. 부인 豐壤趙氏는 참봉 趙憤의 딸이다. 장년이 되자 盧守愼·林薰 등과 교유하였다. 1540년 성균관에 입학하였으나 과거시험에 실패한 뒤 이를 포기하고 향촌에 은거하며 농사에 힘쓰는 한편, 홀어머니를 지성으로 봉양하였다.

보충
이준(李埈, 1560~1635)이 찬한 묘갈명

봉정대부 수군자감정 김공 묘갈명

석천(石川) 김공이 만력(萬曆) 경술년(1610) 정월 26일에 산천(山川: 상주시 남쪽에 있는 산천리)의 옛집에서 죽은 지 21년이 흐른 봄, 그 아들 영천공(永川公: 김각의 넷째아들 金知復(1568~1635)이 1629년 영천군수를 지냄)이 나 이준(李埈)에게 말하기를, "선친의 묘지에 나무가 이미 우거졌으나 비석에 비문이 없으니, 청컨대 불후의 글을 청합니다."라고 하였다. 나는 선생(先生: 김각)에게 가르쳐서 이끌어 준 은혜를 받았으나 이제는 늙어 보답할 길이 없었는데, 귀와 눈으로 듣고 본 선생의 품은 뜻과 행실을 기록하여 바야흐로 찾아올 이에게 알리는 것만은 오로지 힘쓸 수 있으니 어찌 감히 글이 서툴다는 이유로 사양하겠는가?

삼가 살펴보건대, 김씨(金氏)의 선대(先代)는 본래 신라(新羅) 경순왕(敬順王)에서 나왔으며, 공을 세워 영동(永同)에 봉해져 자손들이 그대로 그곳에 살았다. 후세에 휘 김길원(金吉元)이 있었으니, 고려에서 벼슬하여 관직이 판도판서(版圖判書)에 이르렀다. 이로부터 높은벼슬아치들이 대를 이은 것은 세보(世譜)에 갖추어 기재되어 있다. 5대조 김수화(金守和)는 벼슬이 형조참의(刑曹參議)에 이르렀고, 참의 김장(金璋)의 딸에게 장가들어서 난봉지연(鸞鳳之緣: 부부의 인연)으로 인하여 상주(尙州)로 옮겨 살았다. 고조부 김민(金旼)은 형조좌랑이며, 증조부 김공저(金公著)는 동지중추부사이다. 조부 김자(金滋)는 벼슬하지 않았으며, 조모 흥양이씨(興陽李氏)는 효부와 열녀로 조정에 알려져 호역(戶役: 집집마다 부과되는 賦役)을 면제받았다. 아버지 김언건(金彦健)은 진사(進士)로 호는 운정(芸亭)이다. 덕이 두터운데다 행실이 독실하여 후계(后溪) 김 징군(金徵君: 金範)의 추앙을 받았고, 은거하며 생도를 가르쳐서 지금 우리 고을이 시문을 짓고 읊는 풍류를 서로 숭상하게 되었던 것이니 그 공이 크다. 풍양(豊壤) 조이(趙姨)의 딸을 맞아들여 공을 낳았다.

공은 집안에서 가르침을 받아 지향하여 나아감이 바르게 된데다 스스로 옷을 입게 되면서부터는 문헌 속의 선현들을 따르며 배웠는데, 그 몸소 실천한 바는 대체로 법도에 맞았고 글재주 또한 뛰어나게 발휘하여 매번 재예(才藝)를 시험장에서 겨룰 때마다 앞자리를 차지하였다. 정묘년(1567) 진사시에 합격하고 얼마 되지 않아서 아버지상을 당해 슬퍼함이 상제(喪制)를 지나쳐 몸이 훼손될 정도였다. 이때부터 마침내 과거를 위한 공부를 그만두고 낙동강 가에다 집을 짓고서 물고기를 낚는 것에 흥을 붙였는데, 사람의 풍모나 기개가 준수하고 시원하였으니 일을 당하면 칼로 가르듯 단호하여 복잡한 일을 처리할 때도 지친 기색이 없었다. 일찍이 이르기를, "해마다 흉년이 드니 대비가 없어서는 안 될 것이다." 라고 하면서 문중의 친지들과 도모하고 곡식을 얼마간 내어 조곡(糶穀: 이자를 받고 꾸어 주는 곡식)의 본밑천으로 삼아서 예기치 못한 일을 대비한 적이 있었다.

임진년(1592) 여름에 고을이 왜적에게 함락되자, 힘센 놈들이 떼지어 도둑질하고 약한 이들은 풀 속에서 숨어 지냈는데, 공이 의병을 일으켜 거느리고는 고을에서 변복까지 한 채 난동을 부리는 자들을 먼저 처단하였고, 무사(武士)들을 나누어 배치하여 적의 길목을 가로막고서 가끔씩 승리도 하여 적이 제멋대로 침입해 약탈하지 못하게 하였으니, 온 고을이 그에 힘입었다. 조정에서 이를 가상히 여겨 사온서 주부(司醞署主簿)에 제수하였다.

가을에 함창(咸昌)의 수령 자리가 비자, 순찰사가 공에게 고을의 일을 대행도록 명하였지만 사양하고 나아가지 않았다. 얼마 되지 않아 선무원종공신(宣武原從功臣)으로 녹훈되어 품계를 봉정대부(奉正大夫)로 올라 수군자감 정(守軍資監正)을 지냈다. 계사년(1593) 봄에 어머니상을 당하였는데, 늙어서 힘이 없는 나이인데다 엎어지고 자빠지는 매우 위급한 상황에서도 예를 지키는 것이 어김없었으니 사람들은 그렇게 하기가 어려운 것이라고 여겼다.

3년상을 마치자, 용궁현감(龍宮縣監)에 제수되었다. 이때 명나라 군대가 용궁현의 지경에 주둔하고 있어 군사에 관한 업무가 한창 바빴으나, 공은 몸과 마음을 다 바쳐 번잡스런 일을 다스리면서도 끝내 백성들을 괴롭히지 않았다. 임기가 다 차기도 전에 벼슬을 그만두고 돌아왔다.

시냇가에 농원을 만들어 꽃과 대나무를 섞어 심었다. 세시풍속이면 매우 친한 이들을 불러 모아 그 사이에서 소요하였으니, 백발에 흰 눈썹이 빛나는 모습은 마치 그림 속의 사람과 같았다. 자손들이 둘러앉아 번갈아 술잔을 올리며 축수하니, 고을 사람들은 청복을 누린다고 여겼다.

오호라! 공은 포의(布衣: 벼슬이 없는 선비) 때부터 남에게 은택을 베풀려는 뜻을 품고서 남는 것을 축적하여 흉년을 대비하게 하였으니 그 견해가 뛰어났다. 그리고 하루아침에 왜적을 만났는데도 보잘것없는 일개 서생으로서 의로운 군사를 이끌고 큰 난리에 임하며 훌륭한 계책을 재빠르게 낸 것이 마치 군대에서 늙은 자와 같았으니 평소에 포부를 갖고 있지 않았으면 능히 할 수 있었겠는가? 병란이 조금 진정되어 성패가 갈리는 결정적인 국면에서 몸을 벗어날 수 있게 되자, 숲과 동산으로 돌아와 한가로이 지내며 여생을 잘 마쳤다. 훗날 공의 뜻과 행실을 알고자 하는 자는 여기에서 살펴보아야 할 것이다.

공의 휘는 김각(金覺), 자는 경성(景惺)이다. 부인 상산김씨(商山金氏)는 성균관 사성(成均館司成) 김충(金沖)의 딸이다. 법도 있는 가문에서 태어나 부녀자가 가져야 할 덕을 지니고 집안에서의 행실도 갖추어서 일가친족들이 모두 칭송하였는데, 공보다 먼저 죽었으나 같은 묘에 합장하였다.

맏아들 김지백(金知白)은 동부참봉(東部參奉)을 지냈고 요절하였다. 차남 김지절(金知節)은 선공 첨정(繕工僉正)을 지냈다. 삼남 김지덕(金知德)은 여러 차례 과거에 응시하였으나 급제하지 못했다. 사남 김지복(金知復)은 문과에 급제하여 이름이 높았고, 시종(侍從)의 반열에서 직무를 다하였으며, 고을원을 맡아 백성을 다스리는데 힘썼다. 모두 공이 선(善)으로 길러낸 바였다. 딸은 강진립(康震立)에게 시집갔다. …(이하 생략)…

奉正大夫守軍資監正金公墓碣銘

石川金公以萬曆庚戌正月二十六日, 啓手足于山川之舊第。越二十一年春, 其孤永川公謂埈, 曰: "先君墓木既拱, 而麗牲之石無顯刻, 請." 余於先生, 受教導之恩, 今老矣, 終無以報稱, 則述其志行之所濡染於耳目者, 以諗方來, 此惟可勉也, 何敢以不文辭? 謹按金之先, 本出新羅敬順王, 以功封于永同, 子孫仍居焉。後世有諱吉元, 仕麗官至版圖判書。自是簪纓奕世, 具載世譜。五代祖守和, 官至刑曹參議, 娶參議金璋女, 以鸞鳳之緣, 移居于尙。高祖畋, 刑曹佐郎, 曾祖公著, 同知中樞府事。祖滋, 不仕, 妣興陽李氏, 有孝烈聞于朝, 復其戶役。考彦健, 進士, 號芸亭。以厚德篤行, 爲后溪金徵君所推重, 隱居授徒, 至今吾鄕之以文雅相尙者, 其功爲多。聘豐壤趙悏女生公。公承學于家, 趨向既正, 自能勝衣, 從文獻諸公游, 其所踐行, 率以矩度, 詞華亦逸發, 每較藝場屋, 輒居前列。丁卯, 中進士, 未幾, 遭外艱, 哀毁踰制。自是遂廢擧子業, 築室有洛之濱, 寓興漁釣, 爲人風概峻爽, 遇事剨然, 處劇無倦容。嘗謂: "歲有荒歉, 不可無備." 謀諸族黨, 出穀若干爲糶本, 以須不虞。壬辰夏, 州陷於倭, 强者聚爲盜。弱者衆息草間。公倡率義旅。爲諸邑先戮其變服爲亂者, 分部武士, 遮絶賊衝, 往往有捷, 賊不得恣意攻鈔, 一境以賴。朝廷嘉之, 授司醞署主簿。秋, 咸昌缺守, 巡察使命公攝縣事, 辭不赴。俄以宣武勳, 進階奉正, 守軍資監正。癸巳春, 丁內艱, 衰邁之年, 顚沛之際, 執禮無違, 人以爲難。服闋, 除龍宮縣監。時天師屯縣境, 戎務方殷, 公盡瘁撥劇, 卒不病民。秩未滿, 解綬而歸。臨溪爲圃, 雜植花竹。歲時, 招集親串, 婆娑其間, 華髮厖眉, 奕奕如圖畫中人。子孫環侍, 迭稱觴爲壽, 鄕人以淸福歸之。嗚呼! 公自布衣, 有志澤物, 蓄衍以防歉, 其見偉然。而一朝遇賊, 以藐然一書生, 提孤師, 蹈大亂, 籌畫捷出, 若老於軍旅者, 非抱負有素, 能辦此乎? 兵亂稍定, 而能脫身得喪之衝, 歸臥林園, 令終有俶。後之欲觀公志行者, 其考諸此而已矣。公諱覺, 字

景惺。配商山金氏，成均司成沖之女也。出法家，有閫儀，內行之備，宗表皆稱，先卒，葬同窰。男長知白，東部參奉，早死。次知節，繕工僉正。知德，屢擧儒科不中。知復，捷巍科，有雋望，處從班而盡職事，畀郡節而務字牧。皆公之所式穀也。女適康震立。…(이하 생략)…

〔蒼石先生文集，卷16，碑碣〕

29. 노대하

노대하의 자는 수오, 본관은 광산(光山)이다. 명종 병오년(1546)에 태어났다. 선조 갑술년(1574)에 처음으로 벼슬길에 나서서 익위(翊衛)를 거쳐 군수에 이르렀다. 광해군 경술년(1610)에 죽었다.

공의 큰아버지 소재(蘇齋) 노수신(盧守愼)이 진도(珍島)에 유배되어 있을 때, 공은 19세에 산을 넘고 바다를 건너 그곳으로 가 학문을 배웠다. 학문에 이미 통하자 과거로 출세하려고 했던 것을 부끄럽게 여겼다. 처음으로 현령이 되어 벼슬길에 나섰다. 임진년(1592)에 대가(大駕)를 따라 서쪽으로 갔다가, 주상이 부모가 연로한 자는 호종하지 말라고 명하여 공은 집안을 돌볼 수 있었고, 이리저리 돌아다니다 북관(北關: 함경도)으로 들어갔다. 세자를 이천(伊川)에서 뵙고 익위(翊衛)로서 사명(使命)을 받들어 행재소에 이르자 첨정에 제수되었으며, 이어 김응남(金應南)의 종사관이 되어 마초(馬草)와 군량을 운반하였다. 아내와 과부 누이동생이 죽어서 타향 땅 박천(博川)에 묻었다. 뒷날 화령(化寧: 경상북도 상주시 서부 지역)에 터를 잡았는데, 공은 의지할 곳이 없는 과부 누이동생을 먼저 귀장(歸葬)한 이후에 아내도 반장(返葬)하였다.

천안군수가 되어 대동법을 처음으로 시행하니, 각 고을에서 모두 본받았다.【협주: 허목이 찬한 비문에 실려 있다.】

- **盧大河**

盧大河, 字受吾, 光山人。明宗丙午生。宣祖甲戌筮仕, 歷翊衛, 至郡守。光海庚戌卒。

公伯父蘇齋守愼, 竄珍島時, 公年十九, 跋涉從之。學旣通, 耻以科目拔身[1]。筮仕爲縣令。壬辰, 隨駕西行, 上命親老者勿從, 公得私其家, 轉入北關。謁世子於伊川[2], 以翊衛奉使。〈至〉行在, 除僉正, 爲金應南[3]從事, 運蒭糧。妻與寡妹沒, 而葬於博川[4]。後家化寧[5], 公以寡妹之無依, 先歸葬[6], 而後反妻[7]葬。

爲天安郡守, 初行大同法, 列邑皆效之。【許穆撰碑】

보충

허목(許穆, 1595~1682)이 찬한 묘표

이천부사 노공 묘표

삼한(三韓)의 노씨(盧氏)는 두 계통이 있는데 모두 훌륭한 대성(大姓)이다. 그 하나는 교하(交河)에서 비롯되었고 또 하나는 광주(光州)에서 나왔는데, 지금은 광주의 노씨가 더 번성하고 공은 광주노씨의 대를 이었다.

휘는 노대하(盧大河), 자는 모(某)이다. 조선 초에 정승을 지낸 노숭(盧嵩)의 후손이다. 창수(倉守)를 지내고 찬성(贊成)에 추증된 노후(盧珝)의 증손자이고, 활인서 별제(活人署別提)를 지내고 영의정에 추증된 노홍(盧鴻)의 손자이며, 돈녕부 첨정(敦寧府僉正)을 지내고 좌승지에 추증된 노극

---

1 拔身(발신): 出身. 처음으로 벼슬길에 나섬.

2 伊川(이천): 강원도 북서쪽 끝에 있는 고을.

3 金應南(김응남, 1546~1598): 본관은 原州, 자는 重叔, 호는 斗巖. 증조부는 金末孫이며, 조부는 金安佑이다. 아버지는 金珩이며, 어머니 瑞興金氏는 金德裕의 딸이다. 부인 韓山李氏는 李之蕃의 딸이다. 1567년 생원시에 합격하고, 1568년 증광 문과에 급제하였다. 예문관·홍문관의 正字를 역임하고 동부승지에 이르렀다가 1583년 제주목사로 좌천되었다. 1585년 우승지로 기용되고 이어 대사헌·대사간·부제학·이조참판 등을 역임하였다. 1591년 성절사로서 명나라에 갔다. 1592년 임진왜란으로 왕이 피난길에 오르자 柳成龍의 천거로 병조판서 겸 부체찰사가 되었다. 이듬해 1593년 이조판서로서 왕을 따라 환도, 1594년 우의정, 1595년 좌의정이 되어 영의정 유성룡과 함께 임진왜란 후의 혼란한 정국을 안정시켰다.

4 博川(박천): 평안북도 서남단에 있는 고을.

5 化寧(화령): 경상북도 상주시 서부에 있는 고을. 화서면, 화동면, 화북면 지역이다.

6 歸葬(귀장): 타향에서 죽은 사람의 시체를 고향으로 모셔다가 장사지냄.

7 妻(처): 둘째부인 咸平李氏를 가리킴. 병마절도사 李珏의 딸이다.

신(盧克愼)의 아들이다. 어머니 덕산이씨(德山李氏)는 청주목사(淸州牧使) 이증영(李增榮)의 딸이다. 공은 가정(嘉靖) 병오년(1546) 11월 20일에 태어났다.

두루 알고 민첩하며 재주가 많은데다 교유한 이들이 모두 당대 저명한 사람들이었으니, 공의 명성은 일찌감치 드러났다. 큰아버지 소재(穌齋: 노수신) 상국(相國)이 문정왕후(文定王后) 때에 깊은 험한 바다 속의 진도(珍島)로 유배되었는데, 풍파가 험악하고 천 리나 되는 먼 길이었으나 공은 19세에 바다를 건너 그곳으로 가 학문을 배웠다. 학문에 이미 통했지만 여러 차례 과거에 응시하였으나 급제하지 못하자, 개연히 탄식하며 과거로 벼슬길에 나서려고 했던 것을 부끄럽게 여기고는 내실을 더욱 견고히 다졌다.

29세에 처음으로 벼슬길에 나서서 은진(恩津)과 의성(義城)의 현감이 되었으니, 모두 치적이 있었다. 임진왜란으로 주상이 서쪽으로 피난을 가자, 공은 사섬시 첨정(司贍寺僉正)으로서 주상을 호종하였다. 주상이 백관들에게 명하기를, "부모가 연로한 자는 모두 호종하지 말라."라고 하였는데, 공은 부모가 모두 연로하였으므로 집안을 돌볼 수 있었고, 이리저리 돌아다니다 북관(北關: 함경도)으로 들어갔다.

그해 7월에 이천(伊川: 강원도 북서쪽 끝에 소재)에서 세자를 뵙고 익위(翊衛)로서 사명(使命)을 받들어 행재소(行在所)에 이르자 사복시 첨정(司僕寺僉正)에 제수되었으며, 이어 검찰사(檢察使) 김응남(金應南)의 종사관이 되어 의주(義州)와 용천(龍川: 평안북도 서쪽에 있는 고을)의 마초(馬草)와 군량을 운반하는 등의 일을 맡았다.

갑오년(1594)에 명을 받고 일처리한 결과를 보고한 뒤로 사헌부 감찰에 제수되었고, 얼마 되지 않아 외직으로 나가 안산군수(安山郡守)가 되었지만 오래 지나지 않아 병으로 인하여 돌아왔다. 이때 가족들이 북관 변방으로 달아나 숨어 있었는데, 그해 12월에 어머니가 세상을 떠났다. 여묘살이를 3년 동안 하고 난 뒤로 아내 이씨가 죽었고 또 과부 누이동생도 자식 없이 죽었는데, 큰 난리가 아직 진정되지 않아서 모두 타향 땅 박천(博川)에 장사 지냈다. 그리하여 청풍(淸風)과 단양(丹陽) 군수에 제수하는 명이 있었으나 모두 나아가지 않았다. 병술년(1586)에 아버지가 호남(湖南)에서 죽어 화령(化寧)으로 귀장(歸葬)한 뒤로 타향 땅에 묻은 이들도 반장(返葬)하였는데, 공이 탄식하며 말하기를, "누이동생은 자식도 없이 죽었으니, 내 차마 뒤로 미루지 못하겠다."라고 하였다. 이 때문에 아내 숙인(淑人)의 천장(遷葬)은 가장 뒤에 행해졌다.

임인년(1602) 전부(典簿)를 거쳐 외직으로 나가 천안군수(天安郡守)가 되었다. 병란으로 폐허가 된 뒤라 대동법(大同法)을 처음으로 시행하여서 백성들의 생활을 편리하게 하니, 각 고을에서 이를 본받아 시행하였다. 임기가 찼고 치적의 고과성적이 1등이었던 까닭에 이천 도호부사(利川都護府使)로 승진하였다. 3년이 지나서 병으로 사직하고 돌아왔지만, 30여 년이 지난 뒤에도 백성들이 추모해 마지않아서 유애비(遺愛碑: 공덕비)를 세웠다.

경술년(1610) 12월 25일, 공은 고부군수(古阜郡守)로 있다가 관아에서 죽었으니, 향년 65세였다. 염습하려 할 때 고을 관아에서 비단 수의를 보내왔는데, 정읍현감(井邑縣監) 박충생(朴忠生)이 와서 염습하는 것을 지켜보다가 하지 못하도록 하며 말하기를, "공은 평소 사치스럽게 하는 것을 예라 여기지 않을 것이다."라고 하자, 마침내 그것을 쓰지 않았다. 이듬해 화령(化寧)에 장사 지냈다.

공은 어진 부형(父兄)의 가르침을 마음속 깊이 새겨 효도와 우애를 독실하게 실천하였고 집에 거처할 때에는 반드시 근엄하였으니, 비록 한집안 부자지간일지라도 일찍이 게으른 모습을 보인 적이 없었으며, 검소함을 좋아하고 예의와 겸양 지키는 것을 집안의 가풍으로 삼았다. 상국(相國) 심희수(沈喜壽)가 공을 누구보다도 깊이 알고 있었는데, 공은 몸가짐의 바름, 집안을 다스리고 벼슬살이를 하는 방도가 한결같이 학문에서 비롯되었다고 하였다.

첫째부인은 참판 신담(申湛)의 딸로, 딸 둘을 낳았다. 사위 두 사람은 이식(李栻)과 김인봉(金仁鳳)인데, 이식은 진사이다. 둘째부인은 절도사(節度使) 이각(李珏)의 딸로, 3녀2남을 낳았다. 장녀는 진사 허준(許遵)에게, 차녀는 관찰사 홍립(洪雲)에게, 삼녀는 사인(士人) 이삼근(李三近)에게 시집갔으며, 아들은 노도립(盧道立)과 노도일(盧道一)로 노도일은 함열현감(咸悅縣監)을 지냈다. 내외 자손이 3대에 걸쳐 50명 가까이 된다.

利川府使盧公墓表

三韓之盧, 有二族, 皆貴大。其一本於交河, 其一出自光州, 今光州之盧尤盛, 公光州之世也。諱大河, 字某。國初相嵩之後。而倉守贈贊成玥之曾孫, 活人署別提贈領議政鴻之孫, 敦寧府僉正贈左承旨克愼之子。母德山李氏, 淸州牧使增榮之女。嘉靖丙午十一月二十日公生。通敏多才, 所交遊, 皆一時聞人, 公名譽早著。伯父穌齋相國, 文定時, 竄窮海之珍島, 風波險惡, 道路千里, 公十九涉海從之。學旣通, 累擧不中, 慨然歎息, 恥以科目發身, 內植益堅。二十九, 初筮仕, 爲恩津·義城, 皆有治績。壬辰之亂, 上西幸, 公以司贍寺僉正, 從上。上命百官, 有親老者皆令勿從, 公以父母皆老, 故得私其家, 轉入北關。其七月, 謁世子於伊川, 以翊衛奉使, 至行在所, 爲司僕寺僉正, 仍爲檢察使金應南從事, 掌義州·龍川芻糧搬運等事。甲午, 旣復命, 拜司憲府監察, 尋出爲安山郡守, 未久以病歸。時家奔竄關外, 其十二月, 大夫人歿。旣守墓三年, 妻李氏歿, 而又寡妹無子死, 以大亂未定, 皆旅葬博川。於是, 有淸風·丹陽之命, 而皆不赴。丙戌, 先大夫歿於湖南, 旣歸葬化寧, 遷諸喪旅葬者以返, 公歎曰: "妹死而無子, 吾不忍後也." 故淑人之葬, 最後遷。壬寅, 由典簿, 出天安。兵亂殘破之餘, 初行大同法, 以便民, 列邑皆效行之。及菑, 以治理第一, 陞利川都護府使。三年, 謝病歸, 後三十餘年, 百姓追思不已, 立遺愛碑。庚戌十二月廿五日, 公以古阜郡守, 歿於官, 年六十五。將殮, 郡致襚用紋錦, 井邑縣監朴忠生, 來視殮, 不許曰: "公平生不以奢侈爲禮." 遂不用。明年, 葬化寧。公服膺賢父兄之敎訓, 篤行孝悌, 居處必嚴, 雖家人父子, 未嘗見其惰容, 好儉素有禮讓,以爲家法。沈相國喜壽，知公最深，以公行己之正，治家爲官之方，一以問學爲本云。初娶參判申湛女，生二女。壻二人，李栻·金仁鳳，栻進士。後娶節度使李珏女，生三女二男。女一人適進士許遵，一人適觀察使洪雲，一人適士人李三近，男曰道立·道一，道一前咸悅縣監。內外孫，至三世，近五十人。

〔記言別集，卷19，丘墓文〕

30. 강연

> 강연의 자는 정경, 호는 청천, 본관은 진주이다. 관찰사 강사필(姜士弼)의 아들이다. 명종 임자년(1552)에 태어났다. 선조 경인년(1590) 문과에 급제하였다. 한림(翰林)·삼사(三司)·필선(弼善)을 거쳐 승지에 이르렀다. 광해군 갑인년(1614)에 죽었다.

검열(檢閱)로서 대가(大駕)를 호종하여 서쪽으로 갔다. 이때 주상이 왕위를 광해군(光海君)에게 물려주려 하여 온 조정이 간하려 해도 간할 수가 없었는데, 공이 여러 신료들과 함께 상소를 올려 힘써 간쟁하여 왕위를 물려주려 했던 일이 그만 중지되었다.

또 정언(正言)으로서 논하기를, "포로가 된 대신(大臣)은 적에게 잡혀 나라를 욕되게 하였으니 죄를 법으로 다스리소서."라고 하였으며, 또 말하기를, "진양(晉陽: 진주의 옛 이름)에서 순절한 신하들에게 마땅히 벼슬을 추증하여 표창하고 제사를 지내주며 그 부모와 처자식들을 구휼해야 합니다."라고 하였는데, 모두 좋다고 회보(回報)가 내려졌다.

광해군의 정치가 문란해져 소인배들이 권세를 잡자, 공은 내직에 있는 것을 달갑게 여기지 않아서 외직을 청해 영천(榮川: 榮州) 군수에 제수되었다. 평소에 사대부들이 명예와 이익만 급급해 좇아다니느라 세속에 영합하고 남에게 비위맞추는 것을 가장 미워하였으니, 몸가짐과 지론은 언제나 당색을 벗어나 초연하였다. 특히, 홍여순(洪汝諄)·류영경(柳永慶)의 사람됨을 싫어하여 혹 길에서나 남의 집에서나 그들을 마주치기라도 할 것 같으면 번번이 피하고 보지 않았다.

둘째아들 관찰사 강홍중(姜弘重)이 처음 급제하였을 때 당시의 촉망을 받고 있었다. 적신(賊臣) 이이첨(李爾瞻, 1560~1623)이 공을 찾아와 조용히 말하기를, "내가 홍문관 정자(弘文館正字)를 공의 아들에게 주고 싶은데 어떻겠습니까?"라고 하였지만, 공은 아무런 대답을 하지 않았다. 이

이첨이 돌아간 뒤에 공은 아들 관찰공에게 이르기를, "저자는 명리(名利)로 사람을 면전에서 유혹하려 하였으니 어찌해야 하겠느냐? 너는 명심하도록 하라."라고 하고는, 마침내 교류를 끊고 통교하지 않았다. 이이첨은 크게 원한을 품고 끝내 한림을 천거한 자를 탄핵하였다. 공은 성품이 깨끗하고 굳어서 악을 미워하는 것이 이와 같았다.【협주: 강석이 찬한 묘지문에 실려 있다.】

• 姜綖

姜綖[1], 字正卿, 號菁川, 晉州人。監司士弼子。明宗壬子生。宣祖庚寅文科。歷翰林·三司·弼善, 至承旨。光海甲寅卒。

以檢閱扈駕西行。時上欲傳位光海, 擧朝諫不能得, 公與諸僚上疏力爭, 事遂寢。

又以正言論: "被虜大臣, 陷賊辱國, 罪請置法." 又言: "晉陽殉節諸臣, 宜褒贈賜祭, 恤其父母妻子." 皆報可。

光海政亂, 羣小用事, 公不樂在內, 求外拜榮川郡守。平生最嫉士大夫逐逐名利, 隨俗容悅[2], 處身持論, 常超然色目[3]之外。尤惡洪汝諄[4]·柳

---

1 姜綖(강연, 1552~1614): 본관은 晉州, 자는 正卿, 호는 菁川. 증조부는 姜永叔이며, 조부는 姜溫이다. 아버지는 姜士弼이며, 어머니 東萊鄭氏는 鄭允壽(개명: 鄭允奇)의 딸이다. 첫째부인 南陽洪氏는 洪仁祉의 딸이며, 둘째부인 溫陽鄭氏는 鄭應奎의 딸이다. 1590년 문과에 급제하였다. 우승지, 좌승지를 거쳐 1603년 공조참의, 1604년 인천부사, 1606년 첨지중추부사, 1609년 한성부윤 등을 지냈다.

2 容悅(용열): 아첨함. 영합하여 기쁜 모양을 함.

3 色目(색목): 조선시대의 사색 당파를 일컬음.

4 洪汝諄(홍여순, 1547~1609): 본관은 南陽, 자는 士信. 증조부는 洪俊이며, 조부는 洪紹宗이다. 아버지는 洪誾이며, 어머니 南陽洪氏는 洪胤玄의 딸이다. 1567년 생원시에 합격하고, 1568년 증광문과에 급제하였다. 1592년 임진왜란이 일어나자 병조판서로서 선조를 호종, 북으로 피란 도중에 호조판서로 전임되었다. 평양에 이르러 난민들의 폭동으로 뼈가 부러지는 상처를 당하기도 하였다. 지중추부사로 北道巡察使를 겸하였으나, 성품이 간악하다는 대간의 탄핵을 받아 순천부에 유배되었다. 난이 끝난 뒤 南以恭·金藎國 등과 함께 柳成龍 등을 몰아내고 정권을 잡았다. 1599년 그의 대사헌 임명을 남이공이 반대하자 북인에서 다시 분당하여 대북이라 부르고, 李爾瞻 등과 함께 남이공 등의 소북과 당쟁을

永慶[5]之爲人, 或遇諸途及人家, 輒避不見。

次子觀察使弘重[6], 初登第, 有時望。賊臣爾瞻[7], 詣公從容曰: "吾欲以弘文正字, 處公之子, 何如?" 公不答。旣去, 公謂觀察公, 曰: "彼以名利對人面誘, 何也? 汝其志之!" 遂絶不通。爾瞻大恨之, 遂劾薦翰林者。公之介潔, 嫉惡類此。【姜樨撰墓誌[8]】

벌이다가 1600년 병조판서에서 삭탈관직되었다. 이듬해 곧 복관되었으나, 1608년 광해군이 즉위하자 또다시 탄핵을 받아 진도에 유배되어 이듬해 배소에서 죽었다.

5 柳永慶(류영경, 1550~1608): 본관은 全州, 자는 善餘, 호는 春湖. 증조부는 柳軒이며, 조부는 柳世麟이다. 아버지는 참봉 柳儀이며, 어머니 交河盧氏는 盧兪의 딸이다. 예조참판 柳永吉의 동생이다. 1572년 춘당대문과에 급제하였다. 임진왜란이 나자 의병을 모집하고 왜적의 목을 베는 공을 세워 호조참의에 올랐으나 정유재란 때는 가족을 먼저 피란시킨 혐의로 파직되었다. 동인-북인-소북-탁소북의 붕당 이력을 가진 인물로 소북의 영수였다. 장기간 권좌에 있었던 탓에 뇌물 공여가 횡행했고, 선조 말년에는 왕의 뜻을 따라 영창대군을 세자로 옹립하려 했다. 광해군이 즉위하자 대북 이이첨·정인홍의 탄핵을 받고 경흥에 유배되었다가 사사되었다.`

6 弘重(홍중): 姜弘重(1577~1642). 본관은 晉州, 자는 任甫, 호는 道村. 증조부는 姜溫이며, 조부는 姜士弼이다. 아버지는 승지 姜綖이며, 어머니는 鄭應奎의 딸이다. 張顯光의 문인이다. 1603년 생원진사시에 합격하고, 1606년 식년문과에 급제하였다. 청송부사, 동지의금부사, 성천부사를 지냈다.

7 爾瞻(이첨): 李爾瞻(1560~1623): 본관은 廣州, 자는 得輿, 호는 觀松·雙里. 아버지는 李友善이며, 어머니 晉州柳氏는 柳惟一의 딸이다. 부인 全州李氏는 李應祿의 딸이다. 1582년 사마시에 합격하고, 1594년 별시문과에 급제하였으며, 1599년 이조정랑이 되어 1608년 문과중시에 장원급제하였다. 대북의 영수로 鄭仁弘과 함께 광해군의 옹립을 주장하면서, 당시 선조의 뜻을 받들어 永昌大君을 옹립하려는 柳永慶 등 소북을 논박하였다. 이로 인해 선조의 노여움을 사서 갑산에 유배당했다가, 같은 해 2월 선조가 갑자기 죽고 광해군이 즉위하면서 일약 예조판서에 올랐다. 이어 대제학을 겸임하고 廣昌府院君에 봉해졌다. 1612년 金直哉의 誣獄을 일으켜 선조의 손자 晋陵君 李泰慶 등을 죽였다. 이듬해 강도죄로 잡힌 朴應犀 등을 사주하여, 영창대군을 옹립하려 했다고 무고하게 하여 영창대군을 庶人으로 떨어뜨려 강화에 안치시키고 金悌男 등을 사사시켰다. 이듬해 영창대군을 살해하고, 1617년 仁穆大妃의 폐모론을 발의해 1618년 대비를 西宮에 유폐하는 등 生殺置廢를 마음대로 자행하였다. 1623년 인조반정으로 광해군이 폐위되자 가족을 이끌고 영남 지방으로 도망가던 중 광주의 利甫峴을 넘다가 관군에게 잡혀 참형되었다. 아들 李元燁·李弘燁·李大燁 삼형제도 처형되었다.

8 姜樨이 찬한 묘지문은 현재 확인할 수 없음.

31. 권우

권우의 자는 정보, 호는 송소, 본관은 안동이다. 인재(忍齋) 권대기(權大器)의 아들이다. 명종 임자년(1552)에 태어났다. 선조 계유년(1573) 사마시에 합격하였고 천거로 참봉에 제수되었으며 관직은 왕자사부(王子師傅)에 이르렀다. 경인년(1590)에 죽었다. 좌승지에 추증되었다.

19세 때 퇴도(退陶: 이황) 문하에서 《주역(周易)》을 배웠다. 월천(月川) 조목(趙穆)·비지(賁趾) 남치리(南致利)를 종유하면서 《태극도설(太極圖說)》·《통설(通說)》·《서명(西銘)》 등의 책을 강학하며 단서를 찾아 힘쓸 방도로 삼았고, 사서(四書)에 침잠한데다 두루 제자백가(諸子百家)에까지 굽어보며 읽고 우러러보며 사색하느라 매일 겨를이 없었으니, 선비들의 기대가 더욱 중해졌다.

왕자사부(王子師傅)가 되었을 때 선조(宣祖)가 경서(經書)의 의심스러운 글귀를 뽑아내어 왕자로 하여금 어려운 부분을 묻게 하였는데, 공이 묻는 대로 응대하여 전혀 의심이 없었으니, 선조가 이를 가상히 여겨 손수 고시(古詩)를 써 주며 장려하였다.

여헌(旅軒) 장 선생(張先生: 張顯光)이 그 유고의 발문(跋文)에 이르기를, "우리 고을의 백세 스승이다."라고 하였다.【협주: 김응조가 찬한 묘갈명에 실려 있다.】

- **權宇**

權宇，字定甫，號松巢，安東人。忍齋大器[1]子。明宗壬子生。宣祖癸

---

1 大器(대기): 權大器(1523~1587). 본관은 安東, 자는 景受, 호는 忍齋. 아버지는 權㦤이며, 어머니 仁同張氏는 將仕郎 張良弼의 딸이다. 첫째부인 眞城李氏는 李濟의 딸이며, 둘째부인 綾城具氏는 具幹의 딸이며, 셋째부인 興海裵氏는 裵希度의 딸이다. 아들로 王子師傅 權宇, 英陵參奉 權宏, 생원 權宬, 章陵參奉 權㝠이 있다. 勉進齋 琴應壎이 사위이다. 1552년 사마시에 합격하여 성균관에 들어가 경전에 통달함으로 주위에 알려졌으나 문과에 세

酉司馬, 薦授參奉, 官至王子師傅。庚寅卒。贈左承旨。

十九歲, 受易於退陶門下。從趙月川[2]·南賁趾[3], 講《太極圖說》·《通說》·《西銘》等書, 爲求端用力之方, 而沈潛四子, 旁及百家, 俯讀仰思, 日不暇給, 士望益重。

其爲師傅也, 宣廟拈出經書疑義, 令王子問難, 公應口對無疑, 宣廟嘉之, 手書古詩以奬。

旅軒[4]張先生, 跋其遺稿曰: "吾黨百世之師."【金應祖[5]撰碣】

번이나 떨어지자 과거를 그만두었다. 李滉의 제자로 일찍이 이황의 문하에서 爲己之學에 전념하였으며, 月川 趙穆, 栢潭 具鳳齡, 惺齋 琴蘭秀 등과 楔를 맺고 매 계절마다 산사에서 經史를 강론하였다.

2 月川(월천): 趙穆(1524~1606)의 호. 본관은 橫城, 자는 士敬. 경상북도 예안 출신. 아버지는 참판 趙大春이며, 어머니 安東權氏는 權受益의 딸이다. 李滉의 문인이다. 1552년 생원시에 합격했으나, 대과를 포기하고 학문과 수양에만 전념하였다. 이후 여러 벼슬에 제수되었으나 거의 다 사양하였다. 다만 1576년 봉화연감에 제수되었을 때도 사직소를 냈으나 허락되지 않아 봉직하면서 향교를 중수하였을 뿐이다. 주된 업적은 이황에 대한 연구와 소개이다. 이황이 세상을 떠난 뒤 문집의 편간, 사원의 건립 및 봉안 등에 힘썼다.

3 賁趾(비지): 南致利(1543~1580)의 호. 본관은 英陽, 자는 成仲·義仲. 안동 출신. 증조부는 통례문통찬 南敬彛이며, 조부는 훈도 南軾이다. 아버지는 南藎臣이며, 어머니 草溪卞氏는 진사 卞百源의 딸이다. 부인은 宜寧南氏이다. 어려서 金彦璣의 문하에서 수학하다가 1563년 고종형 琴蘭秀를 통해 이황의 문인이 되었다. 1564년에는 이황을 따라 淸涼山 유람에 동행하였고, 도산서당에서 〈太極圖說〉을 강론하기도 하였다. 1570년 이황이 사망하자 28세의 나이로 相禮로 추대되었으며, 이듬해 동문들과 함께 예안의 易東書院에서 회동하여 이황의 유문을 수습하였다.

4 旅軒(여헌): 張顯光(1554~1637)의 호. 본관은 仁同, 자는 德晦. 조부는 張繼曾이다. 아버지는 張烈이며, 어머니 京山李氏는 제릉참봉 李彭錫의 딸이다. 첫째부인 冶爐宋氏는 宋淨의 딸이며, 둘째부인 載寧李氏는 李玄逸의 딸이며, 셋째부인 淸州鄭氏는 鄭适의 딸이다. 과거에 뜻을 두지 않고 학문에 힘써 李滉의 문인과 曺植의 문인들 사이에 학덕과 실력을 인정받았으며, 수많은 영남의 남인 학자들을 길러냈다. 柳成龍 등의 천거로 여러 차례 내외의 관직을 받았으나, 대부분 사퇴하였고 그 중에서 부임한 것은 報恩縣監과 義城縣令의 외직과 내직으로는 공조좌랑, 사헌부장령, 형조참판, 의정부우참찬 등이다. 광해군 때 합천군수 등에 제수되었으나 모두 사양하였고, 인조반정 이후 조정에서 학문적 권위를 인정한 山林에 꼽혔다. 인조조에도 사헌부 지평·집의 등에 여러 번 제수되었으나 모두 사퇴하고 학문에 전념했다. 李适의 난 때 사헌부 장령에 제수되어 취임하였고, 이후 형조참판, 대사헌 등에 제수되어 마지못해 취임했으나 사퇴하고 고향으로 되돌아갔다. 1636년 병자호란 때는 우참찬에 임명되고 의병을 일으켜 청나라군과 교전하는 한편 군량과 군자물품의 조달과 지원을 주도했으나, 패전 후 실망하여 포항의 입암산에 들어가 은거하였다.

5 金應祖(김응조, 1587~1667): 본관은 豊山, 자는 孝徵, 호는 鶴沙·啞軒. 안동 출신. 증조부

보충

김응조(金應祖, 1587~1667)가 찬한 묘갈명

송소 선생 권공 묘갈명 병서

만력(萬曆) 경인년(1590)에 송소(松巢) 선생 권공은 천연두로 경사(京師: 도성)에서 죽었으니, 가정(嘉靖) 임자년(1552)에 태어난 지 겨우 39년이다. 서애(西厓) 류 선생(柳先生: 柳成龍, 1542~1607), 약포(藥圃) 정 상공(鄭相公: 鄭琢, 1526~1605)이 동향의 제공(諸公)들과 함께 그의 상여를 호송하여 돌아왔는데, 그해 오월 어느 날 학가산(鶴駕山) 용천(龍泉)의 선영 곁에 장사 지냈다. 그로부터 19년 뒤에 감반(甘盤: 은나라 高宗이 즉위하기 전의 스승. 광해군의 세자 시절 스승)의 옛 은혜를 미루어 좌승지에 추증하고 예관(禮官)을 보내어 제사를 지내게 하였으니, 특별한 은전이었다. 오호라!

공은 나면서부터 남달리 총명하였는데, 글을 지을 때 종이와 붓을 잡고 그 자리에서 써내려 가면 문장이 웅장하고 성대하면서도 막힘이 없었으니, 기예를 겨룰 때마다 번번이 앞자리를 차지하였다. 21세 때 경외(京外: 지방)의 향시(鄕試)에서 장원을 연달아 한데다 이듬해 계유년(1573) 사마시에 합격하여 명성이 날로 높아졌으나, 공은 스스로를 하찮게 여기고서 과거에 응시하지 않고 오로지 성리학(性理學)에만 전념하기로 마음먹었다. 대개 공이 19세 때 퇴도(退陶: 이황) 문하에서 주역(周易)을 배워 그 요체를 들을 수 있었는데, 태산 같은 스승이 갑자기 죽음을 슬퍼하여 더욱 스스로 분발하려 했기 때문이었으리라. 월천(月川: 趙穆, 1524~1606)을 스승으로 모시고 근시재(近始齋: 金垓, 1555~1593)·비지(賁趾: 南致利, 1543~1580)를 벗으로 삼아 《태극도설(太極圖說)》·《통서(通書)》·《서명(西銘)》 등의 책을 강학하며 그 단서를 찾아 힘쓸 방도로 삼았고, 사서(四書)

는 훈련원부정 金義貞이며, 조부는 장례원사의 金農이다. 아버지는 산음현감 金大賢이며, 어머니 全州李氏는 守義副尉 李纘金의 딸이다.부인 義城金氏는 金汯의 딸이다. 柳成龍과 張顯光의 문인이다. 1613년 생원시에 합격하고, 1623년 알성문과에 급제하였다. 선산도호부사·사간원사간·홍문관응교·한성부우윤 등을 지냈다.

에 침잠한데다 두루 제자백가(諸子百家)에까지 강구하고 꿰뚫어 이해하지 못하는 것이 없었으며, 마침내 도덕에 젖어들어서 찬란하게 되었다. 방 한 칸에 좌우로 책을 두고는 굽어보며 읽고 우러러보며 사색하느라 매일 겨를이 없었는데도 마치 그렇게 일생을 마치려는 듯하였으니, 선비들의 기대가 더욱 중해졌다.

병술년(1586) 경릉참봉(敬陵參奉)으로 제수되었고 기축년(1589) 왕자사부(王子師傅)로 제수되었는데, 공은 또한 스스로 남과 다르게 보이지 않으려고 바로 조정에 나아갔으나, 갑작스럽게도 죽었으니 하늘의 일이로다. 막 주연(胄筵: 왕세자에게 경서를 강론하던 자리)에서 선조(宣祖)가 경서(經書)의 의심스러운 글귀를 뽑아내어 왕세자로 하여금 어려운 부분을 묻게 하였는데, 공이 묻는 대로 응대하여 전혀 의심이 없었으니, 선조가 이를 가상히 여겨 손수 고시(古詩)를 써 주고 장려하였다. 그 학문은 정밀함과 해박함이 이와 같았다.

집에서는 부모에게 효도하고 형제자매와 우애하며 친척간에 화목하는 도리를 다하였다. 9세 때 어머니상을 당하여 3년 동안 고기를 먹지 않았으며, 계모 배씨(裵氏)를 지극한 효로 섬겼다. 외가에서 받은 노비를 나누어 형제들에게 주었다. 막내숙부가 역질로 죽고 4촌형도 역질에 걸려 위독하였는데, 공은 직접 들어가 상(喪)을 치르고 병을 간호하는데 조금도 멈추지 않았다. 죽은 누나의 아들을 길러서 혼인시켰다.

아, 공은 이미 학문이 독실하고 행실마저 높았으나 하늘이 수명을 주지 않아 대업을 이루지 못했거늘, 운 좋게 스승을 찾아가서 배웠으니 어찌 된 일인가? 유고(遺稿) 4권이 집에 보관되어 있는데, 여헌(旅軒) 장선생(張先生: 張顯光)이 그 말미의 발문(跋文)에 이르기를, "우리 고을의 백세의 스승이다."라고 하였으니, 아! 지극하도다.

공의 휘는 권우(權宇), 자는 정부(定甫), 송소(松巢)는 그의 호이다. 안동의 지체 높은 집안의 성씨로 고려 태사(太師) 권행(權幸)의 후손이다. 고조부 휘 권징(權徵)은 문과에 급제하여 사헌부 지평을 지냈다. 증조부 휘 권갑성(權甲成)은 병절교위(秉節校尉)였다. 조부 휘 권엽(權燁)은 장사랑(將仕郎)이었다. 아버지 휘 권대기(權大器, 1523~1587)는 생원이었다. 어머니 진성이씨(眞城李氏)는 훈도(訓導) 이제(李濟)의 딸로 일찍 죽었다. 공은 배씨에게 길러졌다. 아내 완산류씨(完山柳氏)는 류찬(柳燦)의 딸이자 보문각 직제학(寶文閣直提學) 휘 류극서(柳克恕)의 6세손이다. 아들은 5명을 두었으니 권익민(權益民)·권익정(權益丁)·권익신(權益臣)·생원 권익린(權益隣)·권익겸(權益謙)이며, 딸은 1명을 두었으니 진성(眞城) 이지손(李摯孫)에게 시집갔다. 후손들이 매우 많아 따로 자손록(子孫錄)이 있다. …(이하 명문 생략)…

松巢先生權公墓碣銘 幷序

萬曆庚寅歲, 松巢先生權公, 以痘卒于京師, 距其生年嘉靖壬子, 纔三十九年。西厓柳先生·藥圃鄭相公, 與同鄕諸公, 護其喪以歸, 同年五月日, 葬于鶴駕山龍泉先塋側。後十九年, 推甘盤舊恩, 贈左承旨, 遣禮官祭之, 異數也。嗚呼! 公生而穎異, 爲文, 操紙筆立就, 汪洋滂霈, 戰藝輒居前列。二十一, 連魁京外解目, 翌年癸酉, 中司馬, 華聞日隆, 而公自視欲然, 決意廢擧, 專心性理之學。蓋公於十九歲時, 受易退陶門下, 得聞其旨訣, 痛山頹太遽, 益自奮勵。師月川, 友近始·賁趾, 以《太極圖說》·《通書》·《西銘》等書, 爲求端用力之方, 而沈潛四子, 旁及百家, 無不講究融會, 卒澤於道德, 炳如也。闢一室, 左右圖書, 俯而讀, 仰而思, 日不暇給, 若將終身, 而士望益重。丙戌, 除敬陵參奉, 己丑, 授王子師傅, 公又不自厓異, 起而赴朝, 而遽不淑, 天也。方在胄筵, 宣廟拈出經書疑義, 令王子問難, 公應口對無疑, 宣廟嘉之, 手書古詩奬之。其學問精博如此。居家盡孝友睦姻之道。九歲, 遭母喪, 三年不食肉, 事繼母裵氏盡孝。分外家臧穫, 與諸弟。季父卒於癘, 堂兄遘癘而危, 公入治喪救病, 不少沮。養亡姊子, 家之。噫! 公旣學篤而行高, 天不假之年, 以卒大業, 以幸來學, 何哉? 有遺稿四卷藏于家, 旅軒張先生, 跋其尾曰: "吾黨百世之師." 嗚呼! 至矣。公諱宇, 字定甫, 松巢其號也。安東大姓, 高

麗太師幸之後。高祖諱徵，文科司憲府持平。曾祖諱甲成，秉節校尉。祖諱燁，將仕郎。考諱大器，生員。妣眞城李氏，訓導濟之女，早卒。公養于裵氏。配完山柳氏，諱燦之女，寶文閣直提學諱克恕六世孫。有五男，曰益民·益丁·益臣·益隣生員·季益謙，一女，適眞城李摯孫。雲仍甚衆，別有子孫錄。…(이하 명문 생략)…

〔鶴沙先生文集，卷7，墓碣銘〕

32. 고상안

고상안의 자는 사물, 호는 태촌이다. 명종 계축년(1553)에 태어났다. 선조 계유년(1573) 사마시에 합격하고 병자년(1576) 문과에 급제하여 벼슬은 군수를 지냈다. 인조 계해년(1623)에 죽었다.

광해군 때 울산판관(蔚山判官)이 되었다가 벼슬을 버리고 고향으로 돌아와 스스로 '태촌(泰村)'이라 부르며 벼슬을 단념하고서 농업에 힘쓰는 것을 가장 중요한 일로 삼았다. 임진왜란 때 상주와 함창의 사족(士族)들이 의병을 일으키고 공을 대장으로 추대하였다.

정유년(1597) 왜적이 다시 침입했을 때, 수비하는 방책이 자못 정밀하지 못한 채 엉성함이 있었다. 공은 상제(喪制)로 있었으나 범문정(范文正: 范仲淹)이 복중(服中)이었음에도 재상에게 글을 올린 일을 따라서 왜적을 막을 8가지 방책을 아뢰었다. 그 2번째 조목에 이르기를, "몽손(蒙遜: 北涼의 沮渠蒙遜)이 앉아서 조명(詔命: 책봉의 조서)을 받자, 이순(李順: 北魏의 使者)은 그가 오래 살지 못할 것을 알았다. 수길(秀吉: 풍신수길)이 칙서를 맞이할 줄 모르니 반드시 목숨을 이어갈 이가 없다. 만약 이익으로 꾀어 그 기세를 누그러뜨린다면 전투할 대비를 더욱 갖출 수 있을 것이니, 그가 죽기를 천천히 기다려서 그것을 되찾도록 도모해야 한다."라고 하였다. 이듬해 수길이 과연 죽었으니, 서애 상국이 크게 칭찬하고 장차 천거하려 하였으나 도성을 떠나게 되어 이루어지지 못했으니, 이를 아는 자들은 애석해 하였다.

《농가월령(農家月令)》·《효빈록(效嚬錄)》 등의 책이 있다.【협주: 권상일이 찬한 행장에 실려 있다.】

- **高尙顔**

高尙顔, 字思勿, 號泰村。明宗癸丑生。宣祖癸酉司馬, 丙子文科, 官郡守。仁祖癸亥卒。

光海時, 爲蔚山判官, 棄歸, 自號曰泰村, 絶意仕官, 以明農爲事。壬辰之亂, 尙咸[1]士族倡義, 推公大將。

丁酉倭再寇時, 守備之方, 頗有疎漏。公居憂[2], 用范文正[3]服中, 上宰相書事, 陳禦寇八策。其第二, 有曰: "蒙遜[4]坐受詔命, 李順[5]知其不年。秀吉之不知迎勅, 必無續命之理。若啗利以緩其鋒, 則戰備可益, 徐待其斃, 而爲之圖復."云。翌年, 秀吉果死, 厓相大加稱許, 將薦而去國未果, 識者惜之。

有《農家月令》·《效嚬錄》等書。【權相一撰行狀】

보충

권상일(權相一, 1679~1759)이 찬한 행장

통훈대부 행 풍기군수 안동진관병마동첨절제사 태촌 고공 행장

공의 휘는 고상안(高尙顔), 자는 사물(思勿), 성씨는 고씨(高氏)이다. 그 선계(先系)는 개주(開州: 開城)인데, 고려 문종(文宗) 때 휘 고영신(高令臣)이 있었으니, 청렴과 근신으로 이름이 났으며 시호는 양경(良敬)이다. 그 후손으로 휘 고영(高瑛)이 있었으니, 판도판서(版圖判書)를 지냈다. 그 아들 고사원(高士原)은 우리 조선 초기에 벼슬이 예문관 직제학(藝文館直

---

1 尙咸(상함): 상주와 함창의 통칭어.

2 居憂(거우): 喪制로 있는 동안.

3 范文正(범문정): 남송의 정치가 范仲淹(989~1062). 仁宗 때 參政知事가 되어, 정치의 개혁을 꾀하여 十個條를 상소하였으나 반대파 때문에 실패하였다.

4 蒙遜(몽손): 北涼의 王 沮渠蒙遜. 《資治通鑑》에 의하면, "北魏의 李順이 다시 使命을 받들어 北涼에 도착하였다. 涼王 沮渠蒙遜이 뜰 안으로 맞아들이고는 다리를 뻗고 앉아 안석에 기대고서 움직여 일어날 모습이 없자, 이순이 정색을 하고 큰소리로 말하기를 '뜻밖에 이 늙은이의 무례함이 마침내 이 지경까지 갔구나. 지금 멸망을 우려하지 않고 감히 天地를 능멸하니 혼백이 떠나간 사람을 어찌 만날 필요가 있으랴.'라고 하고 부절을 잡고는 나오려고 하였다."라고 한 데서 나온다.

5 李順(이순): 北魏의 인물. 平棘男 李系의 아들로 경서와 사서에 널리 통달하였으며, 재능과 계략이 있어 세상에 이름을 알렸다.

提學)을 지냈는데, 공에게 5대조가 된다. 고조부 휘 고약회(高若淮: 고사원의 2남)는 전라좌도 도만호(全羅左道都萬戶)를 지냈고 세조조(世祖朝)의 원종공신(原從功臣)이다. 증조부 휘 고수연(高壽延)은 무과에 급제하고 또 중시(重試)에 합격하여 벼슬길에 나서서 부장(部將)이 되었으나, 어떤 일로 말미암아 벼슬을 버리고 집에 지냈는데, 훗날 통정대부에 제수되었다. 조부 휘 고극공(高克恭: 고수연의 3남)은 음직으로 충순위(忠順衛)를 지냈고 판결사(判決事)에 추증되었다. 아버지 휘 고천우(高天祐)는 은자(隱者)의 덕을 지녀 벼슬을 하지 않았으나, 가선대부 한성우윤에 추증되었다. 어머니 신천강씨(信川康氏)는 습독(習讀) 강희안(姜希顔)의 딸이다. 가정(嘉靖) 계축년(1553) 7월 22일에 용궁현(龍宮縣) 왕태동(王泰洞)에서 공을 낳았다.

천부적인 자질이 남달리 영특하여 어려서부터 부지런히 책을 읽었다. 일고여덟 살 무렵에 능히 문장을 지을 수 있었는데, 유학자 백석(白石) 강제(姜霽, 1526~1582)의 사문에서 가르침을 받았을 적에 강공(姜公: 강제)이 강가의 흰 돌을 가리키며 시를 읊조려 말하기를, "흰 돌은 천년토록 희고"라고 하고는 그 다음 구절을 잇도록 명하자, 공이 곧바로 응대하기를, "긴 강물은 만고토록 흐르네."라고 하니, 강공이 극구 칭찬하면서 말하기를, "이 아이는 반드시 나라를 빛내는 대문장가가 될 것이다."라고 하였다. 장성해서는 뜻을 독실하게 세워 학문에 힘써 경전에 침잠했는데 자사제집(子史諸集)에까지 두루 연구하지 않은 것이 없었다. 굽어보며 읽고 우러러보며 사색하느라 먹는 것도 잠자는 것도 잊기에 이르렀는데, 한밤중이 되어서야 잠자리에 들게 되면 반드시 손가락으로 가슴 위에 글자를 그리며 익히기를 잠시도 그만두지 않았다. 이로부터 필법이 절묘하게 이르렀고 글을 잘하여 세상에 알려진 이름이 몹시 자자하였는데, 여러 차례 본도(本道: 경상도)의 하과(夏課: 여름 5월과 6월 동안 유생들이 學宮에 모여 詩賦 등을 지으면서 과거 공부를 하던 것)에서 수석을 차지하자, 당시의 문사(文士)들이 모두 으뜸으로 앞세워 추대하였다.

신미년(1571) 별시(別試)의 향시(鄕試)에 합격하고 계유년(1573) 사마시에 합격하고는 병자년(1576) 문과에 급제하여 처음으로 벼슬길에 나서서 관직(館職: 홍문관의 부제학, 성균관의 대사성 이하 관원의 총칭)을 제수 받았다. 정축년(1577) 일선(一善: 선산)의 향교 교관에 제수되었으니, 부모를 봉양하기 위한 편의를 위해서였다. 이에, 동원(東園) 김귀영(金貴榮, 1520~1593)이 공의 재주를 아꼈지만 공이 떠나는 것을 안타까워하여서 고시(古詩) 1편을 지어 전별연을 베풀어 작별하였다. 무인년(1578) 성환도 찰방(成歡道察訪)에 제수되었다가 신사년(1581) 임기가 찼는데, 부모의 봉양을 위해 고을 현감이 되기를 청하여 함창현감(咸昌縣監)에 제수되었으나 10달 만에 체직되었다. 그 후로 삼가(三嘉)·지례(知禮)·함양(咸陽)·풍기(豐基) 등 여러 고을의 수령을 역임하면서 아전은 조심하고 백성들은 고마워하였는데, 모두 치적이 있었다. 내직으로 들어와 2번 감찰(監察)을 하였으며, 또 춘관(春官: 禮曹)의 좌랑이 되었고 얼마 있다가 정랑으로 승진하였다.

공은 타고난 성품이 조용하고 담박하여 거짓으로 겉만 그럴듯하게 꾸미기를 일삼지 않았다. 이간질하는 당시 유명 인사들이 공을 지목하여 경학에 밝다고만 하고 문학으로는 칭송하지 않았으나, 공은 개의치 않았다. 사람들이 혹 명예를 좇아 벼슬길에 나아가기를 권유하면, 번번이 말하기를, "벼슬길이 열리고 막히는 것은 운명에 달렸는데, 시류를 좇아 권세가에 아부하는 것을 나는 진실로 부끄럽게 여긴다."라고 하였는데, 권문세가에 발걸음을 들이지 않았다.

광해군 때 울산판관(蔚山判官)이 되었다가 바로 파직되어 돌아왔다. 이때부터 벼슬을 단념하고 전원에서 한가롭게 지내며 스스로 '태촌거사(泰村居士)'라 불렀다. 산양(山陽: 경상북도 문경시 산양면)의 영강(瀨江: 穎江)가에 원래 별업(別業: 별장)이 있어서 집을 짓고 오가면서 시를 읊으며 스스로 마음을 달랬다. 집 남쪽에 가히 앉을 만한 반석(盤石)이 있어서 또한 '남석노인(南石老人)'이라 부르고 그 집을 '이재(頤齋)'라 편액하였는데, 친히 가동(家僮)들을 가르쳐서 농업에 힘쓰는 것을 일삼도록 하였다. 시를 지었으니, 이러하다.

> 문 앞의 벼는 익어 밥이 될 것이요,
> 집 뒤의 목화 피어 옷이 될 것이네.
> 한낮에 바람 부는 평상에 누워 단잠 들었거늘,
> 아이들이 갑자기 고기 잡아 왔다고 알리누나.

이 시에서 한가롭고 더 이상 바라지 않는 아취(雅趣)를 볼 수 있다.

조정의 정사가 날로 어지러워지는 것을 보고 초동(草洞)으로 자취를 감추었다. 초동은 상산(商山)에서 북쪽으로 90여리에 있었는데, 숲과 골짜기가 그윽하여 세상과는 멀리 떨어져 있었으니, 이에 두어 칸의 집을 지어서 여생을 마칠 곳으로 삼았다. 계해년(1623) 10월 4일 병으로 인하여 정침(正寢)에서 죽었으니, 향년 71세였다. 그해 12월에 선암산(仙巖山) 사향(巳向)의 언덕에 안장하였다.

공은 부모에 효도하고 형제간에 우애하는 천성이 지극하였다. 부모를 모심에 부모의 마음을 지극히 기쁘게 해 드렸으니, 벼슬길에 나선 이래로 언제나 지방관으로 보임되기를 청하고서 맛있는 음식을 장만하여 봉양하였다. 형제 4명이 서로 집을 맞대고 살면서 언제나 서로 화락하게 지냈고 늙을수록 더욱 돈독하였으며, 있고 없는 것을 서로 융통하여 나누었으니 큰 조카집에 본래 노복(奴僕)이 적자 자신의 종 1명을 내어 계약문서를 작성하고서 주었다.

관직에 있으며 백성을 다스릴 때에는 청렴하고 신중함이 간곡하였으니, 벼슬을 그만두고 돌아오는 날에 짐바리가 텅 비었다. 거처하는 집은 비바람도 피하지 못할 정도였고 벽만 쓸쓸히 서 있었으나 태연하였다. 일찍이 말하기를, "곤궁함을 견디며 가난을 편히 여기는 것은 사람이 하기 어려운 일이나, 또한 이를 쉽게 행할 수 있는 방법이 있다. 벼슬의 지위가 비천하여 한스럽거든 마땅히 벼슬하지 못한 사람을 생각하고, '나는 그래도 그 사람보다는 낫다.'라고 여겨야 할 것이요, 입는 것도 먹는 것도 넉넉지 못하여 탄식스럽거든 마땅히 걸식하는 자를 생각하고, '나는 그래도 그 지경에 이르지 않았구나.'라고 여겨야 할 것이다. 이렇게 하면 마음이 너그러워지고 뜻이 안정되어 더는 부러워하거나 개탄하는 생각이 없어질 것이다."라고 한 적이 있었다. 자제들에게 경계하여 이르기를, "사람이 패가망신하는 까닭은 모두 만족할 줄 모르는데서 말미암은 것이다. 당나라 속담에 의하면, '천 칸이나 되는 큰 집일지라도 밤에 눕는 자리는 여덟 자일뿐이요, 10경이나 되는 좋은 전답이 있을지라도 하루에 먹는 것은 두어 되일 뿐이다.'라고 하였으니, 만족할 줄 아는 요체는 이보다 더 가까운 것이 없다."라고 하며 손수 써서 유훈(遺訓)으로 남겼다. 또 장례와 제사 등의 절차는 모두 《주자가례(朱子家禮)》를 따르도록 경계하였으니, 이는 분수에 맞게 행동하고 예를 지키는 것에 간절히 힘쓰도록 하여 후손에게 물려주려 한 것을 여기에서 확인할 수 있다.

임진란 때 왜구들이 상주(尙州)의 당교(唐橋)에 진(陣)을 치고 백성들을 노략질하였다. 이때 상주와 함창(咸昌)의 사족(士族)들이 의병을 일으키며 공을 대장으로 추대하였다. 공은 그날 의병들에게 맹서하고서 산에 올라가 신에게 제사를 지낸 뒤, 이윽고 부대를 나누어 험지를 지키며 왜적이 나와 약탈할 때를 기다렸다가 적의 머리를 벤 것이 많았고 아울러 총검 등과 같은 군수품을 노획하였다. 얼마 지나지 않아 예천군수(醴泉郡守)의 자리가 비게 되자, 방백(方伯)이 공으로 하여금 예천군의 일을 대행하게 하니, 공이 떠났고 의병도 마침내 해산되었다.

정유년(1597) 왜구가 다시 준동하였지만, 조정이 미온적으로 의논만 하였고 수비하는 방책도 자못 정밀하지 못한 채 엉성함이 있었다. 공은 이때 어머니상을 당했으나 나라를 걱정하는 일념으로 간절하여 잊지 못한 채, 생각하기를, "범문정(范文正: 范仲淹)은 태평한 시절에 살았고 또 복중(服中)이었으면서도 재상에게 글을 올려 조정의 잘잘못을 논하였는데, 하물며 지금은 전쟁으로 인하여 많은 사람이 죽으니 범문정의 시기에 비할 바가 아닌데 도의상 잠자코 있어서는 안 되겠다."라고 하고는, 마침내 체부(體府) 서애(西厓) 류 상국(柳相國: 류성룡)에게 왜적을 막을 8가지 방책을 진술한 편지를 올렸다. 글은 말하고자 하는 뜻이 알맞고 간절하였고 급선무가 아닌 것이 없었으니, 그 2번째 조목에 이르기를, "몽손(蒙遜: 北涼의 沮渠蒙遜)이 앉아서 조명(詔命: 책봉의 조서)을 받자, 이순(李順: 北魏의 使者)은 그가 오래 살지 못할 것을 알았습니다. 그렇다면 수길(秀吉: 풍신수길)이 칙서를 맞이할 줄 모르니 반드시 목숨을 이어갈 이가 없습니다. 만약 이익으로 꾀어 그 기세를 누그러뜨린다면, 우리의 군대가 주둔하여 지키는 것을 단단히 할 수 있고, 전투할 대비도 더욱 갖출 수 있을 것입니다. 그가 죽기를 천천히 기다려서 그것을 되찾도록 도모해야 합니다."라고 하였다. 이듬해 무술년(1598) 수길이 과연 죽었으니, 사리를 꿰뚫고 사태를 미리 보는 혜안 또한 알 수 있을 것이다. 서애 상국이 크게 칭찬하고 채택하여 시행한 것이 많았다. 그래서 장차 공을 천거하여 쓰려고 하였으나 얼마 지나지 않아 선생이 참소를 입고 도성을 떠났으니, 이를 아는 자들은 애석해 하였다.

공은 어렸을 때부터 집이 가난한데다 형제가 많아서 입고 먹는 것이 넉넉하지 않았으나, 능히 스스로 몸과 마음을 다하여 애쓰고 글을 읽으면서 장성하였다. 여러 차례 고을 수령을 맡았으나 한푼도 생계를 마련하기 위해 취하지 않았다. 처가가 매우 부유하여 전답과 소작농이 풍족하였으나 다른 자녀가 없어서 모두 공에게 물려주었으나, 공은 하나도 취하지 않았다. 만년에 집안이 군색하였으나 조금도 근심하거나 번민하는 기색이 없었다.

성품이 맑고 고결하여 남을 허여하는 일이 적었으며, 남에게 잘못이 있으면 곧바로 정신을 차리도록 꾸짖으면서 한번도 용납하여 비호한 적이 없었다. 권세와 이익을 좇는 자를 몹시 미워해 조금도 마음을 굽히거나 기개가 꺾이지 않았으므로 권력자들이 모두 공에게 앙심을 품어 낮은 지위에 머물러 있었으나 또한 개의치 않았다. 공이 함양(咸陽)에 있었을 때, 한 재상이 이 고을을 거쳐 간 적이 있다면서 은순(銀唇: 銀魚의 별칭)을 보내지 않은 것을 책망하자, 답장에서 희롱하여 말하기를, “병술년(1586)과 정해년(1587) 연간에 있었던 몹시 탐욕스런 한 태수가 멸종시킬 정도록 잡아먹어 치웠으므로 지금 나지 않고 있습니다.”라고 하고는, 끝내 보내지 않았다. 그의 성미가 꼿꼿하여 구차스럽게 남을 따르지 않은 것이 대개 이와 같았다.

아! 공의 학문은 큰 계획을 빛낼 만하였고, 온축한 재능은 난세를 구할 만하였으며, 풍모는 퇴폐한 풍속을 일으킬 만하였다. 그러나 시속에 맞추어서 벼슬길에 나아가기를 즐겨 꾀하려 하지 않아서 혼조(昏朝: 광해군)를 만나 깊은 산골로 은둔하여 세상을 피하다가 곤궁하게 일생을 마쳤다.

계해년(1623) 반정 이후로 여러 현명한 이들이 불려 나왔으나, 공은 그해 죽는 바람에 등용되어 자기의 포부를 조금도 펴지 못하였으니, 어찌 운명이 아니겠는가. 그가 지은 시문(詩文)은 흩어져 거두지 못한데다 또 임진년(1592)과 계사년(1593)에 전란을 겪어서 유실되었다. 다만 몇 권의 원고만이 집안의 서실에 보관되어 있고, 또 《농가월령(農家月令)》·《효빈록(效嚬錄)》 등 몇 권의 책이 남아 있다.

공의 첫째부인 고령박씨(高靈朴氏)는 부사직(副司直) 박계옥(朴啓沃)의 딸이자 관찰사 박처륜(朴處綸)의 손녀이다. 혼례를 하자마자 죽었으니, 향년 26세였다. 무덤은 상주(尙州) 진목동(眞木洞) 선영 곁의 어느 방향 언덕에 있다. 둘째부인 순천장씨(順天張氏)는 장사랑(將仕郞) 장일(張逸)의 딸이자 목사 장문보(張文輔)의 손녀이다. 공보다 6년 뒤에 죽었으니, 향년 64세였다. 공과 같은 무덤에 합장되었다. …(중략)…

공이 돌아가신 지 백여 년이 되었지만 뜻과 행적을 기술하는 일에 미처 붓을 대지 못하고 있자, 공의 손자 참봉공(參奉公: 高世章,

1641~1690)이 일찍이 초고를 지을 뜻을 지녔던 적이 있었으나 불행히도 세상을 떠났다. 이제는 세대가 점점 내려감에 따라 사적(事蹟)이 더욱 아득해지고 근거를 찾기가 어려워져서 결국 자취도 없이 모두 사라져 전해지지 않게 되었으니, 고명부(高命傅: 고상안의 현손) 씨가 이를 두려워하여 가승(家乘)을 찾아 모아서 권상일(權相一)에게 그 대략을 정리하고 대신 당시 글을 짓는 군자에게 묘도문(墓道文)을 청하도록 요구하였다.

삼가 생각건대 권상일이 공의 외손자 집안에 장가든 사위인데다 또한 선조 송소공(松巢公: 權宇)이 공과 함께 계유년(1573) 과거에 합격하였으니, 의리상 글재주가 없다고 하면서 사양할 수가 없었다. 이에 감히 분수에 넘치고 망령됨을 헤아리지 않고 대략 관직과 행적을 위와 같이 서술한다.

금상 3년 계묘년(1723) 5월 상순

통훈대부 행 병조좌랑 안동 권상일 삼가 행장을 짓다

通訓大夫行豐基郡守安東鎭管兵馬同僉節制使泰村高公行狀

公諱尙顔, 字思勿, 姓高氏。其先開州人, 高麗文宗朝, 有諱令臣, 以淸愼著稱, 謚良敬。其後有諱瑛, 版圖判書。有子士原, 我朝初, 仕至藝文館直提學, 於公爲五代祖也。高祖諱若淮, 全羅左道都萬戶, 參世祖朝原從功臣。曾祖諱壽延, 登武科, 又捷重試, 筮仕爲部將, 因事, 棄官家居, 後授通政。祖諱克恭, 蔭補忠順衛, 贈判決事。考諱天祐, 隱德不仕, 贈嘉善大夫, 漢城右尹。妣信川康氏, 習讀官希彦之女。以嘉靖癸丑七月二十二日, 生公於龍宮王泰洞。天姿穎異, 自幼劬書。七八歲, 能綴文詞, 受學於白石姜斯文霽之門, 姜公指江邊白石而吟曰: "白石千年白." 命續其句, 公卽應聲曰: "長江萬古長." 姜公極加稱賞曰: "是子必爲華國大手." 及長, 篤志力學, 沈潛經傳, 旁及於子史諸集, 靡不遍究。俯讀仰思, 至忘寢食, 夜分就寢, 則必以手指, 畫胸習字, 不小間輟。自此筆法臻妙, 文名藉甚, 累魁本道夏課, 一時文士, 咸推先焉。辛未, 捷別試鄕解, 癸酉, 中司馬, 丙子, 釋褐, 授館職。丁丑, 除一善釁官, 爲便養也。金東園貴榮, 愛其才而惜其去, 以古詩一篇餞行。戊寅, 拜成歡督郵, 辛巳瓜滿, 爲親乞縣, 拜咸昌縣監, 十朔而遞。厥後, 歷宰三嘉·知禮·咸陽·豐基等邑, 吏戢民褱, 皆有治績。入內再爲監察, 又爲春官佐郎, 因陞正郎。公雅性恬淡, 不事矯飾。時輩之惎間者, 目之以明經, 不以文學稱焉, 公不以介意。人或勸之以徇名求進, 則輒曰: "通塞有命, 趍附時埶, 吾實耻之." 足跡不及於權門。光海朝, 拜蔚山判官, 旋卽罷歸。自是絶意仕宦, 優游田園, 自號曰泰村居士。山陽之瀨濱, 素有別業, 築室往來, 嘯咏自遣。宅南, 有盤石可坐, 又曰南石老人, 扁其齋曰頤齋, 親課家僮, 以明農爲事。有詩曰: "門前稻熟堪爲飯, 舍後綿開可作衣。午睡正酣風榻上, 兒童忽報打魚歸." 其閒適無求之趣, 可見也。見朝政日亂, 屛跡于草洞。洞在商山北九十餘里, 林壑幽邃, 遠隔人寰, 乃搆屋數間, 爲終老之所。癸亥十月初四日, 以疾, 考終于正寢, 享年七十一。其年十二月, 葬于仙巖巳向之原。公孝友天至。事兩親, 極其歡心, 自筮仕以來, 常乞外補, 以供甘旨之奉。兄弟四人, 接屋而居, 常棣之樂, 至老而彌篤, 有無通共, 伯姪家素鮮奴僕, 捐一蒼頭, 立券以給之。居官莅民, 淸愼無犯, 罷歸之日, 行李淡然。所居室, 不避風雨, 環堵蕭條, 晏如也。嘗曰: "固窮安貧, 人之所難, 而亦有容易工程。恨爵位之卑微, 則當思白身者, 曰: '我則猶勝於彼也.' 歎衣食之不給, 則當思丐乞者, 曰: '我則猶免於此也.' 如此則心寬志定, 而無歆羡慨歎之思矣." 其戒子弟, 有曰: "人之所以敗家亡身者, 皆由於不知足。唐俗稱: '廣廈千間, 夜臥八尺, 良田十頃, 日食數升.' 知足之要, 莫此爲近." 手書遺訓。又戒以葬祭諸節, 一遵《朱子家禮》, 蓋所以喫緊用力於安分守禮, 以貽後昆者, 於此可以徵之也。壬辰之亂, 倭寇結陣于尙州之唐橋, 剽掠人民。時尙·咸士族, 倡義擧兵, 推公爲大將。公卽日誓衆, 登山祭神, 因分部據險, 候倭出掠, 多斬首級, 並獲銃刀等物。無何, 醴泉守缺, 方伯以公攝行郡事, 公去而義兵遂解。丁酉, 倭寇再動, 廟議姑息, 守備之方, 頗有踈漏。公時丁內艱, 而憂國一念, 眷眷不忘, 以爲: "范文正當平世, 猶且服中, 上宰相書, 論朝政得失, 矧今喪亂, 非文正時比, 義不可

含默.” 遂書陳禦倭八策于體府柳西厓相國。辭旨剴切, 無非急務, 其第二條, 有曰: “蒙遜坐受詔命, 李順知其不年。則秀吉之不知迎勑, 必無續命之理。若啗利以緩其鋒, 則屯戍可固, 戰備可益。徐待其斃, 而爲之圖復.”云。翌年戊戌, 秀吉果死, 其燭理先事之見, 亦可知也。厓相大加稱許, 多所採施。蓋將有所薦引公也, 而未幾先生以讒去國, 識者惜之。公自幼少時, 家貧多兄弟, 衣食不給, 而能自勤苦, 讀書以至成立。累佩郡符, 而不取一物爲生産計也。贅家甚饒, 田民優足, 而無他子女, 專屬於公, 公一無所取。晩年家居窘束, 而無憂憫之色。性簡亢少許可, 見人有□, 輒加警責, 而未嘗容護。嫉惡埶利, 無少屈撓, 以故當路皆啣之, 沈滯下位, 而亦不恤也。其在咸陽時, 有一宰相, 曾經是郡者, 責其不送銀唇, 答書戲之, 曰: “丙戌丁亥年間, 有一饞太守, 絶種打食, 故不産耳.” 竟不送。其狷介不苟徇人, 多類此。噫! 公之文學, 足以賁鴻猷, 才蘊, 足以救亂時, 風裁, 足以振頹俗。而不肯與時俯仰, 以圖進取, 逮遭昏朝, 遯避窮峽, 隱約終身。癸亥改玉之後, 羣賢彙征, 而公卒於是歲, 不得進用, 少展其所抱, 豈非命耶? 所著詩文, 散逸不收, 且失於壬癸兵燹。只有若干稿, 藏在家塾, 又有農家月令效嚬等錄數卷。公前娶高靈朴氏, 副司直啓沃之女, 觀察使處綸之孫。纔笄而歿, 享年二十六。墓在尙州眞木洞先塋側某向之原。後娶順天張氏, 將仕郎逸之女, 牧使文輔之孫。後公六年而歿, 享年六十四。與公同塋而葬。…(중략)… 公歿後, 將百有餘年, 而志行之述, 未有屬筆, 公之孫參奉公, 蓋嘗有意搆草, 而不幸棄世。卽今世代寢降, 事蹟愈邈, 有難徵据, 馴致湮沒而無傳, 命傅氏, 爲是懼, 搜取家藥, 要相一以撰次其槩, 轉求墓道文於當時秉筆之君子。竊念相一, 贅於公之外孫, 且先祖松巢公, 與公同癸酉榜, 義不可以不文辭。玆敢不揆僭妄, 略叙官職行蹟如右云。上之三年癸卯五月上浣。通訓大夫行兵曹佐郎安東權相一。謹狀。

〔淸臺先生文集, 卷13, 行狀〕

33. 강인

> 강인의 자는 인경, 호는 시암, 본관은 진주이다. 우의정 강사상(姜士尙)의 아들이다. 명종 을묘년(1555)에 태어났다. 왕자사부에 천거로 제수되었고, 6개 고을의 수령을 역임하였다. 호성공신(扈聖功臣)에 책훈된 후, 진창군(晉昌君)에 봉해졌다. 우윤(右尹: 한성부우윤)에 이르렀다. 인조 갑술년(1634)에 죽었다.

맏형 승지공 강서(姜緖)가 일찍이 여러 동생들의 어짊에 대해 칭찬하면서 강인은 더욱 침착하고 온화한데다 기국과 식견까지 있으니 오래 지나면 현달하게 될 것이라고 한 적이 있었다.

상주목사(尙州牧使)가 되었는데, 상주는 타향이었지만 곧 오래 살아 고향 같은 곳이라서 각고면려(刻苦勉勵)하여 다스려 묵은 폐단을 없애니, 백성들은 근심과 원망의 빛이 없었고 친인척들 사이에서도 환심을 잃었다는 소리가 없었다.

이이첨(李爾瞻)이 권세를 잡고 있을 때, 경성(京城)에 있는 것을 달가워하지 않아서 금산(衿山: 시흥) 선조 묘소 아래에 은거하고는 경서(經書)와 사서(史書)를 읽는 것으로 스스로 즐기며 조정의 부름에도 나아가지 않았다. 광해군(光海君)이 재향인(在鄕人)들로 하여금 별도로 헌의(獻議: 의견 개진)하도록 하자, 공이 의견을 개진하며 말하기를, "인륜의 변에 대처하며 매우 합당하도록 힘써서 털끝만큼도 미진함이 없어야 합니다"라고 하니, 당시의 여론이 시끌시끌 떠뜰썩하면서 매우 꺼렸다.

대비(大妃: 仁穆大妃)가 서궁(西宮)에 있을 때, 관직에 제수된 자들이 감히 사은숙배하지 않았으나 공만은 홀로 이를 행하였으며, 탄신일이나 명절에도 문안하는 것을 빠뜨린 적이 없었다. 대비가 이를 가상하게 여겨 반정(反正: 인조반정) 뒤에 매번 주상에게 이를 말하였다.

주상이 《주역(周易)》을 강론하도록 하자, 문장(文莊) 정경세(鄭經世)가 아뢰기를, "신(臣)이 강인을 보건대 역학에 조예가 있으니, 만일 주역을 강론하도록 하려 하신다면 그보다 나은 자가 없사옵니다. 특진관(特進官)으로서 늘 입시하게 하면 반드시 유익할 것입니다."라고 하니, 주상이 그 말을 따랐다.

정묘년(1627) 오랑캐 군대가 점점 바싹 죄어 다가오자, 주상이 강도(江都: 강화도)로 피난하니 공이 호종하였다가 이어서 통화사(通和使: 화친을 위한 사신)가 되었다. 일행이 평산(平山)에 이르자, 철기병들이 사방에서 오갔고 칼과 창들이 빽빽하게 늘어서 있었으나, 공은 태연하여 두려워하는 기색이 없었다. 이때 나이가 80세에 가까워 백발이었지만 붉은 뺨에다 뛰어난 풍채여서 사람의 이목을 끌었고, 오랑캐들도 숙연히 공경하였다. 화의(和議)를 논하게 되었는데, 오랑캐가 "천계(天啓) 연호를 지우고 금국(金國: 후금)의 정삭(正朔: 冊曆)을 쓰라."라고 말하자, 공이 답하기를, "우리나라는 신하국으로서 천조(天朝: 명나라)를 섬겨온 지 300년이 된데다 또한 재조지은(再造之恩: 임진왜란 때 위험한 지경에서 구해준 은혜)까지 있으니, 어찌 자식으로서 부모를 등질 수 있겠는가?"라고 하였다. 논의하러 오가면서 강력히 거절하고 조금도 굽히지 않자, 오랑캐들이 모두 그대로 좇으면서 공을 일컫기를, "조선의 노대관(老大官)"이라 불렀으니, 저들이 가장 공경하여 높여서 부르는 말이라 하였다.

동생 군수공(郡守公: 姜紞) 및 오봉(五峯) 이공(李公: 李好閔)·약봉(藥峯) 서공(徐公: 徐渻)·연평(延平) 이공(李公: 李貴)과 함께 봄가을마다 술과 음식을 가지고 모임을 열었는데, 해마다 이를 관례로 삼았다. 사람들은 모두 이를 아름답고 부럽게 여겨 태평성대의 훌륭한 일이라 하였고, 그 모습을 그림으로 옮겨 '연지계회도(蓮池契會圖)'라 하였다.【협주: 강석이 찬한 묘지에 실려 있다.】

• **姜絪**

姜絪, 字仁卿, 號是庵, 晉州人。右議政士尙子。明宗乙卯生。薦授 王子師傅, 歷典六州。後策扈聖功, 封晉昌君。至右尹。仁祖甲戌卒。

伯兄承旨公緖, 嘗稱諸弟之賢, 而絪尤沈靜有器識, 久而當顯。

牧尙州, 尙乃竝州故鄕[1], 而刻厲爲治, 除去宿弊, 小民[2]無愁怨之色, 姻戚無失懽之聲。

爾瞻用事, 不樂在京, 屛居衿山先墓下, 經史自娛, 不參庭請。光海, 使在鄕人別爲獻議, 公議以爲: "處人倫之變, 務歸至當, 無有一毫未盡." 時論譁然仄目[3]。

大妃之處西宮也, 除職者無敢肅謝[4], 而公獨行之, 誕日與名節, 問安未嘗有闕。大妃嘉之, 反正後, 每爲上言之。

上將講《周易》, 鄭文莊經世, 奏曰: "臣見姜絪, 邃於易學, 如欲講易, 無出其右。以特進官, 常常入侍, 則必有益." 上從之。

丁卯, 虜兵漸逼, 上出幸江都, 公扈從, 仍爲通和使[5]。行到平山[6], 鐵騎從橫, 劍戟森列, 而公從容無怖色。時年近八十, 白鬚紅頰, 神采動人, 虜人竦敬。及議和, 虜以"去天啓[7]年號, 用金國正朔"爲言, 公答曰: "我國臣事天朝, 三百年, 且有再造之恩, 豈可以子而背父乎?" 往復力拒不爲折, 虜皆唯唯, 稱之曰: "朝鮮老大官." 彼中極尊之稱云。

與弟郡守公[8]及五峯[9]李公·藥峯[10]徐公·延平[11]李公, 春秋携酒饌爲會,

---

1 竝州故鄕(병주고향): 오래 살아서 타향을 고향에 비유하여 이르는 말.

2 小民(소민): 평민을 이르던 말.

3 仄目(측목): 곁눈질. 매우 꺼리는 것을 일컫는다.

4 肅謝(숙사): 肅拜와 謝恩을 아울러 이르는 말. 새 벼슬에 임명되어 처음으로 출근할 때 먼저 대궐에 들어가서 임금에게 숙배하고 사은함으로써 인사하는 일이다.

5 通和使(통화사): 두 국가간의 화친을 위해 파견하는 사절.

6 平山(평산): 황해도 평산군의 한 고을 이름.

7 天啓(천계): 명나라 熹宗 때의 연호(1621~1627).

8 郡守公(군수공): 姜紞(1559~1637)을 가리킴. 본관은 晉州, 자는 文卿. 아버지는 姜士尙이다. 좌참찬 晉興君 姜紳의 동생이다. 음보로 익위사 익위, 군수를 지냈다.

9 五峯(오봉): 李好閔(1553~1634)의 호. 본관은 延安, 자는 孝彦. 증조부는 延安君 李叔琦이며, 조부는 홍문관수찬 李世範이다. 아버지는 이천현감 李國柱이며, 어머니 比安朴氏는 사직 朴旅의 딸이다. 柳希春의 문인이다. 1579년 진사시에 합격하고, 1584년 별시문과에 급제하였다. 1592년 이조좌랑 재임 중 임진왜란이 일어나자 의주로 왕을 호종하였다.

歲以爲常。人皆艶歎, 以爲太平盛事, 摹之圖畵, 名曰'蓮池契會圖.'【姜櫸撰墓誌[12]】

그 후 遼陽에 가서 明에 지원을 요청하여 李如松의 군대를 끌어들이는데 크게 공헌하였다. 1595년 부제학에 올라 명과의 외교 문서를 도맡아 기초했고, 다음해 참찬관을 거쳐 1599년 동지중추부사가 되어 謝恩使로 명에 다녀왔다. 1601년 예조판서에 올랐다.

10 藥峯(약봉): 徐渻(1558~1631)의 호. 본관은 達城, 자는 玄紀. 증조부는 사헌부장령 徐彭召이며, 조부는 예조참의 徐固이다. 아버지는 徐嶰이며, 어머니 固城李氏는 청풍군수 李股의 딸이다. 부인 礪山宋氏는 宋寧의 딸이다. 李珥와 宋翼弼의 문인이다. 1586년 알성 문과에 급제하고 兵曹佐郎을 거쳐 1592년 임진왜란이 일어나자 왕을 扈從, 號召使 黃廷彧의 從事官으로 咸北에 이르러 황정욱 등이 두 왕자와 함께 적의 포로가 될 때 홀로 탈출했다. 왕의 명령으로 行在所에 이르러 兵曹正郎·直講이 되고, 明將 劉挺을 접대했다. 그 후 암행어사로서 三南을 순찰, 돌아와 濟用監正에 특진되고 경상도·강원도·함경도·평안도·경기도의 관찰사를 역임, 후에 호조·형조·공조의 판서와 判中樞府事를 지냈다. 1613년 癸丑獄事에 연루되어 11년간 유배되었다가 1623년 인조반정으로 형조와 병조의 판서가 되었고, 1624년 李适의 난과 1627년의 정묘호란에 각각 인조를 호종했다.

11 延平(연평): 李貴(1557~1633)의 봉호. 본관은 延安, 자는 玉汝, 호는 默齋. 증조부는 대호군 李壽長이며, 조부는 첨지중추부사 李夔이다. 아버지는 李廷華이며, 어머니 安東權氏는 權鎔의 딸이다. 부인 仁同張氏는 張旻의 딸이다. 1623년 金瑬와 더불어 인조반정을 성사시켜 延平府院君에 봉하여졌으며, 벼슬은 병조 판서와 이조 판서에 이르렀다. 1627년 정묘호란 때 왕을 모시고 강화에 피란 중, 화의를 주장하다가 탄핵을 받았다.

12 姜櫸이 찬한 묘지문은 현재 확인할 수 없음.

34. 조정

조정의 자는 안중, 호는 검간, 본관은 풍양이다. 명종 을묘년(1555)에 태어났다. 선조 기해년(1599) 천거로 참봉에 제수되었다. 계묘년(1603) 사마시에 합격하고 을사년(1605) 문과에 급제하여 벼슬은 봉상시 정(奉常寺正)에 이르렀다. 인조 병자년(1636)에 죽었다.

일찍이 《주서절요(朱書節要)》를 학봉(鶴峯) 김 선생(金先生: 金誠一)에게 배워 종신토록 가슴에 새기는 바탕으로 삼은 적이 있었다. 그의 문장은 정밀하고 깊은데다 굳세고 무거웠으니, 핵심을 찌르되 피상적이지 않았다.

만일 위로는 공경(公卿)이 되었든, 아래로는 문을 지키고 순찰하거나 심지어 창고를 관리하는 천한 자리에 있게 되었든, 반드시 하는 일 없이 자리를 차지하여 녹봉만 탐하여 축내면서 그 일을 게을리 하지는 않았을 것이다. 언관의 책임을 맡겨 대궐의 뜰에 섰다면 반드시 요직에 있는 권세가라도 용서하지 않았을 것이며, 입 다물고 구차하게 남의 비위나 맞추는 것은 결코 공이 차마 할 수 있는 바가 아니었을 것이다. 현명한 이들을 목마르게 구하던 시절에 공만이 홀로 억울하게 낮은 자리에 머물렀다. 이는 다름이 아니라 공이 명예가 지나친 것을 좋아하지 않았기 때문이다.【협주: 정온이 찬한 묘표에 실려 있다.】

• **趙靖**

趙靖，字安中，號黔澗，豐壤人。明宗乙卯生。宣祖己亥，薦授參奉。癸卯司馬，乙巳文科，官至奉常寺正。仁祖丙子卒。

嘗受《朱書節要》於鶴峯[1]金先生，終身服膺[2]。其文精深剛重，髓而不膚。

使公上以爲公卿, 下以爲抱關擊析[3], 以至管庫之賤, 而必不肯尸位冒祿[4], 食焉而怠其事矣。任言責[5], 立殿陛, 則必不貸當路之權貴, 而含默苟容[6], 決非公所忍爲也。當求賢如渴之日, 公獨抱屈下位。此無他, 公不好名之過也。【鄭蘊[7]撰墓表[8]】

보충

정온(鄭蘊, 1569~1641)이 찬한 묘표

묘표

공의 휘는 조정(趙竫), 자는 안중(安仲)이다. 그 선계(先系)는 풍양(豐壤)으로 고려 개국공신(開國功臣) 조맹(趙孟)의 후손이다. 증조부 휘 조윤녕(趙允寧)은 춘천부사(春川府使)를 지냈다. 조부 휘 조희(趙禧)는 사섬시 직

---

1 鶴峯(학봉): 金誠一(1538~1593)의 호. 본관은 義城, 자는 士純. 아버지는 金璡이며, 어머니 驪興閔氏는 閔世卿의 딸이다. 부인 安東權氏는 權德鳳의 딸이다. 李滉의 문인이다. 1564년 진사시에 합격하고, 1568년 증광문과에 급제하였다. 1574년 사가독서했고 1577년 사은사 서장관으로 명에 다녀왔다. 1590년 통신부사로 일본을 다녀와서 일본이 침입하지 않을 것이라 한 보고로 인해 임진왜란 발발 후 파직되었다. 이후 복직되어 왜군에 대한 항전을 독려하다 병으로 사망했다

2 服膺(복응): 교훈 같은 것을 늘 마음에 두어 잊지 아니함.

3 抱關擊柝(포관격탁): 微官末職. 가난 때문에 벼슬하는 경우에는 높은 관직을 사양하고 그저 문을 지키는 일[抱關]이나 밤에 순찰을 도는 일[擊柝]처럼 미천한 일을 맡아야 한다는 말.

4 尸位冒祿(시위모록): 尸位素餐. 재능이나 공적도 없이 벼슬자리를 차지하여 녹봉만 축냄.

5 言責(언책): 간관의 책임. 말로써 잘못을 꾸짖고 나무람.

6 苟容(구용): 비굴하게 남의 비위를 맞춤.

7 鄭蘊(정온, 1569~1641): 본관은 草溪, 자는 輝遠, 호는 桐溪·鼓鼓子. 증조부는 별제 鄭玉堅이며, 조부는 좌승지 鄭淑이다. 아버지는 진사 鄭惟明이며, 어머니 晉州姜氏는 장사랑 姜謹友의 딸이다. 부인 坡平尹氏는 충의위 尹劼의 딸이다. 1606년 진사시에 합격하고, 1610년 별시문과에 급제하였다. 임해군옥사에 대해 全恩說을 주장했고, 영창대군이 강화부사 鄭沆에 의해서 피살되자 격렬한 상소를 올려 정항의 처벌과 당시 일어나고 있던 폐모론의 부당함을 주장하였다. 이에 광해군은 격분하여 李元翼과 沈喜壽 등의 반대에도 불구하고 국문할 것을 명하고 이어서 제주도에 위리안치하도록 하였다. 그 뒤 인조반정 때까지 10년 동안 유배생활을 하였다.

8 鄭蘊의 《동계집》에는 실려 있지 않으나, 趙竫의 《黔澗先生文集》 권4에 실려 있음.

장(司瞻寺直長)을 지냈는데 비로소 경성(京城)에서 상주(尙州)로 옮겨와 터를 잡았다. 아버지 휘 조광헌(趙光憲)은 벼슬을 하지 않았다. 어머니는 남양홍씨(南陽洪氏)이다. 가정(嘉靖) 을묘년(1555)에 어느 마을 집에서 공을 낳았다.

공은 어려서부터 재주와 기대를 받았지만, 여러 차례 과거에 응시했으나 급제하지 못하였다. 만력(萬曆) 기해년(1599)에 천거로 희릉 참봉(禧陵參奉)이 되었고, 광흥창 부봉사(廣興倉副奉事)·군기시 주부(軍器寺主簿)로 승진하여 옮겼다. 계묘년(1603) 진사시에 합격하고, 을사년(1605) 문과에 급제하였다. 여러 관직을 거쳐 봉상시 정(奉常寺正)으로 마지막 벼슬살이를 끝내고 집에서 노년을 보냈다. 숭정(崇禎) 병자년(1636)에 정침(正寢)에서 세상을 마쳤으니, 향년 82세였다.

공은 천성이 지극히 강직하였으니, 행실이 구차하지 않았고 마음가짐이 쇠와 같았으며, 지론이 줄 당기듯 곧았다. 남의 착하지 못한 행동을 보면 마치 자기까지 더럽혀 질 듯이 여겼으니, 고향과 마을 사람들은 그를 공경하면서도 두려워하였고, 어리석은 자들이 감히 제멋대로 의롭지 않은 일을 저지르지 못하였다.

집안에서 부자 사이에는 오직 온화함과 부드러움을 위주로 하되 엄숙함도 병행해 바로잡으며 해이해지지 않도록 하여 사랑과 공경이 모두 지극하였으니, 집안의 법도가 볼 만하였다. 조상을 받드는 예는 더욱더 삼갔으니, 제기(祭器)나 제수(祭需)에는 격식이 있었고 풍성함과 검소함이 적절하게 조화를 이루었는데, 제수를 올리고 술을 따르고 일어나고 엎드리는 것이 한결같이 예법에 따라 비록 세상에서 예기(禮記)를 읽고 옛것을 좋아하는 집안이라 일컬어졌을지라도 실제로 실천함에 있어서는 이보다 못하였다.

일찍이 《주서절요(朱書節要)》를 학봉(鶴峯) 김 선생(金先生: 金誠一)에게 배워 종신토록 가슴에 새기는 바탕으로 삼은 적이 있었다. 그의 문장은 정밀하고 깊은데다 굳세고 무거워 핵심을 찌르되 피상적이지 않았으니 문채와 의미가 모두 빼어나 한 편이 백 편의 가치를 감당할 만하였으며, 시의 격조는 더욱 높아 짓기만 하면 반드시 사람들을 놀라게 하였다.

살림살이의 형편이 풍족해 먹고도 남는 곡식이 있어 쌓아 두면서 흩어 베풀 줄 알아 가난한 자에게 곡식을 꾸어 주었고, 친구들이 의지할 데 없는 자와 나이 들고 병들어서 굶주린 자에게도 마른 마음을 적셔 윤택하도록 은혜를 베풀어 두루 미치도록 한데다 인자하고 가엾게 여기는 마음이 닭과 개에까지도 미쳤으니, 사람들이 모두 말하기를, "반드시 음덕(陰德)이 있을 것이고, 자손들이 번창할 것이다."라고 하였다.

관직에 나아가 정사(政事)를 맡았을 때는 살피면서도 능히 용서할 줄 알았으니, 아전들은 그의 밝음을 두려워하고 백성들은 그의 은혜를 가슴에 품었다. 노인을 봉양하는 예의를 돈독히 하면서 학문을 권장하는 제도를 세웠는데, 초학자가 일상에서 《소학(小學)》보다 더 절실한 것이 없다고 여겨 반드시 숙독하여 외우도록 한 뒤에 그만두게 하였다. 광문(廣文: 청빈함을 지키면서 한가로이 지낼 수 있는 유학 교관) 겸 제독(提督: 지방 유생들의 교육에 관한 일을 맡아보던 벼슬)이 된 적이 있었는데, 직책이 한가롭다고 하여 스스로 편하지 않고 여러 고을을 순행하며 미리 정한 공부 분량을 일과에 따라 제대로 행하는지를 매우 철저히 점검하였으니, 여러 학생들은 머리를 숙이고 회초리를 맞아 감히 한가로울 수가 없었다.

해남 현감(海南縣監)이었을 때 대동법(大同法)을 새롭게 고쳤는데, 사물의 경중을 헤아리며 문제의 얕고 깊은 것을 취사선택하여 세밀하고 미묘한 것까지 자세히 파악해 그 묘함의 극치를 이루고서 조목을 책으로 엮어 정식 규범으로 삼았다. 관찰사가 이를 보고 크게 칭찬하며 그 책의 말미에 발문을 붙여 각 고을에 반포해 도내에서 두루 영구히 지키는 규범으로 시행되도록 하였다.

태상시 정(太常寺正)이었을 때 고위 관직이라고 하여 스스로를 높이거나 거만해하지 않으며 직무에 부지런히 힘써서 아랫사람들을 솔선수범

하였다. 이보다 앞서, 태상시 안에 오래된 폐단이 어름어름하여 무사히 지나가기만으로 일삼아 제례(祭禮)에 쓰이는 물품을 저장하고 보관하는 것이 제대로 되지 않았으며, 아전들이 간악하고 제멋대로여서 사사로이 써 버린 것 또한 많았다. 공은 신령에게 바치는 것을 이와 같이 무례하면서 함부로 써서는 안 된다고 여겨 창고를 정비한 뒤에 깨끗하게 하도록 힘썼으며, 간사하게 훔친 자들을 조사하여 책임을 묻고 모두 본래 수량대로 다 충당하게 하였다. 동료들은 괴로워하였고 아랫 관리들은 원망하였지만, 공은 직무에 더욱 힘쓰고 무수한 비방에도 흔들리지 않았다.

벼슬하기 전부터 일찌감치 간언하고 바로잡는 명망이 있었는데, 벼슬길에 나아간 지 30여 년 동안이었고 끝내 번쾌(樊噲: 漢高祖의 공신으로 鴻門宴에서 劉邦을 위기에서 구해낸 인물) 부류와 한 줄에 서고 말았다. 그의 재주가 뛰어남이 그간 더하거나 덜해서가 아니라 때를 만나지 못한 것을 어찌하겠는가? 만약 공이 좋은 시대를 만나 그 재능과 기량을 펼쳤다면, 그 역량의 깊고 얕음은 진실로 어떠했으리라 미처 기필할 수 없지만, 충(忠)에 이르러서는 수고를 마다하지 않고서 순탄할 때나 험난한 때나 지조가 한결같았을 것이다. 그렇다면 위로는 공경(公卿)이 되었든, 아래로는 문을 지키고 순찰하거나 심지어 창고를 관리하는 천한 자리에 있게 되었든, 반드시 하는 일 없이 자리를 차지하여 녹봉만 탐하여 축내면서 그 일을 게을리 하지는 않았을 것이다. 하물며 곧은 기개와 굳은 심지는 무엇보다 공의 가장 큰 장점이니, 언관의 책임을 맡겨 대궐의 뜰에 서게 했더라면 서리가 얼어붙은 듯이 차갑고 날카로운 붓으로 사악한 자들을 들이받는 해태처럼 반드시 요직에 있는 권세가라도 용서하지 않았을 것이다. 그리고 중신(重臣)의 대열이나 따라다니며 수행하는 가운데 입 다물고 구차하게 남의 비위나 맞추는 것은 결코 공이 차마 할 수 있는 바가 아니었을 것이다. 현명한 이들을 목마르게 구하던 시절에 초치(楚雉: 봉황으로 착각하여 고가로 구입한 초나라 산꿩. 《尹文子》〈大道 上〉)와 연석(燕石: 실제로 쓸모없었으나 귀한 보석으로 착각한 연나라 돌. 張彦遠의 〈書品後〉)

처럼 그럴듯해 보이지만 허울뿐인 사람들이 모두 임금의 은총을 입었으나, 공만이 홀로 억울하게 낮은 자리에 머물렀고 변방의 요새를 지키는 관리조차 되지 못하였다. 이는 다름이 아니라 공이 명예가 지나친 것을 좋아하지 않았기 때문이다.

집에 있을 때는 왼쪽에 그림을 걸고 오른쪽에 책을 두고서 위엄 있게 앉거나 무릎을 모으는 꾸밈이 없었으며, 조정에 나아가서는 학문을 왜곡하여 세상에 아첨하고 진심을 숨겨 가며 명예를 낚는 행동이 없었던 까닭에 백락(伯樂: 말을 잘 알아보는 사람)이 곁에 있었다 하더라도 결국 수마(瘦馬: 알아주지 않아 재능을 발휘하지 못한 말)라는 기롱을 면치 못하였을 것이다. 한때의 벼슬이 오르고 내림이야 비록 공에게 영광이나 근심이 될 만한 것은 아니지만, 본질을 모르고 모방만 일삼는 원숭이에게 화려한 옷을 입히느라 저처럼 낭비하면서도 일명 높은 벼슬을 유독 공에게만 매우 아까워하였으니, 아! 누구의 잘못이겠는가? 반드시 그 책임을 질 자가 있을 것이다.

공은 타고난 기(氣)가 매우 강건하였고 골격이 여위었다. 어려서부터 음식을 배불리 먹은 적이 없었으며, 예순 살 이후에는 오직 죽과 국, 과일과 견과만을 먹었는데도 거북이 창자처럼 가늘어지지 않았고 학의 뼈처럼 더욱 단단해졌다. 한겨울에도 입는 것이 얇은 솜을 덧댄 두꺼운 명주옷 1벌에 불과하였다. 여든 살에도 지팡이에 의지하지 않고 걸었으며, 언덕과 동산을 거닐어도 종일토록 피곤함을 몰랐으며, 말을 타고 멀리 다녀와도 심하게 힘들다는 느낌이 없었으며, 촛불 아래에서도 자잘한 글씨를 읽을 수 있었으니, 사람들은 지상의 신선으로 지목하였다.

어머니의 묘가 보은현(報恩縣)에 있었는데, 경오년(1630)에 고향의 산으로 이장할 때 매우 슬피 울며 발을 구르는 것이 하나같이 젊은 시절에 초상을 치른 것과 똑같았는데도 기력이 다하지 않았고 질병도 틈타 덮치지 못하였다. 임종한 달에도 가묘(家廟: 집안 사당)에 드리는 아침 문안 인사를 폐하지 않았으며, 숨을 거둔 날에도 사람으로서 해야 할 일에 착오가 없었다. 혼은 하늘로 오르고 몸은 굴레를 벗어나서 우주의 변화를 타 죽음의 세계로 돌아갔으니, 바로 7월 21일이었다. 그해 11월 20일 상주(尙州) 남쪽 용문산(龍門山) 남쪽 기슭 해좌사향(亥坐巳向)의 언덕에 안장하였다.

부인 문소김씨(聞韶金氏: 의성김씨)는 공보다 두 살 어렸으며, 공과 함께 64년을 같이 살았고 지금도 건강하게 살아 있다. 아버지는 곧 약봉(藥峯) 휘 김극일(金克一)로 성주목사(星州牧使)를 지냈다. 조부 휘 김진(金璡)은 이조판서에 추증되었고 성균관 생원이었다. 증조부 휘 김예범(金禮範)은 좌승지에 추증되었다.

아들은 5명을 두었는데, 장남은 조기원(趙基遠)으로 황간현감(黃澗縣監)을 지냈으며, 차남은 조영원(趙榮遠)으로 벼슬하지 않았으며, 삼남은 조홍원(趙弘遠)으로 빼어난 재주가 있어 진사시에 합격하였으나 불행히도 공보다 먼저 죽었으며, 사남은 조형원(趙亨遠)으로 무과에 급제하여 동지중추를 지냈으며, 오남은 조흥원(趙興遠)이다. 딸은 2명을 두었는데, 장녀는 진성(眞城) 이기(李岐)에게, 차녀는 동래(東萊) 정위(鄭煟)에게 시집갔다. …(중략)…

살아서는 부끄러워할 바가 없었고 죽어서도 유감이 없었으며, 다섯 가지 복을 두루 누렸고 자손들이 집안에 가득하였으니, 선을 쌓은 보답이 가히 공에게 박하지 않았다고 할 수 있으리라.

墓表

公諱靖, 字安仲, 其先豐壤人, 高麗開國功臣孟之後。曾祖諱允寧, 春川府使。祖諱禧, 司贍寺直長, 始自京家于尙。考諱光憲, 不仕。妣南陽洪氏。嘉靖乙卯, 生公于某里第。公少負才望, 屢擧不第。萬曆己亥, 以薦爲禧陵參奉, 遷廣興倉副奉事·軍器寺主簿。癸卯, 中進士, 乙巳, 登文科。歷某官某官, 以奉常寺正, 老于家。崇禎丙子, 終于正寢, 壽八十有二。公稟性至剛, 制行不苟, 秉心若鐵, 持論如絃。見人之不善, 若將浼己, 鄕黨敬憚之, 不肖者不敢肆爲非義。家人父子之間, 惟以和婉爲主, 而濟之以栗, 整而不弛, 愛敬俱至, 家法可觀。奉先之禮, 尤致其謹, 器品有式, 豐儉得中, 薦祼興俯, 一遵禮儀, 雖世號讀禮好古之家, 踐行之實不如也。嘗受《朱書節要》於鶴峯金先生, 以爲終身服膺之資。其文精深剛重, 髓而不膚, 色味俱絶, 以一當百, 詩格尤高, 動必驚人。家計豐足, 食有餘粟, 積而能散, 賑貸貧乏, 親舊之不賴者, 老病之飢寒者, 霑枯潤涸, 普被恩施, 慈仁惻怛, 推及鷄犬, 人皆曰: “必有陰德, 子孫其昌.” 居官莅政, 察而能恕, 吏畏其明, 民懷其惠。敦養老之禮, 立勸學之課, 以爲初學日用莫切於小學, 必使成誦而後已。嘗爲廣文提督, 不以職慢自貶, 巡行列邑, 課學甚實。諸生屈首受夏楚, 不敢慢。其令海南也, 更張大同之法, 稱量輕重, 斟酌淺深, 詳悉纖密, 曲盡其妙, 條成冊子, 以爲定式。監司見之, 大加稱賞, 以文跋其尾, 頒于各邑, 使爲道內通行永守之規。其正太常也, 不以長官自引重, 克勤職事, 以率其下。先是, 寺中積弊因仍, 祭享之用, 藏貯不謹, 胥吏奸濫, 逋欠亦多。公以爲神祇之奉, 不宜褻慢如是, 修飾府庫, 務令淨潔, 徵責奸偸, 悉充本數。同僚苦之, 下吏怨之, 公率職益勵, 衆謗不能撓。自在韋布, 早有諫諍之望, 登名三十餘年, 終與噲等爲伍。非其才美有所加損於前後, 奈時不遇何哉? 使公而遇時, 展布其才器, 則力量淺深, 固未可必其如何, 而至於忠不憚勞, 夷險一操也。則上而爲公卿, 下而爲抱關擊柝, 以至管庫之賤, 必不肯尸位冒祿, 食焉而怠其事矣。況乎直氣剛腸, 最公之長物, 使之任言責, 立殿陛, 則凝霜之筆, 觸邪之豸, 必不貸當路之權貴。而逐隊隨行, 含嘿苟容, 決非公所忍爲也。當求賢如渴之日, 楚雉燕石, 咸被寵光, 而公獨抱屈下位, 不能取一障而乘之。此無他, 公不好名之過也。居家, 無左圖右書危坐斂膝之飾, 立朝, 無曲學阿世矯情釣譽之行, 故伯樂在傍, 終未免失瘦之譏。一時升沈, 雖不足爲公之榮戚, 猨狙文繡, 如彼之費, 而一名顯秩, 獨於公甚惜, 噫! 是誰之過歟? 必有任其責者矣。公受氣甚堅, 骨法淸癯。自少飮食不至飫飽, 六十以後, 惟餌粥漿果核, 而龜腸不痿, 鶴骨愈勁。隆冬所御, 不過薄絮一綈袍。八十之年, 行不扶杖, 散步丘園, 終日不倦, 跨馬遠行。不覺甚勞, 能燭下看細字,

人以地上仙目之。先夫人之墓，在報恩縣，庚午歲，返葬故山，哭踊摧痛，一如少年之執初喪，氣力無憊，疾病不能乘。易簀之月，不廢家廟晨謁，屬纊之日，人事不錯。神升形釋，乘化歸盡，七月二十一日也。以其年十一月二十日，　葬于州之南龍門山南麓亥坐巳向之原。夫人聞韶金氏，少於公二年，與公同住六十四年，尙康寧在世。考卽藥峯先生諱克一，星州牧使。祖曰璡，贈吏曹判書，成均生員。曾祖曰禮範，贈左承旨。子男五人，長曰基遠，黃澗縣監，次曰榮遠，不仕，次曰弘遠，有拔萃才，中進士，不幸先公夭，次曰亨遠，登武科，同知中樞，季曰興遠。女二人，長適眞城李岐，次適東萊鄭熠。…(중략)… 生無所怍，死無遺憾，備享五福，子孫滿堂，積善之報，可謂不薄於公也已。

〔黔澗先生文集，卷4〕

35. 조익

조익의 자는 비중, 호는 가규, 본관은 풍양이다. 검간(黔澗) 조정(趙靖)의 동생이다. 명종 병진년(1556)에 태어났다. 선조 임오년(1582) 사마시에 장원 합격하고, 무자년(1588) 문과에 급제하였다. 필선(弼善)을 거쳐 홍문록(弘文錄)에 올랐으며 벼슬은 장령(掌令)에 이르렀다. 광해군 계축년(1613)에 죽었다.

약관이 되자, 백씨와 함께 한강(寒岡) 정 선생(鄭先生: 鄭逑)의 문하에 같이 종유하며 《소학(小學)》·《심경(心經)》을 배웠다. 사담(沙潭) 김홍민(金弘敏)·창석(蒼石) 이준(李埈)과 도의지교(道義之交)를 맺었다.

임진년(1592) 비분강개하여 말하기를, "무릇 성지(城池: 城과 垓子)에 있었던 자들이 각기 목숨을 걸고 힘껏 싸웠다면 왜적들은 필시 깊이 침입하지 못했을 것인데도 한번의 전투도 없이 성을 비워놓고 적을 맞이하였으니, 뜻 있는 이들의 용기가 어찌 불끈하지 않을 수 있으랴?"라고 하였다. 뜻을 같이하는 여러 사람들과 의병을 일으키며 약속하기를, "우리들의 이 거조(擧措)가 국가의 성패에 어찌 경중이 있는지를 따져야 하겠는가? 다만 각자 함께 죽으려는 뜻을 맹세하고 갚아서 나라를 위한 마음이 되게 하자."라고 하니, 온 의병군이 모두 감격하여 눈물을 흘렸다. 요충지에 복병을 배치해 오가며 떠돌아다니는 적들을 차단하고 무찔러 죽인 자도 많아서 호서와 영남 사이의 길이 조금 통하게 될 수 있었으나, 공은 스스로의 공로로 여기지 않아 세상 사람들이 알지 못하였다.

조정에서는 정철(鄭澈)이 최영경(崔永慶)을 무고하여 죽인 죄를 다시 논의하고 있었는데, 공이 장계(狀啓)를 올려 말하기를, "주상이 선비를 죽였다는 악명을 기피하려고 그 죄를 정철에게 돌리려는 것입니다."라고 운운하자, 주상이 노하니 사헌부와 사간원의 탄핵이 격렬하게 일어나 삭탈관직되었고 공산(公山)에 유배되었다. 공의 생각은 정철을 위하려는 것이 아니라 단지 사안으로 인하여 경계를 아뢰어서 임금의 마음을 바로 잡으려는 것이었다.

사서(沙西) 전식(全湜)이 말하기를, "이 벗은 천성이 고상하고 수수한데다 의론이 어리석을 정도로 곧아서 의견이 여러 곳에 미쳤지만, 도끼와 칼날이라도 피하지 않았다."라고 하였으며, 완평(完平) 문충공(文忠公) 이원익(李元翼)이 늘 조 아무개는 난리에 죽어도 빼앗을 수 없는 절개가 있다고 말하였다.【협주: 이승연이 찬한 행장에 실려 있다.】

• **趙翊**

趙翊, 字棐仲, 號可畦, 豐壤人。黔澗靖弟。明宗丙辰生。宣祖壬午司馬魁, 戊子文科。歷弼善, 參弘文錄, 至掌令。光海癸丑卒。

甫冠, 與伯氏, 同遊寒岡鄭先生之門, 受《小學》·《心經》。與金沙潭弘敏·李蒼石埈, 爲道義交。

壬辰, 憂憤慷慨曰: "凡有城池者, 各效死力, 則賊必不能深入, 而一不交鋒, 空城迎賊, 志士之膽, 烏得不輪囷[1]?" 與同志諸人, 擧義旅, 約曰: "吾輩此擧, 於國家成敗, 何足有輕重? 惟各矢同死之志, 以酬爲國之心耳." 一軍皆感激泣下。設伏要路, 遮截往來遊賊, 勦殺頗多, 湖嶺之路得小通, 而公不自爲功, 世莫知也。

朝廷追論鄭澈誣殺崔永慶[2]之罪, 公啓曰: "上惡殺士之名, 歸罪於澈."

1 志士之膽, 烏得不輪囷(지자지담, 오득불윤균): 韓愈의 〈贈別元十八協律〉 시에 "몹시 곤궁한 때에 감격을 받으니, 간담이 다시 불끈 이러나네.(窮途致感激, 肝膽還輪囷.)"에서 활용한 표현.

2 崔永慶(최영경, 1529~1590): 본관은 和順, 자는 孝元, 호는 守愚堂. 서울 출생. 증조부는 전라도관찰사 崔重洪이며, 조부는 교하현감 崔壎이다. 아버지는 병조좌랑 崔世俊이며, 어머니 平海孫氏는 현감 孫濟의 딸이다. 부인 全州李氏는 花巖副守 李億歲의 딸이다. 曺植의 문인이다. 1575년에는 선대의 농토가 있는 진주에 내려와 도동에 은거, 학문에 진력하며 鄭逑·金宇顒·吳健·河沆·朴齊仁·趙宗道 등과 교유하였다. 1581년에는 사헌부 지평에 제수되자 사직소를 올리고 붕당의 폐해를 논하였다. 당시 정적 鄭澈과 대립하다가 1589년에 일어난 기축옥사에 연루되어 이듬해 옥사하였다.

云, 上震怒, 臺評峻發, 削職配公山[3]。蓋公之意非爲鄭也, 只出於因事進戒以格君心也。

全沙西[4]曰: "此友天稟簡古, 議論戇直, 意見到處, 不避鈇鉞." 完平李文忠, 每稱趙某有死難不可奪之節云。【李承延[5]撰行狀[6]】

보충

이승연(李承延, 1720~1806)이 찬한 행장

행장

선생(先生: 公의 오기)의 휘는 조익(趙翊), 자는 비중(棐仲), 조씨(趙氏)로 계통은 풍양(豐壤)에서 나왔다. 상조(上祖: 시조) 조맹(趙孟)은 고려 문하시중(門下侍中) 벽상공신(壁上功臣)이다. 우리 조선에 들어와 휘 조숭(趙崇)은 상의중추원사(商議中樞院事)를 지냈고 비로소 상주(尙州)로 옮겨 살터를 잡았다. 그 아들 휘 조윤영(趙允寧, 1484~1536)은 춘천부사(春川府使)를 지냈다. 그 아들 휘 조희(趙禧, 1507~1587)는 사섬시 직장(司贍寺直長)을 지냈다. 그 아들 휘 조광헌(趙光憲, 1534~1587)은 효성과 근실함으로 알려져서 좌승지에 추증되었다. 어머니 남양홍씨(南陽洪氏)는 숙부인(淑夫人)

---

3 公山(공산): 충청남도 공주 지역 일대.

4 沙西(사서): 全湜(1563~1642)의 호. 본관은 沃川, 자는 淨遠. 증조부는 全彭祖이며, 조부는 全焜이다. 아버지는 이조판서 全汝霖이며, 어머니 月城李氏는 참봉 李信의 딸이다. 첫째부인 江華崔氏는 崔斯立의 딸이며, 둘째부인 南陽洪氏는 洪天敍의 딸이다. 柳成龍·張顯光의 문인이다. 1589년 사마시에 합격하고, 1592년 임진왜란이 일어나자 의병을 모아 왜적을 토벌해 많은 전과를 올렸으며, 金應南의 추천으로 연원도찰방이 되었다. 1603년 식년문과에 급제하였다. 홍문관 부제학, 대사간, 대사성, 대사헌 등 청요직을 지냈다. 병자호란 때에도 의병을 일으켰다.

5 李承延(이승연, 1720~1806): 본관은 延安, 자는 台甫·錫予, 호는 剛齋. 증조부는 예조참판 李沃이며, 조부는 李萬敷이다. 아버지는 李之彬이며, 어머니 豐山柳氏는 柳聖和의 딸이다. 첫째부인 咸安尹氏는 윤수의 딸이며, 둘째부인 仁川蔡氏는 蔡亨洛의 딸이다. 盧啓元의 문인이다. 權相一·李齊華·蔡應一 등과 교유하였다. 시문에 뛰어나 상주 지역을 중심으로 한 洛江詩會에 참여하였다. 1792년 李㙖·金翰東 등과 함께 사도세자의 명예 회복을 요청하는 萬人疏에 참여하였다. 1800년 첨지중추부사에 제수되었다.

6 李承延의 《剛齋遺稿》가 있으나 조익의 행장이 실려 있는지 직접 확인하지 못하고, 趙翊의 《可畦集》에 실려 있는 것만 확인함.

에 봉해졌다.

가정(嘉靖) 병진년(1556) 10월 11일에 공이 태어났다. 어려서부터 타고난 재주가 총명하였으니, 말을 막 깨치고는 곧 책을 읽을 줄 알게 되었다. 대여섯 살 때 《소학(小學)》을 암송하였다. 을축년(1565)에 영남의 유생들이 상소문을 올려 요승(妖僧) 보우(普雨)를 논박하려 하면서 경성(京城)의 저택으로 직장공(直長公: 조부 조희)을 찾아갔는데, 직장공은 마침 고향으로 내려왔다. 공과 백씨공(伯氏公: 趙靖)은 나이가 겨우 10세 남짓이었으나 마당 아래로 내려와 맞이하여 절하고서 음식을 차려 예를 다하여 대접하였는데, 제공(諸公)들이 서로 바라보며 감탄하여 말하기를, "진실로 저 양국(梁國)의 양씨(楊氏) 집에서 과일을 차려온 아이들과 같도다."라고 하였다.

공은 일찍이 아버지의 가르침을 받아 부지런히 글을 읽는데 힘써서 문예가 날로 진보하였다. 약관(弱冠)이 되기도 전 잇따라 향시(鄕試)에 합격하여 빛나는 명성이 더욱 자자하였다. 약관이 되자 백씨와 함께 한강(寒岡) 정 선생(鄭先生: 鄭逑, 1543~1620)의 문하에 같이 종유하며 《소학(小學)》·《심경(心經)》을 배웠는데, 선생이 크게 칭찬하여 말하기를, "후계(后溪: 金範, 1512~1566)의 고을에서 다시 인물이 나왔도다."라고 하였다. 이때 사람들은 '조씨 쌍벽(趙氏雙璧)'이라 일컬었다. 사담(沙潭) 김홍민(金弘敏, 1540~1594)·창석(蒼石) 이준(李埈, 1560~1635) 두 선생과 도의지교(道義之交)를 맺어 번갈아 가며 서로 강론하고 토론하여 학문과 덕을 닦았다.

만력(萬曆) 임오년(1582) 생원시에 장원으로 합격하였고, 무자년(1588) 다시 알성문과(謁聖文科)에 급제하였다. 그해 겨울 승지공(承旨公: 부친 조광헌)의 상(喪)을 당하였는데, 상례(喪禮)는 하나같이 《문공가례(文公家禮: 주자가례)》를 따랐고, 또 무덤 곁에 여막을 짓고 3년 동안 시묘살이를 하였다. 상복을 벗고 나서는 승문원 정자(承文院正字)에 보임되었다.

임진년(1592) 왜구가 깊이 쳐들어오자, 공은 어머니를 등에 업고 문경

(聞慶)의 노동(蘆洞)으로 피난하였다. 그런데 도성이 함락되어 난여(鑾輿: 大駕)가 서쪽으로 피난했다는 소식을 듣고 비분강개하며 탄식하여 말하기를, "무릇 성지(城池: 城과 垓子)에 있었던 자들이 각기 목숨을 걸고 힘껏 싸우며 풍문만 듣고서 무너져 달아나지 않았어야 하거만, 어찌 미친 왜구의 창궐함이 이 지경에 이르도록 내버려 두었단 말인가?"라고 하면서 급히 달려가 임금의 안부를 묻고자 하였으나, 온 땅이 전쟁터여서 도로가 막히고 끊겨 다만 뜻 있는 선비의 눈물만 있을 뿐이었다.

5월 고을 사람들이 성에 머무르고 있는 왜적들을 공격하려 했는데, 공이 백씨와 함께 40여 장정(壯丁)을 규합하여 이끌고 걸어서 성 아래에 이르렀으나, 한 사람도 따라온 자가 없었다. 이때 왜적들이 멀고 가까운 곳을 가리지 않고서 불태우고 약탈하였으니, 깊은 산과 험한 곳까지 거의 두루 미쳤다. 공은 어머니를 모시고 용화(龍化)와 속리산(俗離山) 사이로 피신하였는데, 노숙하고 동굴 속에 지내면서 온갖 고난을 다 겪었으나 어머니를 봉양하는 기구를 마련하여 하루도 거른 적이 없었다.

8월 을축일(5일), 뜻을 같이하는 이들과 함께 속리사(俗離寺)에 모여 의병을 일으켰는데, 사담(沙潭) 김홍민(金弘敏)을 상장(上將)으로 추대하였고 공은 참모(參謀)가 되었으며, '충보군(忠報軍)'이라 하였다. 북쪽을 향해 절하고 통곡한 뒤에 삼장(三章)의 약속을 세웠으니, "이미 맹세하고도 퇴각을 꾀하는 자는 참하고, 전투에 임하여 먼저 도망치는 자는 참하며, 명령을 어기거나 기한을 어기는 자는 참한다."라고 하였다. 약속이 정해지자, 의병들이 모두 두려워하며 복종하였다. 공이 군중(軍中)을 두루 타이르며 말하기를, "지존(至尊: 임금)께서 피난하시고 종묘사직이 지극히 위태로우니, 신민으로서의 비통함이 어찌 다함이 있겠는가? 하물며 지금 성상(聖上)이 애통해 하는 교지(敎旨)에서 심지어 자신에게 책임을 돌리며 도움을 구하시니, 근래에 임금의 원수를 갚으려는 선비들이 곳곳에서 벌떼처럼 일어나는데 호서(湖西) 지방만 유독 강개한 의사가 한 명도 없단 말인가? 우리들이 다행히 의로운 뜻을 떨쳐 일으켰으니, 그 성공과 실패, 이익과 손해는 예견할 수 없을지나, 다만 마땅히 각자 함께 죽으려는 지조를 분발해 조금이라도 갚아서 나라를 위한 충성이 되게 하자."라고 하니, 의사(義士)들이 모두 감격하여 눈물을 흘렸다. 열흘남짓 한 달 이내의 모집에 응모한 자가 500여 명이었는데, 요충지에 복병을 배치해 떠돌아다니는 적들을 차단하고 무찔러 죽인 자 또한 많았다.

우방백(右方伯: 경상우도관찰사) 학봉(鶴峯) 김 선생(金先生: 金誠一)을 찾아 뵙고, 그에게 나아가 당장에 시급한 일을 아뢰었다. 방백은 각 고을에 이관(移關: 공문)을 보내어 의병진(義兵陣)이 제각기 향병(鄕兵)을 모집하더라도 관군(官軍)에 구애받지 말고 군량과 무기 등을 넉넉히 지급하여 군수품을 보조하도록 하였으니, 공의 진언(進言)을 따른 것이었다. 공 또한 구한 물자를 군중에 운반해 보내주었고, 군세가 점차 떨치게 되었다. 마침내 의병을 일으킨 전말을 기록하여 사인(士人) 황적(黃迪)으로 하여금 행재소(行在所)에 알리게 하였다. 공은 비록 적장을 베고 적의 깃발을 빼앗은 공이 없었으나, 군의 사기를 북돋우고 한마음으로 힘을 모아 기습병을 설치해서 적을 공격하고 퇴각시키는 것이 시행하는 대로 적절하였는데, 평지든 험지든 꺼리지 않고 보급로가 끊기지 않게 하며 오로지 왜적을 토벌하는데 전념하여 의병이 흩어지지 않은 것은 공의 힘입은 바가 컸으나 스스로의 공로로 여기지 않았기 때문에 세상 사람들이 그 사실을 알지 못하였다.

당시 병란과 흉년이 혹심해 굶어 죽은 시체가 길에 널려 있었으니, 공은 차마 백성들의 고통을 억누릴 길이 없어 전쟁에서 획득한 왜적의 머리를 부자에게 주고는 대신 곡식으로 바꾸어 이를 굶주린 이들에 주었는데, 이에 힘입어 목숨을 보전한 이들이 매우 많았다.

계사년(1593) 4월, 공은 삼산(三山: 충북 보은의 옛 지명)에서 모친상을 당하여 시신을 궁평리(宮坪里: 충북 보은군 내북면 신궁리)에 임시로 묻었고 궤연(几筵: 빈소)을 회덕(懷德: 충남 대덕군 소재)으로 옮겼는데, 매일 오가며 성묘하고 곡하면서 거의 쉬는 날이 없었고, 전(奠)을 올릴 제수를 지극한 정성으로 마련하였으니, 상례(喪禮)를 치르는 예법 또한 매우 근엄하였으며, 정처없이 떠도느라 엎어지고 자빠지면서도 조금도 소홀리 하지 않았다. 을미년(1595) 비로소 고향으로 돌아왔다.

정유년(1597) 왜적이 다시 준동할 기세가 있자 바야흐로 의병을 또다시 일으키려 도모하였으나, 곧바로 천병(天兵: 명나라 군)에 막혀 계획은 마침내 중지되었다.

무술년(1598) 조정에 나아갔는데, 접반관(接伴官)으로서 유격(遊擊) 허국위(許國威)를 따라 성주(星州)로 갔다. 늘 천장(天將: 명나라 장수)을 격려하여 온 힘을 다해 왜적을 토벌하도록 하면서도 사사로운 말을 한마디도 하지 않았으니, 천장들이 탄복하여 말하기를, "사사롭게 말하는 것을 듣지 못했으며 오직 국사만을 걱정하니 진실로 충신이다."라고 하였다.

기해년(1599) 예조정랑에 제수되었다. 3월, 숙릉(淑陵: 함경남도 文川郡 草閑社에 있는 조선 태조의 증조모 貞淑王后의 능)을 수리하라는 명을 받들어 문천(文川)에 가서는 옛 제도를 예법대로 복구하였다. 7월, 이조정랑에 제수되었다. 9월, 왜란이 끝난 후로 진주사(陳奏使) 겸 하지사(賀至使)의 서장관(書狀官)이 되어 북경에 갔는데, 행동거지와 주선하는 것이 예에 절로 맞았으니, 명나라 조정의 신하들이 모두 공경의 예를 다하였다. 명나라 조정을 떠나는 날, 황제가 공의 예법에 맞는 몸가짐과 신중함을 보고 극구 칭찬하면서 특별히 어의(御衣)를 하사하여 포상하였다.

경자년(1600) 사명(使命)을 마치고 돌아와 보고하였으며, 영천군수(永川郡守)에 제수되었으나 나아가지 않았다. 가을, 홍문관의 관원으로 선발되었다. 이때 주상이 동궁에게 《주역(周易)》을 강론하도록 역학(易學)에 조예가 있는 자를 선발하고자 하였는데, 조정에서 공을 추천하였던 것이다. 겨울, 시강원필선(侍講院弼善)에 제수되었는데, 늘 강론에 참여할 때마다 옛일을 끌어와 지금을 증명하였고, 경서와 사서에 근거하여 거듭 권면하였으니, 잘못을 깨우치도록 바르게 풍간하는 것이 모두 갖추어져 강관(講官)으로서의 본모습을 매우 잘 지니고 있어서 공론이 훌륭하게 여겼다. 신축년(1601) 한음(漢陰) 문익공(文翼公) 이덕형(李德馨)이 영남체찰사가 되었을 때 공을 종사관으로 불렀다. 임인년(1602) 장령(掌令)으로 승진하여 지제교를 겸하였다.

공은 엄숙한 풍도를 스스로 견지하여 세속에 따라 아첨하거나 굽히는 일이 없어 휩쓸리지 않았으니 쟁신(爭臣: 왕의 잘못을 바른말로 간하는 신하)의 풍모가 있었다. 당시 조정에서는 정철(鄭澈)이 최영경(崔永慶)을 무고하여 죽인 죄를 다시 논의하고 있었는데, 공이 장계(狀啓)를 올려 말하기를, "전하께서 선비를 죽였다는 악명을 기피하려고 그 죄를 정철에게 돌리려는 것입니다."라고 운운하자, 주상이 노하여 공이 무진(武珍: 光州의 옛 지명. 광주목사를 지냄)에 보임된 것을 책망하니, 대평(臺評: 사헌부·사간원의 탄핵)으로 인하여 이내 파면되었다. 얼마 지나지 않아서 탄핵하는 상소가 크게 일어나 마침내 삭탈관직되어 공산(公山: 공주)으로 귀양을 갔다.

충간공(忠簡公) 전식(全湜, 1563~1642)이 일찍이 사람들에게 말하기를, "이 벗은 천성이 고상하고 수수한데다 의론이 어리석을 정도로 곧아서 의견이 여러 곳에 미쳤지만, 비록 도끼와 칼날이 앞에 있어도 뜻을 조금도 굽히지 않았다. 당시의 장계는 바로 그의 소견으로 말미암아 그런 것이다."라고 한 적이 있었으니, 공의 생각은 정철을 위하려는 것이 아니라 단지 사안으로 인하여 경계를 아뢰려는 데서 나온 까닭이었음을 알 수 있다. 유배지에서 7년을 지내면서도 지조를 지키는 일이 더욱 견고해졌고, 경전(經傳)에 깊이 몰두하여 깨달아서 확고한 힘을 얻은 것이 더욱 많았는데, 유배생활을 태연히 여겼고 수염과 머리카락도 전보다 더 성성하였다. 일찍이 자손들에게 말하기를, "너희 아비의 평생 몸가짐은 아무도 보지 않는 곳에서도 부끄러움이 없었지만, 비록 경솔하고 과격함으로 말미암아 밝은 시대에 죄를 얻었을 뿐이니, 너희들은 부디 나를 핑계로 뜻을 게을리하지 말라."라고 한 적이 있다.

당시의 동배(同輩) 이를테면 월간(月潤: 月澗의 오기) 이전(李坱, 1558~

1648)·창석(蒼石) 이준(李埈, 1560~1635)·문장공(文莊公) 정경세(鄭經世, 1563~1633) 및 죽일(竹日) 김광엽(金光燁, 1561~1610)·감호(鑑湖) 여대로(呂大老, 1552~1619)와 같은 제현(諸賢)들과 번갈아 서로 오가면서 강론하고 연마하는데 간곡하고 지극하여 집에 있을 때와 다르지 않았으며, 한음(漢陰: 李德馨, 1561~1613) 또한 편지를 보내어 격려하며 매우 기대하는 뜻이 있었다고 한다.

정미년(1607) 여름, 비로소 사면을 받고 다시 조정으로 돌아가게 되었지만, 문을 닫고 일을 사절하여 마치 세상사를 잊은 듯하였으나 임금을 그리워하고 나라를 걱정하는 충심은 항상 단사(丹砂)처럼 환하게 빛났다. 겨울에 직첩(職帖)을 돌려주어 받았다.

무신년(1608) 선조(宣祖)가 승하하자, 공은 최복(衰服)을 입고 졸곡(卒哭: 죽은 지 석 달 만에 오는 첫 丁日이나 亥日에 지내는 제사)을 마칠 때까지 밖에서 거처하였으며, 3년 동안 소식(素食: 고기반찬을 먹지 않고 채소만 먹음)을 하였다.

경술년(1610) 경상도사(慶尙都事)로 서용되었는데, 주(州)와 현(縣)에 있는 병폐에 대해 이해관계를 진술하면서 극언을 하였지만 의리가 엄정하니, 수재(守宰: 지방관)들 모두가 엄히 두려워하였다.

신해년(1611) 양산군수(梁山郡守)에 제수되었다. 양산군은 하도(下道)에 있어 전쟁으로 말미암은 피해를 두루 입어서 오랫동안 피폐한 고을이 되었다. 공은 고을의 어른들을 일깨워 먼저 향교(鄕校)를 수리하고 제복(祭服)과 제기(祭器)들을 모두 새로 깨끗하게 하도록 하였다. 자신의 녹봉(祿俸)을 떼내어 선비를 기르는 비용으로 삼아서 초하루와 보름에는 반드시 문묘(文廟)에 참배하도록 하였으며, 또한 여러 생도들과 함께 경서(經書)와 사서(史書)를 강론하여 학문을 부지런히 하는 현송(絃誦)하는 소리가 온 경내에 울려 퍼졌다. 고을의 폐단과 백성의 고통은 모두 사정에 따라 적절하게 면제하거나 혁파하였으니, 두루 어루만지고 따뜻하게 보살펴 숨을 돌릴 수 있게 하였다. 또 예(禮)로써 인도하자 풍속이 크게 변화하였으니, 성대하게 문옹(文翁: 前漢 景帝 때 蜀郡의 태수가 되어 蜀民을 교화시키고 최초로 국립학교를 창설한 인물)의 교화가 있는 듯하였다. 고을에는 축서산(鷲棲山: 靈鷲山의 옛 이름)이라는 절경이 있었는데, 공은 한가할 때면 가마를 타고 혼자 가서 한가롭게 거닐며 시를 읊으면서 즐거움을 취한 나머지 돌아오기를 잊었으니, 이때 이은(吏隱: 利祿에 마음을 두지 않아서, 벼슬살이를 하면서도 隱者처럼 사는 것)이라는 이름이 있었다. 계축년(1613) 해임되어 돌아오게 되자, 고을 사람들이 비석을 세워 그의 공적을 기렸다.

이해 8월 28일 정침(正寢)에서 세상을 떠났으니, 향년 겨우 58세였다. 임종할 때에 집안일은 말하지 않고 걱정하는 것은 오직 왕실뿐이었다. 12월 흑석(黑石)의 선영에 안장하였고, 9년 뒤에 신유년(1621) 함창(咸昌) 검호(儉湖) 병좌(丙坐)의 언덕으로 옮겨 안장하여 부인과 합장하였다. 첫째부인 밀양박씨(密陽朴氏)는 감찰(監察) 박사눌(朴思訥)의 딸인데, 아들 하나를 두었으니 조유원(趙裕遠)으로 종사랑(從仕郎)을 지냈다. 둘째부인 연안이씨(延安李氏)는 찰방 이빈(李賓)의 딸이다. 조유원은 후사가 없어 4촌형 조기원(趙基遠)의 아들 조균(趙稛, 1610~1663)을 후사로 삼았다. 조균은 연천현감을 지냈다. 그 아들 조태윤(趙泰胤, 1642~1707)은 사람됨이 엄정하고 재능과 국량이 있었다.

이승연(李承延)은 같은 고향의 후생으로서 공의 풍성(風聲: 명성)을 듣고 흠모하였는데, 그 근원을 거슬러 찾아보니 공의 문장과 재주와 학식이 이미 당대 어진 인재들이 즐비했던 시절에도 이미 대단했음을 익히 알게 되었다. 다만 늦게 태어나 공의 문하에서 물 뿌리고 비질하는 일이라도 맡지 못한 것을 안타깝게 여겼다.

지금 첨지(僉知) 조안경(趙安經: 1724~1802, 趙靖의 5세손, 趙基遠의 4세손, 趙秇의 증손자, 옥동서원 원장)·진사(進士) 조석철(趙錫喆, 1724~1799, 趙靖의 6세손, 趙榮遠의 5세손, 趙稜의 고손자, 조릉의 2남인 趙大胤의 증손자)이 족자(族子) 조승수(趙承洙: 1760~1830, 趙稜의 5세손, 조릉의 3남인 趙枝胤의 고손자)에게 가장(家狀)을 들려 보내며 나 이승연에게 편지를 보내어 말하기를, "우리 집안 가규공(可畦公)의 덕업과 문학은 이치로 볼 때 끝내 민멸되어서는 안 되나, 그 자손들이 쇠락하여 깊은 덕을 드러내어 세상에 알리도록 요구할 수가 없네. 우리와 같은 방계 손자들 또한 조만간 죽을 것이니, 그 행적이 묻혀 사라질까 크게 두렵네. 감히 사실을 기록한 글을 가지고 그대를 번거롭게 하네."라고 하였다. 나 이승연은 이미 공을 우러러 사모하였던 데다 그 후손들이 점점 쇠하여 점점 미약해져 감을 슬퍼하는 두 어른의 청에 느낀 바가 있었으니, 감히 사양할 수 있었겠는가?

삼가 그 행장을 살펴보니, 공의 타고난 자질은 매우 고명하였으며, 행동을 삼가는 것은 매우 엄하였으며, 재능과 도량은 뛰어나고 중후하였으며, 지조는 강직하고 반듯하였다. 부모의 안색을 받들어 봉양하면서 극진히 하지 않음이 없었으며, 거상(居喪)의 제도를 잘 지켜 예를 다하면서 슬퍼하고 사모하기를 게을리 하지 않았으며, 제사 지낼 때 비통하게 울부짖는 모습은 상(喪)을 당한 때와 다름이 없었다. 비록 먼 조상을 제사지낼지라도 재계하고 하룻밤을 지내며 청결하게 하는 것이 살아계신 듯이 정성을 다하였다. 산 자를 섬기든 죽은 자를 섬기든 여한과 유감이 있지 않았다.

아침저녁으로 화락하고 이른 새벽부터 밤늦게까지 매진하는데, 가족 간의 즐거움을 극진히 누렸고 스승과 벗의 정을 함께하였다. 형제들과 함께할 때는 도리와 올바른 규범으로 서로 인도하면서 겸손과 우애로 북돋았다. 책을 읽다가 옛사람의 훌륭한 말이나 착한 행실에 이르면 그것을 뽑아 보여 주면서 보고 느껴 본받도록 하였지만, 비루하고 천박하며 도리에 어긋난 이야기나 벼슬길과 부귀영달을 좇으려는 생각은 감히 입에 올리거나 마음에 품지 못하도록 하였으니, 바로 자손들을 가르침이었다.

충직하고 신중한데다 돈후하고 삼가서 사람들에게 진실로 신뢰를 받았으니, 어린 시절부터 늙을 때까지 한 번도 남에게 얼굴빛을 변하게 한 적이 없었다. 그리고 심지어 옳고 그름과 사악하고 바름을 분별하는 일, 천도(天道)와 인사(人事)·의리와 이익을 구분하는 일에서는 칼로 두 동강 내듯 늠연하여 빼앗을 수 없었으니, 사람들이 스스로 존경하고 두려워하였다. 혹시라도 잘못을 저지른 자가 있으면 곧바로 스스로 책망하며 말하기를, "조 장령(趙掌令)께서 알게 되지나 않을까?"라고 하였으니, 이는 고향에서 사람들을 의로움으로 감화시킨 증거이다.

자기의 몸가짐을 단속할 때는 엄히 하고 수령의 실무를 볼 때는 부지런하며 청렴과 공정으로 맑고 근신하였으니, 사람들이 감히 사사로운 일로 청탁하지 못하였다. 백성을 불쌍히 여겨 은혜를 베풀어 폐단을 제거하면서 반드시 노인을 봉양하고 향학 세우는 것을 먼저 힘쓴 것은 벼슬아치의 법도이었다. 뜻을 세운 것이 굳세고 강직한데다 지론까지 정직하여 이해(利害)와 화복(禍福)에 따라 흔들리거나 빼앗기는 바가 있지 않았으니, 조정에 섰을 때의 절조이었다. 그래서 오리(梧里) 문충공(文忠公) 이공(李公: 이원익)은 늘 조 아무개는 난리에 죽어도 빼앗을 수 없는 절개가 있다고 말하였다.

집에 있을 때는 내외의 자리를 바르게 하고 남녀의 구별을 엄하게 하여 엄숙하게 법도가 있었으니, 규문(閨門)의 안은 마치 조정 같았다. 늘 국기일(國忌日)일 때면 번번이 종일 소식(素食)하였는데, 집안 식구들은 그것을 익숙하게 보고 들어서 모두 어느 날이 아무개 대왕이고 아무개 왕비의 기일인지 알고 있었다. 공복(功服: 5개월 상복을 입음)이나 시복(緦服: 3개월 상복을 입음)을 입는 친족의 상사(喪事)를 당해서는 집 밖에 지내며 그 복을 마쳤고, 옛 지인의 상(喪)을 당했을 때 또한 반드시 고기를 끊었는데, 부음(訃音)을 듣자마자 기어서라도 가서 형편에 따라 부의(賻儀)를 전하였다. 그리고 특히 빈궁한 집에 더 힘을 기울였는데, 누구든 궁핍한 사람이 있으면 진심을 다하여 구휼하였으니, 가난한 이웃과 한미한 친족들 가운데 그에 힘입어 온전해진 자가 많았다.

공은 재주가 탁월하고 총명함이 그지없이 뛰어난데다 배우고 힘쓰는 것으로 이루었다. 매일 아침에 일어나 세수하고 머리를 빗은 뒤, 부모의 안부를 묻고 사당에 참배하고는 옷매무새를 정돈하고 나서 글을 읽었는데, 한 번에 세 줄을 읽으면서도 눈으로 훑고 곧바로 외울 수 있었다. 그러나 경전의 깊은 뜻에 이르러서는 반드시 정밀하게 연구하고 면밀히 살펴 그 의미와 이치를 극치까지 추구하였으니, 단지 말로나 귀로 듣는 자료로 삼지 않았다. 그래서 글을 지으면 이치가 순조롭고 의미를 잘 전달하는데다 조리가 시원시원하며 분명하고 적절하였으니, 화려함과 알찬 내용을 겸비하면서 정묘한 기상이 찬연하였다. 시의 운율 또한 맑고 산뜻하며 운치가 있었다. 스승과 벗 사이에 강론하고 물으며 답한 것 또한 많았으나, 모두 잿더미가 되었다. 그 뒤에 수습하였지만 단지 몇 편뿐이었다.

공의 처음 호는 죽봉(竹峯), 만년 호는 가규(可畦)라 하였다. 아! 공은 저와 같은 재주가 당대에 다 쓰이지 못하였고, 남긴 말과 글조차 세간에 흘러 다니던 것 또한 보전하고 있지 못한데다 자손들도 영락하여 실낱같아서 끊어질락 말락하니, 하늘이 보답하여 베푸는 이치는 어디에 있단 말인가!

나 이승연은 비록 글재주가 없지만 두 군자의 뜻에 감복하여 스스로의 비루함을 잊고 삼가 위와 같이 엮어서 붓을 잡는 자에게 고한다. 다행히도 채택되어 전해 진다면 영원히 후대에 전하게 되리니, 비단 조씨 집안의 다행일 뿐만 아니라 또한 사문(斯文)의 다행이기도 하리라.

行狀

先生諱翊, 字棐仲, 趙氏, 系出豐壤。上祖孟, 高麗門下侍中壁上功臣。入本朝, 有諱崇, 商議中樞院事, 始家尙州。生諱允寧, 春川府使。生諱禧, 司贍直長。生諱光憲, 以孝謹聞, 贈左承旨。夫人南陽洪氏, 封淑夫人。以嘉靖丙辰十月十一日公生。幼而天資敏悟, 裁解語, 便知讀書。五六歲, 能誦《小學》。乙丑, 嶺中章甫將疏論妖僧普雨, 訪直長公於京第, 直長公適下鄕。公與伯氏公, 年甫十餘, 下堂迎拜, 具饌待以禮, 諸公相目歎曰: “眞楊家設果兒也.” 公早襲庭訓, 刻意劬書, 文藝日進。未弱冠, 連占鄕解, 華聞益暢。及冠, 與伯氏, 同遊寒岡鄭先生之門, 受《小學》·《心經》, 先生大加奬許曰: “后溪之鄕, 復有人矣.” 時人以趙氏雙璧稱之。與金沙潭弘敏·李蒼石埈二先生, 爲道義交, 迭相講討, 有麗澤之益。萬曆壬午, 擢生員第一名, 戊子, 又擢謁聖第。冬, 丁承旨公憂, 喪禮一遵文公家禮, 而又廬墓三年。服闋, 補承文院正字。壬辰, 倭寇深入, 公背負母夫人, 避難于聞慶之蘆洞。聞都城失守, 鑾輿西狩, 憂憤慷慨, 歎曰: “凡有城池者, 各效死力, 不至望風奔潰。豈使狂寇猖獗至此哉?” 亟欲奔問, 而干戈滿地, 道途阻絶, 只有志士之淚。五月, 州人欲擊留城賊, 公與伯氏, 糾率四十餘丁, 徒步至城下, 無一人來者。時賊焚掠遠近, 窮山絶險, 殆將遍焉。公奉母夫人, 竄于龍化俗離間, 露宿穴處, 艱苦備至, 而親廚供養之具, 未嘗一日乏也。八月乙丑, 與同志, 會俗離寺, 擧義旅, 推金沙潭弘敏爲上將, 公爲參謀, 號曰忠報軍。北向拜哭。立三章之約曰: “旣約謀退者斬, 臨戰先逃者斬, 違令失期者斬.” 約束旣定, 衆皆慴伏。公徧諭軍中, 曰: “至尊蒙塵, 宗社阽危, 臣民之痛, 曷有其極? 况今聖上哀痛之敎, 至於責己求助, 近者敵愾之士, 處處蜂起, 而湖西一道, 獨無一介義士耶? 吾輩幸成奮義之擧, 成敗利鈍, 不可逆覩, 惟當各勵同死之志, 小酬爲國之忠.” 士皆感激泣下。旬月間, 應募者五百餘人, 要路設伏, 遮截遊賊, 所勦殺亦多。拜右方伯金鶴峯先生, 於節下, 陳說時務。方伯移關列邑, 使義陣, 各募鄕兵, 而勿拘官軍, 優給兵糧器械, 以助軍需, 用公言也。公亦搬運所得, 至軍中, 兵勢稍振。遂疏擧義顚末, 令士人黃迪, 聞于行在。公雖無斬將刈旗之功, 激勵士氣, 同心戮力, 設奇勦蚵, 動合機宜, 不憚夷險, 不絶糧道, 一意討賊, 不至解體者, 蓋公之力爲多, 而不自以爲功。故世莫得以知之。時兵荒旣酷, 餓殍載路, 公不忍隱痛, 以所獲馘, 給與富人, 易粟以賑之, 賴而全活者甚衆。癸巳四月, 遭母夫人喪於三山, 權厝宮坪, 移几筵于懷德, 往來省哭, 殆無間日, 饋奠之需, 至誠措致, 居喪之禮, 亦甚謹嚴, 不以流離顚沛而少惰也。乙未, 始返故里。丁酉, 賊有再動之勢, 方謀復擧義旅, 而旋爲天兵所格, 計遂寢。戊戌, 赴朝, 以接伴官, 隨許游擊國威, 往星州。每激勉天將, 盡力討賊, 無一言及私, 天將歎服曰: “不聞言私, 惟國事是憂, 眞忠臣也.” 己亥, 拜禮曹正郎。三月, 以淑陵修理, 奉命往文川, 復舊制如儀。七月, 拜吏曹正郎。九月, 以亂後陳奏使兼賀至書狀官, 赴京, 動容周旋中禮, 皇朝諸臣, 皆致敬禮。辭朝日, 帝見公威儀謹重, 極加稱賞, 特賜御衣以褒之。庚子, 復命, 除永川郡守, 不赴。秋, 參瀛選。時上使東宮講易, 欲選邃於易學者, 朝廷以公對。冬, 拜侍講院弼善, 每侍講, 引古證今, 據以經史, 反覆陳勉, 規諷備至, 甚得講官之體, 物論多之。辛丑, 漢陰李文翼公體察嶺南, 辟公從事。壬寅, 陞掌令兼知製敎。公以風裁自持, 不與世俯仰, 有爭臣風。時朝廷追論鄭澈誣殺崔永慶之罪, 公啓曰: “殿下惡殺士之名, 歸罪於澈.”云云, 上怒, 責補武珍, 因臺評, 旋罷。未幾, 彈章又大起, 遂削職, 配公山。全忠簡公湜, 嘗語人, 曰: “此友天稟簡高, 論議戇直, 意見到處, 雖斧鉞在前, 志不小挫。當日之啓, 由其所見而然也.” 蓋知公之意非爲鄭也, 只出於因事陳戒故也。居謫七年, 勵操愈堅, 沈潛經傳, 得力益多, 處之怡然, 髭髮勝昔。嘗語子姪, 曰: “乃父平生行己, 無愧幽獨, 雖因狂妄, 得罪明時, 汝曹愼無以我故而惰志也.” 一時儕流, 如李月澗㙉·蒼石埈·鄭文莊公經世及金竹日光爗·呂鑑湖大老諸賢, 迭相來往, 講劘切偲, 無異在家時, 漢陰亦貽書勉勵, 甚有期待之意云。丁未夏, 始賜環, 杜門謝事, 若將忘世, 而戀君憂國之忱, 則常炳然如丹。冬, 還授職帖。戊申, 宣廟上賓, 公服衰, 居外以終卒哭, 食素三年。庚戌, 敍爲慶尙都事, 州縣有疵政, 陳利害極言, 義理嚴正, 守宰皆嚴憚之。辛亥, 除梁山郡守。郡在下道, 偏受兵禍, 久爲弊邑。公曉諭父老, 先修鄕校, 祭服祭器, 皆令新潔。割俸爲養士費, 朔望必謁聖, 仍與諸生, 講論經史, 絃誦聞一境。邑弊民瘼, 皆以便宜蠲罷, 撫摩呴濡, 使得蘇息、又以禮導之, 民俗丕變, 蔚然有文翁之化焉。郡有鶩棲之勝, 公暇肩輿獨往, 逍遙吟哢, 取適忘返, 時有吏隱之名。癸丑, 解歸, 郡人立石頌之。是歲八月二十八日, 考終于正寢, 享年僅五十八。臨終, 不言家事, 所耿耿惟在王室。十二月, 葬于黑石先兆, 後九年辛酉, 移窆于咸昌儉湖丙坐之原。以夫人祔。夫人密陽朴氏, 監察思訥之女, 擧一男裕遠, 從仕郎。再娶延安李氏, 察訪賓之女。裕遠無嗣, 從兄基遠子稛爲後。漣川縣監。生泰胤, 爲人嚴正, 有器局。承延以鄕里後生, 聞其風而鹽慕之, 泝以求其所自來, 習知公文章才學, 已藉甚於當世羣賢林立之日。恨生晩, 未及執灑掃之役於門庭。今者趙僉知安經·趙進士錫喆, 使族子承洙。賫所撰家狀。貽書承延, 曰: “吾家可畦公, 德業文學, 理不可終泯, 但其子孫零替, 不可責以闡幽勑列。在傍孫如吾輩, 亦朝暮且死, 大懼其湮沒。敢以記實之狀, 煩吾子.” 承延旣景慕公, 且悲其雲仍之寖弱寖微, 於二老之請, 竊有感焉, 其敢辭諸。謹按其狀, 公天分甚高, 制行甚嚴, 器度宏厚, 操履剛方。若夫承顔色養, 靡不用極, 守制盡禮, 哀慕不懈, 悲痛號泣, 無異袒括。雖遠代之祀, 齋宿致潔, 以盡如在之誠。事生事死, 靡有餘憾者也。朝夕湛和, 夙夜征邁, 樂極天倫, 義兼師友。處兄弟也, 導以義方, 勉以遜悌。讀書到古人嘉言善行, 拈出示之, 使之觀感效則, 鄙悖不經之談, 科宦榮利之念, 無敢出於口萠於心, 敎子孫也。忠謹敦恪, 誠信孚人, 自少至老, 無一失色於人。而至於是非邪正之辨, 天人義利之分, 則一刀兩段, 凜然不奪, 人自敬畏。或有不善者, 輒自訟曰: “得無趙掌令知否?” 此處鄕黨, 服人以義之驗也。簡以持己, 謹以莅事, 廉公淸愼, 人無敢干以私。隱恤去瘼, 而必以養老興學爲先務者, 居官之度也。立志剛毅, 持論正直, 不以利害禍福, 有所撓奪, 立朝之節也。故梧里李文忠公, 每稱趙某, 有死難不可奪之節云。其居家也, 正內外之位, 嚴男女之別, 斬斬有法度, 閨門之內, 若朝庭焉。每遇國忌, 輒食素終日, 家人習於見聞, 皆知某日是某大王某王妃忌辰。功緦之慽, 居外終其服, 知舊之喪, 亦必舍肉, 聞卽匍匐, 隨物致賻。而尤致力於貧窶之家, 凡有窮匱, 盡意存恤, 貧隣寒族, 賴以全者多矣。公才調卓越, 聰明絶倫, 而濟之以學力。每晨起盥櫛, 問寢拜廟, 已整襟讀書, 一下三行, 過眼成誦。而至經傳奧旨, 必精究密察, 以求其義理極致, 不徒爲口耳之資。故爲文章, 理順辭達, 條暢明剴, 華實兼備, 精采燦然。詩律亦淸爽有韻致。師友間, 講質問答亦多, 而盡入灰燼。其後收拾, 只存若干。公初號竹峯, 晩號可畦云。嗚呼! 以公如彼其才, 不究其用於當世, 咳唾之流落於人間者, 亦不保有, 子孫零丁, 不絶如縷, 天之報施之理, 安在哉! 承延雖無文, 服二君子之義, 忘其固陋, 謹次如右, 以告秉筆者。幸有採而傳之, 爲不朽圖, 則非徒趙氏幸, 抑亦斯文之幸也歟。

〔可畦先生文集, 卷6, 附錄〕

36. 김홍미

김홍미의 자는 창원, 호는 성극당, 본관은 상주이다. 명종 정사년(1557)에 태어났다. 선조 기묘년(1579) 진사시에 합격하고, 을유년(1585) 문과에 급제하였다. 홍문관 정자·한림·이조좌랑·응교·필선·승지·대사간을 거쳐 이조참의에 이르렀다. 신축년(1601, 乙巳의 오기, 1605)에 죽었다.

15세 무렵에 한퇴지(韓退之)의 〈남산시(南山詩)〉를 배우고서 한번 읽고는 곧바로 외웠다. 그 후 향위(鄕圍: 鄕試)를 보러 갔는데, 고관(考官: 시험관)이 온공(溫公: 司馬光)의 〈염중(念中)〉을 논제로 삼자, 숙유(宿儒: 학식이 많은 선비)들이 감히 글을 짓지 못하였지만, 공은 조존지법(操存之法: 마음을 잡아 보존하는 방법)을 말하여 1등으로 뽑혔다.

이조좌랑이 되었을 때 기축옥사(己丑獄事)가 일어나 그에 연좌되어 파직되었다. 그 후 《역경(易經)》에 통달하여 응교로 승진하였고, 이조참의를 지냈으며, 강릉부사에 제수되었다가 길에서 죽었다.

경연(經筵)에서 강론할 적에는 옛일을 끌어다 지금 일을 증거하며 10여 행의 글을 외우니, 주상이 감탄하여 말하기를, "기특하고 기특하도다."라고 한 뒤에는 언제나 해박하다고 칭찬하였다.【협주: 정경세가 찬한 묘비에 실려 있다.】

• 金弘微

金弘微, 字昌遠, 號省克堂, 尙州人。明宗丁巳生。宣祖己卯進士, 乙酉文科。歷弘文正字·翰林·吏曹佐郎·應敎·弼善·承旨·大司諫, 至吏曹參議。辛丑[1]卒。

---

1 辛丑(신축): 乙巳의 오기.

甫成童，受退之[2]〈南山詩[3]〉一遍，卽誦。後赴解圍[4]，考官以溫公〈念中〉[5]爲論題，宿儒莫敢措語，公說出操存之法，擢爲第一。

爲吏郎，己丑獄起，坐罷。後以通《易經》，陞應敎·吏曹參議。除江陵，道卒。

其在講筵，援古證今，連誦十餘行，上歎曰："奇哉奇哉!" 後每以該博稱之。【鄭經世撰碑】

보충

정경세(鄭經世, 1563~1633)가 찬한 묘지명

통정대부 이조참의 김공 묘지명 병서

나는 어릴 때부터 우리 고을에 군자가 있었다고 들었으니, 후계(后溪: 金範, 1512~1566) 선생이라 하는데 그의 인자한 말과 고상한 행실은 온 고을 사람들이 사랑하고 공경하는 바였다. 그러나 죽은 지 이미 오래여

---

2 退之(퇴지): 당나라 문인 韓愈의 字. 호는 昌黎. 당송팔대가의 한 사람. 변려문을 비판하고 古文을 주장하였다.

3 南山詩(남산시): 중국 송나라 때부터 杜甫의 〈北征〉과 자주 비교되었던 韓愈의 시. 그 작품의 난해함과 파격적인 형식으로 인해 역대로 예술성에 대한 평가가 엇갈렸으니, 한편에서는 一韻到底格으로 거침없이 204구의 장편고시를 완성할 수 있는 작가의 才力과 筆勢, 변화무쌍한 장법과 공교로운 묘사력을 높이 인정하지만, 다른 한편에서는 작가의 과시욕, 과장되고 난삽한 표현, 시어의 낭비와 시적 여운의 부족, 주제의식의 결여 등을 지적하기도 한다.

4 解圍(해위): 鄕圍의 오기인 듯. 향위는 조선시대 지방에서 실시하던 鄕試.

5 溫公念中(온공염중): 온공은 宋나라 司馬光의 位號로서 太師溫國公. 사마광이 긴 밤을 뜬눈으로 새우는 등 번뇌에 시달리다가 늘 '중을 생각해야겠다.(以中爲念)'는 결론에 도달했는데, 이번에는 또 이 中字에 집착한 나머지 안정을 얻지 못하게 되자(爲中所亂) 다시 궁구한 끝에 마음속으로 생각하는 것을 위주로 하지 않는 放下著의 경지에 이르렀다고 한다. 《心經》의 〈孟子·牛山章〉 부분에 소개되어 있다. 이에 대해 김홍미는 朱子의 未發修養論의 요지를 명확히 이해하여, 未發 때에 마음의 中을 생각할 수 없다고 강조하면서 평소에 장중하게 함양할 것을 주장하고 있는데, 만일 미발 때에 마음의 중을 파악하고자 한다면, 오히려 마음이 더 혼란스러워지고 말 것이라면서 억지로 사려를 끊고 고요한 내면의 본질을 파악하려하기보다는 평소에 올바르고 점잖은 생활 습관 속에서 인간 본질이 저절로 함양될 것이라는 주자 居敬涵養論의 요체를 정확히 설명하고 있다.

서 한스럽게도 미처 자리의 모퉁이에서 신을 벗고 공손히 선생을 모셔 그분의 겸손하고 삼가는 인품의 빛을 우러르며 그 덕에 물들지 못했다.

장성해서는 이른바 사담(沙潭: 김홍민, 1540~1594)과 성극(省克: 김홍미, 1557~1605)이라는 두 분이 바로 선생의 아들들로서 바야흐로 시서(詩書)의 학문으로 그 가업을 계승하고 있다는 것을 들었는데, 마음속으로 몹시 흠모하다가 일찍이 예물을 들고 가서 교분을 맺은 적이 있었다. 두 분의 처신은 조용하고 품위가 있었는데, 말투와 어조가 온화하고 진중하여 밝은 벽옥(璧玉)처럼 서로가 서로를 비추어 빛난데다 아름다운 옥수(玉樹)처럼 쌍으로 빼어난 것을 보았다. 두 분과 함께 지내보면 오랜 시간이 지나도 여전히 공경하게 되었으니, 게으르거나 거만한 태도를 보인 적이 없었다. 이는 단지 타고난 자질의 아름다움 때문만이 아니라 집안에서의 가르침을 통해 함양되어서 성취된 것이라고 칭찬을 더해도 속이는 것이 아니다.

지난 갑오년(1594) 여름, 사담(沙潭) 어른이 떠돌며 옮겨다니던 곳에서 병을 앓다가 끝내 일어나지 못하였다. 나는 부음(訃音)을 듣고 몹시 슬프게 곡하였다. 아, 나는 후계(后溪) 선생을 미처 뵙지 못한 것을 이미 슬퍼하였거늘, 또다시 슬펐던 것은 이 어른을 잃어 나의 어리석음에 일침을 가해주어서 나의 마음과 행실을 바르게 닦도록 할 사람이 없게 되었다는 것이다. 그러나 10여 년 이래로 의지하며 위안으로 삼았던 것은 다행히도 성극(省克: 김홍미)이 살아 있었기 때문이다. 그런데 이제는 성극마저 또 죽었으니, 내가 어찌 더욱 슬퍼하고 비통해하지 않을 수 있겠는가?

장사를 지낼 날이 머지않았을 때, 공의 사위 진사(進士) 김구(金榘)가 서애(西厓) 류 선생(柳先生: 柳成龍)의 명을 받들어서 나에게 공의 묘지명을 지어 달라고 부탁하였다. 내가 비록 감당할 수 없지만, 돌아보건대 공과 서로 가장 깊이 알고 지낸 자로는 의당 나보다 나은 이가 없을 것이니, 나는 사양할 수가 없었다.

공의 성씨는 김씨(金氏), 휘는 홍미(弘微), 자는 창원(昌遠), 성극(省克)은 자신이 거처하는 방에 스스로 붙인 이름이다. 대대로 상주(尙州)에 살았는데, 조선 초 명신(名臣) 집현전 부제학(集賢殿副提學) 휘 김상직(金尙直)의 6세손이다. 고조부 휘 김극충(金克忠)은 통례원 통찬(通禮院通贊)을 지냈다. 증조부 휘 김예강(金禮康)은 충무위 부사직(忠武衛副司直)을 지냈다. 조부 휘 김윤검(金允儉)은 장사랑(將仕郞)이었다. 아버지 휘 김범(金範)은 바로 후계 선생이다. 명종조(明宗朝) 때 경명행수(經明行修: 경서에 밝고 행실이 바름)로 부름을 받아 포의(布衣: 벼슬이 없는 신분)로 궁궐에 들어가 알현하였는데, 특별히 옥과현감(玉果縣監)에 제수되었고 그곳에서 죽었다. 어머니 의인(宜人) 조씨(曺氏)는 창녕(昌寧)의 이름난 성씨이다.

가정(嘉靖) 정사년(1557) 2월 24일에 공이 태어났다. 태어나면서부터 총명하고 영특하여 보통 아이들과 달랐다. 일고여덟 살 때부터 단정하고 진중하여 장난을 좋아하지 않았으며, 글을 읽어 대의(大義)를 깨우치면서 오래도록 기억하는 것이 남들보다 훨씬 뛰어났다. 15세 무렵에 사담공(沙潭公)은 성주 교수(星州敎授)였고, 성주 목사 김극일(金克一)은 시에 재능이 있어서 후진들을 가르치고 있었다. 공이 나아가 한퇴지(韓退之)의 〈남산시(南山詩)〉를 배우고서 물러나 앉아 한번 읽었는데, 목사가 시험삼아 묻기를, "능히 외울 수 있겠느냐?"라고 하자, 그 자리에서 묻는 대로 외우니 한 글자도 틀리지 않았다.

약관(弱冠)이 되기 전에 향시(鄕試)를 보러 갔는데, 고관(考官: 시험관)이 온공(溫公: 司馬光)의 〈염중(念中)〉을 논제로 삼자, 경생(經生: 유교 경전을 공부하는 생도)과 숙유(宿儒: 학식이 많은 선비)들 모두 감히 글을 짓지 못하였다. 공은 붓을 들자마자 글을 완성하였는데, 조존지법(操存之法: 마음을 잡아 보존하는 방법)을 말하고 그 글귀까지 근거가 있어서 마침내 1등으로 뽑혔다. 그러자 상숙(庠塾: 지방의 학당과 서당) 사이에 널리 회자되었는데, 공이 오로지 과거시험을 위한 문장만을 짓는 것은 아님을 알았다.

만력(萬曆) 기묘년(1579) 진사시(進士試)에 2등으로 합격하였다. 을유년(1585) 문과에 급제하여 권지 승문원 부정자(權知承文院副正字)에 제수되었다. 병술년(1586) 봄에 홍문관 정자(弘文館正字)에 뽑혔다. 당시 사담공(沙潭公) 또한 옥당(玉堂: 홍문관)에 있었는데, 함부로 들지 못하는 승명전(承明殿: 한나라 때 학문을 논하던 장소)에서 형제가 연달아 빛나니 당시 사람들은 영광으로 여겼으나, 공의 형제는 항상 가득 차면 넘친다는 것을 경계로 삼았다.

정해년(1587) 어머니 의인(宜人) 조씨(曺氏)의 병 때문에 체직되어 고향으로 돌아가기를 청하였다. 무자년(1588) 봄에 특명으로 강관(講官)에 제수되어 드디어 저작(著作)이 되었고, 뒤이어 예문관 검열(藝文館檢閱)로 옮겨졌다가 얼마 되지 않아 도로 저작이 되었으며, 겨울에 부수찬(副修撰)으로 승진하였다.

기축년(1589) 여름 이조좌랑(吏曹佐郎)에 천거되어 등용되었다. 겨울에 역옥(逆獄: 鄭汝立의 己丑獄事)이 일어나 화가 진신(搢紳: 사대부)들에게 미쳤는데, 공 또한 연좌되어 파직되었다. 임진년(1592) 여름에 비로소 은혜를 입었고, 가을에 경상좌도 도사(慶尙左道都事)로 제수되었다. 이듬해 모친상을 당하였으며, 상제(喪制)를 마치고 나서 홍문관 교리에 제수되었다가 이조정랑으로 옮겨져 제수되었다. 이때 경연(經筵)에서 바야흐로《주역(周易)》을 진강(進講)하게 하려 했는데, 주상이 경술(經術)에 밝은 사람을 널리 뽑아 자문에 응하게 하고자 하니, 좌우에서 공을 천거하였다. 마침내 도로 교리가 되어 세자시강원문학(世子侍講院文學)을 겸하였다.

병신년(1596) 봄에 응교(應教)로 승진하여 시강원 필선(侍講院弼善)을 겸임하였고, 가을에 사간원 사간(司諫院司諫)으로 옮겨졌다가, 겨울에 교체되어 성균관 사성(成均館司成)으로 제수되었다. 정유년(1597)에 도로 응교와 사간이 되었다가 2월에 승정원 동부승지(同副承旨)로 품계를 뛰어넘어 제수되었고, 여러 차례 옮기며 승진되다가 좌부승지(左副承旨)가 되었으며, 겨울에 사간원 대사간이 되었다가 이조참의(吏曹參議)로 옮겨 제수되었다.

무술년(1598) 가을에 병을 이유로 사직소를 올려 체직을 청하였는데,

대사간·좌부승지에 제수되었으나 모두 병을 핑계로 관직에 나아가지 않았다. 이때 조정은 안정되지 못하고 혼란스러워 갑작스런 화난(禍難)이 은연중에 발생하였는데, 당시의 사류(士類)들이 죄다 배척을 당하였으나 공은 평소에 과격한 말이나 탄핵하는 의론을 하지 않았으므로 머뭇거리며 물러날 수 있었고 화를 면할 수 있었다.

기해년(1599) 청송부사(青松府使)에 등용되었는데, 합문(閤門) 안에 누워만 있어도(역자주: 한나라 汲黯이 동해태수로 나갔을 때의 고사) 백성들이 편안하게 여겼다. 공은 원래 술을 즐겨 마셨지만, 이때에 이르러 병이 꽤 깊어져서 신축년(1601) 관직을 버리고 고향으로 돌아왔다. 임인년(1602) 여주목사(驪州牧使)에 제수되었으나 나아가지 않았지만, 갑진년(1604)에는 강릉부사(江陵府使)에 제수되자 병을 무릅쓰고 무리하게 부임하였다. 이듬해 가을에 물이 범람하는 재앙을 만났는데, 시신이 떠다니고 백골까지 드러나 눈 뜨고 보기에 처참하였으니, 심기가 상하여 병이 더욱 깊어졌다. 관직을 그만두고 고향으로 돌아오려 하였으나 길을 나서기도 전에 죽고 말았는데 10월 14일이었으니, 향년 49세였다. 관은 상주(尙州)로 돌아와 이듬해 2월 임인일(18일)에 매호(梅湖) 서쪽 자좌오향(子坐午向)의 언덕에 장사 지냈다.

공은 총명하고 민첩한 자질을 타고난데다 일찌감치 어진 아버지와 형의 훈계를 받아서 도량과 재기가 길러진 것이 바르고도 두터웠다. 그리고 장성해서는 서애(西厓: 柳成龍)의 문하에 나아가 날마다 지론(至論)을 들었고 게다가 옛 성현들의 책을 가져다 읽으며 조금이라도 의심나거나 모르는 것이 있으면 번번이 선생에게 나아가 바로잡으니, 사람들이 높은 경지에 이를 것이라 기대하였다.

자사(子史)와 제가(諸家)를 두루 통달하여 꿰뚫지 못한 것이 없었는데, 고금(古今)의 치란과 흥망의 까닭, 인물 가운데 충신과 간신 및 어진 이와 어리석은 이의 자취에 대해 특히 밝았다. 경연(經筵)에서 강론할 적에는 옛일을 끌어다 지금 일을 증거하면서 실오라기를 쪼개듯 털끝을 나누듯 자세히 분석하여 도(道)를 한마음으로 도모하며 일을 함께 할 규범을 다 밝혔는데, 심지어 때로 고서(古書)의 말을 끌어댈 적에 10여 줄의 글을 연달아 외워서 증명하기도 하였다. 주상이 매번 귀를 기울여 듣는데 힘쓰면서 번번이 감탄하며 말하기를, "기특하고 기특하도다."라고 한 뒤에는 경연 중의 말을 언급할 때면 반드시 해박하다고 칭찬하였으니, 그가 입은 총애가 이와 같았다.

평생토록 남의 잘못이나 허물을 말한 적이 없었으니, 누군가 혹 그것을 말해 주어도 잠자코 대답하지 않았다. 남에게 하나라도 착한 점이 있으면 마치 자기에게 있는 것처럼 여기면서 반드시 칭찬해 말하기를 즐거워하였고, 남이 그것을 알지 못할까 걱정하였다. 마음가짐이 너그럽게 용서를 잘 이해하였으니 모욕적이거나 꾸짖는 말을 노복(奴僕)에게 한 적이 없었으며, 몸가짐이 겸허하고 공손하였으니 오만하거나 방장한 기운을 얼굴이나 말투에 드러낸 적이 없었다.

남을 예로써 대하면서 괴팍하거나 교활하고 약삭빠른 짓을 하려 하지 않았으며, 남과 더불어 뜻을 거스르지 않으면서 기꺼이 비위에 맞춰 뜻을 굽혀 따르거나 맹목적으로 따르는 태도를 하려 하지 않았다.

사람들이 공을 바라보면 훌륭하게 드러나 선한 사람임을 알 수 있고, 비록 서로 사이가 좋지 않은 자일지라도 또한 사특한 사람이라고 지목할 수 없을 것이다. 아아, 어찌 이른바 의젓한 군자가 아니겠는가? 그런데도 신령이 공에게 복을 준 것이 여기에서 그치고 말았으니, 운명이라 하겠다.

공은 풍산류씨(豐山柳氏)를 아내로 맞이하였는데, 가선대부(嘉善大夫) 이조참판 겸 동지의금부사(同知義禁府事)에 추증된 행(行) 통정대부(通政大夫) 원주목사(原州牧使) 류운룡(柳雲龍: 류성룡의 형)의 딸로 숙부인(淑夫人)에 봉해졌다. 아들은 둘을 두었으니 김필(金珌)과 김형(金珩)이다. 맏딸은 사인(士人) 권극재(權克載)에게, 둘째딸은 바로 김구(金榘)에게 시집갔고, 셋째딸은 아직 시집가지 않았다. 김필과 김형은 어리나 준수하다.

생각건대 선한 사람에 대한 보답이 장차 이에서 드러나리로다. 삼가 여러 벗들과 함께 증거하며 그 대강을 서술하고 명(銘)을 지어 붙인다.
…(이하 명문 생략)…

通政大夫吏曹參議金公墓誌銘 幷序

余自幼少時, 卽聞吾鄕有君子, 曰后溪先生者, 其德言懿行, 爲一邦所愛敬。而其歿已久, 恨未及趨隅奉屨於几席之下, 以望其謙謹之光而薰其德。及長, 聞有所謂沙潭·省克二公者, 乃其嗣子, 而方以詩書之學, 克世其業, 心竊慕之, 嘗執贄而定交焉。則見其周旋閑雅, 辭氣溫醇, 如明璧之對映焉, 如玉樹之雙擢焉。與之處, 久而能敬, 未嘗有惰慢之容焉。蓋不惟天質之美, 其得於庭訓之所涵揉而成就者, 益不誣矣。往在甲午夏, 沙潭丈在轉徙遘疾, 竟不能起。余聞而哭之甚悲。嗚呼! 余旣悲不及見后溪先生, 又悲失此丈, 無以砭吾愚而淑吾身。而十餘年來, 所恃以爲慰者, 幸省克之存也。今則省克又亡矣, 余安得不以益悲且慟也耶? 葬有日, 公之壻進士金矩, 奉西厓柳先生之命, 屬余以識其竁。余雖不堪, 顧與公相知最深者, 宜莫余若, 余不得以辭焉。公姓金氏, 諱弘微, 字昌遠, 省克, 自名其室者也。世家尙州, 國初名臣集賢殿副提學諱尙直之六代孫也。高祖諱克忠, 通禮院通贊。曾祖諱禮康, 忠武衛副司直。祖諱允儉, 將仕郞。考諱範, 卽后溪也。明廟朝, 以經明行修被徵, 布衣入見, 特授玉果縣監以卒。妣宜人曹氏, 昌寧著姓。嘉靖丁巳二月二十四日公以生。生而聰穎異常。七八歲時, 端重不好弄, 讀書曉大義, 强記過人。甫成童, 沙潭公敎授星州, 州倅金克一, 以能詩訓後進。公就受退之南山詩, 退坐讀一遍, 倅試之曰: "能念得否?" 卽應口誦, 不錯一字。未弱冠, 赴解圍, 考官以溫公念中爲論題, 經生宿儒皆莫敢措語。公援筆成章, 說出操存之法, 字有所据, 遂擢爲第一。庠塾間傳誦之, 知公不專爲擧子之文也。萬曆己卯, 中進士第二名。乙酉, 登第, 權知承文院副正字。丙戌春, 選弘文館正字。時沙潭公, 亦在玉堂, 承明禁地, 棣萼連輝, 時人榮之, 而公兄弟, 常以盛滿爲戒。丁亥, 以宜人病, 乞遞歸。戊子春, 特命除講官, 遂拜著作, 尋移藝文館檢閱, 未幾還著作, 冬陞副修撰。己丑夏, 用薦爲吏曹佐郞。冬, 逆獄起, 禍延搢紳, 公亦坐罷。壬

辰夏, 始蒙恩霈, 秋除慶尙左道都事。翌年, 丁內艱, 制終, 除弘文館校理, 移授吏曹正郎。時經筵方進《周易》, 上意欲博選明經之人, 以備顧問, 左右以公對。遂還拜校理, 兼世子侍講院文學。丙申春, 陞應教兼侍講院弼善, 秋遷司諫院司諫, 冬遞授成均館司成。丁酉, 還拜應教·司諫, 二月, 超授承政院同副承旨, 累遷至左副承旨, 冬拜司諫院大司諫, 移授吏曹參議。戊戌秋, 呈病乞遞, 授大司諫·左副承旨, 皆引疾不就職。是時朝著不靖, 駭機潛發, 一時士類, 盡被擠擊, 而公雅不爲危言覈論, 故得以逡巡引却, 而免於禍。己亥, 調靑松府使, 臥閤而民便之。公素喜飮, 至是病頗深, 辛丑, 棄官歸。壬寅, 除驪州, 不得赴, 甲辰, 除江陵府使, 力疾到任。翌年秋, 値水溢之災, 漂屍暴胔, 所在慘目, 仍傷心氣, 病益篤。罷官將歸, 未卽道而卒, 十月十四日也, 享年四十九。柩還尙州, 明年二月壬寅, 葬于梅湖西子坐午向之原。公以聰敏之資, 早服賢父兄之訓, 其所以養成德器者, 旣端且厚。而長登西厓之門, 日聞至論, 益取古聖賢之書而讀之, 少有疑晦, 輒就而正之, 人以遠到期之。旁通子史諸家, 靡不貫穿, 尤明於古今治亂興亡之故, 人物忠邪賢否之跡。其在講筵, 必援古證今, 縷析毫分, 以盡同道同事之規, 至或鉤引古語, 連誦十餘行以訂之。上每亹亹傾聽, 輒發嘆曰: “奇哉奇哉.” 後於筵中語及, 必以該博稱之, 其蒙眷注如此。平生未嘗言人過失, 人或告之, 則默而不答。人有一善, 若己有之, 必樂爲之稱道, 惟恐人之不知也。秉心寬恕, 詬詈之言. 未嘗及於奴僕, 行己謙恭, 傲誕之氣, 未嘗形於色辭。接人以禮, 而不務爲崖異皎厲之行, 與物無忤, 而不肯爲阿徇苟從之態。人之望之者, 蔚然知其爲善人, 而雖其不相樂者, 亦不得以邪人目之焉。嗚呼! 此豈非所謂豈弟君子? 而神之所以福之者止於此, 其命矣夫。公娶豐山柳氏。贈嘉善大夫吏曹參判兼同知義禁府事, 行通政大夫原州牧使諱雲龍之女, 封淑夫人。子男珌·珩。女壻長, 士人權克載, 次卽金矩, 次未行。珌·珩, 幼而俊秀。意者善人之報將於是乎徵矣。謹與諸友共證敍其槩, 系以銘。…(이하 명문 생략)…

〔愚伏先生文集, 卷19, 墓誌〕

37. 이전

> 이전의 자는 숙재, 호는 월간(月磵: 月澗의 오기), 본관은 흥양이다. 명종 무오년(1558)에 태어났다. 선조 계묘년(1603) 사마시에 합격하고, 세마(洗馬)에 천거되어 제수되었으나 나아가지 않았다. 인조조(仁祖朝) 때 현감에 제수되었다. 무자년(1648)에 죽었다.

동생 창석(蒼石: 李埈) 선생과 꿩을 예물로 갖추어 서애(西厓) 류 선생(柳先生: 柳成龍)의 문하에 들어가서 퇴도(退陶: 李滉) 학문의 단서를 들었는데, 이때부터 오로지 주자서(朱子書)에만 정진하였으니 마치 푸성귀나 사료가 소나 양의 입을 즐겁게 해주는 것만이 아니었다. 무신년(1608)에 영남의 선비들이 오현종사(五賢從祀)를 청할 때, 공이 소두(疏頭: 상소자의 우두머리)가 되었다.

지례현감(知禮縣監)으로 있으면서 재차 상소하여 백성들의 고통을 아뢰니, 주상이 모두 관대한 비답을 내렸지만 끝내 유사(有司)에게 저지되자, 공이 탄식하기를, "내 뜻이 행해지지 않으니, 내가 여기에서 무엇을 할 수 있겠는가?"라고 하고는 마침내 그만두고 고향으로 돌아갔다.

임진년에 창석(蒼石) 선생이 의군(義軍)을 일으켰으나, 군이 무너지고 말았다. 창석은 병을 앓고 있어 어지럼증으로 쓰러졌고 거의 빠져나오지 못할 뻔하였는데, 공은 본래 몸이 허약했으나 창석을 등에 업고서 산을 넘고 물을 건너 마침내 둘 다 살아남았으니, 사람들은 이 지극한 정성이 신을 감동시킨 것이라 하였다. 창석은 화공(畫工)에게 그 일을 그림으로 남기게 하여 그것을 '급난도(急難圖)'라 이름 붙였으며, 그 당시 이름난 공경(公卿)들이 그 일을 노래하고 칭송하였다.

장수와 높은 관작의 영예는 온 세상이 기꺼이 공경하고 사모하는 바이나, 공은 유독 자손들에게 그러한 영예를 위해 상신(上申)하여 청하는 것을 엄히 금하였다.【협주: 조경이 찬한 묘갈에 실려 있다.】

• 李坱

> 李坱, 字叔載, 號月磵[1], 興陽人。明宗戊午生。宣祖癸卯司馬, 遷授洗馬, 不仕。仁祖朝, 除縣監。戊子卒。

與弟蒼石先生, 執雉西厓[2]柳先生之門, 得聞退陶[3]緖言, 自是專精《朱書》, 不啻芻豢之悅口。戊申, 南士請五賢從祀[4], 公爲疏頭。

在知禮, 再陳疏, 言民疾苦, 上皆優批, 卒爲有司所沮, 歎曰: "吾志不行, 吾何爲於此?" 遂棄歸。

壬辰, 蒼石先生倡義軍, 軍潰。蒼石遘疾眩仆, 幾不得脫, 公本羸弱, 而背負以走, 超越險阻, 竟得兩全, 人謂至誠感神。蒼石倩工爲圖, 名之曰'急難圖', 同時名公卿, 歌詠其事。

壽爵[5]金紫, 擧世艷慕, 而公獨痛禁子孫, 不以上請。【趙絅[6]撰碣】

---

1 月磵(월간): 月澗의 오기.

2 西厓(서애): 柳成龍(1542~1607)의 호. 본관은 豊山, 자는 而見. 의성 출생. 증조부는 柳子溫이며, 조부는 柳公綽이다. 아버지는 황해도관찰사 柳仲郢이며, 어머니 安東金氏는 진사 金光粹의 딸이다. 첫째부인 全州李氏는 현감 李坰의 딸이며, 둘째부인 仁同張氏는 張潤葉의 딸이다. 퇴계 李滉의 문인이다. 金誠一과 동문수학했으며 서로 친분이 두터웠다. 이조판서, 좌의정, 영의정 등을 역임하였다.

3 退陶(퇴도): 李滉(1501~1570)의 호.

4 五賢從祀(오현종사): 金宏弼, 鄭汝昌, 李彦迪, 趙光祖, 李滉 등을 문묘에 배향하자는 논의.

5 壽爵(수작): 80세 이상의 관원과 90세 이상의 백성에게 恩典으로 주는 벼슬.

6 趙絅(조경, 1586~1669): 본관은 漢陽, 자는 日章, 호는 龍洲·柱峯. 증조부는 折衝將軍 趙壽崑이며, 조부는 공조좌랑 趙玹이다. 아버지는 奉事 趙翼男이며, 어머니 文化柳氏는 柳愷의 딸이다. 부인 安東金氏는 金瓚의 딸이다. 尹根壽의 문인이다. 1612년 사마시에 합격했으나 광해군의 亂政으로 대과를 단념, 거창에 은거하였다. 1623년 인조반정 후 遺逸로 천거되어 고창 현감·경상도사에 계속하여 임명되었으나 모두 사양하다가 이듬해 형조좌랑·목천현감 등을 지냈다. 1626년 식년문과에 장원급제하였다. 1627년 정묘호란과 1636년 병자호란 때 척화를 주장하였다. 1643년 통신부사로 일본에 다녀왔다. 이조와 형조의 판서 등을 거쳐 1650년 청나라가 査問使의 척화신에 대한 처벌 요구로 영의정 李景奭과 함께 의주 白馬山城에 안치되었다가 이듬해 풀려나와, 1653년 회양부사를 지내고 포천에 은퇴하였다. 〈李坱 墓碣銘〉은 그의 문집 《龍洲遺稿》에는 실려 있지 않으며, 李坱의 《月澗集》 부록에 실려 있다.

보충
조경(趙絅, 1586~1669)이 찬한 묘갈명

묘갈명

못난 조경(趙絅)은 숭정(崇禎) 임신년(1632)에 언사(言事: 元宗追崇을 반대하며 박지계를 벌레에, 이서를 쥐에, 그리고 이귀에 대해서는 그 고기를 먹고 싶다고 표현함)로 죄를 입고 지례(知禮: 금릉군 지례면) 현감으로 좌천되어 제수되었는데, 상주(尙州) 땅의 창석(蒼石) 이 선생(李先生: 李埈, 1560~1632) 또한 시속과 맞지 않아 집에서 지내고 있었다. 못난 내가 한가한 날을 잡아 창석공에게 인사하고 장공(長公: 李㙉, 1558~1648) 어른을 알현하였는데, 도기(道機: 수도정진하여 초탈한 마음의 경지)와 신관(神觀: 정신의 본질에 대한 통찰)은 가르침을 듣기도 전에 공경할 만하였으며, 두 눈동자는 밝게 빛나고 광대뼈는 붉게 윤이 났다. 이어 우복(愚伏) 정 선생(鄭先生: 鄭經世, 1563~1633) 댁에 이르러서 어른을 우러르며 말하기를, "못난 내가 방금 한 덕인(德人)을 만나 뵈었는데, 나이는 많았으나 얼굴빛은 아이 같았습니다."라고 하니, 정 선생이 말하기를, "자네는 우리 숙재(叔載)를 만났는가? 숙재는 내가 어깨를 나란히 하고 걷되 조금 뒤처져서 따라가야 하는 연장자이나, 마음이 단단하고 의지가 강한 것이 조금도 쇠하지 않아 날마다 부지런히 글을 읽었다네. 겉모습도 내면도 모두 순수함으로 가득한 것은 바로 이 때문이라네."라고 하였다.

그 후로 10년이 채 되지 않아 정 선생이 세상을 떠났고 또 창석공이 세상을 떠났지만, 나는 세상을 살아가는 길에 시달리며 갖은 고난을 두루 겪으면서도 그저 아직 죽지 않고 있었을 뿐이다. 때때로 영남 인사들을 만나 공이 굳건히 의연하게 홀로 살아 계셔서 예전처럼 길하고 평안하시다는 것을 듣곤 했었다. 그러나 돌아보건대 나는 먹지 못하는 뒤웅박 같은 사람이라 덕공(德公: 李㙉)의 침상 아래라도 몸을 의탁할 방법이 없었던 것이 한스럽다.

임인년(1662) 겨울에 공의 어진 손자 성균관박사 이재용(李在容, 1619~

1671)이 숙부와 사촌형제들의 편지를 손수 가지고 와서, 못난 나에게 부탁하며 말하기를, "여러 숙부들이 돌아가신 할아버지의 사적을 영구히 묻히지 않도록 하기 위해서는 의당 온 힘을 다해 지체없이 달려와 집사(執事)의 집 앞에서 머리를 조아리며 청해야 하지만, 병환으로 인해 미처 그러지 못했습니다. 감히 가장(家狀) 1통을 저 이재용에게 주어서 바칩니다."라고 하였다. 못난 나는 더불어 예를 차린 뒤에 사양하여 말하기를, "불녕(不佞: 1인칭 겸칭)은 젊었을 때도 남보다 못했거늘, 하물며 이제 나이까지 들었으니 어찌 감히 한마디 말로 덕인(德人)을 깊이 있게 형용할 수 있겠는가?"라고 하니, 이재용 씨는 여전히 뜻을 바꾸지 않으며 고집하였는데, 그의 얼굴은 근심스러웠고 그의 말은 더듬거렸으니 마치 차마 나를 두고서 떠나지 못하겠다는 듯했다. 못난 나는 이에 그의 지극한 성의에 감복하고는 조금이라도 안심하고 조급해 하지 말도록 허락하였었는데, 올해 겨울에야 비로소 가장(家狀)을 살폈다.

공의 성씨는 이씨(李氏), 휘는 전(㙉), 자는 숙재(叔載), 호는 월간(月澗)이니. 그의 선계는 흥양(興陽)인데, 흥양이씨는 멀리서부터 대대로 이어져 왔고, 고려시대에는 명망 있는 높은 벼슬아치와 학사들이 서로 이어졌다. 휘 이언(李堰)은 전주부윤을 지냈고 광묘(光廟: 세조)가 어필(御筆: 御札)로 청백(淸白)을 장려하였으니, 공에게 5대조이다. 공의 고조부 이수천(李壽川)이라 하는 이는 백부(栢府: 사헌부) 아장(亞長: 집의)을 지냈고 또한 강직하다고 일컬어졌다. 그 뒤 3대로 휘 이조년(李兆年)은 판관(判官: 의장고 판관)을 지냈고, 휘 이탁(李琢)과 휘 이수인(李守仁)은 현달해야 할 터이나 그러지 못했다. 공의 형제에 이르러서는 우뚝하게 태어나 빼어난 자질을 드러내니, 사람들이 이씨의 가문이 다시 떨쳐 일어날 것으로 여겼다.

9세 때부터 서당 훈장에게 나아가 배웠고, 16세 때 〈밀운불우(密雲不雨: 구름이 빽빽하나 비가 오지 않네)〉라는 글을 지어 서원의 과제에서 으뜸을 차지하였는데, 사문(斯文) 권문해(權文海, 1534~1591)가 감탄하여 칭찬하면서 단지 글솜씨뿐만은 아니라고 하였다.

만력 경진년(1580) 서애(西厓) 류 선생(柳先生: 柳成龍, 1542~1607)이 상주목사(尙州牧使)였다. 공의 형제가 폐을 예물로 갖추어 가르침을 청하여 마침내 퇴도(退陶: 이황) 학문의 단서를 들었는데, 이때부터 오로지 《주자절요(朱子節要)》에만 정진하였으니 마치 푸성귀와 사료가 소나 양의 입을 즐겁게 해주는 것만이 아니었다.

계묘년(1603) 사마시에 합격하였다. 무신년(1608)에 영남의 선비들이 오현종사(五賢從祀)를 청할 때, 공이 소두(疏頭: 상소자의 우두머리)가 되었고, 윤허를 받았다. 잠시 뒤에 학행(學行)으로 천거되어 세마(洗馬)와 독우(督郵: 찰방)에 등용되었으나, 모두 사양하였다.

계해년(1623) 인조대왕(仁祖大王)이 반정(反正)을 하고 기석(耆碩: 노성한 석학)을 등용할 때, 공을 발탁하여 지례현감(知禮縣監)으로 제수하였다. 정사를 행하며 정성을 다해 돌보았으나 납세를 독촉하는 것이 서툴렀으니, 비록 그로 말미암아 죄를 얻었지만 개의치 않았다. 재차 상소하여 백성들의 고통을 그림처럼 명확하게 아뢰니, 주상이 모두 관대한 비답을 내렸지만 끝내 유사(有司)에게 저지되었다. 공이 이에 개탄하여 말하기를, "내 뜻이 행해지지 않으니, 내가 여기에서 무엇을 할 수 있겠는가?"라고 하고는 곧바로 귀향의 뜻을 시로 읊고서 돌아갔으니, 고을 백성들은 그 뒤에 사모하며 노래하였다.

공이 만년에 효계(驍溪) 가에 터를 잡아 집을 짓고는 근처를 한가로이 거닐고 그윽한 정취를 스스로 즐겼으며, 지경공부(持敬工夫: 경을 지키는 공부)를 죽을 때까지 쉬지 않았으니, 도(道)를 즐기고 근심을 잊은 군자라 할 만하다. 무자년(1648) 윤3월 13일(무인)에 정침(正寢)에서 죽었으니, 그가 태어난 가정(嘉靖) 무오년(1558)으로부터 무자년까지 향년 91세였다. 그해 중하(仲夏: 음력 5월) 모일(某日)에 청리(靑里)의 정향(丁向) 언덕에 안장하였다. 장보(章甫: 儒生)들이 와서 모인 자가 100여 명이나 되었으며, 학궁(學宮: 성균관)에서 보낸 부의(賻儀)가 서로 잇달았다.

공은 생김새가 키 큰 몸이 옥을 깎아 세운 듯 하였는데, 늙어서도 쇠하지 않았다. 그의 학문은 효도와 우애, 충성과 신의를 근본으로 삼았으며, 이를 낙건(洛建: 程子와 朱子)의 도학으로 더욱 심화시켰는데, 주자의 글을 가장 깊이 이해하였고, 우복(愚伏: 정경세) 선생과는 학덕(學德)을 함께 나누며 상호 간에 큰 보탬을 주었으나, 세상에 이름이 드러나는 것을 부끄럽게 여겼으니 그 인품은 보통 사람들보다 한층 더 높았다.

부모가 살아계실 때는 기쁜 얼굴로 극진히 봉양하였고, 부모가 돌아가신 뒤에도 살아계신 듯이 섬겼으니, 칠순을 넘어 팔순을 바라보는 나이에도 여전히 무덤에 예를 갖추어 제사 지내는 일을 그만두지 않았다.

창석공(蒼石公: 동생 李埈)에 대한 우애는 강굉동피(姜肱同被: 한나라 彭城 사람 姜肱이 아우들과 함께 도적에게 잡히자 서로 먼저 죽겠다고 한 고사)도 말할 것이 못 된다. 임진왜란 때 위급하고 어려운 지경에서 신명이 감응하였으니, 창석공이 화공(畫工)에게 그림을 그리도록 하자, 당시 시문을 짓는 사람들이 그 일을 읊었다. 창석공이 일찍이 나 같은 못난 이에게 말하기를, "나의 형님은 온 마음이 모두 지극한 애정과 측은함으로 가득 차 있네."라고 하였다.

공과 우복 선생은 더할 나위 없이 가까운 벗이었는데, 선생이 말하기를, "아무개의 후한 덕은 사람의 마음을 사로잡는다."라고 하였다. 우복이 이조판서가 되어 경성(京城)에 들어갈 때, 안회(顏回)와 자로(子路)가 서로 헤어지며 권면하는 말만 주고받은 의리만 있었지 그 나머지는 언급하지 않았다. 또한 수천 자에 달하는 글을 보내었는데, 어진 이를 등용하고 불초한 이를 물리치는 것을 정사의 요체로 삼도록 권하면서 말이 받아들여져 쓰이지 않거든 떠나야 한다고 엄히 바랐으니, 그 말에 음미할 만한 깊은 뜻이 담겨 있다. 아아, 이는 참으로 옛사람다운 교제의 도리다.

무릇 장수와 높은 관작의 영예는 온 세상이 기꺼이 공경하고 사모하는 바이나, 공은 유독 자손들에게 그러한 영예를 위해 상신(上申)하여 청하는 것을 엄히 금하였다. 임종할 때에는 글을 외우는데 틀림이 없었고, 사물의 근원을 따지고 끝을 반추함에 통달하였으니 죽음의 기색이 전혀 없었으며, 훈계를 남긴 글에는 앞사람이 나타내지 못한 뜻을 드러낸 것이었다. 장수하고 복을 누리며, 건강하고 평안하며, 훌륭한 덕을 닦고 천명을 다한 이들에 비해, 공이 어찌 양보할 바가 있겠는가?

부인 광주안씨(廣州安氏)는 온화하고 현숙하였으며 지조가 있었는데, 공과 함께 백발이 되도록 서로 공경하였다. 시부모를 섬길 때 효성을 다하면서 예도가 있었고, 자손을 가르칠 때 자애로우면서도 법도가 있었으니, 이는 반드시 공의 행실을 본받은 것이었다. 공보다 1년 앞서 세상을 떠났고, 정해년(1647) 6월 모일에 공과 같은 묘역에 묘소를 달리하여 장사하였다가 뒤에 복인(卜人: 점쟁이)의 말에 따라 중모현(中牟縣) 동쪽 추동산(楸洞山)의 곤향(坤向) 언덕에 합장하였는데, 곧 병신년(1656) 정월 모일의 일이다. 공은 3남1녀를 낳았다. …(이하 생략)…

墓碣銘

不佞絅, 於崇禎壬申, 坐言事左除知禮縣, 與尙壤蒼石李先生, 亦畸于時, 家居。不佞得暇日, 拜蒼石公, 且謁長公丈, 道機神觀, 可敬於接辭之前也, 雙眸炯炯, 頰權如丹渥。仍抵愚伏鄭先生所, 仰而言曰: “不佞今遇一德人。年高而色若孺子.” 先生曰: “君見吾叔載耶? 叔載長吾肩隨, 而堅强不少衰, 讀書日孶孶。粹盎面背者此也.” 其後未十年, 哭鄭先生, 又哭蒼石公, 余則爲役世路, 備嘗險阻, 只惟未死耳。時遇南中人士, 聞公巍然獨存, 吉祥止止猶夫昔。顧匏瓜者無計致身德公床下爲恨。壬寅冬, 公賢孫太學博士在容, 手其叔父昆弟書, 屬不佞曰: “諸父爲先祖不朽事, 宜竭蹶趨走, 稽顙執事門以請, 病未能焉。敢以家狀一通授在容見.” 不佞與爲禮, 而後辭曰: “不佞少也猶不猶人, 況今年至矣, 其何以吐出一語, 形容德人深致?” 在容氏猶執不改, 其容戚其語吶吶, 如不忍舍我去也。不佞於是感其誠至, 許以少安無躁, 今年冬, 始按狀。公姓李, 諱坱, 字叔載, 號月澗。其先興陽人, 興陽之李, 遠有代序, 在麗名卿學

士相望。有諱堰, 尹完山, 光廟以御筆奬淸白, 於公五代也。公之高祖曰壽川, 爲栢府亞長, 亦以剛直稱。其後三世, 諱兆年判官, 諱琢·諱守仁, 宜達而窒。至公兄弟, 挺生秀發, 人謂李氏復競矣。九歲就塾師, 十六以密雲不雨賦, 魁書院課, 權斯文文海歎賞, 不徒詞筆云。萬曆庚辰, 西厓柳先生知尙州, 公兄弟, 執雉請敎。遂聞退陶之學之緖, 自是竱精於朱子節要, 不啻芻豢之悅口。癸卯, 中蓮榜。戊申, 南士請五賢從祀, 公爲疏頭, 得允。俄用學行薦, 爲洗馬·督郵, 皆辭。癸亥, 仁祖大王反正, 耆碩登庸, 擢公授知禮縣監。其爲政篤撫字, 拙催科, 雖由是得辠, 不顧也。再陳疏, 鑿鑿言民疾苦如畫, 上皆優批, 卒被有司沮之。公乃歎曰: "吾志不行, 吾何爲於此?" 卽賦歸來, 邑民追思歌之。公晩卜驍溪上築室, 倘羊其間, 自樂幽趣, 持敬工夫, 至死不休, 可謂樂道忘憂君子也。戊子閏三月十三日戊寅, 卒于正寢, 距其生嘉靖戊午, 至今戊子, 享年九十一也。是年仲夏某日, 葬于靑里向丁之原。章甫來會者百餘人, 學宮賵賻相銜。公爲人長身玉立, 老而不衰。其爲學本之於孝悌忠信, 充之以洛建之旨, 最深朱文, 與愚伏先生, 有麗澤之益, 然以聲聞爲耻, 高於人一等。親在盡色養, 親沒如事生, 踰七望八, 猶不廢上塚之禮。友于蒼石公, 姜肱同被, 不足道也。壬辰之亂, 急難感神, 蒼石公倩工爲啚, 一時詞人, 皆詠其事。蒼石公嘗言於不佞, 曰: "吾兄滿腔子, 都是至性惻怛." 云。公與愚伏先生, 爲莫逆交, 先生之言曰: "某之德厚, 令人心醉." 及愚伏秉銓入京也, 有回路贈處之義, 不及其他。又抵書數千言, 以進賢退不肖爲關鍵, 責以言不用則去, 有味乎其言之也。嗚呼! 此眞古人交道也。夫壽爵金紫, 擧世艶慕, 而公獨痛禁子孫, 不以上請。啓手足也, 誦書不錯, 有達於原始反終, 無幾微怛化色。遺戒文字, 發前人未發之意。壽福·康寧·攸好德·考終命者, 公何讓焉? 夫人廣州安氏, 婉嫕有操, 與公白首相莊。事舅姑, 孝而有禮, 敎子孫, 慈而有法, 必承公之爲。先公一年而逝, 丁亥六月某日, 從公葬同塋異墓, 後用卜人言, 合窆中牟縣東楸洞山向坤原, 卽丙申正月某日也。公生三男一女。…(이하 생략)…

〔月澗先生文集, 附錄〕

보충
조경(趙絅, 1586~1669)이 찬한 <급난도 발문>

〈급난도〉 뒤에 쓴 발문

숭정(崇禎) 4년 신미년(1631)에 못난 나는 죄를 지어 조정에서 쫓겨나 영남(嶺南)의 구성현(龜城縣: 知禮縣)에 현감으로 부임하게 되었다. 이 무렵에 상산(商山: 尙州)의 창석(蒼石: 李埈) 어른 또한 시속(時俗)과 어긋나 세상을 등져 집에서 지내고 있었다. 상주와 구성은 서로 이웃한 고을이기에 못난 나는 한가한 때를 얻어 창석 어른을 알현하고 이어 그의 장공(長公: 이준의 형 李㙉)이 계신 곳으로 찾아가서 형제간에 화목하고 즐거운 기운이 서로 오가는 모습을 접하며, 스스로도 모르게 마음이 감동하여 무릎으로 기어 자리 앞으로 나아갔다.

이야기가 끝난 뒤, 창석 어른이 책 1권을 꺼내 못난 내게 건네며 말하기를, "이것은 우리 형제의 〈급난도(急難圖)〉라네. 자네가 이에 대해 말이 없을 수 있겠는가?"라고 하였다. 못난 나는 이에 손을 정갈히 씻고 책을 경건히 펼쳐 살핀 뒤, 꿇어앉아 다음과 같이 말했다.

「무거운 짐을 지는 것은 힘이요, 험준한 고개를 넘는 것은 용기이며, 활을 당기고 헛된 외침으로 약함을 강함처럼 보이게 하는 것은 지혜이다. 어찌 장공처럼 온유하고 유순한 분이 능히 이러한 일을 해낼 수 있었겠는가? 장년과 노년이 시기가 다른데, 지금의 장공이 예전의 장공이 아니지 않은가?

아, 장공은 일개 서생이다. 평생 쌓아온 공업(功業)이라면 성(誠: 내면에서 우러난 참된 마음) 이외에 다른 특출함이 없으니, 힘이나 용기나 지혜로 논할 수 있는 분은 아니다. 지금 천 균(鈞)을 드는 것은 힘으로 할 수 있는 최대치라서 천 균을 넘어서면 힘으로는 그 임무를 감당하지 못한다. 열 대의 수레를 맞서는 것은 용기로 할 수 있는 극한이라서 열 대의 수레를 넘어서면 용기로는 그 임무를 감당하지 못한다. 지혜 또한 크고 작음의 한계가 있어서 때로는 다함에 이르러 더는 미치지 못하는 경우가 있다.

참으로 성(誠)이 도(道)가 된다면, 그것은 일반적인 도와는 다르다. 하늘보다 높은 것이 없지만 성(誠)으로써 하늘에 감응할 수 있고, 땅보다 두터운 것이 없지만 성(誠)으로써 땅을 꿰뚫을 수 있으며, 신명이란 가장 깊고 헤아리기 어려우나 성(誠)으로써 그것에 통할 수 있다. 금석(金石) 같은 견고함도 성(誠)으로 꿰뚫을 수 있으며, 오랑캐·금수·초목과 같은 미개하고 무지한 존재들조차 성(誠)으로 감화시킬 수 있다. 위대하다, 성(誠)이여! 성(誠)이 스며들지 못하는 곳이 어디 있으며, 성(誠)으로 감응시키지 못하는 것이 무엇이랴?

이것이 바로 장공이 닭 한 마리도 묶지 못할 만큼 연약한 몸으로 형제간의 도리를 굳건히 하여, 사납고 독한 입을 지닌 승냥이 같은 왜적을 꺾을 수 있었던 까닭이다. 나는 이로써 더욱 성현들이 말한 성(誠: 힘쓰지 않고도 자연스럽게 도에 맞음)의 귀함을 깊이 믿게 되었고, 그리하여 나는 장공이 성(誠)의 도를 이토록 깊이 실천하고자 한 뜻에 감탄하지 않을 수 없었다. 더구나 성(誠)은 쌓이지 않으면 두터워지지 않고 오래도록 이어지지 않으면 장구하지 않거늘, 장공의 성(誠)은 실로 두텁고도 장구한 것에 가깝지 않겠는가?

상처를 입고 굶주려 여윈데다 앞에는 험준한 산이 가로막고 뒤에서는 서슬 퍼런 칼날이 바짝 쫓아오는 위급한 상황 속에서 몸은 부어오르고 멍자국이 짙게 들었으며, 사지를 움직일 기력과 정기가 얼마나 남아 있었겠는가? 그럼에도 병든 동생을 등에 업고 마치 신들린 듯 산을 넘었으며, 마침내 활을 당겨 화살을 쥐고 왜적을 향해 크게 외쳤으니, 그 마음속 깊이 진심이 쌓이지 않았다면, 어찌 동생을 내 몸처럼 여기고 환난을 평소처럼 받아들이며, 이익과 손해를 따지는 마음이 털끝만큼이라도 없었던 자가 아니고서야, 어찌 이런 일을 해낼 수 있었겠는가?

그 성의가 지극히 전일하였기에 그 정기는 조금도 손상되지 않았고,

천지를 신속히 감동시키며 신명을 감화시킴도 깊었으니, 어찌 왜적이 감히 가까이 할 수 있었겠는가? 장공이 위급한 때에 지킨 그 도리, 그것이 바로 이 '성(誠)'에 있었던 것이며, 바로 여기에 있었던 것이다.」

題急難圖後

崇禎四年辛未, 不佞以罪絀於鼂, 宰于嶺之龜城縣。于時, 商山蒼石丈人, 亦畸于時, 家居。商與龜壤, 不佞得暇日, 謁蒼石丈, 仍抵其長公所, 接其友于間和樂之色, 不自知心之醉而膝之前於席也。談卒, 蒼石丈出一編, 授不佞, 曰: "此吾兄弟《急難圖》也。子惡得無言?" 不佞迺盥手閱之, 跽而稱曰:「負重, 力也; 越峻險, 勇也; 彎弓虛喝, 以弱爲强, 知也。豈其容粥粥如長公, 能辦此者哉? 抑壯衰異時, 今之長公, 非昔之長公耶? 噫! 長公, 一書生也。平生之業, 外誠無佗長, 力勇與知, 非所論也。今夫擧千勻, 力之重也, 而過千鈞, 則力不勝其任矣。超十乘, 勇之至也, 而過十乘, 則勇不勝其任矣。知亦有大小之限, 而有時而窮矣。若乃誠之爲道, 則異於是。莫高者天, 而誠可以格; 莫厚者墬, 而誠可以徹; 莫難測者神明, 而誠可以通。金石之堅剛, 誠以貫之; 夷狄·禽獸·草木之冥頑不靈, 誠以感之。大哉誠乎! 誠何處不入? 誠何物不動? 此長公所以用不能縛鷄之柔, 擁樹乎天倫, 挫豺狼之毒喙也。吾於是益信聖賢之誠之爲貴也, 吾於是益歎長公思誠之道至於斯也。況誠不積不厚, 不悠不久, 長公之誠, 其幾乎厚而久哉? 方創殘餓羸之餘, 高山在前, 白刃在後, 腫噲深墨之形, 氣力榮衛之動四支者幾何? 而迺能背負病弟, 騰凌若神, 迺能彍弓執矢, 大號向賊, 苟非誠意之積於中, 而視吾弟猶吾身, 視患難猶平日, 無有一毫利害心欿之者, 能是乎? 其誠專, 故其氣不傷, 其格天地也速, 其感神明也深, 其何倭奴之敢逼? 長公急難之道, 其在斯歟! 其在斯歟!」

〔龍洲遺稿, 卷12, 跋〕

38. 이준

이준의 자는 숙평, 호는 창석, 본관은 흥양이다. 명종 경신년(1560)에 태어났다. 선조 임오년(1582) 생원시에 합격하고 신묘년(1591) 문과에 급제하였다. 양사(兩司)·필선(弼善)·사인(舍人)·전한(典翰)·승지·대사간을 거쳐 부제학(副提學)에 이르렀다. 인조 을해년(1635)에 죽었다. 원종공신(原從功臣: 1628년 寧社原從功臣)으로 책훈되었고 이조참판에 추증되었다. 상주(尙州)의 옥성서원(玉城書院)에 향사하였다.

서애(西厓) 류 선생(柳先生: 柳成龍)을 좇아 배웠으니, 뜻하는 바가 명예나 이익을 추구하는데 있지 않았다. 임진년(1592) 의병을 일으켜 왜적을 막았다. 방백(方伯: 관찰사) 홍이상(洪履詳: 洪履祥의 오기, 1549~1615)이 공에게 둔전(屯田)을 맡기자, 공이 마침내 잡초를 베고 땅을 개간하였으며, 그 수확량을 계산하여 굶주린 백성을 구휼하는데 쓰고, 남은 것은 모두 군대에 귀속시켰다.

《중흥귀감(中興龜鑑)》을 편찬하여 하(夏)나라 소강왕(少康王)부터 송(宋)나라 고종(高宗)의 시대에 이르기까지 맨 먼저 임금의 덕성에 따른 나라의 흥망에 대해 논하고 그다음에 신하들의 바름과 사사로움에 관해 언급하였는데, 조정에 글을 바치자 주상이 손수 쓴 교서(敎書)를 내리며 포상해 주었다.

정인홍(鄭仁弘, 1535~1623)이 영해부사(寧海府使)로 있을 때, 선비들 대부분 추종하였으나 공은 홀로 말하기를, "이 자는 간사한 사람이다."라고 하였다. 일찍이 공무로 길을 가다가 영해부를 지나게 되었을 때, 정인홍이 나와 마중하였으나 공은 마치 보지 못한 것처럼 행동한 적이 있었는데, 정인홍은 그것을 매우 못마땅하게 여겼다.

정유년(1597) 왜적이 다시 준동하자 대가(大駕)의 파천을 논의하였는데, 공이 상소를 올려 대가가 조령(鳥嶺)에서 머무르며 친히 삼군(三軍)을 통솔하여 군사들의 용기를 백배로 북돋아 적을 무찌를 계책을 도모하자고 청하니, 주상이 이를 가상히 여겼으나 끝내 실행되지는 못하였다. 서애(西厓)가 소인배(小人輩: 이이첨의 북인)에게 배척되자, 공이 아뢰기를, "당(唐)나라 덕종(德宗)에게 육지(陸贄)란 한 사람이 있었으나 그마저도 물건을 버리듯이 내팽개쳐 버렸는데, 전하가 류성룡을 대하는 것이 불행히도 그와 비슷합니다."라고 하였는데, 이호민(李好閔)이 주상에게 말하기를, "요즈음 순종하며 아첨하는 것이 풍조를 이루었는데, 유독 이준(李埈)만은 남이 말하기 어려워하는 바를 감히 말하였으니 상을 주어야 할 일이지 노할 일이 아닙니다."라고 하였다.

광해군이 즉위하자, 공은 그 덕이 끝내 유지되지 못할까 염려하여 번번이 일에 앞서 간하여 바로잡고자 하였다. 〈연거십잠(燕居十箴)〉을 지어 올리자, 백사(白沙) 이공(李公: 이항복, 1556~1618)이 편지를 보내어 말하기를, "잠언(箴言)의 해설이 정밀하고 날카로우니, 오늘날 계상(溪上: 퇴계 이황)의 학문 맥락을 볼 수 있으리라 생각지 못하였소."라고 하였다.

임숙영(任叔英)이 직언을 하여 삭과(削科: 합격자 명단에서 삭제함)되자, 공이 차자(箚子)를 올려 말하기를, "설사 명예를 얻으려 했지만 실상이 없으면, 끝내 어찌 성상(聖上)의 덕에 손상이 되겠습니까? 그의 말이 만에 하나라도 거짓이 아니라면, 법도에 어긋났다고 하여 물리쳐서는 안 될 것입니다."라고 하였다.

정인홍이 상소를 올려 회재(晦齋: 李彦迪)와 퇴계(退溪: 李滉) 두 현인을 비방하자, 공이 상소에서 이르기를, "두 분의 유학자는 덕이 우뚝하여 그 시대의 종장(宗匠)이었거늘, 저들은 시기하여 억누르려는 마음으로 분노와 원망을 품은 기세로서 극구 비방하니, 옳고 그름의 구별이 마치 흑백처럼 명확함을 전혀 알지 못한 것으로 아무리 한 시대의 눈과 귀를 바꾸고자 해도 그렇게 될 수는 없습니다."라고 하였다. 폐세자(廢世子) 이질(李祬: 李祬의 오기)이 구멍을 뚫어 탈출하였는데, 이귀(李貴, 1557~1633)가 그를 극형에 몰아넣으려고 하였으나, 공은 이에 의견이 서로 맞지 않았다. 연평(延平: 이귀)이 공에게 편지를 보내어 이르기를, "기필코 폐서인(廢庶人)을 위하여 절의를 세우겠다는 것이오?"라고 하자, 공이 답하기를, "예로부터 어떤 일로 인하여 군부(君父)에게 반드시 쟁간(爭諫)했던 자들이 모두 그 일을 통해 절개를 세우려 한 것이겠습니까?"라고 하였다. 이어서 마침내 장계를 올려 말하기를, "그저 부모를 보고 싶어 함부로 갇힌 곳에서 탈출할 계획을 꾀한 것에 불과하니, 그 사정이 애처롭습니다. 폐조(廢朝: 광해군)가 골육을 참혹하게 해쳐서 끝내 나라가 뒤집혔으니, 이는 실로 오늘날 경계해야 할 바입니다."라고 하였다. 연평이 노하여 공을 외직으로 내쳐 철원부사(鐵原府使)에 보임하자, 신흠(申欽)이 매우 놀라 말하기를, "이공(李公)이 은거한 지 이미 십수 년인데, 이제 와서도 능히 용납하지 못해 또다시 내친단 말인가?"라고 하였다. 몇 달이 지나서 신공(申公: 신흠)이 이르기를, "이 아무개가 오래도록 외직에 있는 것은 조정의 복이 아닙니다."라고 하면서 장계를 올려 공을 불러들이기를 청하였다.

인성군(仁城君) 이공(李珙)의 이름이 역적(逆賊)의 초사(招辭: 범죄 진술서)에서 거론되자, 연평(延平: 이귀)이 이공을 대궐 안에 두어서 방비하자고 청하니, 공이 연평에게 이르기를, "공(公: 연평)은 보전(保全)을 명분으로 삼고 있으니, 듣기에는 좋으나 실행하기에는 어렵소. 예로부터 신자(臣子)가 혐의를 받아 몰리는 처지에 있으면서 지존(至尊)과 함께 거처하며 스스로 온전할 수 있었던 자가 어디 있었소? 게다가 대궐 안에 두려는 것은 그를 의심하고 있다는 뜻이오. 의(疑: 의심)란 한 글자를 없애지 않는다면, 아무리 중첩된 성곽과 겹겹의 성벽인들 무슨 소용이겠소?"라고 하였다. 목성선(睦性善)과 류석(柳碩)이 상소를 올려 말하기를, "이공(李珙)이 유배간 것은 무슨 죄 때문이옵니까?"라고 하니, 주상이 사면하라고 명하자, 연평이 큰 소리로 말하기를, "감히 목성선과 류석을 두둔하는 자는 역적으로 논죄하겠다."라고 하였는데, 공이 장계를 올려 말하기를, "두 사람의 우직함은 실로 나라를 걱정하는 데서 나온 것입니다."라고 하였다. 완평(完平: 李元翼, 1547~1634)이 감탄하며 말하기를, "나 또한 이런 노련한 계책을 알지 못했으나, 이제야 보니 참으로 통쾌한 사람이로다."라고 하였다.

인헌왕후(仁獻王后)의 국상(國喪)과 원종(元宗)의 부태묘(祔太廟: 종묘에 모시는 일)에 대해, 공은 모두 예전(禮典)에 근거하여 극력 주장 하였다. 이에 연평이 조정에서 크게 꾸짖으며 말하기를, "이런 말을 한 자는 모두 참수해야 한다."라고 하니, 공이 스스로를 탄핵하며 말하기를, "대각(臺閣)의 지위가 비록 미약하다 하나, 어찌 훈신(勳臣)이 무분별하게 막말하도록 용인할 수 있겠습니까? 후세 사람들은 필시 장차 그 폐해가 신(臣)으로부터 비롯되었다고 할 것이니, 신(臣)이 어찌 함부로 이를 용납할 수 있겠습니까?"라고 하였다.

정묘년(1627) 공은 조도사(調度使)로 제수되어 제공(諸公)에게 이르기를, "짐작건대 이 적들은 천조(天朝: 명나라)가 자기들 뒤를 쫓아올까 두려워하여, 형세로 보아 반드시 스스로 물러날 것이오. 단지 이후의 근심이 바야흐로 더 클 것이니, 바라건대 각자가 스스로 강해지고 자립하는 것을 근본으로 삼아야 할 것이오. 적들이 물러난 것을 행운이라 여기지 말아야 할 것이니, 그렇게 한다면 다행일 뿐이오."라고 하였다.

난리 후에, 우리 백성들 가운데 포로로 붙잡혀 갔다가 도망쳐 돌아온 자들을 청나라 사람들이 쇄환하라고 윽박지르자, 공이 강력하게 불가하다며 말하기를, "억지로 끌려간 자들일 뿐만 아니라 또한 장차 남쪽으로 돌아갈 희망을 잃고 적을 섬기려는 마음을 더욱 굳게 할 것입니다. 하물며 내 품 안의 어린아이까지 빼앗아 범의 아가리에 차마 던질 수 있겠습니까?"라고 하였다.

또 고변(告變)이 잇달아 일어남에 따라 공이 상소를 올려 말하기를, "박승종(朴承宗, 1562~1623)이 반정 초기에 있어서 그 아들(역자주: 朴自興, 원명은 朴興立)이 군사를 집결시키려 하던 것을 제지하였고, 그 아들의 딸(역자주: 박자흥의 딸이 광해조 때 세자 李祬의 빈이 됨)이 폐인(廢人: 광해군)

과 관련되어 죽은 것 또한 가상하다 할 것입니다. 하물며 박승종은 반정 초에 이이첨(李爾瞻) 등 역적 무리들과 서로 등졌고, 모후(母后: 仁穆王后)를 도와 보호한 공이 있었으니, 비록 탐욕을 부린 것이 지나쳤다는 죄가 있다 하더라도 그 공로가 그의 죄를 덮기에 충분하지 않겠습니까? 폐서인은 비록 죄가 있어 죽었으나, 그의 후사를 세워 제사를 지내게 하는 것이 어찌 성인(聖人: 周武王)이 끊어진 세대를 이어준 대의(大義)에 부합하지 않는다고 할 수 있겠습니까?"라고 하였다. 박승종은 바로 공이 당시 힘써 배척하여서 그에게 몰래 해를 입었던 자였다. 당시 이 상소에 여론이 크게 놀랐으며, 공은 결국 삼척부사(三陟府使)로 내쳐졌는데, 동계(桐溪: 鄭蘊, 1569~1641)가 손을 잡고 말하기를, "그대는 어찌 조금만 지체하여서 나와 함께하지 않는 것인가요? 내가 그대와 함께하지 않는다면 누구와 함께하겠나이까?"라고 하였다. 주상의 몸이 편치 않았는데, 한 요망한 의관이 침전 안까지 들어와 근시(近侍)들을 물리치고 임의로 침을 놓았으나 감히 이를 말하는 자가 없었다. 공이 나아가 말하기를, "조정의 예법은 엄격함을 근본으로 삼는 것이니, 필부(匹夫)나 요망한 자가 제멋대로 솜씨를 부리는 곳이 아니옵니다. 그런데도 대신들도 감히 말하지 못하고 대각들도 간쟁하지 못하는 것은 다만 군부(君父)께서 이미 병환 중이라는 것만 중히 여긴 까닭입니다. 하지만 이미 그 자가 요망하고 허황되다는 것을 알게 되었으니, 어찌 단지 부시(婦寺: 궁중의 환관 등 측근)의 인정에만 기대어, 일이 이치에 해를 끼치게 되는 것을 생각지 않을 수 있겠습니까?"라고 하였다.

우복(愚伏: 鄭經世, 1563~1633)이 병을 앓아서 공이 문병하러 찾아갔는데, 우복이 손을 잡고 울며 말하기를, "나는 다시는 청광(淸光: 임금의 밝은 얼굴)을 가까이하지 못할 것이오. 나랏일은 아직은 해 볼 만하니, 공은 힘써 주시오!"라고 하였다.

공이 배웠던 것은 공자(孔子)와 맹자(孟子) 및 정자(程子)와 주자(朱子)의 도이며, 요(堯)임금의 군도(君道)와 순(舜)임금의 민본(民本)에 대한 정치 방략이었다. 일찍이 말하기를, "도리를 궁구하는 것은 지식을 밝히기 위한 것이고, 자신을 돌이키는 것은 그것을 실천하기 위한 것이다. 그러나 지식을 밝히되 경(敬)으로 하지 않으면 미혹되고 어지러워져서 알지 못한 상태에 빠지고, 실천을 경으로 하지 않으면 게으르고 방자해져서 위태로운 경지에 이르게 된다."라고 한 적이 있었다.【협주: 채제공이 찬한 신도비에 실려 있다.】

• **李埈**

李埈, 字叔平, 號蒼石, 興陽人。明宗庚申生。宣祖壬午生員, 辛卯文科。歷兩司·弼善·舍人·典翰·承旨·大司諫, 止副提學。仁祖乙亥卒。以原從勳, 贈吏曹參判。享尙州玉城書院。

從西厓柳先生學, 志不在功利。壬辰, 倡義拒賊。方伯洪公履詳[1], 屬公以屯田[2], 遂斬艾墾土, 計其出, 賑民饑, 餘悉屬之軍。

撰《中興龜鑑[3]》, 自少康[4]至宋高[5], 先論君德得失, 次及臣下邪正, 投進

---

1 洪公履詳(홍공이상): 홍이상(洪履詳: 洪履祥의 오기, 1549~1615). 본관은 豐山, 초명은 洪麟祥, 자는 元禮, 개자는 君瑞, 호는 慕堂·西湖. 증조부는 洪繼宗이며, 조부는 洪禹甸이다. 생증조부는 洪哲孫이며, 생조부는 洪世敬이다. 아버지는 洪脩이며, 어머니 門經白氏는 白承秀의 딸이다. 부인 安東金氏는 金顧言의 딸이다. 1573년 생원시에 합격하고, 1579년 식년문과에 장원급제하였다. 閔純의 문하이다. 여러 관직을 거쳐 1591년 직제학·동부승지·이조참의가 되었다. 이듬해 임진왜란이 일어나자 예조참의로 어가를 호위하여 서경에 이를 즈음 부제학이 되었으며 成川에 도착함과 더불어 병조참의가 되었다. 1593년 정주에서 대사간이 되었으며 이듬해 聖節使가 되어 명나라에 다녀온 이후 좌승지에 이어 경상도관찰사가 되었다. 1596년 형조참판을 거쳐 대사성이 되었으나 영남의 유생 文景虎 등이 올린 成渾을 배척하는 상소를 반박하고 성혼을 두둔하다 안동부사로 좌천되었다. 이후 1607년 청주목사, 1609년 대사헌이 되었다. 그러나 1612년 李爾瞻·鄭仁弘 일파에 몰려 개성유수로 좌천되었고 병들어 사직한 후 고향에 돌아와 물가에 집을 짓고 여생을 보냈다.

2 屯田(둔전): 조선시대 때 지방에 주둔한 군대의 군량이나 관청의 경비에 쓰도록 지급된 토지.

3 中興龜鑑(중흥귀감): 중국 역대 왕들의 덕행과 신하들의 正邪를 밝힌 글.

4 少康(소강): 夏나라의 제6대 국왕. 자신의 아버지를 죽인 寒浞 가문을 몰아내고 즉위, 한동안 有窮氏에 의해서 쇠퇴했던 하나라를 다시 부흥시켰다.

5 宋高(송고): 송나라 高宗. 중국 남송의 초대 황제이자 송 왕조의 제10대 황제. 남송을

於朝, 上手敎褒之。

鄭仁弘[6]在寧海, 士多趍附, 公獨曰: "此邪人也." 嘗以公事道過府, 仁弘出迎, 公如不覩, 仁弘大嗛之。

丁酉, 倭再動, 大駕議出狩。疏請駐驛鳥嶺[7], 親總三軍, 使勇氣百倍, 以圖克敵, 上嘉之, 卒不能行。西厓爲羣小所擠, 公奏曰: "唐德宗[8]有一陸贄[9], 而棄之若遺, 殿下待柳成龍, 不幸而近之." 李公好閔言於上, 曰: "近日柔佞成風, 獨李埈敢言人所難言, 可賞不可怒也."

光海立, 公憂厥德罔終, 輒先事諫正。作〈燕居十箴〉以進, 白沙李公貽書曰: "箴說精切, 不謂今日得見溪上緖論[10]."

任叔英[11]直言削科[12], 箚曰: "卽使沽激[13]不實, 終何損於聖德? 其言萬

건국한 후 기울어진 국운을 부흥시키기 위해 군사 방면을 중시하여 발전시켰으며 시가에 뛰어난 재주를 보였다.

6 鄭仁弘(정인홍, 1536~1623). 본관은 瑞山, 자는 德遠. 증조부는 鄭僖이며, 조부는 鄭彦佑이다. 아버지는 鄭健이며, 어머니 晉州姜氏는 姜訥의 딸이다. 부인 南原梁氏는 梁喜의 딸이다. 남명 曺植의 수제자, 임진왜란의 의병장, 북인 정권의 영수, 광해군 정권 출범 후 왕의 남자로 불렸다. 그러나 그에게 따라 다녔던 모든 영예는 1623년 인조반정으로 한꺼번에 날아갔다. 그리고 그에게는 패륜 징권의 주범, 역적이라는 굴레가 씌워졌다. 선조에서 광해군에 이르는 시기 북인의 정치적, 학문적 수장으로서 정국에 가장 큰 영향력을 끼친 인물이다.

7 鳥嶺(조령): 경상북도 문경시 문경읍과 충청북도 괴산군 연풍면 사이에 있는 고개.

8 唐德宗(당덕종): 당나라 제9대 황제로 李适. 중앙재정의 재건을 도모하고, 藩鎭을 억압하려는 정책을 시행했지만, 재정난에 빠졌고 지방세력의 성장과 환관의 횡포로 인해 뜻을 이루지 못하였다.

9 陸贄(육지): 당나라 정치가. 덕종이 간신 盧杞 등을 신뢰하여 정치가 문란해지자, 육지가 아뢰기를 "남을 이기기를 좋아하고, 허물 듣기를 부끄러워하고, 변명이 빠르고, 총명을 자랑하고, 위엄으로 겁주고, 강퍅한 행위를 제멋대로 하는 것, 이 여섯 가지가 임금의 병폐입니다."라고 하였다.

10 緖論(서론): 전통 학문의 바른 계통과 그 연속성을 일컬음.

11 任叔英(임숙영, 1576~1623): 본관은 豊川, 초명은 任湘, 자는 茂淑, 호는 疎庵·東海散人. 증조부는 한성부판윤 任說이며, 조부는 창락찰방 任崇老이다. 아버지는 감역 任奇이며, 어머니는 승지 鄭惟一의 딸이다. 1601년 진사시에 합격하고, 1611년 별시문과의 對策에서 주어진 이외의 제목으로 척족의 횡포와 李爾瞻이 왕의 환심을 살 목적으로 존호를 올리려는 것을 심하게 비난하였다. 이를 試官 沈喜壽가 적극 취하여 급제시켰는데 광해군이 대책문을 보고 크게 노하여 이름을 삭제하도록 하였다. 몇 달간의 삼사의 간쟁과 李恒福 등의 주장으로 무마, 다시 급제되었다. 그 뒤 승문원정자·박사를 거쳐 주서가 되었다. 1613년에 永昌大君의 무옥이 일어나자 다리가 아프다는 핑계를 대고 庭請에 참가하지 않았다. 곧 파직되어 집에서 지내다가 외방으로 좇겨나 廣州에서 은둔하였다.

一不誣，不可以違格而斥之也."

鄭仁弘疏詆晦退[14]兩賢，疏言："二儒道德，蔚爲時宗，彼以忌克之心，抱憤懟之氣，毁之極口，殊〈不〉知是非之判有如黑白，雖欲一世之改視易聽，有不得矣." 廢世子咥[15]鑿竅出，李公貴欲置之辟，公議不合。延平抵公書曰："必欲爲庶人立節耶?" 公答曰："自古因事，必爭之君父者，皆爲其事立節耶?" 遂啓曰："不過思見父母，妄作出圍之計，其情可哀也。廢朝戕害[16]骨肉，終至顚覆，此誠今日所戒也." 延平怒，斥補鐵原，申公欽大驚曰："李公之林下[17]，已十數年矣，今乃不能容，又斥之去耶?" 居數月，申公謂："李某久於外，非朝廷福." 啓請召還。仁城君[18]珙，出逆招，延平請置珙大內以爲防，公謂延平，曰："公以保全爲名，聽之美，而行之難。自古臣子處嫌逼之地，與至尊同處，而安有自全者乎? 且置之內者，疑之也。不去一'疑'字，雖重城複壁，何益?" 睦公性善[19]·柳公

12 削科(삭과): 과거 보는 규칙을 위반한 사람의 급제를 취소함.

13 沽激(고격): 엉뚱한 짓을 하여 명예를 얻음.

14 晦退(회퇴): 晦齋 李彦迪과 退溪 李滉의 통칭어.

15 咥(질): 祬의 오기. 李祬(1593~1623)는 광해군과 왕비 文城郡夫人 柳氏의 아들로 세자였다.

16 戕害(장해): 참혹하게 상처를 내어 해침.

17 林下(임하): 벼슬을 그만두고 은퇴한 곳을 비유적으로 이르는 말.

18 仁城君(인성군): 조선조 宣祖의 서자 왕자 李珙(1588~1628). 호는 百忍堂. 선조의 일곱째 아들이며, 어머니는 靜嬪閔氏이다. 12세에 인성군으로 책봉되었으며, 장성하여서는 사옹원과 종부시의 도제조와 종친부의 有司를 겸직하였다. 공무를 수행함에 있어서 관대하면서도 엄격하였으므로 관기를 바로잡을 수 있었다. 1623년 인조반정이 일어나자 왕은 숙부의 예로써 대우하였으나, 이듬해 李适의 난이 일어나고 그때 잡혀 들어온 자들이 모두 혐의를 뒤집어 씌웠으므로 왕도 할 수 없이 간성으로 귀양보내었다. 후에 原州로 옮겼다가 어머니 민씨의 병이 위독하므로 관대한 처분을 받고 돌아왔다. 그러나 1628년 柳孝立 등이 대북파의 잔당을 규합하여 모반을 기도할 때에 왕으로 추대되었다 하여 다시 珍島에 유배되었다가 자살을 강요받고 죽었다.

19 睦公性善(목공성선): 睦性善(1597~1647). 본관은 泗川, 자는 性之, 호는 甁山. 증조부는 睦世稱이며, 조부는 지중추부사 睦詹이다. 아버지는 睦長欽이며, 어머니 宜寧南氏는 南瑋의 딸이다. 1624년 증광문과에 급제하였다. 1625년 檢閱이 되어 광해군 때 仁穆大妃의 폐모론문제로 竄逐되어 있던 仁城君 李珙이 죄가 없다는 소를 올려 물의를 일으키기도 하였다. 그 뒤 봉교·正言을 지냈으나 앞의 상소문제로 兩司의 탄핵을 계속 받아 체직되었다. 1629년 죽산현감으로 나갔다가 1638년 다시 부교리를 거쳐 執義·교리·우승지·동부승지·좌승지·전라감사·대사간 등을 역임하였다. 1647년 전라감사로 있었을 때 치적을 인정받았던 목성선은 남쪽지방이 불안해지자 경상감사로 제수되어 그곳에 도착한

碩[20], 疏言: "珙之竄, 何罪" 上命宥之。延平大言曰: "敢有右睦·柳者, 以逆論." 公啓曰: "二人之戇, 實出憂國." 完平歎曰: "吾亦不知爲此老謀, 今乃殊快人也."

仁獻王后[21]之喪, 元宗[22]祔太廟, 俱攄禮典, 力爭之。延平太罵於朝, 曰: "爲此說者皆可斬." 公自劾曰: "臺閣雖輕, 豈容使勳臣亂罵? 後世必將曰其害自臣始, 臣豈可苟容乎?"

丁卯, 授調度使, 謂諸公, 曰: "度此賊畏天朝躡其後, 其勢必自退。但此後憂方大, 願各以自强自立爲本。勿以寇退爲幸, 則幸耳."

亂後, 我民之被擄逃還者, 淸人喝令刷還, 公力言不可, 曰: "不惟被驅而去者, 亦將絶望於南歸, 益堅事賊之心。況奪吾懷中赤子, 忍投之虎口乎?"

又因告變相續, 疏曰: "朴承宗[23], 在反正初, 止其子之聚兵, 其女之爲

뒤 곧 죽었다.

20 柳公碩(류공석): 柳碩(1595~1655). 본관은 晋州, 자는 德甫, 호는 皆山. 증조부는 柳榮門이며, 조부는 정언 柳格이다. 아버지는 사옹원정 柳時會이며, 어머니 安東權氏는 尙州判官 權吉의 딸이다. 아내 廣州李氏는 李廷馩의 딸이다. 1613년 진사시에 합격하고, 1625년 별시문과에 급제하였다. 1625년 홍문관정자로 있을 때 선조의 제7자이자 인조의 삼촌인 仁城君 李珙이 화를 당하자 漢文帝의 布粟之謠(한문제가 무고에 의하여 이복동생인 劉南을 처형한 뒤 백성들 간에 널리 퍼진 그 일을 비판하는 노래)를 비유한 과격한 疏를 올려 인성군을 구하고자 했다. 그 뒤 강원도관찰사 겸 병마수군절도사순찰사를 지냈다.

21 仁獻王后(인헌왕후): 조선시대 제16대 仁祖의 어머니인 왕족. 좌찬성 綾安府院君 具思孟의 딸이며, 인조의 어머니이다. 1590년 선조의 다섯째아들인 定遠君과 혼인하여 連珠郡夫人으로 봉하여졌다가, 인조반정으로 인조가 즉위하자 府夫人에 進封되고 宮號를 啓運宮이라 하였다. 1632년 이조판서 李貴의 주청으로 정원군이 元宗으로 추존됨에 따라 인헌왕후로 추존되었다.

22 元宗(원종): 조선 14대 宣祖 5남이자 16대 仁祖의 친아버지 李琈(1580~1620)로 추존된 묘호. 생전에 받은 봉호는 定遠君이다. 생모는 仁嬪金氏이며 적모는 선조의 정실인 懿仁王后와 仁穆王后이다.

23 朴承宗(박승종, 1562~1623): 본관은 密陽, 자는 孝伯, 호는 退憂堂. 증조부는 朴忠元이며, 조부는 판서 朴啓賢이다. 아버지는 朴安世이며, 어머니 昌原黃氏는 黃琳의 딸이다. 부인 安東金氏는 金士元의 딸이다. 1585년 진사시에 합격하고, 이듬해 별시문과에 급제하였다. 1589년 예문관 奉敎를 거쳐, 지제교와 병조정랑을 역임하였고, 1600년 冬至使로 명나라에 갔다. 1604년 부제학, 1607년 병조판서, 1610년 형조판서를 거쳐 判義禁府事가 되고, 1618년 우의정으로 都體察使를 겸하였다. 이어 좌의정이 되고, 이듬해 영의정에 올라 密昌府院君에 봉하여졌다. 1621년 당시 영의정 박승종은 비록 후금이 침입해 올 것이라는 전쟁의 압박이 강하지만, 후금과의 대화를 거부하고 전쟁 준비에 박차를 가할 것을 주장하

廢人死者, 亦可嘉。況承宗初旣與爾瞻諸孽相背, 而有扶護母后功, 雖有貪濫之罪, 其不足盖之耶? 廢庶人雖有罪而死, 立其後以祀之, 豈不有合於聖人繼絶之義[24]乎?" 承宗, 卽公當日所力排, 被其陰中者也。時議大駭, 黜補三陟, 桐溪執手曰: "子何不少遲而偕我? 我非與子而誰偕?" 上違和[25], 妖醫入臥內, 屛近侍, 自爲針灸, 人無敢言者。公進言曰: "朝廷之禮, 以嚴爲主, 非匹夫妄人作弄伎倆之地。而大臣不敢言, 臺閣不能爭者, 徒以君父已疾之爲大。然旣知其妖誕, 則何可徒爲婦寺[26]之仁, 而不念有害於事理哉?"

愚伏病, 公訪之, 愚伏執手泣曰: "吾不復近淸光矣。國事尙可爲, 公勉之!"

公之所學, 孔孟程朱之道·堯君舜民之計也。嘗曰: "窮理所以致知, 反躬所以踐實。然致知不以敬, 昏惑紛亂而爲罔焉, 踐實不以敬, 怠惰放肆而爲殆矣."【蔡濟恭撰碑[27]】

였다. 인조반정 직후 아들 朴子興과 함께 자결하였다.

24 繼絶之義(계절지의): 《論語》〈堯曰〉에서 周武王의 善政을 칭송하여 "멸망한 나라를 다시 일으켜 주고, 끊어진 세대를 이어 준다.(興滅國, 繼絶世.)"라고 한 데서 나온 말.

25 違和(위화): 조화가 어그러짐. 병듦.

26 婦寺(부시): 궁중에서 일을 보던 여자와 환관을 아울러 이르던 말.

27 蔡濟恭의 《樊巖先生集》 권 47 〈神道碑〉에 〈贈嘉善大夫吏曹參判行通政大夫弘文館副提學兼經筵參贊官春秋館修撰官蒼石先生李公神道碑銘〉이 실려 있으며, 한국고전번역원에서 번역문을 제공하고 있음.

39. 조우인

조우인의 자는 여익, 호는 이재. 명종 신유년(1561)에 태어났다. 선조 무자년(1588) 진사시에 합격하고 천거로 참봉에 제수되었다. 을사년(1605) 문과에 급제하여, 여러 관직을 역임하고 승지에 이르렀다. 인조 을축년(1625)에 죽었다. 상주(尙州)의 봉산사(鳳山祠)에 향사하였다.

천거로 제용참봉(濟用參奉)에 보임되었으나 파직되어 고향으로 돌아왔다. 왕명에 응하여 만언소(萬言疏)를 올려 임금의 자리를 물려준 두 군(二君: 魯山君과 燕山君)의 후사를 세워야 한다고 청한 조목만을 주상이 거두어 논의하라고 하였으나, 논의가 끝내 중지되었다.

신유년(1621) 직무를 맡아 숙직하러 들어갔는데, 장추전(長秋殿: 인목왕후가 유폐되어 있던 곳)의 문이 굳게 닫혀 있는데다 고궁이 황량하여 적막한 곳에 아주 깊숙이 갇혀 있는 것을 보고서 〈감회(感懷)〉 시를 지어 "쓸쓸한 풍경, 오르내리는 영혼.(蕭條物色, 陟降英靈)"의 말이 있었고, 또 벽 위에다 절구(絶句) 한 수를 적어 놓았다. 백대형(白大珩)이 공의 허물을 들추어 내자, 양사(兩司: 사간원과 사헌부)가 역적(逆賊)을 비호한 것으로 논핵하였다. 광해군이 조정 뜰에서 국문하였는데, 공이 진술하기를, "예전에 외람되게도 행궁에서 일을 보며 선왕(先王: 宣祖)의 옥안을 우러러 뵈온 적이 있었는데, 지금 고궁의 남겨진 자취를 보니 절로 슬픈 느낌이 들었습니다."라고 하였다. 고문을 당하게 되자 공은 말과 기세가 더욱 격해져 "선왕을 생각하시옵소서.(念先王)"라는 세 글자만 연이어 외쳤다. 그대로 3년이나 감옥 속에 갇혀 있다가 반정(反正: 인조반정) 후에 풀려날 수 있었고, 그리고 승지에 제수되었지만 감옥에 갇혀 있었던 나머지 병이 생긴 것으로 인하여 죽었다.

정인홍(鄭仁弘)의 권세가 조정과 재야에 진동하였는데, 공은 그를 대간(大奸)이라고 배척하였고 〈대개천설(大開川說)〉을 지어 비판하였으며,

이로 인해 일이 뜻대로 되지 않아 답답해 하였다.

소싯적에는 성안의 이름난 산수를 두루 유람하였으며, 만년에는 상산(商山: 尙州)에 터를 잡아 매호정사(梅湖精舍)를 짓고 어부나 낚시꾼들과 어울렸다. 학문은 경전의 뜻에 근본하였고 낙건(洛建: 程子와 朱子)의 여러 서적을 읽었다. 문장·필법·그림까지 뛰어나 삼절(三絶)을 갖추었다고 일컬을 만하였으니, 시에 있어서는 전일하게 공력을 기울여 종종 당나라 시풍에 가까웠다. 공의 아우 조희인(曺希仁) 또한 문과에 급제하였지만, 형제 모두 불행한 처지에 빠져 때를 만나지 못하였다. 묘갈명에 이르기를, "문인은 안에 의지할 것이 있었던 까닭으로 행동거지에 자중하지 않게 되고, 밖에서 시기하는 이가 있었던 까닭으로 공격하고 흠을 잡아 더 괴롭게 만드나니, 금마문(金馬門)으로 드나들 세성(歲星: 훌륭한 近臣)이 촉(蜀)나라로 가는 험한 길 위에 떠 있는 저녁별처럼 아득하도다."라고 하였다.【협주: 이식이 찬한 묘갈명에 실려 있다.】

• 曺友仁

曺友仁, 字汝益, 號頤齋。明宗辛酉生。宣祖戊子進士, 薦授參奉。乙巳文科, 累官至承旨。仁祖乙丑卒。享尙州鳳山祠。

薦補濟用參奉, 罷歸。應旨上萬言疏。請立遜位二君[1]後, 命收議, 而竟寢。

辛酉, 以攝官[2]直, 長秋[3]錮門, 見舊宮荒寂幽閉, 作〈感悔〉詩, 有"蕭條物色, 陟降英靈"之語, 又有題壁絶句。白大珩[4]訐之, 兩司論以護逆。光

1 二君(이군): 魯山君과 燕山君.

2 攝官(섭관): 벼슬을 겸함. 직무을 맡김.

3 長秋(장추): 長秋殿. 後漢의 明德皇后가 거처하던 궁전의 이름. 조선시대 때 왕후의 궁전을 장추전이라 하였는데, 여기서는 仁穆王后를 가리킨다.

4 白大珩(백대형, 1575~1623): 본관은 水原, 자는 而獻. 증조부는 白仁英이며, 조부는 白惟澄이다. 아버지는 白守宗이며, 어머니 全州李氏는 지중추부사 李希得의 딸이다. 부인 宜寧南氏는 南復興의 딸이다. 1591년 진사시에 합격하고, 1599년 식년문과에 급제하였

海鞫于庭, 公供曰: “昔忝執事行殿[5], 仰瞻先王玉色, 今覩古宮遺跡, 自生悲感.” 受刑, 辭氣益厲, 連呼“念先王”三語。仍滯獄三年, 反正後, 得釋, 拜承旨, 以牢狴餘, 祟病卒焉。

仁弘勢傾朝野, 公斥之以大奸, 作〈大開川說〉以譏之, 坐是坎軻[6]。

少時, 遍遊域中名山, 晩卜商山, 作梅湖精舍, 混跡漁樵。爲學, 本於經訓, 讀洛建諸書。文章·筆法·繪事, 稱三絶, 於詩, 用功專, 往往逼唐。弟希仁[7]亦文科, 皆落拓不偶。碣銘曰: “文人內恃故出入不矜, 外忌故攻摘加苦[8], 金門[9]歲星[10], 蜀道長庚[11].”云。【李植撰碣】

다. 1600년 北道評事) 1601년 공조좌랑, 이듬해 7월 형조좌랑 등을 역임하였다. 1604년 감찰·황해도도사를 거쳐 1610년 호조정랑, 1611년 희천군수가 되었다. 일찍이 鄭仁弘의 문객이 되어 이로 인하여 탁용되었다. 1612년 李爾瞻의 천거로 형조정랑에 임명되었고, 北靑判官을 지냈다. 1616년 황해도관찰사로 재직할 당시 이이첨과 적대적 관계에 있었던 해주목사 최기를 남형죄로 투옥하여 옥사하게 하였다. 1617년 동부승지가 되었으나 사헌부에서 천성이 음패하다는 이유로 탄핵을 받았다. 1618년 형조참의에 이어 강원도관찰사가 되었으나 사헌부의 탄핵으로 파직당하였다. 이이첨의 심복으로 韓纘男 등과 폐모론의 주동이 되었고, 또 1622년 섣달 그믐날 귀신쫓는 굿을 핑계로 인목대비를 살해하려 계획하고 李偉卿과 함께 서궁인 경운궁으로 들어가 일을 도모하려다가 실패하였다. 1623년 인조반정으로 李貴에게 한찬남·이위경·鄭夢弼 등과 함께 붙잡혀 참수당하였다.

5 行殿(행전): 임금이 거처하던 임시 궁전.

6 坎軻(감가): 때를 만나지 못하여 뜻을 이루지 못해서 괴로움이 큼.

7 希仁(희인): 曺希仁(1578~1660). 본관은 昌寧, 자는 汝善, 호는 默溪. 증조부는 우부승지 曺繼衡이며, 조부는 曺彦弘이다. 아버지는 曺夢臣이고, 어머니 平山申氏는 申澍의 딸이다. 부인은 光州金氏이다. 형은 曺友仁이다. 鄭經世의 문하에서 수학하였다. 1616년 생원시에 합격하고, 1627년 식년문과에 급제하였다. 1633년 병조좌랑, 1637년 성균관사예를 거쳐 배천군수로 부임하였다. 1643년 형조정랑이 되었고, 1644년 합천군수로 부임하였다. 이후 관직에서 물러난 뒤 상주에 거주하다가 죽었다.

8 王世貞의 《弇州四部稿》 권151 〈藝苑巵言八〉의 “안에 의지할 만한 배경이 있으면 행동거지에 스스로 삼가거나 공손하지 않게 되고, 밖에 시기하거나 질투하는 이가 있으면 그들은 공격하고 흠을 잡아 더 괴롭게 만드는 까닭이 그러하다.(內恃則出入弗矜, 外忌則攻摘加苦故爾.)”에서 나오는 말.

9 金門(금문): 漢나라 未央宮의 대문인 金馬門. 문 앞에 구리로 만든 말이 있으므로 이렇게 부르며, 詔勅을 작성하는 문학의 선비들이 이 문으로 출입하였다.

10 歲星(세성): 훌륭한 近臣. 漢나라 東方朔이 죽기 전에 “천하에 아무도 나를 아는 이가 없으니 나를 아는 자는 오직 太王公뿐이다.”라고 하였는데, 그가 죽은 후 武帝가 태왕공에게 물으니 “다른 별들은 모두 그대로 있는데 유독 세성이 보이지 않은 지 18년 만에 지금 다시 나타났습니다.”라고 하였다. 이에 무제가 탄식하기를, “동방삭이 짐의 곁에 18년 동안이나 있었건만 그가 세성인 줄 몰랐구나.”라고 하였다.

11 長庚(장경): 金星을 가리키는 고대 명칭 중의 하나. 특히 저녁 하늘에 보이는 저녁별을

보충

이식(李植, 1584~1647)이 찬한 묘갈명

우부승지 매호 조공 묘지명 병서

사대부가 시안(詩案: 시가 빌미가 되어 발생한 옥사)에 걸려들어 입은 화(禍)는 예로부터 기록되어 왔다. 그러나 오히려 도리에 따라 마땅히 묵묵히 받아들여야 하는데, 시의 말이 때로는 바위에 부딪친 물결처럼 격해지면 그 가운데 공평하고 바른 도리를 잃게 되어 본받을 만한 것이 없게 된다. 내가 보건대, 예전 혼조(昏朝: 광해군조)에서 매호(梅湖) 조공(曺公: 曺友仁)이 경운궁(慶運宮)에서 지은 시는 참으로 성정(性情)의 바름을 얻었고 강상(綱常: 사람이 지켜야 할 도리)의 중대함을 더했으니, 이는 변아(變雅: 문란한 정치 상황을 반영한 시풍)에서 흘러나온 것이었다.

그런데 당시 사람들이 사리가 어둡고 꽉 막혀 그에게 화가 미친 것이 진실로 마땅하다 하겠지만, 이미 윤리를 바로잡아 그릇됨을 내치며 퇴직 인물을 엄선해 서용하라 하였으나 명분론으로 그래도 중요하게 여기지 않아서 끝내 이 사람으로 하여금 그대로 머물러 있다가 세상을 떠나게 하였으니, 이것은 운명이 아니겠는가? 못난 내가 일찍이 외람되게도 사관(史官)의 직책을 맡아 그 사실을 상세히 수록한데다, 다시 유고(遺稿)도 편찬하고 정리하여 공의 이름이 영원히 전해지도록 하는 계획을 세웠으니, 이는 공에게 사사로운 정이 있어서가 아니라 실로 세상의 도리를 위하여 슬퍼해서 한 일일 뿐이었다. 지금 공의 자제 두 선비를 만나니, 공의 묘지명을 부탁하였다. 아, 공의 시(詩)를 외우면서도 공의 사람됨을 알지 못한다고 하는 것은 옳지 않은 일이었다. 나 이식(李植)이 비록 재주가 없다 하더라도 그것을 차마 사양할 수 있었겠는가?

살피건대, 공의 휘는 조우인(曺友仁), 자는 여익(汝益)이다. 조씨(曺氏)는 본디 창녕(昌寧)의 저명한 성씨이다. 상계(上系) 선조(先祖) 가운데 아

뜻한다.

무개(역자주: 曺謙)는 고려 태조(太祖)를 섬기고 공주(公主: 神德王后의 딸 德恭公主)와 혼인하였다. 그 후손 가운데 8대에 걸쳐 성대한 초선관(貂蟬官: 높은 관작의 문관, 곧 문하시랑평장사)을 쓴 이들이 있었다. 증조부 휘 조계형(曺繼衡)은 우부승지(右副承旨)를 지냈다. 조부 휘 조언홍(曺彦弘)은 호조참의에 추증되었다. 아버지 휘 조몽신(曺夢臣)은 이조판서에 추증되었다. 어머니는 평산신씨(平山申氏)이다.

공은 가정(嘉靖) 신유년(1561) 모월 모일에 예천군(醴泉郡) 노포리(蘆浦里)에서 태어났다. 열흘 남짓 지나 어머니가 죽어 외할머니에게 길러졌다. 겨우 말을 배우기 시작하자마자 곧 문자까지도 깨우쳤다. 4세 때 능히 시를 지어 대구(對句)를 맞출 수 있었는데, "구름은 푸른 산봉우리를 가두고, 연무는 저녁 강의 허리를 자르네.(雲囚碧山首, 煙割暮江腰)"라는 시구를 지어 내자, 사람들이 신동(神童)이라고 일컬었다. 장년이 되었을 때 널리 배우는데 일정한 선생이 없었지만, 과거 공부 외에도 옛 문장과 시문을 사모하여 둘 다 닦아서 아울러 빼어나 명성이 몹시 자자하였으나, 여러 차례 향시에 합격하고 공거(公車: 중앙에서 치르는 과거 시험)에 이르러서는 몇 차례 낙방하였다. 만력(萬曆) 무자년(1588) 비로소 진사시에 합격하였고, 천거로 제용감 참봉(濟用監參奉)에 보임되었지만 오래지 않아 파직되어 고향으로 돌아왔다.

경자년(1600) 겨울 왕명에 응하여 만언소(萬言疏)를 올려 개진하며 사리에 합당하게 지적하였는데, 그 상소문을 오래도록 유중(留中: 상소문을 해당 부서로 내려보내지 않고 궁중에 보관함)하다가 해당 부서에 내려보내고 나서는 오직 양위(讓位: 임금의 자리를 물려줌)한 두 군(二君: 魯山君과 燕山君)의 후사를 세워야 한다고 청한 한 조목만을 거두어 시행하도록 명하였으나 일이 끝내 중지되었다.

을사년(1605) 정시(庭試)에 비로소 급제하여 승문원(承文院)에 선발되어 들어가 관례에 따라 박사로 승진하여 성균관 전적이 되었고, 그 뒤에 사헌부 감찰, 평안도 도사(平安道都事)·형조 정랑·은계 찰방(銀溪察訪)을 두루 거쳤으니, 내직과 외직을 분주히 다니느라 마치 그 고충을 견디지 못할 듯했으나 공은 일찍이 스스로를 낮추어 굽힌 적이 없었다.

병진년(1616) 겨울에 다시 외직으로 나가 경성 판관(鏡城判官)이 되었는데, 당시의 기휘(忌諱)에 걸려들었기 때문이다. 오래 지난 뒤에 어떤 일로 인하여 파직되어 고향으로 돌아왔는데, 경성(鏡城)을 개축한 공로로 일찍이 통정대부에 오른 적이 있었다.

신유년(1621) 조사(詔使)를 영접할 때 제술관(製述官)으로 부름을 받은 데다 품계를 올리라는 명까지 비로소 받들었다. 이때 장추전(長秋殿: 인목왕후가 유폐되어 있던 처소)의 문이 굳게 잠겨 있었지만, 여전히 분정원(分政院: 분승정원)을 설치하여 명분상으로 숙직하며 호위한다고 하나 실제로는 감금하고 있는 것이었다. 공은 경성(京城)에 머문 지 몇 달 만에 우연히 직무를 맡아 숙직하러 들어갔다가 고궁이 황량하여 적막한 곳에 왕후가 아주 깊숙이 갇혀 있는 것을 보고서 〈감회(感懷)〉 1편을 지어, "쓸쓸한 풍경, 오르내리는 영령(蕭條物色, 陟降英靈)" 등의 말이 있었고, 또 벽 위에다 절구시(絶句詩)를 지어 놓았는데, 모두 시문이 완곡하나 뜻은 풍자하는 것이라서 이를 듣는 이들은 마음에 감흥이 일었다. 그러나 함께 숙직했던 백대형(白大珩, 1575~1623)·신의립(辛義立, 1565~1631) 등은 이이첨(李爾瞻)의 하수인들로 공로를 바라고 승진을 도모하려던 차에 몰래 엿보고 공의 허물을 들추어냈다. 이에 양사(兩司: 사간원과 사헌부)가 번갈아 장계를 올려 역적(逆賊)을 비호하여 무도하다고 무고하니, 광해군이 진노하여 친히 조정 뜰에서 국문하였는데, 공이 진술하기를, "신(臣)이 예전에 외람되이 행궁(行宮)에서 일을 보며 평소 선왕(先王: 宣祖)의 옥안을 우러러 뵈온 적이 있었는데, 지금 옛 궁궐의 남겨진 자취를 보니 절로 슬픈 느낌이 들어 그저 이 글을 지었을 뿐, 다른 뜻이 있었던 것은 아니었습니다."라고 하였다. 고문을 당하며 신문을 받게 되자, 공은 말과 기세가 더욱 격해져 "선왕을 생각하시옵소서(念先王)."라는 세 글자만 연이어 외쳤다. 이때 전각에서 주상을 모시고 서 있던 신하들은 모두 고개를 숙이고 참담한 빛을 띠었으며, 광해군 또한 노기를 조금 누그러뜨렸다.

그대로 감옥 속에 3년이나 갇혀 있다가 반정(反正: 인조반정)을 맞아 풀려나 곧바로 첨지중추부사에 제수되었다. 이윽고 동부승지에 제수되고 우부승지로 옮겨졌으나, 또 얼마 되지 않아 교체되어 시골집으로 돌아왔다. 공이 늙은 몸으로 옥에 갇혀 혹독한 형구와 고문을 겪은 탓에 노환이 더욱 심해졌는데, 3년이 지난 을축년(1625) 5월 3일에 죽었으니, 향년 65세였다.

공은 타고난 성품이 강직하고 곧은데다 기개나 마음씨가 높고 뛰어났으며, 좋아함과 싫어함이 너무나 분명하면서도 다른 견해를 주장하지 않았으며, 시비를 매우 엄히 가리면서도 한 당파에 치우쳐 주장하지 않았으니, 이 때문에 공을 친애하는 이는 적었고 죄상을 들추어 책망하는 이가 많았다. 정인홍(鄭仁弘)의 권세가 조정과 재야에 진동하였는데도, 공은 매번 그를 대간(大姦)이라며 배척하였고 일찍이 〈대개천설(大開川說)〉을 지어 그의 도당을 비판하며 폄하한 적이 있었다. 또 지인이나 친구에게 보낸 편지에서 남명(南冥)이 깊고 얕음에 대해 해석하고 강론한 것을 논하며 남명의 유고를 모아서 정리할 것이라고 했는데, 그것으로 인하여 일이 뜻대로 되지 않아 답답해 하였고, 끝내 화(禍)의 함정에 빠지고 말았다.

새로운 정사가 시작될 때, 특별히 성상의 융숭한 총애를 입어 서적을 하사받고 임금을 가까이에서 모시는 신하로 발탁되자, 사람들은 그가 점차 현달한 관직에 등용될 줄 알았으나 공은 또다시 벼슬길에 나아가는데 서툴러 한번 물러난 뒤에 다시 부름을 받지 못하였다.

공은 평소 생업을 살피지 않았는데, 옥사를 겪은 뒤에는 집안 살림이 더욱 궁핍해져 처자식들이 굶주림과 추위를 면치 못했으나 전혀 개의치 않았다. 오직 산수(山水)만 감상하기를 좋아하였는데, 소싯적에는 역내(域內)의 이름난 산수를 두루 유람하였으며, 만년에는 상산(商山: 尙州)에 터를 잡아 매호정사(梅湖精舍)를 짓고 이어 자호(自號)로 삼았다. 초의(草衣)에 짚신을 신고 어부나 낚시꾼들과 어울리는 것을 즐겼다.

공의 학문은 경전의 뜻에 근본하였고 낙건(洛建: 程子와 朱子)의 여러 서적을 두루 읽었으며, 간혹 마음이 통한 벗들과 명리(名理: 성리학)를 명확히 분석하고 철저히 토론하곤 하였는데, 비록 공력을 쌓아 일의 기미까지 잘 살피는 자라 할지라도 공보다 능가하지는 못할 것이었다. 문장을 지을 때면 입에서 나오는 대로 구상하였는데도 절로 본보기에 맞았고, 필법은 진서(眞書: 楷書)와 초서(草書)를 비롯하여 여러 문체를 모두 갖추고도 그것을 얻어 소중히 여겼고, 회화에 관한 일에도 뛰어났으니, 삼절(三絶)을 갖추었다고 할 만하다. 그 밖에 음률과 잡기에 모두 능하여 한번 손을 대기만 하면 삼매경에 들어갔으니, 이는 그 총명함이 넘쳐나 시가의 아취(雅趣)나 재능과 기예로 발산된 것이 이와 같았던 것인데, 처음부터 두루 알려고 힘쓰는데 관심을 가져서 행한 것이 아니었다. 오직 시에 있어서만 꽤나 전일하게 공력을 기울였으니, 깨끗하고 빼어나며 법도에 맞고 아담한 것이 종종 당나라 시풍에 가까웠는데, 비록 이 때문에 명성을 얻었을지라도 또한 이 때문에 화(禍)를 사고 말았다. 아, 하늘이 공에게 많은 재능을 내려준 것은 과연 무슨 의도에서 그랬던 것인가?

공의 첫째부인 영천이씨(永川李氏)는 감사(監司) 이중량(李仲樑)의 손녀로 아들을 두지 못하였다. 둘째부인 진성이씨(眞城李氏)는 좌랑(佐郞) 이열도(李閱道)의 딸로 1남3녀를 낳았다. 외아들 조정융(曺挺融)은 신미년(1631) 문과에 급제하였으며, 맏사위는 전라도 도사(全羅道都事) 곽홍지(郭弘址), 그 다음으로는 정행원(鄭行源)·김성직(金聲直)이다. 측실(側室) 소생으로 5남4녀가 있다. 아들로 조정방(曺挺方)은 무과에 급제하였고, 그 다음으로 조정윤(曺挺閏)·조정연(曺挺衍)·조정위(曺挺威)·조정무(曺挺斌)이며, 사위로 김찬서(金纘緖)·정도징(鄭道徵)이고, 나머지 두 딸은 김시길(金時吉)·김선충(金善忠) 각각의 첩(妾)이 되었다.

공의 아우 조희인(曺希仁) 또한 문과에 급제하고 지금 합천군수(陜川郡

守)로 있는데, 형제가 모두 불행한 처지에 빠져 때를 만나지 못했지만 풍채와 소양은 그래도 비슷하였다.

명(銘)하니, "내가 엄산씨(弇山氏: 명나라 王世貞)의 글을 보니, '문인은 안에 의지할 것이 있었던 까닭으로 행동거지에 자중하지 않게 되고, 밖에서 시기하는 이가 있었던 까닭으로 공격하고 흠을 잡아 더 괴롭게 만든다.'라는 구절이 있었는데, 매호공 같은 이의 삼대가 때를 만나지 못한 것은 바로 이런 까닭이 아니겠는가? 금마문(金馬門)으로 드나들 세성(歲星: 훌륭한 近臣)이 촉(蜀)나라로 가는 험한 길 위에 떠 있는 저녁별처럼 아득했지만, 영(郢)을 슬퍼함은 비방이 아니요 두견새에게 절함은 오직 지극한 마음이었으니, 한때 더러운 오점이야 천고 빛날 영예일러라. 저들이 헐뜯기에 서둘렀어도 여유롭고 흔들리지 않았거늘, 흔적없이 사라져 이름조차 없는 자들을 또 어찌 본받을 것이랴?"라고 하였다.

右副承旨梅湖曹公墓誌銘 幷序

士大夫, 詩案之禍, 自古紀之矣。然猶義當默容而詞或磯激, 則失其中正而無足法者。以余觀之, 曩在昏朝, 梅湖曹公慶運之作, 眞得性情之正, 增綱常之重, 斯變雅之流也。而當時之人理晦塞, 其及也固宜, 旣正倫錯枉, 甄敍人物, 而名論猶不之重, 卒使斯人也, 留滯以歿, 是非命耶? 不佞曾叨史職, 備載其事, 復撰定遺稿, 圖爲公不朽計頗悉, 玆非有私于公, 實爲世道, 嘅焉耳矣。今遇子弟二斯文, 求誌其墓隧。噫! 誦其詩, 不知其人, 不可也。植雖不才, 其忍辭諸? 按公諱友仁, 字汝益。曹氏, 本昌寧著姓。上祖某, 事麗祖, 尙公主。其後, 有八葉貂蟬之盛。曾祖諱繼衡, 右副承旨。祖諱彦弘, 贈戶曹參議。考諱夢臣, 贈吏曹判書。妣平山申氏。公以嘉靖辛酉某月日, 生于醴泉郡蘆浦里。踰旬而慈氏卒, 育于外王母。纔學語, 便曉文字。四歲, 能賦詩屬對, 有"雲囚碧山首, 煙割暮江腰"之句, 衆稱爲神童。及壯, 博學無方, 科業之外, 慕古文詞, 兩進兼工, 聲名籍甚。然擧於鄕, 至公車數屈。萬曆戊子, 始中進士, 薦補濟用監參奉, 未久罷歸。庚子冬, 應旨上萬言疏, 指陳剴切, 疏久留中, 旣下,惟請立遜位二君後一條, 命收議施行, 而事竟寢。乙巳庭試, 始擢第, 選入承文院, 例陞至博士, 成均館典籍。歷遷司憲府監察·平安道都事·刑曹正郞·銀溪察訪, 棲屑內外, 若不堪其苦, 而公未嘗自貶傲然也。丙辰冬, 復出判官鏡城, 中時忌也。久之因事罷歸, 用改築鏡城之勞, 嘗階通政。辛酉之迎詔使, 以製述官被徵, 始拜加階之命。時長秋錮門, 猶設分政院, 名爲宿衛, 而實監禁也。公留京數月, 偶攝官入直, 見故宮荒寂幽閉, 作感懷一章。有"蕭條物色, 陟降英靈"等語。又有題辟絶句, 竝詞婉意諷, 聽者可感。而同直白大珩·辛義立等, 本李爾瞻徒隷, 欲希功媒進, 竊見以訐之。於是, 兩司交章, 誣以護逆不道, 光海震怒, 親鞫于庭。公供曰: "臣昔忝執事行殿, 仰瞻先王玉色有素, 今覩舊宮遺跡, 自生悲感, 率爲此作, 非有他意." 及受刑訊, 辭氣益厲, 連呼"念先王"三語。是時, 群臣侍殿上者, 皆垂首慘色, 光海亦稍霽威。仍滯獄三年, 遭反正得釋, 卽拜僉知中樞府事。俄拜同副承旨, 轉右副, 未幾而遞歸鄕墅。公老入牢狴, 酷經硏穽, 衰疾轉劇, 越三年乙丑五月三日卒, 壽六十五。公資性剛介而意氣高邁, 好惡太明而不設畦畛, 臧否甚卞而不主偏黨, 用是親愛者寡, 捃拾者多。鄭仁弘勢傾朝野, 而公每斥之以大姦, 嘗作大開川說, 以譏貶其黨。又與知舊書, 論南冥講解淺深, 欲其彙整遺書, 坐是坎軻, 卒蹈禍機。新政之始, 特紆聖眷, 賜予書籍, 擢置近侍, 人知其漸於顯用, 則公又拙於進取, 一退而不復召。公平生不省産業, 獄事後家食益窶, 妻子不免饑寒, 而了不介意。惟好賞泉石, 少時, 徧遊域內名山水, 晩卜商山, 作梅湖精舍, 仍以自號。草衣芒屐, 混迹漁釣以爲樂。其爲學, 本於經訓, 徧讀洛建諸書, 間與知友, 剖析名理, 論說到底, 雖積工硏幾者, 無以過之。其爲文章, 矢口抒思, 而自中模楷, 筆法, 眞草衆體咸備, 得者寶之, 旁及繪事, 足稱三絶。其他樂律雜技, 擧能一超三昧, 蓋其聰明之溢而散爲風調才藝者如此, 初非留意務博而爲也。惟於詩, 用工稍專, 淸俊典雅, 往往逼唐, 雖以此得名, 亦以此沽禍。嗚呼! 天之畀公以多能, 果何意耶? 公先娶永川李氏, 監司仲樑孫女, 無子。後娶眞城李氏, 佐郞閱道女, 生一男三女。男挺融, 辛未文科, 女壻全羅都事郭弘址, 次鄭行源·金聲直。側室有五男四女, 男挺方武科。次挺閏·挺衍·挺豈·挺础, 女壻金縯緖·鄭道徵, 其二爲金時吉·金善忠妾。公之弟希仁, 亦文科, 今陜川郡守, 皆落拓弗偶, 其風素尙類也。銘曰: “余見弇山氏書, 有云: ‘文人內恃故出入弗矜, 外忌故攻𢯱加苦.’ 若梅湖公之三世不遇, 非以是故耶? 金門歲星, 蜀道長庚, 哀郢非訕, 拜鵩惟諴, 一時垢𪉅, 千古丹靑。彼促訾伊優, 磨滅而無稱者, 又奚足程哉?

〔澤堂先生別集, 卷6, 墓誌〕

40. 김광두

김광두의 자는 여우, 호는 일묵재, 본관은 상산이다. 명종 임술년(1562)에 태어났다. 선조 병오년(1606) 사마시에 합격하였다. 갑신년(1608)에 죽었다. 효곡서원(孝谷書院)에 향사하였다.

임진왜란 때 왜적이 상주(尙州)를 함락하자 사람들은 모두 새가 날아가 버리듯이 사방으로 흩어져 숨었는데, 공은 문장(文莊) 정경세(鄭經世), 월간(月澗) 이전(李㙉), 창석(蒼石) 이준(李埈), 사서(沙西) 전식(全湜), 검간(黔澗) 조정(趙靖) 등 여러 사람들과 함께 함창(咸昌) 황령사(黃嶺寺)에서 의병을 일으켜 병사를 모아 왜적을 토벌하였다.

공은 송령(松嶺) 아래에 집을 지었는데, 집은 사방 담만 둘러친 초라한 집에서도 전혀 개의치 않은 채 도를 즐길 뿐 세속의 영화를 사모하지 않으면서 책 보따리를 메고 서애(西厓) 류 선생(柳先生: 류성룡)의 문하에 가서 도리에 나아가는 공부를 깊이 하였다.

정 문장(鄭文莊: 정경세)이 곧고 신실한 벗으로 여기며 입을 함부로 놀리지 않고서 삼가고자 하는데 뜻이 있음을 가상히 여겨 〈일묵재기(一默齋記)〉를 지었고, 또한 《심경(心經)》 1부를 주며 서로 오가면서 강론하고 연마하였다.【협주: 정종로가 찬한 행장에 실려 있다.】

• 金光斗

金光斗, 字汝遇, 號一默齋, 商山人。明宗壬戌生。宣祖丙午司馬。戊申卒。享孝谷書院[1]。

壬辰之亂, 倭陷尙州, 人皆鳥竄, 公與鄭文莊經世·李月澗㙉·李蒼石

---

1 孝谷書院(효곡서원): 경북 상주시 공성면 소곡리에 있는 서원. 宋亮, 金沖, 高仁繼, 金光斗 등을 배향하고 있다.

埈·全沙西湜·趙黔澗靖諸公, 倡義于咸昌[2]黃嶺寺[3], 募兵討賊。

公築室於松嶺[4]下, 環堵蕭然, 樂道無慕, 負笈往西厓柳先生門下, 深得造詣之工。

鄭文莊, 許以直諒友, 嘉其有志於守口, 作〈一默齋記[5]〉, 又與《心經》一部, 往復講磨。【鄭宗魯撰行狀】

보충

정종로(鄭宗魯, 1738~1816)가 찬한 행장

성균 진사 일묵재 김공 행장

일묵재(一默齋) 김공의 휘는 광두(光斗), 자는 여우(汝遇)이다. 김씨는 신라(新羅) 알지왕(閼智王)에서부터 시작되었다. 고려 시대에 휘 김조(金祚)가 있었는데, 처음으로 상산(商山: 상주)을 관향으로 삼았으며, 벼슬은 시중(侍中)과 보문각 직제학(寶文閣直提學)을 지냈으니, 바로 공의 11대조이다. 그 아들 휘 김고(金固)는 문과에 급제하여 군수를 지냈다. 그 아들 휘 김순경(金純卿)은 문과에 급제하여 정랑(正郎)을 지냈다. 그 아들 휘 김귀(金龜)는 생원으로 낭장(郎將)을 지냈다. 그 아들 휘 김경신(金敬臣)은 문과에 급제하여 사복시 정(司僕寺正)을 지냈다. 그 아들 휘 김약(金若)은 생원으로 현감을 지냈는데, 공에게 5대조가 된다. 고조부 휘 아무개는 현감을 지냈다. 증조부 휘 김유(金洧)는 감찰(監察)을 지냈다. 조부 휘 김국량(金國良)은 무과에 급제하여 군수를 지냈다. 아버지 휘 김인(金仁)은 문학으로 당시에 추앙받았다. 어머니 상산김씨(商山金氏)는 공의 집안과 본관은 같으나 혈통의 근원은 다른데, 학생(學生) 김사숙(金嗣叔)의 딸로

---

2 咸昌(함창): 경상북도 상주시의 함창군 함창읍 일대.

3 黃嶺寺(황령사): 경상북도 상주시 은척면 황령리에 있는 사찰. 황령리 칠봉산 자락에 있다.

4 松嶺(송령): 경상북도 상주시 청리면 율리에 있는 자연부락 송령리.

5 一默齋記(일묵재기): 鄭經世의 《愚伏集》 권15에 수록되어 있음.

부제학 김상직(金尙直)의 7대손이다.

공은 가정(嘉靖) 임술년(1562) 12월 17일에 태어났다. 어려서부터 뛰어난 재능과 지극한 성품을 지녔으니, 나이가 겨우 예닐곱 살이 되었을 때 이미 글을 짓고 시를 지을 수 있었으며, 열 살 때 부친상을 당하여 몸이 여윌 정도로 몹시 슬퍼하면서 상례(喪禮)를 지키는 모습이 어른과 다름없었으니, 사람들은 모두 기이하게 여겼다.

그가 스승에게서 학업을 배울 때, 어머니가 학업을 매우 엄히 감독하였고, 또한 글을 해독할 줄 알았다. 날마다 하인들에게 책을 들고 함께 가게 하였으며, 돌아와 글을 읽다가 혹 제대로 이해하지 못하는 부분이 있으면 그때마다 하인들을 회초리질하여 다시 가서 배우게 하였다. 이로써 공의 학문과 품행이 일찍이 성취될 수 있었다. 20세에 모친상을 당하였을 때 마지막 보내는 장례 절차를 한결같이 예제(禮制)를 준하여 따랐으며, 묘막을 짓고 죽으로 연명하면서 삼년상을 마쳤다.

임진왜란 때 왜적이 상주(尙州)를 함락하자 사람들은 모두 새나 짐승처럼 흩어져 달아났는데, 공은 나의 선조(先祖) 문장공(文莊公: 鄭經世, 1563~1633), 이월간(李月澗: 李㙉, 1558~1648)·이창석(李蒼石: 李埈, 1560~1635) 형제, 전사서(全沙西: 全湜, 1563~1642), 조검간(趙黔澗: 趙靖, 1555~1636), 송우곡(宋愚谷: 宋亮, 1534~1618), 강남계(康南溪: 康應哲, 1562~1635), 채별좌(蔡別座: 蔡有喜, 1558~1593) 등 여러 선배들과 함께 함창(咸昌) 황령사(黃嶺寺)에서 의병을 일으켜 병사를 모아 왜적을 토벌하였다. 난리가 겨우 평정되자, 공은 송령(松嶺: 경상북도 상주시 청리면 율리) 아래에 집을 지었는데, 집은 사방 담만 둘러친 초라한 집에서도 전혀 개의치 않고 오직 성현의 경전에만 차분하게 깊이 몰입하였다. 그가 심회를 읊조린 시에, '도를 즐길 뿐 세속의 영화를 사모하지 않는다.'는 어휘가 있었다. 책 보따리를 메고 서애(西厓) 류 선생(柳先生: 류성룡)의 문하를 오가며 가르침을 청하고 의문나는 점을 질의하였다.

병오년(1606) 비로소 진사시에 합격하였는데, 공은 부모가 모두 세상을 떠나 없는 것을 가슴 아파하여서 잔치를 베풀어 손님을 청하지 않았다. 이듬해 가을, 병으로 드러누워 지내다가 무신년(1608) 정월 18일에 이르러 집에서 여생을 마쳤으니 향년 47세였다. 사람들은 모두 하늘이 공에게 장수하도록 하지 않았다고 탄식하였다. 3월 모(某) 갑일(甲日)에 고을 동쪽 중방(中坊) 기슭에 장사 지냈고, 59년이 지난 뒤 병오년(1666)에 흑오산(黑烏山) 유향(酉向) 언덕으로 이장하였다.

공은 장신에다 넓은 이마에 풍채가 훤칠하였으며, 성품이 호방한데다 강개하였다. 기절(氣節)을 숭상하고 토론하기를 좋아하여 의리와 이익을 통렬히 분변하였지만, 가슴 속이 너그러워서 표나게 드러내어 편가르는 마음도 없었으니, 논하는 이들은 모두 위인(偉人)이면서 큰 덕을 지닌 사람이라고 칭송하였다.

계사년(1593)에 굶주린 백성을 진휼하였다. 이때 존재(存齋) 곽준(郭䞭, 1551~1597)이 둔전(屯田)에 관한 일을 맡고 진휼하는 일을 겸하여 감독하기 위해 상주(尙州)에 이르렀는데, 공을 한번 보자마자 예우하면서 말하기를, “나의 사표(師表)입니다. 이와 같은 분으로서 굶주림으로 곤액을 당한단 말입니까?”라고 하고는 식구의 수를 헤아려 먹게 해주었다. 그가 뒤에 다시 왔다가 공이 병으로 누워 있는데도 읍(邑)에서 그에게 주던 식량을 끊었다는 것을 듣고 몹시 놀라며 말하기를, “평범한 사람 수백 수천 명을 살리는 것이 어찌 이 한 사람을 살리는 것만 하겠는가?”라고 하고서 따로 음식을 보내어 구제하였다. 돌아가서 그의 맏형 관찰사(觀察使: 郭越, 1518~1586, 황해도 감사) 및 막내동생 참봉(參奉: 郭赾, 1554~?)에게 말하기를, “난리 후에 혼인할 만한 자는 오직 상산(商山) 김 아무개뿐이다.”라고 하였다. 그리하여 공의 딸은 곽월(郭越, 1518~1586)의 손부(孫婦)가 되었고, 아들은 곽근(郭赾)의 사위가 되었다.

평생토록 남의 위급한 처지를 구하는 의기가 있었으니, 난리 초에 있을 곳을 잃은 집안 사람들은 공의 토지에 의지하여 많은 이들이 목숨을 부지할 수 있었다. 그 후에 거처할 터를 잡게 되자 토지를 돌려주려 했으나, 공은 끝내 받지 않았다.

공의 올곧은 기개는 남보다 뛰어났다. 도남서원(道南書院)을 세우려 할 때, 근처에 부처의 사리를 안치한 오래된 석탑이 있었는데, 여러 사람들이 그것을 가져다 주춧돌과 섬돌로 쓰자고 의논하였다. 그런데 허물려고 하면 바람과 비가 몰아치며 번번이 괴이한 일이 일어났고, 이런 일이 두세 번이나 계속되자 일꾼들이 두려워 감히 가까이 가지 못했다. 공이 웃으며 직접 가서 독려하여 허물었지만, 끝내 아무런 요상한 이변이 일어나지 않았다.

일찍이 어떤 어른 과객이 서법(筆法)에 능한 공에게 자기 선조 신주(神主)의 글씨를 고쳐 써 달라고 청한 적이 있었다. 그 선조는 바로 혼조(昏朝: 연산군) 때의 간사한 소인이었는데, 공이 붓에 먹을 묻혀 쓰기 시작하려 할 때서야 비로소 이를 알아차리고는 갑자기 심기가 불편해져서 사양하였으니, 그가 악을 미워하는 강직함이 이와 같았다.

어려서부터 배우기를 좋아하였으니, 고을 안의 당대 제현(諸賢)들과 서로 도의(道義)로써 교제를 맺었다. 나의 선조(先祖: 정경세)는 공을 곧고 신실한 벗이라 부르며, 입을 함부로 놀리지 않고서 삼가고자 하는데 뜻이 있음을 가상히 여겨 〈일묵재기(一默齋記)〉를 지었다. 또한 《심경(心經)》 1부를 주며 강론하고 연마하여 마침내 궁극에 이르기를 기대하였다.

그가 죽어서 장례를 치르려 할 때 집안에 역병이 돌아 장례를 제대로 마칠 수가 없었다. 창석(蒼石: 李埈) 선생이 온 고을의 선배들과 연명(聯名)으로 고을 원에게 청원해서 관의 협조를 받아 안장할 수 있었고, 또 제현(諸賢)들이 함께 뇌문(誄文)을 지어 공을 애도하였다. 그로부터 거의 200년 지난 뒤 금상(今上: 정조) 병오년(1786)에 이르러 고을 인사들이 효곡서원(孝谷書院)에 공을 제향하였다.

무릇 공은 타고난 자질의 뛰어남과 행의(行義: 행실과 의리)의 탁월함으로 또한 사우(師友)들로부터 기대를 받은 것이 이와 같았으니, 공의(公議)는 오래되어도 사라지지 않을 것이 분명하다. 다만 그의 남긴 글은 모두 흩어져 없어진데다, 공 또한 본래 시에 능하여 대가로 추앙을 받았으나 모두 전하는 것이 없으니, 애석하다.

부인 감천문씨(甘泉文氏)는 장령(掌令) 문관(文瓘)의 증손녀이다. 성품이 그윽하고 평온하며 밝고 어질어 군자의 배필로서 덕에 어긋남이 없었다. 공보다 3년 먼저 태어나서 공보다 23년 뒤에 죽었으니, 향년 72세였다. 공의 묘에 합장하였다. 5남1녀를 두었다. …(중략)…

공의 현손 김상흠(金相欽) 씨가 공의 가장(家狀) 및 청대(淸臺) 권 희정공(權僖靖公: 權相一)이 쓴 묘갈문을 가지고 와서 나 정종로(鄭宗魯)에게 보여 주며 말하기를, "우리 선조(先祖: 김광두)의 행장에 대하여 예전에 그대의 선조 문장공(文莊公) 선생이 일찍이 마음을 두었으나 미처 이루지 못한 적이 있자, 존왕부(尊王府: 鄭胄源, 1686~1756) 침랑공이 매번 이 점을 한스럽게 여기셨소. 나의 무민공(无悶公: 金堡)이 문장공 선생에 대해 쓴 제문(祭文)과 가장(家狀) 발문(跋文)을 살펴보면 징험할 수 있을 것이오. 이제는 오직 그대의 책임이니, 어찌 행장을 짓는 것에 힘쓰지 않겠소?"라고 하였다. 나 정종로는 그 일에 합당한 사람이 못되고 글재주마저 없다면서 고사하였으나 김상흠 씨가 더욱 간절히 청하고 또한 선대의 정의(情誼)가 두터웠음을 생각하니 그렇게 할 수가 없는 것이 있었다. 마침내 절하고 받아서 공경히 읽어보고는 삼가 가장에 근거하여 위와 같이 차례로 기술한다.

成均進士一默齋金公行狀

一默齋金公, 諱光斗, 字汝遇。金氏始自新羅閼智王。高麗有諱祚, 始著籍于商山, 官侍中寶文閣直提學, 是爲公十一代祖。侍中生諱固, 文科郡守。是生諱純卿, 文科正郎。是生諱龜, 生員郎將。是生諱敬臣, 文科司僕正。是生諱若, 生員縣監, 於公爲五世祖。高祖諱某, 縣監。曾祖諱洧, 監察。祖諱國良, 武科郡守。考諱仁, 以文學見推於時。妣商山金氏, 與公家同貫而異源, 學生嗣叔之女, 副提學尙直之七世孫也。公以嘉靖壬戌十二月十七日生。自幼有俊才至性，年纔六七，能屬文製詩，十歲遭外艱，哀毁執禮，無異成人，人皆異之。其受業於師，母夫人督課甚嚴，亦解文字。日令奴婢挾往，及歸讀，或未通曉，則輒笞奴婢，使之復往受焉。以是公文行夙就。二十遭母夫人喪，送終之節，一遵禮制，廬墓啜粥以終喪。壬辰亂，倭陷尙州，人皆鳥獸竄，公同吾先祖文莊公·李月澗蒼石兄弟·全沙西·趙黔澗·宋愚谷·康南溪·蔡別座諸先輩，倡義于咸昌黃嶺寺，募兵討賊。亂甫定，公築室于松嶺下，環堵蕭然，不以爲意，惟潛心於聖賢經籍。其詠懷詩，有樂道無慕之語，負笈往來於西厓柳先生門下，請益質疑。丙午始擧進士，公痛其孤露，不設席邀賓。翌年秋寢疾。至戊申正月十八日，終于家，壽四十七。人皆有天不假年之歎。三月某甲葬于州東中坊麓，後五十九年丙午，移窆于黑烏山酉向之原。公長身廣顙，風彩俊爽，倜儻慷慨。尙氣節好言論，痛辨義利，胸襟坦然，無表襮畦畛，論者咸以偉人長德稱之。癸巳賑飢。時存齋郭公䞭，管屯田事，兼監賑到州，一見公卽禮遇曰："吾之師表也。乃如之人而厄於翳桑耶?"爲計口食之。其後再到，聞公病臥而邑收其食，愕然曰："活凡人千百，豈如活此一人?"別餽以濟之。歸語其伯監司及季參奉，曰："亂後可與婚者，惟商山金某耳."故公之女爲郭越孫婦，而子爲郭赿女壻焉。平生有急人義，亂初失所之家，賴公田，得活衆。及後奠居，皆還之，公却不受。正氣過人。道院將建，時有古浮屠石塔在近傍，諸議欲取爲礎砌之具。比毁風雨輒作怪，如是者再三，役夫懼不敢近。公笑往督毁之，竟無妖異焉。嘗有丈行人，以公善於筆法，請改題其先神主。其先卽昏朝壬人，公臨墨始覺之，以氣忽不平辭，其嫉惡之剛類此。自少嗜學，鄕中一時諸賢，相與爲道義交。吾先祖，稱以直諒友。嘉其有志於守口。爲作一默齋記。又與心經一部。期於講劘究竟。及其歿而將葬也，家中患疫，無以克襄。蒼石先生，與一州先輩，聯名呈地主，得官庀以封，又諸賢共誄而悼之。後幾二百年，至今上丙午，鄕人士躋享公於孝谷書院。夫以公資質之異，行義之卓，又爲師友之所期待如是，則公議之久而不泯固也。獨其遺文逸盡，公又素工詩，爲大家所推，而幷無傳，惜哉。配甘泉文氏，掌令瓘之曾孫也。幽閒明淑，配君子無違德。

先公三歲而生，後公二十三歲而歿，壽七十二。祔葬於公墓。有五男一女。…(중략)… 公玄孫相欽氏，持家狀及淸臺權僖靖公所撰碣文來，示宗魯，曰：“吾先祖行狀，昔先文莊公先生，嘗留意而未果，尊王府寢郎公，每以是爲恨。觀於吾无悶公祭先生文及家狀跋可徵。今則惟吾子之責也，盍勉諸?” 宗魯以非其人無其文固辭，而相欽氏請益勤，亦念先誼之重，有不容已者。遂拜受而敬閱之，謹因本狀，撰次如右。

〔立齋先生文集，卷47，行狀〕

41. 강응철

> 강응철의 자는 명보, 호는 남계이다. 명종 임술년(1562)에 태어났다. 선조 경인년(1590) 진사시에 합격하여 벼슬은 찰방을 지냈다. 인조 을해년(1635)에 죽었다. 상주(尙州)의 연악서원(淵嶽書院)에 향사하였다.

공은 총명함이 비할 바 없이 뛰어났으니, 5세 때 쓰는데 글자 크기가 말[斗]만 하여 노소재(盧蘇齋: 盧守愼, 1515~1590)가 시를 지어 칭찬하였으니, "인간 세상에 단봉(丹鳳)이 나타났고, 지상에 석기린(石麒麟)이 다니는구나.(人間丹鳳見, 地上石麟行.)"라는 구절이 남아 있다. 상국 강사상(姜士尙, 1519~1581)이 영남을 순찰하다가 낙동강 관수루(觀水樓)에서 공을 불러 '나뭇꾼이 땔나무를 실었네.(樵夫載薪)'라는 글제를 주며 시를 짓도록 하니, 즉석에서 응하여 말하였는데, 이러하다.

가을 산 푸르름을 반쪽 싹둑 베어 왔나,
배 가득히 가로 실어 푸른 물결에 떠가네.
물 안개 속 꿈꾸던 물새 몇 번이나 놀랐을까,
저물녘 동오 땅에 닻 내리며 석양빛이 밝도다.

이때 나이가 10세였다.

공은 찰방을 버리고 고향으로 돌아왔는데, 집 곁의 물과 바위가 아름다운 곳에서 시와 술로 흥을 풀었고 남계(南溪)를 호로 삼았다. 정우복(鄭愚伏: 정경세)이 지은 시에, "풍월이 시냇가 가득하니 높이 베개하고 누워서는, 골짜기 풍경 내 것이니 큰 공 이루고 물러난 것보다 낫다 하네."라고 하였으니, 그의 아름다운 은둔을 기뻐한 것이다.

일찍이 《맹자(孟子)》를 읽다가 '백이(伯夷)가 주왕(紂王)을 피해 북해(北

海) 가에 살면서 문왕이 일어나 세상을 일으켰다는 소식을 들었다'는 대목에 이르러 "'작(作)'은 문왕(文王)의 일어남이요, '흥(興)'은 백이가 따름이니, '문왕작흥(文王作興)'으로 구두하는 것은 잘못이다."라고 한 적이 있었다. 정우복이 연경(燕京)에 갔을 때, 동자(童子) 진이정(陳利貞)이 이 장(章)을 강독하면서 공과 같이 구를 끊어 읽는 것을 우연히 보고, 우복이 돌아와 사람들에게 말하기를, "중원(中原) 사람은 반드시 전수받은 바가 있었을 것이니, 남계(南溪)의 해석이 옳다."라고 하였다.【협주: 이원정이 찬한 묘갈명에 실려 있다.】

• **康應哲**

> 康應哲, 字明甫, 號南溪。明宗壬戌生。宣祖庚寅進士, 官察訪。仁祖乙亥卒。享尙州淵嶽書院[1]。

公聰警絶類, 五歲, 書大字如斗, 盧蘇齋作詩美之, 有"人間丹鳳[2]見, 地上石麟[3]行"之句。姜相國士尙, 按嶺南, 見公於洛東觀水樓[4], 以"樵夫載薪"呼題作詩, 卽應曰: "割盡秋山一半靑, 滿舡橫載泛滄溟。幾驚鷗鷺烟波夢, 晩泊東吳落照明." 時年十歲。

公棄察訪歸, 宅畔水石, 詩酒遣興, 以南溪爲號。鄭愚伏詩"風月滿溪

---

1 淵嶽書院(연악서원): 경상북도 상주시 지천동에 있는 조선 후기 서원. 1553년 상주목사 申潛(1491~1554)이 세운 18서당 중 하나인 智川書堂이 모체이다. 1658년 임진왜란으로 불타 버린 강당을 복원하였다. 1702년 공론에 의하여 朴彦誠, 金彦健(1511~1571), 康應哲(1562~1635)을 지천서당에 배향하고 서원으로 승원하였으며, 1726년 金覺(1536~1610), 趙光璧(1566~1642), 康用良(1608~1676)을 추배하였다.

2 丹鳳(단봉): 머리와 날개의 깃이 적색으로 된 봉황. 걸출한 인물을 일컫는다.

3 石麟(석린): 石麒麟. 南朝 梁나라의 문인 徐陵이 두어 살 되었을 적에 高僧 寶誌가 그의 정수리를 어루만지면서 "천상의 석기린이로구나.(天上石麒麟也.)"라고 한 데서 나오는 말. 남의 文才 있는 자제를 칭찬하는 말로 쓰인다.

4 觀水樓(관수루): 경상북도 의성군 낙단교와 낙정 양수장 사이에 있던 누각. 누각에 오르면 낙동강은 물론 의성, 상주, 구미 세 고을의 주름진 산과 드넓은 들판까지 한눈에 들어온다. 고려시대에 세워져 1734년에 상주 목사 金泰衍이 다시 세워 현판하고 1843년에 다시 수리하였다. 1874년 홍수로 떠내려가 없어진 것을 1889년 梁道鶴의 특지로 복원되었다.

高枕臥, 自言專壑勝封留[5]." 盖喜其嘉遯也。

嘗讀《孟子》, 至"伯夷[6]避紂[7]居北海之濱, 聞文王作興." 曰: "'作'是文王作也, '興'是伯夷興也, 以'文王作興'爲句者, 誤也." 鄭愚伏赴燕也, 有陳童子利貞者, 偶講是章, 如公句絶, 愚伏歸語人, 曰: "中原人必有所受, 南溪解爲得."云。【李元禎[8]撰碣】

보충

이원정(李元禎, 1622~1680)이 찬한 묘갈명

사근찰방 남계 강공 묘갈명

문숙공(文肅公: 1660년에 받은 시호. 1693년 文莊公으로 고침) 우복(愚伏) 정 선생(鄭先生: 鄭經世, 1563~1633, 강응철과 처남매부 사이)이 만년에 영남에서 떨쳐 일어나 도덕과 문장으로 당대 제일이었으니 어진 인재와 호걸들이 대부분 종유하였는데, 같은 고을에 살면서 서로 매우 친밀했던 이가 남계(南溪) 강공(康公)으로 휘는 응철(應哲), 자는 명보(明甫)이다. 본디 공은 남다른 재능을 지녔으나 그것을 펼치지 않고 감추었으니 문숙공과 처신이 서로 달랐고 지위 또한 같지 않았으나, 다만 지조와 행실은 선생

---

5 封留(봉유): 유 땅에 봉해졌다는 뜻으로, 漢나라 高祖가 張良을 유 땅에 봉한 고사를 일컬음. 전하여 조정에서 큰 공을 이루고서 시골로 물러나 사는 것을 뜻하는 말로 쓰인다.

6 伯夷(백이): 중국 殷나라 말에서 周나라 초기의 賢人. 주나라 武王이 은나라 紂王을 치려고 했을 때, 아우인 叔齊와 함께 간했으나 받아들여지지 않고 주나라가 천하를 통일하자 首陽山으로 들어가 굶어 죽었다.

7 紂(주): 중국 殷나라 마지막 왕. 지혜와 체력이 뛰어났으나, 주색을 일삼고 포학한 정치를 하여 인심을 잃어 周나라 武王에세 살해되었다.

8 李元禎(이원정, 1622~1680): 본관은 廣州, 자는 士徵, 호는 歸巖. 증조부 李熙復이며, 조부는 李潤雨이다. 아버지는 李道長이며, 어머니 安東金氏는 金時讓의 딸이다. 부인 碧珍李氏는 李彦英의 딸이다. 鄭逑의 문인이며, 큰 학자였던 할아버지 李潤雨에게도 수학하였다. 1648년 사마시에 합격하고, 1652년 증광문과에 급제하였다. 검열·교리를 지내고 1660년 사은사의 서장관으로 청나라에 다녀와 이듬해 동래부사가 되었다. 1670년 청나라에 사은부사로 다녀왔으며, 1673년 도승지, 1677년 대사간·형조판서를 지냈다. 1680년 이조판서로 있을 때에 경신대출척으로 초산에 유배가던 도중에 불려와 장살당하였다.

에게 사랑을 받고 중히 여겨졌다.

살피건대, 재령강씨(載寧康氏)는 선대(先代)에 감문위(監門衛) 상호군(上護軍)을 지낸 강적순(康迪純)이 고려조에서 벼슬하였다. 중문지후(中門祇侯) 강한(康翰)·밀직부사(密直副使) 강문열(康文烈)을 거쳐 좌정언(左正言) 강려(康慮)에 이르러서 비로소 성대한 조선에서 벼슬하였다. 또 부사직(副司直) 강계조(康繼祖)·훈도(訓導) 강완(康琬)·참봉 강숙(康俶)을 지나서 그 아들 강사경(康士敬)은 천문습독(天文習讀)을 지냈고 한성부우윤(漢城府右尹)에 추증되었으며, 성주이씨(星州李氏)에게 장가들었는데 승훈랑(承訓郎) 이후(李後)의 딸이자 판서 이자견(李自堅)의 손녀이다. 이들이 공의 아버지이고 어머니인데, 가정(嘉靖) 임술년(1562) 9월 14일에 공을 낳았다.

총명함이 비할 바 없이 뛰어났으니, 3세 때 예서(隷書)를 쓸 줄 알았고, 5세 때 강산풍월(江山風月) 네 글자를 쓰는데 글자 크기가 말[斗]만 하여 본 사람들이 신동이라 일컬었다. 소재(蘇齋) 노 상국(盧相國: 盧守愼, 1515~1590)이 시를 지어 칭찬하며, "인간 세상에 단봉(丹鳳)이 나타났고, 지상에 석기린(石麒麟)이 다니는구나.(人間丹鳳見, 地上石麟行.)"라는 구절을 남겼으니, 사림(詞林: 시문을 짓는 사람들의 사회)의 문사들이 서로 그 운(韻)에 화답하여 명성이 날로 퍼졌다. 상국 강사상(姜士尙, 1519~1581)이 영남을 순찰하다가 낙동강 관수루(觀水樓)에서 공을 불렀는데, 마침 나뭇꾼이 땔나무를 배에 싣고 강 한가운데로 떠가는 것을 보고서 운(韻)을 주며 시를 짓도록 하니, 즉석에서 응하여 말하기를, "가을 산 푸르름을 반쪽 싹둑 베어 왔나, 배 가득히 가로 실어 푸른 물결에 떠가네. 물 안개 속 꿈꾸던 물새 몇 번이나 놀랐을까, 저물녘 동오 땅에 닻을 내린 듯 석양빛이 밝으리라."라고 하였다. 이때 나이가 10세였고, 일시에 널리 전해졌다.

경인년(1590) 향시에서 장원하고 진사시에 합격하였으나, 곧 과거 공부를 버리고 오로지 학문을 닦으러 나아가는데 뜻을 두었다. 계해년

(1623) 천거로 사근찰방(沙斤察訪)으로 제수되었는데, 청렴과 근신으로 자신을 단속하였으며 마정(馬政: 말을 생산하고 관리하며 조달하는 일)까지 겸해 맡았다. 수의염사(繡衣廉使: 암행어사)가 장계를 올려 그의 공적을 보고하였다. 이듬해 벼슬을 버리고 고향으로 돌아왔는데, 집 곁의 물과 바위가 아름다운 곳에서 날마다 고향의 친구들과 함께 두건을 젖혀 쓰고 거닐며, 좋은 때나 명절이면 시와 술로 흥을 풀었다. 이로 인하여 남계(南溪)라고 호를 삼았다. 문숙공이 지은 시에, "풍월이 시냇가 가득하니 높이 베개하고 누워서는, 골짜기 풍경 내 것이니 큰 공 이루고 물러난 것보다 낫다 하네."라고 하였으니, 그의 아름다운 은둔을 기뻐한 것이다.

을해년(1635) 5월 2일 병으로 생을 마쳤으니, 향년 74세였다. 상초전(上草田) 남향의 언덕이 곧 공의 의관이 묻혀 있는 묘소이다.

공의 성품은 효성과 우애가 돈독하였다. 태어난 지 두 해가 되었을 때 할머니가 병이 들자 눈물을 흘리며 곁을 떠나지 않았고, 8세 때 모친상을 당하고 14세 때 부친상을 당했을 때 모두 상을 치르며 예절을 지키는 것이 성인처럼 하였다. 일찌감치 부모를 여읜 것을 평생의 지극한 아픔으로 삼아 늙어 죽을 때까지 하루같이 여겼다. 매일 새벽에 일어나 가묘(家廟)에 나아가 절하였고, 제사의 의식은 모두 《주자가례(朱子家禮)》를 따랐으며, 제수는 반드시 몸소 점검하였으며, 때로는 자제들에게 분담시켜 제수를 마련하게 하였으나 결코 노비들에게만 맡기지는 않았다. 임진왜란 때 이리저리 떠돌며 굶주리면서도 선대의 기일이 되면 비록 나물과 거친 밥일지라도 반드시 올려 제사를 폐한 적이 없었다. 집안을 다스릴 때에는 내외의 구분을 엄히 하였고, 자식들을 가르칠 때에는 공경과 의리의 교훈을 거듭 일렀다. 일가붙이와 외가 친척을 대할 때에는 모두의 마음을 기쁘게 하였다. 누나를 섬기는 것이 어머니를 섬기듯 하였는데, 누나가 병이 들자 몸소 밤낮으로 보살피며 약을 달여 드렸다.

일찍이 스승과 벗들과 더불어 학문에 힘썼으며, 예학에 대하여는 강론하고 밝힌 바가 많았으므로, 예법을 변통해야 할 일이 생기면 사람들이 찾아와 그에게 자문하였다. 책을 읽을 때에는 반드시 그 뜻을 깊이 탐구하고, 문장의 구두법을 정밀히 살폈는데, 일찍이 《맹자(孟子)》를 읽다가 '백이(伯夷)가 주왕(紂王)을 피해 북해(北海) 가에 살면서 문왕이 일어나 세상을 일으켰다는 소식을 듣고도 벼슬을 취하지 않았다'는 대목에 이르러 동국(東國: 우리나라)의 언해본에서 이르기를, "작(作)은 문왕(文王)의 일어남이요, 흥(興)은 백이가 따름이다."라고 하였으니, '문왕작흥(文王作興)'으로 구두하는 것은 잘못이라고 한 적이 있었다. 문숙공이 연경(燕京)에 갔을 때, 동자(童子) 진이정(陳利貞)이 이 장(章)을 강독하면서 공과 같이 구를 끊어 읽는 것을 우연히 보고, 문숙공이 돌아와 문인들에게 말하기를, "중원(中原) 사람은 반드시 전수받은 바가 있었을 것이니, 남계(南溪)의 해석이 옳다."라고 하였다.

처음에는 좌찬성에 추증된 진주(晉州) 정여관(鄭汝寬)의 딸을 아내로 맞았는데, 바로 문숙공의 누나로 아들이 없었다. 두 번째는 초계(草溪) 변회벽(卞懷璧)의 딸을 아내로 맞아 아들 강용후(康用侯)를 낳았으니 진사를 지냈다. 세 번째는 풍양(豐壤) 조수복(趙壽福)의 딸을 아내로 맞았는데, 3남2녀를 낳았으니 아들은 강용량(康用良)·강용정(康用正)·강용직(康用直)이고, 딸은 진사 신진망(申震望)·박치화(朴致華)에게 시집갔다. …(이하 생략)…

沙斤察訪南溪康公墓碣銘

文肅公愚伏鄭先生, 晩起南服, 以道德文章伏一世, 賢豪多從之遊, 同州而居, 甚相款者, 有南溪康公, 諱應哲, 字明甫。始公負異能, 卷而懷之, 與文肅公, 行藏異致, 位又不同, 特志操行誼, 爲先生所愛重。按載寧康氏, 上世有監門衛上護軍迪純, 仕高麗。歷中門祇侯翰·密直副使文烈, 至左正言虔, 始仕聖朝。又歷副司直繼祖·訓導琬·參奉俶, 生士敬, 天文習讀, 贈漢城府右尹。聘星州李氏, 承訓郎後之女, 判書自堅之孫。是爲公考妣, 嘉靖壬戌九月十四日生公。聰警絶類, 三歲能隷書, 五

歲書江山風月四字, 字大如斗, 見者稱神童。蘇齋盧相國, 作詩美之, 有'人間丹鳳見, 地上石麟行'之句, 詞林諸彦, 相與步其韻, 聲聞日播。姜相國士尙, 按嶺南, 招致洛東觀水樓, 見樵夫載薪于船泛中流, 呼韻索詩, 卽應曰: "割盡秋山一半靑, 滿船橫載泛滄溟。幾驚鷗鷺煙波夢, 晩泊東吳落照明." 時年十歲, 一時膾炙。庚寅魁解額, 中進士, 遂抛擧子業, 專意進修功。癸亥, 薦拜沙斤察訪, 廉謹律身, 馬政兼擧。繡衣廉使交書上其績。明年棄歸, 有宅畔水石之勝, 日與鄕黨親舊, 岸巾徜徉, 佳辰令節, 詩酒遣興。因以南溪爲號。文肅公詩, "風月滿溪高枕臥, 自言專壑勝封留." 蓋喜其嘉遯也。乙亥五月二日, 以疾終, 春秋七十四。上草田負壬之原, 卽衣冠之藏也。公性篤孝。生歲二周, 祖母有疾, 涕泣不離側, 八歲丁內憂, 十四歲哭先君, 皆執喪如成人。以早失怙恃, 爲平生至痛, 至老死如一日。每晨興, 謁家廟, 祭儀一遵《朱子家禮》, 祭需必躬親點檢。或令子弟分職具饌, 不以委諸婢僕。龍蛇之難, 仳離饑饉, 遇先忌, 則雖蔬糲必薦, 未嘗廢祭。莅家嚴內外之辨, 敎子申敬義之訓。待宗族外黨, 咸得歡心。事姊如事母, 其病也, 躬日夜執藥物。早從事師友間, 於禮學多所講明, 故遇變禮者就咨焉。凡於書必探其意趣, 精其句讀, 嘗讀《孟子》書。至'伯夷避紂, 居北海之濱, 聞文王作, 興不取', 東國諺解曰: "作是文王作也, 興是伯夷興也." 以文王作興爲句者誤也。及文肅公之赴燕也, 有陳童子者偶講是章, 如公之句絶, 文肅公歸語門人, 曰: "中原人。必有所受之也。南溪之解爲得."云。初娶贈左贊成晉州鄭汝寬女, 卽文肅公之姊也, 無子。再娶草溪卞懷璧女, 生男用俟進士。三娶豊壤趙壽福女, 生三男二女, 男用良·用正·用直, 女適進士申震望·朴致華。…(이하 생략)…

〔歸巖先生文集, 卷8, 墓碣銘〕

42. 정기룡

정기룡의 자는 경운, 호는 매헌, 본관은 곤양이다. 명종 임술년(1562)에 태어났다. 선조조(宣祖朝) 때 무과에 급제하여 벼슬은 통제사에 이르렀다. 광해군 임술년(1622)에 죽었다. 상주(尙州)의 충렬사(忠烈祠)에 향사하였다.

공의 본래 이름은 무수(茂壽)였는데, 어쩌면 공이 무과에 급제했을 때 급제자 이름을 부를 무렵, 선조(宣祖)가 종루가(鐘樓街: 지금의 종로 거리)에서 용이 일어나 하늘로 날아오르는 꿈을 꾸고서 깬 뒤 인재를 물색하다가 공을 찾아내고 우대하여 지금의 이름을 하사했을 것이라고 하였다.

임진왜란이 일어나자, 방어사 조경(趙儆)을 따라가 별장(別將)이 되어 거창(居昌)에서 왜적을 크게 무찔렀고, 또 금산(金山)의 전투에서 조경이 왜적에게 사로잡히자 공은 칼을 뽑아들고 적진 속으로 들어가 그를 구출해 돌아왔다. 학봉(鶴峯) 김성일(金誠一)이 영남 병사(嶺南兵使)가 되어 격서(檄書)로 공을 불러 병력을 거느리고 후방을 막게 하였다. 이윽고 상주 판관(尙州判官)이 되어 왜적 400여 명을 쳐서 목 베어 죽였고, 또 불을 질러 성을 공격하여 크게 섬멸하였다. 이 사실이 알려지자, 주상이 공에게 임시 상주목사를 임명하였다가 이윽고 정식 목사를 삼고 감사군(敢死軍: 결사대) 대장을 겸하게 하였다. 이보다 앞서, 토착민들이 난을 일으킨 것을 평정한 뒤에 병사로 뽑았는데, 적을 만나기만 하면 죽기를 무릅쓰고 싸웠던 까닭에 그 군대를 '감사군(敢死軍)'이라 불렀다.

정유년(1597) 왜적들이 다시 침략하자, 체찰사 이원익(李元翼)이 공을 불러 장수로 삼자 고령(高靈)에서 크게 전투를 벌였는데, 공은 말을 타고 적진 만여 명 속으로 뛰어들어 홍의적장(紅衣賊將)을 사로잡아서 돌아와 승전 소식을 아뢰니, 절충장군(折衝將軍)으로 승진시켜 경상 우병사(慶尙右兵使)를 제수하였다.

천장(天將: 명나라 장수) 이절(李梲)이 전사하였는데, 그 잔여 병사들이 공에게 소속되기를 원하였다. 그 일이 알려지자, 황제가 이를 허락하고 천조(天朝: 명나라 조정)의 총병관(摠兵官)으로 삼았다.

공이 크고 작은 60여 차례의 싸움에서 모두 적은 병력으로 많은 적을 물리치면서 꺾이거나 물러난 적이 없었다. 천장(天將: 명나라 장수) 경리(經理) 양호(楊鎬)와 도독(都督) 마귀(麻貴)는 모두 크게 장려하고 포상하며 표패(票牌: 군영 출입이나 지휘에 쓰는 명패)를 보냈고, 또 사세용(史世用)은 시를 지어 보내며 찬미하였다.

일찍이 왜적의 수급(首級)을 천장(天將) 조승훈(祖承訓)에게 주어 속죄하게 하였는데, 조승훈이 비록 받지 않았지만 공의 의로운 명성은 더욱 알려졌다.

공의 부인 강씨(姜氏)는 왜적을 피해 진주성(晉州城)에 들어갔다가 성이 함락되자, 손가락을 깨물어 적삼에 혈서를 써서 공에게 죽음을 고하고 마침내 그 어머니 및 소고(小姑: 시누이)와 함께 촉석루(矗石樓) 아래 큰 강물에 몸을 던져 죽었는데, 공이 그 혈서를 쓴 적삼을 곤양(昆陽)의 선조 묘소에 장사 지냈다.

공이 거느리고 쓰던 사람으로는 조카 정수린(鄭壽麟)·이희춘(李希春)·김천남(金天男)·김세빈(金世賓)·황치원(黃致遠)·김사종(金士宗)·정범례(鄭範禮)·노함(盧涵)·최윤(崔胤)·윤업(尹業) 등이 있었는데, 모두 씩씩하고 용맹하여 왜적을 무수하게 죽였다. 공이 타고 다니던 신마(神馬)가 있었는데, 평지에서 여섯 길이나 되는 참호(塹壕)를 건너뛰었으며, 절벽을 오르고 험지를 건너는 것을 마치 날카로운 발톱과 빠른 날개가 달린 것과 같았으니, 공이 적을 제압해 승리하고 위기를 벗어나는데 그 신마의 힘을 많이 얻었다. 일찍이 그 말이 공과 서로 떨어져 있다가 왜적에게 붙잡혔던 적이 있었는데, 갑자기 공의 목소리를 듣고는 고삐를 잡고 있던 적을 물어 넘어뜨리고 가파른 비탈 위에 있는 공에게로 달려왔다. 뒤에 그 말이 병들어 죽자, 공이 글을 지어 제사를 지내주었다. 이는 당시에 공의 호령에 부응하여 나온 것들이 모두 이와 같았으니, 공이 시대에 응하여 태어났던 것을 알 수 있다.【협주: 송시열이 찬한 비명에 실려 있다.】

• **鄭起龍**

鄭起龍, 字景雲, 號梅軒, 昆陽人。明宗壬戌生。宣祖朝武科, 官至統制使。光海壬戌卒。享尙州忠烈祠。

公初名茂樹, 盖公捷武科, 當唱名, 宣廟夢龍起於鍾樓街, 飛上天衢, 旣覺, 物色得公而異之, 賜以今名云。

壬辰倭變, 從防禦使趙儆[1]爲別將, 大破賊於居昌[2]。又於金山[3]戰, 儆爲賊所獲, 公奮劍入賊中, 奪(儆)以歸。金鶴峯誠一, 爲嶺南兵使, 檄召公, 使將兵捍後。俄爲尙州判官, 擊殺賊四百餘級, 又以火攻城大鏖之。事聞, 上使權牧于尙, 俄卽眞, 兼敢死軍大將。先是, 公平土人爲亂者, 調爲兵, 遇賊, 輒爭死, 故號其軍曰'敢死'。

丁酉, 倭奴再逞, 體察李公元翼, 召公爲將, 大戰於高靈, 公躍馬入萬人中, 取紅衣賊將而歸, 捷奏, 陞折衝, 拜慶尙右兵使。踰嶺進討, 追躡淸正, 多殺零賊。與天兵擊破慶州[4]賊, 又戰于島山[5], 公爲前鋒, 先登而天兵左次[6]。公遂揮刃, 殿後賊不敢逼。自是連殺居昌等七八邑所在賊。

---

1 趙儆(조경, 1541~1609): 본관은 豊壤, 자는 士惕. 증조부는 趙之縝이며, 조부는 趙賢範이다. 아버지는 병마절도사 趙安國이며, 어머니 安東權氏는 생원 權世任의 딸이다. 부인은 寧越嚴氏이다. 무과에 급제하여, 선전관·제주목사를 거쳐, 1591년 강계부사로 있을 때 그곳에 유배되어 온 鄭澈을 우대하였다는 이유로 파직되었다. 이듬해 임진왜란이 일어나자 경상우도방어사가 되어 金山에서 왜적을 물리치다 부상을 입었다. 이해 겨울 수원부사로 적에게 포위된 禿山城의 權慄을 응원, 이듬해 도원수 권율과 함께 행주산성에서 대첩을 거둬 가선대부에 가자되었다. 1594년 훈련대장이 되었으며, 동지중추부사·함경북도병사·훈련원도정·한성부판윤을 거쳐 1599년 충청병사·회령부사를 지냈으며, 1604년 宣武功臣 3등에 책봉되고 豊壤君에 봉하여졌다.

2 居昌(거창): 경상남도 서북부에 있는 고을.

3 金山(금산): 경상북도 서부에 있는 김천시 일대.

4 慶州(경주): 경상북도 동남부에 있는 고을.

5 島山(도산): 울산광역시의 島山城.

6 左次(좌차): 퇴각하여 전열을 재정비함.

天將李梲戰死, 其餘兵願屬公。事聞, 皇上許之, 以爲天朝摠兵官。

公大小六十餘戰, 皆以少擊衆, 未嘗挫衂。天將楊經理鎬[7]·麻都督貴[8], 皆甚奬賞, 遺以票牌, 又史世用[9]贈詩以美之。

嘗以首級, 與天將祖承訓[10]以贖罪, 祖雖不受, 義聲益著。

公夫人姜氏, 避賊入晉州城, 城陷, 血指書衫, 告公以死, 遂與其母及小姑, 投于矗石樓[11]下大江, 葬其衫于昆陽先兆。

公所用有兄子壽麟·李希春·金天男·金世賓·黃致遠·金士宗·鄭範禮·盧涵·崔胤·尹業等, 皆壯猛, 殺賊無數。所騎有神馬, 能平超六丈壕, 能緣絶度險, 如利瓜快翮者, 公制勝脫危, 多得其力。嘗與公相失, 爲賊所得, 忽應公聲, 嚼仆執鞚賊, 走赴公埈坂上。後病死, 公爲文以祭之。盖當時應公而出者皆如是, 公之應時而出, 可知也。【宋時烈[12]撰碑】

---

7 楊經理鎬(양경리호): 經理 楊鎬(1555~1629). 명나라 말의 인물. 1580년) 진사에 합격하여 江西省 南昌知縣에 임명되었다. 1595년 임진왜란 때 조선에 經理로 파병되어 총독 邢玠, 총병 麻貴 등과 함께 참전하였다. 1598년 제1차 울산성 전투에서는 權慄과 함께 참전하여 크게 패했으나 이를 승리로 보고했다가 파면되었고, 경리직은 萬世德으로 교체되었다. 1619년 後金의 누르하치가 명나라를 침략하자 다시 등용되어 요동으로 파병되었으나 사르후 전투에서 크게 패해 그 책임을 지고 처형당했다.

8 麻都督貴(마도독귀): 都督 麻貴. 정유재란 때 온 명나라 장수. 1597년 정유재란이 일어나자 그는 명나라가 파견한 구원병의 提督으로 군사를 거느리고 조선에 들어왔다. 그 해 12월 도원수 權慄과 합세하여 적장 구로다 나가마사(黑田長政)에 맞서 제1차 울산성 전투를 치렀으나 성과를 올리지 못했고 왜군의 철수로 귀국하였다. 1598년 萬世德이 거느린 14만 원군을 따라 들어와 또 동래로 내려가 도산성을 공격하였다. 1599년 봄에 본국인 명나라로 돌아갔다.

9 史世用(사세용): 정유재란 때 명나라 원군으로 출정한 명나라 장수. 난이 평정된 후 조선에 귀화하여 경북 청송에 터를 잡아 본관을 청송으로 稱貫해 왔다.

10 祖承訓(조승훈): 임진왜란 때 명에서 파견된 장군 가운데 한 명. 파병 당시 직위는 總兵. 1592년 7월에 기마병 3천을 거느리고 평양을 공격하게 하였으나 이기지 못한 채 퇴각하여 요동으로 되돌아갔다. 그 뒤 12월에 다시 부총병 직위로 이여송 군대와 함께 다시 와서 평양성을 수복한다.

11 矗石樓(촉석루): 경상남도 진주시 본성동에 있는 누각.

12 宋時烈(송시열, 1607~1689): 본관은 恩津, 자는 英甫, 호는 尤庵·尤齋·文正. 증조부는 宋龜壽이며, 조부는 宋應期이다. 아버지 康陵參奉 宋甲祚이며, 어머니 善山郭氏는 임진왜란 때 趙憲과 함께 금산에서 전사한 郭自防의 딸이다. 부인 韓山李氏는 도사 李德泗의 딸이다. 1607년 외가인 충청도 옥천 九龍村에서 태어났다. 김장생·김집의 제자이며, 주희와 이이의 학문을 모범으로 삼았다. 효종 대 중국 청나라에 대한 복수의 당위성을 주장하며 북벌에 동참하였고, 현종 대 화양동을 비롯한 고향에 은거하며 존주대의의 확립에 힘썼다.

보충

송시열(宋時烈, 1607~1689)이 찬한 신도비명

통제사 정공 신도비명 병서

통제사 정기룡(鄭起龍)의 본관은 곤양(昆陽)이다. 본래 이름은 정무수(鄭茂壽)였는데, 어떤 이가 말하기를, "공이 무과에 급제하여 이름을 부르려 할 무렵, 선조대왕(宣祖大王)이 종루가(鐘樓街: 지금의 종로 거리)에서 용이 솟아올라 하늘로 날아오르는 꿈을 꾸고서 깨어난 뒤 인재를 물색하다가 공을 알아보고 기이하게 여겨 지금의 이름을 하사했다."라고 하였다.

공은 어려서부터 소를 삼킬 듯한 웅대한 기상이 있었는데, 뽕나무로 된 활에 쑥대로 된 화살을 메워 쏘며 대략 관리인 흉내를 내어 뭇 아이들을 위압하니 뭇 아이들이 감히 거스르지 못하였다. 13세 때 그의 아버지를 잃고 무덤 곁에 여막을 짓고 곡하였다. 상복을 벗은 뒤에는 글 배우기를 좋아하지 않고 활쏘기 배우기를 청하였는데, 그의 형 정인룡(鄭仁龍)이 이를 말리려고 했으나 뜻을 꺾지 못했다. 일찍이 함께 시험장에 간 적이 있었는데, 정인룡이 병으로 수레에 실려 돌아와 죽자, 공은 크게 슬퍼하여 마침내 그 업을 버리고 형을 위하여 3년 동안 소식(素食: 애통해하며 밥을 먹을 적에 고기반찬을 먹지 않고 채소만 먹음)을 하였다. 후에 일가 친척들이 그의 어머니를 권하여 활쏘기 배우는 것을 마치도록 면려하게 하였다.

이윽고 무과에 급제하고 북방에 수자리를 나아갔는데, 북방 장수가 공이 부모를 그리워하는 정을 가엾게 여겨 기한이 차기 전에 귀향하도록 허락하였다.

임진왜란이 일어나자 방어사(防禦使) 조경(趙儆)을 따라 남쪽으로 내려

숙종 대 초반 예송의 책임을 지고 유배 생활을 겪은 뒤, 경신환국 이후 다시 출사하여 조선중화주의의 실현에 앞장섰다. 그러나 원자 정호를 반대한 이유로 기사환국 때 사사되었다.

갔는데, 조경에게 왜적을 방어할 책략을 말하니 조경이 기뻐하며 별장(別將)으로 삼았다. 거창(居昌)에서 왜적 500명을 크게 무찔렀고 또 금산(金山)의 왜적을 공격하여 전투가 한창일 때 조경이 왜적에게 사로잡히자, 공은 칼을 뽑아들고 왜적의 중심부로 뛰어들어 조경을 구출해 돌아왔다.

이어서 조경에게 청하여 어머니가 계신 곳을 찾아 뵈었고, 마침내 지리산(智異山)에서 곤양(昆陽)의 수령인 이광악(李光岳, 1557~1608)을 찾아가 만났다. 이광악은 마침 진주(晉州) 전투에 출전하려 하면서 공을 가수(假守: 임시 수령)로 삼았다. 이때 김성일(金誠一)이 영남 병사(嶺南兵使)가 되어 격서(檄書)로 공을 불러 유격병(遊擊兵)을 거느리고 후방을 막게 했다가, 이윽고 상주 판관(尙州判官)으로 삼았다. 목사(牧使: 상주 목사) 김해(金澥)는 평소에 공의 능력을 들은 터라 매사를 그에게 물었다.

당시 왜적이 상주성(尙州城)을 점거하고 있었는데, 공은 분파된 왜적 400여 명을 이미 쳐 죽이고 그 수급(首級)을 순영(巡營)에 바쳤으며, 또 밤중에 불을 질러 성을 공격하여 크게 섬멸하였다. 이 사실이 알려지자 진판관(眞判官)에 제수되었다. 승지 윤승훈(尹承勳)이 영남에 파견되었다가 돌아와 공이 왜적을 토벌한 상황을 아뢰니, 주상이 공에게 임시 상주 목사로 임명하였다가 이윽고 정식 목사를 삼고 감사군(敢死軍: 결사대) 대장을 겸하게 하였다.

이보다 앞서, 토착민들이 난을 일으킨 것을 평정하고 둔전(屯田: 군량에 충당한 토지)을 개간하여 군량을 마련하였으며, 남은 곡식으로는 굶주린 백성들을 구휼하였다. 또 그 가운데 날쌔고 강건한 자를 뽑아 병사로 삼자 감사하여 받들지 않은 자가 없었으니, 왜적을 만나기만 하면 죽기를 무릅쓰고 싸웠던 까닭에 그 군대를 '감사군(敢死軍)'이라 불렀다.

정유년(1597)에 왜적들이 다시 침략하자, 공은 9개 고을의 관원들과 함께 가솔들을 거느리고 금오성(金烏城)을 지켰다. 체찰사(體察使) 이원익(李元翼)이 공을 불러 장수로 삼자 고령(高靈)에서 크게 전투를 벌였는데, 공은 말을 타고 적진 만여 명 속으로 뛰어들어 홍의적장(紅衣賊將)을 잡아서 돌아와 승전 소식을 아뢰었다. 이에 절충장군(折衝將軍)에 승진시켜 경상 우병사(慶尙右兵使)를 제수하자, 진영(陣營)을 성주(星州)에 설치하였다.

얼마 되지 않아 상주(尙州)에서 고개를 넘어 호서(湖西) 지방 영동(永同)에 주둔하고 있던 왜적을 나아가 토벌하였다. 이때 적장 청정(淸正)이 장차 대병(大兵)을 이끌고 서쪽으로 경사(京師)를 침범하려다가 천병(天兵: 명나라 군)에게 패하여 달아났는데, 공이 보은(報恩)의 적암(赤巖)에서 그들을 맞아 적 앞에 말을 세우고 활을 쏘아 수십 명의 왜적을 쓰러뜨렸으나 태도는 태연하고 여유롭자, 왜적이 혹시 매복이 있는 줄로 의심하고 오랫동안 감히 움직이지 못하였다. 이 때문에 호서와 영남에서 피난하던 사람들 가운데 화를 면하게 된 자가 수십만 명에 이르렀다. 청정이 상주를 이미 지나가자, 공이 뒤따라 가서 잔적(殘賊)을 죽이고 또 천병과 함께 경주(慶州)에 있던 적을 격파하였다.

천장(天將) 경리(經理) 양호(楊鎬)가 도산(島山)에서 싸웠는데, 공이 선봉에 서서 맨 먼저 돌입했는데도 천병(天兵)이 퇴각하였다. 공이 마침내 칼을 휘두르며 말을 달려 돌아왔지만 왜적은 감히 뒤쫓지 못하였다. 이때부터 연이어 거창(居昌)·함양(咸陽)·안음(安陰)·금산(金山)·상주(尙州)·성주(星州)·사천(泗川)의 왜적을 무찔렀다. 공이 함양을 공격했을 때 천장(天將: 명나라 장수) 이절(李梲)이 싸우다가 패하여 죽었는데, 그 잔여 병사들이 공에게 소속되기를 원하였다. 그 일이 알려지자, 황제가 이를 허락하고 이어서 천조(天朝: 명나라 조정)의 총병관(摠兵官)으로 삼았다.

공이 크고 작은 60여 차례의 싸움에서 모두 적은 병력으로 많은 적을 물리치면서 꺾이거나 물러난 적이 없었다. 양 경리(楊 經理: 楊鎬)·도독(都督) 마귀(麻貴)가 모두 크게 장려하고 포상하며 표패(票牌: 군영 출입이나 지휘에 쓰는 명패)를 보냈고, 사세용(史世用)은 시 2수를 지어서 찬미하였다.

공은 위용(威容)이 크고 당당하였으며, 눈빛이 횃불처럼 빛났고, 청렴함에 조금의 흠결도 없었고, 언제나 남의 곤궁함을 급히 여겨 자신의 사사로움은 돌보지 않았다. 일찍이 왜적의 수급(首級)을 천장 조승훈(祖承訓)에게 주어 속죄하게 하였는데, 조승훈이 비록 받지 않았지만 공의 의로운 명성은 널리 알려졌다.

처음에는 조정에서 이순신(李舜臣)을 위하여 삼도통제사(三道統制使)를 설치하여 수군을 거느리게 하였는데, 뒤에는 공을 보국숭록대부(輔國崇祿大夫)로서 그 직을 맡겼다. 천계(天啓) 임술년(1622) 2월 28일에 군영에서 죽었으니, 향년 61세였다. 공의 자는 경운(景雲)이었다.

공은 집안에서의 도덕적 행실 또한 갖추었다. 젊어서는 가난하고 미천하였으나 벼슬이 귀해진 뒤에는 그의 아버지 정호(鄭浩)에게 좌찬성을, 할아버지 정의걸(鄭義傑)에게 호조판서를, 증조부 정철석(鄭哲碩)에게 호조참판을 추증하였다.

부인은 강씨(姜氏)인데, 그 아버지 강세정(姜世鼎)은 늘 고을의 아전 노릇을 하였다. 강씨가 왜적을 피하여 진주성(晉州城)에 들어갔다가 성이 함락되자, 손가락을 깨물어 적삼에 혈서를 써서 공에게 죽음을 고하고 마침내 그 어머니 및 소고(小姑: 어린 시누이)와 함께 촉석루(矗石樓) 아래 큰 강물에 몸을 던져 죽었다. 공이 그 혈서를 쓴 적삼을 곤양(昆陽)의 선조 묘소에 장사 지냈다.

공이 거느리고 쓰던 사람으로는 조카 정수린(鄭壽麟)·이희춘(李希春)·김천남(金天男)·김세빈(金世賓)·황치원(黃致遠)·김사종(金士宗)·정범례(鄭範禮)·노함(盧涵)·최윤(崔胤)·윤업(尹業) 등이 있었는데, 모두 씩씩하고 용맹하여 왜적을 무수하게 죽였다.

공이 타고 다니던 신마(神馬)가 있었는데, 평지에서 여섯 길이나 되는 참호(塹壕)를 건너뛰었으며, 절벽을 오르고 험지를 건너는 것을 마치 날카로운 발톱과 빠른 날개가 달린 것과 같았으니, 공이 적을 제압해 승리하고 위기를 벗어나는데 그 신마의 힘을 많이 얻었다. 일찍이 그 말이 공과 서로 떨어져 있다가 왜적에게 붙잡혔던 적이 있었는데, 갑자기 공의 목소리를 듣고는 고삐를 잡고 있던 적을 물어 넘어뜨리고 가파른 비탈 위에 있는 공에게로 달려왔다. 뒤에 그 말이 병들어 죽자, 공이 글을 지어 제사를 지내주었다. 이는 당시에 공이 부르면 반드시 부응하여 나온 것들이 모두 이와 같았으니, 공이 시대에 응하여 태어났음을 알 수 있다.

공은 일찍이 항복한 왜적 수십 명을 죽인 적이 있었는데 종신토록 이를 한스럽게 여겼다. 그러나 공의 지위가 높은 반열에 올랐고 자손이 번창하였으니, 이 어찌 공이 사람을 살린 공적이 매우 많았기 때문에 그 한스러워한 바가 공의 복록을 해치지 못한 것이리라.

둘째 부인은 선전관(宣傳官) 권홍계(權弘啓)의 딸인데, 딸 하나를 낳았으니 생원 김시절(金是梲)에게 시집갔다. 측실의 소생은 아들로 정익린(鄭翼麟)·정득린(鄭得麟)·정덕린(鄭德麟)·정시린(鄭時麟)인데, 정익린·정득린은 다 무과에 급제하였다. …(이하 생략)…

統制使鄭公神道碑銘 幷序

統制使鄭公起龍, 昆陽人也。初名茂壽, 或云: "公捷武科, 當唱名, 宣祖大王夢龍起於鍾樓街, 飛上天衢, 旣覺, 物色得公而異之, 賜以今名." 云。公自幼有食牛氣, 射桑弧時, 略作官人様, 威伏群兒, 群兒莫敢違。十三喪其父, 廬墓哭泣。喪畢, 不肯學書, 請學射, 其兄仁龍止之不能得。嘗偕之試所, 仁龍以病輿歸而死, 公大痛, 遂棄其業, 爲之食素三年。後族人勸其母勉卒其業。旣及第戍北, 則北帥憐其陟岵之情, 先期許歸。壬辰倭變, 從防禦使趙儆南下, 說儆以禦賊之略, 儆喜以爲別將。大敗賊五百于居昌, 又從擊金山賊, 方戰酣, 儆爲賊所獲, 公奮劍入中堅, 奪儆以歸。仍請於儆,尋母所在, 遂自智異山, 往見昆陽守李光岳。光岳方赴戰晉州, 以公爲假守。時金公誠一, 爲嶺南兵使, 檄召公, 使將遊兵捍後, 俄以爲尙州判官。牧使金澥, 素聞公能, 每事咨焉。賊方據州城, 公旣擊殺分抄賊四百餘, 上級于巡營, 又夜以火攻城大鏖之。事聞, 拜眞判官。承旨尹承勳, 使嶺南還, 言公討賊狀, 上使權牧于尙, 俄卽眞, 兼敢

死軍大將。先是, 公平土人爲亂者, 開屯田, 給餽餉, 以其餘, 賑活飢民。仍調其驍健者爲兵, 無不感戴, 遇賊輒爭死, 故號其軍爲敢死。丁酉, 倭奴再逞, 與九邑官, 率家屬, 守金烏城。體使李公元翼, 召公爲將, 大戰於高靈, 公躍馬入萬人中, 取紅衣賊將而歸, 捷奏。陞折衝拜慶尙右兵使, 開營于星州。俄而, 由尙州踰嶺, 進討湖西永同屯賊。賊將淸正, 以大兵將, 西犯京師, 爲天兵所敗走, 公遇於報恩赤巖, 當前立馬, 射倒數十賊, 意甚整暇, 賊疑有備, 良久不敢動。以故湖嶺避亂人, 獲免者數十萬人。淸正旣過尙州, 公追躡之殺零賊, 又與天兵擊破慶州賊。天將楊經理鎬, 戰于島山, 公爲前鋒, 旣先登而天兵左次。公遂揮刀馳還, 賊不敢追。自是連殺居昌·咸陽·安陰·金山·尙州·星州·泗川賊。其攻咸陽, 天將李梲, 戰敗而死, 其餘兵願屬公。事聞, 皇上許之, 仍以爲天朝摠兵官。公大小六十餘戰, 皆以少擊衆, 未嘗挫衄。楊經理·麻都督貴, 皆甚奬賞, 遺以票牌, 及史世用贈詩二章以美之。公儀觀雄偉, 眼光如炬, 淸白無點, 常急人之困, 不顧己私。嘗以首級, 與天將祖承訓, 以贖罪, 祖雖不受, 義聲則著矣。初朝廷爲李公舜臣, 置三道統制使, 以領水軍, 後公以輔國崇祿大夫居其職。天啓壬戌二月二十八日, 卒于營, 年六十一。公字景雲。公內行亦備。少貧賤旣貴, 贈其父浩左贊成, 祖義傑戶曹判書, 曾祖哲碩戶曹參判。夫人姜氏, 其父世鼎, 常爲州椽。姜氏避賊, 入晉州城, 城陷, 血指書衫, 告公以死, 遂與其母及小姑, 投于矗石樓下大江之水。公葬其衫于昆陽先兆。公所用有兄子壽麟·李希春·金天男·金世賓·黃致遠·金士宗·鄭範禮·盧涵·崔胤·尹業等, 皆壯猛, 殺賊無算。所騎有神馬, 能平超六丈壕, 能緣絶度險, 如利爪快翮者, 公制勝脫危, 多得其力。嘗與公相失, 爲賊所得, 忽應公聲, 嚙仆執鞚賊。走赴公峻坂上。後病死, 公爲文以祭之。蓋當時應公而出者皆如是, 公之應時而出可知也。公嘗殺降倭數十, 終身恨之。然公位躋崇班, 子姓蕃衍, 豈公活人甚多, 故其所恨不足以傷其慶報耶? 後娶宣傳官權弘啓女, 生一女, 適生員金是梲。側出男翼麟·得麟·德麟·時麟, 翼麟·得麟皆武科。…(이하 생략)…

〔宋子大全, 卷164, 碑〕

43. 정경세 문장공

정경세의 자는 경임, 호는 우복당, 본관은 진양이다. 명종 계해년(1563)에 태어났다. 선조 임오년(1582) 사마시에 합격하고, 병술년(1586) 문과에 급제하였다. 한림(翰林)·홍문정자(弘文正字)·호당(湖堂)·이랑(吏郎)·사인(舍人)·승지(承旨)·감사(監司)·교정당상(校正堂上)·대사성(大司成)을 역임하고, 인조조에 부제학(副提學)·예문제학(藝文提學)·대사헌(大司憲)·빈객(賓客)·좌참찬(左參贊)·호소사(號召使)·대제학(大提學)을 거쳐 이조판서(吏曹判書)에 이르렀다. 임신년(1632)에 죽었다. 좌찬성에 추증되었다. 상주(尙州)의 도남서원(道南書院)에 향사하였다.

막 말을 배우자마자 《소학(小學)》 1권을 읽었는데, 글의 뜻을 깨달아 아는 힘이 툭 트여 다른 책들도 칼로 대나무를 가르듯 술술 풀어냈다. 16세 때 이미 향시에 합격했으나 뜻은 과거 시험에 있지 않아서 〈종선여등(從善如登: 선을 따르는 것은 높은 곳에 오르는 것과 같다.)〉이라는 시를 지어 자신의 뜻을 드러냈다.

서애(西厓: 柳成龍) 선생이 상주 목사(尙州牧使)로 있을 때, 공령(功令: 선비들을 권면하기 위한 방침)으로써 과거를 보려는 선비들을 권면하였다. 공이 꿩을 잡아 예물을 바치며 가르침을 청하였는데, 선생은 옛사람들이 자신을 닦기 위해 했던 학문을 말해 주니, 공이 기뻐하여 종신토록 그를 스승으로 섬겼다.

사관(史官)으로 입시하였을 때, 주상이 위항(委巷)의 뜻을 물었으나 좌우에 있던 신하들이 능히 대답하지 못했다. 공이 나아가 아뢰기를, "〈단궁(檀弓)〉에 나오는 말로, 곡항(曲巷: 굽은 골목)이라는 말과 같습니다."라고 하니, 주상이 매우 기뻐하며 눈길로 그를 배웅하였다. 얼마 지나지 않아 옥당(玉堂: 홍문관)의 남상(南床: 정자)에 뽑히게 되었다.

경연(經筵)에서 진강(進講)하며 아뢰기를, “성상(聖上)의 뜻이 《주역(周易)》을 성학(聖學)의 정종(正宗: 정통)으로 여기시기 때문에 경연을 열어 가장 먼저 이 책을 강론하고 있습니다. 그러나 그 뜻은 정밀하고 깊어서 알기가 어렵습니다. 《춘추(春秋)》는 원수를 갚는 의리를 밝히니, 오늘날 가장 시급한 일입니다.”라고 하니, 주상이 이어 《정전(程傳: 程子의 전)》과 《본의(本義: 朱子의 본의)》가 서로 같은지 다른지 묻자, 공이 삼성(三聖)의 연원을 밝혀 아래로 여러 유학자들의 발휘가 모두 선천도(先天圖)에서 나왔음을 밝혔고, 이어서 《정전》과 《본의》가 왜 그러한지 그 까닭을 밝혔다. 주상이 옳다 칭찬하며 반드시 말하기를, “국사(國士)다! 국사로다!”라고 하였다.

서애는 소인배들의 모함을 당하여 조정을 떠나자, 공은 국사를 도모할 수 없음을 알고서 매번 제수하는 명이 있을 때마다 힘써 사양하여 나아가지 않았다.

하지사(賀至使)가 북경(北京)에 조회하러 갔을 때, 주객사(主客司: 명나라 예부 소속의 접빈 관청)에서 검은 반령(盤領) 차림으로 조회의 반열에 들게 하자, 공이 생각하기를, ‘반령은 본래 예복이 아니며 검은 색은 더욱이 재계복(齋戒服)의 색이니, 조하(朝賀: 황제에게 조회하며 축하를 올리는 의례)에 착용하는 것은 예법에 맞지 않다.’라고 여겨, 마침내 예부(禮部: 명나라 부서)에 상소하여 그 잘못됨을 논박하였다.

일찍이 억울한 옥사로 체포된 적이 있었는데, 그 집안 사람들의 서신을 수색하여 올리자, 광해군이 다 읽고 나서 말하기를, “사사로운 편지 가운데 부인네들이 쓴 언서(諺書: 한글 편지)에도 임금에 관한 말이 나오면 반드시 행(行)을 달리하여 높여 썼으니, 그 집안은 부인네나 아이들까지도 또한 임금을 존경할 줄 아는데, 어찌 역모에 참여했을 리가 있겠느냐?”라고 하고는, 마침내 석방하였다.

또다시 억지로 죄를 들이대어 심리를 받게 되자, 광해군이 마음속으로 그 무고(誣告)를 알면서도 일부러 판결을 늦추며 속전(贖錢: 벌금)을 기다렸다. 문인들이 응소(應劭: 후한 魏劭의 오기)의 일을 들어 한강(寒岡: 鄭逑)에게 물으니, 한강이 말하기를, "해가 되지 않는다. 옛사람 중에도 이런 일을 한 자가 있었으니, 산의생(散宜生)이 바로 그러한 예이다."라고 하였다. 공이 이를 듣고 편지를 보내어 말하기를, "옛사람 가운데 비록 그런 일을 한 적이 있기는 하나 오늘의 일과는 다르니, 저를 위해 제군(諸君)에게 사과해 주십시오. 군자는 덕으로써 사람을 사랑하는 것이지, 만약 사리(事理)를 끊어 버리고 그렇게 한다면, 청컨대 제군과는 결별하겠습니다."라고 하였다. 옥에 갇혀 해를 넘겼다. 이듬해 병진년(1616) 겨울에야 비로소 풀려났고, 이로부터 황야에 은둔한 것이 6년이었다.

계해년(1623)에 처음으로 부제학(副提學)으로 부르는 명을 받들었는데, 차자(箚子)를 올려 마땅히 하여야 할 일을 하지 못한 허물을 조목조목 지적하고 진술하면서 기휘(忌諱: 나라의 禁令)를 피하지 않았으니, "큰 공은 이루기 쉽지만, 본심은 보존하기 어렵다."라는 등의 말이 있었다. 주상이 손수 써 내린 비답은 매우 따뜻하였다. 옛 제도에 따르면 옥당장(玉堂長: 홍문관 대제학)은 입시하는 것이 매우 드물었는데, 특별히 하루 걸러 경연에 참여하도록 하였으니, 이는 남다른 예우였다. 이때부터 정헌대부(正憲大夫)에 이르기까지 부제학으로 지낸 것이 모두 8번이었다.

이괄(李适)이 반란을 일으키자, 공이 강도(江都: 강화도)로 들어가는 것은 계책이 아니다라고 건의하니, 대가(大駕)가 마침내 남쪽으로 거둥하였다.

훈재(勳宰: 李貴)가 공에게 폐위된 서인(庶人: 광해군)과 인성(仁城: 李珙) 사건을 논하지 않는다고 하여 거리낌 없이 헐뜯고 욕하자, 공이 물러나기를 매우 간절히 청했다. 주상이 허락하지 않으니, 공이 주자(朱子)의 말을 인용하여 사대부가 사양하고 받아들이며, 나아가고 물러남은 풍속의 성쇠에 관계된다고 하였다. 주상이 그제야 체차(遞差)를 허락하였고, 공은 즉시 그날 배를 사서 남쪽으로 돌아갔다.

인헌황후(仁獻皇后)의 상을 당했을 때, 공론(公論: 조정의 의논)으로 부장기(不杖期: 喪杖을 짚지 않고 1년복)를 하기로 정했는데, 주상이 곤란하게 여겼다. 삼사(三司: 사헌부, 사간원, 홍문관)가 힘써 간쟁하여 모두 30여 차례 올린 글을 모두 공이 지은 것인데, 글이 부드럽고 공손하면서도 의리가 정당하여 누구도 감히 한 마디도 덧붙이지 못했다. 과거 시험에서 주사(主司: 고시관)가 사사로이 한 일이 있자, 공이 의논하여 파방(罷榜)하고, 또한 제도화하여 과거 응시자에게는 초를 지급하지 말 것을 청하였다.

부음(訃音)이 전해지자, 동궁(東宮: 소현세자)이 거애(擧哀: 신위를 마련하고 곡함)를 하려 하였는데, 예관(禮官)이 말하기를, "빈객(賓客: 세자시강원의 정2품 벼슬)의 상에 거애한 전례(前例)가 없습니다."라고 하니, 주상이 전교(傳敎)하기를, "이 사람은 동궁을 가르쳐서 일깨워 준 공이 많으니, 거애하는 것이 마땅하다."라고 하였다.

공의 학문은 서애(西厓: 류성룡)에서 나왔고, 서애의 학문은 퇴도(退陶: 이황)에서 나왔으며, 퇴도는 평생 존경하여 믿은 분이 바로 회옹(晦翁: 주희)이다. 공은 《주서(朱書)》에 가장 깊이 정통하여 조정에 나아가 의논할 때나 경악(經幄: 궁중 강론 자리)에서 강설할 때 《주서》에서 나오지 않은 것이 없었다. 주상이 마음을 비우고 강설을 경청하면서 오직 하루라도 공이 곁에 없을까 걱정하였다.

오리(梧里: 이원익)는 늘 말하기를, "정 아무개는 어찌 오늘날에만 으뜸이겠는가? 옛날에도 얻기 어려운 인재이다."라고 하였다.

별다른 학설을 세우는 것을 좋아하여 선유(先儒)의 학설을 거스르는 자를 보면 정색하고 꾸짖어 이르기를, "후학은 오직 마땅히 스승의 말씀을 독실히 믿어야지 어찌 함부로 말할 수 있겠는가? 부처를 비난하고 조사(祖師)를 꾸짖는 것과 가깝지 않겠는가?"라고 하였다.

만년에 《주서(朱書)》 가운데 봉사(封事)·서(序)·기(記)·비명(碑銘)·제문(祭文)을 가려 뽑아 10책으로 엮고 이름을 '주문작해(朱文酌海)'라 하였는데, 《절요(節要: 주서절요)》와 서로 짝을 이룬다고 한다.

혹자는 의심하기를, '공이 어진 임금을 만나고도 지치(至治: 지극한 다스림)를 빚어내지 못하고, 단지 시강(侍講)만으로 이름을 드날렸을 뿐이다.'라고 여긴다. 아! 가부(賈傅: 賈誼)와 동생(董生: 董仲舒)은 후원(後元: 漢文帝)·건무(建武: 光武帝)의 시대를 만나서도 그저 《치안책(治安策)》과 《천인대(天人對)》를 올렸을 뿐이었고, 양정(兩程: 程顥·程頤)과 주부자(朱夫子) 또한 경력(慶曆: 宋 仁宗)·순희(淳熙: 宋 孝宗) 연간의 조정에서 크게 뜻을 펼칠 수가 없었으니, 이는 말하기 어려운 일이다. 비록 그러하지만 우리 임금이 유학을 높이고 도를 중히 여겨 아무리 온갖 험난하고 어려운 역경을 겪었어도 처음부터 끝까지 정통 학문이 쇠하지 않게 된 것은 누구의 힘이었겠는가?【협주: 조경이 찬한 비명에 실려 있다.】

이창석(李蒼石: 李埈)이 말하기를, "우복(愚伏)은 아는 바가 지극히 미미하였으나 보는 바가 지극히 높았다. 비록 오현(五賢) 가운데 퇴계(退溪) 같은 분이라도 간혹 양보해야 할 바가 있었다."라고 하였는데, 사람들은 공을 잘 알고 한 말로 여겼다.

벼슬에서 물러나기를 청하는 상소에 이르기를, "사람의 근본이 되는 조정에 서 있으면서 도가 행해지지 않는 것은 부끄러운 일이라고 했는데, 신(臣)이 비록 보잘것없으나 수치심을 전혀 알지 못하는 사람은 아니니, 하루아침에 나그네 집 같은 세상에서 갑자기 죽음을 맞아 후세에 의논하는 자들이 이르기를, '밝은 시대에 벼슬자리만 훔쳐 차지하고 이리저리 지내다가 죽었다.'라고 한다면 일생 동안 예(禮)를 강론한 것이 구천(九泉)에서도 수치를 입을 것입니다."라고 하였다. 동궁이 궁관(宮官)을 보내 제사를 지내게 하고 또한 장례를 살피게 하며 말하기를, "정빈객(鄭賓客)은 일생 동안 예(禮)를 좋아하였으니, 궁관은 예를 잃지 말라."라고 하였다.

• **鄭經世 文莊公**

鄭經世, 字景任, 號愚伏堂, 晉陽人。明宗癸亥生。宣祖壬午司馬, 丙戌文科。歷翰林·弘文正字·湖堂·吏郎·舍人·承旨·監司·校正堂上·大司成。仁祖朝，副提學·藝文提學·大司憲·賓客·左參贊·號召使·大提學，至吏曹判書。壬申卒。贈左贊成。享尙州道南書院。

纔學語，讀《小學》一卷，文理驟達，他書迎刃縷解[1]。十六，已捷鄕解，而志不在擧業，作〈從善如登〉[2]詩，以見志。

西厓先生牧尙州，以功令[3]勵學子。公執雉[4]請益[5]，先生告以古人爲己之學，公悅而終身師事之。

以史官入侍，上問委巷之義，左右莫能對。公進曰："出《檀弓[6]》，猶言曲巷也." 上甚悅，目送之。無何[7]，有玉堂南床[8]之選。

講筵奏曰："聖意以易爲聖學正宗，故開筵首講是書。然其義精微難曉。《春秋》明復讐之義，最是今日急務." 上仍問《程傳》·《本義》異同，公推原三聖，下及羣儒發揮皆出先天之晝，仍明《程傳》·《本義》所以然之故。上稱善，必曰："國士！國士!"

西厓被羣小齮齕[9]去國[10]，公知事不可爲，每有除命，力辭不就。

賀至朝京，主客司[11]令以玄盤領[12]入班。公以爲：'盤領非禮服，玄且齋

---

1 迎刃縷解(영인누해): 칼날이 닿는 대로 쪼개짐. 《晉書》 권34 〈杜預列傳〉에 "대나무를 쪼갤 때 몇 마디가 쪼개진 뒤에는 모두 칼날이 닿는 대로 쪼개진다.(破竹，數節之後，皆迎刃而解.)"라고 한 데서 나온 말이다.

2 從善如登(종선여등): '선행을 하는 것은 높은 곳을 오르는 것처럼 어렵다'라는 시. 《國語》 권3 〈周語下〉의 "선을 따르는 것은 높은 곳에 오르는 것과 같고, 악을 따르는 것은 산이 무너져 내리는 것과 같다.(從善如登，從惡如崩.)"라고 한 데서 나온 말이다.

3 功令(공령): 政令. 학문의 功績 성취를 장려하는 명령.

4 執雉(집치): 꿩을 잡음. 예물을 갖추다라는 뜻이다.

5 請益(청익): 재삼 가르침을 바람.

6 檀弓(단궁): 《禮記》의 편명.

7 無何(무하): 오래지 않음. 머지 않음.

8 南床(남상): 조선시대에 벼슬아치가 모여 앉을 때 벼슬의 차례에 따라 좌석의 남쪽에 앉던 벼슬. 홍문관의 박사, 저작, 정자 벼슬이 이에 해당한다. 이때 정경세는 정자로 뽑혔다.

9 齮齕(기흘): 남의 재능을 시기하여 배제함.

10 去國(거국): 도성을 떠남.

11 主客司(주객사): 명나라의 외국 사신 접대를 담당하던 관청.

12 玄盤領(현반령): 玄은 검은색으로 통상 齋戒나 喪禮에서 착용하는 색으로 간주되었고,

服, 用於朝賀非禮.' 遂呈禮部辨之。

嘗被逮誣獄, 搜家書以進, 光海覽訖, 曰: "私書中, 婦人諺書, 語及上, 必別行高書, 其家婦女小子, 亦知尊君, 豈有與逆之理乎?" 遂釋。

又妄引下理[13], 光海心知其誣, 而故緩其決, 以待贖鍰[14]。門人擧應劭[15]事, 質之寒岡, 寒岡曰: "無害。古人有行之者, 散宜生[16]是也." 公聞之, 與書曰: "古人雖有行之者, 與今日事異, 爲我謝諸君。君子愛人以德, 若斷置事理爲之, 請與諸君別." 經年囹圄。翌年丙辰冬始放, 自此遯荒者六年。

癸亥, 首以副提學召。上箚指陳闕失[17], 不避忌諱, 有"大功易成, 本心難保[18]"等語。上手批甚溫。故事, 玉堂長入侍甚簡, 特令間日參筵, 異數也。自此至正憲, 爲副學者八。

适[19]叛, 公建言入江都非計, 大駕遂南幸。

盤領은 둥근 깃의 복식으로 정식 禮服이 아니었음.

13 下理(하리): 심리에 부쳐지거나 조사·신문을 받거나 하옥하여 치죄하는 것

14 贖鍰(속환): 죄인이 그 형벌의 대가로 금전이나 물품을 바치는 것.

15 應劭(응소): 魏劭의 오기. 《後漢書》 권64 〈史弼傳〉에 의하면, 後漢 때 史弼이 무고를 당해 棄市의 刑에 처해지게 되었는데, 魏劭가 자신의 집을 팔아 그 돈을 당시 요직에 있던 侯覽에게 뇌물로 주고 사형에서 면하게 한 고사.

16 散宜生(산의생): 殷나라 당시 西伯이었던 周文王이 紂王에 의해 羑里에 있는 獄에 갇히자, 閎夭 등과 함께 呂尙으로부터 황금 千鎰을 받아 이를 가지고 美女와 文馬를 사 주왕에게 바쳐 서백을 석방시켰던 인물.

17 闕失(궐실): 마땅히 하여야 할 일을 하지 못한 허물.

18 大功易成, 本心難保(대공이성, 본심난보): 朱子가 송나라 孝宗에게 아뢴 말에서 나옴. 곧 "세상에 둘도 없는 큰 공은 세우기 쉽지만 지극히 은미한 본심은 보존하기 어렵고, 중원의 오랑캐는 쫓아내기 쉽지만 내 한 몸의 사욕은 없애기 어렵다.(不世之大功易立, 而至微之本心難保, 中原之戎易逐, 而一己之私意難除也."이다.

19 适(괄): 李适(1587~1624). 본관은 固城, 자는 白圭. 선조 때 무과에 급제한 뒤 형조 좌랑·태안 군수를 지냈다. 1622년 함경북도 병마절도사에 임명되어 임지로 떠나기 전, 평소 친분이 있던 申景裕의 권유로 광해군을 축출하고 새 왕을 추대하는 계획에 가담해 1623년 3월의 인조반정 때 큰 공을 세웠다. 1623년 포도대장을 지낸 뒤 평안병사 겸 부원수에 임명되었다. 평안도 영변에 출진해 군사 훈련에 힘쓰는 한편 그 지방의 城柵을 보수해 진의 방비를 엄히 하였다. 1624년 1월 아들 李栴이 韓明璉·奇自獻·玄楫·李時言 등과 함께 반역을 꾀한다는 무고를 받았다. 이로 인하여 영변의 군영에 금부도사가 당도하자 무능하고 의심 많은 공신들에 대한 적개심이 폭발, 난을 일으켰다. 1만 2000의 군사를 거느리고 탁월한 작전으로 서울로 진격하자 仁祖는 公州로 피란하고 이괄은 서울을 점령하고 興安君 瑅를 왕으로 추대했다. 그러나 서울에 입성한 지 이틀 뒤 張晩의 관군에

勳宰以公不論廢庶人及仁城事, 肆言詆詬, 公乞退甚力。上不許, 公引朱子之言[20], 士大夫辭受出處, 有關風俗盛衰。上始許遞, 卽日買舟南歸。

仁獻皇后喪, 公議定不杖期[21], 上難之。三司力爭, 凡三十餘啓, 皆公筆, 辭婉義正, 人不敢贊一辭。科試主司[22]有私, 公論罷其榜, 且請建法勿給擧子燭。

訃聞, 東宮將擧哀[23], 禮官以爲: "賓客無擧哀例." 上教曰: "此人多教誨之功, 擧哀爲宜."

公之學出於西厓, 西厓之學出於退陶, 退陶平生所尊信者晦翁。公最深於《朱書》, 立朝議論, 經幄[24]講說, 靡不自《朱書》中來。上虛己而聽, 唯恐一日公之不在側也。

梧里每曰: "鄭某豈惟今之第一? 古亦難得."

見好立異論, 背於先儒之說者, 正色責之曰: "後進惟當篤信師說, 豈可妄言? 不幾於譏佛買祖[25]乎?"

晩年, 選《朱書》中封事·序·記·碑銘·祭文爲十冊, 名曰'朱文酌海', 與《節要》相表裏云。

或疑'公遭所賢之主, 不能陶鑄至治, 秪以侍講鳴.' 噫! 賈傅[26]·董生[27],

참패, 利川로 도망했으나 부하 장수 奇益獻 등에게 목이 잘려 난은 평정되었다.

20 朱子之言(주자지언): "사대부가 사양하고 받고 나아가고 물러남은 비단 자기 한 몸의 일일 뿐만이 아니요, 그 처신하는 바의 잘잘못은 실로 풍속의 성쇠에 관계된다.(士大夫辭受出處, 不獨其身之事而已, 其所處之得失, 實關風俗之盛衰.)"에서 나온 것. 이는 《朱子語類》 권108에 사대부의 출처와 진퇴의 어려움, 그 배후의 시대적 기운, 그리고 풍속과 도덕의 흥망을 연결하여 설명하는 글이 있다.

21 不杖期(부장기): 喪杖을 짚지 않고 1년 동안 입는 상복을 말함.

22 主司(주사): 과거 시험을 주관하는 試官.

23 擧哀(거애): 喪禮에서 죽은 사람의 魂을 부르고 나서 상제가 머리를 풀고 슬피 울어 初喪난 것을 알림.

24 經幄(경악): 經筵. 임금이 학문을 강론하고 연마하여 신하들과 국정을 협의하던 일.

25 譏佛買祖(기불매조): 呵佛罵祖. 부처를 비난하고 祖師를 꾸짖음. 그 의미가 변하여 선대 성현의 업적을 우습게 여겨 자기 멋대로 행동하는 것을 뜻하는 말로 사용하였다.

26 賈傅(가부): 중국 前漢의 문인 賈誼. 文帝의 총애를 받다가 長沙王의 太傅로 좌천되었다.

27 董生(동생): 董仲舒. 중국 前漢의 유학자. 武帝를 섬겨 총애를 받아 유교를 채용하고 교육 행정으로 공헌하였다.

當後元[28]·建武[29]時, 《治安策》·《天人對》而已。兩程·朱夫子, 亦不能有爲於慶曆[30]·淳熙[31]之朝, 是難言也。雖然, 使吾君崇儒重道, 雖備嘗險阻艱難, 而終始典學不衰者, 誰之力也?【趙絅撰碑[32]】

李蒼石曰: "愚伏識處極微, 見處極高, 雖五賢如退溪, 或有所讓處矣." 人以爲知言。

乞退疏曰: "立乎人之本朝, 道不行耻也[33], 臣雖無狀, 非全然無耻之人, 恐一朝溘然[34]旅邸[35], 使後之議者曰: '竊位明時, 往來而死.' 則一生講禮, 九泉蒙羞矣." 東宮遣宮官致祭, 且令看葬曰: "鄭賓客一生嗜禮, 宮官毋失禮."

---

28 後元(후원): 前漢 武帝의 11번째 연호.

29 建武(건무): 後漢 光武帝의 1번째 연호.

30 慶曆(경력): 송나라 仁宗의 연호(1041~1048).

31 淳熙(순희): 南宋 孝宗의 연호(1174~1189).

32 趙絅의 문집 《龍洲先生遺稿》 권18에 〈愚伏鄭先生神道碑銘 并序〉가 실려 있으며, 한국고전번역원에서 번역문을 제공하고 있음.

33 立乎人之本朝, 道不行耻也(입호인지본조, 도불행치야): 《孟子》 〈萬章章句 下〉에 맹자가 벼슬에 나아가는 도리에 대해 설명하면서 "지위가 낮은데도 고위직의 일을 말하는 것은 죄받을 일이요, 남의 조정의 높은 지위에 서 있으면서 도가 행해지지 않는 것은 부끄러운 일이다.(位卑而言高, 罪也, 立乎人之本朝而道不行, 恥也.)"라고 한 데서 나오는 말.

34 溘然(합연): 갑자기 세상을 떠남. 죽음.

35 旅邸(여저): 객지에서 임시로 머물러 사는 집.

44. 전식 충간공

전식의 자는 정원, 호는 사서, 본관은 옥천이다. 명종 계해년(1563)에 태어났다. 선조 기유년(己酉年: 기축년의 오기, 1589) 사마시에 합격하고 천거로 찰방에 제수되었으며, 계묘년(1603) 문과에 급제하였다. 주서(注書)·수찬(修撰)·집의(執義)·승지(承旨)·이조참의(吏曹參議)·대사간(大司諫)·부제학(副提學)·이조참판(吏曹參判)·대사헌(大司憲)·대사성(大司成)을 거쳐 지중추부사(知中樞府事)에 이르렀다. 인조 임오년(1642)에 죽었다. 좌의정에 추증되었다.

광해군의 정사가 어지러워 사람으로서 떳떳하게 지켜야 할 도리가 거의 무너지려 하자, 공은 벼슬하는 것을 좋아하지 않아 고향으로 물러나 정우복(鄭愚伏: 鄭經世)·이창석(李蒼石: 李埈)과 함께 산수 사이를 소요하니, 세상 사람들이 '상사삼로(商社三老)'라고 하였다.

학사(學士) 임숙영(任叔英)이 항상 칭찬하기를, "경연관 중에 고금을 통달한 이는 정경세(鄭經世)요, 사리에 통달한 이는 전식(全湜)이다."라고 하였다.

갑자년(1624) 이괄(李适)의 난이 일어났을 때 공이 대가(大駕)를 호종하여 남쪽으로 내려갔는데, 연평군(延平君) 이귀(李貴)가 군대를 통솔하면서 군율을 어긴 죄와 원수(元帥) 장만(張晩)이 기일을 늦추어 역적을 놓친 죄를 논핵하였다. 장만의 휘하 무사들이 모두 소란스럽게 떠들면서, "주장(主將)은 아무런 죄가 없습니다."라고 지나친 말을 하자, 공이 대문(臺門: 사헌부의 문)을 막아서서 꾸짖으며 말하기를, "종묘사직이 먼지에 뒤덮이고 군주가 피난가도록 한 것이 누구의 죄이냐? 너희들 또한 신하된 자들로서 감히 이럴 수 있느냐?"라고 하니, 모두 말문이 막혀 잠잠했다.

정묘년(1627)에 오랑캐 사자(使者) 유해(劉海)가 주상과 피를 마시는 맹약(盟約)을 요청하였는데, 공은 항소(抗疏)를 올려 화친하려는 것을 꺾었다.

대사간에 제수되었는데, 논하기를, "인평대군(麟平大君)의 혼례 때 의복과 기물이 너무 사치스러워 선왕의 제도에 누가 될까 두렵습니다."라고 하였으며, 또 논하기를, "기강이 점점 해이해져 궁궐의 금령(禁令)이 엄하지 않다."라고 하였는데, 움직일 수 없는 증거가 있는 수백 자의 말이다. 정축년(1627) 대가가 도성으로 돌아오자, 공이 즉시 달려가 문안하였는데, 주상이 옆자리로 옮겨 앉아 하교하기를, "경(卿)이 의병을 일으켰다는 소식을 듣고 내가 몹시 가상히 여겼소."라고 하였으며, 또한 말하기를, "영남의 군사가 다시 모였으니, 참으로 영남의 사대부가 능히 임금을 저버리지 않는 의리를 알았던 것이다. 호남이 부끄럽지 않겠는가?"라고 하니, 공이 울면서 죄과를 자책하고 이어 말하기를, "'큰 어려움을 만나서도 두려워하지 않는 것은 성인(聖人)의 용기이다.'라고 하였으니, 바라건대 스스로 기가 꺾이지도 마시고 스스로 안일하지도 마시고 날마다 신하들과 흥망성쇠의 도를 강론하소서."라고 하였다. 도성을 나간 이후로는 어전에 나와 조회한 일이 매우 드물었기 때문에 공이 이에 대해 간한 것이다.

광해군 무신년(1608)에 간당(姦黨)이 정인홍(鄭仁弘)을 추대하여 주모자로 삼으니 사람들이 감히 그 숨결조차 거스르지 못하였는데, 공은 창졸간에 분연히 개진하여 오리(梧里: 李元翼) 상국(相國)의 정론(正論)을 변호하였다.

요동(遼東) 전역이 오랑캐에게 함락되자 천자의 조정에 조회하던 길이 바뀌어 바닷길로 가게 되었는데, 왕명을 받든 사신(使臣)들이 그 동안 물고기 뱃속에 장사 지낸 자가 잇따랐다. 공은 이때 나이가 예순이 넘었으나 연로했다고 핑계를 삼아 피하려는 기미가 없이 젊고 건강한 이들보다 먼저 가겠다고 나섰다. 이로 인하여 황조(皇朝: 명나라)의 사관이 써놓기를, "조선의 사신 전(全) 아무개가 조회하러 왔다."라고 되어 있으니, 특별히 기록한 것이다. 이는 이윤경(李潤慶, 1498~1562)이 《가융록(嘉隆

錄: 嘉隆兩朝聞見紀)》에 이름이 오른 후로 처음 보는 것이었다.

공이 조정에 들어선 지 50여 년 동안 역임한 관직이 30여 개쯤 되었는데, 일한 것이며 말한 것이 모두 세상의 사표로 삼기에 충분하였다. 위로는 조정의 사대부 관리로부터 아래로는 시골의 학자들에 이르기까지 애달파하며 아까워하지 않는 사람이 없었다.

명(銘)에 대략 이르기를, "인은 머리에 이고 다녔고, 의는 가슴에 안고 살았네. 편안한 일은 반드시 남에게 양보하였고, 곤란한 일은 반드시 서둘러 떠맡았도다. 삼가고 고요하여 지극히 장수하였고, 굳세고 꼿꼿하되 타인을 포용하였네."라고 하였다. 【협주: 조경이 찬한 비명에 실려 있다.】

- **全湜 忠簡公**

全湜, 字淨遠, 號沙西, 沃川人。明宗癸亥生。宣祖己酉[1]司馬, 薦除察訪, 癸卯文科。歷注書·修撰·執義·承旨·吏曹參議·大司諫·副提學·吏曹參判·大司憲·大司成, 至知中樞。仁祖壬午卒。贈左議政。

光海政亂, 彝倫[2]垂斁, 公不樂爲官, 退與鄭愚伏·李蒼石, 相羊山水間, 世以爲"商社三老."

任學士叔英, 常稱: "經筵官通古今鄭經世, 達事理全湜."

甲子, 适亂, 公扈駕而南, 論延平君李貴視師[3]左律之罪·元帥張晩[4]緩

1 己酉(기유): 己丑의 오기.

2 彝倫(이륜): 사람으로서 떳떳하게 지켜야 할 도리.

3 視師(시사): 군대를 시찰함.

4 張晩(장만, 1566~1629): 본관은 仁同, 자는 好古, 호는 洛西. 증조부는 張哲堅이며, 조부는 張季文이다. 아버지는 군수 張麒禎이며, 어머니 白川趙氏는 趙光琛의 딸이다. 첫째부인 豐川任氏는 任廷老의 딸이며, 둘째부인은 全義李氏이다. 1589년 생원진사 양시에 합격하고, 1591년 별시문과에 급제하였다. 1623년 인조반정으로 도원수에 임명되어 원수부를 평양에 두고 후금의 침입에 대비하였다. 1624년 李适의 반란을 진압하여, 振武功臣 1등에 책록되고 輔國崇祿大夫에 올라 玉城府院君에 봉해졌다. 이어 우찬성에 임명되고 팔도도체찰사로 개성유수를 겸했으며, 그 뒤 병을 구실로 풍덕 別墅로 내려갔으나 왕의 峻責을

期縱賊之律。晩幕下武士盡讙訟, "主將無罪." 公當臺門, 叱曰: "使宗社蒙塵, 君父播越, 誰之罪也? 汝等亦人臣子, 敢爾?" 皆咋舌[5]而戢。

丁卯, 虜使劉海[6]持書至, 要與主上歃血, 公抗疏折之。

拜大諫, 論: "麟平大君[7]婚時, 衣服·器用太侈, 恐累先王之制." 又論: "紀綱漸弛, 宮闈不嚴." 鑿鑿[8]累百言。丁丑, 大駕還都, 公卽奔問, 上側席[9]而敎曰: "聞卿唱義, 予甚嘉尙." 且曰: "嶺軍再集, 良由嶺南士大夫能知不後君之義。湖南能無愧乎?" 公涕泣引罪, 仍曰: "臨大難而不懼, 聖人之勇也[10], 願毋自沮, 毋自逸, 日與君臣, 講興衰之道焉." 盖自出城, 殿座[11]甚罕, 故公言及此。

光海戊申, 聞姦黨推鄭仁弘爲奧主[12], 人莫敢忤其鼻息, 公能造次[13]奮舌, 伸梧里相正論。

全遼陷虜, 朝周[14]之路, 變而航海, 受命冠盖[15], 前後葬魚服者相銜[16]。公於是時, 年過耳順矣, 無幾微以老爲解, 先少長而行。由是, 皇朝史氏

받고 다시 조정에 들어와 병조판서로 도체찰사를 겸하였다. 그러나 1627년 정묘호란에 후금군을 막지 못한 죄로 관작을 삭탈당하고 부여에 유배되었으나 앞서 세운 공으로 용서받고 복관되었다.

5 咋舌(색설): (놀라거나 두려워서) 말이 나오지 않음. 말문이 막힘.

6 劉海(유해): 劉興朝. 후금 二王子의 사위가 된 자. 본래 요동 사람으로 후금에게 항복하여 활동하다가, 이후 椵島의 명군에 투항하여 후금과 대적하였다. 조선과도 정묘호란 전후의 교섭이나 가도 관할 등을 통하여 관계가 깊었다.

7 麟平大君(인평대군): 본관은 全州, 자는 用涵, 호는 松溪. 인조의 셋째아들이며 효종의 동생으로, 1628년 7세 때 麟坪大君에 봉해졌다. 1640년 볼모로 瀋陽에 갔다가 이듬해 돌아온 이후, 1650년부터 네 차례에 걸쳐 謝恩使가 되어 청나라에 다녀왔다.

8 鑿鑿(착착): 근거가 확실함. 움직일 수 없는 증거가 있음.

9 側席(측석): 어진 이를 존대하기 위하여 上席을 비워 놓고 옆 자리에 앉는 것을 말함.

10 臨大難而不懼, 聖人之勇也(임대난이불구, 성인지용야): 《莊子》〈秋水〉에 나오는 구절. "逆境에 운명이 있음을 알고 通達에 時勢가 있음을 알아서 커다란 危難에 臨해서도 두려워하지 않는 것은 聖人의 용기이다.(知窮之有命, 知通之有時, 臨大難而不懼者, 聖人之勇也.)"에서 나오는 말이다.

11 殿座(전좌): 어전에 자리에 나와 앉고 난 뒤 조회를 함.

12 奧主(오주): 악당의 우두머리를 말함.

13 造次(조차): 얼마 되지 않는 짧은 시간. 아주 급작스러운 때.

14 朝周(조주): 천자의 조정을 '周'라 빗대어 부른 표현이므로, 천자의 조정에 조회함.

15 冠盖(관개): 벼슬아치. 여기서는 사신이라는 뜻이다.

16 相銜(상함): 앞뒤로 이어짐.

書曰: “朝鮮使臣全某來朝.” 特筆也。此則李潤慶[17], 登名《嘉隆錄[18]》, 後叛見也。

盖公立朝五十餘年, 歷職三十有奇[19], 所事所言, 皆足爲世師。上自薦紳大夫, 下至閭巷學究, 無不嗟惜。

銘略曰: “於仁戴行, 於義抱處, 於夷必讓, 於病必急[20]。愼靜而至壽, 强毅而容物.”【趙絅撰碑[21]】

보충

조경(趙絅, 1586~1669)이 찬한 신도비명

지사 사서 전공 신도비명 병서

좌의정에 추증된 사서(沙西) 전공(全公)이 죽은 지 17년 뒤에 둘째 아들 전 선공감 감역(前繕工監監役) 전극념(全克恬, 1597~1660)이 사손(嗣孫) 전후(全峘: 全克恒의 양자, 전극념의 2남)에게 고(故) 동지중추부사 황호(黃戻, 1604~1656) 씨가 지은 행장을 들려 상산(商山: 尙州)에서 북쪽으로 천여 리를 달려와 한양(漢陽) 조경(趙絅)에게 비명(碑銘)을 지어달라고 청하도록 하며 이르기를, “우리 선인(先人: 아버지 전식)이 조정에서 벼슬하며 오래도록 집사(執事: 정중하게 부르는 호칭)와 사사로운 정분을 맺었으니, 감히 선인의 영령에 의지해 집사에게 은혜를 베풀어 후세에 길이 전할

---

17 李潤慶(이윤경, 1498~1562): 본관은 廣州, 자는 重吉, 호는 崇德齋. 증조부는 형조판서 李克堪이며, 조부는 예조판서 李世佐이다. 아버지는 홍문관 수찬 李守貞이며, 어머니 平山 申氏는 상서원 판관 申承演의 딸이다. 부인은 高靈申氏이다. 1531년 진사시에 합격하고, 1534년 식년문과에 급제하였다. 전주부윤, 도승지, 병조판서 등을 역임하였다.

18 嘉隆錄(가융록): 嘉隆兩朝聞見紀. 명나라 沈越이 찬한 筆記. 명나라 武宗(正德)과 世宗(嘉靖) 두 황제가 집권하는 동안의 견문과 역사적 사건을 기록하고 있다.

19 有奇(유기): 정수를 넘는 약간의 수. ~이 넘음. ~남짓. ~여.

20 於夷必讓, 於病必急(어이필양, 어병필급): 《國語·魯語上》의 “현자는 곤란한 일은 자기가 떠맡고 편한 일은 남에게 양보한다.(賢者, 急病而讓夷.)”라고 한 데서 나오는 말.

21 趙絅의 문집 《龍洲先生遺稿》 권20에 〈知事沙西全公神道碑銘 幷序〉가 실려 있으며, 한국고전번역원에서 번역문을 제공하고 있음.

글을 청합니다."라고 하였다. 조경 나는 자리를 벗어나 예를 표하고 나이가 노쇠하여 억지로 글을 지어낼 수가 어렵다면서 여러 번 사양하였으나 뜻대로 되지 않았다. 이에 행장을 읽다가 아직 절반도 읽지 못하고 책을 덮으며 탄식하여 다음과 같이 말한다.

내가 일찍이 남쪽 지방의 사우(士友)들이 사서공(沙西公)에게 세상의 드높은 두 가지 행실이 있다고 칭송하는 말을 들은 적이 있는데, 이제 그 행장을 보니 과연 그러하였다. 광해군 무신년(1608) 무렵, 자신의 이익을 좇아 편당지어 몰려다니는 무리들이 정인홍(鄭仁弘)을 추대하여 주모자로 삼으니, 그 세력의 불꽃이 맹렬히 성하여 사람들이 감히 그 숨결조차 거스르지 못하였고, 조금만 거슬러도 부서지고 불에 타는 듯하여 말할 수 없을 정도였다. 그러나 공은 창졸간에 분연히 개진하여 그 잘못을 분별해 바로잡아 오리(梧里: 李元翼) 상공의 정론(正論)을 변호하였으니, 진충숙(陳忠肅: 북송 陳瓘, 1057~1122)이 장돈(章惇, 북송의 관인, 1035~1105)을 막아낸 일도 이에 미치지 못했다.

요동(遼東) 전역이 오랑캐에게 함락되자 천자의 조정에 조회하던 길이 바뀌어 바닷길로 가게 되었는데, 왕명을 받든 사신(使臣)들이 그 동안 물고기 뱃속에 장사 지낸 자가 잇따랐다. 공은 이때 나이가 예순이 넘었으나 연로했음을 핑계로 삼아 피하려는 기미가 없었고, 오히려 젊고 건장한 이들보다 먼저 가겠다고 나섰으니, 거대하게 일렁이는 파도 위를 마치 평탄한 큰길로 여기고 죽는 것과 사는 것을 마치 집에 왕래하는 것으로 여긴 것이다. 사안석(謝安石: 晉나라 謝安, 친구들과 배를 타고 바다에 나갔다가 집채만 한 파도가 덮쳐 와도 태연하게 풍랑을 향해 노래를 불렀다는 일화가 있음)이 풍랑 속에서도 항해를 두려워하지 않은 것이야 도리어 가볍게 여겨 헤아릴 것이 못 되었다. 이로 인하여 황조(皇朝: 명나라)의 사관이 써놓기를, "조선의 사신 전(全) 아무개가 조회하러 왔다."라고 되어 있으니, 특별히 기록한 것이다. 이는 이윤경(李潤慶, 1498~1562)이 《가융록(嘉隆錄: 嘉隆兩朝聞見紀)》에 이름이 오른 후로 처음 보는 일이었다. 《춘추좌씨전(春秋左氏傳)》에 "죽은 뒤에도 썩지 않고 영원히 전해지는 것이 세 가지[立德·立功·立言]이다."라고 하였으니, 공의 행실이 어찌 성급하게 입공과 입언만 남기고 그치는 데 부끄럽지 않겠는가? 태사씨(太史氏)는 장차 대서특필할 것이지, 단 한 차례만 기록으로 그치지 않을 것이다. 세속의 싸늘한 천박한 자들의 말이 어찌 공을 불후하게 전하는 데 더하거나 덜 수 있겠는가? 돌아보건대 묘비에 이름을 의탁하여 후세에 길이 전하게 한다면 우리에게 공이 크게 되는 일이다.

공이 조정에 들어선 지 50여 년 동안 역임한 관직이 30여 개쯤 되었는데, 지위의 높음과 낮음, 관직의 외직과 내직을 막론하고 대체로 일한 것이며 말한 것이 마음 속에 쌓은 충직함에서 나오지 않음이 없었으니, 모두 세상의 준칙과 세상의 사표로 삼기에 충분하였다. 사우(士友)들이 일컬은 세상의 우뚝한 행실은 단지 그 가운데 큰 것만을 거론했을 뿐이다.

공이 아직 벼슬길에 나아가기 전, 선조조(宣祖朝)의 명재상 김응남(金應南, 1546~1598)이 공을 천거하여 연원찰방(連原察訪: 충청도 충주)에 제수되었는데, 온화하게 권면하며 두루 어루만져 역참의 잘못을 용서하고 원만히 처리하였다. 얼신(臬臣: 관찰사)이 공의 행정 처리를 인정하여 가흥창(可興倉: 충북 충원군 가금면 가흥리 남한강 변에 있던 官穀 창고)을 맡겼는데, 세미(稅米)를 거두어 창고를 채우는데 왜적의 침입으로 인하여 줄어드는 일 없이 하였으며, 또 군량 공급을 주관하여 호서(湖西)에 군량을 지급하게 하니 군량 보급하는 일이 잘 이루어졌다. 기해년(1599) 예빈시 직장(禮賓寺直長)으로 옮겨졌으나 나아가지 않았고, 계묘년(1603) 문과에 급제하였으며, 을사년(1605) 임금의 언행 기록을 담당하는 사관직에 선발되어 들어갔다. 권력을 잡은 상신(相臣)이 앞장서서 존호(尊號)를 논의하자, 삼사(三司: 사헌부, 사간원, 홍문관의 합칭)가 이에 따르기를 권하면서 공이 자기들과 다른 것을 싫어하니, 공은 마침내 그 기미를 보고 떠났다.

정미년(1607) 성균관 전적(典籍)으로 승진하였다. 무신년(1608) 기성랑

(騎省郎: 병조 낭관)에 천거되었다가 곧바로 충청좌막(忠淸佐幕: 忠淸道都事)이 되었는데, 변방 백성을 쇄환하면서 거짓으로 꾸민 자는 밝혀내고 참인 자를 고향으로 돌아오게 함에 매우 명석하였으며, 도신(道臣: 관찰사)을 대신하여 적체된 송사를 해결하여 책상에 유예 문서가 없었다. 기유년(1609) 예부(禮部: 禮曹) 원외랑(員外郎: 좌랑)에 제수되었고 정랑(正郎)으로 승진하였다. 이때 공론을 견지하는 자가 공을 선조(選曹: 吏曹)에 두려고 매우 힘쓰면서 공에게 실권을 쥐고 있는 낭관(郎官)을 만나 보도록 권유했는데, 공이 웃기만 하고 대답하지 않아서 이로 인해 일은 이루어지지 않았다. 신해년(1611) 울산 판관(蔚山判官)에 제수되니, 풍속 교화가 널리 행해졌다. 이듬해 병 때문에 금교(金郊: 황해도 개경 부근의 금교역) 찰방으로 부임하지 못하였고, 전라도 도사(全羅道都事)로 나갔다. 이때 광해군의 정사가 어지러워 사람으로서 떳떳하게 지켜야 할 도리가 거의 무너지려 하자, 공은 벼슬하는 것을 좋아하지 않아 고향으로 물러나 은거하면서 정우복(鄭愚伏: 鄭經世)·이창석(李蒼石: 李埈)과 더불어 산수 사이를 소요하니, 세상 사람들이 '상사삼로(商社三老)'라고 하였다.

기미년(1619)과 경신년(1620)에 잇달아 모친상과 부친상을 당하여 예법을 따르고 슬퍼하기를 모두 극진히 하였고 여묘살이하면서 상제(喪制: 삼년상)를 마쳤다.

계해년(1623)에 인조대왕(仁祖大王)이 종묘사직을 안정시키고는 우수한 인재들을 불러들였는데, 공은 예조 정랑(禮曹正郎)에 제수되어 기주관(記注官)·지제교(知製敎)를 겸하였다. 홍문록(弘文錄)에 올라 수찬(修撰)·교리(校理)에 제수되었다. 학사(學士) 임숙영(任叔英)이 항상 칭찬하기를, "경연관 중에 고금을 통달한 이는 정경세(鄭經世)요, 사리에 통달한 이는 전식(全湜)이다."라고 하였다. 오랜 뒤에 전적을 거쳐 사헌부 장령에 제수되었는데, 탄핵할 때면 거리낌이 없었다.

갑자년(1624)에 역적 이괄(李适)의 난이 일어나자, 공은 태복시(太僕寺: 司僕寺의 별칭) 정(正)으로서 대가(大駕)를 호종하여 남쪽으로 내려가다가 천안(天安)에 이르러 집의(執義)로 제수되었는데, 연평군(延平君) 이귀(李貴)가 군대를 통솔하면서 군율을 어긴 죄와 원수(元帥) 장만(張晩)이 기일을 늦추어 역적을 놓친 죄를 논핵하였다. 장만의 휘하 무사들이 모두 소란스럽게 떠들면서, "주장(主將)은 아무런 죄가 없습니다."라고 지나친 말을 하자, 공이 대문(臺門: 사헌부의 문)을 막아서서 꾸짖으며 말하기를, "종묘사직이 먼지에 뒤덮이고 군주가 피난가도록 한 것이 누구의 죄이냐? 너희들 또한 신하된 자들로서 감히 이럴 수 있느냐?"라고 하니, 모두 말문이 막혀 잠잠했다. 3월에 예빈시 정(禮賓寺正)을 거쳐 통정대부로 승진하여 병조 참의(兵曹參議)에 제수되었으니, 호종한 공로를 포상한 것이었다. 겨울에 대언(代言)으로 제수되었는데, 주상이 김공량(金公諒)과 함께 절충장군(折衝將軍)의 자급(資級)을 내려주자 공은 반납하니, 많은 사람들이 훌륭하게 여겼다.

을축년(1625)에 좌승지(左承旨)로 옮겼다가, 호군(護軍)을 거쳐 형조참의로 바뀌었다. 상개(上价: 正使)로서 북경에 조회하러 갔는데, 화인(華人: 중국 사람)들이 공을 본 자는 모두 공의 덕성과 기품을 칭찬하였으며, 등주(登州)의 군문(軍門) 무지망(武之望: 명나라 문신, 1552~1629)은 더욱 공경히 예우하였다. 이듬해 복명(復命: 처리한 일의 보고)하였다.

또 이듬해 정묘년(1627) 2월에 오랑캐가 변경을 뚫고 해서(海西)까지 침입해 오자, 장전(帳殿: 일종의 행궁)을 강도(江都: 강화도)로 옮겼다. 오랑캐의 사자(使者) 유해(劉海)가 국서를 가지고 와서 주상과 피를 마시는 맹약(盟約)을 요구하였다. 묘당(廟堂)의 논의가 화친을 받아들이는 방향으로만 흘러가자, 공이 항소(抗疏)하여 화친하는 일이 잘못임을 간절하고 신랄하게 지적하였다. 예조 참의(禮曹參議)로 바뀌었다가 곧바로 대사간(大司諫)에 제수되어 6조목의 차자(箚子)를 올렸으니, 간쟁을 받아들일 것, 치우침과 사사로움을 제거할 것, 군정(軍政)을 바로잡을 것, 군관(軍官)을 줄일 것, 화의(和議)를 믿지 말 것, 기찰(譏察)을 하지 말 것이었다. 군관과 기찰은 나라를 병들게 하고 혼란을 초래한다는 사실을 모르는 사람이 없었으나 훈귀(勳貴)를 두려워하여 감히 말하지 못하였는데, 공이 홀로 그 실상을 죄다 아뢰어 털끝만큼도 어긋남이 없었으니, 그 말을 들은 자들은 머리털이 곤두서게 되었다.

경오년(1630)에서 신미년(1631) 사이에 예부 좌시(禮部左侍: 예조 참의)를 맡은 것이 네 번이었고, 동전(東銓: 이조 인사권)과 서전(西銓: 병조 인사권)의 참의가 된 것이 두 번이었고, 간장(諫長: 사간원 대사간)이 된 것이 네 번이었는데, 공은 번번이 스스로 말하기를, "늙고 병이 심해 힘을 오래도록 조정에 기울일 수가 없다."라고 하며 외직에 보임되도록 청하는 것이 굳고 간절하였다. 마침내 경주 부윤(慶州府尹)이 되어 다스리면서 참으로 급암(汲黯)이 와합(臥閤: 漢나라 汲黯이 東海太守로 나가 병으로 閤門 안에 누워 있으면서도 정사가 잘 다스려졌다는 고사)하며 인위적인 것을 삼가고 조용하게 일처리한 것을 체득하여 온 고을이 교화되었다. 임기가 차자 돌아오니 백성들이 돌에 시를 새겨 찬미하였다.

갑술년(1634) 대사간에 임명되었는데, 논하기를, "옛날 우리 선왕이 《경국전(經國典: 經國大典)》을 만들었으니, 비록 왕자나 대군이라 할지라도 감히 그 제도를 지키지 않고 거슬러서는 안 되거늘, 지금 인평대군(麟坪大君)의 혼례 때 의복과 기물이 너무 사치스러워 선왕의 제도에 누가 될까 두렵습니다."라고 하니, 주상이 달갑게 받아들였다. 또 논하기를, "기강이 점점 해이해져 궁궐의 금령(禁令)이 엄하지 않다."라고 하였다. 또 상소하여 시정(時政)의 잘잘못, 군주의 좋아하고 싫어함, 하늘의 재앙과 백성의 원망을 논하였는데, 수백 마디의 말을 분명하게 진술하여 사리에 맞지 않는 것이 없었다. 또한 주상에게 옛 학문을 더욱 익히고 다시 새로운 것을 더 배우도록 권하였으니 참된 유신(儒臣)의 말이었다. 사직하여 체차되고서 병조 참의에 제수되었으나 사양하여 체차되었고, 다시 대사간에 임명되었으나 사직하였으며, 예조 참의에 임명되었는데 휴가를 받아 고향으로 돌아갔다.

병자년(1636) 1월에 인열왕후(仁烈王后: 인조의 왕비 청주한씨 한준겸의 딸)의 상(喪)에 궁궐로 달려가 곡하고 대궐에서 제수의 명을 사양하고는 즉시 돌아왔는데, 대사간과 부제학에 제수되었으나 모두 병을 이유로 사양하였다. 12월에 서쪽 지방의 사변이 급박하여 주상이 남한산성(南漢山城)으로 피하자, 공은 의병을 일으켜 병사를 모집하였다. 정축년(1637)에 오랑캐의 포위가 풀려 대가가 도성으로 돌아오자, 공이 즉시 달려가 문안하니 이미 부제학에 임명하는 명이 있었다. 이에 사은숙배하고 청대(請對: 뵙기를 청함)하자, 주상이 옆자리로 옮겨 앉아 하교하기를, "경(卿)이 의병을 일으켰다는 말을 듣고 내가 몹시 가상히 여겼소."라고 하면서 위로하고 타이름이 지극하였다. 또 이르기를, "영남의 군사가 앞서 패전한 뒤에 다시 모였으니 참으로 영남의 사대부가 임금을 저버리지 않을 줄 아는 자가 많기 때문이다. 호남이 부끄러움이 없겠는가?"라고 하니, 공이 울면서 앞으로 나아가 대답하기를, "늙은 신(臣)이 병으로 병기와 갑옷을 깔고 자지 못였으니, 군주가 욕을 당하면 신하는 죽어야 한다는 의리를 저버렸습니다. 이제 궁궐의 문채 나는 돌계단에 오르게 되니 얼굴에 열 겹의 철갑을 덮은 것 같을 뿐만이 아닙니다."라고 하였다. 이어 진언하기를, "옛사람이 말하기를 '큰 어려움을 만나서도 두려워하지 않는 것은 성인(聖人)의 용기이다.'라고 하였으니, 성상은 유독 옛날의 제왕이 나라를 잃었다가 보존한 것을 보지 않으셨습니까? 바라건대 스스로 기가 꺾이지도 마시고 스스로 안일하지도 마시고 날마다 신하들과 흥망성쇠의 도를 강론하소서."라고 하였다. 도성을 나간 이후로는 어전에 나와 조회한 일이 매우 드물었기 때문에 공이 이에 대해 간한 것이다. 얼마 되지 않아 이조참의에 제수되었으며, 수개 월 뒤에 특별히 참판으로 승진하고 가선대부(嘉善大夫)에 가자(加資)되어 사양하였으나 윤허받지 못하였다. 휴가를 청하여 선영의 묘를 이장하려 하였다.

무인년(1638)에는 세 차례나 사간원 대사간으로 제수되었고, 한 차례 사헌부 대사헌으로 옮겼으며, 예조 참판·성균관 대사성으로 바뀌었다. 주상이 호남의 군대가 군율을 범했다고 하여 남한산성(南漢山城)에서 3

개월 동안 노역하도록 명하였고, 또 순검사(巡檢使)에게 삼도(三道)의 수군(水軍)을 정비하도록 명하였는데, 공은 모두 시의에 맞지 않다고 주장하였다. 또 차자(箚子)를 올렸는데 그 조목이 여덟 가지였으니, 성상의 옥체를 잘 보살필 것, 참된 덕을 힘써 닦을 것, 사치스런 풍조를 통렬히 혁파할 것, 언로를 널리 열 것, 기강을 떨쳐 엄숙히 할 것, 절의를 숭상하고 장려할 것, 백성들의 고통을 부지런히 구제할 것, 내수(內需)를 혁파할 것이었는데, 모두 나라의 병통을 고치는 훌륭한 음식이자 약물이었다. 식자들이 탄복하였다.

그 뒤로 두 해 지나는 동안 사헌부 대사헌과 사간원 대사간에 제수된 것이 모두 세 차례였으나 모두 사양하였다. 이때 대신(大臣)이 "전씨 아무개는 본디 덕망이 높고 이미 나이가 많으니 마땅히 서둘러서 크게 써야 합니다."라고 건의하였으니, 공은 그 말을 듣고 더욱 스스로 겸손하게 물러났다.

임오년(1642) 2월에 주상이 특별히 자헌대부(資憲大夫)에 가자(加資)하여 지중추부사(知中樞府事)에 제수하고 동지경연(同知經筵) 춘추관사(春秋館事)를 겸하게 하였는데, 재상 이성구(李聖求)의 장계를 따른 것이었다. 공의 나이가 비로소 80세를 채웠으므로 곧이어 대사헌에 제수되었으나 나아가지 않았다.

이해 12월 7일에 상주(尙州)의 성 밖에 있는 자택에서 생을 마감했다. 부음이 전해지자 주상이 조회를 정지하고 의례대로 부의하고 치제하였으며, 숭정대부(崇政大夫) 의정부좌찬성(議政府左贊成) 겸 판의금부사(判義禁府事) 세자이사(世子貳師) 지경연(知經筵) 춘추관사(春秋館事) 오위도총부도총관(五衛都摠府都摠管)에 추증하였다. 훗날 장남 전극항(全克恒, 1591~1636)이 원종공신(原從功臣)에 책록된 것으로 인하여 좌의정 겸 영경연사(領經筵事) 세자부(世子傅) 감춘추관사(監春秋館事)에 추가로 추증되었다. 이듬해 2월에 상주의 치소(治所) 서쪽 백전산(柏田山)에 있는 선영 아래 손좌(巽坐)의 언덕에 장사지냈으니, 생전의 유언이었다.

공의 휘는 전식(全湜), 자는 정원(淨遠), 호는 사서(沙西)이다. 선계(先系)는 옥천(沃川)에서 나왔는데, 그 선대에 전학준(全學浚)이라는 이가 있어 고려에 벼슬하여 영동정(領同正)을 지냈다. 전해 내려오다가 태자중윤(太子中允) 전효격(全孝格), 형부시랑 전대부(全大富), 판도판서 전숙(全淑)에 이르러 비로소 크게 드날렸다. 공의 고조부는 전응경(全應卿)으로 석성현감(石城縣監)을 지냈다. 증조부는 전팽조(全彭祖)로 성균관 진사를 지냈고 승정원 좌승지에 추증되었으며, 조부는 전혼(全焜)으로 이조참판에 추증되었으며, 아버지는 전여림(全汝霖)으로 이조판서에 추증되었는데, 공이 귀해졌기 때문에 관작이 내려진 것이다. 어머니 월성이씨(月城李氏)는 정부인(貞夫人)에 봉해졌으니, 참봉 이신(李信)의 딸이다.

공은 가정(嘉靖) 계해년(1563) 1월에 태어났는데, 영특하고 탁월하여 보통 아이들과 달랐다. 겨우 이를 갈 나이에 향리에서 '효동(孝童)'이라 불렸고, 열 살이 되기 전에 서당 훈장에게 가서 배우니 학문이 날로 진보하였다. 사담(沙潭) 김홍민(金弘敏)은 사람을 알아보는 감식안이 있었으니, 공을 보고 칭찬하며 앞으로 크게 될 것으로 기대하였다. 기축년(1589) 사마시에 합격하였다. 임진년(1592)에 의병을 일으켜 군사를 모집해서 왜적 수십여 명을 찔러 죽였으니, 공이 자신을 잊고 순국하려는 뜻은 이때부터 시작되었다고 한다.

공의 사람됨은 피부가 희고 키가 컸으며 성품은 온화하고 도량이 넓었다. 그가 지킨 것은 오직 의리와 도였으니, 비록 험난하고 어려운 일을 겪더라도 마음씨와 기개가 조금도 변하지 않고 평생을 살았다. 이런 까닭에 그가 죽었을 때, 위로는 조정의 사대부 관리로부터 아래로는 시골의 학자들에 이르기까지 애달파하며 아까워하지 않는 사람이 없었으며, 또 한 시대의 재상이 되어 백성에게 이롭게 하지 못한 것을 한스럽게 여겼다. 공의 덕망은 이에서 알 수 있다.

아! 공은 내게 아버지뻘 어른이 된다. 공은 나를 대할 때 나이가 많고 적음을 가지고 차이를 두지 않았다. 못난 내가 계미년(1643) 일본에 사명

(使命)을 받들고 갈 때 덕망 높은 공의 평상 아래서 작별 인사를 드리려고 하였으나 도리어 영좌(靈座) 아래에서 곡하며 절하니 슬퍼함을 어찌 그만둘 수 있겠는가?

공은 모두 두 번 장가들었는데, 첫째부인 강화최씨(江華崔氏)는 부사 최거원(崔巨源)의 4세손으로 후사 없이 일찍 죽었다. 후부인 홍씨(洪氏)는 남양(南陽) 세족(世族)으로 사인(士人) 홍천서(洪天敍)의 딸인데, 2남1녀를 낳았다. …(중략)…

명(銘)은 이러하다.

아, 훌륭하도다 전공(全公)이여!
세상에 누가 그와 짝할 수 있겠는가.
인(仁)은 머리에 이고 다녔고
의(義)는 가슴에 안고 살았네.
편안한 일은 반드시 남에게 양보하였고
곤린힌 일은 반드시 서둘러 떠맡았도나.
삼가고 고요하여 지극히 장수하였고
굳세고 꼿꼿하되 타인을 포용하였네.
아, 슬프도다. 이러한 이를
오늘날에 다시 볼 수 있겠는가.

知事沙西全公神道碑銘 幷序

贈左議政, 沙西全公, 旣卒之十七年, 第二子前繕工監役克恬, 使嗣孫峼手故同樞黃戾氏之狀, 自商山北走千餘里, 乞銘于漢陽趙絅, 曰: "吾先人位於朝也, 獲私於執事久, 敢藉先人靈, 徼惠於執事, 以不朽請." 絅橵席爲禮, 以齒近耄矣, 難强筆硯, 屢辭不得。則讀狀未半, 掩卷而歎曰。余嘗聞南中士友之誦沙西公有高世行者二, 今見狀良然。當光海戊申年間, 頻頻之黨, 推鄭仁弘爲奧主, 勢焰焄灼, 人莫敢迕其鼻息, 觸碎犯焦不足言也。公能造次奮舌, 辨擫其誤, 申梧里相正論, 陳忠肅之拄章惇。不及是矣。全遼陷虜，朝周之路，變而航海，受命冠蓋，前後葬魚腹者相銜。公於是時，年過耳順矣，無幾微以老爲解，取先少壯而行，履鯨濤如康莊，視死生如往還。謝安石之無怖舟楫，敎而不足數者。由是，皇朝史氏書曰："朝鮮使臣全某來朝." 特筆也。此則李潤慶，登名《嘉隆錄》，後刱見事也。傳稱"死而不朽者三." 公之行，奚遽不愧功與言而止哉? 太史氏將大書特書，不一書已也。冷淡傖父語，何足輕重於公之不朽? 顧托名顯刻，以垂來許，則吾庸多矣。蓋公立朝五十餘年，歷職三十有奇，亡論高庳外內，率所事所言，無非發於積中忠直，皆足以爲世則世師。士友所稱高世之行，　特擧其大者耳。公未釋褐。宣廟朝名相金應南，薦公除連源察訪，吹煦摩撫，敉郵以完。臬臣才公之爲，委以可興，收稅倉實，不以倭警而損，又令主饋，給湖西軍餉，餉事擧。己亥。轉禮賓直長不就。癸卯。登上第。乙巳。選入起居注。柄相倡尊號議，　三司從臾之，惡公異於己，公遂色擧。丁未，陞典籍。戊申，薦騎省郎，旋佐幕忠淸，刷邊民剔僞歸眞甚晢，代道臣決滯訟，案無留牘。己酉，拜禮部員外，陞正郎。時有持公議者，欲置公選曹甚力，銶公見用事郎，公笑而不答，由是事不諧。辛亥，除蔚山判官，風化大行。明年，以疾不赴金郊。出爲全羅都事。時光海政亂，彝倫垂斁，公不樂爲官，退藏于鄕，與鄭愚伏·李蒼石，相羊山水間。世以爲商社三老。己未庚申，連遭內外艱，易戚俱盡，廬墓終制。癸亥，仁祖大王靖宗祊，收召畯良，公拜禮曹正郎。兼記注官·知製敎。俄錄弘文，拜修撰·校理。學士任叔英，常稱："經筵官，通古今鄭經世，達事理全湜." 久之，由典籍，拜司憲府掌令，擧彈無所避。甲子，逆适亂作，公以太僕正，扈駕而南，至天安拜執義，論延平君李貴視師左律之罪，元帥張晩緩期縱賊之律。晩幕下武士輩盡讙訟，"主將無罪." 發逸口，公當臺門，叱曰："使宗社蒙塵，君父播越，誰之罪也? 汝等亦人臣子。敢爾?" 皆咋舌而戢。三月，由禮賓寺正陞通政，拜兵曹參議，賞羈靮勞也。冬拜代言，上賜金公諒折衝資，公繳還，物論多之。乙丑，遷左承辭，由護軍，改刑曹參議。以上价朝京師，華人見者咸稱公德器，登州軍門武之望，尤致敬禮焉。明年復命。又明年丁卯二月，奴穿塞綴海西，帳殿闢于江都。奴使劉海持奴書至，要與主上歃血。廟議折入和套中，公抗疏指摘和事之非切刻。改禮曹參議，俄拜大諫，進六條箚，曰納諫諍，曰去偏私，曰修軍政，曰減軍官，曰勿恃和議，曰勿爲譏察。軍官與譏察，夫人莫不知病國召亂，而畏勳貴，無敢發口，公獨盡陳其狀，無毫髮爽，聞者髮豎。自庚午至辛未，往來禮部左侍者四，爲東西銓議者再，爲諫長者四，公輒自言："老甚病，力不可久廁朝端." 求外補堅懇。遂尹鷄林，爲治眞得汲黯之淸淨臥閤，一境化之。瓜熟而歸，民刻石爲詩美之。甲戌，拜大諫，論："昔我先王製經國典，雖王子大君，不敢越其制。今麟坪大君昏時，衣服器用太侈，恐累先王之制也." 上嘉納。又論："紀綱漸弛，宮闈不嚴." 又上疏論時政得失·人主好惡·天災民怨，虆虆累百言，無非中端。又勸上益溫舊學，更加新得，眞儒臣之言也。辭遞拜兵議，還都諫辭，拜禮議，賜告歸鄕。丙子正月，奔哭仁烈王后喪，闕下謝命卽歸，拜大諫·副學，咸辭以病。十二月，西事急，上避之南漢城，公倡義募兵。丁丑圍解，大駕還都，公卽奔問，業有副學之命矣。肅謝請對，上側席而敎曰："聞卿倡義，予甚嘉尙." 慰諭之至。且詔之曰："嶺軍再集於負來之後，良由嶺南士大夫知不後君者多。湖南能無愧乎?" 公涕泣而前對曰："老臣病不能衽金革，孤負主辱臣死之義。今登文石之陛，顔不翅十重鐵甲." 仍進言曰："古人有言曰：'臨大難而不懼者，聖人之勇也.' 聖上獨不觀前古帝王喪國而存國者乎? 願毋自沮，毋自逸，日與群臣，講興衰之道焉." 蓋自出城，殿坐甚罕，故公言及此。俄拜吏議，閱數月，特陞參判，加嘉善資，辭不許。乞暇遷先墓。戊寅，三拜諫長，一遷憲長，改禮曹參判·國子大成。上以湖南軍犯律，命役南漢三月，又命巡檢使整三道舟師，公皆執非時。又上箚，其目八，調養聖躬，懋修實德，痛革侈風，廣開言路，振肅紀綱，崇奬節義，勤恤民隱，革罷內需，盡醫國之粱肉藥石也。識者歎服。後兩歲，拜府院長俱三，皆辭。時大臣建："全某德望素高，年齡已暮，宜急大用." 公聞之，尤自謙謙斂退矣。壬午二月，上特加資憲，除知中樞府事，兼同知經筵·春秋館事，從李相聖求之啓也。公年始滿八十，故尋拜大憲不赴。是年十二月初七日，考終于尙之城外第。訃聞，上輟朝，贈賻賜祭如儀，贈崇政大夫·議政府左贊成兼判義禁府事·世子貳師·知經筵·春秋館事·五衛都

摠府都摠管。後用長督克恒原從功，加贈左議政，兼領經筵事·世子傅·監春秋館事。明年二月，葬于尙治西柏田山先壟下巽坐原，治命也。公諱湜，字淨遠，沙西號也。系出沃川，其先有學俊者，仕麗朝爲領同正。傳至太子中允孝格，刑部侍郎大富，版圖判書淑，始大著。爲公高祖曰應卿，石城縣監。爲曾祖曰彭祖，國子上庠，贈承政院左承旨，爲大父曰焜，贈吏曹參判，爲皇考曰汝霖，贈吏曹判書，以公貴推恩也。妣月城李氏，封貞夫人，參奉信之女。公生於嘉靖癸亥正月，穎卓異凡兒。才毁齔，閭里稱孝童，未十歲，就塾師學，學日進。金沙潭弘敏，有人倫鑑，見之稱賞，期以遠到。己丑，中司馬試。壬辰，倡義募士，鏦殺賊數十餘，公之忘身殉國之志，發軔於此云。公爲人白而長身，和易有量。所操者，唯義與道，雖歷險阻艱難，意氣不少變，以終其身。是以，其沒也，上自薦紳大夫，下至閭巷學究輩，無不嗟惜，又恨不得爲宰相於一時，膏澤生民也。公之德望，於此可見。於戲！公吾丈人行也。公視我，不以幼壯先後致異。不佞於癸未歲，奉使日域，意敍別於德公床下，反哭拜靈座下，愴何可已？公凡再娶，先夫人江華崔氏，府使巨源之四世孫，未乳早世。後夫人洪氏，南陽世族，士人天敍之女，生二男一女。…(중략)… 銘曰：懿哉全公，世孰與侶。於仁戴行，於義抱處。於夷必讓，於病必急。愼靜而至壽，强毅而容物。噫嘻斯人，其可復見於今日也哉。

〔龍洲先生遺稿，卷20，神道碑〕

45. 고인계

고인계의 자는 선승, 호는 월봉, 본관은 개성이다. 명종 갑자년(1564)에 태어났다. 선조 을사년(1605) 사마시에 합격하고, 병오년(1606) 문과에 급제하여 벼슬은 사예(司藝)를 지냈다. 인조 정해년(1647)에 죽었다.

이이첨(李爾瞻)이 공의 명성을 듣고 사모하며 어떤 사람에게 공의 뜻을 시험보도록 했는데, 그가 말하기를, "이 판서가 한번 공을 보고 싶어 하네."라고 하니, 공이 대답하기를, "시골구석의 보잘것없는 사람이 어찌 경솔히 권문(權門)에 나아가겠는가?"라고 하였다. 훗날 예조(禮曹)의 낭관에 결원이 생겨서 또 꾀도록 하니, 공이 사례하며 말하기를, "의조(儀曹: 예조)는 중요한 벼슬자리로 오르는 계단이니, 어찌 내가 마땅히 받을 바이겠는가?"라고 하였다. 며칠이 지나 연서찰방(延曙察訪)에 의망(擬望: 후보자)되었으나 밀쳐지고 말았다.【협주: 홍여하가 찬한 행장에 실려 있다.】

공은 조용하고 온화하며 편안하고 화평하여 세련된 겉치레나 꾸미는 일이 전혀 없었다, 세속적인 일에 휩쓸려 다니지 않았다. 오직 성품이 글 짓는 것을 좋아하여 입을 열면 문장을 이루었지만, 또한 말 잘하는 것에 뽐내는 것을 좋아하지 않아 세상에서 알아주는 이가 없었다. 우복(愚伏) 정공(鄭公: 정경세)이 시를 지어 이르기를, "세상에 어찌 천리마가 없겠는가, 사람 가운데 구방고를 얻기 어렵네.(世上豈無千里馬, 人中難得九方皐.)"라고 하였다.【협주: 이민구가 찬한 묘비명에 실려 있다.】

- **高仁繼**

高仁繼, 字善承, 號月峯, 開城人。明宗甲子生。宣祖乙巳司馬, 丙午文科, 官司藝。仁祖丁亥卒。

爾瞻聞公名而慕之, 使人試公意, 曰: "李判書, 願一見公." 公答曰: "草莽[1]踈蹤, 豈輕遽[2]到權門?" 後禮郎有窠, 又使誘之, 公謝曰: "儀曹是名宦階梯, 豈吾所當得耶?" 逾數日, 擬延曙察訪, 盖擠之也。【洪汝河撰狀】

公恬穆安和, 絶去嫺飾, 不逐逐於外務。性耽詞律, 矢口成章, 亦不喜矜語, 世無知者。愚伏鄭公, 有詩曰: "世上豈無千里馬? 人中難得九方皐[3]."【李敏求[4]撰碑】

보충

홍여하(洪汝河, 1620~1674)가 찬한 행장

부호군 월봉 고공 행장

공의 휘는 고인계(高仁繼), 자는 선승(善承), 본관은 개성(開城)이다. 개성고씨 가운데 양경공(良敬公) 고영신(高令臣)이라는 이가 있었는데, 고려 문종조(文宗朝)에 벼슬하여 현달하고 청렴과 검소로 이름 나자, 고씨는 마침내 명문가(名門家)가 되었다. 고려 말에 고영(高瑛)이라는 이가 있었는데 판도판서(版圖判書)를 지냈다. 그 아들 고사원(高士原)은 우리

1 草莽(초망): 풀이 난 들이라는 뜻으로, 궁벽한 시골을 이르는 말.

2 輕遽(경거): 말이나 행동이 신중하지 못하고 가벼움.

3 九方皐(구방고): 伯樂의 제자. 秦穆公에게 천리마를 구해 준 인물이다.

4 李敏求(이민구, 1589~1670): 본관은 全州, 자는 子時, 호는 東州·觀海. 증조부는 神堂副守 李禎이며, 조부는 李希儉이다. 아버지는 이조판서 李睟光이며, 어머니 安東金氏는 金大涉의 딸이다. 1609년 사마시에 장원으로 합격하고, 1612년 증광문과에 급제하였다. 예조·병조 좌랑을 거쳐 1622년 持平이 되고, 이듬해 宣慰使로 일본 사신을 접대하였다. 1624년 李适의 난이 일어나자 도원수 張晩의 종사관이 되어 난을 평정하는 데 공을 세웠다. 1626년 대사간이 되고, 이듬해 정묘호란이 일어나자 병조참의가 되어 세자를 모시고 남쪽으로 피난하였다. 그 해 승지가 되었다가 외직인 임천군수로 나갔다. 1636년 이조참판·同知經筵事를 역임하였다. 이 해에 병자호란이 일어나자 江都檢察副使가 되어 왕을 강화에 모시기 위해 배편을 준비했으나, 적군의 진격이 빨라 왕이 부득이 남한산성으로 들어가 소임을 완수할 수 없었다. 난이 끝난 뒤 책임을 다하지 못했다는 죄로 영변에 유배되었다가 아산으로 옮겨졌다. 유배지에서 책임을 통감하면서 날마다 눈물로 자책을 하다가 1649년에 풀려났다. 그 뒤 부제학·대사성·도승지·예조참판 등을 지냈다.

조선 초에 벼슬하여 예문관 직제학(藝文館直提學)에 이르렀으며, 공에게 6대조이다.

고조부 고수연(高壽延)은 호분위장(虎賁衛將)을 지냈다. 증조부 고극검(高克儉)은 승의부위(承義副尉)를 지냈다. 조부 휘 고윤종(高允宗: 高胤宗의 오기)은 조봉대부(朝奉大夫) 서부주부(西部主簿)를 지냈고, 두 아들을 두었다. 장남 휘 고흥운(高興雲)은 문과에 급제하여 벼슬이 고성군수(高城郡守)에 이르렀고, 승정원 도승지(承政院都承旨)에 추증되었으며, 차남 휘 고경운(高慶雲)은 전력부위(展力副尉)를 지냈다. 공은 부위공의 소생인데, 승지공(承旨公: 백부 고흥운)이 실제로 데려다가 아들로 삼았다.

공은 자질이 아름답고 배우기를 좋아하였다. 승지공이 가르치고 감독하는 것이 매우 엄하여 공부의 여가에 시를 배우게 하고 잠시라도 한가로이 지내지 못하게 하였으니, 길을 갈 때에는 그 거리의 멀고 가까움을 따졌고, 일을 할 때에는 정해진 할당을 따졌다. 이로 말미암아 공의 학문이 일찍 성취되어 명성이 널리 퍼졌다. 19세 때 승지공이 죽자, 고성(高城)에서 벼슬하던 공은 상여를 받들어 고향으로 돌아와 묘 옆에 움막을 짓고 3년 동안 여묘살이를 하였다. 얼마 뒤 임진왜란을 만나 대부인 박씨(大夫人朴氏: 양모)를 모시고 사불산(四佛山: 경상북도 문경시 산북면과 동로면 경계에 있는 산) 깊은 곳으로 피난하였다. 생모 김씨는 장령(掌令) 김영수(金永銖)의 손녀이다. 각기 안동(安東) 땅에서 왜적을 피했기 때문에 모시러 가지 못하자, 공은 걱정하며 그리워하는 마음을 견디지 못해 공덕봉(功德峯: 사불산의 이칭)에 올라 학가산(鶴駕山: 경상북도 안동시와 예천군 사이에 있는 산)을 바라보며 시를 지어 사모하는 뜻을 부치니, 이를 듣는 이들은 슬퍼하였다. 세상이 조금 안정된 뒤 두 어머니가 잇달아 죽었는데, 마침 전란을 겪은 뒤여서 세상이 황폐하여 상례(喪禮)를 제대로 준수하기가 어려웠으나, 공은 슬픔 속에 경황이 없는 중에서도 분주히 뛰어나니면서 지극한 정성이 감동을 주니, 관아와 민간에서 도와 주는 자가 많았기 때문에 장례를 치를 수 있었다.

상복을 벗은 뒤, 향시(鄕試)에 응시하여 여러 번 장원하였으나, 번번이 회위(會試: 문과 복시)에는 합격하지 못하였다. 을사년(1605) 비로소 증광진사시(增廣進士試)에 합격하고, 병오년(1606) 명경과(明經科: 문과 초시)에 뽑혔다. 기유년(1609)에 성균관 학유(成均館學諭)를 거쳐 학록(學錄)에 승진하여 태상시 봉사(太常寺奉事)를 겸하였고, 학정(學正)·박사(博士)가 되었다. 신해년(1611) 6월에 전적(典籍)으로 제수되었고, 얼마 되지 않아 연서찰방(延曙察訪)에 제수되었다.

이때 이이첨(李爾瞻)이 공의 명성을 듣고 사모하여 공을 익히 알던 어떤 객에게 공의 뜻을 시험하고 오도록 했는데, 객이 말하기를, "이 판서(李判書: 이이첨)가 그대를 한번 보고 싶어 하네."라고 하니, 공이 대답하기를, "초야에 묻혀 사는 미천한 사람이 어찌 경솔히 권문(權門)에 나아가겠는가?"라고 하였다. 다른 날 또 와서 말하기를, "춘관랑(春官郞: 예조낭관)에 결원이 있는데, 품계에 오르는 첫 관문이니 그것을 맡으면 좋을 것이네."라고 하자, 공이 이에 정색하여 말하기를, "의조(儀曹: 예조)는 관직 출세의 사다리라고 하나, 어찌 내가 마땅히 받을 바이겠는가?"라고 하니, 객이 겸연쩍어 일어나 나갔다. 며칠이 지나 마침내 연서찰방에 제수되었으나, 또 어떤 일로 인해 밀쳐져 파면되었다.

임자년(1612) 6월에 휘호도감(徽號都監: 인목대비에 대한 휘호를 올리는 의례를 위해 설치된 임시 관청) 낭청(郎廳)이 되었으며, 10월에 관직을 버리고 고향으로 내려왔다. 이때부터 벼슬에 나가려는 뜻을 끊고 영수(穎水: 穎江) 가에 집을 지어 한가히 거처하면서 시를 지어 스스로 만족하게 여긴 것이 거의 10여 년이었다. 계해년(1623) 반정이 되자 전적(典籍)에 제수되고 형조좌랑으로 옮겼다. 갑자년(1624) 봄에 외직으로 나가 충청도사(忠淸都事)가 되었다가 겨울에 귓병으로 사직하고 돌아왔으며, 《호련록(湖蓮錄)》 1권을 지었다.

병인년(1626)에 형조정랑이 되고, 곧이어 예안현감(禮安縣監)에 제수되었으나 얼마 되지 않아 사직하고 돌아왔다. 그 뒤로 공조정랑·성균관

사예에 제수되었으나 모두 부임하지 않았다. 을유년(1645) 공은 대질(大耋: 80세)의 나이가 되어 통정대부로 승진하였다. 정해년(1647) 6월 병을 얻어 죽으니, 태어난 갑자년 8월으로부터 향년 84세였다. 영수(穎水) 가의 선영(先塋) 동쪽 수백 보 떨어진 임좌(壬坐) 언덕에 장례 지냈고, 부인 채씨(蔡氏)와 합장하였다.

부인은 인천군(仁川君) 채수(蔡壽)의 현손녀이자 판결사(判決事)에 추증된 채유부(蔡有孚)의 딸이다. 남편을 섬김에 온화하고 순순하여 한번도 거스른 적이 없어서 친척들과 마을 사람들이 칭송했는데, 공보다 먼저 죽었고 2남2녀를 낳았다. …(중략)…

공의 호는 월봉(月峯)으로, 고요하고 평화로우면서 장중하고 화평하였으며, 기상과 도량이 뛰어나고 훌륭하였다. 평생 동안 성급히 말하거나 다급한 얼굴빛을 띤 일이 없었으며, 자신을 단속하거나 남을 대할 때는 오직 참됨·신실함·너그러움·중후함(忠信寬厚)을 위주로 했으며, 욕심 없이 스스로를 지키면서 영욕의 득실에는 일체 마음에 두지 않았다. 젊은 시설에 처음 벼슬했을 때 이이첨(李爾瞻)이 객을 보내 공을 극진히 불러오려 하였으나, 공은 즉시 사양하고 물리쳤다.

반정(反正)으로 정사를 시작할 때, 무릇 지난날 권간(權奸)들에게 배척을 당한 자들은 모두 높은 관직에 제수되는 것으로 보답을 받았지만, 공은 일찍이 이런 일을 남에게 말한 적이 없었으므로 세상에 알려져 아는 이가 없었다. 대개 공이 자신을 감추고 겸손히 묵묵하여 이와 같았던 것은 또한 남보다 한 등급 높다고 이를 만하다 할 것이다. 공이 지은 시는 말을 지나치게 다듬는 것을 일삼지 않았고, 스스로 담담하여 맑은 운치가 있었다.

공이 죽고 난 뒤에도 여러 후손들은 모두 선조의 유훈을 능히 따랐으니, 자식들을 가르치고 권면하면서 각기 행실을 바르게 하고 배움에 힘쓰도록 하여 사조(詞藻: 문장과 시문)에 능하여 이름난 이가 많아 과거시험장에서도 또한 그 집안의 가르침이 차차 나아지는 데에는 유래가 있음을 볼 수 있었다. 고씨의 복이 아마도 다하지 않을 것이다.

副護軍月峯高公行狀

公諱仁繼, 字善承, 開城人。開之高氏, 有曰良敬公令臣, 顯高麗文宗朝, 以淸儉著稱, 高氏遂爲聞家。麗季有曰瑛, 版圖判書。版圖之子曰士原, 我朝初, 仕至藝文館直提學, 於公爲六代祖也。高祖壽延, 虎賁衛將。曾祖克儉, 承義副尉。祖諱允宗, 朝奉大夫主西部簿, 有二男。長諱興雲, 文科, 仕至高城郡守, 贈承政院都承旨, 次諱慶雲, 展力副尉。公副尉出, 承旨公實取而子之。公質美好學。承旨公教督甚嚴, 餘力學詩, 不使有頃刻閑, 至道路行役, 計其遠近而有程課。由是, 公藝業夙就, 華聞遠播。年十九, 承旨公卒, 官高城, 公奉喪還里, 廬墓三年。尋値壬辰倭亂, 奉大夫人朴氏, 避亂四佛山中。所生母金氏, 掌令永銖孫女也。各在安東地避賊, 故未及將, 公憂戀不堪, 登功德峯, 望鶴駕山, 題詩以寓慕思, 聞者悲之。時事稍定, 兩母繼歿, 屬兵餘荒扎, 鮮克遵喪禮, 公哀遑奔走, 至誠感動, 官私多助贍者, 故得以襄事。服闋, 赴鄕試, 屢居魁, 輒不利會闈。乙巳, 始中增廣進士, 丙午, 擢明經第。己酉, 由成均學諭, 陞學錄兼太常奉事, 學正·博士。辛亥六月, 授典籍, 旋除延曙察訪。時李爾瞻, 聞公名而慕之, 有客習於公者, 使來試公意, 曰: "李判書願一見君." 公答曰: "草莽疏蹤, 豈輕遽到權門?" 他日又來, 曰: "春官郎有窠, 陞品初, 好爲之." 公乃正色曰: "儀曹, 是名宦階梯, 豈某所當得耶?" 客憮然起出。逾數日, 遂擬延曙, 又因事擠之得罷。壬子六月, 參徽號都監郎廳, 十月, 去職下鄕。自是絶意進取, 築室穎水之濱, 偃仰棲遲, 賦詩以自娛者, 殆十餘年。癸亥改玉, 授典籍, 遷刑曹佐郎。甲子春, 出爲忠淸都事, 冬, 以耳病辭歸, 有《湖蓮錄》一卷。丙寅, 正郎刑曹, 旋除禮安縣監, 尋辭歸。後除正郎工曹·成均司藝, 皆不赴。乙酉, 以公年登大耋, 陞通政。丁亥六月, 得疾卒, 距其生甲子八月, 享年八十四。葬穎上先塋東數百舉武壬坐之原, 夫人蔡氏祔。夫人仁川君壽玄孫, 贈判決事有孚女。事夫子祥順無違, 宗黨稱之, 先公歿, 生二男二女。…(중략)… 公號月峯, 恬靖莊和, 器度偉如也。平生無疾言遽色, 持己接物, 一以忠信寬

厚爲主，泊然自守，不以榮辱得喪，攖其懷。盛歲初進，爾瞻遣客鈎致公，公立謝絶。迨更化初政，凡爲權奸所擠者，皆授顯官以酬之，公未嘗以是自語於人，故世無聞知者。蓋公沈晦遜默，類如此，亦可謂高於人一等矣。公爲詩不事雕琢，而自有沖淡之趣。公旣歿。諸孫咸克遵先訓，敎勖其子，各能飭行力學，工詞藻多有聲，場屋間，亦見其家敎所漸有由來矣。高氏之福，殆未艾也歟。

〔木齋先生文集，卷8，行狀〕

보충

이민구(李敏求, 1589~1670)가 찬한 묘갈명

행부호군 고공 묘갈명 병서

공의 휘는 고인계(高仁繼), 자는 선승(善承)이다. 고씨(高氏)는 두 갈래의 본관이 있었으니, 그 하나는 탐라(耽羅)에서 나온 갈래로 고을나(高乙那)의 후예이고, 다른 하나는 고구려(高句麗)에서 나온 갈래로 주몽(朱蒙)의 후손이다. 중국에 들어간 자들이 가장 융성하였으나, 고구려가 망하자 자손들이 옛 고구려의 땅 안에 흩어져 살았는데, 혹은 현달하기도 하였고 혹은 미미하기도 하였다.

공의 본관은 개성(開城)이다. 고려 말에 판도판서(版圖判書) 고영(高瑛)이 고사원(高士原)을 낳았으니, 벼슬은 예문관 직제학(藝文館直提學)을 역임하였고 공에게는 6대조이다. 좌부장(左部將) 휘 고수연(高壽延), 승의부위(承義副尉) 휘 고극검(高克儉), 서부주부(西部主簿) 휘 고윤종(高胤宗), 부위(副尉: 展力副尉) 휘 고경운(高慶雲)은 공의 고조부, 증조부, 조부, 부친이 된다. 어머니 안동김씨(安東金氏)는 가정(嘉靖) 갑자년(1564)에 공을 낳았다. 백부는 고성군수(高城郡守)를 지내고 도승지(都承旨)에 추증된 휘 고흥운(高興雲)인데, 아들이 없어 공을 아들로 삼았다.

공은 뜻을 가다듬고 독실하게 학문에 정진하여 명성이 고을을 넘어 널리 알려졌다. 임진왜란 때, 후모(後母: 양모) 박씨(朴氏)를 모시고 피난하여 숨으면서도 구걸해 변변찮은 음식을 떨어지지 않게 하였다. 생모(生母) 김씨(金氏)와 동떨어진 것을 염려하여 슬피 사모해 마지않다가 시간이 한참 지난 뒤에야 서로 만났으니, 그 기쁨은 진실하여 굳이 말하지 않아도 알 수 있었다. 이윽고 두 어머니가 연이어 죽었는데, 당시는 전란으로 인해 황폐하여 헐벗고 섰으니 사람들이 스스로 장례를 다할 수 있는 자가 드물었지만. 공은 슬픔에 겨워 여유 없이 온 힘을 다하다가 지쳐 쓰러지자, 그 정성에 길 가는 사람도 감동하였고, 고을의 사대부가 재물을 내놓아 장례를 도와주었다.

공은 재주와 능력을 지녔으나 여러 번 과거에 응시하여 여러 번 낙방하다가 을사년(1605) 비로소 진사시에 합격하였고, 명경과(明經科)에 뽑혀 성균관 학유(成均館學諭)를 거쳐 박사(博士)와 전적(典籍)으로 옮겼다. 마침 간신이 권세를 잡고 사사로운 당파를 세우며 공을 자신들의 문하에 끌어들이려 하였으나, 공은 정의상 그렇게 하지 않자 연서찰방(延曙察訪)으로 쫓겨났다. 이윽고 어떤 일로 밀쳐져 금오(金吾: 의금부)에 갇혔다가 풀려나자 벼슬할 뜻을 접고 남쪽으로 돌아가 여생을 마칠 계획을 세웠다.

계해년(1623)에 이르러 전적과 형조좌랑(刑曹佐郎)에 서용되었다가 정랑(正郎)에 승진하였고, 충청도사(忠淸都事)와 예안현감(禮安縣監)에 제수되었으나 스스로 그만두었으며, 공조정랑(工曹正郎)과 사예(司藝)에 제수되었으나 또 나아가지 않았으니, 뜻이 따로 있었던 것이다. 을유년(1645)에 조정에서 노인을 우대하여 통정대부(通政大夫)의 품계를 더하고 용양위 부호군(龍驤衛副護軍)으로 제수되었다. 3년 뒤 정해년(1647)에 향년 84세로 죽었다. 상주(尙州) 영순(永順: 문경시 영순면) 금룡산(金龍山) 선영 동쪽으로 1리쯤 되는 병좌(丙坐)의 언덕에 장례 지냈고, 부인 인천채씨(仁川蔡氏)와 합장하였다. …(중략)…

공은 조용하고 온화하며 편안하고 화평하여 세련된 겉치레나 꾸미는 일이 전혀 없었다. 세상 풍조에 휩쓸려 다니지 않았으며, 세속적인 일에는 전혀 관심을 두지 않았다. 오직 성품이 글 짓는 것을 좋아하여 입을 열면 문장을 이루었지만, 또한 말 잘하는 것에 뽐내는 것을 좋아하지 않고 오로지 이치의 깊이를 다투는 것에만 힘썼다. 대체로 공이 젊었을 때 승지공(承旨公: 高興雲)이 공을 가르쳤는데, 비록 길을 가거나 일을 할 때라도 반드시 학업의 과제가 있었고, 틈나는 대로 문득 옛사람의 시문에 화답하였으니, 공이 백발의 늙은이가 되도록 그치지 않았다. 그러나 낮은 벼슬자리에 묻혀 있어 세상에서 알아주는 이가 없었는데, 오직 우복(愚伏) 정공(鄭公: 정경세)만은 몹시 안타까워하며 시를 지어 이르기를, "세상에 어찌 천리마가 없겠는가, 사람 가운데 구방고를 얻기 어렵네.(世上豈無千里馬, 人中難得九方皐.)"라고 하였다. 이 시는 후세에 드러낼 만한 것이다. …(이하 명문 생략)…

行副護軍高公墓碣銘 幷序

公諱仁繼, 字善承。高氏二望, 其一出耽羅, 爲高乙那之後, 其一出高句麗, 爲朱蒙之後。入中國者冣盛, 句麗亡, 子孫散處域內, 或顯或微。公開城人。勝國末版圖判書瑛生士原, 官藝文直提學, 距公六代。左部將諱壽延·承義副尉諱克儉·西部主簿諱胤宗·副尉諱慶雲,　爲高曾祖考。母安東金氏, 以嘉靖甲子生公。伯父高城郡守, 贈都承旨諱興雲, 無子子之。能勵志篤學, 聲聞越鄕。壬辰亂, 奉所後母朴氏奔竄, 乞丐供菽水無乏。念母金氏睽離, 悲慕不置, 踰時而會, 喜而後可知也。旣而, 兩母繼歿, 時兵荒赤立, 人罕能自盡, 公哀遑竭蹶, 情感行路, 邑大夫爲出力助葬。公負藝能, 屢擧屢屈。乙巳始得進士, 翌年明經擢第, 由成均學諭, 轉博士·典籍。方奸臣操權立私黨, 欲致公出門下, 公誼不可, 斥延曙察訪。因擠以事, 逮金吾旣釋, 息意遊宦, 南歸爲終老計。至癸亥, 叙典籍·刑曹佐郎, 陞正郎, 忠淸都事·禮安縣監, 皆自免去, 拜工曹正郎·司藝又不起, 志有在也。乙酉朝家擧優老, 加階通政, 龍驤衛副護軍。越三年丁亥, 年八十四卒。葬尙州永順金龍山先塋東一里許丙坐之原, 夫

人仁川蔡氏同祔焉。…(중략)… 公恬穆安和，絶去嫺飾。不逐逐與物俱往，於外務無所措意。惟性喜文詞，矢口成章，亦不喜矜語，專務理勝。蓋少時承旨公誨公，雖道路行役，必有程課，間輒和古人篇什，至華皓不輟。然沈潛下位，世無能知者，獨愚伏鄭公，深加悶惜。有詩曰："世上豈無千里馬，人中難得九方皐." 此可以表見後時也。…(이하 명문 생략)…

〔東州先生文集，卷10，碣銘〕

46. 조광벽

조광벽의 자는 여완, 호는 북계, 본관은 풍양이다. 명종 병인년(1566)에 태어났다. 선조 병인년(1626, 병오년의 오기, 1606) 사마시에 합격하였다. 행의(行誼)로 천거되어 참봉에 제수되었고, 벼슬은 찰방에 이르렀다. 인조 임오년(1642)에 죽었다. 상주(尙州)의 연악서원(淵嶽書院)에 향사하였다.

공이 스승으로 류서애(柳西厓: 柳成龍)를 섬겼는데, 정우복(鄭愚伏: 정경세)·이창석(李蒼石: 이준)과 강론하여 서로 도와서 어려운 문제를 변별하는 것이 마치 장작을 쪼개듯 하니, 큰일을 만나면 여러 선비들이 반드시 공을 기다렸다가 결단하였다. 임진년(1592) 우복과 의병을 일으켰으니, 이때 나이가 27세였다.【협주: 정범조가 찬한 묘갈명에 실려 있다.】

• **趙光璧**

趙光璧, 字汝完, 號北溪, 豐壤人。明宗丙寅生。宣祖丙寅[1]司馬。以行誼薦授參奉, 至察訪。仁祖壬午卒。享尙州淵嶽書院。

公師事柳西厓, 與鄭愚伏·李蒼石講論, 相資辨疑若析薪, 遇大事, 諸公必待而決。壬辰, 與愚伏倡義, 時年二十七。【丁範祖[2]撰碣】

---

1 丙寅(병인): 丙午의 오기.

2 丁範祖(정범조, 1723~1801): 본관은 羅州, 자는 法世, 호는 海左. 증조부는 丁道恒이며, 조부는 丁永愼이다. 아버지는 유학 丁志寧이며, 어머니 平山申氏는 申弼讓의 딸이다. 부인 東萊鄭氏는 鄭瑾의 딸이다. 洪而憲·申聖淵·兪漢遇 등과 친교가 깊었다. 1759년 진사시에 합격하고, 1763년 증광문과에 급제하였다. 형조판서, 예문관과 홍문관의 제학 등을 역임하였다. 시율과 문장에 뛰어나 사림의 모범으로 명성을 얻었고, 또 이로 인해 영조와 정조의 총애를 받았다. 특히, 文體反正에 주력하던 정조에 의해 당대 문학의 제1인자로 평가되어 70이 넘은 고령에도 불구, 오랫동안 문사의 임무를 맡았다.

보충
정범조(丁範祖, 1723~1801)가 찬한 묘갈명

찰방 조공 묘갈명

공의 성씨는 조씨(趙氏), 본관은 풍양(豐壤)이다. 이름은 조광벽(趙光璧), 자는 여완(汝完), 호는 북계(北溪)이다. 시조 휘 조맹(趙孟)은 고려 태조가 나라를 세우는 것을 도왔고, 시중평장사(侍中平章事)를 지냈으며, 공훈으로 풍양부원군(豐壤府院君)에 봉해졌다. 풍양 조씨는 비로소 이때부터 세상에 드러났다. 17세에 이르러 휘 조숭(趙崇)이 있었는데, 우리 조선에 벼슬하여 관직이 도평의사(都評議事)가 되었고 외직으로 나가 의주목사(義州牧使)를 겸하였으며, 비로소 상주(尙州)에 세거할 터를 잡았다.

그 손자 휘 조서경(趙瑞卿)은 무과에 급제하여 장기현감(長鬐縣監)을 지냈으니, 공의 고조부가 된다. 증조부 휘 조침(趙琛)은 훈련원 판관(訓鍊院判官)을 지냈다. 조부 휘 조승호(趙承瑚)는 부사직(副司直)을 지냈다. 아버지는 휘 조수복(趙壽福)이다. 어머니는 남양홍씨(南陽洪氏: 南世琦의 딸), 청주곽씨(淸州郭氏: 郭元忠의 딸), 그리고 완산이씨(完山李氏)였으니, 완산이씨는 서흥군(瑞興君) 이춘억(李春億)의 딸로 가정(嘉靖) 병인년(1566)에 공을 낳았다.

병오년(1606) 사마시에 합격하였고, 행의(行誼)로 천거되어 경릉참봉(敬陵參奉)에 제수되었으며, 청암찰방(靑巖察訪)으로 옮겼다. 3개월 만에 버리고 돌아왔으나, 그 고을에 거사비(去思碑: 송덕비)가 세워졌다. 다시 종묘서 직장(宗廟署直長)으로 제수되었으나 나아가지 않았다. 숭정(崇禎) 임오년(1642)에 죽었으니, 향년 77세였다.

공의 성품은 맑고 준엄하였으니, 세속에 아첨하여 따르려 하지 않았다. 스스로를 거두어 삼가며 자신의 재능과 덕을 드러내어 쓰려 하지 않았으나, 덕과 아름다움이 글이나 문장으로 드러난 것들은 화재를 만나 소실되었는데, 집안에서 간직하던 그 글들은 열에 여덟아홉이 흩어져 없어졌으니, 후세에 남겨 보일 만한 것이 없는 듯하였다.

그러나 스승에게 이어받은 학문의 바름과 벗과의 교유가 성대함을 살펴보면 그 큰 줄기를 이미 짐작할 수 있다. 공이 소싯적에 서애(西崖) 류 선생(柳先生: 류성룡)을 섬기며 학문하는 큰 방법을 배우고 물러나와 정우복(鄭愚伏: 정경세)·이창석(李蒼石: 이준) 등 여러 현인들과 강론하여 서로 의지하고 보탬이 되었는데, 식견과 이해가 막힘없이 통달하고 민첩해져 어려운 문제를 변별하는 것이 마치 장작을 쪼개듯 하니, 큰일을 만나면 여러 선비들이 반드시 공을 기다렸다가 결단하였다.

소경왕(昭敬王: 宣祖) 시대에 조정의 사대부들이 도덕을 숭상하고 문학을 소중히 여기자 찬란히 흥성하였다. 그런데 공은 초야에 있으면서 행의(行誼: 바른 행실)로 널리 알려져 이름이 천독(薦牘: 천거 명부)에 올라 있었으니, 영표(嶺表: 영남) 지방에서 매우 두터운 신망을 받았음을 알 수 있다.

임진년(1592) 왜적이 대거 침입하자, 공이 우복공 및 동지 대여섯 사람과 함께 의병을 일으켜 방어할 계책을 세웠는데, 공의 나이가 27세였으니 사변 중에서도 드러낸 월등한 훌륭함이 이와 같았던 것이다.

공이 죽은 지 200여 년이 지나 사림들이 모여서 논의하여 연악사(淵嶽祠)에 배향하였다. 아아, 이것만으로도 충분히 불후(不朽)하게 할 수 있을 것이다.

완산이씨(完山李氏)를 아내로 맞이하였는데, 이희천(李希天)의 딸이자 임영대군(臨瀛大君) 이구(李璆)의 현손녀이다. 진산진씨(珍山陳氏)를 둘째 아내로 맞이하였는데, 진여경(陳餘慶)의 딸로 5남1녀를 두었다. …(중략)…

공의 후손 조규진(趙奎鎭, 1730~1812)이 공의 행적에 대한 대략이 벗들 사이에 기록된 것을 구하여 행장을 만들어 와서 정범조(丁範祖)에게 공의 묘갈명을 부탁했다.…(이하 명문 생략)…

察訪趙公墓碣銘

公姓趙氏, 豐壤人。諱光璧, 字汝完, 號北溪。始祖諱孟, 佐高麗太祖開國, 官侍中平章事, 勳封豐壤府院君。豐壤之趙, 始此世顯。至十七世, 有諱崇, 事我朝, 官都評議事, 出秉義州牧, 始家尙州。孫諱瑞卿, 武科長鬐縣監, 爲公高祖。曾祖諱琛, 訓鍊院判官。祖諱承瑚, 副司直。考諱壽福。妣南陽洪氏, 淸州郭氏, 完山李氏, 瑞興君春億女, 嘉靖丙寅生公。丙午, 中司馬, 用行誼薦, 授敬陵參奉, 遷靑巖察訪。三月棄歸, 而有去思碑。復授宗廟署直長, 不起。崇禎壬午卒, 壽七十有七。公性淸峻, 不肯委蛇以循俗。斂不施用, 德美之形于辭者, 遭火燼, 家錄放失其十八九, 若無得以表後世。然觀於師承之正, 友道之盛, 可徵其大畧已。公少事西崖柳先生, 聞爲學大方, 退而與鄭愚伏·李蒼石諸賢, 講論相資益, 識解通敏, 辨疑難若析薪, 遇大事則諸公必待而決。當昭敬王世, 薦紳大夫, 崇道德上文學, 彬彬盛矣。而公處草野, 以行誼著聞, 名登薦牘, 其負嶺表重望可知。壬辰, 夷寇大入, 。公與愚伏公及同志五六人, 倡義旅, 爲捍禦計, 公時年二十七。其見於事而卓偉者如此。公卒之二百有餘年, 士林會議, 躋享淵嶽祠。嗚呼! 是足以不朽也已。娶完山李氏, 希天女, 臨瀛大君璆玄孫。繼娶珍山陳氏, 餘慶女, 有五男一女。…(중략)… 公之後孫奎鎭。求公事行之畧在師友間所錄者爲狀來。屬範祖銘公墓。…(이하 명문 생략)…

〔海左先生文集, 卷18, 碣銘〕

47. 권길

권길의 자는 응선, 본관은 안동이다. 벼슬은 판관을 지냈다. 선조 임진년(1592)에 전사하였다. 좌승지에 추증되었다. 상주(尙州)의 충렬사(忠烈祠)에 향사하였다.

임진왜란이 일어나자 조정에서 순변사(巡邊使) 이일(李鎰)을 보내어 왜적을 막게 하였는데, 공도 그 휘하에 속하였다. 상주의 북쪽 언덕에서 싸웠으나 군대가 패했는데, 공은 꿋꿋하게 동요하지 않고 싸우다가 적군의 기치 아래에서 쓰러져 죽었다. 애초 공이 성을 지키자고 논의할 때에 흩어진 군졸을 수습하고 울며 맹세하기를, "충성을 다해 나라에 보답하는 것이야말로 이루지 못한다면 뒤따라 죽을 뿐이다."라고 하였다. 호장(戶長) 박걸(朴傑)은 평소 청렴하고 신중한 것으로 칭송되었고, 이때에 마음을 다해 싸워 지키려 대비하였는데, 어떤 이가 고하기를, "사태가 급박하니 떠나야만 합니다."라고 하니, 호장이 말하기를, "우리 고을 수령은 나라를 저버리지 않는데, 우리들이 우리 고을 수령을 저버리겠는가?"라고 하였다. 가족들은 시신을 거둘 수가 없었으니, 의관을 고향산에 묻었다.【협주: 이준이 찬한 의사비에 실려 있다.】

• **權吉**

權吉, 字應善, 安東人。官判官。宣祖壬辰戰死。贈左承旨。享尙州忠烈祠。

壬辰倭亂, 朝廷遣巡邊使李鎰[1]禦之, 公屬焉。戰于尙州北岸, 軍敗,

---

1 李鎰(이일, 1538~1601): 본관은 龍仁, 자는 重卿. 증조부는 장사랑 李承孝이며, 조부는 부사직 李環이다. 아버지는 함경도병마우후 李敏德이며, 어머니 延安李氏는 생원 李繼壽의 딸이다. 첫째부인 全州李氏는 大興令 李大春의 딸이며, 둘째부인 全州李氏는 李巨孝의 딸이다. 1558년 무과에 급제하였다. 경성판관을 거쳐 1583년 전라좌수사, 경원부사, 1587

公挺然不動, 斃於旗下。始公之議城守也, 收拾散卒, 泣而誓之曰: "盡忠報國, 不濟則以死繼之." 有戶長朴傑者, 素稱淸愼, 盡心守備, 有告之曰: "事急可去矣." 曰: "我侯不負國, 我等負我侯耶?" 家人不得收屍, 衣冠藏於故山。【李埈撰死義碑】

보충

이준(李埈, 1560~1635)이 찬한 사의비명

증 통정대부 승정원좌승지 겸 경연참찬관 행 통훈대부 상주판관 권공 사의비명

만력(萬曆) 20년(1592) 여름 4월, 왜구가 상주(尙州)에 쳐들오니, 판관(判官) 권길(權吉)이 이에 맞서 싸우다가 죽었다. 조정에서 이 소식을 듣고 슬퍼하여 승정원 좌승지로 추증하였으며, 임금이 친히 그 사실을 역사에 기록하게 하고 제사를 지내어 다시 칭송하였으니, 나라에서 열사(烈士)에게 보답할 예우를 다하였다.

그러나 다만 복시지지(復矢之地: 시신을 거두지 못해 招魂하고 의관을 묻은 자리)에는 글을 새겨 기리는 비문조차 없었으니, 살아남은 자들이 책무를 저버린 가장 큰 허물이 되었다. 그리하여 20년이 지난 임자년(1612)에 고을의 나이가 많은 어른들이 그 사적을 길이 전하려고 도모하여 이미 묘비를 세워놓고서 이르기를, "이준(李埈, 1560~1635)은 일찍이 사관(史官)을 지낸 적이 있으니 마땅히 서술할 만하다."라고 하였다.

아, 공의 죽음과 같은 경우는 진실로 그가 왜 죽어야 했는지를 알 수 있다고 하겠다. 임진왜란이 일어나자, 태평한 시절을 누리다가 방비가 해이했던 참에 동래(東萊)가 함락된 뒤로부터 왜적의 기병이 계속 몰아

년 함경도북병사를 지냈다. 1592년 임진왜란이 일어나자 경상도순변사가 되어 왜적을 상주에서 맞아 싸우다가 크게 패배하였고, 충주에서 도순변사 申砬의 진영에 들어가 재차 왜적과 싸웠으나 패하였으며, 사잇길로 도망해 황해도와 평안도로 피하였다. 1601년 부하를 죽였다는 살인죄의 혐의를 받고 붙잡혀 호송되다가 정평에서 죽었다.

치는데도 감히 그 칼날을 막는 자가 없었다. 그때 조정에서 순변사(巡邊使) 이일(李鎰, 1538~1601)을 보내어 왜적을 막게 하여 이일이 장차 상주(尙州)에 들어오려 하였는데, 목사(牧使) 김해(金澥, 1534~1593)가 칠진(漆津: 인동현 서쪽에 있던 나루)에서 무너져 돌아오다가 경계로 나가 맞이하려 하자, 공이 얼굴에 노기를 띠며 말하기를, "대군(大軍)이 새로이 무너져서 인심이 놀라 어수선하게 흩어져 의지할 곳이 없는데, 공은 이를 진정시킬 계책을 세우지 않고 어찌 성 밖으로 나가려 하십니까?"라고 하였다. 이일이 상주에 이르러 보니, 병졸들이 적은 데다 허약하여 성을 지킬 수가 없어 본성(本城)에 딸린 자성(子城) 밖 시냇가의 북쪽 언덕으로 겨우 나가 진(陣)을 치고 왜적과 맞섰으나, 적은 병력으로 많은 왜적을 대적할 수가 없었다. 온 군사가 패하여 달아났으나, 공만 홀로 꿋꿋하게 동요하지 않고 싸우다가 힘이 다하여 적군의 기치 아래에서 쓰러져 죽었다.

애초 공이 성을 지키자고 논의할 때에 흩어진 군졸을 수습하고 울며 맹세하기를, "충성을 다해 나라에 보답하는 것은 바로 오늘에 달려 있으니, 이루지 못한다면 뒤따라 죽을 뿐이다."라고 하였다. 호장(戶長) 박걸(朴傑)은 평소 청렴하고 신중한 것으로 칭송되었는데, 이때에 이르러 마음을 다해 싸워 지키려 대비하였다. 어떤 이가 고하기를, "사태가 급박하니 떠나야만 합니다."라고 하니, 호장이 말하기를, "우리 고을 수령은 나라를 저버리지 않는데, 우리들이 우리 고을 수령을 저버리겠는가?"라고 하고는 마침내 죽었다. 수레를 모는 자와 군졸들 중에 죽은 자 또한 많았다. 이를 보건대, 충성과 절개 있는 선비는 굳게 스스로 지킬 것이 있고, 또 능히 성심(誠心)으로 남을 감동시켜 엎어지고 자빠지는 매우 위급한 지경에서도 저버리지 않게 한 것은 반드시 이유가 있었을 것이다.

아아, 선비가 평상시에서야 과격하고 맹렬하게 담판할 적에 손뼉을 치며 누군들 명분과 절의를 자부하지 않겠는가? 그러나 하루아침에 급박하게 마주하면 머뭇거리지 않은 자가 드물거늘, 공은 오히려 태연히 난리에 뛰어들어 죽어도 후회하지 않았으니, 이는 나라가 마땅히 포상으로 녹공(錄功)하여 신하들에게 권면시켜야 할 것이다. 후세에 풍문을 듣고 떨쳐 일어나는 자들이 어찌 반드시 난리를 만나야만 그것을 알겠는가? 조정에 서면 그 명분과 절의가 흰 옥처럼 닦여 빛나고, 관리가 되면 행실에는 티가 없을 것이니, 또한 공을 보고서 감화를 잘 받았다고 할 만하다. 혹자가 말하기를, "공의 죽음은 나라의 강토를 지키다 죽은 것이라 할 수 있으나, 그가 위태롭고 급박한 상황에서도 도망치지 않은 것으로 말한다면 어찌 두요(逗撓: 적을 막지 못하고 물러나는자를 죄로 삼음)라는 군율이 있어서이겠는가?"라고 하였다.

슬프다, 이때를 당하여 병부(兵符)를 차고 깃발을 잡아 지휘한 신하들이 성을 버리고 벼슬을 버린 채 도망한 자들이 꼬리를 이었지만, 공이 고립된 성곽을 지키며 죽어야 할 곳으로 여겼던 것은 물러나 죽는 것을 치욕으로 여겼기 때문이 아니었으니, 이것을 할 수 있었겠는가? 그가 이름을 옷자락에 적고 처자식에게 부탁하여 시신을 거두는 증표로 삼게 한 것을 보건대, 공이 죽으면서도 두 마음이 없었음을 더욱 징험할 수 있다.

공의 본관은 영가(永嘉: 안동), 자는 응선(應善), 양촌공(陽村公) 권근(權近)의 후손이다. 사람됨이 체구는 옷을 가누지 못할 듯했으나 행실은 단정하고 올곧았다. 음서(蔭敍)로 벼슬길에 나아가 역임한 곳마다 마치 옥과 구슬이 패옥에 달려 움직일 때면 번번이 울리는 것 같았다. 본주(本州: 상주)에 판관(判官)이 되었을 때, 청렴하고 굳세기를 스스로 지키며 일처리가 정밀하고 민첩하게 하니, 사람들이 모두 칭송하였다. 그 뒤에 세운 바는 이미 스스로 근본이 있었던 것이니, 우연히 한번 분발한 것이 아니었다. 이때 고을이 왜적에게 함락되었는데, 가족들이 시신을 거두지 못하여 의관을 받들어 고향 산에 묻었다.

아아, 당시의 일을 차마 말하겠는가? 지금에 이르러서도 벌레와 모래

만이 남은 옛터에는 시냇물이 흐느끼듯 울고 구름과 햇빛은 스산히 어리었으니, 나그네들이 지나다니더라도 슬픔을 불러일으키기에 충분하다. 하물며 옛 백성들이야 홀로 남아 지난 일들을 생각하며 어떻게 마음을 가누겠는가? 마침내 눈을 훔치고는 그 일을 서술하고 이어서 명문을 짓는다. …(이하 명문 생략)…

贈通政大夫承政院左承旨兼經筵參贊官行通訓大夫尙州判官權公死義碑銘

萬曆二十年夏四月, 倭寇入尙州, 判官權公吉死之。朝廷聞而傷之, 贈承政院左承旨, 逮當宁紀物, 致祭以追嘉之, 國家之報烈士備矣。而獨於復矢之地, 無剞劂以揄揚, 最爲缺典。越二十年壬子, 州之父老, 謀紀事垂不朽, 旣礱石, 謂: “埈嘗篴屬太史氏, 宜有述.” 嗚呼! 若公之死, 眞可謂得其所以死矣。壬辰之亂, 屬太平備弛, 自東萊受陷之後, 賊騎長驅, 無敢攖其鋒者。時朝廷遣巡邊使李鎰禦之, 鎰將入州, 牧使金澥, 自漆津潰還, 欲出迓于境, 公厲色言曰: “大兵新潰, 人心震攘無係屬, 公不爲鎭定計, 乃欲出城耶?” 鎰至州, 覵卒伍單弱, 不可以守城, 乃出陣于子城外溪北岸, 與賊合, 衆寡不敵。一軍敗北, 公獨挺然不動, 力竭而斃於旗下。始公之議城守也, 收拾散卒。泣而誓之曰: “盡忠報國, 正在今日, 不濟則以死繼之.” 有戶長朴傑者, 素稱淸愼, 至是, 盡心爲戰守備。有告之曰: “事急, 可去矣.” 曰: “我侯不負國, 我等負我侯耶?” 遂死焉。僕御及軍卒死者亦多。觀乎此而知忠烈之士固自有守, 而又能以誠感人, 使不負於顚沛之際者, 必有道矣。嗚呼! 士方平居, 劇談抵掌, 孰不以名節自許? 一朝倉卒, 鮮不逡巡, 公乃從容蹈難, 之死不悔, 此實有國之所宜褒錄, 以爲人臣之勸。而後之聞風而起者, 豈必遇難而知之。立朝則名節白礪, 作吏則操履無玷, 亦可謂善於觀感也。或謂: “公之死, 可謂死封疆, 而若其危逼而不去, 則豈以逗撓之有律也?” 嗟呼, 當是時, 佩符秉纛之臣, 棄城逃位而走者踵相接, 公能守孤懸之堞, 視爲死地, 非以退死爲辱, 能之乎? 觀其書姓名于衣裾, 屬妻孥以爲斂屍識, 公之有殞無貳, 益可驗矣。公永嘉人也, 字應善, 陽村公近之後也。爲人體若不

勝衣, 履行端方。以蔭補官, 凡所歷揚, 如珠玉在佩, 動輒有響。及貳本州, 廉介自將, 涖事精敏, 人翕然稱頌。其後來所樹立, 已自有本, 非偶然一奮者也。是時, 州沒於倭, 家人不得收屍, 奉衣冠藏於故山。嗚呼! 當時之事, 尙忍言耶? 至今過蟲沙之墟, 溪流嗚咽, 雲日凄迷, 逆旅經由, 有足興愴。況我舊民, 孑然獨遺, 感念疇昔, 當何以爲懷也? 遂攬涕而敍其事, 繼之以銘曰。…(이하 명문 생략)…

〔蒼石先生文集, 卷16, 碑碣〕

48. 김종무

김종무의 자는 의백, 본관은 선산이다. 벼슬은 찰방을 지냈다. 선조 임진년(1592)에 전사하였다. 상주(尙州)의 충렬사(忠烈祠)에 향사하였다.

만력(萬曆) 신묘년(1591)에 사근도찰방이 되었다. 임진년 4월에 왜구가 갑자기 침입하여 들이닥쳐 여러 고을이 붕괴되자, 공은 하루 수백 리를 달려가며 자기집 문 앞을 지나면서도 들르지 않고 곧장 순변사(巡邊使) 이일(李鎰)의 휘하에 이르러 상주 북천(北川)에서 싸웠다. 이일이 패하여 달아나자, 공은 이에 말에서 내려 의관을 단정히 하고 부채에 '군신의중(君臣義重: 임금과 신하의 의리는 중하다.)'이라는 네 글자를 써서 종에게 주며 집안사람들에게 알리도록 하고는 권길(權吉)과 함께 모두 해를 입었다. 숙종(肅宗) 초에 그 집안을 표창하도록 명하였다.【협주: 행록에 실려 있다.】

• 金宗武

金宗武[1], 字毅伯, 善山人。官察訪。宣祖壬辰戰死。享尙州忠烈祠。

萬歷辛卯, 爲沙近道察訪。壬辰四月, 倭寇猝至, 列郡崩潰, 公日馳數百里, 過家門不入, 直抵巡邊使李鎰麾下, 戰于尙州北川。鎰敗走, 公乃下馬整衣, 書'君臣義重'四字於便面[2], 授其僕, 報家人, 與權吉並遇害。肅廟初, 命表其家。【行錄[3]】

---

1 金宗武(김종무, 1548~1592): 본관은 善山, 자는 毅伯. 증조부는 金磾이며, 조부는 金匡佐이다. 아버지는 부제학 久菴 金就文이다. 김취문의 첫째부인 仁川李氏는 李偁의 딸이며, 둘째부인 廣州李氏는 李仁符의 딸이다. 1591년 樹道 찰방에 제수되었고, 이어 沙近 찰방으로 옮겼다. 1592년 임진왜란 때 상주 북천에서 전사하였다.

2 便面(편면): 옛사람들이 얼굴을 가리던, 부채 모양처럼 생긴 물건.

3 柳淰(1730~1808)의《臨汝齋先生文集》권6〈碑碣·贈吏曹參議行沙斤道察訪善山金公墓碣銘 幷序〉에 따르면, 金世鎬가 지은 행장을 참고한 것으로 되어 있는바, 행록은 아마도 이 행장으로 추측되나 확인할 수 없음.

49. 노도형

노도형의 자는 백가, 본관은 광산이다. 문간공(文簡公) 노수신(盧守愼)의 손자이다. 선조 신미년(1571)에 태어났다. 음서(蔭敍)로 군수를 지냈다. 광해군 을묘년(1615)에 죽었다. 선무원종공신(宣武原從功臣)으로 녹훈되었고, 이조참판에 추증되었다.

부형의 아름다운 덕에 감화를 받아 의로운 가르침을 익혀 함양하면서 바로잡았으니, 몸과 마음이 한결같았다. 예천군수를 마치고 돌아와 자리를 사서 잘 적에 부인이 탄식하여 말하기를, "예천은 자리 생산지로 이름난 고장인데, 공은 하나도 가져오지 않았다는 것을 사람들이 그 누가 그것을 알겠습니까?"라고 하자, 공이 말하기를, "알면 무엇 하겠소? 오직 의당 나의 마음에 부끄럽지 않아야만 하오."라고 하였다. 계집종이 사사로이 사람들에게 말하기를, "무릇 고을 수령으로서 비록 겉으로는 세상에 청렴하다는 명성을 드러내었어도 속으로는 챙기는 것이 없을 수 없는데, 어찌 안팎이 모두 텅 빈 것으로 공의 집안 같은 경우가 있겠어요?"라고 하였다.【협주: 이민구가 찬한 묘지명에 실려 있다.】

- **盧道亨**

盧道亨, 字伯嘉, 光山人。文簡公守愼孫。宣祖辛未生。蔭仕郡守。光海乙卯卒。以宣武原從勳, 贈吏曹參判。

濡染德美, 習於義敎, 表裏如一。罷醴泉歸, 買席以寢, 夫人歎曰: "醴以產席名, 而一無所携, 人誰知之者?" 公曰: "知之何爲? 惟當不愧方寸守而已." 女奴私謂人曰: "凡宦州郡, 雖外著潔聲, 內不能無挾, 安有內外俱空, 如公家者乎?"【李敏求撰墓誌】

보충

이민구(李敏求, 1589~1670)가 찬한 묘지명

증 이조참판 예천군수 노공 묘지명 병서

고(故) 영의정 소재(穌齋) 노 선생(盧先生: 盧守愼)은 도덕과 문장으로 능히 세상에 이름을 떨치고 후세에 전하였다. 손자 노도형(盧道亨)이라는 이가 있었으니 자는 백가(伯嘉)인데, 어린 시절부터 성실하고 믿음직스러워 겉치레를 꾸미는데 힘쓰지 않았으니, 선생의 시에, "손자가 순후하고 성실하여 가르침을 지켜 갈 만하다."라고 한 것은 바로 이 사람이다.

26세 때인 만력(萬曆) 병신년(1596)에 음서(蔭敍)로 보안 찰방(保安察訪)이 되었고, 전례(前例)대로 예빈시 직장(禮賓寺直長)·한성부 참군(漢城府參軍)에 조용(調用: 등용)되었으며, 외직으로 지례 현감(知禮縣監)이 되었다가 임기를 마치고, 군기시 주부(軍器寺主簿)·평시서 영(平市署令)이 되었다. 임자년(1612)에 다시 외직으로 나가 예천군수(醴泉郡守)가 되었는데, 청렴하고 엄정하게 몸가짐을 하며 사치스러운 풍속을 다스리면서 관아에 체납된 환곡(還穀)을 징수하자, 십오륙 년 동안 지나도록 감히 두곡(斗斛: 섬과 휘)이라도 기한을 뒤로 미루는 자가 있지 않았다. 부임한 지 1년이 되자, 교활한 백성들이 털끝만치라도 공의 잘못을 찾다가 찾지 못하니, 모호한 말을 퍼뜨려 공을 모함하는 구실로 삼았다. 돌아온 지 3년 뒤인 을묘년(1615)에 도성에서 병으로 죽었으니, 향년 겨우 45세였다. 조정에서 원종공신(原從功臣)의 공로를 들어 이조참판에 추증하였다.

처음에는 공의 8대조 노상인(盧尙仁)이 상주(尙州)에서 장가들어 여러 세대에 걸쳐 화령현(化寧縣: 경상북도 상주시 서부 지역의 옛 지명)에 이어 매장하였는데, 이때에 이르러 공을 상주의 낙서(洛西: 상주시 내서면 낙서리)에 장사지냈다. 그 후 복인(卜人: 지관)이 후손들에게 이롭지 않다고 말하였는데, 25년이 지난 기묘년(1639)에 부인 최씨(崔氏)가 임종하면서 자식들에게 반드시 낙서에 있는 공의 무덤을 옮겨 자신과 합장하라고 하니, 마침내 중모현(中牟縣: 상주시 모동면·모서면 일대) 감악산(感岳山) 술좌(戌坐)의 언덕으로 이장(移葬)하였다.

광산노씨(光山盧氏)는 우의정 휘 노숭(盧嵩)이 실로 널리 알려진 선조이다. 5대를 내려오는 동안 현달하기도 하고 출세길이 막히기도 하다가, 고조부 휘 노후(盧珝)에 이르러 풍저창 수(豐儲倉守)를 지내고 좌찬성에 추증되었다. 증조부 휘 노홍(盧鴻)은 활인서 별제(活人署別提)를 지내고 영의정에 추증되었다. 그 아들 소재(穌齋) 선생 휘 노수신(盧守愼, 1515~1590)은 자식이 없어 동생 첨정(僉正) 노극신(盧克愼, 1524~1598)의 아들 노대해(盧大海, 1549~1626)를 후사로 삼았다. 노대해는 영천군수(榮川郡守)를 지내다가 죽었으니, 바로 공의 아버지이다. 어머니 광릉이씨(廣陵李氏: 廣州李氏)는 정선군수(旌善郡守)를 지내고 광계군(廣溪君)에 추증된 이호약(李好約)의 딸이다.

공은 부형의 아름다운 덕에 감화를 받아 의로운 가르침을 익혀 함양하면서 바로잡았으니, 몸과 마음이 한결같았다. 너그럽고 온화하며 평이하고 솔직하여 천진함 그대로 남을 대하였으니, 임기응변이나 바르지 못한 생각이 마음에서 싹트지 않았다. 평소 사사로운 연회에서 입으로 남의 잘못이나 허물을 말한 적이 없었으며, 정성스럽고 신중하여서 중심이 확립되어 시류에 휩쓸리지 않은 채 조용히 스스로를 지켰다. 권세가나 고관으로 명성과 지위가 융숭하고 성대해지면, 비록 평소에 서로 잘 아는 친숙한 사이로 손님처럼 교제하는 자라 하더라도 곧바로 발길을 거두고 피하며 그 집을 찾아가려 하지 않았다. 가까운 인척이나 아주 가까운 친척에게도 또한 그렇게 하였으니, 그 절개가 이와 같았다. 영화(榮華)를 멀리하고 영리(營利)를 도모하지 않았는데, 재산을 불리기 위해 다른 일을 벌이지 않았으니 다만 하루 끼니만 해결할 수 있으면 그뿐이었고, 집은 억지로 아름답게 꾸미지 않았으니 다만 비바람만을 막을 수 있으면 그뿐이었다.

처음으로 예천군수를 마치고 돌아와 자리를 사서 잘 적에 부인이 탄식하여 말하기를, "예천은 자리 생산지로 이름난 고장인데도 공은 하나

가져오지 않았다는 것을 외부 사람이 그 누가 그것을 알겠습니까?"라고 하자, 공이 말하기를, "알면 무엇 하겠소? 오직 의당 나의 마음에 부끄럽지 않아야만 하오."라고 하였다. 온 집안이 남쪽으로 이사하게 되어 계집종에게 짐을 꾸리도록 했을 때, 계집종이 사사로이 자기 남편에게 말하기를, "무릇 고을 수령으로서 비록 세상에 청렴하다는 명성을 드러내 겉으로는 검약한 것 같아도 속으로는 챙기는 것이 없을 수 없는데, 어찌 안팎이 모두 텅 빈 것으로 공의 집안 같은 경우가 있겠어요?"라고 하였다.

공은 관직에 있을 때 평이하게 백성들을 대하였고 고결한 척 꾸며서 자랑하여 뽐내며 칭송되기를 바라지 않았기 때문에, 당시 혁혁하게 드러난 공적은 적었지만 떠나간 뒤에는 오래도록 더욱 그리워하였다. 세상에서는 항상 포덕후(褒德侯: 後漢 卓茂)의 덕과 오광주(吳廣州: 晉나라 吳隱之)의 청렴을 전하여 행실의 규범으로 삼고 풍속의 모범으로 삼는데, 대개 공이 평생 스스로 걸어온 바가 어찌 다만 면목에 부끄럽지 않은 데만 그쳤겠는가?

부인 최씨(崔氏)는 고려의 시중(侍中) 최충(崔沖)의 후손으로, 아버지 좌찬성 최황(崔滉, 1529~1603)은 두 번이나 책훈되어 해성군(海城君)에 봉해졌다. 부인은 유순하고 어여쁘며 어려서부터 덕성이 아름다워 부모님에게 사랑받았는데, 계례(筓禮)를 치른 뒤 공에게 시집가 공의 집안에 들어오자 윗사람이나 아랫사람이 모두 축하하였다. 상국(相國) 소재가 찬성공(贊成公: 최황)을 만날 때마다 반드시 말하기를, "어진 딸을 우리 집에 시집보내 주었으니, 삼가 공에게 감사하오."라고 하였다. 남편을 30년 간 섬기면서 공경하여 어기는 일이 없었고 자식을 많이 낳아 길렀으니, 아내로서도 어머니로서도 도리에 맞았다. 시부모는 언제나 말하기를, "우리 후세에 얻는 며느리가 매양 이와 같다면, 노씨의 복이 다하지 않을 것이다."라고 하였다. 공이 죽은 뒤에 남편을 따라 죽기로 맹세하자, 시부모가 불가하다고 거듭 권면하였지만 쌀 한 톨도 목에 넘기지 못하고 따뜻한 옷도 멀리하였는데, 상복을 벗은 뒤에도 여전히 갑자기 변하지 않았다.

부인은 평소에 몸가짐과 행실이 올곧고 단정하여 친족들의 모범이 되었으며, 의리에도 밝아 일의 시비를 논하거나 조정 정사의 잘잘못을 들으면 번번이 근심과 기쁨을 드러냈다. 병자호란 때 둘째아들 노준명(盧峻命, 1596~1652)이 대가(大駕)를 남한산성으로 호종하였는데, 부인은 밤낮으로 근심하는 마음이 쌓여 식음(食飮)을 전폐하였으니 노준명이 돌아와 뵈었을 때 그 기쁨이야 알만하였다. 맨 먼저 남한산성에서 일어난 일의 시말(始末)을 묻고는 분개하여 눈물을 멈추지 못하였다.

자녀들을 매우 사랑하면서도 가르침을 폐하지 않았는데, 행동할 때면 반드시 올바른 도리로 하도록 따스하고 빈틈없게 경계하여 가르쳐서 자녀들이 성장하여 명성이 알려지도록 하였다. 제사를 받들 때면 정성을 다하였으니 몸소 불을 때어 밥을 지었고, 고을의 이웃과도 화목하게 지냈으며 궁핍한 이들을 두루 도와주었다. 여러 서자(庶子)들을 인애로 대하고 하인들도 은혜로 대하였다. 무릇 사람들이 아침저녁으로 격려하면서 힘써 행하여서라도 이르기를 구하는 것은 부인에게 있어서는 일상적인 일에 불과했으니, 더는 자세히 말하지 않겠다.

병이 위독한 데에 이르러서도 정신은 더욱 또렷하여 말하기를, "하늘이 오래도록 나를 괴롭게 살게 하였는데, 이제는 소원이 채워졌구나."라고 하고는 마침내 죽었으니, 향년 70세였다. …(이하 생략)…

贈吏曹參判醴泉郡守盧公墓誌銘 幷序

故領議政穌齋盧先生, 以道德文章, 克名世垂後。有孫曰道亨, 字伯嘉, 自在幼齒, 惇慤絶矯襮。先生詩"有孫醇恪克保持."者是已。年二十六萬曆丙申, 蔭仕保安察訪, 例調禮賓直長·漢城參軍, 出宰知禮縣, 秩滿, 爲主簿軍器·令平市。壬子, 又出爲醴泉郡守, 淸嚴自將, 攝其豪俗, 徵逋穀之不輸官者, 至經十五六年, 無敢有斗斛後期。居一歲, 猾民求毫毛過不得, 則用晻昧語, 惎之言地。歸三年乙卯, 病卒于京師, 得壽廑四十有五。朝廷擧原從勞, 贈吏曹參判。始公八代祖尙仁, 娶于尙州, 累世葬化寧縣, 至是, 以公葬尙之洛西。其後, 卜人言不利後人, 越二十五年己卯, 夫人崔氏臨終, 顧諸孤必遷洛西墓而以我祔, 遂改窆中牟縣感岳枕

戌之原。光山之盧，有右議政諱嵩，寔爲聞祖。歷五代，或達或陻，以至高祖諱玥，豐儲倉守，贈左贊成。曾祖諱鴻，活人署別提，贈領議政。是生穌齋先生諱守愼，無子，取其弟僉正克愼子大海爲後。卒榮川郡守，卽公考也。妣廣陵李氏，旌善郡守，贈廣溪君好約之女。公濡染德美，習於義敎，涵而揉之，表裏如一。寬和易直，任眞以接物，機變枉曲不萌於中。平居燕私，口未嘗言人過失，恂恂謹飭，而內立不隨，恬穆有守。其要人膴仕名位顯隆，雖在賓故素相熟，輒斂跡引避，不肯造其門。於近戚密親亦然，其介如此。薄紛華，外産利，貲不爲餘業，取具朝晡而已，室不爲苟美，取庇風雨而已。初罷醴泉歸，買席以寢，夫人歎曰："醴以産席名，而公一無所携，外人誰知之者?" 公曰："知之何爲? 唯當不愧方寸." 及盡室而南，屬女奴治任，女奴私謂其人，曰："凡宦州郡，雖著潔聲外約，不能無內挾，安有內外俱空，如公家者乎?" 公居官，平易以臨民，不欲爲媚飾以矜衒求稱譽，故當時少赫赫顯功，去後乃久而益思。世常傳褒德侯德與吳廣州淸，以軌行範俗，槪公平生所自蹈，奚止無愧色已也? 夫人崔氏，高麗侍中沖之後，考左贊成滉，再策勳封海城君。夫人柔嘉夙懿，愛於父母，始笄歸公，入門而上下交賀。穌齋相國，每見贊成公，必曰："歸賢女我家，敬謝公." 事夫子三十年，克敬無違，子姓繁育，宜婦宜母。舅姑恒言："吾後世得婦，每如此，盧氏之福，未艾也." 自公歿，誓死以從，舅姑更勉之不可，粒不容嗌，衣屛奇溫，制除猶不遽變。夫人旣操履修整，取式族黨，晢於義理，至論說事是非，聞朝政得失，輒形憂喜。丙子之亂，仲子峻命，扈駕南漢山城，夫人日夜積慮感，頓廢食飮，及峻命歸覲，其樂可知。首問山城事始末，憤泣不能已。甚愛子女，而不廢敎，動必以義方，殷勤警誨，成立有聞。若享祀盡誠，躬自執爨，睦於鄕隣，周其困乏。遇諸庶以仁，待僕使以恩。凡人所朝夕勉厲，力行而求至者，在夫人爲常節，可略也。及病革，神明益不爽曰："天久苦我以生，今願塞矣." 遂卒。年七十." …(이하 생략)…

〔東州先生文集，卷8，誌銘〕

50. 김정견

김정견의 자는 훈경, 호는 국원, 본관은 의성이다. 선조 병자년(1576)에 태어났다. 광해군 임자년(1612)에 생원시에 합격하였다. 인조 을유년(1645)에 죽었다. 상주(尙州)의 낙암사(洛巖祠)에 향사하였다.

일찍이 한강(寒岡: 鄭逑)의 문하에 드나들어 학문의 요체를 들었고, 만년에 우복(愚伏) 정 선생(鄭先生: 鄭經世)을 따라다니며 더욱 강론하고 연마하는 공부를 하였다. 비록 임진왜란의 와중에서도 경전의 뜻을 깊이 탐구하지 않은 적이 없었고, 또한 후진을 이끌어 권면하는 일에도 지극히 마음을 기울였다.【협주: 가장에 실려 있다.】

• 金廷堅

金廷堅[1], 字勳卿, 號菊園, 義城人。宣祖丙子生。光海壬子生員。仁祖乙酉卒。享尙州洛巖祠[2]。

早出入寒岡之門, 得聞爲學之要, 晩從愚伏鄭先生遊, 益致講磨之功, 雖龍蛇亂離之中, 未嘗不窮硏經義, 又眷眷於誘掖後進。【家狀[3]】

---

1 金廷堅(김정견, 1576~1645): 본관은 義城, 자는 훈경(勳卿). 호는 菊園. 증조부는 金允迪이며, 조부는 제릉참봉 金關石이다. 아버지는 西溪 金聃壽이며, 어머니 昌寧曺氏는 曺夢吉의 딸이다. 부인 淸州韓氏는 韓瑞의 딸이다. 鄭逑와 鄭經世의 문인이다. 1612년 생원시에 합격하였으나, 벼슬에 뜻을 두지 않고 향리에서 학문 연구에 힘썼다.

2 洛巖祠(낙암사): 경상북도 상주시 중동면에 있는 서원. 1745년 지방 유림의 공의로 金聃壽·金廷龍·金廷堅의 학문과 덕행을 추모하기 위해 창건한 것이다.

3 家狀(가장): 현재로서는 확인할 수 없음. 참고로 柳尋春의《江皐集》권15〈成均生員菊園金公墓碣銘 幷序〉에 따르면, 후손 金琢彬과 金東瑜에 이르러 김정견의 묘비를 개수한 것으로 보인다.

51. 조희인

조희인의 자는 여선, 호는 묵계, 본관은 창녕이다. 선조 무인년(1578)에 태어났다. 광해군 병진년(1616) 사마시에 합격하고, 인조 정묘년(1627) 문과에 급제하여 벼슬은 상례(相禮: 知通禮門事)를 지냈다. 현종 경자년(1660)에 죽었다.

일찍이 우복(愚伏) 정 선생(鄭先生: 정경세)에게 가르침을 받아 가장 많이 득력(得力)하였다. 광해군 임자년(1612)에 옥사(獄事)가 크게 일어났을 때, 우복이 모함을 받아 붙잡혀 옥에 갇혔다. 당시 옥사가 극히 엄하여, 비록 지친(至親)일지언정 모두 화(禍)를 두려워하여 감히 가까이하지 못하였는데도, 처음부터 끝까지 떠나지 않고 옥문 밖에서 여러 모로 주선하며 애쓴 이는 오직 공뿐이었다.

• **曹希仁**

曹希仁[1], 字汝善, 號默溪, 昌寧人。宣祖戊寅生。光海丙辰司馬, 仁祖丁卯文科, 官至相禮。顯宗庚子卒。

早受業於愚伏鄭先生, 得力[2]最多。光海壬子, 逢獄大起, 愚伏被誣逮繫。時獄事極嚴, 雖至親, 皆懼禍不敢近, 而其終始不離, 周旋於圓扉[3]之外者, 惟公而已。【家狀[4]】

---

1 曹希仁(조희인, 1578~1660): 본관은 昌寧, 자는 汝善, 호는 默溪. 증조부는 曺繼衡이며, 조부는 曺彦弘이다. 아버지는 曺夢臣이다. 조몽신의 첫째부인 平山申氏는 申澍의 딸이며, 둘째부인 公州李氏는 李景祐의 딸이다. 부인 光州金氏는 金得龔의 딸이다. 공주이씨의 소생으로, 梅湖 曺友仁의 이복동생이다.

2 得力(득력): 숙달하거나 깊이 깨달아서 확고한 힘을 얻음.

3 圓扉(원비): 감옥.

4 家狀(가장): 현재로서는 확인할 수 없음.

52. 조우신

조우신의 자는 여집, 호는 백담, 본관은 한양이다. 선조 계미년(1583)에 태어났다. 광해군 계축년(1613) 진사시에 합격하였다. 인조 갑신년(1644)에 천거로 참봉에 제수되었다. 무자년(1648) 문과에 급제하여 벼슬은 정자(正字)를 지냈다.

공은 어려서 왜란을 만나 왜적을 피해 달아나 숨느라 떠돌아다녀서 배움에 나아갈 겨를이 없었다. 18세였을 때 비로소 배우러 가서 경전(經傳)과 사서(史書)를 두루 통달하자, 선비들이 공을 높이 받들어 존중하였다.

우복(愚伏: 정경세)·창석(蒼石: 이준)의 문하에 드나들며 유가의 경전과 예학에 대해 질문하여 스스로 깨친 것이 있었다.

광해군이 모후(母后: 인목대비)를 폐위하고 대군(大君: 영창대군)을 죽이자, 공이 강개하여 상소문을 지었으니, 우순(虞舜: 순임금)이 부모와 형제들에게 효제(孝悌)의 도리를 다하여 집안을 화목하게 하고 나라를 안정시킨 도리 및 정장공(鄭莊公)이 영고숙(穎考叔)의 어미를 생각하여 고깃국을 먹지 않는다는 말에 깨달은 일을 인용하였고 또한 삼적(三賊: 李偉卿·鄭造·尹訒)의 머리를 참하도록 청하였다. 사람들이 모두 그것을 위태롭게 여기자, 공이 말하기를, "이미 시체로 싸여서 등불의 심지가 될 준비를 하였으니 죽는 것이 두렵지 않다."라고 하였다. 대궐문 밖에서 엎드린 지 며칠이 되었지만 끝내 올리지 못하게 되자, 그대로 고향으로 돌아와 과거공부를 폐하고, 문을 닫아걸고 책을 읽었다.【협주: 홍빙이 찬한 행장에 실려 있다.】

• **趙又新**

趙又新, 字汝緝, 號白潭, 漢陽人。宣祖癸未生。光海癸丑進士。仁祖甲申，薦授參奉。戊子文科，官正字。

公幼値倭亂，奔竄流離，不遑入學。十八歲，始游學，博通經史，士流推重焉。

出入於愚伏·蒼石門下，質問經禮，有所得焉。

光海廢母后[1]，殺大君[2]，公慷慨搆疏，引虞舜烝乂之道[3]·鄭莊公悟穎考叔[4]之事，且請斬發論三賊[5]之首。人皆危之，公曰："已備裹屍油紙，死不畏矣。" 伏閤屢日，不得呈，仍歸廢科業，杜門讀書。【洪凭[6]撰行狀】

보충

홍빙(洪凭, 1623~1706)이 찬한 가장

가장

공의 휘는 조우신(趙又新), 자는 여집(汝緝), 본관은 한양(漢陽)이다. 원조(遠祖: 혈통상의 시조) 휘 주지수(趙之壽)는 용성(龍城: 함경남도 문천시 인구 德源府 龍津縣)에서 일어나 고려조에 들어와 첨의중서사(僉議中書事)에 이르렀다. 그 뒤로 명망 높은 대신들이 대대로 서로 이어져 현저히 드러났

1 母后(모후): 仁穆大妃. 조선 宣祖의 繼妃(1584~1632). 1602년 왕비에 책봉되었으나 光海君이 즉위하자 大北의 모략으로 西宮에 유폐되었다가 仁祖反正으로 풀려났다.

2 大君(대군): 永昌大君(1606~1614). 李㼁로, 宣祖의 열네째 아들이다. 어머니는 仁穆王后이다.

3 虞舜烝乂之道(우순증예지도): 舜임금이 그의 頑惡한 부모와 不恭한 아우에 대하여 孝悌의 도를 다하여, 그들로 하여금 점차 善導에 나아가게 하여, 간악함에 이르지 못하게 한 일.

4 鄭莊公悟穎考叔(정장공오영고숙): 당시 鄭莊公이 아우 叔段의 반란에 연루된 어미 姜氏를 유폐시켰는데, 장공은 어미를 생각하여 고깃국을 먹지 않는 영고숙에게 감동하여 마침내 정상적인 모자 관계를 회복하였다는 고사. 穎考叔은 정나라 潁谷의 封人이다.

5 三賊(삼적): 李偉卿, 鄭造, 尹訒. 이들은 1613년 癸丑獄事가 일어나자 성균관유생으로서 앞장서 연이어 소를 올려, 인목대비가 안으로 무고를 일으키고 밖으로 역모에 응하였음을 주장하고 폐출할 것을 청하였다.

6 洪凭(홍빙, 1623~1706): 본관은 南陽, 자는 聖任, 호는 霽山. 경기우도 수운판관을 지냈으며, 서예가로 알려졌다.

는데, 고려 말에 이르러 문하시중(門下侍中) 휘 조돈(趙暾)은 네 아들을 두었으니 모두 높은 관직에 이르렀다. 그 막내가 조인옥(趙仁沃)으로, 우리 태조(太祖)를 도와 개국하여 한산군(漢山君)에 봉해지고 충정공(忠靖公)이라는 시호를 받았으니 그로 인하여 한양(漢陽)을 관향(貫鄕)으로 삼았다. 충정공의 아들은 돈녕부사(敦寧府事)를 지내고 절효공(節孝公)이라는 시호를 받은 휘 조뢰(趙賚)이다. 절효공의 아들은 봉례(奉禮: 通禮院 정4품 벼슬) 휘 조관생(趙觀生)이다. 봉례공의 아들은 도사(都事) 휘 조섬(趙銛)이다. 도사공의 아들은 첨지중추부사(僉知中樞府事) 휘 조승손(趙承孫)인데, 비로소 함창(咸昌: 경상북도 상주시 함창읍 일대)의 옥산리(玉山里)에 터를 잡아 살았다. 증조부 휘 조림(趙琳)은 첨지를 지냈고, 조부 휘 조희안(趙希顔)은 부사과(副司果)를 지냈으며, 아버지의 휘는 조상(趙相)이다. 어머니 현풍곽씨(玄風郭氏)는 정당문학(政堂文學) 곽원진(郭元振)의 후손으로 성균관 생원 휘 곽소(郭昭)의 딸이다.

공은 만력(萬曆) 계미년(1583) 6월 5일에 태어났다. 어려서부터 씩씩하고 의젓하였으니, 보는 이들이 기이하게 여겼다. 임진년(1592) 봄에 나이가 10세 때 부친상을 당하여 곡하고 발 구르며 슬퍼하여 서러워하는 것이 마치 어른 같이 하자, 모였던 문상객(問喪客)들이 감동하여 눈물을 흘리지 않는 이가 없었다. 공의 집안은 남쪽으로 이주해 온 뒤로부터 공시(功緦: 9개월과 5개월 功服과 3개월 緦麻服)를 입을 가까운 친척이 없었는데, 오직 백씨(伯氏) 직장공(直長公: 趙克新, 1573~1625)만 있었을 뿐이고, 그도 나이가 겨우 약관이었다. 형제들이 함께 의지하여 밤낮으로 잠시도 떨어지지 않으면서, 낮 동안에는 항상 겉옷의 한쪽 소매를 벗어 어깨를 드러내고 관(冠)을 벗은 채 삼베로 머리를 동여매는 상중(喪中)의 차림을 그대로 지켰다. 겨우 장례를 치르자마자 갑자기 왜란이 일어나자, 공은 백씨와 함께 어머니 곽 부인을 모시고 왜적을 피해 호서지방으로 들어갔다가 무려 팔구 년이나 지난 뒤에야 비로소 고향으로 돌아왔다.

공은 나이가 18세였지만, 왜적을 피해 이리저리 달아나며 숨느라 배움에 나아갈 겨를이 없었다. 이에 개연히 탄식하며 말하기를, "나는 불행히도 난리를 만나 나이가 20세에 가까운데도 혼미하고 아무런 지식이 없으니, 이 얼마나 부끄러운 일인가?"라고 하였다. 가까이에서 사는 이웃 중에 글을 조금 아는 사람이 있었는데, 그날로 《사기(史記)》를 끼고 찾아가 가르침을 청하자, 그 사람이 놀라 기이하게 여기며 마음을 다하여 가르쳐 주었다. 공은 매양 가르침을 받을 적마다 반드시 처음부터 끝까지 되풀이하여 요지와 뜻을 찾아 살피면서 꾸준히 부지런하게 애쓰기를 조금도 게을리하지 않았다. 1년이 다 차기도 전에 장차 크게 나아갈 수 있는 역량이 있자, 그 이웃은 감당할 수 없다며 사양하였다.

공은 마침내 책 보따리를 메고 배우러 갔는데, 문경(聞慶)의 호계현(虎溪縣)으로 찾아가 정랑(正郎) 민척(閔滌, 개명 閔淑, 1543~1613)을 스승으로 섬겼다. 경전(經傳)을 통하고 제자백가의 학설도 깊이 연구하여 문견이 해박해져서 그것을 드러내어 문장을 지으니, 당시 선비들이 모두 공을 높이 받들어 존중하였고, 대간(大諫) 홍호(洪鎬, 1586~1646)와 교유가 가장 깊었다. 또 우복(愚伏: 정경세)·창석(蒼石: 이준) 두 선생의 문하에 드나들며 유가의 경전과 예학에 대해 의심난 곳을 질문하여 자못 스스로 깨친 것이 있었다.

계축년(1613) 진사시에 합격하였다. 이때 광해군의 정사가 어지러워 모후(母后: 仁穆大妃)를 폐위하여 가두었고 대군(大君: 영창대군)을 초살(焦殺: 蒸殺)하였는데, 공이 분개하여 통탄하고는 마침내 중대한 상소를 올렸으니, 우순(虞舜: 순임금)이 부모와 형제들에게 효제(孝悌)의 도리를 다하여 집안을 화목하게 하고 나라를 안정시킨 도리 및 정장공(鄭莊公)이 영고숙(潁考叔)의 어미를 생각하여 고깃국을 먹지 않는다는 말에 깨달은 일을 인용하여서 모자가 예전의 의리를 회복해야 한다고 했으며, 또한 삼적(三賊: 李偉卿·鄭造·尹訒)의 머리를 참하여 귀신과 사람의 분노를 씻어야 한다고 청하였다.

그 상소의 말과 내용은 정성스럽고 간절하면서도 늠름하고 준엄하였다. 이윽고 공이 그런 상소문을 가지고 도성(都城)에 들어가니, 도성의 오랜 벗들이 그 상소를 본 자마다 몸에 오싹 소름이 돋을 정도로 놀라지 않는 자가 없었고, 공을 위태롭게 여기며 말하기를, "조직(趙溭, 1592~1645, 1613년 폐모반대의 항소를 올림)의 상소도 이처럼 준엄하기에 이르지 않았으면서도 지금 옥에 갇혀 엄한 형벌을 받고 있네. 게다가 승정원으로 하여금 흉악한 상소를 받아들이지 말라고 하였으니, 어찌 공연히 아무런 소용이 없는데도 자신을 죽일 수 있는 형벌에 빠지려 하는가?"라고 하니, 공이 말하기를, "이미 시체로 싸여서 등불의 심지가 될 준비를 하였으니 죽는 것 또한 영광일 뿐이다."라고 하였다. 대궐문 밖에서 엎드린 지 며칠이 되었지만 끝내 올리지 못하게 되자, 이에 상소를 옷소매에 넣고 남쪽으로 돌아왔다. 문을 닫아걸어 책을 읽고 과거 공부를 폐하며 말하기를, "천도(天道)가 꽉 막히고 사람으로서 마땅히 지켜야 할 도리가 무너져 없어졌으니, 지금이 어찌 선비가 나가서 행세할 때인가"라고 하였다. 계해년(1623) 인조반정이 있자 비로소 나아가 과거에 응하였으나, 여러 차례 강석(講席: 과거의 강론하고 답변하는 자리)에서 뜻을 꺾어야만 하였다.

병자년(1636) 5월에 모친상을 당하니, 상주(尙州)의 북쪽 백담(白潭) 동쪽 기슭에 새로 터를 잡고, 부친의 묘를 이장하여 합장하였다. 이어 묘의 왼쪽에 여막을 지어 비가 오든 눈이 내리든 폐하지 않고 아침저녁으로 곡하며 절하니, 슬픔에 몸을 훼손하여 거의 몸이 온전하지 못하였다.

갑신년(1644)에 경재(卿宰: 재상)의 천거로 희릉참봉(禧陵參奉)에 제수되었고, 무자년(1648) 여름에 장흥고 봉사(長興庫奉事)로 승진하였다. 그해 겨울 명경과(明經科)에 뽑혔는데, 이때 나이가 66세였다. 전조(銓曹)에서 자궁(資窮: 자급의 연한이 한도에 찬 것)하다고 장계를 올리니, 여러 차례 관직(館職)의 후보자였지만 조용(調用)되지 못하였다. 경인년(1650) 정월 9일 병에 걸려 사랑채에서 생을 마쳤으니, 향년 68세였다. 그해 3월에 고을 북쪽 30리 떨어진 영주동(永周洞) 오향(午向)의 언덕에 장사지내니,

곧 곽씨(郭氏)의 선영이었다.

공은 효성과 우애가 돈독하고 지극하였다. 어머니 곽 부인을 섬길 적에는 그 뜻을 미리 헤아려 받들어 지켰고, 공손한 얼굴빛으로 효도를 다하는데 어긋남이 없었다. 백씨를 엄한 아버지처럼 섬겼으며, 일찍이 과부가 되어 자녀가 없는 고모를 받들어 한 방으로 모셔와 친어머니처럼 모시기를 무려 40여 년을 하루같이 하였다.

외조부 생원공(生員公: 郭昭)에게는 아들이 없어서 곽 부인이 누대의 제사 지내는 일을 주관하다가 공에게 전하였다. 공이 이미 백담(白潭)으로 거처를 옮겼는데, 백담은 곧 곽씨의 옛 터전이었다. 공이 곽씨 집안 서출(庶出) 가운데 증조부의 자손이 되는 이를 뽑아 제사 지내는 일을 주관하게 하며 묘위전(墓位田: 제사 전답)과 노비를 고루 나누어 주었고, 스스로는 생원공의 제사만 받들었는데, 이는 공이 집안 살림을 맡아서 다스리는 일의 대강이었다.

자신을 단속함에는 엄숙히 공손하였고 남을 대함에는 관대하고 공평하였는데, 다급한 말과 황급한 기색이 있었던 적이 없었으나 시비를 논하거나 잘잘못을 말할 때에 이르러서는 정도를 굳게 지키며 잘못을 가려 꾸짖고 배척하는데 친소(親疏)도 가리지 않았고 세력 있는 강포자도 피하지 않았으니, 사람들이 모두 믿고 따랐으며, 고을 수령도 인장을 풀고 떠난 자가 있기에 이르렀다. 상례(喪禮)나 제례(祭禮) 같은 경우에는 공에게 와서 자문하는 이가 많이 있었다.

부인 숙인(淑人) 진산강씨(晉山姜氏: 진주강씨)는 공조참의에 추증된 강여성(姜汝惺)의 딸이다. 임진왜란 때 참의공은 어머니를 모시고 산속으로 들어갔는데, 갑자기 영적(零賊: 殘賊)을 만나 어머니를 등에 업고 달아나 피하였다. 그러나 왜적이 칼을 빼어 들고 뒤쫓아 와 사태가 장차 어떻게 될지 예측할 수 없게 위급하자, 참의공이 몸으로 어머니를 덮어 가리다가 함께 해를 입었다. 참의공의 아들 강찬선(姜贊善)이 다른 곳에서 달려와 구하려다가 또한 칼날을 무릅쓰니, 삼대가 적의 한 칼날 아래에 목숨을 잃었다. 왜적들이 손가락으로 가리키며 그 충절을 칭찬하고, 칼로 삼대를 쳤던 적을 오히려 꾸짖었다. 이때 환난을 같이 겪었던 자가 있었는데, 탈출하여 돌아와 그 사실을 이와 같이 자세히 전하였다. 방백(方伯: 관찰사)이 이러한 사실을 아뢰니, 선조(宣祖)가 관직을 추증하고 정려문을 세우도록 명하였는데, 그 일이 《삼강행실(三綱行實)》에 실려 있다.

숙인(淑人)은 공손하고 삼가며 유순하여 남편을 섬김에 덕을 조금도 어김이 없었고, 시어머니를 섬기고 제사를 받듦에 정성과 효성을 다하였다. 육친(六親: 부모, 형제, 처자의 통칭으로 핵심 가족 관계)과 화목하게 지내 칭송을 받았다. 공이 죽은 지 25년이 지난 갑인년(1674) 8월 7일에 수명을 다하고 죽었으니, 향년 87세였다. 그해 10월 모일에 공의 묘 왼쪽에 합장하였다. 공은 2남2녀를 두었다. …(중략)…

공이 죽은 지 50여 년이 지난 뒤에 종손(宗孫) 조성한(趙聲漢, 1641~1707)이 자신의 세보(世譜)를 가지고 와서 눈물을 흘리며 말하기를, "왕부(王父: 조부)의 언행은 아주 없어져서는 안 될 것인데, 불초하고 죄역(罪逆: 부모의 상을 당한 이가 자신을 일컫는 말)한 제가 일찍 엄부(嚴父: 趙侇, 1615~1652)를 여의어서 옛일을 전혀 알지 못하고, 물어볼 만한 집안 어른도 없습니다. 삼가 생각하건대 우리 조상의 마음과 자취를 밝게 아는 분으로 공보다 나은 이가 없으니, 바라건대 행장의 초안을 잡아 주시어 불초한 제가 이를 지니고 좇으면서 문장으로 이름난 군자에게 간청할 수 있게 하소서. 행여 한마디 말이라도 얻어 묘도를 드러내고 빛나게 할 수 있어서 끝없는 슬픔을 조금이나마 펴기를 바랍니다."라고 하였다.

못난 내가 생각하건대, 공의 행실과 의리는 과연 남보다 높았다고 하겠으나, 만년에야 벼슬길에 나아갔고 늙은 나이로 과거에 급제하여서 벼슬자리는 드러나지 않았고, 품은 재주는 펼치지 못하였으며, 사업(事業: 이룩한 공적)은 세상에 알려지지 않았다. 못난 내가 공의 문하에 들어간 것도 또한 공의 만년에 이르러서였으니, 들은 것과 본 것이 모두 열에 하나에도 미치지 못하니 어찌 두루 알 수 있었겠는가? 비록 그러하지만 공이 부모를 섬긴 효도, 상(喪)을 치른 범절은 실로 천성에서 나온 것이나, 때를 지난 배움에 들어가 문장으로 이름이 났으니 뜻을 돈독히 하지 않고서야 능할 수 있었겠는가? 혼조(昏朝: 광해군)를 당하여 과거를 폐하고 문을 닫아건 것 또한 지키는 바가 확고했던 것이 아니겠는가? 곽씨 집안의 제사를 주관하는 일을 처리하면서 재물에 청렴하고 의리를 중히 여겼음을 알 수 있는데, 이 모든 것이 《함녕지(咸寧誌)》에 실려 있으니 믿을 만한 글이 되기에 충분하다. 또 목재(木齋) 홍여하(洪汝河, 1620~1674)가 지은 제문(祭文)에서 이르기를, "행실은 개결하고 방정하며, 학문은 순수하고 여유롭다. 쇠란한 세상에서 위태로운 논설이 있었으나, 선배들의 고상한 기풍을 지녔도다."라고 하였으며, 고(故) 통례(通禮) 이원규(李元圭, 1597~?)가 지은 제문에 이르기를, "단단하고 꼿꼿한 자질은 하늘에서 받았고, 효성스럽고 우애로운 성품은 집안에서 행하였다. 사리를 논할 때면 의기가 비분강개함에서 북받쳐 드러났고, 나라를 근심할 때면 의기가 탄식함에서 뿜어내 드러났다."라고 하였으니, 공의 실제 행적은 이로써 개괄할 수 있다. 어찌 굳이 다른 데서 구하겠는가? 오직 세대의 전후(前後), 출처의 시말(始末)만은 상고하지 않을 수 없다. 이에 늙어서 쓸모가 없음을 헤아리지 않고 마침내 차례대로 서술하여 되돌려준다.

금상(今上: 숙종) 28년 임오년(1702) 사위 중직대부 겸 경기우도 수운판관 남양 홍빙이 삼가 초하다.

家狀

公諱又新, 字汝緝, 漢陽人。遠祖諱之壽, 起於龍城, 入麗朝官至僉議中書事。其後名公鉅卿, 赫世相望, 至麗末門下侍中諱暾, 有四子皆至大官。季曰仁沃, 佐我太祖開國, 封漢山君謚忠靖公, 因以漢陽爲貫。忠靖生知敦寧府事謚節孝公諱賚。節孝生奉禮諱觀生。奉禮生都事諱銛。都事生僉知中樞府事諱承孫, 始卜居于咸昌之玉山里。曾祖諱琳僉知, 祖諱希顔副司果, 考諱相。妣玄風郭氏, 政堂文學元振之後, 成均生員諱昭之女。公生於萬曆癸未六月五日。自幼莊重, 見者奇之。壬辰春, 年十歲, 遭外艱, 哭踊哀慽若成人, 會客莫不感涕。公家世自南來後, 無功緦之親, 唯有伯氏直長公, 而年甫弱冠。昆弟共依, 晝夜不暫離, 晨昏朝夕, 常如袒括之時。纔經襄窆, 遽値倭變起, 公與伯氏, 奉郭夫人避賊, 轉入湖內, 凡八九年, 始還故土。公年十八, 而流離奔竄之中, 不遑入學矣。乃慨然嘆曰: "吾不幸遭亂, 年迫二十, 而瞢無知識, 是何等羞恥事也?" 比隣有畧涉文字者, 卽日挾《史記》, 委進請學, 其人驚異之, 盡心以授。公每受業, 必反覆首末, 尋繹旨義, 孜孜勤苦, 不少懈怠。一歲未周, 大有將進之力, 隣人謝不敢當。公遂負笈遊學, 師事閔正郎滌于聞慶虎溪縣。通經傳, 討諸子, 聞見廣博, 發爲詞章, 一時士流皆推重, 而與洪大諫鎬, 交契最深。又出入愚伏·蒼石兩先生門下, 質問經禮, 頗有自得。癸丑中進士。是時, 光海政亂, 幽廢母后, 焦殺大君, 公慷慨痛嘆, 遂搆大疏, 引虞舜蒸蒸乂之道及鄭莊公悟於穎考叔之言, 而母子復如初之義, 且請斬首論三賊之首, 以洩神人之憤。言辭懇惻而凜烈, 旣入洛, 洛中知舊之見其疏者, 莫不悚然, 爲公危之, 曰: "趙漫之疏, 不至若此之峻, 而今方入牢獄受嚴刑, 且令政院勿捧兇疏, 何乃空爲無益而陷歿身之誅?" 公曰: "已備裹屍油芚, 死亦榮矣." 伏閤累日, 竟不得呈, 乃袖疏南歸。杜門讀書, 廢閣科業, 曰: "天道晦塞, 人理斁絶, 此豈爲士立身之時乎?" 癸亥仁祖反正, 始出應擧, 而累屈於講席。丙子五月丁內艱, 新卜尙州北白潭之東麓, 移奉先府君衣冠之藏合窆焉。仍築廬幕於墓左, 不廢雨雪, 晨昏拜哭, 哀毁幾不能全。甲申, 以卿宰薦, 拜禧陵參奉, 戊子夏, 陞長興庫奉事。是年冬, 登明經科。時年六十六。銓曹以資窮入啓, 累擬館職而不調。庚寅正月九日感疾, 終于外堂, 享年六十八。是年三月, 葬于州北三十里永周洞午向之原, 卽郭氏先壟也。公孝友篤至。事郭夫人, 先意承奉, 色養無違。事伯氏如嚴父, 姑母有早寡而無子女者, 奉歸一室, 如事所生, 凡四十餘年, 如一日焉。外祖生員公無子, 郭夫人

主其累代祀事, 以傳於公。公旣移居白潭, 白潭卽郭氏舊基。公擇郭門庶孽之爲曾祖子孫者, 俾主其祀事, 田民而與之, 自奉生員公祀, 此公家政之大畧也。律身以莊敬而待人以寬平, 未嘗有疾言遽色, 而至於論是非言得失, 持正辨斥, 不分親疎, 不避强禦, 人皆信服, 而邑宰至有解印去者。至若喪禮祭禮。多有就質者焉。配淑人晉山姜氏, 贈工曹參議汝艎之女。壬辰亂參議公奉母夫人入山中, 猝遇零賊, 背負而走避。賊露刃追逼, 事將不測, 公以身翼蔽母夫人, 幷被害。公之子贊善, 從他處奔往救之, 亦冒刃, 三世殞命於一釰之下。諸賊指點稱賞, 而責手釰之賊。時有同患難者, 脫而歸, 備傳其事如是。方伯上其事, 宣廟命贈官旌表門閭, 事在《三綱行實》。淑人恭謹柔順, 事君子無違德, 事姑奉祭, 盡其誠孝。又能敦睦稱之六親。後公二十五年, 甲寅八月七日, 以壽終, 享年八十七。用是年十月某日, 祔葬公墓左。公有二男二女。…(중략)… 公之歿後五十餘年, 宗孫聲漢, 持其世譜來, 泣而告曰: "王父言行, 有不可泯滅, 而不肖罪逆, 早喪嚴父, 不省故事, 無他門長可質問。竊惟明吾祖心跡者, 無出於公, 願爲之草狀, 使不肖得以持循而抜控於立言之君子。庶幾得一言以表賁墓道, 少伸無涯之痛."云。不佞以爲, 公行誼, 果高於人, 而晩出仕路, 老登科第, 官位未著, 抱才莫施, 事業無聞。不佞之入門下, 又在公之晩暮, 其所聞與所見, 總不滿十之一, 何能詳乎? 雖然, 公事親之孝, 居喪之節, 實出於天。而過時入學, 以文著名, 非篤志而能之乎? 當昏朝, 廢擧杜門, 亦非所守之確爾乎? 處置郭門主祀者, 可見廉於財而重於義, 此皆載在咸寧誌, 足爲信筆。又木齋洪公汝河, 祭公文曰: "行介而方, 學醇而優。叔世危論, 前輩風流." 故通禮李公元圭之文曰: "剛勁之資得於天, 孝友之政行於家。論事則義動而形於慷慨, 憂國則氣噫而發於吁嗟." 公之實行, 此可以槩矣。何必他求哉? 惟其世代之先後, 出處之始末, 不可無所考。玆不量老敗, 遂序次以歸之。上之二十八年壬午(1702), 女壻中直大夫兼京畿右道水運判官南陽洪凭謹草。

〔白潭遺集, 卷4, 附錄〕

53. 홍호

> 홍호의 자는 숙경, 호는 무주, 본관은 부계이다. 대제학 홍귀달(洪貴達)의 현손이다. 선조 병술년(1586)에 태어났다. 병오년(1606) 문과에 급제하여 벼슬은 대사간에 이르렀다.

공이 괴원(槐院: 승문원)의 박사(博士)였을 때, 이이첨(李爾瞻)의 아들 이대엽(李大燁)이 과거에 급제하자, 당시 여론은 승문원의 수석 기록이야 반드시 이 사람에게 돌아갈 것이라고 여겼다. 공이 웃으며 말하기를, "내가 있는데 어찌 힘이나 권세로 빼앗을 수 있겠는가?"라고 하고는 안 된다고 버티니, 이대엽이 끝내 선발에 들지 못하였다.

인조반정이 일어나 정언(正言)에 제수되었다. 상소를 올려 말하기를, "박승종(朴承宗) 부자(父子: 박승종과 朴自興)가 섬기던 자를 위해 죽었다고 하여 다른 난신(亂臣)들과 함께 그 가산을 적몰하였으니, 신하들을 장려하고 후세에 드리우려는 법도가 아닙니다."라고 하였다. 온 조정의 신하들이 모두 놀랐으며, 공훈이 있는 재상들은 더욱 성을 내어 공을 외직으로 영변(寧邊)에 보임하였다. 을유년(1645) 대사간에 제수되자, 또 박승종의 일을 논하면서 이전의 주장을 바꾸지 않았다. 주상은 홍숙경이 박승종에게 조금도 사사로운 마음이 없음을 살피고 그의 주장을 논의하도록 하자, 제공(諸公)들은 대부분 홍숙경의 말이 옳다고 여겼다. 홍서봉(洪瑞鳳, 1572~1645)이 홍숙경에게 이르기를, "공은 20년 동안 한 의론만을 견지하였는데, 우리들은 두 마음을 가졌소."라고 하였다.

어려서부터 우복(愚伏: 鄭經世)의 문하에서 가르침을 받았고, 서애(西厓) 류공(柳公: 柳成龍)은 한번 보고서 높은 경지에 이를 줄 알았으며, 한음(漢陰) 이공(李公: 李德馨) 또한 국사(國士)로 대우하였다.【협주: 조경이 찬한 묘갈명에 실려 있다.】

• **洪鎬**

洪鎬, 字叔京, 號無住, 缶溪人。大提學貴達玄孫。宣祖丙戌生。丙午文科, 官至大司諫。

公爲槐院博士時, 爾瞻之子大燁[1]登第, 時論以爲, 承文首錄, 必歸是人. 公笑曰: "我在, 烏可以力勢奪?" 持不可, 大燁終不得與選。

仁祖改玉, 拜正言。上疏言: "朴承宗父子[2], 死其所事, 與他亂臣, 同籍其家, 非礪下垂後之法." 擧朝皆愕, 勳宰尤恚, 外補寧邊。乙酉, 拜大司諫, 又論承宗事, 執如前。上察其無私, 下其議, 諸公多是公者。洪瑞鳳[3]謂公, 曰: "公二十年, 持一議, 吾儕二之矣."

---

1 大燁(대엽): 李大燁(1587~1623). 본관은 廣州, 자는 文甫. 증조부는 李範이며, 조부는 李友善이다. 아버지는 李爾瞻이며, 어머니 全州李氏는 李應祿의 딸이다. 1612년 진사시와 증광문과에 급제하였고, 1616년 중시문과에 급제하였다. 1618년 동부승지로서 西宮의 폐출을 요청하기도 하였다. 또 申磼의 아들 申景禧와 徐羊甲 등이 일으킨 七庶之獄에 연루되자, 아우 이익엽과 더불어 이는 반대파의 모함에서 비롯되었다고 상소하였다. 1623년 인조반정으로 대북정권이 몰락하자 아버지 이첨과 동생 이원엽·이홍엽·이익엽이 모두 죽임을 당했으나, 이대엽은 인조의 특명으로 절도에 위리안치되었다. 이는 이대엽이 반정공신인 申景禛 형제와 처남 매부 사이로서, 인조가 당초 이대엽을 용서해 주겠다고 신경진에게 약속했기 때문이다. 이에 兩司가 합계해 국왕이 사사로운 정으로 이대엽을 살려준다고 공박하자, 인조가 형을 바르게 집행라하고 하였다. 이 소식을 옥중에서 듣고 스스로 목숨을 끊었다.

2 父子(부자): 朴承宗과 아들 朴自興(1581~1623). 본관은 密陽, 초명은 朴興立, 자는 仁吉, 호는 瑞堂. 증조부는 朴啓賢이며, 조부는 朴安世이다. 아버지는 영의정 朴承宗이며, 어머니 安東金氏는 재령군수 金士元의 딸이다. 부인 廣州李氏는 李爾瞻의 딸이다. 1610년 별시문과에 급제하였으나, 고시관이 아버지와 장인인 李爾瞻이어서 물의가 분분하였다. 1611년 5월 說書가 되고, 7월에는 딸이 세자빈으로 책정되자 벼슬이 정6품인 전적으로 올랐다. 1621년 대사성이 되고 이듬해 경기감사로 재직시에 인조반정이 일어나자 아버지와 함께 군사를 일으키려 하였으나 뜻대로 되지 않자, 함께 과천에 있는 절에서 목을 매어 죽었다.

3 洪瑞鳳(홍서봉, 1572~1645):: 본관은 南陽, 자는 輝世, 호는 鶴谷. 증조부는 예문관대교 洪係貞이며, 조부는 황해도관찰사 洪春卿이다. 아버지는 도승지 洪天民이며, 어머니 高興柳氏는 제용감주부 柳榿의 딸이다. 부인 長水黃氏는 黃赫의 딸이다. 1590년 진사시에 합격하고, 1594년 별시문과에 급제하였다. 1610년 강원도관찰사를 거쳐, 1623년 인조반정에 참여하여 靖社功臣으로 책훈되었으며, 1626년 도승지, 1636년 우의정을 지낸 뒤 좌의정에 올랐다. 병자호란이 일어나자 和議를 주장, 崔鳴吉·金藎國·李景稷 등과 청나라 군사 진영을 내왕하며 화의를 위한 실무를 수행하였다. 1640년부터 1645년까지 영의정과 좌의정을 번갈아 역임하였다.

自少受業於愚伏之門, 西厓柳公一見, 而知其遠到, 漢陰李公, 亦待以國士。【趙絅撰碣】

보충
조경(趙絅, 1586~1669)이 찬한 묘갈명

우승지 홍공 묘갈명

선비 중에 굳센 자를 어찌 쉽게 만나겠는가. 주(周)나라 말에 영재(英才)들이 모두 공씨(孔氏)의 문하에 모였으나, 부자(夫子: 공자)는 오히려 말하기를, "나는 아직 굳센 사람을 보지 못했다."라고 하였고, 또 "정(棖: 申棖, 魯나라 사람으로 공자의 제자)은 욕심으로 하는 것이니, 어찌 굳셀 수 있겠는가?"라고 하였으니, 굳셈을 어찌 쉽게 말하겠는가. 낯빛만 장엄하게 하는 것은 굳셈이 아니며, 말만 엄하게 하는 것은 굳셈이 아니며, 맨손으로 범을 때리고 황하를 걸어서 건너려는 것은 굳셈이 아니며, 얼굴에 노기를 드러내어 스스로 정직하다고 하는 것은 굳셈이 아니다. 오직 세상의 모든 일과 사물 위에서 드러내려는 그것에 이끌려 어지럽혀지지 않아서 그 마음이 맑고 시원한 자라야만 비로소 참된 굳셈이라고 이를 만하니, 내가 들은 바로는 근세의 선비 홍숙경(洪叔京: 洪鎬)이 이에 거의 가까울 것이다.

숙경은 21세 때 병오년(1606) 식년문과에 급제하여 괴원(槐院: 승문원)에 선발되어 들어갔는데, 권지(權知)를 거쳐 박사(博士)에 이르렀다. 무신년(1608)에 선조(宣祖)가 승하하고 광해군(光海君)이 왕위에 오르자, 간신들이 권력을 장악하여 기세의 불길이 하늘을 불사를 듯하였다. 이이첨(李爾瞻)의 아들 이대엽(李大燁)이 새로 과거에 급제하자, 당시 여론은 승문원의 수석 기록이야 반드시 이 사람에게 돌아갈 것이라고 여겼다. 그러나 홍숙경이 웃으며 말하기를, "내가 있는데 어찌 힘이나 권세로 빼앗을 수 있겠는가?"라고 하였다. 그래서 안 된다고 버티니, 이대엽이 끝내 선발에 들지 못하자, 이를 들은 사람들이 혀를 내둘렀다.

인조대왕(仁祖大王)이 중흥하여 우수한 인재들을 등용하자, 홍숙경도 기용되어 사간원 정언에 제수되었는데, 상소를 올려 말하기를, "박승종(朴承宗)은 광해군(光海君)의 대신이 되어 비록 그 임금의 악행을 바로잡고 구하지는 못했으나 지극히 위태롭고 어려운 지경에 닥쳐서는 한번 죽기로 결단하고 부자(父子: 박승종과 朴自興)가 함께 줄로 목을 매어 죽었으니, 섬기던 자를 위해 죽으려는 마음이 그에게 있었던 것입니다. 다른 난신(亂臣)들이 목에 줄이 매여 법에 복종한 자와 함께 같은 죄로 처단하고 그 가산을 적몰하였으니, 경화(更化: 인조반정) 초에 신하들을 장려하고 후세에 드리우려는 정치와 법도가 아닙니다."라고 하였다. 이에 온 조정의 신하들이 모두 놀랐으며, 공훈이 있는 재상들은 더욱 성을 내며 못마땅하게 생각하였는데, 주상의 어질고 성스러운 덕에 힘입어 단지 외직으로 영변판관(寧邊判官)에 보임되었을 뿐이었다.

을유년(1645) 대사간에 제수되자, 또 박승종의 일을 논하면서 이전의 주장을 바꾸지 않았다. 주상은 홍숙경이 박승종에게 조금도 사사로운 마음이 없음을 살피고 비국(備局)에 내려 논의하도록 하자, 제공(諸公)들은 대부분 홍숙경의 말이 옳다고 여겼으나 승평부원군(昇平府院君: 金瑬, 1571~1648)은 여전히 노여워해 마지않았다. 익녕군(益寧君) 홍서봉(洪瑞鳳, 1572~1645)이 홍숙경에게 이르기를, "영공(令公: 홍숙경)은 20년 동안 한 의론만을 견지하였는데, 우리들은 두 마음을 가졌소."라고 하였다. 그 일의 논의는 비록 중지되었지만, 조정의 공경들 사이에서는 모두 홍숙경의 굳셈을 칭찬하는 것이 실로 이와 같았다.

홍숙경은 문과에 급제하여 벼슬길에 나선 지 40여 년 동안 내외의 관직을 열서너 차례 역임하였는데, 일의 경중이나 지위의 높고 낮음을 막론하고, 맡은 직책에 따라서 마땅히 말해야 할 바가 있으면 반드시 간담을 쪼개어 피를 뿌리듯 속마음을 다 드러내면서 기휘(忌諱: 나라의 禁令)를 피하지도 않았고 남들이 무슨 말을 하든 전혀 두려워하지도 않았으니, 비록 세상의 웃음거리가 되더라도 조금도 걱정하지 않았다. 이로 인하여 벼슬길이 열렸다가 막히기도 하였고 임금의 은혜로운 보살핌이 두터웠다가 거두어지기도 하였지만, 허명보다는 실제(實際)에 힘쓰는 마음은 더욱 돈독하였고, 용감하게 나아가는 기개는 꺽이지 않았다.

평소의 뜻이 산골에 묻혀 사는 데 있었는데, 또한 일찍이 태백산(太白山) 속에 들어가 정행(淨行) 두타(頭陀: 오뇌의 티끌을 털어 없애고 의식주에 구애받지 않으며 청정하게 불도만을 수행하는 승려)들과 모임을 맺고 채소를 먹으며 굶주림을 견딘 적도 있었으니, 유유히 속세를 벗어나려는 생각은 품은 지 오래되었다. 그가 병조 낭관(兵曹郎官)에 제수되었을 때, 사우(師友)들의 도타운 권면에 의해 나아갔으나 실상은 좋아서 나아간 것이 아니었다. 수암(修巖) 류계화(柳季華: 柳袗, 1582~1635)에게 보낸 답서에 이르기를, "벼슬에 대한 생각은 무겁게 느껴지고 산속에 지내려는 마음은 오히려 홀가분하게 여겨짐을 깨닫습니다."라고 하였으니, 여기에서 홍숙경이 외물(外物: 세속적 이익과 명예)에 대하여 마음속 깊이 품은 생각은 담담하고 욕심이 없었음을 알 수 있다. 오직 주덕(酒德)이 넉넉하여 술을 마시되 주정하지 않고 바른 태도를 지녔으니, 자못 경박하면서 호방하고 거친 면이야 있었을지라도 어찌 이익과 욕심에 감히 얽히려 하였겠는가? 그러나 나는 일찍이 숙경을 평가한 적이 있었는데, 조용하고 담박하여 욕심이 적은 선비라고만 마음속으로 여겼었다. 공이 판관(判官)이었을 때 부역(賦役)·갈이(羯夷: 변방 오랑캐)·영진(營鎭)의 이해득실을 논하고, 안음(安陰)을 다스렸을 때 통영(統營: 統制營)을 논한 두 상소를 보니, 수백 마디의 말이 통쾌하였고 분명하게 사리에 맞았다. 비록 세상의 노성한 신하와 경험 많은 장수가 이해를 헤아려 계획한 것이라도 아마 이보다 능가하기 어려울 것인데, 애석하게도 당시 조정에서는 그의 주장을 채택하도록 아뢰지 않았다. 그러나 성상은 참으로 홍숙경의 충정을 스스로 잘 알았으니, 장려하며 타이르는 교지(敎旨)에 '어려움 속에서도 절조를 지켰다. 백성을 자식처럼 사랑하였다.(氷蘗勵操, 愛民如子)' 등의 수십 글자가 있었으며, 또한 말과 옷을 하사하는 은총도 있었다. 한(漢)나라 때에 황금으로 어진 관리들을 포상한 일은 대수롭지 않아 족히 헤아릴 바가 되지 못하는 것이었다.

나와 홍숙경은 다행히 같은 세상을 살았고 또한 동갑이지만, 다만 홍숙경이 나보다 훨씬 뛰어나 먼지도 남기지 않을 정도일 뿐만이 아니었으니, 일찍이 하루 동안의 사귐도 한 적이 없었다. 내가 선조(選曹: 吏曹)에 있을 때, 마침 조석(祖席: 송별연 베푸는 자리)에서 홍숙경을 만나고는 유독 훌륭하게 여겼었는데, 흥해군(興海郡: 경상북도 영일군 흥해읍 일대)에서 교귀(交龜: 전임자와 후임자가 符信을 주고받으며 직무를 인수인계함)를 하게 되었을 때 듣지 못했던 바를 더욱 더 들었다. 그로부터 9년이 지난 병술년(1646) 8월에 한양(漢陽)에서 홍숙경의 부음을 듣고 곡하였다. 이듬해 정해년(1647)에 또 홍숙경을 문광공(文匡公: 洪貴達)의 묘소 왼쪽에 장사 지낸다는 소식을 들었지만, 그 묘소 앞에 싱싱한 풀 한 다발을 놓지 못한 것이 한스러웠다.

지금 공의 아들 홍여하(洪汝河, 1620~1674) 씨가 그 부친의 행실과 치적·관력(官歷)·세계(世系)를 기록하여 내게 주며 말하기를, "감히 선친의 영령을 빌어 어르신께 불후의 글을 청하니 은혜를 베풀어 주십시오."라고 하였다. 내가 사양했으나 받아들여지지 않아 말하기를, "그대의 선친께서 욕심이 없었던 것은 타고난 천성이었고, 평생토록 굳셈을 지킬 수 있었던 것도 모두 욕심이 없는데서 비롯되었으니, 이는 후세에 교훈이 될 만하네. 여러 행실이 빛나고 뛰어나서 한두 가지로 열거할 수가 없네."라고 하니, 홍여하 씨가 일어나 절하며 "예, 예."라고 하였다.

삼가 글을 살펴보니, 숙경의 휘는 홍호(洪鎬), 호는 무주(無住), 선계(先系)는 부계(缶溪)에서 나왔다. 우리나라 조정 좌참찬(左參贊) 대제학(大提學) 문광공(文匡公) 홍귀달(洪貴達)은 숙경의 고조부이다. 문광공은 도덕과 문장이 당세에 으뜸이었고, 강직하다가 교동주(喬桐主: 연산군)에게 죽음을 당하였다. 문광공의 다섯째 아들 휘 홍언국(洪彦國)은 약관의 나이에 진사시에 합격하였고, 문장으로 가문의 대를 이었으나 요절하였다. 그 아들은 홍경삼(洪景參)이고, 그 아들은 홍덕록(洪德祿)이다. 홍덕록은 목사(牧使) 진주(晉州) 류승선(柳承善)의 딸을 아내로 맞이하여 홍숙경을 낳았으니, 만력(萬曆) 병술년(1586)이었다.

홍숙경은 결발(結髮: 상투를 튼 머리. 성년)을 하고서부터 정우복(鄭愚伏: 鄭經世, 1563~1633) 선생의 문하에서 가르침을 받았다. 서애(西厓) 류 상공(柳相公: 柳成龍, 1542~1607)은 한번 보고서 높은 경지에 이를 줄 알았고, 한음(漢陰) 이 상공(李相公: 李德馨, 1561~1613) 또한 국사(國士)로 대우하였으니, 남쪽 고을의 선비들 중에는 누구도 홍숙경과 견줄 자가 없었다. 사람들이 홍숙경에게 거는 기대와 홍숙경 스스로 적임이라고 자부한 것이 진실로 얕고 적지 않았으며, 조정에 나아가 진언하며 지론을 펼친 것이 실로 가장사(賈長沙: 漢나라 長沙王의 太傅 賈誼)나 장정위(張廷尉: 漢나라 文帝 때 廷尉 張釋之)보다 못하지 않았는데도, 끝내 지위가 크게 오르지도 못하였고 그의 소신과 도리가 펼쳐지지도 못하였으니, 누구를 탓할 수 있겠는가? 그의 운명이었던 것이다. 그러나 백 번 단련한 강철은 손가락에 휘감기도록 할 수 없고 희디흰 깨끗함은 더러운 티끌이 묻지 않은 것처럼, 벼슬길에 나아가고 물러남은 그의 소신과 도리가 펼쳐지거나 펼쳐지지 않은 것이었다. 백 년에 한번 나올 완전한 사람이었으니 어찌 옳다 하지 않을 수 있겠는가?

부인 제주고씨(濟州高氏)는 좌찬성에 추증된 문열공(文烈公) 고경명(高敬命)의 손녀요, 참판에 추증된 고종후(高從厚)의 딸이다. 찬성과 참판 부자가 임진왜란 때에 큰 절개를 세웠으니, 변성양(卞盛陽: 卞成陽의 오기, 晉나라 成陽人 卞壼. 蘇峻의 반란 때 변호와 두 아들 卞眕·卞旴이 전사함)의 집안 내력과 같다고 하겠다. 부인은 만력(萬曆) 계미년(1583)에 태어났는데, 문열공과 같은 날이라서 문열공이 매우 남달리 귀여워하며 사랑하였다. 부인의 어머니 이씨(李氏: 고종후의 둘째부인 固城李氏로, 李復元의 딸)가 부인을 데리고 안동(安東)에 있는 외가 박씨(朴氏)에게로 피난하였는데, 참판(參判: 고종후)이 창을 베고 결의를 다짐하여 진주(晉州)로 달려갈 때 그의 집으로 서신을 보내 고하기를, "나는 죽기로 결심했소. 아들은 호남(湖南)으로 장가보내고 딸은 영남(嶺南)으로 출가시키시오."라고 하였다. 이씨는 마침내 갑진년(1604)에 부인을 홍숙경에게 출가시켰던 것이다.

부인은 선조의 훌륭한 공덕을 이어받고 태어나 부모를 잘 섬기고 공경하였으며, 절조를 지키고 마음이 올바랐다. 일한 것이며 말한 것이 모두 법도가 있었다. 홍숙경과 백발이 되도록 서로 정중하게 대했으며, 내외의 친턱들이 여사(女士)라고 일컬었다. 부인은 친정 아버지가 비명(非命)에 죽은 것을 슬퍼하여 종신토록 애모하였다. 계유년(1633) 4월에 병으로 죽었는데, 5월에야 홍숙경은 사신으로 연경(燕京)에 갔다가 돌아왔다. 이듬해 갑술년(1634) 안동부(安東府) 남쪽에 부인을 장사 지냈으며 숙부인(淑夫人)으로 추증되었다. 갑신년(1644) 4월에 상주(尙州)의 의곡(蟻谷)으로 이장하였다.

부인은 두 딸과 두 아들을 낳았다. 딸들은 김벽(金璧)과 김섭(金燮)에게 출가하였고, 장남 홍여렴(洪汝濂)은 일찍 죽었으며 차남은 홍여하(洪汝河)이다. 여하는 갑오년(1654) 문과에 급제하였는데, 사람들이 홍씨 집안에 대를 이어 인물이 났다고 하였다. 후부인(後夫人) 윤씨(尹氏)는 파평(坡平) 윤탕보(尹湯甫)의 딸인데, 자식이 없다. 측실 소생의 아들이 있는데 홍여잠(洪汝潛)이다. …(이하 명문 생략)…

右承旨洪公墓碣銘 幷序

士之剛者, 豈易得哉? 周末, 英才咸萃孔氏之門, 而夫子猶曰: "吾未見其剛者." 又曰: "棖也慾, 焉得剛?" 剛豈易言哉? 色莊非剛也, 言厲非剛也, 暴虎憑河非剛也, 悻悻然自謂正直非剛也。唯出於天下事物之上, 不受其侵亂, 其心淸涼者, 方可謂之剛, 以余所聞, 近世之士洪叔京, 庶幾近之。叔京二十一, 登丙午式年科, 選入槐院, 自權知至博士。戊申, 宣廟昇遐, 光海嗣位, 群奸用事, 勢焰熏天。爾瞻之子大燁, 新登第, 時論以爲, 承文首錄, 必歸是人。叔京笑曰: "我在。烏可以力勢奪之?" 持不可。大燁終不得與選。聞者吐舌。仁祖大王中興, 登庸畯良, 叔京起拜司諫院正言, 上疏言: "朴承宗, 爲光海大臣, 雖不能匡救其惡, 及至危難之際, 能決一死, 父子雉經而死, 死其所事則其有焉。與他亂臣係頸伏法者, 同科罪, 籍其家, 非更化初礪群下垂後世之政法也." 於是, 擧朝皆愕, 勳宰尤恚不平, 賴上仁聖, 只得外補寧邊判官。乙酉, 拜大司諫, 又論承宗事, 執如前。上察叔京無分寸私於承宗, 下備局議, 諸公多是叔京, 昇平相猶怒不已。益寧君洪瑞鳳, 謂叔京曰: "令公二十年, 持一議論, 吾儕二之矣." 事雖寢, 公卿間咸多叔京之剛, 乃爾也。叔京自釋褐四十餘年, 歷官內外十有三四, 亡論大小顯慢, 隨所職而當其可言, 則必刳瀝肝血, 不避忌諱, 不畏人口, 雖驅世笑之, 不少恤。以是, 進途闒而塞, 恩顧渥而返, 務實之心轉篤, 勇往之氣不挫。雅志在丘壑, 亦嘗入太白山中, 與淨行頭陀結社, 啖蔬能餓, 翛然有出塵之想, 久之。其拜騎省郎也。被師友敦勉而起, 非其好也。答修巖柳季華書曰: "覺得官念重而山情薄." 於此, 可見叔京胸次於外物泊如也。唯饒酒德, 頗澆嵬磊, 其何利慾之敢攖? 然吾嘗月朝叔京, 竊以爲恬淡寡欲之士而止。及見其爲判官時, 論賦役羯羠營鎭利害, 爲安陰時, 論統營事二疏, 淋灕累百言, 鑿鑿中端。雖世之老臣宿將劈畫利害者, 殆難以過, 惜也當時廟堂不白用其說也。聖上則實自知叔京之忠也, 奬諭之旨, 有'氷蘗勵操, 愛民如子'等語數十字, 且有繫馬衣襲之寵。漢世黃金褒良吏, 敎而無足數者。余與叔京, 幸竝世, 且同雌甲, 顧叔京先我鳴, 不翅絶塵, 曾未有一日際。余忝選曹, 時遇祖席間, 獨視韙之, 及交龜興海郡, 益聞所不聞。其後九年丙戌八月, 哭叔京之訃于漢京。明年丁亥, 又聞叔京之從葬于文匡公墓左, 恨不得置生芻一束於其前也。今其孤汝河氏, 狀其父行治·歷官·世系, 授余曰: "敢藉先人之靈, 徼惠不朽于下執事." 余辭不獲, 則曰: "子之先大夫之無欲, 性也, 終其身做得剛者, 皆由無欲上來, 玆可以諗來世。群行焯焯, 不可一二擧." 汝河氏, 起而拜曰: "唯唯." 謹按狀, 叔京諱鎬, 號無住, 系出缶溪。國朝左參贊大提學文匡公貴達, 卽叔京之高祖。文匡公道德文章冠一世, 以直死于喬桐主。文匡第五子諱彦

國, 弱冠成進士, 以文章世其家, 早卒。生景參, 景參生德祿。娶牧使晉州柳承善之女, 生叔京, 萬曆丙戌也。自結髮, 受業於鄭愚伏先生之門。西厓柳相公, 一見而知其遠到, 漢陰李相公, 亦待以國士, 南州之士, 莫或與京。人之期待叔京, 叔京之自任, 固不淺鮮, 立朝進言持議, 實不在賈長沙·張廷尉之下, 卒之位不大進, 道不見施, 歸譏於誰? 其命也夫。然百鍊之剛, 不爲繞指, 皎皎之潔, 不受滋垢, 其進其退, 與道詘伸。爲百年完人, 詎不韙歟? 夫人濟州高氏, 贈左贊成, 文烈公敬命之孫, 贈參判, 從厚之女。贊成·參判父子, 當壬辰立大節, 如卞盛陽家世云。夫人以萬曆癸未降, 與文烈同日, 文烈撫愛異甚。母李氏提以避亂于安東外家朴氏, 參判枕戈赴晉時, 書告其家曰: "吾死決矣。子宜室湖南, 女宜嫁嶺南." 李氏遂於甲辰歲, 歸夫人于叔京。夫人旣胚胎前光, 孝敬貞正。所事所言, 皆有法度。與叔京白首相莊, 內外親戚稱以女士。痛父非命, 終身哀慕。癸酉四月, 以疾卒, 五月, 叔京奉使赴京而還。明年甲戌, 葬夫人于安東府南, 贈淑夫人。甲申四月, 遷兆于尙州蟻谷。夫人生二女二男。女金璧·金燮, 男長汝濂, 早歿, 次汝河。汝河登甲午文科, 人以爲洪氏世有人矣。後夫人尹氏, 坡平尹湯輔之女, 無子。側室有子曰汝潛。…(이하 명문 생략)…

〔龍洲先生遺, 卷16, 墓碣〕

54. 전극항

전극항의 자는 덕문, 호는 규천, 본관은 옥천이다. 충간공(忠簡公) 전식(全湜)의 아들이다. 선조 신묘년(1591)에 태어났다. 광해군 임자년(1612) 진사시에 합격하고, 인조 갑자년(1624) 문과에 급제하였다. 한림(翰林)을 거쳐 정랑(正郞)에 이르렀다. 병자호란 때 절개를 지키다 죽어서 도승지에 추증되었다. 금상(今上: 정조) 병오년(1786)에 정려가 내려졌다. 상주(尙州)의 충렬사(忠烈祠)에 향사하였다.

공은 네다섯 살에 능히 글을 지을 수 있었고, 열두 살에 지은 〈자고사(鷓鴣辭)〉는 널리 회자되어 《악부(樂府)》에 실렸다.

일찍이 우복(愚伏: 鄭經世)·창석(蒼石: 李埈)의 문하에 나아가 배워 문학이 크게 성취되었다.

폐조(廢朝: 광해군) 때 왕의 외척들이 모두 권세 있는 요직을 차지하자, 사람들은 공에게도 벼슬길에 나아가라고 권하였으나, 끝내 응하지 않고 고을 서쪽에 터를 잡아 수석정(水石亭: 경상북도 상주시 연원동 흥암서원 남쪽에 있었음)에 은거하였다.

병자호란이 일어나자 예조정랑으로서 대가(大駕)를 호종하여 남한산성(南漢山城)에 들어가려는데, 곧이어 유사(留司: 도성에 남아 관사를 지키는 일)의 명이 내려지니 사람들이 이를 위험하게 여겼으나, 공은 말하기를, "임금의 명이다."라고 하며, 즉시 대가를 재촉하여 떠나도록 한 뒤, 스스로는 도성 경내에 들었다가 해를 입었다.【협주: 행록에 실려 있다.】

• 全克恒

全克恒[1], 字德文, 號蚪川, 沃川人。忠簡公湜子。宣祖辛卯生。光海

1 全克恒(전극항, 1591~1636): 본관은 沃川, 자는 德古·德久, 호는 蚪川. 증조부는 全焜이

壬子進士，仁祖甲子文科。歷翰林，至正郎。丙子胡亂節死，贈都承旨。當宁丙午旌閭[2]。享尙州忠烈祠。

公四五歲，能屬文，十二歲，〈鶺鴒辭〉膾炙，登《樂府》。

早遊於愚伏·蒼石之門，文學大就。

當廢朝，妻黨皆據權要，勸公仕，終不應，卜居于州西水石亭。

丙子亂，以禮曹正郎扈駕，入南漢，旋有留司之命，人危之，公曰："君命也." 促駕而入境，遇害。【行錄[3]】

며, 조부는 全汝霖이다. 아버지는 대사헌 全湜이며, 어머니 南陽洪氏는 洪天叙의 딸이다. 첫째부인 密陽朴氏는 현감 朴安鼎의 딸이며, 둘째부인 豐壤趙氏는 趙基遠의 딸이다. 鄭經世와 李埈을 사사하였다. 1624년 식년문과에 급제하여, 待敎를 거쳐 예문관검열을 역임하였다. 1636년 병자호란 때에는 예조정랑으로 인조를 따라 남한산성에 호종하던 중 인조의 명에 따라 다시 한양으로 되돌아가 성을 지키다 전사하였다.

2 《正祖實錄》 1786년 2월 2일 5번째 기사임.

3 全克恒의 《蝌川先生文集》이 목활자본 3권 1책으로 국립중앙도서관에 소장되어 있으나, 詩와 集句만으로 묶어진 시문집이어서 행록은 확인할 수 없음. 동생 全克恬의 《滄洲先生文集》 권2 〈行狀·贈都承旨蝌川散人遺事〉가 있으나, 원전 내용의 일부만 확인할 수 있다.

55. 김추임

김추임의 자는 만열, 호는 외서암, 본관은 의성이다. 부제학 김우굉(金宇宏)의 증손자이다. 선조 임진년(1592)에 태어났다. 광해군 병진년(1616) 사마시에 합격하고, 천거로 참봉에 제수되었다. 효종 갑오년(1654)에 죽었다.

대여섯 살 때 일찍이 새 옷을 입은 적이 있었는데, 어린 계집종이 잘못하여 물을 쏟아 옷이 다 젖었으나 어떠한 기미도 말과 표정에 드러내지 않았다. 여덟 살 때에는 마음속으로 셈할 줄 알자 사람들이 시험 삼아 물으면 곧장 묻는 대로 대답하여 의문을 남기지 않으니, 사람들이 모두 기이하게 여겼다.

혼조(昏朝: 광해군)의 정치가 어지러워지자, 과거공부를 폐하고 문을 닫아걸고는 오로지 성현의 경전에만 정진하였는데, 의문이 있으면 번번이 우복(愚伏) 정 선생(鄭先生: 정경세)에게 질문하였으니, 선생은 공을 매우 큰 그릇으로 여겼다. 장성해서는 전조(銓曹: 吏曹)의 천거로 희릉(禧陵) 참봉에 제수되었으나 나아가지 않았다.

개암(開巖)의 옛 터에 집을 짓고 아침저녁으로 그곳에 지내며 경서와 사서를 즐겨 읽었다. 옛 성현의 말과 지나간 행실을 뽑아내어 적어 두고 보며 반성하였는데, 부모를 섬기고, 제사를 받들고, 어른을 공경하고, 종친을 돈독히 하고, 자식을 가르치는 도리에 이르기까지 각 조목마다 법도가 있지 않은 것이 없었으니, 향리의 법도가 되었다.

모친상과 부친상 때 상을 치르는 예법보다 지나치게 해서 병이 났지만, 더욱 스스로를 단속하여 게으르고 나태한 모습이 없어서 사람들은 병이 있는 줄 알지 못하였다.【협주: 김응조가 찬한 묘갈명에 실려 있다.】

• 金秋任

金秋任, 字萬說, 號畏棲菴, 義城人。副提學宇宏[1]曾孫。宣祖壬辰生。光海丙辰司馬, 薦授參奉。孝宗甲午卒。

五六歲時, 嘗授新衣, 小婢誤飜水, 衣盡濕, 無幾微發於言面。八歲, 能心計, 人設問以試之, 卽應口對無疑, 人皆異之。

値昏朝政亂, 廢擧杜門, 專精墳典, 有疑輒質問于愚伏鄭先生, 先生器重之。及長, 銓曺薦爲禧陵參奉, 不就。

築室於開巖舊基, 日夕處其中, 書史自娛。抄出前言往行, 箚錄以觀省, 至於事親·奉祭·敦宗·敬長·訓子之道, 無不各有條法, 爲鄕里式。

內外艱, 執喪逾制以致病, 愈自檢飭, 無懈惰容, 人未嘗知有疾。【金應祖撰碣】

보충

김응조(金應祖, 1587~1667)가 찬한 묘갈명

외서암 김공 묘갈명 서

공의 성은 김씨이고, 휘는 추임(秋任), 자는 만열(萬說), 자호는 외서암(畏棲庵)이다. 신라 경순왕(敬順王)의 아들 김석(金錫)이 의성군(義城君)에 봉해져 토성(土姓)이 되었는데, 휘 김용비(金龍庇)라는 이가 있어 고려에서 태자첨사(太子詹事)를 지냈고 지금까지 의성현의 사당에서 제사를 받

1 宇宏(우굉): 金宇宏(1524~1590). 본관은 義城, 자는 敬夫, 호는 開岩. 경상북도 성주 출신. 증조부는 金從革이며, 조부는 金致精이다. 아버지는 부사 金希參이며, 어머니 淸州郭氏는 郭人和의 딸이다. 부인 南陽洪氏는 찰방 洪胤崔의 딸이다. 동생은 東岡 金宇顒이다. 이황과 조식의 문인이다. 1552년 진사시에 장원 합격하고, 1566년 별시문과에 급제하였다. 여러 관직을 두루 지내다가 1573년 부수찬, 1578년 司僕寺正을 거쳐 동부승지·대사간·대사성 등을 지내고 이듬해 병조참 의·승지에 이르렀다. 그러나 李銖의 옥사로 곧 파직되었다. 1582년 충청도관찰사가 되었다가 형조참의·장례원판결사·홍문관부제학 등을 역임하였다. 이듬해 유생 朴濟로부터 음흉하다는 탄핵을 받아 외직으로 물러나 청송부사·光州牧使 등을 지냈다. 1589년 관직에서 물러나 고향 성주로 돌아갔다.

고 있다. 고조부는 삼척부사를 지내고 예조판서에 추증된 김희삼(金希參)이고, 증조부는 홍문관 부제학을 지냈으며 호는 개암(開巖)인 휘 김우굉(金宇宏)인데, 모두 문학으로 세상에 이름났다. 조부 휘 김득가(金得可)는 창녕현감(昌寧縣監)을 지냈다. 아버지 휘 김률(金瑮)은 용양위 부호군(龍驤衛副護軍)을 지냈다. 어머니 봉화금씨(奉化琴氏)는 고려 태학사(太學士) 금의(琴儀)의 후예로 첨지중추부사(僉知中樞府事) 금이(琴怡)의 딸이다.

공은 만력(萬曆) 임진년(1592)에 태어나 갑오년(1654)에 죽었다. 그해 9월에 거주하던 낙강(洛江: 낙동강) 우연(雩淵) 동쪽 오향(午向)의 언덕에 장사지냈는데, 부제학공(副提學公: 김우굉) 묘소 아래였다.

아아! 공은 태어나면서부터 아름다운 자질을 지녀 기쁨이나 분노를 쉬 드러내지 않았다. 대여섯 살 때 일찍이 새 옷을 입은 적이 있었는데, 어린 계집종이 잘못하여 물을 쏟아 옷이 다 젖었으나 어떠한 기미도 말과 표정에 드러내지 않았다. 여덟 살 때에는 마음속으로 셈할 줄 알자 사람들이 시험 삼아 물으면 곧장 묻는 대로 대답하여 의문을 남기지 않으니, 사람들이 모두 기이하게 여겼다. 열한 살 때에는 첨지공(僉知公: 외조부 琴怡) 곁을 모시면서 자제의 예법을 행하되 오직 근신하자, 외가 친척들이 공을 보고는 기특하게 여기고 아껴 계집종 하나를 주며 기쁨을 나타냈다.

가르침을 받았는데, 수고롭게 과정(課程)을 정하여 독려하지 않아도 학업이 성취되었다. 병진년(1616) 사마시에 합격하였다. 그러나 혼조(昏朝: 광해군)의 정치가 어지러워지자, 과거공부를 폐하고 문을 닫아걸고는 오로지 성현의 경전에만 정진하였는데, 의문이 있으면 번번이 우복(愚伏) 정 선생(鄭先生: 정경세)에게 질문하였으니, 선생은 공을 매우 큰 그릇으로 여겼다. 장성해서는 전조(銓曹: 吏曹)의 천거로 희릉(禧陵) 참봉에 제수되었다. 만년에는 개암(開巖)의 옛 터에 살 터를 잡아 집을 짓고 그 재실(齋室)에 '외서(畏棲)'라 하고는 아침저녁으로 그곳에 지내며 부지런히 힘쓴 것이 10여 년이었다.

매일 새벽에 일어나 선조(先祖)의 사당을 살피고, 물러나서 단정히 앉아 하루종일 옛 선현들의 언행 중에 스승으로 삼아 본받을 만한 것을 뽑아 적어 두고 스스로 경계하였다. 부모를 섬기고, 제사를 받들고, 어른을 공경하고, 종친을 돈독히 하고, 자식을 가르치는 도리에 이르기까지 각 조목마다 법도가 있지 않은 것이 없었으니, 감히 터럭만큼이라도 지나쳐 버린 것이 없었다.

정신은 맑지만 몸이 수척하여 본래 병이 많았는데, 신사년(1641)과 신묘년(1651)에 모친상과 부친상을 당하여 상을 치르는 예법보다 지나치게 해서 병이 더욱 깊어졌다. 그러나 더욱 스스로를 단속하여 게으르고 나태한 모습이 없어서 사람들은 병이 있는 줄 알지 못하였다. 병이 위독해지자 태연히 죽은 뒤의 일을 처리하도록 하고 나서 내상(內相: 아내)을 나가게 하고는 눈을 감고 홀연히 세상을 떠났다. 일생 동안 수양한 정신력이 있지 않고서는 능히 이와 같을 수 있겠는가? 아, 공의 삶이 여기에서 그치게 된 것은 어찌 천명이 아니겠는가?

부인 유인(孺人) 풍산류씨(豐山柳氏)는 전서(典書) 류종혜(柳從惠)의 후손이요, 현감(縣監) 류기(柳碕)의 딸이다. …(이하 생략)…

畏棲庵金公墓碣銘序

公姓金, 諱秋任, 字萬說, 自號畏棲庵。新羅敬順王之子錫, 封義城君, 爲土姓, 有諱龍庇, 仕高麗爲太子詹事, 至今血食縣祠。高祖三陟府使贈吏曹判書諱希參, 曾祖弘文館副提學號開巖諱宇宏, 俱以文學名世。祖諱得可, 昌寧縣監。考諱瑮, 龍驤衛副護軍。妣奉化琴氏, 高麗太學士儀之後, 僉知中樞怡之女。公生於萬曆壬辰, 沒以甲午。其年九月, 葬于所居洛江雩淵之東午向原, 副學公兆次也。嗚呼! 公生有美質, 不色於喜怒。五六歲時, 嘗授新衣, 小婢誤翻水, 衣盡濕, 無幾微發於言面。八歲, 能心算, 人試設問, 卽應口對無疑, 人皆異之。十一歲, 侍僉知公側, 執子弟禮惟謹, 有母黨見而奇愛之, 給一婢以志喜。受學, 不勞程督, 業成。中丙辰司馬。値昏朝政亂, 廢學杜門, 專精墳典, 有疑輒質

問于愚伏鄭先生, 先生器重之。及長, 銓曹薦爲禧陵參奉。晩卜築開巖舊基, 扁其齋曰畏棲, 日夕處其中, 孜孜兀兀者餘十年。每晨起省先祠, 退而端坐, 以終日, 拈出前修言行可師法者, 箚錄以自警。至於事親·奉祭·敬長·敦宗·訓子之道, 無不各有條法, 不敢毫忽放過。神觀淸羸, 素多疾, 辛巳辛卯, 丁內外艱, 執喪逾制。以致病益痼。而愈自撿飭, 無懈惰容, 人未嘗知有疾。及疾革, 從容處置身後事訖, 令內相出外, 合眼倏然而逝。非有一生定力, 能如是乎? 噫! 公而止於是, 豈非天哉? 配孺人豐山柳氏, 典書從惠之後, 縣監裿之女。…(이하 생략)…

〔鶴沙先生文集, 卷7, 墓碣銘〕

56. 노도응

노도응의 자는 경성, 본관은 광산(光山: 광주)이다. 소재(穌齋) 노수신(盧守愼)의 종손자이다. 선조 임진년(1592)에 태어났다. □□(경신년: 1620) 무과에 급제하였다. 인조 병자년(1636) 호란 때 절개를 지키다 죽었다. 주부(主簿)에 추증되었다.

어렸을 때 사서(史書)를 읽다가 충성스럽고 곧은 인물이 뜻을 굽히지 않고 그것을 지키기 위해 죽는 일을 보면 번번이 책을 덮고 감탄하였다.

병자년(1636) 국난에 나아가려 하면서 어머니 이씨(李氏)에게 고하기를, "이 몸 이미 나라를 위해 바치기로 했사오니 창과 방패를 들고 목숨을 바치는 것이 신하된 자의 의리입니다."라고 하고는 마침내 작별하고 전장으로 떠나 진중(陣中)에서 죽었다.

공의 세 아들이 공의 시신을 찾았으나, 시신들이 산더미처럼 쌓이고 불에 타 문드러져 사람의 형체를 알아 볼 수가 없었다. 울부짖다 갑자기 기절하였는데, 꿈 속에 공이 나타나 부르며 말하기를, "어느 나무 아래 전투복을 입고 신을 신고 허리에 띠를 두른 채 화살을 맞고 쓰러진 자가 곧 나다."라고 하였다. 깨어나서 곧장 가서 살펴보니, 과연 공의 시신이 있었고, 공의 노비 충복(忠僕)도 그 곁에서 죽어 있었으며, 말 또한 나무에 매인 채로 쓰러져 죽어 있었다.【협주: 가장에 실려 있다.】

• **盧道凝**

盧道凝[1], 字景成, 光山人。蘇齋守愼從孫。宣祖壬辰生。□□武科。仁

1 盧道凝(노도응, 1592~1636): 본관은 光州, 자는 景成. 증조부는 盧鴻이며, 조부는 厚齋 盧克愼(1524~1598)이다. 아버지는 이천부사 履素堂 盧大河(1546~1610)이며, 어머니 慶州李氏는 宗廟奉事 李得華의 딸이다. 부인 晉州鄭氏는 副司果 鄭好俊의 딸이다. 백부 盧大海는 盧守愼(1515~1590)에게 양자로 갔다. 1592년 7월 18일 피난지 白華山에서 8형제 중 셋째로 태어났다. 1610년 부친상을 전라도 古阜 임소에서 당하자 화령으로

| 祖丙子, 胡亂節死。贈主簿。

幼時, 讀史見忠義士殉節事, 輒掩卷而歎。

丙子赴亂也, 告于母李氏, 曰: "身已許國, 執干戈以效命, 是臣子義也." 遂辭而行, 死于陣。

公之三子, 求索公屍, 而積屍焦爛, 莫辨人形。號哭昏倒之際, 夢見公呼曰: "某樹下, 衣戰袍着靴帶, 矢而仆者, 是吾也." 覺卽往視之, 果有公屍, 而公之奴忠僕, 死於其傍, 馬亦繫樹而斃矣。【家狀[2]】

返柩하여 장사를 지냈다. 경신년(1620) 무과에 급제하였다.

2 家狀(가장): 盧景命(1609~1667)이 〈贈通訓大夫軍資監主簿行禦侮將軍龍驤衛副司果公行狀〉이 있다고 하나, 확인하지 못했음.

57. 노준명

> 노준명의 자는 정이, 본관은 광산(光山: 광주)이다. 문정공(文貞公) 노수신(盧守愼)의 증손자이다. 선조 병신년(1596)에 태어났다. 인조 갑자년(1624) 사마시에 합격하고 음서(蔭敍)로 직장(直長)에 보임되었다. 갑술년(1634) 문과에 급제하여 벼슬은 정언(正言)을 지냈다. 효종 임진년(1652)에 죽었다.

병자년(1636) 난리가 일어났을 때 대가(大駕)를 호종하여 남한산성(南漢山城)으로 들어갔다가 돌아와 정언(正言)에 제수되었다. 이때 기평(杞平) 유백증(兪伯曾)이 상소를 올려 김류(金瑬)와 윤방(尹昉)의 죄를 다스리도록 청하자, 주상이 오히려 유백증의 파직을 명하였다. 양사(兩司)가 장계를 올렸어도 간쟁을 힘써 하지 못하면서 여러 차례 장계를 올리다가 그만두자, 공이 분연히 말하기를, "죄가 큰 자는 죄를 주지 않고, 말한 자를 죄준단 말인가?"라고 하고는 다시 논하려 하자, 동료 대간(臺諫)들이 불가하다고 하니, 공은 이에 인피(引避: 혐의를 피하여 사직함)하면서 솔직하게 자기의 뜻을 죄다 말하고는 처치하여 물러날 수 있도록 해주기를 청하였는데, 주상이 특별히 명하여 파직하였다. 이로 인해 당시 조정의 여론을 거슬렀다. 8년이 지난 뒤 홍원(洪原) 현감에 제수되었다. 윤이지(尹履之)는 윤방(尹昉)의 아들인데 북백(北伯: 함경도 관찰사)이 되자, 공은 벼슬을 버리고 돌아왔다. 그 뒤로 양사(兩司: 사헌부와 사간원)·춘방(春坊: 세자시강원)의 후보자로 천거되었으나 제수하는 교지를 받지 못하였는데, 본관록(本館錄: 홍문록)에는 들어 영의정의 권점(圈點)을 받고 도당(都堂)의 발탁 대상이 되었다.

심대부(沈大孚)는 공의 매부(妹夫: 누이의 남편)로 남에게 쉽게 허여하지 않았으나, 일찍이 사람들에게 말하기를, "정이(正而: 노준명)는 의롭지 않은 일로는 청탁하기가 어렵다."라고 한 적이 있었다.

공의 장인(丈人) 부제학 이호신(李好信)은 광해군이 모후(母后: 인목대비)를 폐위하려 할 때 임금의 부르는 명을 받았는데, 공이 말하기를, “의리가 중한데 화(禍)를 돌아보아서야 하겠습니까?”라고 하니, 이호신은 마침내 결연히 물러났다.【협주: 권유가 찬한 묘갈문에 실려 있다.】

공의 동생은 노경명(盧景命)이니, 자는 정보(正甫)이다. 공의 상(喪)을 당하여 1년 동안 사사로운 방에 들어가지 않았다. 음서(蔭敍)로 봉화현감이 되었다. 대기근이 들었을 때 구휼을 잘하여 많은 백성들이 그 덕에 살아남을 수 있었다. 이리저리 떠돌며 빌어먹는 의지할 곳이 없는 아이들을 거두어 기르면서 어질고 착한 아이들을 골라 맡기니, 백성들이 모두 그를 ‘노(盧)’라고 불렀다.【협주: 허목이 찬한 행장에 실려 있다.】

• **盧峻命**

> 盧峻命[1], 字正而, 光山人。文貞公守愼曾孫。宣祖丙申生。仁祖甲子司馬, 蔭補直長。甲戌文科, 官正言。孝宗壬辰卒。

丙子之難, 扈駕南漢, 歸拜正言。時兪杞平伯曾[2], 上疏請治金瑬[3]·尹

---

1 盧峻命(노준명, 1596~1652): 본관은 光山, 자는 正而. 증조부는 영의정 盧守愼이며, 조부는 盧大海이다. 아버지는 盧道亨이며, 어머니 海州崔氏는 좌찬성 崔滉의 딸이다. 노대해의 생부는 盧克愼이다. 첫째부인 全州李氏는 李好信의 딸이며, 둘째부인 全州李氏는 李榮立의 딸이다. 1624년 사마시에 합격, 蔭補로 直長에 기용되어 1634년 별시문과에 급제하였다. 1636년 병자호란이 일어나자 인조를 남한산성에 호종, 이듬해 정언이 되었다. 이때 兪伯曾이 金瑬·尹昉의 실정을 탄핵하다가 도리어 파직당하자, 죄가 큰 자는 벌하지 않고 상소한 자를 벌한다 하여 유백증을 구출하려다 파직당하였다. 1645년 홍원목사가 되었는데, 이듬해 윤방의 아들 尹履之가 함경도관찰사로 부임하자 사직하였다. 그 뒤 삼사·세자시강원 등의 관직 물망에 올랐으나 모두 저지당하였다.

2 兪杞平伯曾(유기평백증): 杞平 兪伯曾(1587~1646). 본관은 杞溪, 자는 子先, 호는 翠軒. 증조부는 兪綰이며, 조부는 우의정 兪泓이다. 아버지는 좌찬성 兪大逸이며, 어머니 全州李氏는 豊山君 李宗麟의 딸이다. 첫째부인 全義李氏는 李慶禩의 딸이며, 둘째부인 連山徐氏는 徐澍의 딸이다. 1612년 진사시에 합격하고, 증광문과에 급제하였다. 1621년 병조좌랑이 되었으나, 李爾瞻 등 권신들에게 아부하지 않아 한직에 머물렀고, 仁穆大妃 폐모론에 반대해 사직하고 낙향하였다. 1623년 인조반정 때 공을 세워 杞平君에 봉해졌다. 이조판서 金瑬가 북인 南以恭을 대사헌으로 삼으려는 데 반대하다가 伊川縣監으로 좌천되었다. 이조참의가 되었으나 김류·尹昉 등 대신들의 무능과 안일을 비난하다가 수원부사로 또

昉[4]罪, 上命罷職。兩司啓爭不力, 數啓而止, 公奮然曰: “罪大者不之罪, 罪言者乎?” 欲復論, 僚塁持不可。公乃引避[5], 率意盡言, 及處置請出, 上特命遞。由是忤時議。後八年, 除洪原[6]。尹履之[7], 昉之子也, 爲北伯, 公棄官歸。其後, 擬兩司·春坊, 未蒙除旨, 入本館錄, 見拔都堂[8]。

다시 좌천되었으며, 이어 1631년 충청도관찰사를 역임하였다. 1635년 경상도관찰사가 되고 이어 병조참지를 역임한 뒤 1636년 이조참판이 되었다. 이해 겨울 병자호란이 일어나자 부총관으로 왕을 남한산성에 호종, 화의를 주장한 윤방·김류 등의 처형을 주장하다 다시 파직되었다. 이듬해 화의가 성립된 뒤 대사성으로 등용되었다.

3 金瑬(김류, 1571~1648): 본관은 順天, 자는 冠玉, 호는 北渚. 증조부는 金粹濂이며, 조부는 찰방 金壎이다. 아버지는 金汝岉이며, 어머니 咸陽朴氏는 현감 朴壽岡의 딸이다. 부인 晉州柳氏는 柳根의 딸이다. 임진왜란 때는 復讐召募使 金時獻의 종사관으로 호서·영남 지방에서 활약하였다. 1596년 식년문과에 급제하였다. 1623년 거의대장에 추대되어 인조반정을 일으켰다. 이 반정의 공로로 병조참판에 제수되고 곧 병조판서로 승진되어 대제학을 겸하는 동시에 昇平府院君에 봉해졌다. 벼슬이 영의정에 이르고, 인조대에 정권의 핵심으로서 정국을 주도하였다. 병자호란 당시 주화파로서 삼전도에서 맹약을 맺는데 주도적인 역할을 하였다.

4 尹昉(윤방, 1563~1640): 본관은 海平, 자는 可晦, 호는 稚川. 증조부는 司勇 尹希琳이며, 조부는 국자감정 尹忭이다. 아버지는 영의정 尹斗壽이며, 어머니 昌原黃氏는 관찰사 黃琦의 손녀로 참봉 黃大用의 딸이다. 부인 淸州韓氏는 判官 韓漪의 딸이다. 李珥의 문인이다. 1582년 진사시에 합격하고, 1588년 식년문과에 급제하였다. 아버지 윤두수가 유배되자 사직하였다가 다시 기용되어 임진왜란 때에 선조를 호종하였다. 광해군이 즉위하고 사은사로 명나라에 다녀왔으며《선조실록》편찬에 참여했다. 인목대비 폐모론이 제기되자 사직하였는데 인조반정 이후 예조판서와 우의정에 임명되었다. 정묘호란 때에 인조의 피난을 주장해 강화에 호종했고 병자호란 때에는 종묘의 신주를 모시고 봉림대군과 함께 강화로 피난하였다.

5 引避(인피): 삼사의 관원들이 상피 관계에 있거나 자신들의 의견이 받아들여지지 않을 때, 다른 사람들로부터 비난받았을 때, 동료들과 이견이 있을 때, 개인적인 인간 관계와 업무 관계로, 또는 일신상의 문제로 인해 자신의 의견을 말하기 곤란한 혐의가 있을 때 등의 경우에 혐의를 피하기 위하여 사직하는 것.

6 洪原(홍원): 함경남도 중남부에 있는 홍원군 일대.

7 尹履之(윤이지, 1579~1668): 본관은 海平, 자는 仲素, 호는 秋峯이다. 尹昉의 아들이다. 1600년 門蔭으로 世子翊衛司洗馬가 된 뒤, 양구·은산·적성·통진·용안 현감을 역임하였다. 1616년 증광문과에 급제하여 공조·호조의 정랑을 거쳐, 사예에 이르렀다. 1618년 李爾瞻에 의하여 폐모론이 일어나자 이에 반대하고 은퇴하였으나, 1623년 인조반정 이후 여주목사로 재기용되었고, 이듬해 충청도관찰사로 특진되었다. 1627년 정묘호란이 일어나자 총융사로서 남한산성을 수비하였다. 1629년 강원감사, 1632년 호조참판이 된 뒤 도승지·경기감사를 역임하였다. 1637년 병자호란 때에는 강화부사로 강화수비를 맡기도 하였다. 이듬해 도승지로서 經筵參贊官이 되었으며, 海恩君에 襲封되었다. 1645년 평안감사가 된 뒤 함경감사·한성판윤을 거쳐, 1650년 형조판서에 임명되었다. 이후 형조판서를 두 차례나 역임하였다.

沈公大孚[9], 公之娣夫, 不輕許人, 而嘗語人曰: "正而, 難以非義干."

公外舅李副學好信[10], 當光海廢母時, 有召命, 公曰: "義重可顧禍乎?" 李遂決退。【權愈[11]撰碣文[12]】

公弟景命[13], 字正甫。公之喪, 朞年不入私室。以蔭爲奉化縣監。當大饑善賑, 民多賴活。收養流丐兒之無依者, 擇良善而屬之, 民皆以盧呼之。【許穆撰行狀[14]】

---

8 都堂(도당): 都堂錄. 조선시대에 홍문관에서 校理 이하의 벼슬아치를 임명할 때의 기록. 副提學 이하의 벼슬아치들이 자격 있는 사람을 골라 올린 명단에 영의정 등이 다시 각각 적격자를 골라 圈點을 찍어 임금에게 올렸다.

9 沈公大孚(심공대부): 沈大孚(1586~1657). 본관은 靑松, 자는 信叔, 호는 嘉隱·泛齋. 증조부는 沈光宗이며, 조부는 영천군수 沈義儉이다. 아버지는 경기도 관찰사 沈偿이며, 어머니 全州崔氏는 전라감사 崔弘僴의 딸이다. 첫째부인 西河任氏는 任琇의 딸이며, 둘째부인 光州盧氏는 盧道亨의 딸이다. 鄭逑의 문인이다. 1613년 사마시에 합격하고, 1623년 선행으로 司圃署別提에 기용되었으나 나아가지 않았다. 그 뒤 重林察訪을 거쳐, 1630년 鳳林大君(뒤의 효종)의 師傅가 되었다. 1632년 형조좌랑이 되고, 이듬해 관직에 있으면서 증광문과에 급제하였다. 예조좌랑을 거쳐 正言이 되었다. 이때 이미 賜死된 仁城君의 세 아들이 절도에 위리안치된 것을 왕이 관용을 베풀어 방면하자, 이에 찬성한 것이 화근이 되었다. 반대파의 탄핵으로 보령현감으로 좌천되었으나 취임하지 않았다. 1634년 松禾縣監이 되었다. 椵島에 진을 친 명나라 장수 毛文龍의 군사가 여러 고을을 횡행하며 민폐를 끼치자, 이들 대표와 횡포를 금하는 조약을 엄중히 체결하여 민폐 방지에 공헌하였다. 뒤에 西路의 행정이 부패한 데 혐오를 느껴, 한때 사직했다가 다시 복직하였다.

10 李副學好信(이부학호신): 副提學 李好信(1564~1629). 본관은 全州, 자는 士立, 호는 懶眞. 증조부는 李鷲山이며, 조부는 李憲輔이다. 아버지는 李天擎이며, 어머니 全州李氏는 李榮春의 딸이다. 부인 安東金氏는 金忠男의 딸이다. 1589년 사마시에 합격하고, 1603년 식년문과에 급제, 벼슬이 부제학에 이르렀다. 광해군 재위 기간 동안에는 경기도 포천으로 낙향했으며, 인조반정 후에는 다시 부제학에 임명되었다.

11 權愈(권유, 1633~1704): 본관은 安東, 자는 退甫, 호는 霞溪. 증조부는 權若이며, 조부는 목사 權勛이다. 아버지는 權儒이며, 어머니 晉州鄭氏는 鄭百亨의 딸이다. 부인 韓山李氏는 李行源의 딸이다. 1665년 별시문과에 급제하였다. 1689년 기사환국으로 남인이 집권하자, 대사간, 예문관대제학 등 요직을 맡았다. 지경연사에 올랐으나, 1694년 갑술옥사로 서인이 정권을 장악할 당시 유배되었다. 그의 《霞溪集》이 전한다고 하나 확인할 수 없다.

12 碣文(갈문): 현재로서는 확인할 수 없음.

13 景命(경명): 盧景命(1596~1652). 본관은 光州, 자는 正甫, 호는 龍湖. 아버지는 盧道亨이다. 부인 慶州金氏는 장령 金聲發의 딸이다. 사헌부 감찰, 봉화현감을 지냈다.

14 行狀(행장): 허목의 《記言》에는 실려 있지 않으며, 현재로서는 확인할 수 없음.

58. 채득기

채득기의 자는 □□, 호는 우담, 본관은 인천이다. 인조 병자년(1636) 이후 유일(遺逸)로 천거되어 벼슬은 별좌를 지냈다. 당저(當宁: 정조) 무오년(1798)에 집의로 추증되었다. 상주(尙州)의 상의사(尙義祠)에 향사하였다.

공은 태어나면서부터 영리하고 슬기로워 일찍이 경서(經書)와 사서(史書) 및 제자백가서(諸子百家書)를 통달하였으니, 특히 역학(易學)에 조예가 있어서 무릇 천문·지리·의약·점술·음률·병진(兵陣) 등 여러 서적을 한번만 보아도 모두 이해하였다. 병자호란을 당하여 밤낮으로 하늘에 나타난 현상을 관찰하며 조짐을 살폈는데, 어느 날 밤 크게 놀라 말하기를, "대가(大駕)가 성에서 내려와 항복하였다."라고 하고서 또 말하기를, "살아 있는 백성들이 다 죽어 없어지지 않았다 해도, 그것이 강상(綱常: 인륜과 명분)에 무슨 의미가 있겠는가?"라고 하고는 즉시 과거 공부를 폐하고 상주(尙州)의 자천대(自天臺: 擎天臺)에 터를 잡고 문을 닫아걸고는 노년을 마치려는 생각이었다. 바위 위에 크게 '대명천지숭정일월(大明天地崇禎日月)'이라는 여덟 글자를 새겨서 자신의 뜻을 보였다. 인조(仁祖)가 재주와 덕이 뛰어난 인재를 두루 구하면서 질관(質館: 瀋陽館)으로 호종해 가도록 하려고 역마(驛馬)를 보내어 공을 불렀으나, 공은 병을 핑계로 나아가지 않았으니, 주상이 노하여 보은현(報恩縣)으로 귀양을 보냈고 3년이 지나고 나서야 비로소 풀어주었다. 주상이 또 도신(道臣: 관찰사)으로 하여금 공이 질관에 가도록 권유하게 하니, 공이 마지못하여 하는 수 없이 〈봉산곡(鳳山曲)〉을 지어 자신의 생각을 붙였다. 대궐에 나아가 상소를 올려 아뢰니, 주상이 비답하여 말하기를, "산림에서 은거하며 세속을 초월한 선비가 어찌하여 이 풍진 세상으로 나왔는가?"라고 하고는, 이어 북으로 가라고 명하였다. 공은 그날로 길을 나서서 심양(瀋

陽)에 이르러 질관을 돌보았는데, 그 당시의 일이나 사건의 자취는《여지승람(輿地勝覺)》에 실려 있다.

심양에 있으면서 임금의 시에 화답해 시를 지어 바쳤으니, 이러하다.

밖으로 강포한 적 들끓고 안으로 나라 지킬 인재 없으니
세자의 수레는 바람에 흩날리듯 한해 가 변방에 떠도누나.
눈을 들어보니 산하는 오랑캐며 중국이라 다르니
고국을 그리느라 마음만 애태우며 새해를 맞누나.
초나라 회왕은 장대에 비친 달 마주하며 부끄러워했거늘,
송나라 홍호라 한들 차마 오국성의 봄을 볼 수 있으랴.
황룡부에서 통쾌하게 마실 날이 있을 줄 알거니와
초나라 죄수 몸인들 어찌 눈물로 수건만 적시고 있으랴.

효종(孝宗: 이때는 봉림대군 신분)이 더욱 총애하여 일이 크든 작든 가리지 않고 모두 공에게 자문하였다. 공이 태공병법(太公兵法)을 은밀히 효종에게 전수하였는데, 효종이 감탄하여 말하기를, "그대는 장자방(張子房: 張良)·제갈공명(諸葛孔明: 諸葛亮)과 같은 부류의 사람이다."라고 하였다. 효종이 대군으로서 조정에 계청하여 공을 벼슬에 나아가도록 하려 하였으나, 공이 사양하며 말하기를, "이필(李泌)은 빈우(賓友)가 되기를 원하였지 벼슬하기를 원하지 않았습니다. 만일 버림받지 않는 은혜를 입게 된다면 유악(帷幄)에 처해지는 것만으로도 족합니다."라고 하자, 효종이 시를 내렸으니, 이러하다.

쓸쓸한 객상엔 티끌 하나 일지 않는데
다만 문방사우만 있으니 진기하누나.
외로운 질관 적막하여 무슨 일 이루랴
시 읊조리는 그저 한가한 사람일 뿐일세.

학가(鶴駕)를 모시고 동쪽으로 되돌아왔을 때, 공은 즉시 애초의 모습이 되어 초야로 돌아왔다. 은혜로운 부르는 명이 여러 차례 내려졌으며, 심지어 궁노(宮奴)를 보내어 직접 찾아가 살펴보도록 하였으며, 친히 손수 써서 내린 편지에, "율리(栗里)의 전원이 어찌 잡초가 우거지지 않겠느냐?"라고 한 말이 있었으며, 화사(畵師)에게 공이 지내고 있는 산수를 그리도록 하였으며, 특별히 궁중의 옷, 은잔, 은그릇, 은젓가락을 하사하였다.

소백산인(小白山人) 홍우정(洪宇定, 1595~1656)은 마음이 서로 막힘없이 통하는 참된 벗이 되었으니, "수양산(首陽山)이 백이(伯夷)의 하늘을 보전하였다."라는 싯구로 추앙하고 허여하였다. 택당(澤堂) 이식(李植, 1584~1647)은 일찍이 "제자백가의 여러 학설에 두루 통하면서 공문(孔門)이 풍영(諷詠)하는 낙을 뒤쫓아 올라갔다."라고 하여 칭찬한 적이 있었다. 청음(淸陰) 김상헌(金尙憲, 1570~1652)이 지은 시 〈신정(新亭)〉 가운데, "노중련(魯仲連) 같은 높은 절개는 내 비록 부끄러우나, 호담암(胡澹庵: 송나라 胡銓) 같은 기상은 그대가 근사하였네."라고 한 구절이 있다. 미수(眉叟) 문정공(文正公) 허목(許穆, 1595~1682)도 그를 추모하여 천하의 기재(奇才)라고 탄식하였다. 전후의 제현(諸賢)들이 추앙하고 허여한 것이 이와 같았다.

성조(聖祖: 효종)를 도와 존왕양이(尊王攘夷)의 의리를 많은 선비 가운데 먼저 주창한 이는 오직 공 한 사람뿐이었으니, 세상에 전하는 《군신언지록(君臣言志錄)》을 보면 알 수 있다.【협주: 가승에 실려 있다.】

• 蔡得沂

蔡得沂[1], 字□□[2], 號雩潭, 仁川人。仁祖丙子後, 薦遺逸, 官別坐。當

1 蔡得沂(채득기, 1605~1646): 본관은 仁川, 자는 詠而, 호는 雩潭·鶴汀. 충청북도 충주 출생. 학문이 속성하여 經史百家에 통달하였으며, 역학·천문·지리·복서·음률·병서에도 조예가 깊었다. 32세 되던 해 병자호란이 일어나고 남한산성이 함락되자, 憤感斥議하여

宁戊午，贈執義。享尙州尙義祠。

公生而穎悟，早通經史百家之書，最邃於易學，凡天文·地理·醫藥·卜筮·音律·兵陣諸書，一覽俱解。遭丙子亂，日夜觀天象以候，一夜大驚曰："大駕下城[3]矣." 又曰："生民不盡劉矣，其於綱常何?" 卽廢擧業，卜居于尙州自天臺[4]，杜門讀書，爲終老計。巖上大刻'大明天地崇禎日月'八字，以見志焉。仁廟旁求俊乂，欲令往扈質館[5]，馹召[6]公，公辭疾不起，上怒，配報恩縣，三年始釋。上又令道臣勸其行，公不得已作〈鳳山曲[7]〉以寄意。詣闕陳疏，上批曰："山林拔俗之士，何以來此風塵中?" 仍命赴北。公卽日就道，到瀋陽[8]，調護質館，其時事蹟，載《輿地勝覽》。

在瀋陽，賡進詩[9]曰："外多强敵內無人，鶴御[10]飄零瀚海濱。擧目山河夷夏異，腐心旄葛[11]歲華新。懷王羞對章臺[12]月，洪皓[13]忍看五國[14]春。

華山 仙遊洞에 들어가 終老의 計를 삼고자 하였다. 다시 商山(지금의 상주)의 無知山에 들어 두문불출하고 독서에 전심하였다. 그 뒤 鳳林大君(뒤의 효종)을 비롯한 세자·대군이 심양에 볼모로 가게 되어 인조가 그를 往護로 불렀으나, 병을 핑계로 불응하여 3년 동안 보은에 유배되기도 하였다. 다시 인조의 권유에 의하여 나가 심양에서 대군들을 잘 받들었다. 이 때 세자 왕호에 오르는 감격의 정회를 읊은 가사 〈鳳山曲〉을 지었으며, 특히 효종의 총애를 받았다. 환국시 임금의 소명이 있었으나 사양하고 낙동강상 王柱峯 아래에 복거하였다.

2 □□: 詠而.

3 下城(하성): 성에서 내려와 항복한다는 의미.

4 自天臺(자천대): 擎天臺. 경상북도 상주시 사벌면 삼덕리 낙동강가에 있는 대. 하늘이 스스로 만들었다고 하여 불려진 이름이다.

5 質館(질관): 인질이 거처하는 관사. 병자호란 후 인질로 간 昭顯世子와 鳳林大君 등이 거처하던 瀋陽館을 가리킨다.

6 馹召(일소): 임금이 驛馬로 급히 부르는 것.

7 鳳山曲(봉산곡): 蔡得沂가 1638년에 어지러운 세상을 떠나 은둔처에서 아름다운 경물을 배경으로 한가로이 지내는 모습과 憂國忠君의 마음을 읊은 歌辭.

8 瀋陽(심양): 만주족의 정치, 경제, 문화의 중심지였던 중국 遼寧省의 도시.

9 賡進詩(갱진시): 임금이 지은 시가에 화답하는 시가를 지어 임금에게 바치던 일.

10 鶴御(학어): 세자의 행차.

11 旄葛(모갈): 《詩經》〈邶風·旄丘〉의 '旄丘之葛兮'에서 나온 말. 잃어버린 고국과 이별한 친구들이 오랫동안 돌아오지 않은 상황을 비유적으로 표현한 시이다.

12 章臺(장대): 秦나라 咸陽에 있던 궁전 이름. 秦昭王이 楚懷王에게 武關에서 만나 맹약을 체결하자고 하자, 초회왕이 무관으로 갔다가 체포되어 함양의 장대에서 진소왕을 알현하

痛飮黃龍[15]知有日，楚囚[16]何必淚沾巾?" 孝廟益寵遇焉，事無大小悉諮訪焉。公以太公兵法[17]密傳孝廟，孝廟歎曰：“君則子房[18]·孔明[19]一流人.”欲啓請入仕，公辭曰："李泌[20]願爲友，而不願仕。如蒙不棄，得處帷幄[21]足矣.”孝廟賜詩曰："瀟然客榻靜無塵，惟有文房四寶珍。孤館寥寥成底事，吟詩聊作一閒人.”及其陪駕東還，公卽返初服[22]。恩召屢降，至於送宮奴存問，親賜手書，而有"栗里田園能無蕪沒"之敎，命畵師圖進所居山水，特賜宮衣·銀盃·銀盂·銀筯。

小白山人洪宇定[23]，結爲莫逆之交，以"首陽能保伯夷天"之詩，推許

였지만 藩臣으로 대하며 대등한 예로 예우하지 않자 후회하였고 결국 죽어서 돌아왔다는 고사가 있다.

13 洪皓(홍호): 宋나라 徽宗·高宗 때 사람. 휘종 때 秀州司錄이 되어 치적이 있었고, 뒤에 徽猷閣待制·禮部尙書에 올랐다. 金에 사신으로 가서 15년간 억류되었다.

14 五國(오국): 五國城. 만주 길림성에 있었던 성. 금나라 송나라를 침입하여 汴京을 함락시키고 徽宗과 그 아들 欽宗을 잡아 데리고 갔던 곳이다.

15 黃龍(황룡): 여진족이 건국한 금나라의 도읍 黃龍府. 吉林省 農安縣이다. 금나라의 침략을 받아 수도 開封府를 빼앗기고 남쪽으로 거듭 물러난 송나라는 절체절명의 위기였는데, 농민 의용군 출신의 岳飛 장군이 맹활약을 펼쳐 연전연승을 거두어 한껏 고취된 악비가, "황룡부까지 치고 들어가서 제군들과 통쾌하게 마시자.(直抵黃龍府, 與諸君痛飮爾)"라고 호기를 표출한 적이 있었다.

16 楚囚(초수): 타향을 떠돌면서 고향을 그리워하는 신세를 말함.

17 太公兵法(태공병법): 姜太公 呂尙이 지었다는 兵法書.

18 子房(자방): 張良의 字. 한나라의 건국 공신이자, 漢高祖 劉邦을 도와 천하를 통일한 탁월한 전략가이자 참모.

19 孔明(공명): 諸葛亮의 字. 蜀漢의 뛰어난 군사 전략가. 劉備를 도운 정치가이기도 한다.

20 李泌(이필): 唐나라의 명재상. 자는 長源, 시호는 玄和, 봉호는 鄴侯. 玄宗 연간에 동궁의 翰林供奉으로 발탁되면서 천자와 태자의 은총을 한몸에 받았고, 肅宗이 즉위한 뒤에는 賓友로서 모든 국사에 참여하였다. 楊國忠 등 권신의 질시를 받아 한동안 은거하거나 외방의 직책으로 나가기도 하였다. 德宗 때 본격적으로 정사에 참여하여 공을 많이 세웠다. 특히, 安祿山과 史思明의 난이 일어난 와중에 靈武에서 황제로 즉위한 肅宗이 右相으로 삼으려 하자, 고사하며 받지 않고 賓友로 대해 달라고 한 인물이다.

21 帷幄(유악): 군대의 장막. 漢나라 高祖의 謀士 張良이 주로 장막 안에서 계획을 세워 "유악 안에서 산가지를 놓아 천 리 밖에서 결승한다.(運籌策帷幄中, 決勝千里外.)"라고 한 데서 나왔다. 유악에 처한다는 것은 謀臣이 된다는 의미를 갖는다.

22 初服(초복): 入仕하기 전에 입는 옷으로, 벼슬길에 나오기 전의 모습을 가리킴.

23 洪宇定(홍우정, 1595~1656): 본관은 南陽, 자는 靜而, 호는 杜谷. 증조부는 洪暹이며, 조부는 형조판서 洪可臣이다. 아버지는 漢城庶尹 洪榮이며, 어머니 陽川許氏는 이조판서 許筬의 딸이다. 부인 海州崔氏는 崔沂의 딸이다. 1616년 진사시에 합격하였으나 1616년

之。澤堂李公植[24], 嘗以"學通九流, 上溯孔門風詠之樂[25]", 稱道之。淸陰金公尙憲[26], 作〈新亭〉詩中, 有"魯連[27]高節我雖愧, 澹菴[28]氣像君正似"之句。眉叟許文正穆, 追歎其天下奇才。前後諸賢之推許, 類如是矣。

協贊聖祖, 尊攘之義, 先倡多士者, 惟公一人。世所傳《君臣言志錄[29]》, 可考而知也。【家乘[30]】

장인 해주목사 崔沂가 해주옥사의 역적의 괴수로 몰려 처형되자 이에 연루되어 천안에 부처되었다가 1623년 인조반정으로 모든 것이 무고로 드러나 석방되었다. 이어서 1636년 병자호란으로 오랑캐에게 수모를 당했다고 생각하여 태백산 속에 은거하매, 영남인사들은 崇禎處士라 칭하였다. 그 節義가 탁월함이 조정에 알려져 태인현감·공조좌랑·師傅 등을 제수하였으나 나아가지 않았다.

24 李公植(이공식) 李植(1584~1647): 본관은 德水, 자는 汝固, 호는 澤堂·南宮外史·澤癯居士. 고조부는 좌의정 李荇이고, 증조부는 이원상이며, 조부는 이섭이다. 아버지는 좌찬성에 증직된 李安性이며, 어머니 茂松尹氏는 공조참판 尹玉의 딸이다. 부인 靑松沈氏는 沈惀의 딸이다. 허균의 문인이고, 종숙 李安訥의 제자이다. 1610년 생원시에 합격하고, 별시문과에도 급제하였다. 대사헌, 형조판서, 예조판서 등을 역임하였다.

25 孔門風詠之樂(공문풍영지락): 《論語》〈先進篇〉에 "늦은 봄날 봄옷이 새로 만들어지면 여러 冠童들과 함께 沂水에서 목욕하고 무우에서 바람 쐰 뒤 노래를 부르며 돌아오겠다.(風乎舞雩 詠而歸)"라는 구절이 나오는데, 풍영은 바로 여기에서 비롯된 것임.

26 金公尙憲(김공상헌): 金尙憲(1570~1652). 본관은 安東, 자는 叔度, 호는 淸陰·石室山人·西磵老人. 증조부는 金璠이며, 조부는 군수 金生海이다. 아버지는 敦寧府都正 金克孝이며, 어머니 東萊鄭氏는 좌의정 鄭惟吉의 딸이다. 우의정 金尙容의 동생이다. 3세 때 큰아버지인 현감 金大孝에게 出系하였다. 1590년 진사시에 합격하고, 1596년 식년문과에 급제하였다. 병자호란 때 예조판서로서 주화론을 배척하고 끝까지 주전론을 펴다가 인조가 항복하자 안동으로 은퇴했다. 명을 공격하기 위한 청의 출병 요청에 반대하는 상소를 올렸다가 청에 압송되어 6년 동안 감금되었다가 풀려났다. 효종이 북벌을 추진할 때 이념적 상징이 되기도 했다.

27 魯連(노련): 齊나라 魯仲連. 그가 趙나라에 가 있을 때 魏나라 使者 新垣衍과 담판을 하면서, 만약 포악무도한 秦나라가 황제로 천하에 군림할 경우에는 "차라리 동해 바다를 밟고서 죽을지언정 차마 그 백성으로 살아갈 수는 없다.(有蹈東海而死耳, 吾不忍爲之民也.)"라고 말한 고사가 있다.

28 澹菴(담암): 송나라 高宗 때의 直臣 胡銓의 호. 金나라의 침입을 당하여 秦檜가 화친을 주장하자, 상소하여 진회, 孫近, 王倫 등의 목을 베라고 주청하기까지 했다. 진회의 노여움을 사서 유배되었다.

29 君臣言志錄(군신언지록): 蔡得沂가 청나라 심양에 볼모로 잡혀가 있는 鳳林大君을 모시면서 지은 시와 봉림대군이 지은 시 및 채득기와 관련된 글을 모은 책.

30 蔡得沂의 《雩潭先生遺稿》가 국립중앙도서관에 소장되어 있는데, 권2에 柳厚祚(1798~1876)의 〈行狀〉과 黃景源(1709~1787)의 〈墓碣銘〉이 실려 있으나 원전의 출처는 아님. 《日省錄》 1798년 10월 5일자 18번째 기사에 의하면 이날 채득기에 증직하라는 명이 있었다.

59. 조수익 문간공

조수익의 자는 사정, 호는 만한, 본관은 순창이다. 선조 병신년(1596)에 태어났다. 인조 갑자년(1624) 진사시에 장원으로 합격하고 생원시도 함께 합격하여 을축년(1625) 세마(洗馬)에 제수하였다. 을유년(1645) 문과에 급제하였다. 한림(翰林), 삼사(三司), 이조좌랑(吏曹佐郞), 이조참의(吏曹參議), 대사성, 부제학, 이조참판을 거쳐 대사헌에 이르렀다. 현종 갑인년(1674)에 죽었다. 이조참판에 추증되었다.

인조(仁祖)가 인성군(仁城君) 이공(李珙)의 세 아들을 유배지에서 풀어주도록 명하자, 양사(兩司: 사헌부와 사간원)에서 여러 훈신(勳臣)과 귀척(貴戚)들의 뜻을 받들어 '역신(逆臣)의 아들들이 용서를 받고 돌아오게 하는 것은 온당하지 않다.'라고 다투어서 말하였다. 이때 공은 정언(正言)으로서 홀로 장계를 올려 말하기를, "양사에서 모두 이공의 세 아들을 풀어주라는 명을 거두어 돌려보내야 한다고 하나, 성상(聖上)의 뜻은 가엾고 불쌍하게 여기는 마음에서 나온 것이니, 혹시라도 심한 안개와 이슬을 만나 병들어 요절할까 염려한 것은 실로 신하들이 우러러볼 만한 것입니다. 이제 경사가 있어도 사면되는 은혜를 입지 못하고 섬에서 죽는다면, 어찌 성대한 덕에 관계되는 일이겠습니까?"라고 하였다. 장계가 들어가자, 당로자(當路者: 권세를 갖고 높은 자리에 있는 사람)가 공을 역적의 무리라 하면서 관직을 삭탈해야 한다고 주장하였지만, 주상이 공에게 별다른 문제될 만한 일이 없는 것을 알고 석방하도록 하였다.

병자호란 때 주상이 남한산성(南漢山城)에서 홀로 말을 타고 샛길로 나가 강도(江都)에 들어가려 하였는데, 공이 집의(執義) 채유후(蔡裕後)와 함께 간쟁하여 말하기를, "적병이 교외에 가득한데 갑자기 길을 나서면 어찌 핍박받지 않을 것으로 알 수 있겠습니까?"라고 하자, 주상이 마음으로 옳게 여겼다. 때마침 최명길(崔鳴吉)이 화의(和議)를 주창하자, 공과 삼사(三司)가 극력 말하기를, "천혜의 험한 요새여서 충분히 지킬 수 있습니다."라고 하고는, 화의를 거절하고 적병을 막아 공격하는 계획을 세우도록 청하였다.

헌납(獻納)에 제수되었을 때 시사(時事)를 논하는 상소에 이르기를, "대간(臺諫)이 기휘(忌諱)에 저촉되더라도 감히 말하면 그 말을 쓰지 않을 뿐만 아니라 또한 도리어 죄를 주고 벌합니다. 근래 화의(和議)를 배척한 신하들 같은 경우도 충의에서 비롯된 것이나 죄를 얻어 유배되기에 이르니, 어찌 성스러운 군주를 위해 죽기를 무릅쓰고 시비를 간쟁하는 자가 다시 있겠습니까?"라고 하였다.

이조 낭관(吏曹郎官)에 제수되었을 때 이조판서(吏曹判書) 남이공(南以恭)이 보합론(保合論: 調劑保合論. 당파 간의 갈등을 조정하고 대립하는 세력들을 하나로 아우르는 통합과 화합을 강조하는 논의)을 주장하였는데, 대신들 가운데 이에 동조하는 자가 있자, 공이 말하기를, "이러한 논의를 주장하는 자는 선비들이 선망할 대상이 아니니, 어찌 무엇을 해볼 도리가 있겠습니까?"라고 하였다. 그 뒤에 과연 그 일이 실패하였으니, 사태를 꿰뚫어 보는 밝은 안목이 이와 같았다.

김수두(金壽斗)·송광일(宋光一) 등이 반역을 모의한 일이 발각되었는데, 김수두는 세력가의 사람이라서 당시의 여론이 그를 비호하려 하였다. 공은 대사헌으로서 장계를 올려 김수두를 함께 국문하여 사실관계를 바로잡도록 청하자, 공론이 시원하게 여겼다.

용주(龍州) 조경(趙絅)이 임금의 명에 응하여 소를 올려 고산(孤山) 윤선도(尹善道)를 구하려 하였다. 당시 사람들이 이를 미워하여 용주로 귀양을 보내도록 주장하였는데, 공이 상소하여 말하기를, "전 좌윤(前左尹) 권시(權緦: 權諰의 오기)가 한마디 말로 당시의 의론을 거슬러 배척을 당해 회복되지 못하였습니다. 판중추부사 조경은 세 조정의 구신(舊臣)으로 임금의 명에 응하여 한번 상소를 올렸을 뿐인데, 승정원에서는 그것을 도리에 어긋났다고 하자 대관(臺官)들도 뒤따라 내치기를 청하였습니다.

신(臣)은 원근의 사람들이 듣고 놀라서 언로가 끊길까 두렵습니다."라고 하였다.

공의 아들이 과거시험 초시에 합격하였을 때, 복시(覆試)를 주관하는 자가 그 아들의 문필을 보려고 찾자, 공이 정색하여 말하기를, "그대는 시험을 주관하면서 사사로이 과거 응시자를 보려 하면, 과거 응시가 부끄러울 뿐만이겠소?"라고 하자, 그 사람은 부끄러워하며 사과하였다.

을묘년(1675) 여러 구신(舊臣)들이 다시 발탁되어 요직에 등용되었는데, 공은 그 소식을 듣고 기뻐하지 않는 기색을 띠니, 시중드는 이가 그 까닭을 묻자, 공이 말하기를, "조정에서 사람을 등용하는데 너무나 점진성이 없어서 나는 이 때문에 두려워하는 것이다."라고 하였다. 경신년(1680)에 환국(換局)이 일어나자, 사람들은 공의 선견지명에 탄복하였다.【협주: 권유가 찬한 시장(諡狀)에 실려 있다.】

• 趙壽益 文簡公

> 趙壽益[1], 字士靜, 號晩閑, 淳昌人。宣祖丙申生。仁祖甲子進士魁, 俱中生員, 乙丑授洗馬。癸酉文科。歷翰林·三司·吏曹佐郎參議·大司成·副提學·吏曹參判, 至大司憲。顯宗甲寅卒。贈吏曹判書。

仁祖命宥仁城君珙三子[2]竄, 兩司承諸勳貴意, 爭以爲'逆臣子不宜宥還.' 時公以正言, 獨啓曰: "兩司諸收回珙三子宥命, 而聖旨惻隱, 慮或

1 趙壽益(조수익, 1596~1674): 본관은 淳昌, 자는 士靜, 호는 晩閑. 증조부는 趙昕이며, 조부는 趙廷顯이다. 아버지는 趙稷이며, 어머니 豐山柳氏는 柳成龍의 딸이다. 부인 韓山李氏는 李慶全의 딸이다. 1624년 진사시에 합격하고 1633년 문과에 급제하였다. 1636년 병자호란 때 인조를 호종하였고, 주화론에 반대하는 등 강직한 성향을 보였다. 대사헌, 예조참판, 한성부 좌윤 등을 지냈다.

2 仁城君珙三子(인성군공삼자): 宣祖의 7남 仁城君 李珙(1588~1628)은 광해군 때 仁穆大妃의 폐비론에 宗戚을 대표하여 참석하였는데, 1623년 인조반정이 일어나 훈신이 된 李貴 등에 의해 탄핵을 받았다. 1628년 李友明과 柳孝立 등 대북파가 광해군의 복위를 도모하는데 연루되어 진도로 유배되었다가 죽었다. 남은 가족 부인 윤씨와 아들 삼형제, 두 딸은 1628년 6월 제주도로 유배당하였다. 1635년 11월 두 아들 및 막내 李健은 강원도 회양으로 유배지가 옮겨졌고, 나머지 가족들은 모두 유배에서 석방되었다.

逢霧露疾夭, 實羣下所欽。今有慶, 不與被恩赦, 死於海島, 豈盛德事?" 啓入, 當路者以爲黨逆, 論削職, 上知公無他事, 得釋。

丙子胡亂, 上自南漢, 欲匹馬間出, 幸江都, 公與執義蔡公裕後[3], 爭之曰: "賊兵滿郊, 倉卒間行, 安知不爲所逼?" 上心然之。時崔鳴吉[4], 唱和議, 公與三司, 極言: "天險可守." 請絶和議, 爲拒擊計。

拜獻納, 疏論時事, 曰: "臺諫之觸諱敢言者, 不徒不用其言, 又從而譴罰之。近若斥和諸臣, 忠義之發, 罪至流竄, 豈復有爲聖主伏死爭是非者耶?"

拜吏郎時, 吏判南以恭[5], 主保合之論, 大臣有助之者, 公曰: "主此論者, 非士望所歸, 安能有爲?" 後果敗, 其見事之明, 類此。

金壽斗[6]·宋光一等, 謀逆事發, 壽斗勢家人, 時議欲庇之。公以大憲啓

---

3 蔡公裕後(채공유후): 蔡裕後(1599~1660). 본관은 平康, 자는 伯昌, 호는 湖洲. 증조부는 蔡蘭宗이며, 조부는 蔡慶先이다. 아버지는 진사 蔡忠衍이며, 어머니 順興安氏는 安士說의 딸이다. 첫째부인 全州李氏는 李曙의 딸이며, 둘째부인 坡平尹氏는 尹民獻의 딸이다. 1616년 생원시에 합격하고, 1623년 개시문과에 장원급제하였다. 사가독서를 한 뒤 수찬·이조 좌랑·사간을 지냈다. 1636년 병자호란 때 집의로서 인조를 호종하고, 金瑬 등의 강화 천도 주장을 반대하며 주화론을 주장하였다. 난이 끝나자 사은사 李聖求의 서장관으로 瀋陽에 다녀왔으며, 1641년 광해군이 제주에서 죽자, 예조 참의가 되어 제주에 내려가 호상을 맡아 보았다. 효종 즉위 후 우부승지를 거쳐 8년간 대제학을 지냈다.

4 崔鳴吉(최명길, 1586~1647): 본관은 全州, 자는 子謙, 호는 遲川·滄浪. 증조부는 崔業이며, 조부는 崔秀俊이다. 아버지는 영흥부사 崔起南이며, 어머니 全州柳氏는 참판 柳永立의 딸이다. 李恒福 문하에서 李時白·張維 등과 함께 수학한 바 있다. 1605년 생원시에 장원급제하고, 증광문과에 급제하였다. 1623년 인조반정에 가담하여 정사공신 1등에 봉해졌다. 1627년 정묘호란 때 강화가 불가피함을 역설했다가 후금군 철수 후 많은 지탄을 받았다. 그러나 화의를 깨자는 조정의 움직임에 반대했고, 1636년 병자호란 때도 주화론을 일관되게 주장했다. 1642년 영의정이 된 후 조선 내 반청 움직임이 청나라에 알려지자 청에 불려가 수감생활을 했고, 1645년 귀국 후 계속 인조를 보필했다.

5 南以恭(남이공, 1565~1640): 본관은 宜寧, 초명은 南以敬, 자는 子安, 호는 雪蓑. 증조부는 南世健이며, 조부는 이조참판 南應雲이다. 아버지는 南琥이며, 어머니 居昌愼氏는 愼思獻의 딸이다. 부인 文化柳氏는 柳夢弼의 딸이다. 참판 南以信의 아우이다. 1590년 증광문과에 장원급제하였다. 동인이 남인과 북인으로 나누어질 때 북인의 분당을 주도하였고, 북인이 다시 대북과 소북으로 나누어질 때 소북의 영수가 되었고, 소북이 청탁으로 나누어질 때 淸小北의 우두머리가 되어 속칭 '南黨'이라고 불리었다.

6 金壽斗(김수두): 김수두의 상변서는 《孝宗實錄》 1653년 11월 22일 4번째기사에, 《승정원일기》 1653년 11월 23일에 보이며, 이에 대해 조수익이 장계를 올린 것은 1653년 11월 26일에 보임. 김수두는 응교, 병조참의, 제주목사 등을 역임한 金壽翼(1600~1673)의 동생이다.

請幷鞫正形, 公議快之。

龍州趙公絅, 因應旨疏[7], 救尹孤山善道[8]。時人怒之, 論竄龍州, 公上疏言: "前左尹權諰[9], 一言忤時, 斥逐不復。判中樞趙絅, 三朝舊臣, 應旨進一疏, 而政院謂之悖理, 臺官從以請黜。臣恐遠近駭聽, 言路絶矣."

公之子發解[10], 人有掌覆試者, 求見文筆, 公正色曰: "子當掌試, 欲私擧子, 不獨爲擧子耻也?" 其人愧謝。

乙卯[11], 諸舊臣多起廢[12]顯用[13], 公聞有不悅之色, 侍者問其故, 曰: "朝家用人, 太無漸, 吾是以惧." 及庚申禍[14]起, 人服公之先識。【權愈撰諡狀】

---

7 應旨疏(응지소): 임금의 명령에 응하여 올리는 疏.

8 尹孤山善道(윤고산선도): 孤山 尹善道(1587~1671). 본관은 海南, 자는 約而, 호는 孤山·海翁. 증조부는 정랑 尹衢이며, 조부는 형조판서 尹毅中이다. 아버지는 禮賓寺副正 尹唯深이며, 어머니 順興安氏는 安繼善의 딸이다. 첫째부인 南原尹氏는 예조판서 尹暾의 딸이며, 둘째부인은 漢陽趙氏이다. 숙부 강원도관찰사 尹唯幾에게 입양됐다. 성균관 유생 시절부터 권신을 규탄하는 소를 올려 유배되기도 했다. 孝宗의 대군 시절 스승이었다. 남인 가문에서 태어나 집권 세력인 서인에 강력하게 맞서 왕권의 확립과 강화를 주장하다가 20여 년의 유배 생활과 19년의 은거생활을 했다. 병자호란 때 왕이 항복하자 조상으로부터 물려받은 막대한 유산을 바탕으로 보길도에 별서를 짓고 생활하며 〈어부사시사〉 등 탁월한 문학작품을 남겼다.

9 權諰(권시): 權諰(1604~1672)의 오기. 본관은 安東, 자는 思誠, 호는 炭翁. 아버지는 좌랑 權得己이며, 어머니 全州李氏는 都正 李瞻의 딸이다. 1636년 大君師傅에 임명된 것을 비롯하여, 宣陵參奉·세자시강원자의 등 여러 차례 벼슬이 주어졌으나 나아가지 않았다. 1649년 효종 즉위 뒤 공조좌랑에 임명되어 처음으로 벼슬길에 나갔으며, 경상도사 등을 역임하고, 그 뒤 집의·進善 등을 거쳐 1658년 승지에 임명되었으며, 이어서 贊善에 오르고, 1659년 현종이 즉위한 뒤에 한성부우윤에 임명되었다. 이듬해 예송문제가 있을 때, 송시열과 송준길에 대립하여 윤선도를 지지하는 상소를 올렸다가 같은 서인의 규탄으로 파직되어 낙향하던 중 廣州의 선영에 머물러 살았다.

10 發解(발해): 과거 시험의 초시에 합격함.

11 乙卯(을묘): 1675년. 조수익의 몰년 1674으로 되어 있으니, 착종된 기록임.

12 起廢(기폐): 파면시켰던 사람을 다시 불러들임.

13 顯用(현용): 높은 직위에 등용함.

14 庚申禍(경신화): 1680년 경신환국을 일컬음. 당시 집권당이었던 남인이 서인에게 축출당한 정치적 사건. 庚申大黜陟이라고도 한다. 母后 明聖王后 김씨의 4촌 金錫冑를 이용해 남인을 견제하려던 숙종은 남인 許積이 기름 먹인 천막을 무단으로 사용한 일을 계기로 남인의 군권을 서인에게 주었다. 결정적으로 허적의 庶子 許堅이 福昌君·福善君·福平君과 함께 역모를 도모하였다는 '삼복의 변'에 남인이 연루되며 허적, 尹鑴 등 남인들이 죽음을 당하거나 유배되었다.

60. 한극창

한극창의 자는 유백, 호는 오주, 본관은 청주이다. 선조 경자년(1600)에 태어났다. 인조 갑자년(1624) 사마시에 합격하고 계유년(1633) 문과에 급제하여 벼슬은 찰방을 지냈다. 현종 경인년(1650)에 죽었다.

경오년(1630, 계유년의 오기, 1633) 형제는 쌍벽이 되어 문과에 급제하였다. 이때 역신(逆臣) 김자점(金自點)이 주상을 속이고 간악한 짓을 자행하니, 공은 참하관(參下官: 정7품 이하의 낮은 관직)에 있으면서 분개해 마지 못하고 봉함 상소를 올려 조목조목 아뢰었다가 함창(咸昌)으로 유배되었다. 귀양지에서 풀려나 집으로 돌아온 뒤에는 세상일에 뜻을 두지 않고 후학을 권면하여 학문에 나아가게 하는 것을 자기의 임무로 삼았다.

병자호란 때 대가(大駕)를 호종하여 남한산성(南漢山城)으로 들어갔는데, 화의(和議)가 이미 정해지자 공은 몹시 분개하여 벽지를 찢고 상소를 올리려 했으나 하지 못했다. 형제는 말을 달려 영해(寧海)로 돌아와 세상을 피해 살았다. 강빈(姜嬪)의 옥사가 일어나자, 좌의정 이경여(李敬輿)·대사헌 홍무적(洪茂績)·교리 심로(沈廬)·장령 이응시(李應蓍)가 귀양을 가며 영남을 지나게 되니, 공은 애석해 하는 마음을 이기지 못해 두 차례나 상소를 올려 구제하려 하였고, 또 〈백설가(白雪歌)〉 3장을 지어 이공(李公: 이경여)에게 보냈다.

• **韓克昌**

韓克昌[1], 字裕伯, 號鰲洲, 淸州人。宣祖庚子生。仁祖甲子司馬, 癸酉

1 韓克昌(한극창, 1600~1650): 본관은 淸州, 자는 裕伯, 호는 鰲洲. 증조부는 韓奉祖이며, 조부는 韓孝幹이다. 아버지는 예빈시직장 韓瑞이며, 어머니 東萊鄭氏는 鄭宗繼의 딸이다. 韓衛에게 입양되었다. 부인 星州李氏는 李希芳의 딸이다. 1624년 진사시에 합격하고, 1633년 식년문과에 급제하였다.

> 文科，官察訪。顯宗庚寅卒。

庚午[2]，兄弟[3]連璧[4]文科。時逆臣自點[5]，罔上肆奸，公以參下官[6]不勝憤惋，封疏條陳，謫咸昌。放還，無意於世，以勸進後學爲己任。

丙子亂，扈駕南城，和義已定，公憤甚，裂壁紙，將上疏未果。兄弟馳還寧海避世。姜嬪[7]獄起，左相李敬輿[8]·大憲洪茂績[9]·校理沈磨[10]·掌令李

---

2 庚午(경오): 계유의 오기. 경오년은 1630년이고, 계유년은 1633년으로 한극창이 문과에 급제하였기 때문이다.

3 兄弟(형제): 韓克述(1598~1653)과 한극창을 일컬음. 1624년 형제는 나란히 생원시에 합격하고, 형 한극술은 1630년 식년문과에, 한극창은 1633년 식년문과에 급제하였다.

4 連璧(연벽): 두 개의 아름다운 구슬이 서로 이어졌다는 말로, 흔히 형제가 똑같이 뛰어난 것을 표현하는 말.

5 自點(자점): 金自點(1588~1651). 본관은 安東, 자는 成之, 호는 洛西. 증조부는 판결사 金澌이며, 조부는 강원도관찰사 金億齡이다. 아버지는 縣監 金瑑이며, 어머니 杞溪兪氏는 좌의정 兪泓의 딸이다. 부인 黃州邊氏는 邊以中의 딸이다. 成渾에게 수학하였다. 음보로 관직에 진출하여 인조반정을 주도한 인물이다. 정묘호란 때 강화도로 인조를 호종했고, 병자호란 이후 도원수로서 패전에 대한 책임을 지고 먼 섬으로 유배되었다. 인조 사후 사림세력의 북벌론을 청에 누설했고, 1651년 아들의 역모사건 때 사형에 처해졌다. 공신으로서의 권력 추구, 인조의 후궁 貴人 趙氏와의 파행적인 유착 관계, 청에 대한 매국 행위 등으로 인조대 이후 오랜 세월을 두고 사림의 비난을 받았다.

6 參下官(참하관): 조선시대 정7품 이하의 하급 관리직의 통칭어.

7 姜嬪(강빈, 1611~1646): 昭顯世子의 빈. 愍懷嬪. 姜碩期와 어머니 申禮玉의 둘째딸이다. 소현세자 사후 역모를 꾸몄다는 모함으로 사사되고, 집안도 멸문당했다.

8 李敬輿(이경여, 1585~1657): 본관은 全州, 자는 直夫, 호는 白江·鳳巖. 세종의 7대손이며, 조부는 僉正 李克綱이다. 아버지는 목사 李綏祿이며, 어머니는 宋濟臣의 딸이다. 첫째부인 海平尹氏는 영의정 尹承勳의 딸이며, 둘째부인 豐川任氏는 별좌 任景莘의 딸이다. 1601년 사마시에 합격하고, 1609년 증광문과에 급제하였다. 1623년 인조반정 직후 修撰이 되었고, 이듬해 李适의 난이 일어나자 왕을 공주에 호종하였다. 이어 체찰사 李元翼의 종사관이 되었으며, 1630년 부제학·청주목사·좌승지·전라도관찰사를 역임하였다. 1636년 병자호란이 일어나자 왕을 모시고 남한산성에 피란하였다. 이듬해 경상도관찰사가 되고, 그 뒤 이조참판으로 대사성을 겸임하였고, 이어 형조판서에 승진하였다. 1642년 배청친명파로서 청나라 연호를 사용하지 않음을 李烓가 청나라에 밀고해, 瀋陽에 억류되었다가 이듬해 세자와 함께 귀국해 대사헌이 되었고, 이어 우의정이 되었다. 1644년 사은사로 청나라에 갔다가 다시 억류되기도 하였다. 이듬해 귀국하여 1646년 愍懷嬪姜氏(昭顯世子嬪)의 사사를 반대하다가 진도에 유배되고, 다시 1648년 삼수에 위리안치되었다. 이듬해 효종이 즉위하자 풀려 나와 1650년에 다시 영중추부사가 되었다. 이어 영의정으로 다시 사은사가 되어 청나라에 다녀온 뒤 청나라의 압력으로 영중추부사로 옮겼다.

9 洪茂績(홍무적, 1577~1656): 본관은 南陽, 자는 勉叔, 호는 白石. 아버지는 舍人 洪義弼이며, 司評 洪仁弼에게 입양되었다. 成渾의 문인이다. 1610년 사마시에 합격하였다. 우승지·

應著[11], 被謫過嶺, 公不勝慨惜, 陳疏伸救者再, 又以〈白雪歌〉三章, 送李公。

병조참판을 거쳐 1643년 대사헌이 되어서는 좌의정 沈器遠의 거리낌없는 탐욕과 방종, 그리고 교만함을 들어 탄핵하였다. 다시 병조참판이 되었는데 白徒 韓信男의 말만 믿고 그를 兼司僕將에 의망한 데 책임을 지고 파직되었다. 1646년 대사헌으로 姜嬪(昭顯世子嬪)의 옥사에 "강빈을 죽이려면 신을 먼저 죽여달라."고 극간하다가 제주도로 유배되었다. 다음해 소현세자의 세 아들이 제주도에 유배되자 이들과의 격리를 위해 남해로 이배되었다가 다시 갑산으로 옮겨졌다. 1649년 효종이 즉위하자 사면되어 재야로 쫓겨났다가 이듬해 한성우윤에 기용되었다.

10 沈櫓(심로, 1590~1664): 본관은 豊山, 자는 元直, 호는 竹沙·竹溪. 증조부는 우의정 沈守慶이며, 조부는 沈日將이다. 아버지는 沈闢이며, 어머니 宜寧南氏는 나주목사 南瑜의 딸이다. 부인 全州李氏는 李溟의 딸이다. 1624년 진사시에 합격하고, 1635년 증광문과에 급제하였다. 1644년 사은사 金自點의 서장관으로 청나라에 다녀와 掌令이 되었다. 1646년 헌납으로 있을 때 소현세자빈 姜氏를 변호하다가 인조의 노여움을 사서 남해에 유배되었다. 효종이 즉위하자 연안에 이배되었다가 곧 사면되어 執義가 되었다.

11 李應著(이응시, 1594~1660): 본관은 全州, 자는 君瑞, 호는 翠竹·竹窓. 세종의 7대손이다. 증조부 豐陽令 李春이며, 조부는 李夢祥이다. 아버지는 李廷臣이며, 어머니 東萊鄭氏는 鄭休復의 딸이다. 첫째부인 草溪鄭氏는 鄭燮의 딸이며, 둘째부인 南陽洪氏는 洪勗의 딸이다. 1633년 증광문과에 급제하였다. 1645년 冬至使의 서장관으로 청나라에 갔다가 이듬해 귀국한 뒤 다시 장령이 되었다. 이 해에 여색을 멀리할 것을 청하는 소를 올려 왕의 노여움을 사서 유배되었다. 1649년 직산에 이배되었다가 이듬해 풀려나와 사간·교리·승지·대사성·도승지를 거쳐 대사간에 이르렀다.

61. 강용량

강용량의 자는 경우, 호는 와운, 본관은 재령이다. 선조 무신년(1608)에 태어났다. 상주(尙州)의 연악서원(淵嶽書院)에 향사하였다.

공은 우복(愚伏: 鄭經世, 1563~1633)·월간(月澗: 李㙉, 1558~1648)·창석(蒼石: 李埈, 1560~1635)의 문하에서 학문을 닦았는데, 타고난 자질이 이미 높아 보고 들은 것이 날로 넓어졌다. 효도와 공경은 집안에서 행하고 성실한 미더움은 밖으로 미치게 하면서 학문은 그저 그 남은 힘으로 한 것이었다.

약탕을 시중들 때에 변을 맛보며 병세를 살피고, 제문을 지어 하늘에 수명을 연장해 달라고 기원하였다. 국기일(國忌日)에는 반드시 관복을 갖추고 소식(素食)을 행하며 말하기를, "임금과 어버이는 한 몸이니, 의리상 마땅히 이와 같아야 한다."라고 하였다.

고금의 현인(賢人)·의사(義士)의 자취를 널리 채집하여《관감록(觀感錄)》한 권을 만들었는데, 세상에 전한다.

형제와 집안사람 70여 명과 함께 한집에서 살며 같이 밥을 지어 먹으면서 날마다 화목하고 즐겁게 지낸 것이 거의 40여 년에 이르렀다.【협주: 채헌징이 찬한 문집 서문에 실려 있다.】

• 康用良

康用良[1], 字慶遇, 號臥雲, 載寧[2]人。宣祖戊申生。享尙州淵嶽書院。

---

1 康用良(강용량, 1608~1676): 조부는 康士敬이다. 아버지는 南溪 康應哲(1562~1635)인데, 임진왜란 때 의병을 일으켜 상주를 지켰다. 강응철의 첫째부인 晉陽鄭氏는 鄭汝寬의 딸이며, 둘째부인 草溪卞氏는 卞懷璧의 딸이며, 셋째부인 豐壤趙氏는 趙壽福의 딸이다. 항렬상 愚伏 鄭經世와는 외숙생질 사이이다. 풍양조씨의 소생이다. 부인 平山申氏는 申碩茂의 딸이다.

2 載寧(재령): 載寧康氏는 황해도 재령을 본관으로 하는 성씨인데, 그 시조 康得龍은 信川康

公從事於愚伏·月澗·蒼石之門。天稟旣高, 聞見日博。孝悌行於家, 孚信及於外, 學問乃其餘力也。

當侍湯時, 嘗矢察症, 作祭文, 祈天延命。遇國忌, 必冠服行素曰: "君父一體, 義當如是."

博採古今賢人義士蹟, 爲《觀感錄》一卷, 行于世。

與兄弟家眷七十餘人, 同室共爨, 日與和樂者, 垂四十餘年。【蔡獻徵[3] 撰文集序[4]】

氏 시조 康之淵의 8세손이다.

3 蔡獻徵(채헌징, 1648~1726): 본관은 仁川, 자는 文叟, 호는 愚軒·與物軒. 증조부는 蔡天啓이며, 조부는 蔡以復이다. 아버지는 蔡起宗이며, 어머니 順天金氏는 金慶長의 딸이다. 재종숙 蔡之洙에게 입양되었다. 洪汝河·李玄逸의 문인이다. 1675년 사마시에 합격하고, 1678년 식년문과에 급제하였다. 예조·병조의 郎官을 거쳐 사간원의 정언·헌납, 사헌부지평, 시강원필선 등을 역임하였고, 외직으로는 진주목사·인동현감·영해부사 등을 지냈다.

4 文集序(문집서): 현재로서는 확인할 수 없음.

62. 이구

> 이구의 자는 대방, 호는 활재, 본관은 전주이다. 광해 계축년(1613)에 태어났다. 효종 갑오년(1654)에 죽었다. 상주(尙州)의 근암서원(近嵒書院)에 향사하였다.

병자호란 이후 과거 공부를 폐하고 오로지 학문에만 마음을 기울였다. 염계(濂溪: 주돈이)의 태극이 지닌 본지를 밝혀 드러내어 〈태극도설(太極圖說)〉을 지었고, 아호(鵝湖: 중국 강서성 연산현에 있는 산)에서 제기된 이기(理氣)의 학설을 힘써 변증하여 〈이기증변(理氣證辨)〉을 지었으니, 이는 모두 마음속에서 자연스럽게 합치되고 오묘하게 깨달은 데서 비롯된 것으로 스승의 가르침을 기다리지 않고 스스로 터득한 것이었다.

사단칠정의 변별에 있어 털끝과 실오라기까지 분석하였다. 뜻을 같이 하는 자들을 앞장서 이끌고 먼 길을 걸어 대궐문에서 부르짖었는데, 이로 인하여 명망은 더욱 두터워졌으나 몸의 병은 더욱 고질이 되었다.

아버지가 병으로 거의 위독했을 때 손가락 하나를 자르자 피가 줄줄 흘렀는데, 피를 약에 타서 올리니 병이 마침내 나았다.

갑신년(1644) 명나라가 망하여 개연히 〈비풍(匪風)〉과 〈하천(下泉)〉의 시름을 품고 시를 지었으니, 대략 이르기를, "중국의 문물과 제도가 기울어 무너져, 동방의 조공 예물도 그르쳐질 수밖에. 궁궐의 대문에서 그 누가 통곡하랴만, 사사로이 집에서 홀로 슬피 탄식하네.(中國衣冠左, 東方玉帛非。端門誰痛哭? 私室獨齎咨.)"라고 하였다. 또 춘첩(春帖)에 지어 이르기를, "산중에 책력이 없으나, 오히려 대명의 봄을 기록하네.(山中無曆日, 猶記大明春.)"라고 하였으니, 그의 주(周: 명나라)를 존숭하는 의리를 대체로 분명히 볼 수 있다.

조용주(趙龍洲: 趙絅)가 지은 만시에 이르기를, "하늘에 닿는 웅변으로 주자와 육구연을 분변하였고, 땅에서 솟아난 걸출한 인재가 좋은 재목을 드러냈네. 세상의 헛된 영화 일찍이 썩은 냄새처럼 피하였고, 도의 경지의 참된 맛 만년에 비로소 깊이 음미하였네.(揬天雄辨分朱陸, 拔地瑰材見杞楠。世路浮榮曾避臭, 道腴眞味晩方酣.)"라고 하였으니, 한마디 칭찬으로 백세토록 길이 전해질 만한 공정한 평가이리라.

상주(尙州)의 산양(山陽)에서 살았기 때문에 세상에서는 '산양처사(山陽處士)'라 일컫는다.【협주: 가장에 실려 있다.】

• 李榘

李榘, 字大方, 號活齋, 全州人。光海癸丑生。孝宗甲午卒。享尙州近嵒書院。

丙子亂後, 仍廢擧業, 專心問學。發揮濂溪太極之旨, 而作〈太極圖說〉, 力辨鵝湖[1]理氣之說, 而作〈理氣證辨〉, 此皆默契妙悟, 不待師授而自得於心者也。

於四七之辨, 分析毫縷。倡率同志, 裹足叫閽, 由是名益重, 而身益錮。

父病幾革, 斷一指, 血淋漓, 和藥以進, 疾遂已。

甲申, 中州陸沈, 慨然有〈匪風〉·〈下泉[2]〉之思, 作詩曰: "中國衣冠左, 東方玉帛非。端門誰痛哭? 私室獨齎咨." 又題春帖曰: "山中無曆日, 猶記大明春." 其尊周之義, 槩可見矣。

趙龍州, 輓詩曰: "揬天雄辨[3]分朱陸[4], 拔地瑰材見杞楠[5]。世路浮榮曾

1 鵝湖(아호): 중국 江西省 鉛山縣 북쪽에 있는 산 이름. 이 산에 있는 鵝湖寺에서 1175년에 呂祖謙의 주선으로 朱熹와 陸九淵 형제가 만나 각자의 학문을 가지고 논변하였다. 3일 동안 토론했으나 끝내 의견의 일치를 보지 못했는데, 이때 주자는 먼저 博學한 뒤에 約禮해야 한다고 주장했고, 육상산은 먼저 사람의 본심부터 發明해야 한다고 주장했다.

2 匪風下泉(비풍하천): 《詩經》의 〈檜風〉과 〈曹風〉의 편명. 모두 周나라의 왕업이 쇠퇴하고 정사가 가혹해진 것을 슬퍼하는 내용이다. 여기서는 명나라의 멸망을 슬퍼한 것을 의미한다.

3 雄辯(웅변): 조리가 있고 막힘이 없이 당당하게 말함.

4 朱陸(주륙): 송나라의 朱熹와 陸九淵. 둘 다 유교를 표방하여 이념이 비슷하였지만, 주희는 程子의 학문을 계승하여 정주학(성리학)의 체계를 세웠고, 육구연은 象山學을 세워 王守仁에게 이어지게 하여 陽明學의 기초를 닦았다.

5 杞楠(기남): 기나무와 녹나무. 모두 좋은 재목이다.

避臭，道腴眞味晩方酣.” 一言之褒，可爲百世之公案也。

居于尙州山陽，世稱山陽處士。【家狀[6]】

보충

류명천(柳命天, 1633~1705)이 찬한 묘지명

활재 이처사 묘지명

지난 영릉(寧陵: 孝宗과 仁宣王后의 능)의 기원 경인년(1650)에 산인(山人: 과거에 나아가지 않고 절의를 지키며 은거한 선비를 높여 이르던 말)이라 자처하던 자들이 권세를 잡고 한 시대를 선동하여 성혼(成渾)과 이이(李珥) 두 신하를 도박판의 말처럼 걸고 내세워 기어코 문묘(文廟)에 배향하려 하였다. 이에 조정 안팎 선비들의 논의가 잇달아 일어나 문묘 배향하자는 그 주장에 가세하였지만, 오직 영남의 유생 류직(柳稷) 등의 상소만 말과 뜻이 가장 정당하였으니, 맹자의 '어질고서 그 부모를 버리는 자는 있지 않고, 의롭고서 그 임금을 뒤로하는 자는 있지 않다.(未有仁而遺其親者也, 未有義而後其君者也.)'라는 한 구절을 인용하여 곧장 두 신하의 정곡을 찌르자, 사람들이 다투어 외우며 통쾌히 여겼다.

내가 벼슬길에 오른 뒤로 그 상소를 보고 속으로 말하기를, '이 글은 누구의 손에 지어진 것인지 알지 못하겠으나, 이 사람은 반드시 성품이 돈후하고 문장에 뛰어난 자일 것이다. 그러나 나는 아직 그 사람을 만나 알지 못했다.'라고 하면서, 늘 제때에 만나 보지 못한 부끄러움에 깊이 책망하며 탄식하였다.

그로부터 50년이 지난 뒤, 나는 형륙(刑戮)에서 살아남아 고산(孤山)의 시골집에 은거하였다. 그 이웃집에 사는 젊은 선비 이정번(李鼎蕃) 군의 형제가 나를 따라 배우며 매우 즐겁게 지냈다. 자주 풍당(馮唐: 漢文帝의

6 家狀(가장): 현재로서는 확인할 수 없지만, 柳命天(1633~1705)이 찬한 〈活齋李處士墓誌銘〉에서 확인할 수 있음.

물음에 조부 때의 일을 들어 대답함)처럼 조부 때의 일을 잘 이야기해 주었고, 또한 활재(活齋) 원고 3권을 가져와 못난 나에게 보여주었다. 못난 내가 공경히 받아서 손으로 몇 장을 넘겨 보았는데, 그 가운데 예전에 보았던 경인년(1650)의 상소 1본(本)이 있었으니, 비로소 공이 손수 찬한 것임을 알았다. 마치 쇠칼로 흐린 눈을 깎아낸 듯 눈이 환히 열려서 저도 모르게 한번 소리내어 읊조리고는 3번이나 탄식하였다.

그로부터 몇 해 뒤에 이정번 씨가 아버지와 함께 몸소 찾아오고 김윤명(金允命: 이정번의 고종4촌)도 와서 공의 묘지명을 청하였는데, 나는 일찍이 공의 경인년 상소를 읽은 적이 있어서 그의 인품이 평소부터 이미 갖추어져 있음을 어림짐작할 수 있었으니, 어찌 조금이나마 드러내어 야사씨(野史氏)가 금대롱 붓(金管: 충효를 기록하는 붓)으로 기록하는 데에 보태지 않을 수 있겠는가?

공의 성씨는 이씨, 휘는 구, 자는 대방, 호는 활재이다. 대대로 상산(商山: 尙州)의 산양(山陽: 경상북도 문경시 동남부에 있는 산양면 일대)에 살았다. 어려서부터 총명하여 남다르게 뛰어났으니, 책을 한번 보기만 해도 곧 외워버렸고, 문장을 지을 때면 붓을 잡자마자 글이 이루어졌으나 과거 출세의 지름길과는 멀리 벗어나 있었다. 또한 향시에서 한번 장원 합격하고 두 번이나 별시(別試)를 본 적이 있었으며, 공거(公車: 중앙에서 치르는 과거 시험에 응시하는 것)에서 또한 뜻을 펼치지 못했는데도 공은 개의치 않았다. 일찍이 〈파희사(破戲辭)〉를 지은 적이 있었는데, 그 서(序)에 이르기를, "사람들이 혹 내가 세상 유행을 좇지 않는다며 희롱하니, 이 글을 지어 보인다."라고 하였다.

병자년(1636)과 정축년(1637)에 국난을 겪은 이후로 공령(功令: 과거 공부)을 단념하고 오로지 학문에만 마음을 기울였으니, 시냇가에 띠풀을 엮어 집을 짓고는 층계 앞의 뜰을 물 뿌려 먼지 쓸며 이른 아침마다 의관을 정제하고 종일토록 게으른 모습이 없었다. 설경헌(薛敬軒: 명나라 학자 薛瑄, 1389~1464)이 남긴 말 가운데, 공이 매우 옳게 여긴 그 말은 바로 이러하니, “유자가 문장을 향상시키는 공부는 단지 쓸모없는 찌꺼기일 뿐이다.”라고 하였다. 아울러 퇴옹(退翁: 퇴계 이황)의 〈성학십도(聖學十圖)〉가 실로 그 벽에 쓰여 있었는데, 손에는 《주서절요(朱書節要)》 1권을 들고 거듭 깊이 생각해 보고서 한 몸에 지녀야 할 법도로 삼았다. 염계(濂溪: 周敦頤)의 태극(太極)이 지닌 본지를 밝혀 드러내어 〈태극도설(太極圖說)〉을 지었고, 아호(鵝湖: 중국 강서성 연산현에 있는 산)에서 제기된 이기(理氣)의 학설을 힘써 변증하여 〈이기증변(理氣證辨)〉을 지었으니, 이는 모두 마음속에서 자연스럽게 깊은 이치를 통하여 오묘하게 깨달음에서 비롯된 것으로 의리를 깊이 음미하여 그런 것이었다. 어찌 실상은 보잘것없으면서 겉만 그럴듯하게 꾸미는 자가 감히 할 수 있었겠는가?

성혼(成渾)과 이이(李珥)의 화(禍: 문묘 배향)는 계해년(1623)과 갑자년(1624)에 싹트고 을해년(1635: 宋時瑩의 상소)에 요동쳐서 경인년(1650)에 불길이 타올라 만연하고는 거의 100여 년 동안 이어졌다. 만약 잘못된 행동을 막고 삿된 주장을 종식시키며 이단을 물리치는 것이 펼쳐지지 않는다면 그 해독이 온 세상에 퍼져서 왕씨(王氏: 王安石)의 띠풀과 갈대 같은 폐단 아래에 있지 않을까 두려웠다. 공은 마침내 뜻을 같이하는 자들을 앞장서 이끌고 먼 길을 걸어 대궐문에서 부르짖었는데, 이로 인하여 명망은 더욱 두터워졌으나 몸의 병은 더욱 고질이 되었으니, 아, 이것이 그의 운명이었다.

공은 지극한 효성을 천성적으로 타고났다. 정해년(1647) 선친이 병으로 자리에 누워서 거의 위독했을 때, 공이 손가락 하나를 베어 피를 내어 그 피를 약에 타서 올리니 병이 마침내 나았다. 사람들은 정성스런 효성이 감응한 것이라고 하였다. 임진년(1652)과 계사년(1653)에 잇달아 부모상을 당하였는데, 사슴과 같은 눈물이 상례를 벗어날 정도로 넘쳤고 몸이 몹시 쇠약해져 위태롭기 그지없었으니, 사람들은 속수(涑水: 司馬光)의 예를 들어 무엇이라도 먹도록 하려는 말로 그를 타이르며 권하였으나, 공은 손을 내저으며 응하지 않고 여전히 거적 위에 엎드려 있다가 죽음을 맞았다. 문우와 지기들이 모여 곡을 하면서 사시(私諡: 친속이나 제자들이 사적으로 시호를 올리는 일)를 하여 이름을 바꾸려고 논의도 있었으나, 서절효(徐節孝: 송나라 절효처사 徐積, 1028~1103)가 한 것처럼 끝내 그렇게 하지는 못하였다. 아! 몸을 해쳐 목숨을 잃게 되면 군자의 도리로는 불효라 하나, 어찌 공이 이러한 뜻을 알지 못하였겠는가? 지극한 슬픔이 지나쳐 스스로도 모르게 법도를 넘은 것일 뿐이니, 아아, 애통하다.

그 밖에 평소 가정에서의 행실을 보면, 과부살이하는 이모를 받들어서 공의 집에 거처하도록 하고는 살아 있을 때 섬기고 죽었을 때 장사지내는 것이 모친 한 분만 생존해 있는 듯이 모셨으며, 아비를 잃은 생질들을 자기 집에 데려와 병들거나 굶주릴 때에도 자가 자식에게 하듯 마음을 베풀었으니, 삼족(三族: 친가, 외가, 처가)과 고을 사람들 모두가 그를 칭송하였다.

공은 천품이 단아하고 고결하며 그 범위와 기틀이 높고 엄정하였다. 사람의 선악과 사물의 진위를 논할 때도 단칼에 동강을 내듯 조금도 흔들리거나 굽히지 않았으니, 사람들이 간혹 이해(利害)니 화복(禍福)이니 말하면서 꾀어도 번번이 빙그레 한번 웃을 뿐이었다. 어렸을 때 이웃에는 역적 집안이 죄적(罪籍)에 오르는 일이 있었는데, 마을의 무뢰배들이 자못 이를 기회로 틈타 빼앗자, 공의 집에 있는 한 늙은 여종 또한 그 재물에 손을 대려 하였으니, 공이 우연히 그것을 보고 그 여종을 크게 꾸짖으며 감히 가까이 다가가지 못하게 하였다. 비록 어린 아이였을지라도 몸을 더럽히는 것과 같이 여겼으니 지조를 본받을 만하였다.

갑신년(1644) 중주(中州: 명나라)가 기울어져 가라앉으니 300년 사직이 순식간에 무너져 멸망하였다. 공은 개연히 〈비풍(匪風)〉과 〈하천(下泉)〉의 시름을 품고 〈영회시(詠懷詩)〉를 지었으니, 대략 이러하다.

중국의 문물과 제도가 기울어 무너져,
동방의 조공 예물도 그르쳐질 수밖에.
궁궐의 대문에서 그 누가 통곡하랴만,
사사로이 집에서 홀로 슬피 탄식하네.

또 춘첩(春帖)에 지어 이르기를, "산중에 책력이 없으나, 오히려 대명의 봄을 기록하네.(山中無曆日, 猶記大明春.)"라고 하였으니, 그가 주(周: 명나라)를 높이는 그의 한결같은 마음이 뚜렷이 드러나 보인다.

일찍이 용주(龍洲) 조 선생(趙先生: 趙絅)의 문하에 가르침을 청한 적이 있었는데, 선생이 과연 가까이 불러 일깨우는 가르침을 주었다. 공을 애도하는 시를 지었으니, 이러하다.

하늘에 닿는 웅변으로 주자와 육구연을 분변하였고,
땅에서 솟아난 걸출한 인재가 좋은 재목을 드러냈네.
세상의 헛된 영화를 일찍이 썩은 냄새처럼 피하였고,
도의 경지의 참된 맛 만년에 비로소 깊이 음미하였네.

이는 선생의 한마디 칭찬이니 어찌 백세에 길이 전해질 공정한 평가가 아니겠는가?

아아, 공이 바깥 세상에 나가지 않고 은거했을 때도 오히려 사림의 빛과 중망이 되었는데, 도리어 벼슬에 쓰이지 않아 벼슬길이 막혀 그의 재주 하나라도 못썼고 끝내 또 그의 수명조차 거두었으니, 하늘이 보답하는 도리가 참으로 슬플 따름이다.

공은 계축년(1613)에 태어나 갑오년(1654)에 죽었으니, 향년 42세였다. 그해 남지(南至: 동지)에 연풍(延豐) 침건(枕乾: 동남향)의 언덕에 예식을 갖추어 장사 지냈다. 평생 지은 글은 자못 흩어져 잃었고, 겨우 시문(詩文) 몇 권만 책상자에 간직되어 있다.

공은 이씨 임금 집안의 계통이다. 태조(太祖: 이성계)의 지파(支派) 효녕대군(孝寧大君: 태종의 2남)에서 4대를 지나 휘 이효언(李孝彥)은 현감를 지내고 좌승지에 추증되었으며, 비로소 조정의 관적(官籍)에 들어갔다. 휘 이경금(李景崟)은 감찰을 지냈으며, 휘 이돈(李惇)은 호조좌랑을 지내고 이조참판에 추증되었으며, 휘 이광유(李光裕)는 공조정랑을 지냈다. 곧 공의 4대 조상을 모시는 순서이다.

어머니 장수황씨(長水黃氏)는 형조정랑 황시간(黃時幹)의 딸이다. 공의 첫째부인 청주경씨(淸州慶氏)는 감역 경유후(慶有後)의 딸인데, 공보다 먼저 죽어 충주(忠州)의 법왕리(法王里)에 장사 지냈다. 둘째부인 임천조씨(林川趙氏)는 병절교위(秉節校尉) 임인보(林仁輔)의 딸인데 상주(尙州)의 구곡산(九谷山)에 장사 지냈다. …(이하 생략)…

活齋李處士墓誌銘

日, 寧陵紀元之庚寅, 名山人也者秉柄, 扇備一世, 以成李兩臣爲金注, 必欲躋享於文廡。中外士論踵起, 以犄其議, 惟嶺南儒生柳稷等疏, 辭意最正, 引孟子'未有仁未有義'一句語, 直針下兩臣頂門, 人爭誦之爲快。余從縫掖之後, 得睹其疏, 而曰: '此未知誰氏手, 而夫夫也必樹惇而文者也。而我未知見與.' 常切責沈之歎。后五十年。余以僇餘, 屛居孤山村舍。其隣舍郎李君鼎蕃昴弟, 從余游至驩也。往往馮唐, 能說大父時事, 且携活齋稿三卷子, 以示不佞。不佞敬受, 而手繙數葉, 其中有向所見庚寅疏一本, 始知公手撰也。若金篦刮瞙, 眼爲之開, 不覺一唱而三歎也。又后幾年, 李鼎蕃氏偕公〈子〉自出, 金允命來, 問公墓道之銘, 余嘗讀公庚寅疏, 想見其爲人有素矣, 烏可不少張之, 以補野史氏金管之述? 公姓李, 諱榘, 字大方, 號活齋。世居商山之山陽。自少也聰悟絶人, 於書一過目輒成誦, 爲文章操筆立書, 而逈脫科屋蹊逕。亦嘗一魁鄕解, 再占別試, 而偃蹇於公車, 亦公所不屑也。嘗作破戲辭, 其序曰: "人或戲余以不趍時好, 作此以示之."云。自丙丁丁難, 絶意功令, 竱心學問, 臨溪縛茅, 汎掃階庭, 詰朝衣服冠, 終日無惰容。薛敬軒有言,公甚善之, 其言曰: "儒有向上工夫文章, 特土苴耳." 暨退翁〈聖學十圖〉, 實書在壁。手執朱書節要一通, 反復紬繹, 以作一身之繩尺。發揮濂溪太極之旨而作〈太極啚說〉, 力辨鵞湖理氣之說而作〈理氣證辨〉, 此盖默契玅悟, 深嚌義理之胾而然也。豈餙羽梔蠟者之敢爾? 成李之禍, 作俑於癸甲, 瀾翻於乙亥, 燎原於庚寅, 殆百有年所。若不詎詖息邪闢之廓如, 則其毒痡于一世, 恐不在王氏茅葦之下。公遂倡率同志, 重繭叫閽, 由是而名益重身益痼, 吁其命矣夫。公至孝天植也。丁亥先府君, 寢疾幾革, 公斷一指血淋漓, 和藥以進, 疾遂已。人謂誠孝之感。壬癸, 洊罹齋斬, 溢糱踰制, 毁骨立危脆不勝, 人有以涑水, 助味之說喻之, 公掉手不應, 仍伏苫而易簀。士友會哭, 旣有議以私謚而易名, 如徐節孝之爲, 終未也。噫! 毁至滅性, 君子比之不孝, 豈公瑱此義哉? 至痛之過, 自不覺有踰於中制, 烏乎痛哉! 其他內行, 若奉孀居之姨母, 館置于家, 生事死葬, 一視慈侍, 取失怙之諸甥, 於我乎處, 疾病飢寒, 情均己出, 三族鄕黨咸頌之。公天分端潔, 壇宇峻整。至論人之淑慝, 事事非是, 一刀兩段, 不少撓屈, 人或以利害禍福之說啗之, 輒逌然一笑而已。幼少時, 隣有逆家罪籍之擧。里巷無賴輩, 頗乘時乾沒, 公家一老媼, 亦染指於其訾, 公偶見之, 叱嗟其婢, 使不敢近前。雖童子乎, 若浼之, 操可尙。歲甲在申, 中州陸沈, 三百之社, 遽屋矣。公慨然有匪風下泉之思, 作咏懷詩, 畧曰: "中國衣冠左。東方玉帛非。端門誰痛哭。私室獨齎咨." 又題春帖曰: "山中無曆日, 猶記大明春." 其尊周一念, 森森可見。嘗請益於龍洲趙先生之門, 先生果有提耳之誨。及誄公之詩曰: "掞天雄辯分朱陸。拔地瓌材見杞楠。世路浮榮曾避臭。道腴眞味晩方酣." 玆先生一言之褒, 豈非百世之公案乎? 烏乎! 公未出而處, 猶爲士林之光重, 顧乃禁錮連蹇, 一不讐其才, 終又欿其年, 天之報施之道, 可𠸃也已。公生癸丑, 沒甲午, 得年四十二。是年南至, 禮窆于延豊枕乾之原。平生所修辭, 頗散佚, 堇有詩文若而卷, 藏在巾衍。李璿系也。太支自孝寧, 四傳至諱孝彦, 縣監贈左承旨, 始入朝籍。諱景嶔監察, 諱惇戶曹佐郞贈吏曹參判, 諱光裕工曹正郞。乃公四世昭穆也。先妣長水黃氏, 刑曹正郞時幹其禰也。公元媲淸州慶氏, 監役有後之女, 先公歿, 葬在忠州

法王里。繼室林川趙氏，秉節校尉仁輔之女，葬在尙州九谷山云。…(이하 생략)…

〔退堂先生文集，卷4，誌銘〕

63. 조정항

조정항의 자는 덕첨, 본관은 상주이다. 광해군 정사년(1617)에 태어났다. 인조 병자년(1636)에 귀양 갔다가 무인년(1638)에 죽었다.

한 경기도사(京畿都事: 정두경)가 향교에서 유생들을 마주하고 선성(先聖)을 모욕하는 말을 하였는데, 유생들이 떠들썩하였고 그 일로 조정에서는 쟁론이 벌어졌다. 병자년(1636) 가을 과거 시험에서 그 사람이 담당 고시관(考試官)이었는데, 유생들이 과거 시험장에 들어서다가 공이 말하기를, "저자는 우리 도(道)로부터 버림받기를 자초하였으니, 더 이상 우리 무리가 아니다."라고 하면서 유생들을 일으켜 세워 이끌고 시험을 보지 않고 밖으로 나갔다. 조정에서 의논하였으니, 국시(國試: 나라에서 인재를 선발하는 과거)를 폐하도록 창수(倡首)하였다며 곤장을 치고 평산(平山)으로 귀양을 보냈다. 그해 겨울, 북쪽 오랑캐가 갑자기 들이닥쳤다. 공은 유생들과 근왕(勤王)하기로 꾀하여 장차 강도(江都: 강화도)에 들어가 행재소(行在所)를 호종하려 하였다. 길에서 대가(大駕)가 남한산성(南漢山城)으로 행차하였다는 소식을 듣고 동행한 이들 가운데 꺼리는 기색을 보이기도 하자, 공이 말하기를, "군부(君父)가 위험한 지경에 놓여 있는데도 차마 길을 바꾸려 하겠는가?"라고 하고서, 달려 산성 아래에 이르렀으나 들어갈 수가 없었다. 샛길을 따라서 영남으로 달려가 부모를 찾아 뵙고는, 오랑캐가 물러갔다는 소식을 듣고 또 달려 궁궐로 되돌아오자, 이미 사면하는 명이 내려져 있었다.

강하고 굳센 기개와 충성스럽고 효성스러운 성품은 참으로 쉽게 얻기 어려운 것이어서 반드시 원대한 경지에 이를 것이라 생각하였는데, 어찌 하늘이 그에게 수명을 주지 않고 여기에서 그치게 한단 말인가.【협주: 황호가 찬한 묘갈명에 실려 있다.】

• 曺挺恒

曺挺恒, 字德瞻, 尙州人。光海丁巳生。仁祖丙子謫, 戊寅卒。

有一京畿都事, 對諸生於鄕校[1], 出侮聖語, 諸生譁然, 爭辯于朝。丙子秋試, 其人充考官, 諸生入庭, 公曰: "彼自絶于吾道, 非吾徒也." 倡諸生起立, 不應試而出。朝議以倡罷國試[2], 杖配平山。是冬, 北賊猝至。公與諸生, 謀勤王, 將入江都從行在。路聞駕次南漢, 同行或色難, 公曰: "君父在危地, 而忍改路?" 奔至城下, 不得入。間道走嶺南, 覲其父母, 聞賊退, 又奔歸闕下, 業命赦矣。

剛毅之氣, 忠孝之性, 誠不可易得, 而謂必遠且大也, 胡天之不與其齡而止斯也?【黃㦿[3]撰碣】

보충

황호(黃㦿, 1604~1656)가 찬한 묘갈명

수재 조정항 묘갈명 병서

군(君)의 성씨는 조씨(曺氏), 휘는 정항(挺恒), 자는 덕첨(德瞻), 본관은 창녕(昌寧), 상주(尙州)에 살았다. 아버지는 전 군수 조희인(曺希仁)이고, 조부는 판서에 추증된 휘 조몽신(曺夢臣)이며, 증조부는 참의에 추증된 조언홍(曺彦弘)이다. 어머니 광주김씨(光州金氏)는 모관(某官) 휘 아무개

---

1 鄭斗卿(1597~1673이 향교를 심사하러 갔다가 술에 취하여 先聖을 능멸한 사건. 《인조실록》 1635년 2월 27일 1번째기사에 기록되어 있다.

2 國試(국시): 나라에서 인재를 선발하는 과거.

3 黃㦿(황호, 1604~1656): 본관은 昌原, 자는 子由, 호는 漫浪. 증조부는 黃大任이며, 조부는 黃致敬이다. 아버진 黃瀷이며, 어머니 坡平尹氏는 尹毅立의 딸이다. 부인은 尹淨의 딸이다. 약관에 문과에 급제하여 주서가 되었다가, 1625년부터 여러 차례 직언으로 파직되는 등 관운이 순탄하지 않았다. 1637년 통신사의 종사관으로 일본에 다녀왔고, 같은 해 장령이 되었다. 1640년 부수찬, 1641년 교리, 1645년 2월 영남어사로 영남지방을 시찰하였고, 4월에 장령, 5월에 사간이 되었으며, 1648년 대사성이 되고 곧 대사간이 되었다. 1649년 金自點과 연루되었다 하여 참소를 입고 1650년 파출되었으나 다시 대사성이 되고, 사은사 李時白의 부사로 연경에 다녀오기도 하였다. 1660년에 伸寃되었다.

는 군의 외조부이다. 부인 어느 고을 황씨(黃氏: 장수황씨)는 전 현감 황수(黃脩)의 딸인데, 자녀를 두지 못한 채 과부가 되었다.

군은 천계(天啓) 정사년(1617)에 태어났다. 몇 년이 되지 않아 글을 배우기 시작하였고, 17세 때 진사 초시(初試)에 합격하였으며, 20세 때 유배되었다가 22세 때 끝내 요절하였다.

학업에서는 삼경(三經: 시경·서경·주역)·논어·맹자·중용·대학 등 여러 경서를 익혔고, 특히 주자(朱子)의 글을 즐겨 읽었다. 시험에서는 화려하고 뛰어난 문장으로 명성이 자자하여 재주있는 수재(秀才)라 일컬었다. 귀양을 가게 된 것은 사론(士論)을 선동한 죄 때문이었다.

이보다 앞서, 경기도사(京畿都事) 정두경(鄭斗卿, 1597~1673)이 향교를 심사하라는 명을 받들며 유생들 앞에서 선성(先聖)을 모욕하는 말을 하였는데, 유생들이 떠들썩하였고 그 일로 조정에서 쟁론이 벌어졌다. 병자년(1636) 가을 과거 시험에서 정두경이 담당 고시관(考試官)이었는데, 유생들이 과거 시험장에 들어서다가 서로 마주 보고 몹시 놀라 다만 귀에 입을 대고 속삭이기만 하고 감히 먼저 나서는 자가 없었다. 군이 그제서야 말하기를, "저자는 우리 도(道)로부터 버림받기를 자초하였으니, 더 이상 우리 무리가 아니다. 우리 무리가 저자의 문생(門生: 고시관의 급제자)이 되는 것은 국시(國試: 나라에서 인재를 선발하는 과거)에는 비록 중요한 일이겠지만 우리 도에는 어떠하겠는가?"라고 하였다. 이에 유생들이 떠들썩하게 자리에서 일어나 시험을 보지 않고 밖으로 나갔다. 조정에서 의논하였으니, 국시를 폐하도록 창수(倡首)한 죄가 있는 사람으로 군 및 이름이 알려진 유생 몇 명을 적발하여 곤장을 치고 평산(平山)으로 귀양을 보냈다. 벼슬아치들과 덕망 있는 선비들이 모두 세도(世道: 세상을 살아가는 데에 지켜야 할 도의)를 위해 한탄하며 애석하게 여겼고, 선비들의 여론은 더욱 분분하여 정해지지 못하였지만, 군의 기개는 조금도 꺾이지 않았다.

그해 겨울, 북쪽 오랑캐가 갑자기 들이닥쳤는데, 평산(平山)은 마침

요로(要路)에 위치해 있었다. 군은 귀양 온 유생들과 모의하며 말하기를, “임금을 뵙는 것이 의(義)이니, 장차 강도(江都: 강화도)에 들어가 행재소(行在所)를 호종해야 하오.”라고 하였다. 길에서 대가(大駕)가 남한산성(南漢山城)으로 행차했다는 소식을 듣고는 동행한 이들 가운데 꺼리는 기색을 보이기도 하자, 군이 홀로 말하기를, “군부(君父)가 위험한 지경에 놓여 있는데도 차마 길을 바꾸려 하겠는가?”라고 하고서, 목숨을 걸고 샛길로 달려 산성 아래에 이르렀으나 성이 포위되어 들어갈 수가 없었다. 이윽고 다시 샛길을 따라서 영남으로 달려가 부모를 찾아뵙고는, 오랑캐가 물러갔다는 소식을 듣고 또 달려 궁궐로 되돌아오자, 이미 사면하는 명이 내려져 있었다. 위급한 상황에 직면하여 굳센 기개를 떨치며 충효를 잊지 않은 것은 천성에서 나온 것이 아니겠는가?

군은 군수공(郡守公: 아버지 조희인)을 좇아 수행하며 배천(白川) 임지로 갔는데, 마침 작은 병이 들었으나 구하지 못하였으니 곧 숭정(崇禎) 무인년(1638) 7월 25일이었다. 군수공이 그의 시신을 가지고 돌아와 상주(尙州)의 어느 산 곤향(坤向)의 언덕에 장사 지냈다.

장사 지낸 지 4년이 되자, 군수공은 내가 일찍이 군을 알고 지냈다는 이유로 나에게 묘갈명을 부탁하였다. 아아, 나는 어리석고 둔하여 군의 학문과 재주에 대해서는 비록 끝내 성취할 것이 어떻게 될지를 능히 헤아릴 수 없으나, 군의 강하고 굳센 기개와 충성스럽고 효성스런 성품은 참으로 쉽게 얻기 어려운 것이어서 반드시 원대한 경지에 이를 것이라 생각하였다. 어찌 하늘이 그에게 수명을 주지 않고 여기에서 그치게 한단 말인가. 우리 무리가 복을 받지 못한 것은 군자가 슬퍼할 일이다. 내가 군의 명을 지으니, 여기가 곧 조수재(曺秀才)의 묻힌 곳이다.

曺秀才挺恒墓碣銘 幷序

君姓曺, 諱挺恒, 字德瞻, 籍昌寧, 居尙州。父前郡守希仁, 祖贈判書諱夢臣, 曾祖贈參議諱彦弘。母光州金氏, 某官諱某, 爲君外祖。妻某郡黃氏, 前縣監脩之女, 未擧子女而寡。君生于天啓丁巳, 幾年始學文, 十七中進士初試, 二十謫, 二十二而卒早夭。其學也習三經語孟庸學諸書, 而尤好讀朱子文。其試也文華籍甚, 稱才秀才矣。其謫也, 坐倡士論。先是, 京畿都事鄭斗卿, 因奉審鄉校, 對諸生, 出侮聖語, 諸生譁然, 爭辨于朝。丙子秋試, 斗卿充考官, 諸生入庭, 相視駭愕, 顧呫囁, 無敢先發。君乃曰: "彼自絶于吾道, 非吾徒也。吾徒而爲其門生, 國試雖重, 如吾道何?" 於是, 諸生譁然起立, 不應試而出。朝議以倡罷國試有罪, 摘君及知名諸生幾人, 杖配平山。搢紳大人皆爲世道惋惜, 士論益紛紜未定, 然君之氣不少沮矣。是冬, 北賊猝至, 平故當孔道。君與謫諸生, 謀曰: "王覲爲義, 將入江都, 從行在." 路聞駕次南漢山城, 同行或色難, 君獨曰: "君父在危地, 而忍改路爲?" 遂舍命間道, 奔至城下, 城圍不得入。旣又間道走嶺南, 覲其父母, 聞賊退。又奔歸闕下, 業命赦矣。其臨危出氣, 不忘忠孝者, 非出於天性哉? 君從侍郡守公, 往白川任所, 因微恙不救。卽崇禎戊寅七月二十五日也。郡守公以其喪歸, 葬于尙之某山坤向之原。旣葬四年, 郡守公以余嘗知君, 屬余銘。嗚呼! 余不敏, 於君之學之才, 雖未能期其畢竟成就之如何, 而觀君剛毅之氣, 忠孝之性, 誠不可易得, 而謂必遠且大也。胡天之不與其齡而止斯也。吾徒不祿, 君子所傷。余故爲之銘, 是維曺秀才之藏。

〔漫浪集, 卷9, 碑誌銘〕

64. 정도응

정도응의 자는 봉휘, 호는 무첨, 본관은 진양이다. 정경세(鄭經世)의 손자이다. 광해군 무오년(1618)에 태어났다. 선조(宣祖: 仁祖의 오기) 기축년(1649)에 유일(遺逸)로 천거되어 교관(敎官)·사부(師傅)를 거쳐 자의(諮議)에 이르렀다. 정미년(1667)에 죽었다.

16세 때 문장공의 상(喪)을 당하였는데, 상을 치르는 모든 절차를 한결같이 《가례(家禮)》를 따랐으며, 주상이 제사를 내리자 영접하고 접대하며 세세한 일까지 합당하게 행해지지 않은 것이 없으니, 예관(禮官)이 탄식하여 말하기를, "노 선생은 비록 세상을 떠났으나, 어진 손자가 능히 그 학문과 가풍을 이어받았으니 사문(斯文: 유학적 도의)의 다행입니다."라고 하였다. 동궁(東宮)을 보좌하고 돌보기 위해 자의(咨議)에 제수되자 상소를 올려 사직을 아뢰었는데, 주상이 비답(批答)하여 말하기를, "그대는 세자를 깨닫게 하여 인도한다면 성취의 공이 있을 것이니, 이는 단지 나라가 인재를 얻는 것만이 아니라 어찌 그대의 집안에 대대로 영광이 있지 않겠는가?"라고 하였다. 숙모 강씨(姜氏)는 과부가 되어 자식이 없었는데, 공은 어머니 섬기듯 숙모를 모셨고 강씨 또한 공을 자신의 아들처럼 여겨 양자(養子) 들이는 것을 원치 않는다며 말하기를, "죽어서도 또한 이 아이에게 제사를 받으면 충분하다."라고 하였다.

찬술한 바로는 《소대명신행적(昭代名臣行蹟)》·《소대수어(昭代粹語)》 및 유집(遺集) 몇 권이 집에 전한다.【협주: 유사에 실려 있다.】

- **鄭道應**

鄭道應, 字鳳輝, 號無忝, 晉陽人。經世孫。光海戊午生。宣祖己丑, 薦遺逸, 歷教官·師傅, 至諮議。丁未卒。

十六, 丁文莊公憂, 儀節一遵《家禮》, 賜祭, 應接靡不曲當[1], 禮官歎曰: "老先生雖亡, 賢孫克世其業, 斯文之幸也." 爲輔養, 除諮議, 陳疏辭, 上批, 若曰: "爾能開導, 有成就之功, 非但國家之得人, 豈不光於爾之家世乎?" 叔母姜氏, 寡無子, 公事之如母, 姜氏亦子視之, 不願祝螟[2]曰: "死亦受祭於此子, 足矣."

所纂述有《昭代名臣行蹟》·《昭代粹語》及遺集若干卷, 藏之于家。【遺事[3]】

보충

정종로(鄭宗魯, 1738~1816)가 찬한 가장

고왕고 공조좌랑 무첨재 부군 가장

부군(府君: 죽은 조상을 높여 이르는 말)의 휘는 정도응(鄭道應), 자는 봉휘(鳳輝), 성씨는 정씨(鄭氏), 그 선계(先系)는 진주(晉州)이다. 문장공(文莊公) 우복(愚伏) 선생 휘 정경세(鄭經世, 1563~1633)의 손자이고, 검열공(檢閱公) 휘 정심(鄭杺, 1597~1625)의 아들이며, 문원공(文元公) 회재(晦齋) 이 선생 휘 언적(彦迪)의 외현손(外玄孫)이다.

부군은 만력(萬曆) 무오년(1618) 12월 6일에 태어났다. 타고난 모습이 옥같이 맑고 빛났으며, 어려서부터 얌전하고 의젓하였다. 대여섯 살이 되어 아이들과 놀았을 때 한 아이가 매우 오만하게 말하였으나, 부군은 웃기만 하고 다투지 않더니 그 일로 인하여 절교하였다. 어떤 이가 그 까닭을 묻자, 부군이 말하기를, "다투면 그와 같아지기 때문입니다."라

1 曲當(곡당): 잔단 일들이 모두 합당하게 행해진 것을 이르는 말.

2 祝螟(축명): 螟蛉은 뽕나무벌레의 유충인데, 나나니벌이 데려가 새끼로 삼기에 양자의 의미로 쓰임. 《詩經》 〈小宛〉에, "뽕나무벌레의 새끼를 나나니벌이 업고 가는구나. 너도 자식 잘 가르쳐 착한 이를 닮게 하라.(螟蛉有子, 蜾蠃負之, 教誨爾子, 式穀似之.)"라는 말이 보인다.

3 遺事(유사): 鄭宗魯의 《立齋先生文集》 권48에 〈高王考工曹佐郎無忝齋府君家狀〉으로 실려 있음.

고 하니, 사람들은 모두 그를 특별하게 여겼다.

이때 검열공(檢閱公: 아버지 정심)은 젊은 나이에 죽었고, 문장공(文莊公: 조부 정경세)은 조정에서 벼슬을 하고 있었다. 어머니는 아들이 배울 기회를 잃을까 근심하니, 문장공이 부군을 가리키며 말하기를, "이 아이는 마땅히 성취를 이룰 것인데, 무엇을 근심하겠느냐?"라고 하였다. 12세에 처음 배우기 시작하였는데, 총명하여 잘 이해하고 밝게 분별하니 학업이 날로 진보하였다. 16세 때 문장공의 상(喪)을 당하자, 상을 치르는 모든 절차를 한결같이 《가례(家禮)》를 따랐다. 장례를 행할 적에 주상이 제사를 내리자, 부군이 영접하고 접대하며 일을 주선하는 데에 세세한 일까지 합당하게 행해지지 않은 것이 없으니, 예관(禮官)이 사람들에게 말하기를, "노 선생은 비록 세상을 떠났으나, 그 손자가 능히 그 학문과 가풍을 이어받았으니 사문(斯文: 유학적 도의)의 다행입니다." 라고 하였다.

이보다 앞서, 문장공이 부군을 위하여 수암(修巖) 류진(柳袗, 1582~1635)의 집안과 혼사를 의논하였는데, 상기(喪期)가 끝나자 수암마저 또한 죽었다. 조모(祖母) 정경부인(貞敬夫人) 이씨(李氏)가 혼인이 지체되고 미루어지는 것을 답답하게 여겨 장차 다른 집안과 혼사를 의논하여 결정하려 하자, 부군이 불가하다고 고집하며 말하기를, "비록 10년이 지체되더라도 어찌 조부의 명을 어기겠습니까?"라고 하니, 조모는 사리에 맞는 것으로 여겨 그만두었다. 그해에 또 조모상을 당하였다. 그리하여 21세가 되어서야 마침내 류씨를 아내로 맞이하였다.

무자년(1648) 유일(遺逸)로 선발되어 내시부 교관(內侍府敎官)에 제수되었다. 기축년(1649) 4월 대군사부(大君師傅)에 제수되었으며, 5월 세자시강원 자의(世子侍講院咨議)에 발탁되어 제수되었다. 당시 동궁(東宮)을 보좌하고 돌보기 위해 특별히 이 관직을 설치하여 당대 최고 인재를 선발했을 때, 부군이 가장 먼저 발탁되었다. 공을 부르는 어명이 또 내려오자, 오직 세신(世臣: 대대로 왕가를 섬기는 신하)의 의리상 하는 수 없이 사은숙배하고는 상소를 올려 사직을 아뢰니, 주상이 은혜로운 말로 비답(批答)하기를, "그대는 세자를 인도하고 권면하여 가르친다면 날마다 성취의 공이 있을 것이니, 이는 단지 나라가 인재를 얻는 것만이 아니라 어찌 그대의 집안에 대대로 영광이 있지 않겠는가? 사양하지 말고 힘쓰라."라고 하였다. 그해 10월 어머니의 병을 이유로 사직서를 올리고 고향으로 돌아왔다.

병신년(1656) 황산 찰방(黃山察訪)에 제수되었으나 나아가지 않았다. 정유년(1657) 4월 익위사 부솔(翊衛司副率)에 제수되고, 8월 다시 자의(咨議)에 제수되자, 두 차례 상소를 올려 체직을 청하였으나 허락되지 않았고, 주상의 비지(批旨)에 '예를 갖추어 대우하는 것이 아직 다 미치지 못하였다.' 등의 말이 있었다. 마침내 성 밖으로 나아가 머물며 천연두를 피한다는 이유로 사직하니, 주상이 특별히 춘방(春坊: 세자시강원)에 들어와 거처하도록 명하였다. 춘방은 함부로 출입을 금지하고 있어서 천연두를 피할 수 있었기 때문인데, 부군은 끝내 나아가지 않았다.

무술년(1658) 1월 다시 상소를 올려 아뢰어서 체직이 허락되었다. 주상이 말을 지급하여 보내도록 명하였는데, 부군이 이를 거두어들이도록 청하자, 주상의 은혜로운 비답(批答)에 '한결같이 돌아보지 않고 떠나려고만 하니 더욱 부끄럽고 민망하도다." 등의 말이 있었다. 그해 11월에 다시 자의(咨議)에 제수되고, 이어서 단성 현감(丹城縣監)에 제수하는 명이 내려지자 부군은 어머니 봉양에 편하다고 여겨 기해년(1659) 1월에 부임하였다가, 11월에 벼슬을 그만두고 고향으로 돌아왔다.

임인년(1662) 지평(持平)의 부망(副望: 제2후보자)으로 추천되었고, 공조좌랑(工曹佐郎)에 제수되었다. 계묘년(1663) 또 공조에 제수되었고, 뒤이어 창녕 현감(昌寧縣監)에 제수되었으나, 병오년(1666) 관직을 버리고 고향으로 돌아왔다. 정미년(1667) 4월 22일에 죽었으니, 향년 50세였다. 그해 8월에 상주 북쪽 가도(佳道)의 묘향(卯向) 언덕에 장사 지냈는데, 봉액(縫掖: 옆이 넓게 터진 도포)을 입고 모여 조문한 이들이 수백 명이었다.

그 뒤에 우북당(于北堂) 신좌(辛坐) 언덕으로 이장(移葬)하였다.

부군은 타고난 자질이 순수하고 아름다웠으며, 그릇됨과 국량이 단정하고 엄정하였다. 어려서부터 집안의 학풍에 물들어 성리학에 전념하였는데, 매번 책을 읽을 때마다 반드시 읊조리며 읽고 음미하며 탐구하여 깨닫지 못하면 그만두지 않았으며, 경전 외에 역사서와 제자백가서를 꿰뚫지 않은 것이 없었다. 약관의 나이였을 때 도백(道伯: 관찰사)이 선비들을 모았는데, 그 선비들이 정해진 각각의 조항을 두루 읽어보니 매우 엄하였지만, 부군의 풀이하고 해석함이 지극히 정밀하였고 행동거지도 법도가 있었으니, 도백이 그를 대유(大儒)라 일컬었다.

평소에 늘 의관(衣冠)을 정제하고 종일토록 몸가짐을 바르게 하고 앉아 있었으니, 비록 항상 곁에서 모시는 자제들이라 해도 부군의 게으른 모습을 본 적이 없었다. 매일 아침이면 반드시 남들보다 먼저 일어나 정결히 씻고 수건으로 닦은 뒤 가묘(家廟)에 배알하였으며, 어버이의 잠자리 안부를 묻고 식사 때도 살피며 기쁜 낯빛으로 공경히 받들었다. 나가거나 들어올 때면 반드시 어버이에게 아뢰었으니, 비록 가까운 곳이라 해도 또한 그러하였다. 숙모 강씨(姜氏)는 일찍 과부가 되어 자식이 없어서 부군에게 의지하였는데, 부군은 어머니 섬기듯 숙모를 모셨고 강씨 또한 부군을 자신의 아들처럼 여겨 양자(養子) 들이는 것을 원치 않는다며 말하기를, "죽어서도 또한 이 아이에게 제사를 받으면 충분하다."라고 하였다.

언제나 벼슬에 나아가는 것을 어렵게 여기고 벼슬에서 물러나는 것을 쉽게 여기는 절조를 지켰으니, 그 즈음 정초(旌招: 임금이 예를 갖추어 학덕이 높은 선비를 초빙하는 일)의 명이 자주 내려오자, 비록 부득이하여 어명에 응하였지만 머무른 일이 반년을 넘은 적이 없었다. 여러 고을의 원으로 나갔을 때 청렴결백으로 자신을 단속하여 부임하는 곳마다 빙벽(氷蘗: 차디찬 얼음물을 마시고 쓰디쓴 황벽나무를 씹는다는 말. 절조를 굳게 지키면서 청백하게 사는 것)의 명성이 있었으니, 간척(干尺: 만나서 청탁하고 글로 부탁하는 일)을 철저히 끊어 사람들이 감히 사사로운 일로써 청탁하지 못하였다. 단성 현감으로 있을 때 같은 고향의 오래 된 친구가 과일을 보내왔는데, 부군이 처음에는 받았으나 그의 사사로운 부탁이 있자 불가하다며 책망하고 과일을 돌려보냈다.

평소 산수를 좋아하여 공무 중의 겨를에는 번번이 고을 내의 명승지를 찾아가 유람하면서 시를 읊으며 스스로 즐겼다. 고향으로 돌아와서는 발을 드리워 가린 집안의 작은 누각에 종일토록 보냈는데, 문전에 잡스런 빈객이 드나들지 않았으나 다만 당대의 명사들과 도의(道義)의 교분을 맺으며 산수 사이에서 서로 만나 강마(講磨)할 뿐이었다. 문장은 간결하였고 《소대명신행적(昭代名臣行蹟)》·《소대수어(昭代粹語)》 및 유집(遺集) 몇 권이 집에 전한다.

부인은 곧 수암(修巖)의 딸이자, 문충공(文忠公) 서애(西厓) 선생 휘 류성룡(柳成龍)의 손녀이다. 공보다 후에 죽었으며 율리(栗里) 오향(午向) 언덕에 장사 지냈다. 2남4녀를 두었다. …(이하 생략)…

高王考工曹佐郎無忝齋府君家狀

府君諱道應, 字鳳輝, 姓鄭氏, 其先晉州人。文莊公愚伏先生諱經世之孫, 檢閱公諱杺之子, 文元公晦齋李先生諱彥迪之外玄孫也。府君以萬曆戊午十二月六日生。姿貌瑩粹如玉, 幼端重不好弄。五六歲, 與羣兒遊, 一兒言甚慢, 府君笑不與較, 因絶之。或問其故, 府君曰: "與較則與彼同矣." 人皆異之。時檢閱公早世, 文莊公仕於朝。母夫人以失學爲憂, 文莊公指府君謂曰: "此兒當有成就。何憂焉?" 十二, 始入學, 聰解明辨, 業日進。十六, 丁文莊公憂, 居喪儀節, 一遵家禮。及葬, 自上賜祭, 府君接應周旋, 靡不曲當。禮官語人, 曰: "老先生雖亡, 嗣孫克世其業, 斯文之幸也." 先是, 文莊公爲府君, 議親於修巖柳公袗家, 制旣闋, 修巖又歿。王母貞敬夫人李氏, 悶其遷就, 將議定於他, 府君執不可曰: "雖遲十年, 奈何違王考命?" 王母義而止。是年又承王母服。至二十一竟娶柳氏。戊子, 選遺逸, 授內侍府教官。己丑四月, 除大君師傅, 五月,

擢拜世子侍講院咨議。時爲輔養東宮，特建此官，極一時之選，府君首膺焉。召命又下，惟世臣義，不得已謝恩，陳疏辭，上優批曰："爾能開導勸講。日有成就之功。非但國家之得人，豈不有光於爾之家世乎？勿辭勉旃." 至十月，呈親病還鄕。丙申，除黃山察訪不赴。丁酉四月，除翊衛司副率，八月還拜咨議，再疏乞遞不許，批旨有'禮待未至'等語。遂就城外，以忌痘辭，特命入處春坊，盖以春坊地禁，可避痘也，府君終不就。戊戌正月，復陳疏得遞。上命給馬以送，府君乞還收，優批有'一向邁邁，尤庸慚靦'等語。十一月，復授咨議，因有丹城除命，府君爲便養，己亥正月赴任，十一月棄歸。壬寅擬持平副望，授工曹佐郞。癸卯，又授工曹，尋除昌寧縣監，丙午棄官歸。丁未四月二十二日卒，享年五十。八月葬于州北佳道卯向原，縫掖會者數百人。後遷兆于于北堂負辛原。府君天資粹美，器局端嚴。自少擩染家庭，從事性理之學，每讀書必諷詠玩索，弗得弗措，經傳外史家百氏，靡不貫穿。弱冠，道伯會士，通讀科條甚嚴，府君講解極精，擧止有度，道伯以大儒稱之。平居常整衣冠，危坐終日，雖常侍子弟，未見有惰慢之容。每朝必先人而起，盥帨謁家廟，問寢在膳，怡愉承順。出入必告，雖近地亦然。叔母姜氏，早寡無子，依於府君，府君事之如母，姜氏亦子視之，不願祝螟曰："死亦受祭於此子，足矣." 每持難進易退之節，方其旌招屢下，雖不得已應命，而未嘗半歲淹。出麾數邑，淸白律己，到處有冰蘗聲，痛絶干尺，人不敢干以私。其在丹城，有同鄕舊饋以果，府君始受之，及其有私囑，責以不可而還之。雅好山水，公暇輒出遊境內勝地，嘯詠自得。及還田里，簾閣終日，門無雜賓，惟與一時名勝爲道義交，相從講磨於泉石間而已。文章簡潔，所纂述有《昭代名臣行蹟》·《昭代粹語》，遺集若干卷藏於家。配卽修巖之女，文忠公西厓先生諱成龍之孫也。後公卒，葬于栗里午向原。有二男四女。…(이하 생략)…

〔立齋先生文集，卷48，家狀〕

65. 홍여하

홍여하의 자는 백원, 호는 목재, 본관은 부계이다. 대사간 홍호(洪鎬)의 아들이다. 광해군 경신년(1620)에 태어났다. 인조 갑오년(1654) 사마시에 합격하고 을미년(1655) 문과에 급제하였다. 한림(翰林)·설서(說書)를 거쳐 사간(司諫)에 이르렀다. 숙종 경신년(1680, 갑인년의 오기 1674)에 죽었다. 상주(尙州)의 근암서원(近嵒書院)에 향사하였다.

공은 유가(儒家) 집안의 대대로 쌓은 덕을 이은 후손으로 어려서부터 뜻과 행실이 뛰어났다. 책을 즐겨 읽으니, 우복(愚伏) 정 선생(鄭先生: 정경세)이 매우 기이하게 여기며 말하기를, "이 아이는 반드시 큰 유학자가 될 것이로다."라고 하였다. 장성해서는 더욱 학문에 독실하여 경서(經書)의 소주(小註)와 제자백가의 구절까지 전편(全篇) 또는 10여 행을 암송하였다. 정언(正言)에 제수되자, 상소를 올려 말하기를, "전하의 언행이 중도에 어긋나는 경우가 많습니다. 바라건대 주상은 이치를 밝히는 것을 위주로 하고 마음 잡는 것을 거경(居敬)으로 삼으시어 행동할 때나 마음을 고요히 가다듬을 때에도 수양하시면, 기질이 변화될 것입니다."라고 하니, 효종(孝宗)이 비답하여 받아들였다. 외직으로 나가 경성 판관(鏡城判官)이 되었는데, 고을의 자제들을 뽑아 서재(書齋)를 세우고 몸소 과제를 부여하면서 구잠(九箴)을 지어 힘쓰게 하였다. 고을의 유자(儒者) 이붕수(李鵬壽, 1545~1593)가 임진왜란 때 나라를 위하여 죽었다는 것을 듣고는 공이 그 묘에 명문(銘文)을 지어 의로움을 드러내었다. 어떤 일로 인하여 황간(黃澗)으로 유배되었다가 1년만에 사면되어 고향으로 돌아왔고, 그로부터 벼슬자리에 등용되지 못한 것이 15년이었다. 이보다 앞서, 기해년(1659) 예제(禮制)를 논하였으나 아직 정해지지 않았는데, 8년이 지난 뒤에 영남의 많은 사인(士人)들이 상소를 올려 그것을 논박하려 하였다. 어떤 이가 말하기를, "이미 오래된 일이어서 더는 소용이 없습니다."

라고 하자, 공이 웃으며 말하기를, "두려워 말라! 이 일은 천하의 중대한 시비이다."라고 하였다. 갑인년(1674) 특별히 사간(司諫)에 제수되었으나, 미처 숙배하지도 못하고 죽었다.【협주: 권유가 찬한 묘갈문에 실려 있다.】

육학(陸學: 陸九淵의 학설)이 겉으로는 옳아 보이나 실제로는 그른 점을 변별하였고, 예가(禮家: 예학자)들이 서로 논쟁하여 생긴 의혹을 해명하였다. 그의 모든 논술과 저작은 모두 사도(斯道: 성리학)를 보좌하고 도운 것이며 후학들에게 큰 공이 있었다.【협주: 김태일이 찬한 행장에 실려 있다.】

• 洪汝河

洪汝河, 字百源, 號木齋, 缶溪人。大諫鎬之子。光海庚申生。仁祖甲午司馬, 乙未文科。歷翰林·説書, 至司諫。肅宗庚申[1]卒。享尙州近巖書院。

公儒門世德之後, 幼有志行, 喜讀書, 愚伏鄭公, 甚奇之曰: "兒必爲大儒." 長益篤學, 經書小註·諸子句語, 誦至全篇或十餘行。拜正言, 上疏言: "殿下言動多失中。願明理居敬, 動靜交修, 變化氣質." 孝廟批納之。出爲鏡城, 選邑子弟, 置齋躬課, 作九箴以勗之。有邑儒李鵬壽[2], 壬亂死王事, 公銘其墓以著之。因事配黃澗[3], 一年赦歸故里, 廢不用十五年。先是, 己亥議禮未定, 後八年, 嶺中欲上疏論之。或以"久矣, 無及難之." 公笑曰: "無恐, 此天下大是非也." 甲寅, 特除司諫, 未拜而卒。【權

1 庚申(경신): 甲寅의 오기.

2 李鵬壽(이붕수, 1545~1593): 본관은 公州, 자는 仲恒. 아버지는 李彭年이며, 어머니는 呂氏이다. 임진왜란이 일어나 왜장 加藤清正의 병사가 關北으로 밀어닥쳐 여러 고을을 함락하고, 회령 사람 鞠景仁 등이 두 왕자와 宰臣 및 長吏를 사로잡아 항복하는 사태가 일어나자, 이 소식을 듣고 거사계획을 세우던 차에 북평사 鄭文孚를 만나 姜文祐, 종성부사 鄭見龍과 함께 倡義起兵하여 정문부를 대장으로 추대하고 자신은 별장이 되었다. 9월 부령을 수복하여 국경인 등의 목을 베고, 11월 길주 長坪에서 승리하고, 12월 雙浦에서 대승을 거두었다. 1593년 1월 단천전투에서 승리함으로써 적병이 후퇴, 남하하기 시작하자 이를 추격하여 玉塔坪에서 싸우다가 적의 탄환에 맞아 전사하였다.

3 黃澗(황간): 충청북도 영동군에 있는 고을.

愈撰碣文】

辨陸學似是之非，證禮家聚訟之疑。凡所論著，皆羽翼乎斯道，有功於後學。【金兌一[4]撰行狀】

보충

권유(權愈, 1633~1704)가 찬한 묘갈명

갈명 병서

금상(今上: 숙종)이 처음 즉위하여 나라의 예법을 바로잡고, 작은 허물을 입어 오랫동안 등용되지 못한 현인을 다시 발탁하였을 때, 목재(木齋) 홍공(洪公)이 곧은 도리를 지켰다가 밀려나 있는 것을 알고 특별히 교지를 내려 사간(司諫)에 제수하였으나, 어명에 달려가지도 못하고 죽었다. 그로부터 16년이 지난 뒤에 연신(筵臣: 경연의 벼슬아치)들이 아뢰자, 주상이 홍문관 부제학(弘文館副提學)에 추증하였으니, 이는 당시 사람들이 따르고 우러러보던 이의 혼을 세상에 높이 드러낸 것이었다. 살아서는 궁하였지만 죽어서 영예로웠으니, 이를 두고 이르기를, "하늘이 부여한 바에 따른 것이라 하겠는가?"라고 하였다. 사림(士林)들은 더욱 슬퍼하고 사모하였다.

공의 휘는 홍여하(洪汝河), 자는 응도(應圖), 호는 목재(木齋)이다. 부계 홍씨(缶溪洪氏)로서 우리 조정의 좌참찬(左參贊) 대제학(大提學) 문광공(文匡公) 휘 홍귀달(洪貴達)의 5세손이다. 문광공은 도덕과 문장이 세상에 높이 빛났지만, 연산군 때 억울하게 죽임을 당하였다. 그 다섯째 아들 휘 홍언국(洪彦國)은 진사를 지내고 문학과 덕행이 있었으며 호는 눌암

4 金兌一(김태일, 1637~1702): 본관은 禮安, 자는 秋伯, 호는 蘆洲. 증조부는 金胤安이며, 조부는 金得善이다. 아버지는 金鍴이며, 어머니 豐山柳氏는 柳祷의 딸이다. 金錕에게 입양되었다. 부인 務安朴氏는 朴施雨의 딸이다. 1660년 식년문과에 급제하고 掌令·獻納·문학·輔德을 차례로 역임하였고, 1694년 사간으로 있을 때 서인인 韓重爀 등이 폐비 민씨의 복위를 도모하자 이들을 탄핵하였다. 뒤에 왕이 민씨의 폐위를 후회하게 됨으로써 削黜당하였다.

(訥菴)이니, 이가 공의 고조부이다. 증조부 휘 홍경삼(洪景參)은 사과(司果)를 지냈다. 조부 휘 홍덕록(洪德祿)은 사정(司正)을 지냈다. 아버지 휘 홍호(洪鎬)는 대사간(大司諫)이었으며, 청렴하고 강직함으로 세상에 이름났다. 어머니 제주고씨(濟州高氏)는 좌찬성에 추증된 문열공(文烈公) 고경명(高敬命)의 손녀이자, 참판에 추증된 고종후(高從厚)의 딸이다.

공은 유가(儒家) 집안의 대대로 쌓은 덕을 이은 후손으로 어려서부터 뜻과 행실이 뛰어났다. 책을 즐겨 읽다가 그것이 스스로와 어긋나는 바에는 기탄없이 말하면서 의심스럽고 판단하기 어려운 경전의 뜻에 대해서도 또래들이 도저히 생각할 수 없을 정도로 뛰어났으니, 우복(愚伏) 정 선생(鄭先生: 정경세)이 매우 기이하게 여기며 말하기를, "이 아이는 반드시 큰 유학자가 될 것이로다."라고 하였다. 장성해서는 더욱 학문에 전심하여 육경(六經)과 사서(四書)의 지극한 뜻을 궁구하였다. 자기의 마음을 다잡아 천고(千古)의 일을 상고하고 밝히며, 도(道)를 근본으로 삼으면서도 제자백가의 말에 두루 통하였으니, 그로써 나아감과 물러남을 정하고, 옳고 그름을 분명히 하였다. 타고난 성품이 총명하고 깨달음이 빨랐으니, 한번 눈으로 보기만 하면 번번이 마음에 새겨 조금도 빠뜨리는 것이 없었다. 내가 젊었을 때 한경(漢京: 漢陽)에서 공을 만나, 경서(經書)의 소주(小註)까지도 낱낱이 들어 공에게 감히 물었더니 공은 묻는 대로 그 자리에서 외워 그 조목이 다하는 대목에 이르러서야 그쳤다. 또 전기(傳記)나 제자백가의 글에서 구절을 뽑아 물었더니 번번이 그 앞뒤 대여섯 줄까지 외워 듣는 이로 하여금 그 글의 처음과 끝을 환히 통하게 하였다. 모두 10여 가지의 질문에도 의심하거나 막히는 바가 없었으니, 비록 예전에 총명하다고 일컬어져 지금까지 칭송받는 이들조차도 능가하지 못하였다.

글을 짓는 데 빠르면서도 풍부하였으니, 한번 붓을 들면 천 마디를 쓰고도 종이가 다하지 않으면 그치지 않았다. 그러나 일찍이 마음을 굽혀 당시의 유행을 따른 적이 없었기 때문에 오래도록 급제하지 못하였다. 갑오년(1654) 비로소 진사(進士)에 뽑히고, 그해 명경과(明經科)에도 급제하였다. 이듬해 천거로 예문관에 들어가 검열(檢閱)이 되었고, 이어 대교(待敎)로 옮겼다. 경연(經筵)에 입시(入侍)할 때마다 주상이 의심나는 곳을 묻고 연신(筵臣)들이 능히 대답하지 못하면 번번이 공은 해석해 두었던 그 뜻을 풀어내어 대답하였다.

간혹 정사(政事)를 아뢰는 자가 꾸미거나 숨기는 것이 있으면 번번이 그것을 밝혀 바로잡았으니, 이 때문에 당시 사람들은 공을 매우 미워하였다. 병신년(1656)에 봉교(奉敎)로 옮겨 시강원 설서(侍講院說書)를 겸하였고, 전적(典籍)으로 승진하였다. 감찰(監察)을 거쳐서 정언(正言)에 제수되자, 상소를 올려 말하기를, "전하의 언행이 중도에 어긋나는 경우가 많습니다. 바라건대 주상은 이치를 밝히는 것을 위주로 하고 마음 잡는 것을 거경(居敬)으로 삼으시어 행동할 때나 마음을 고요히 가다듬을 때에도 수양하소서. 기질이 변화되는 것은 오직 여기에 달려 있습니다."하고 하니, 효종(孝宗)이 비답하여 받아들였다. 그러나 권세를 잡은 자들은 공이 조정에 있으면 군주를 속여 자기들의 사사로운 잇속을 꾀하기가 어려울까 두려워하여 고산찰방(高山察訪: 함경도)으로 내쳐 보임하였으나, 1년 만에 파직되었다.

무술년(1658)에 다시 외직으로 나가 경성 판관(鏡城判官)이 되었는데, 그 이전 2년 동안 두 차례나 영북(嶺北: 함경도)으로 나갔었는데 경성(鏡城)은 또한 가장 북쪽이었다. 그러나 공은 한스러워하는 기색이 없이 다만 가는 곳마다 자신의 직분을 다할 뿐이었다. 경성부(鏡城府)는 오랑캐 땅과 매우 가까워 풍속이 무예를 숭상하고 학문을 일삼지 않았다. 절도사(節度使)가 머무는 병영(兵營)은 보급해야 할 비용이 많고, 도박과 같은 일들이 번잡하여 북쪽 고을 중에서도 가장 심하였다. 그리하여 백성들에게 거두어들이는 것이 끝없었고, 아전들은 대부분 숨기고 빼돌렸으니, 변방의 백성들이 이를 괴로워하였다. 공은 지극히 평범하게 배운 도리로 정사를 펼치니, 정치는 너그러워지고 백성은 화목하였다. 행정에 필요한 바를 먼저 헤아려 그것을 경상수입의 기준으로 삼았으므로, 한 자의 베(布)도 함부로 부과하지 않았고 털끝만큼도 범하지 않았다. 백성들의 부세(賦稅)는 3분의 2나 줄어들었고, 관부(官府)에서는 쓸데없는 일이 없어졌다. 고을의 자제들 가운데 학문을 배우게 할 만한 자를 뽑았는데, 서재(書齋)를 세우고 그곳에 모여 지내도록 하고는 경서(經書)와 사서(史書)를 강론하고 몸소 과제를 부여하여 학문에 나아가도록 이끌었으니, 구잠(九箴)을 지어 힘쓰게 하였다. 고을의 유자(儒者) 이붕수(李鵬壽, 1545~1593)가 남쪽 오랑캐의 난리에 나라를 위하여 죽었다는 것을 듣고는 그 묘에 명문(銘文)을 지어 의로움을 드러내어서 기풍을 바로잡고 권면하니, 선비와 백성들이 크게 기뻐하고 따랐다. 성곽(城郭)과 해자를 수축하고 병장기를 수리하였으니, 변방에 위급한 소식이 없다고 하여 수비와 방어의 대비를 게을리하지 않았다.

기해년(1659) 봄에 주상이 교지(敎旨)를 내려 구언(求言: 임금이 재이의 발생으로 당시 정치의 잘못된 점을 묻는 정치 행위)할 때, 공이 소를 올려 성학(聖學: 儒學)과 치도(治道: 다스리는 도리)의 요체를 언급하고 또 말하기를, "대신들이 국가의 창고에선 청렴하지만, 번곤(藩閫: 변방 관리)들로부터 뇌물을 취합니다."라고 하였다. 상소가 이르렀을 때, 효종이 죽고 현종(顯宗)이 새로 즉위하였는데, 승정원에서 공이 상소의 문구를 고쳐서 아뢰도록 새 주상에게 청하였다. 송시열(宋時烈)이 일찍이 녹봉을 사양한 적이 있었는데, 공의 말이 자신을 지적한 것으로 여겨 대노하였고, 시류를 타고 좇는 무리들은 더욱 공을 미워하였으니, 계문(啓聞)하여 상소를 고치라는 명이 중지되었다.

마침 절도사가 백성들의 고달픔을 틈타 좋은 말로 꾀어 백성들에게 소금을 꾸어주고는 이내 곧 값을 급히 거두어들여 이익을 부당하게 가로채려 하였고, 값을 갚지 못해 재산을 저당 잡힌 자들을 꾸짖었다. 그 실정을 알아차리고 장차 죄를 받도록 조정에 보고하려 하여 공이 들어가 사실대로 밝히니, 절도사가 성내며 도리에 어긋나는 말을 퍼부었다. 공이 성을 나서며 해직을 청하였다. 그러자 어떤 사람이 말하기를, “저 절도사는 몰래 상인들과 결탁하여 여러 차례 주수(主守: 고을의 재물을 맡아 지키는 관리)를 침해하였습니다. 그 도적질한 죄를 먼저 드러내지 않으면 공을 음해할까 두렵습니다.”라고 하자, 공이 말하기를 “발각되지 않은 죄를 가지고 남을 제압하는 짓을 나는 하지 않겠소.”라고 하였다. 절도사는 과연 다른 일을 끌어들이며 무고로 아뢰어 공을 파직시켰다. 돌아올 때 몸소 가져온 것은 오직 책 상자 몇 개뿐이었다. 전송하는 선비와 백성들이 길을 메우고 눈물을 흘리면서, 공이 떠나게 되어 은혜로운 정사와 문교(文敎)가 끊기는 것을 슬퍼하였다.

이에 시류를 타고 좇는 무리들로 마음속 깊이 공을 미워하는 자들이 그 틈을 타 서로 모의하여 모함하는 상소를 올려 공을 황간(黃澗)으로 유배보냈다. 이듬해 사면되어 고향으로 돌아와 집을 짓고 그곳에 거처하였는데, 이름을 산택재(山澤齋)로 한 것은 《주역》 〈손괘(損卦)·상사(象辭)〉의 ‘분노를 징계하고 욕심을 막으라.(懲忿窒慾.)’라는 뜻이었다. 이로부터 15년 동안 벼슬자리에 등용되지 못했지만, 영남의 선비들은 모두 공을 신망하는 것이 중하였다.

갑인년(1674) 봄에 현종(顯宗)은 송시열(宋時烈)이 예를 그르쳤음을 깨닫고 2품 이상의 대신들에게 의논토록 하니, 제신(諸臣)들은 한결같이 송시열의 예가 옳다고 하였다. 임금이 노하여 배척했지만, 후속 어명을 내리기도 전에 죽었다. 금상(今上: 숙종)이 즉위하여 선왕(先王: 현종)의 뜻을 이어받아 옛 예제(禮制)를 바로잡아 거행하려 하면서 국론(國論: 조정의 공론)으로 송시열 및 예를 의정(議定)한 신하들을 논죄하였고, 예에 관해 말하다가 죄를 얻은 신하들 및 권세가 큰 당파를 거슬러 공격받고 쫓겨난 자들을 다시 불러들였다. 공은 비로소 병조 정랑(兵曹正郎)에 제수되었고, 뒤이어 특별히 사간(司諫)에 제수되었다.

당시 공의 병이 매우 위중하였으나 산릉(山陵)의 일이 가까워오자, 공은 울면서 집안 사람들에게 말하기를, “나는 죄로 인해 벼슬에서 쫓겨나 있은 지 오래되었는데도 주상이 신하로 가려 뽑아 언관 자리에 앉혔지만, 오랜 병으로 가로막혀 달려가 어명에 사은하지도 못하고, 또 조정의 배신(陪臣) 반열에 참여하지도 못하니, 신하로서의 죄가 크다."라고 하였다. 현궁(玄宮: 임금의 관을 묻는 구덩이)에 하관하는 날이 되자 부축을 받아 뜰로 나와 북쪽을 향해 한참 곡을 한 뒤에 그만두었다. 이 때문에 병이 더욱 위독해져 12월 14일에 죽으니, 그가 경신년(1620) 4월 정사일에 태어난 지 55년이었다. 세상에 머물러 행할 바를 다 이루었으나 생명을 조금도 더 누리지는 못하였으니, 조정과 민간에서 애통해하며 안타까워하였다. 이듬해 2월 정유일에 예천(醴泉) 흑송리(黑松里) 묘향(卯向)의 언덕에 장사 지냈다.

공의 행실은 본성에서 우러난 것이었고, 학문은 경전에 근본을 두었다. 가정 안에서는 몸가짐을 삼가고 조상을 받들었으며, 무릇 부모의 뜻을 받들어 따르면서 마음을 다한 바는 모두 예(禮)의 참뜻을 터득한 것이었다. 남을 대할 때는 온화하고 너그러우며 허심탄회하게 서로 대하되, 또한 일찍이 농담하거나 서로 조롱한 적이 없었다. 집에 편히 지낼 때에도 의관을 단정히 하고 조금도 게으른 모습이 있은 적이 없었다. 많은 사람들 속에 있을 때에는 사람들이 혹 농담하고 웃으며 떠들썩해도 공은 초연하게 돌아보지 않았으며, 노래 잘하는 기생의 모임에 불러도 번번이 가지 않고 자신을 흐트러뜨릴까 두려워하였다.

일찍이 문학(文學)과 행실로 세상에 높이 알려졌으나, 관직에서 물러난 뒤에도 마음과 힘을 다해 도(道)를 궁구하였다. 이미 환하게 의리의 큰 근원을 알았지만 날마다 예전에 익혔던 성현의 가르침과 정호(程顥)·정이(程頤)의 서적 및 역대 사서(史書)를 가지고 반복하여 궁구하고 연마하였다. 이미 아는 것을 더욱 익히고 이미 이른 경지를 지키면서도 오히려 미처 알지 못하거나 미처 이르지 못한 경지를 더욱 구하였으니, '회암(晦庵: 朱熹)과 도산(陶山: 李滉)의 책이야말로 우리 유가의 정맥이 여기에 있다.'라고 여겨, 그것을 좋아하는 마음을 지극히 하여 깊이 익혔고, 평생토록 그러하였다.

강서학(江西學: 王陽明의 심학을 계승하여 연구한 학파)이 도를 어지럽히자, 그 본말(本末)이 서로 맞지 않는 것을 드러내어 밝히며 그것을 분별하고 물리쳤다. 학업은 날로 넓어지고 덕은 날로 닦여지니, 본성을 확충해 양성한 것이 순수하고 견고해졌으며, 식견과 뜻이 밝으면서도 올발랐다. 그 자신에게 터득한 바가 밖으로 드러난 것은 깨끗하여 세속의 기운이 조금도 없었으며, 의젓하게 옛 군자와 같이 되기를 스스로 기약하였다. 배우려는 자들을 가르칠 때는 당시의 누습(陋習)을 그대로 답습하지도 않고 험악한 풍속을 좇지도 않으면서, 실제로 행하는데 나아가도록 격려하고 단지 문장과 기예로만 출세하도록 하지는 않았다. 즐겁게 그들과 함께 깊고 오묘한 이치를 강론하고 탐구할 때는 아무리 난제가 지극하여 밤낮을 이어가도 지친 기색이 없었다. 경서(經書)와 사서(史書)의 심오한 뜻이나 어려운 구절을 사람들이 무슨 말인지 깨닫지 못하던 것도 공이 풀이하는 것을 들으면, 말이 끝나기도 전에 깨닫지 못하는 것이 없었다. 영남의 선비들이 더욱 그에게 귀의하였다.

기해년(1659) 대상(大喪: 효종의 국상) 때 송시열이 말하기를, "효종은 서자(庶子: 嫡長子가 아닌 아들)로 체이부정(體而不正: 嫡子이나 長子가 아닌 아들)이다."라고 하면서 대왕대비(大王大妃: 仁祖의 계비 莊烈王后로 慈懿大妃가 된, 趙昌遠의 딸 趙氏)의 복제(服制)를 강등하여 기년복(朞年服)으로 하도록 아뢰었는데, 간혹 논박하는 의론이 있으면 번번이 금고(禁錮: 벼슬길을 막거나 억류하는 처벌)에 처하니, 나라 사람들이 감히 말하지 못하였다. 8년이 지난 뒤에 영남의 많은 사인(士人)들이 상소를 올려 그것을 논박하려 하였는데, 어떤 이가 말하기를, "이미 오래된 일이어서 더는 소용이 없습니다."라고 하자, 공이 말하기를, "종통(宗統: 왕실의 계통)이 무너지고 어지러워진 일은 오래된 이후에라도 말을 해야 그래도 뒷날의 의혹을 풀 수 있을 것인데 어찌 시기의 이르고 늦음을 따지겠소?"라고 하니, 의논이 마침내 결정되어 공에게 상소문을 지어 달라고 청하였다.

이윽고 초고가 완성되자, 읽어본 이들이 말하기를, “허물을 꾸짖는 말이 전혀 완곡하지 않아 화가 일어날까 두렵습니다.”라고 하니, 상소문의 초고를 고쳐서 올렸다. 이에 당로자(當路者: 권세를 갖고 높은 자리에 있는 사람)들이 격렬히 분개하여 함정에 빠뜨리려 하자, 많은 사인(士人)들이 두려움에 떨었으나, 공은 웃으며 말하기를, “두려워 말라! 이 일은 천하의 중대한 시비인데, 설사 제군(諸君)들이 억울한 일을 당하더라도 그 말은 후세에 전해질 것이니, 무엇을 두려워하겠는가?”라고 하였다. 9년이 지난 뒤에서야 예제가 비로소 바로잡히니, 그는 굳세고 꿋꿋하게 스스로 선 바가 이와 같았다.

공은 스스로 검소하면서도 남에게 베풀 줄 알았으니, 남이 곤궁하다는 소리를 들으면 곧장 반드시 구휼하였는데, 비록 자신의 살림을 다 내놓았어도 돌아보지 않았다. 항상 말하기를, “이치는 일을 포괄하지 않음이 없고, 일은 이치에 근거하지 않음이 없으니, 이치를 밝히는 것은 장차 실제에 쓰고자 함이다.”라고 하였다. 무릇 임금이 나라를 다스리는 기강이든, 세상을 보좌하는 제도이든, 변화에 대응하는 방법이든, 그는 강론하고 계획하여 미리 준비하지 않은 것이 없었으니, 만약 등용되었더라면 반드시 실행할 바가 있었을 것이나 끝내 한두 가지도 세상에 펼쳐져 나라의 밝은 교화와 정치에 조금이라도 도움을 주지는 못하였다. 저술한 바로는 〈사서발범구결(四書發凡口訣)〉, 〈주역구결(周易口訣)〉, 〈의례고증(儀禮考證)〉, 〈휘찬여사(彙纂麗史)〉, 〈동사제강(東史提綱)〉과 문집 몇 권이 있으니, 이를 두루 살펴보면 공의 뜻과 학문적 업적을 알 수 있을 것이다.

공은 두 번 장가갔는데, 첫째부인 장수황씨(長水黃氏)는 군수(郡守) 황덕유(黃德柔)의 딸이자 지평(持平) 황뉴(黃紐)의 손녀이다. 둘째부인 의성김씨(聞韶金氏)는 별제(別提) 김규(金煃)의 딸이자 학봉(鶴峯: 金誠一) 선생의 현손녀이다. 무릇 4남4녀를 두었다. …(이하 생략)…

자헌대부 전 행 예조 판서 겸 대제학 권유는 찬한다.

碣銘 幷序

今上初卽位, 正邦禮, 振廢淹, 知木齋洪公坐直道堙替, 特旨拜司諫, 未赴命而沒。後十六年, 筵臣白, 上贈弘文館副提學, 蓋以時之所歸望者, 顯其魂也。生窮而死榮, 此而謂: "達天之所賦予耶?" 士林益悼慕之。公諱汝河, 字應圖, 木齋號也。缶溪洪氏, 國朝左參贊·大提學文匡公諱貴達五世孫也。文匡用道德文章光顯, 燕山時枉歿。第五子諱彦國, 進士, 有文行, 號訥菴, 是爲公高祖。曾祖諱景參, 司果。祖諱德祿, 司正。考諱鎬, 大司諫, 用清直名於世。妣濟州高氏, 贈左贊成文烈公敬命之孫, 贈參判從厚之女也。公儒門世德之後, 幼而有志行。喜讀書, 其自錯有率, 疑難經義, 出於等輩所不能意者, 愚伏鄭先生, 甚奇之曰: "兒必爲大儒." 長益篤學, 治六經四書極意。主其心而贊稽千古事, 一於道而旁通百家語, 以定趨舍, 以證得失。性敏悟, 一經眼, 輒誌于心, 無所漏。余少時, 遇公于漢京, 歷擧經書小註, 試問公, 公應口誦, 盡其條乃已。又取傳記·諸子, 摘句語以問, 輒誦其上下五六行, 使聽者, 通其文之首尾。凡十餘問, 無所疑礙, 雖古之號聰明至今稱者, 不能過也。爲文疾而贍, 一筆千言, 紙不窮不休, 然未嘗下意追時好, 故久不第。甲午始選進士, 是年登明經第。其明年, 薦入藝文館, 爲檢閱, 轉待教。每入待經筵, 上所疑問, 筵臣不能對者, 輒去所釋其義以對。或奏事者, 有飾匿, 輒辨白之, 以此時人疾公甚。丙申, 遷奉教兼侍講院說書, 陞典籍。由監察, 拜正言, 上疏言: "殿下言動多失中。願上明理居敬。動靜交修。變化氣質。只在此." 孝廟批納之。然當路者, 恐公在朝, 則謫主便私難, 斥補高山察訪, 一年, 罷。戊戌, 復出爲鏡城判官, 二歲中, 再出嶺北, 鏡又極北。然公無恨色, 惟所如而盡吾職。鏡府迫近胡, 俗武不事文學。節度使所住營, 供應費衆, 聽博事煩, 爲北州劇。取於民無藝, 而吏多隱沒, 邊民苦之。公至庸所學爲政, 政寬民和。度所需爲經入, 尺布不妄賦, 毫毛無所犯。民賦減三之二, 府無曠事。選邑中子弟可教學者, 置齋而州處之, 講授經史, 躬課以誘進之, 作九箴以勖之。聞邑儒李鵬壽, 南寇之難, 死王事, 銘其墓, 以著其義, 以風厲之, 士民大悅服。治城池, 修兵械, 不以邊無警而怠於守禦備。己亥春, 上下教求言, 公上疏言聖學治道之要, 且曰: “大臣廉於國廩, 取於藩閫.” 疏至, 孝廟薨, 顯廟新卽位, 政院請令改疏辭以聞。宋時烈嘗辭祿, 謂公言指斥己, 大怒, 時輩益疾公, 啓寢改疏之命。會節度使乘民之疾, 用爲好言, 貸與民戶鹽, 已又急徵賈, 欲漁利, 怒典負者。覺其情, 將傳致罪, 公入明之, 節度使恚出悖言。公出城求解。或曰: “彼帥通潛商, 數犯主守。盜罪不先發, 恐陷害公.” 公曰: “持伏罪以制人, 吾不爲也.” 節度使, 果引他事, 誣奏罷之。及歸, 所自隨, 唯數篋書。士民送者, 擁道涕泣, 悲公之去, 而惠政文敎絶也。於是, 時輩心深疾公者, 幸其隙, 轉相解搆奏, 配公于黃澗。明年, 赦歸故里, 築堂居之, 名山澤齋, 損之象, 懲忿窒慾之義也。自是十五年, 廢不用, 然嶺南士, 皆倚公爲重。甲寅春, 顯廟覺宋時烈誤禮, 下二品以上議, 諸臣齊言時烈禮是。上怒斥之, 不及後命而薨。今上卽位, 承先旨, 釐擧舊禮, 以國論罪時烈及議禮臣, 收召坐言禮及忤强黨見擊逐者諸臣。公始拜兵曹正郞, 已而特除司諫。時公病濆甚, 而山陵近, 公泣謂家人, 曰: “吾廢錮久, 上簡拔臣, 擢置之言地, 阻疾不得趨謝恩命, 又不得與於帷扆陪列。臣罪大矣.” 至下玄宮日, 扶出庭, 北向哭良久止。以此疾益篤, 十二月十四日卒, 距其生庚申四月丁巳, 得年五十五。居得行而不少延, 中外痛惜之。明年二月丁酉, 葬于醴泉黑松里卯向之原。公行得之性, 學本於經。家庭之內, 持撿奉先, 凡所承帥而致心焉者, 皆得禮意。遇人和易, 坦懷相待, 亦未嘗爲戲言相舞。燕居整冠服, 未嘗有惰容。處稠人中, 衆或諧笑呢聒, 公超然不顧, 聲妓相徵會, 輒不赴, 恐漫已。早以文學行誼, 有重名, 及廢退, 幷心力求道。旣洞曉義理大原, 日取舊所習典訓及伊·洛之書及歷代史, 反復窮硏。溫所已知, 守所已至者, 而益求其所未知未至者, 謂: ‘晦庵·陶山書, 吾儒正脈在是.’ 致好之精而熟之, 竟其生。江西之學亂道, 陳發其本末不相坐者, 辨闢之。業日廣, 德日修, 充養純固, 識致明正。得於己見於外者, 洒然無塵俗氣, 翛然以古君子自期。敎學者, 要不襲於當世之操, 不驅於險巇之俗, 勖帥以實行, 不徒以文藝相進。樂與之講索淵微, 雖難極終日夜, 而無倦色。經·史奧義險句, 人之不曉爲何語者, 聞公之解之, 而莫不言下卽解。嶺之士, 益歸向之。己亥大喪, 宋時烈謂: “孝廟庶子, 體而不正.”

奏降大王大妃服制爲期, 或有駁議, 輒坐錮, 國人莫敢言。後八年, 嶺中多士, 欲上疏論之, 或曰: "久矣無及也." 公曰: "宗統壞亂, 久而後言之, 猶可以開後來之惑, 何論早晩?" 議遂決, 請公製疏。旣屬草, 見者謂: "討論不少宛言, 恐禍起." 革草疏以進。當路者茀然欲陷敗, 多士人蕩恐, 公笑曰: "無恐! 此天下大是非, 藉令諸君受枉, 其言立於後, 何恐爲?" 後九年, 而禮始正, 其剛毅自立如此。公在約能施, 聞人窮, 亟必贍恤, 雖至傾匱, 不顧也。常曰: "理無不該於事, 事無不根於理, 明理將以致用." 凡王政綱紀, 佐世之具, 通變之道, 無不講畫而宿蓄之, 若用, 皆有所行之, 而卒不能出一二, 少助我光明敎治。所著有〈四書發凡口訣〉, 〈周易口訣〉, 〈儀禮考證〉, 〈彙纂麗史〉, 〈東史提綱〉, 文集若干卷, 統觀之, 可以審公之志業。公再娶, 初配長水黃氏, 郡守德柔之女, 持平紐之孫。後配聞韶金氏, 別提烇之女, 鶴峯先生之玄孫。凡有四男四女。…(이하 생략)… 資憲大夫前行禮曹判書兼大提學權愈。撰。

〔木齋先生文集, 卷11, 附錄〕

찾아보기

[ㄱ]
가규(可畦) 296, 308
가덕(加德) 80, 88
가도(佳道) 501
가리방(佳里坊) 196
가부(賈傅) 383, 386
가야산(伽倻山) 203
가융록(嘉隆錄) 389, 392, 393
가장동(加莊洞) 60
가장사(賈長沙) 450
가천(伽川) 206
가흥창(可興倉) 394
간성군(杆城郡) 108
갈천(葛川) 128
감물(甘物) 28
감반(甘盤) 268
감사군(敢死軍) 369, 374
감악산(感岳山) 427
감호(鑑湖) 304
강겸(姜謙) 64-66
강계(江界) 81, 90
강계용(姜啓庸) 173, 214
강계조(康繼祖) 365
강굉동피(姜肱同被) 327
강군보(姜君寶) 173, 214
강남계(康南溪) 356
강담(姜紞) 178, 219, 285
강도(江都) 284, 381, 396, 473, 493, 496
강려(康慮) 365
강문열(康文烈) 365
강빈(姜嬪) 478, 479
강사경(康士敬) 365
강사상(姜士尙) 170, 171, 173, 191, 210, 215, 226, 247, 283, 362, 365
강사안(姜士安) 177
강사필(姜士弼) 173, 191
강서(姜緖) 160, 177, 210, 214, 226, 247, 283
강서학(江西學) 513
강석(姜檡) 191, 192, 264, 284
강석무(姜碩茂) 231
강세동(姜世東) 247, 249
강세정(姜世鼎) 376
강숙(康俶) 365
강시(姜蓍) 173, 214
강신(姜紳) 170, 172, 177, 247, 250
강심(姜諶) 65
강안수(姜安壽) 65
강양(江陽) 205
강여성(姜汝醒) 197, 439
강연(姜綖) 263, 264
강영숙(姜永叔) 174, 214
강온(姜溫) 66, 170, 171, 174, 214, 226
강완(姜浣) 114
강완(康琬) 195, 365
강용량(康用良) 367, 481
강용정(康用正) 367
강용직(康用直) 367
강용후(康用侯) 367
강응철(康應哲) 362
강인(姜絪) 175, 177, 218, 219, 283
강자평(姜子平) 65, 174
강적순(康迪純) 365
강제(姜霽) 274

강준(姜濬) 66
강진립(康震立) 131, 255
강집(姜諿) 66
강찬선(姜贊善) 439
강탕(姜瑒) 230
강택(姜澤) 66
강함(姜諴) 66
강형(姜詗) 64-66, 174, 214, 226
강호(姜滸) 66
강홍덕(姜弘德) 216, 219, 224, 230
강홍중(姜弘重) 263, 265
강환(姜瓛) 230
강후(絳候) 94
강휘(姜徽) 65
강흔(姜訢) 64-66
강희안(姜希顔) 274
개령(開寧) 73, 75, 77
개암(開巖) 456, 458
개주(開州) 273
거창(居昌) 369, 371, 374, 375
건무(建武) 383, 387
검간(黔澗) 287, 296, 354
검호(儉湖) 305
경강(京江) 80, 83, 88
경산(庚山) 45
경성(京城) 105, 158, 233, 240, 283, 289, 299, 327, 348
경성(鏡城) 348, 509
경성부(鏡城府) 509
경수(慶壽) 170
경신화(庚申禍) 477
경운궁(慶運宮) 346
경유후(慶有後) 490
경주(慶州) 371, 375
경흥(慶興) 81, 83
경흥부(慶興府) 88
계상(溪上) 334
계상사(溪上祠) 165
고경명(高敬命) 450, 508
고경운(高慶雲) 407, 411
고극검(高克儉) 407, 411
고극공(高克恭) 274
고령(高靈) 369, 374
고명부(高命傅) 280
고사원(高士原) 273, 406, 411
고산(孤山) 474, 485
고상안(高尙顔) 272, 273
고성(高城) 407
고수연(高壽延) 274, 407, 411
고약회(高若淮) 274
고영(高瑛) 273, 406, 411
고영신(高令臣) 273, 406
고윤종(高允宗) 407
고윤종(高胤宗) 411
고을나(高乙那) 411
고인계(高仁繼) 405, 406, 411
고종후(高從厚) 450, 508
고천우(高天祐) 274
고현(古縣) 68, 69
고흥운(高興雲) 407, 411
곤양(昆陽) 370, 376
공덕봉(功德峯) 407
공명(孔明) 471
공산(公山) 296, 298, 303
공자(孔子) 337
공주(公州) 60
공헌왕(恭憲王) 156, 157
공희왕(恭僖王) 156
곽근(郭赾) 357
곽분양(郭汾陽) 22

곽소(郭昭) 436
곽원진(郭元振) 436
곽월(郭越) 148, 152, 159, 357
곽자의(郭子儀) 26
곽준(郭䞭) 357
곽지원(郭之元) 121
곽홍지(郭弘址) 350
관수루(觀水樓) 362, 363, 365
광산(光山) 48
광주(光州) 42, 49, 258
광해군(光海君) 263, 272, 275, 283, 334, 343, 348, 380, 388, 389, 446, 447, 464
괴산(槐山) 157
교동(喬桐) 60
교동주(喬桐主) 449
교하(交河) 35, 36, 258
구곡산(九谷山) 490
구방고(九方皐) 405, 406
구성(龜城) 330
구성현(龜城縣) 330
국원(菊園) 432
굴좌도(屈左徒) 165
궁평리(宮坪里) 301
권가후(權可後) 55
권갑성(權甲成) 55, 270
권경보(權景輔) 55
권굉(權宏) 56
권극재(權克載) 319
권근(權近) 422
권길(權吉) 419, 420, 425
권대기(權大器) 56, 266, 270
권면(權葂) 56
권문해(權文海) 325
권상일(權相一) 53-56, 272, 273, 280
권선(權宣) 56
권성(權宬) 56
권시(權緦) 474, 477
권시(權諰) 477
권엽(權燁) 55, 270
권옹(權言) 56
권우(權宇) 56, 266, 269
권우(權瑀) 85
권위기(權偉器) 55
권유(權愈) 464, 466, 475, 506, 507, 514
권을성(權乙成) 55
권이중(權以中) 143
권익겸(權益謙) 270
권익린(權益隣) 270
권익민(權益民) 270
권익신(權益臣) 270
권익정(權益丁) 270
권익창(權益昌) 56
권자형(權子衡) 55
권정평(權正平) 55
권중기(權重器) 56
권징(權徵) 53, 55, 269
권해(權諧) 55
권행(權幸) 55, 269
권홍계(權弘啓) 377
권환(權奐) 56
규천(虯川) 454
근시재(近始齋) 268
근암서원(近嵒書院) 483, 505
금계(錦溪) 170, 200, 203, 206
금난수(琴蘭秀) 205
금룡산(金龍山) 412
금산(衿山) 283
금산(金山) 369, 371, 374, 375

금오성(金烏城) 374
금응협(琴應夾) 205
금의(琴儀) 458
금이(琴恞) 458
금천(衿川) 175, 216, 231
급난도(急難圖) 322, 330
급암(汲黯) 397
기대정(奇大鼎) 159
기련산(祈連山) 95
기질(奇質) 29
기축옥사(己丑獄事) 313
기평(杞平) 463
김각(金覺) 131, 143, 251, 254
김강(金絳) 143
김겸(金謙) 141
김경신(金敬臣) 355
김계(金繼) 143, 196, 197
김계문(金季文) 78
김고(金固) 355
김공량(金公諒) 396
김공저(金公著) 129, 252
김관석(金關石) 202
김광두(金光斗) 354
김광엽(金光燁) 304
김광철(金光澈) 129
김광철(金光轍) 107
김구(金榘) 315, 319
김구(金絿) 73, 76
김국량(金國良) 355
김귀(金龜) 355
김귀손(金貴孫) 202
김귀영(金貴榮) 275
김귀통(金貴通) 78
김규(金烓) 514
김극성(金克成) 21, 24, 36
김극일(金克一) 293, 316
김극충(金克忠) 235, 316
김극효(金克孝) 141
김길원(金吉元) 129, 252
김담(金淡) 85
김담수(金聃壽) 200, 202
김대명(金大鳴) 236
김돈(金墩) 42
김동엽(金東曄) 207
김득가(金得可) 458
김류(金瑬) 463, 465
김률(金瑮) 458
김모(金瑁) 243
김모재(金慕齋) 135
김민(金旼) 129, 252
김백휘(金伯輝) 78
김범(金範) 133, 134, 235, 316
김벽(金璧) 451
김보(金堡) 197
김부륜(金富倫) 205
김비궁(金匪躬) 141
김사숙(金嗣叔) 355
김사종(金士宗) 370, 376
김삼산(金三山) 141
김상직(金尙直) 135, 141, 235, 316, 356
김상헌(金尙憲) 469, 472
김상흠(金相欽) 359
김석(金錫) 202, 457
김선(金瑄) 49
김선충(金善忠) 350
김선치(金先致) 46
김섭(金燮) 451
김성원(金性源) 78
김성일(金誠一) 288, 369, 374

김성직(金聲直) 350
김세렴(金世濂) 74-78
김세빈(金世賓) 370, 376
김수담(金粹潭) 85
김수두(金壽斗) 474, 476
김수문(金秀文) 81, 83, 89, 90, 92
김수홍(金粹洪) 85
김수화(金守和) 252
김숙(金橚) 78
김숙자(金叔滋) 70, 72
김순경(金純卿) 355
김순고(金舜皐) 80, 85
김순학(金筍鶴) 243
김승경(金承慶) 65
김승주(金承霔) 80, 82, 85
김시길(金時吉) 350
김시양(金時讓) 248, 249
김시절(金是梲) 377
김신지(金愼知) 141
김안국(金安國) 100
김약(金若) 355
김약균(金若鈞) 85
김언건(金彦健) 127, 129, 251, 252
김영수(金永銖) 407
김예강(金禮康) 235, 316
김예몽(金禮蒙) 78
김예범(金禮範) 293
김옹(金顒) 141
김용비(金龍庇) 202, 457
김용초(金龍超) 202
김우(金祐) 27, 31
김우굉(金宇宏) 456, 457, 458
김우옹(金宇顒) 148, 153, 160, 163
김원석(金元石) 85
김유(金洧) 355
김유온(金有溫) 85
김육(金堉) 31
김윤검(金允儉) 235, 316
김윤명(金允命) 486
김윤적(金允迪) 202
김응남(金應南) 257, 258, 259, 394
김응조(金應祖) 266-268, 456, 457
김인(金仁) 355
김인봉(金仁鳳) 261
김자(金滋) 129, 252
김자점(金自點) 478, 479
김장(金璋) 252
김정(金淨) 74
김정견(金廷堅) 432
김정룡(金廷龍) 205
김정신(金鼎臣) 141
김조(金祚) 355
김종경(金宗敬) 129
김종무(金宗武) 425
김종서(金宗瑞) 21, 36
김종직(金宗直) 48, 49, 51
김지대(金之岱) 143
김지덕(金知德) 131, 254
김지백(金知白) 131, 254
김지복(金知復) 131, 254
김지연(金之衍) 143
김지예(金之銳) 202
김지절(金知節) 131, 254
김진(金瑨) 243
김진(金璡) 293
김진(金縝) 143
김진현(金震賢) 78
김찬서(金纘緖) 350
김천남(金天男) 370, 376
김천일(金千鎰) 159

김철(金喆) 143
김총(金摠) 85
김추임(金秋任) 456
김충(金沖) 140, 141, 254
김탁(金琢) 243
김태일(金兌一) 506, 507
김필(金珌) 319
김학(金學) 131
김해(金澥) 374, 421
김현손(金賢孫) 94
김형(金珩) 319
김호철(金好哲) 197
김홍미(金弘微) 234, 235, 238, 313
김홍민(金弘敏) 230, 233, 235, 296, 299, 300, 400
김환(金瓛) 243
김효원(金孝元) 159
김후(金厚) 46
김후계(金后溪) 130
김훈(金訓) 129
김희삼(金希參) 458

[ㄴ]
나주(羅州) 40, 44
낙강(洛江) 458
낙빈(洛濱) 70
낙서(洛西) 427
낙수(洛水) 70
낙암사(洛巖祠) 432
난곡(蘭谷) 210, 231
난곡리(蘭谷里) 175, 216
남강고사(南康故事) 110
남계(南溪) 362-364, 366, 367
남곤(南袞) 73, 75, 76, 101
남당(南塘) 239
남명(南冥) 122, 204, 349
남산시(南山詩) 313, 314, 316
남석노인(南石老人) 275
남원(南原) 37, 70, 71
남이공(南以恭) 474, 476
남전(藍田) 120
남정소(南廷召) 121
남치근(南致勤) 92
남치리(南致利) 266, 267
남한산성(南漢山城) 398, 430, 454, 463, 473, 478, 493, 496
남해(南海) 73, 75, 77
내곡리(內谷里) 70, 71
노경건(盧景健) 196, 197
노경건(盧景鍵) 193
노경명(盧景命) 163, 464, 466
노경장(盧敬長) 155
노계난(盧戒難) 163
노계래(盧戒來) 163
노계후(盧戒後) 163
노국(潞國) 26
노국공(潞國公) 22
노극신(盧克愼) 258, 428
노단(盧亶) 42, 155
노대하(盧大河) 257, 258
노대해(盧大海) 163, 428
노덕기(盧德基) 48, 49, 155
노도립(盧道立) 261
노도응(盧道凝) 461
노도일(盧道一) 261
노도형(盧道亨) 163, 426, 427
노동(蘆洞) 300
노사신(盧思愼) 64
노상례(盧尙禮) 155
노상인(盧尙仁) 49, 427

노서(盧恕) 42, 155
노석명(盧碩命) 163
노소재(盧蘇齋) 362
노수신(盧守愼) 125, 146, 257, 426, 428, 461, 463
노숭(盧崇) 42
노숭(盧嵩) 40, 42, 48, 49, 146, 155, 258, 428
노우명(盧友明) 114
노이재(盧伊齋) 130
노준경(盧俊卿) 42, 155
노준명(盧峻命) 163, 430, 463, 464
노중련(魯仲連) 469, 472
노진(盧禛) 103, 114
노처화(盧處和) 49
노포리(蘆浦里) 347
노함(盧涵) 370, 376
노홍(盧鴻) 155, 258, 428
노후(盧珝) 155, 258, 428
눌암(訥菴) 507

[ㄷ]

달로족(㺚虜族) 191
담암(澹菴) 472
당교(唐橋) 277
대곡(大谷) 133, 136, 181
대죽리(大竹里) 61
덕계(德溪) 200, 203, 206
도남서원(道南書院) 146, 165, 358, 379
도산(島山) 371, 375
도산(陶山) 512
동강(東岡) 200, 204
동계(桐溪) 337
동고(東皐) 247
동래(東萊) 421
동생(董生) 383, 386
동오(東吳) 362, 365
동원(東園) 275
둔암(遯菴) 58
등암(藤巖) 53
등주(登州) 396

[ㄹ]

류계화(柳季華) 448
류관(柳灌) 148, 152, 159
류극서(柳克恕) 270
류기(柳裿) 459
류덕구(柳德耉) 164
류명천(柳命天) 485
류몽정(柳夢井) 159
류몽학(柳夢鶴) 159
류서애(柳西厓) 415
류석(柳碩) 335, 341
류성룡(柳成龍) 323, 334, 503
류승선(柳承善) 450
류영경(柳永慶) 263, 265
류용근(柳庸謹) 86
류운룡(柳雲龍) 319
류인숙(柳仁淑) 148, 153, 159
류정현(柳廷顯) 34
류종혜(柳從惠) 459
류지선(柳智善) 108
류직(柳稷) 485
류진(柳袗) 500
류찬(柳燦) 270
류천(柳川) 170

[ㅁ]

마귀(麻貴) 370, 372, 375

마원(馬援) 95
마포(馬浦) 122
만경(萬景) 60
만둔암(晩遯庵) 60
만포(滿浦) 90
만한(晩閑) 473
매헌(梅軒) 369
매호(梅湖) 318, 346
매호정사(梅湖精舍) 344, 350
맹사성(孟思誠) 36
맹자(孟子) 337
면지(綿枝) 187
모당(慕堂) 170
모재(慕齋) 99, 100, 146, 156
목성선(睦性善) 335, 340
목재(木齋) 441, 505, 507
목조(穆祖) 81, 83, 89
몰운대(沒雲臺) 88
몽손(蒙遜) 272, 273, 278
무수(茂壽) 369
무숙(茂叔) 149, 154, 164
무주(無住) 444, 449
무지망(武之望) 396
무진(武珍) 303
무첨(無忝) 498
묵계(默溪) 433
묵재(默齋) 203
문경(聞慶) 299, 437
문관(文瓘) 359
문언박(文彦博) 26
문옹(文翁) 305
문왕(文王) 363
문왕작흥(文王作興) 363, 367
문정왕후(文定王后) 259
문천(文川) 53-55
미수(眉叟) 469
민순(閔純) 161
민여건(閔汝健) 178
민척(閔滌) 437
밀양(密陽) 50

[ㅂ]

박걸(朴傑) 419, 421
박계옥(朴啓沃) 279
박근원(朴謹元) 162
박동량(朴東亮) 170, 172
박사눌(朴思訥) 305
박석명(朴錫命) 33
박선(朴璿) 197
박순(朴淳) 148, 152, 233, 234, 240
박승종(朴承宗) 336, 337, 341, 444, 447
박식(朴拭) 174
박언기(朴彦箕) 196
박운기(朴雲驥) 204
박은(朴誾) 67, 69
박자흥(朴自興) 445
박종문(朴宗文) 53, 54
박처륜(朴處綸) 279
박천(博川) 257, 258, 260
박천상(朴天祥) 202
박충생(朴忠生) 260
박충함(朴忠諴) 60
박치화(朴致華) 367
박탄(朴坦) 202
반사렴(潘士濂) 143
방촌(厖村) 19, 22, 26, 31
방호의(方好義) 91
배천(白川) 496
백담(白潭) 434, 438, 439

백대형(白大珩) 343, 344, 348
백락(伯樂) 292
백사(白沙) 247, 248, 334
백석(白石) 274
백옥동(白玉洞) 22
백옥동서원(白玉洞書院) 24
백원산(百源山) 94, 95
백이(伯夷) 362-364, 367, 469
백전산(柏田山) 399
백화산(白華山) 243
번쾌(樊噲) 291
범문정(范文正) 272, 273, 277, 278
법왕리(法王里) 490
변경장(邊慶長) 143
변성양(卞盛陽) 450
변회벽(卞懷璧) 367
보우(普雨) 299
보은(報恩) 238, 375
보은현(報恩縣) 292, 467
복재(復齋) 183, 185
복천사(福泉寺) 171, 173
봉산사(鳳山祠) 343
봉산서원(鳳山書院) 181, 182
부동(釜洞) 187
부정공(富鄭公) 107
부평(富平) 45
북경(北京) 380
북계(北溪) 415, 416
북관(北關) 257, 259
북로(北路) 247
북문화(北門禍) 73, 75, 76
북해(北海) 362, 367
분양(汾陽) 94
비인(庇仁) 66
비지(賁趾) 266-268

[ㅅ]

사담(沙潭) 233, 243, 296, 299, 300, 315, 400
사불산(四佛山) 407
사서(沙西) 297, 298, 354, 388, 392, 400
사세용(史世用) 370, 372, 375
사안석(謝安石) 393
사암(思庵) 233
사지당(仕止堂) 66
사천(泗川) 375
산양(山陽) 275, 484, 486
산양처사(山陽處士) 484
산의생(散宜生) 381, 385
산천(山川) 186, 252
산택(山澤) 243
산택재(山澤齋) 511
삼가(三嘉) 275
삼괴선생(三魁先生) 103
삼달존(三達尊) 198
삼산(三山) 301
삼적(三賊) 434, 435, 437
상사삼로(商社三老) 388, 395
상산(商山) 276, 330, 344, 349, 355, 357, 392, 486
상의사(尚義祠) 467
상주(尚州) 19, 40, 50, 51, 60, 94, 99, 101, 109, 127, 129, 146, 165, 181, 206, 233, 238, 251, 252, 272, 277, 279, 283, 289, 293, 298, 316, 318, 324, 330, 333, 343, 354, 356, 357, 362, 369, 375, 379, 399, 412, 415, 416, 419-421, 425, 427, 432, 438, 451, 454, 467, 481, 483, 484, 490, 494, 496, 501, 505

상주성(尙州城) 374
상진(尙震) 91
상초전(上草田) 366
상촌(桑村) 40
상토진(上土鎭) 90
서계(西溪) 200
서궁(西宮) 283
서달(徐達) 29, 36
서대초당(西臺草堂) 142
서선(徐選) 36
서성(徐渻) 286
서수라(西水羅) 89
서애(西厓) 178, 268, 272, 278, 315, 318, 322, 323, 326, 333, 334, 354, 356, 379, 380, 382, 444, 450, 503
서애(西崖) 417
서절효(徐節孝) 488
서해평(西海坪) 92
석기린(石麒麟) 363, 365
석천(石川) 251, 252
선산(善山) 70, 71
선암산(仙巖山) 276
선천계(宣天桂) 29
설경헌(薛敬軒) 486
성극(省克) 315
성극당(省克堂) 313
성산(星山) 206, 207
성석린(成石璘) 40, 41, 45
성운(成運) 133, 134, 136, 160
성윤해(成允諧) 181
성재(惺齋) 205
성주(星州) 200, 302, 375
성혼(成渾) 485, 487
소강(少康) 338
소강왕(少康王) 333
소경왕(昭敬王) 149, 157, 165, 417
소곡(素谷) 61
소곡리(素谷里) 195
소백산인(小白山人) 469
소세양(蘇世讓) 108
소암(笑菴) 191
소재(穌齋) 146, 155, 165, 259, 427-429, 461
소재(蘇齋) 124, 125, 233, 257, 365
속리사(俗離寺) 300
속리산(俗離山) 171, 173, 300
속수(涑水) 487
송경(松京) 247
송계(松溪) 186
송광일(宋光一) 474
송당(宋瑭) 195
송덕립(宋德立) 197
송덕부(宋德溥) 197
송덕성(宋德成) 197
송덕여(宋德輿) 197
송덕영(宋德榮) 197
송덕윤(宋德潤) 197
송덕준(宋德峻) 197
송덕항(宋德降) 197
송량(宋亮) 193, 195
송령(松嶺) 354, 356
송복산(宋福山) 195
송세휘(宋洸輝) 195
송소(松巢) 266, 268, 269
송송례(宋松禮) 195
송숙기(宋叔琪) 195
송시열(宋時烈) 371-373, 510, 511, 513
송오공(松塢公) 185
송우곡(宋愚谷) 356

[ㅇ]

일묵재(一默齋) 354, 355
일선(一善) 275
일재(一齋) 133, 136
일휴당(日休堂) 205
임갈천(林葛川) 127, 130
임숙영(任叔英) 334, 339, 388, 395
임인보(林仁輔) 490
임피(臨陂) 73, 75, 77
임훈(林薰) 128
잉거도(仍巨島) 81, 89, 91

[ㅈ]

자로(子路) 327
자방(子房) 471
자암(自菴) 73, 76
자천대(自天臺) 467, 470
자후(子厚) 149, 154, 164
장계곡(張谿谷) 165
장대(章臺) 468, 470
장돈(章惇) 393
장만(張晩) 388, 390, 396
장맹경(張孟卿) 143
장문보(張文輔) 279
장성(長城) 91
장세강(張世綱) 143
장세침(張世沈) 121
장여순(張汝恂) 131
장유(張維) 124, 126
장일(張逸) 279
장자방(張子房) 468
장정위(張廷尉) 450
장천(長川) 142
장추전(長秋殿) 343, 344, 348
장현광(張顯光) 267
장흥부(長興府) 105
재조지은(再造之恩) 284
적암(赤巖) 375
전극념(全克恬) 392
전극항(全克恒) 399, 454
전대부(全大富) 400
전사서(全沙西) 356
전숙(全淑) 400
전식(全湜) 297, 298, 303, 354, 388, 395, 400, 454
전여림(全汝霖) 400
전응경(全應卿) 400
전주(全州) 40, 44
전팽조(全彭祖) 400
전학준(全學浚) 400
전행(全緈) 197
전혼(全焜) 400
전효격(全孝格) 400
전후(全峘) 392
절충장군(折衝將軍) 369, 375
점필재(佔畢齋) 51
정걸(鄭傑) 184
정경세(鄭經世) 99, 100, 140, 141, 183, 211, 214, 219, 283, 304, 313, 314, 354, 379, 388, 395, 498, 499
정경임(鄭景任) 186
정계함(鄭繼咸) 185
정광필(鄭光弼) 73, 75, 77
정구(鄭俅) 141
정구(鄭逑) 201
정국성(鄭國成) 183, 184
정극공(鄭克恭) 184
정기룡(鄭起龍) 369, 373
정덕린(鄭德麟) 377
정도응(鄭道應) 498, 499

정도징(鄭道徵) 350
정두경(鄭斗卿) 495
정득린(鄭得麟) 377
정무수(鄭茂壽) 373
정번(鄭蕃) 185
정범례(鄭範禮) 370, 376
정범조(丁範祖) 415-417
정수린(鄭壽麟) 370, 376
정시린(鄭時麟) 377
정심(鄭杺) 499
정암(靜菴) 73, 74, 76, 77, 99
정언각(鄭彦慤) 146, 151, 156
정업원(淨業院) 147, 151, 159
정여관(鄭汝寬) 367
정여립(鄭汝立) 148, 153, 163, 210, 211, 218, 229, 247
정온(鄭蘊) 287, 288
정우복(鄭愚伏) 362, 363, 388, 395, 415, 417, 450
정위(鄭煟) 293
정의걸(鄭義傑) 376
정이(正而) 463
정이(程頤) 154, 512
정이괄(鄭以适) 196, 197
정익린(鄭翼麟) 377
정인룡(鄭仁龍) 373
정인자(鄭仁慈) 120
정인홍(鄭仁弘) 333, 334, 339, 343, 349, 389, 393
정자(程子) 337
정장공(鄭莊公) 434, 437
정종로(鄭宗魯) 99, 100, 354, 355, 359, 499
정종영(鄭宗榮) 124, 125
정철(鄭澈) 148, 153, 161, 163, 296, 303
정철석(鄭哲碩) 376
정탁(鄭琢) 165
정택(鄭澤) 184
정행원(鄭行源) 350
정헌세(鄭憲世) 187
정호(程顥) 154, 512
정호(鄭浩) 376
정호선(丁好善) 219
정흠지(鄭欽之) 35
제갈공명(諸葛孔明) 468
제월(霽月) 205
제포(薺浦) 86, 87
조검간(趙黔澗) 356
조경(趙儆) 369, 371, 373, 374
조경(趙絅) 164, 322-324, 330, 383, 390, 392, 393, 444, 446, 474
조계형(曺繼衡) 206, 347
조관생(趙觀生) 436
조광벽(趙光璧) 415, 416
조광조(趙光祖) 74
조광헌(趙光憲) 289, 298
조규진(趙奎鎭) 417
조균(趙稛) 305
조기원(趙基遠) 293, 305
조돈(趙暾) 436
조령(鳥嶺) 333, 339
조뢰(趙賚) 436
조림(趙琳) 436
조맹(趙孟) 288, 298, 416
조목(趙穆) 159, 205, 266, 267
조몽길(曺夢吉) 206
조몽신(曺夢臣) 347, 494
조상(趙相) 436
조서경(趙瑞卿) 416

조서정(趙瑞廷) 131
조석철(趙錫喆) 305
조섬(趙銛) 436
조성한(趙聲漢) 440
조수복(趙壽福) 367, 416
조수익(趙壽益) 473, 475
조숭(趙崇) 298, 416
조승손(趙承孫) 436
조승수(趙承洙) 305
조승호(趙承瑚) 416
조승훈(祖承訓) 370, 372, 376
조식(曺植) 119, 120, 133, 136, 160
조안경(趙安經) 305
조언홍(曺彦弘) 347, 494
조영원(趙榮遠) 293
조용주(趙龍洲) 483
조우신(趙又新) 434, 435
조우인(曺友仁) 343, 346
조욱(趙昱) 191, 192
조유원(趙裕遠) 305
조윤영(趙允寧) 288, 298
조이(趙悏) 131, 253
조익(趙翊) 296, 298
조인옥(趙仁沃) 436
조인후(趙仁厚) 230
조정(趙靖) 287, 288, 296, 354
조정무(曺挺碔) 350
조정방(曺挺方) 350
조정연(曺挺衍) 350
조정위(曺挺威) 350
조정윤(曺挺閏) 350
조정융(曺挺融) 350
조정항(曺挺恒) 493
조지수(趙之壽) 435
조직(趙溭) 438
조충남(趙忠男) 210, 218, 229
조침(趙琛) 416
조태윤(趙泰胤) 305
조한신(曺漢臣) 236
조형원(趙亨遠) 293
조홍원(趙弘遠) 293
조흥원(趙興遠) 293
조희(趙禧) 288, 298
조희안(趙希顔) 436
조희인(曺希仁) 344, 345, 350, 433, 494
존재(存齋) 357
종경리(宗敬里) 77
종곡리(鍾谷里) 238
주몽(朱蒙) 411
주문공(朱文公) 110
주부자(朱夫子) 383
주안현(周岸縣) 238
주왕(紂王) 362, 367
주자(朱子) 337, 381, 483, 489, 495
주희(朱熹) 484
죽고사(竹皐祠) 58
죽봉(竹峯) 308
죽암(竹巖) 206
죽일(竹日) 304
중모현(中牟縣) 51, 328, 427
증삼(曾參) 127, 128
지례(知禮) 275
지리산(智異山) 374
진관(陳瓘) 121
진도(珍島) 146, 147, 150, 156, 257, 259
진례산(進禮山) 85
진목동(眞木洞) 279
진무경(陳茂卿) 239

진보현(眞寶縣) 68, 69
진북(鎭北) 89
진식(陳寔) 127, 128
진양(晉陽) 263
진여경(陳餘慶) 417
진유경(陳裕慶) 121
진이정(陳利貞) 363, 367
진주(晉州) 374, 451
진주성(晉州城) 370, 376
진충숙(陳忠肅) 393
징군(徵君) 133, 136

[ㅊ]
차창주(車滄洲) 165
창덕궁(昌德宮) 94
창석(蒼石) 296, 299, 304, 322, 324, 330, 333, 354, 358, 434, 437, 454, 481
채극과(蔡克戩) 197
채득기(蔡得沂) 467, 469
채별좌(蔡別座) 356
채수(蔡壽) 409
채유부(蔡有孚) 409
채유후(蔡裕後) 473, 476
채제공(蔡濟恭) 338
채팽윤(蔡彭胤) 22, 26
채헌징(蔡獻徵) 481, 482
천계(天啓) 284, 285
천성(天城) 80, 88
천안(天安) 396
청대(淸臺) 359
청리(青里) 326
청석동(青石洞) 56
청음(淸陰) 469
청정(淸正) 247, 248, 375
청주(淸州) 58, 60, 104, 238, 241
청주(青州) 107
청천(菁川) 263
청천(聽天) 175
청천사(晴川祠) 200, 207
초동(草洞) 276
촉석루(矗石樓) 370, 372, 376
최간이(崔簡易) 165
최거원(崔巨源) 401
최명길(崔鳴吉) 473, 476
최수인(崔守仁) 92
최안(崔安) 29
최영경(崔永慶) 159, 296, 297, 303
최윤(崔胤) 370, 376
최집(崔集) 143
최충(崔沖) 429
최호(崔豪) 89
최황(崔滉) 429
추동(楸洞) 142
추동산(楸洞山) 328
축서산(鷲棲山) 305
춘천(春川) 247
충국(充國) 95
충렬사(忠烈祠) 369, 419, 425, 454
충보군(忠報軍) 233, 238, 300
충복(忠僕) 461
충암(冲菴) 73, 74, 76, 77, 99
충주(忠州) 146, 151, 156, 165, 490
칠진(漆津) 421

[ㅌ]
탄부곡(炭釜谷) 238
탄수(灘叟) 155
탐라(耽羅) 411
태백산(太白山) 448

태인(泰仁) 106-109
태촌(泰村) 272
태촌거사(泰村居士) 275
택당(澤堂) 469
퇴계(退溪) 124, 334, 383
퇴도(退陶) 101, 146, 156, 266, 268, 322, 323, 326, 382
퇴옹(退翁) 487
퇴지(退之) 73, 78, 314

[ㅍ]
파평(坡平) 59
판곡(板谷) 181
평산(平山) 284, 285, 493, 495
평양(平陽) 91
평양군(平陽君) 84
평택(平澤) 142
평해(平海) 247, 249
폐비윤씨(廢妃尹氏) 64, 66
포덕후(褒德侯) 429
포증(包拯) 25
포희인(包希仁) 22, 25
풍기(豐基) 275
풍당(馮唐) 485
풍신수길(豐臣秀吉) 153
풍악산(楓岳山) 108

[ㅎ]
하담잡록(荷潭雜錄) 248, 249
하륜(河崙) 40-42
학가산(鶴駕山) 268, 407
학봉(鶴峯) 287-289, 301, 369, 514
한강(寒岡) 200, 201, 204, 296, 299, 381, 432
한강(漢江) 162
한경(漢京) 508
한규(韓珪) 86
한극술(韓克述) 479
한극창(韓克昌) 478
한기(韓琦) 25
한수(韓洙) 114
한양(漢陽) 449
한음(漢陰) 303, 304, 444, 450
한준겸(韓浚謙) 170, 172
한치규(韓稚圭) 22, 25
한퇴지(韓退之) 313, 316
함양(咸陽) 275, 279, 375
함창(咸昌) 60, 241, 253, 272, 277, 305, 354, 356, 436, 478
함창읍(咸昌邑) 110
함흥(咸興) 55
함흥부(咸興府) 141
합포(合浦) 88
해동명신록(海東名臣錄) 21
해서(海西) 396
허공교(虛空橋) 86
허국위(許國威) 302
허목(許穆) 149, 154, 155, 212, 226, 257, 258, 464, 469
허반(許磐) 64-66
허봉(許篈) 162
허잠(許潛) 203
허조(許稠) 70, 71
허준(許遵) 261
허징(許澂) 163
허한(許僩) 200, 201
현황제(顯皇帝) 158
호계현(虎溪縣) 437
호담암(胡澹庵) 469
홍가신(洪可臣) 159

홍경삼(洪景參) 450, 508
홍귀달(洪貴達) 67, 68, 444, 449, 507
홍덕록(洪德祿) 450, 508
홍리상(洪履詳) 338
홍립(洪雴) 261
홍무적(洪茂績) 478, 479
홍빙(洪凭) 434, 435
홍서봉(洪瑞鳳) 444, 445, 447
홍섬(洪暹) 124, 125
홍성민(洪聖民) 124, 125
홍숙경(洪叔京) 444, 446-451
홍언국(洪彦國) 449, 507
홍언충(洪彦忠) 67
홍여렴(洪汝濂) 451
홍여순(洪汝諄) 263, 264
홍여잠(洪汝潛) 451
홍여하(洪汝河) 405, 406, 441, 449, 451, 505, 507
홍우정(洪宇定) 469, 471
홍원(洪原) 465
홍의적장(紅衣賊將) 369, 375
홍이상(洪履祥) 170, 172, 333, 338
홍천서(洪天敍) 401
홍호(洪皓) 468, 471
홍호(洪鎬) 437, 444, 449, 505, 508
화량진(花梁鎭) 80, 83, 88
화령(化寧) 50, 163, 257, 258, 260
화령현(化寧縣) 50, 427
활재(活齋) 483, 486
황간(黃澗) 505, 506, 511
황군서(黃君瑞) 27, 31
황균비(黃均庇) 27
황근(黃瑾) 185
황뉴(黃紐) 514
황덕유(黃德柔) 514
황령사(黃嶺寺) 354, 356
황룡부(黃龍府) 468, 471
황몽상(黃夢祥) 197
황보신(黃保身) 29
황석부(黃石富) 26
황수(黃脩) 495
황수로(黃壽老) 26, 31
황수신(黃守身) 29
황시간(黃時榦) 490
황윤관(黃允寬) 90, 91
황적(黃迪) 301
황준량(黃俊良) 200, 201, 203
황치신(黃致身) 29
황치원(黃致遠) 370, 376
황호(黃㦿) 392, 493, 494
황효헌(黃孝獻) 99
황희(黃喜) 19, 21, 26, 34, 35, 99, 185
회덕(懷德) 301
회암(晦庵) 512
회옹(晦翁) 382
회왕(懷王) 468
회재(晦齋) 146, 156, 334, 499
효계(驍溪) 326
효곡서원(孝谷書院) 354, 358
효종(孝宗) 513
후계(后溪) 133, 135, 252, 299, 314-316
후원(後元) 383, 387
흑석(黑石) 305
흑송리(黑松里) 512
흑오산(黑烏山) 357
흥해군(興海郡) 449
희지(羲之) 74, 78

영인자료

嶺南人物考 四

서울대학교 규장각한국학연구원 소장

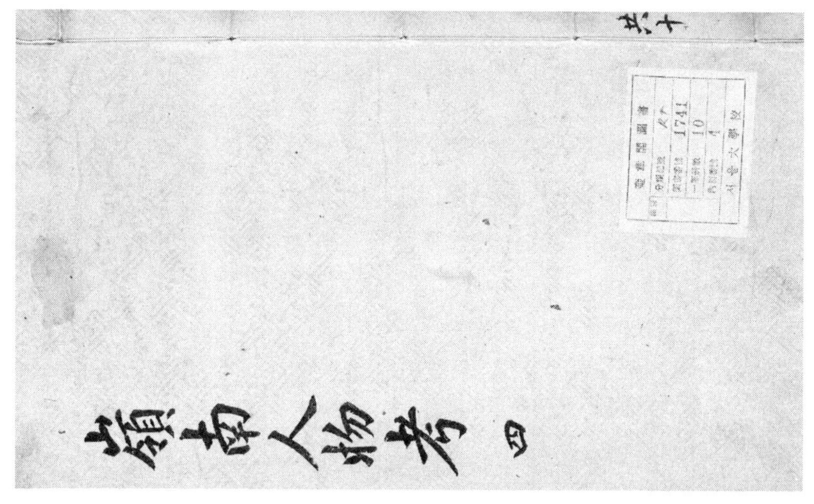
嶺南人物考 四

嶺南人物考卷之四目錄

臣沈奎魯

尙州 一

尚州一

黃喜 翼成公

黃喜初名壽老字懼夫自號厖村長水人高麗恭愍
王癸卯生生員進士文科拾遺補闕議郎入我 朝
司諫代言參知議政府事平安江原監司大司憲判
六曹參贊贊成至領議政致仕入耆社 文宗壬申
卒配享 世宗廟庭享尚州玉洞書院
姿儀雄俊天性寬裕聰明好學至老不衰嘗信斯
道不惑異端居家清慎存濟貧窶識度深遠局量
宏遠望之如泰山黃河中朝使者嘗見公不覺驚
服爲盡禮貌

太宗世宗倚注特重再丁憂皆特 命起復凡奇
謀密議必召公決之當國是久遵守 祖宗法度
或有獻策變法者力止之
平生不念舊惡處事平恕及議大事面斥是非曾
不少貸
參察獻議公皆手草詞義俱暢人之談賢相以公
爲先
卒殮有氣覆于屋上其非事訖而啓葬之日人無
貴賤莫不奔走痛惜各司胥徒各出布貨設奠不
憚煩貲舉國遑遑戀慕

居政府凡二十四載累請乞骸至著詩見意 上
不得已命一月二朝已巳始許致仕然大事必遣
近侍就問決之（申叔舟撰碑）
少時見田父以黃黑兩牛畊問曰何者最善田父
不答追至山田路轉處密語曰黃者善公曰何不
卽對田父曰彼雖畜物而五藏與人同故能解人
語不忍長短於牛之所聞也公平生服膺不妄人
是非
太宗廢讓寧時公及李稷堅執不可謫於外 世
宗立首入相

太宗一日命召公公至戴㮶高頂笠子穿碧色麁
布團領帶藍條兒詣政院方自田野而至形貌庬
然而已人未甚奇之 太宗曰喜前日適誤耳此
人終不可棄壬寅召還屬 世宗用之
平居淡如兒孫僮僕羅列啼呼畧不呵噤嘗獨步
園中隣童投石有梨方熟落滿地公呼侍僮隣童
謂將拿去驚匿暗聽則曰將柳器來拾梨與隣兒
以平安道都體察使定藥山城基遂置兵營
其爲相也金宗瑞爲工曹判書嘗於公會令工曹
畧備酒果而呈之公問備出何處下吏對曰判書

處諸公曰晏盧臏使工曹倫之耳公怒曰國家設
禮賓於政府傍者為三公也若盧臏則當令禮賓
倫來何以私自公辯乎立宗瑞于庭而峻責之金
相克成以此事　啓於經席曰大臣當如是可以
鎮壓朝廷也海東名臣錄
白玉洞上樑文曰惟我厖村相公允為天下大老
廣厦千萬間之性宇陽春二三月之靈臺泰岱衡
霄雲雨興而萬物澤滄溟浸地江河濯而百川歸
容勿失謨君臣合昭融之契從容鎮俗社稷措盤
石之安揚伯起之四知無論暮夜邑希仁之一笑

有類清河允切則殷伊摯之格上天宿德則韓稚
圭之鐘間氣臺臨鯨海惠化配南國之棠山立鷺
班風標伏中朝之使昭垂典樂與日月而齊懸懇
款封章代絃韋而充佩滿汾陽之書考　兩朝三
登瞻潞國之若神十日一赴至於褆身之仁義尤
見懋學之工夫考信專精鏡前賢之著說觝排畫
力鋤左道之誣民達孝章於移忠誨人驗於行己
蔡彭胤撰

盧嵩 敬平公

盧嵩字中甫號桑村光州人高麗丁酉進士乙巳文科歷判書入我 朝至右議政享尚州玉洞祠

辛禑嘗一日馳馬入公之園問曰此誰家從者曰盧某之家策馬疾馳而出以公數諫盤遊心忌之也

為全羅觀察黜陟使先時近海無城民弊輸漕公遵海而行相地之宜得全之龍安羅之榮山等城輸漕以便轉漕且諸州郡舊無義倉公又請于朝始置之自是雖遇凶年民無菜色民到于今稱之

居家與昌寧府院君成石璘以下年德俱高數十餘公結為耆英會優遊卒歲

臨終戒諸子曰吾嘗觀先儒議論粗知死生之理吾死後毋作佛事 河崙撰誌

盧德基

盧德基字恭之光山人右議政嵩曾孫 太宗甲午生 世祖丁丑除主簿錄原從勳歷掌令叅議至同中樞 成宗己亥卒

爲人謹愿醇慤前後 除官皆出 特恩而愈自謙遜腰金未久托疾以歸 致祭文有曰年甫知命丏疾還笏恬於榮利如卿者誰

事大夫人忠養之節無少欠缺學術高明操守堅確雖儒者不能及也 金宗直撰碑

權徵

權徵字　號藤巖安東人　世宗丁卯進士庚午
文科歷持平錄原從勳　世祖丁亥以北道兵馬評
事從征李施愛死之
至文川聞監司申㴐都事朴宗文爲賊所殺自爲
先鋒督戰賊勢甚急公厲聲曰吾受國厚恩生不
斬叛逆之首死豈忍亂逆之手乎遂南向　北闕
而四拜又東向家山而再拜因呼家丁曰國事至
此吾死矣斷衫血指寄家書曰男兒之事丈夫之
命自古如此千萬勿慮付送朝衣一襲時公之二
子在襁褓又無兄弟不能收骸只以血書朝衣招
魂以葬以書出日爲忌日 權相一撰碣

尹師晳

尹師晳字　號遯菴坡平人　成宗朝南臺執義
享龍宮竹臯祠
燕山朝見羣賢駢戮裂帽毁衽挈家歸隱於淸州
玉華臺嘗作詩曰晩向巖臺上風光眼底森種松
方蔚翠移柳漸成陰白石粼粼出淸江曲曲深名
韁看獘屣身世白鷗心詩載東文選
公平日所著述當隱遁之日悉燒之後世無傳焉
惜哉 李㙔撰 行狀

姜詗

姜詗字詗之晉州人 文宗辛未生 成宗壬辰司

馬 除司評庚戌至大司諫燕山甲子被禍 中宗

反正 贈吏曹判書

燕山將復廢妃尹氏嘗令姜詗獨啓力爭請鞫處

思愼逢君之罪甲子與三子同日被禍戊午之禍

爲校理謙進士許晗弘文正字許磐俱死 燕山日記

洪彥忠

洪彥忠字直卿號寓菴金溪人文匡公貴達子 世
祖癸未生燕山乙卯司馬文科歷弘文正字吏郎甲
子禍配巨濟 中廟反正授官不就
與朴誾等同爲校理 賜暇書堂甲子在囚中掠
已措下小息圜墻之中其友指其衣血曰慘矣公
曰此弘文館水所染弘與紅同音血色紅故云鞫
了還配其友又候之郊公曰平生爲學之禍一至
此哉友曰若使子刮去慧智塗薰猶混敍衆爲悾
悾然一物則子亦爲之乎公撫然曰悉流離顛踣

中人哉省記者學也客路辛艱揭然垂橐入武繼
給者學也竄伏海島神魂危悸除文墨無可娛玩
學之功大矣俾我心善惡口是非猜叢疾簇招禍
於世者固是學也而又自得力如彼反而思吾之
有又不啻如拱璧在身
謫配眞寶縣自分必死自作碣銘云大明天下日
先照國男子姓洪名忠字直半生迂拙文字之攻
在世卅有二歲而終命何云短意何其長卜于古
縣茂林之鄉青山在上灣碕在下千秋萬歲誰過
斯野指點徘徊其必有悵然者(海東名臣錄)

李堰

李堰字深源號洛濱興陽人大司憲垠子文科歷執
義至全州府尹 成宗癸卯卒
早年登第歷職清顯講學於許先生稠
南原歲飢朝廷推公加通政拜南原府使至則發
倉賑飢収民棄兒分鞠於吏民之無子者歲中府
境大治秩滿當歸民請于朝留之 上賜手書曰
聞卿政清恵愛字民治有聲績 特轉階嘉善自
南原遷全州兩邑之民哭送歌迎
退居善山内谷築室洛濱日與士友講學不倦優
遊自樂二紀嘗於壽席子婿盛集知郡邑者五人
解其所佩印綬置於座臨罷不能辨 金叔滋撰行狀

金絿 文毅公

金絿字大柔號自庵光州人 成宗戊申生 中宗
丁卯司馬壬申文科歷弘文正字吏郎典翰直提學
藝文應教湖堂至副提學甲午卒 贈吏曹判書
公天分絶高踐履又篤發憤力行相與講究切磋
者皆一時善類 中廟銳意文治作新一世而公
及靜庵趙先生冲庵金先生爲所倚重圖回至治
以堯舜君民興起斯文爲己任北門禍作一夜下
理衮貞誣以大逆賴大臣鄭光弼力救杖流開寧
居數月加罪竄南海十三年量移臨陂又二年放
還其在謫也父母俱沒至是奔哭到乡上塚滂淚
所著草木盡枯文章奇杰當解音律樂正之拜欲
令正雅樂也初登科試考官賞批曰退之作羲獻之
書擢置兩魁國朝所罕也筆法自成一家世謂之
仁壽體居仁壽坊故也後聞爲華人所購絶不書
以此字傳于世 金世濂撰碣

金舜臯

金舜臯字虞卿順天人平陽府院君承霆後 成宗
己酉生乙亥武科丙子重試歷宣傳官五典郡府三
制水閫五除兵使漢城左右尹冬至副使捕盜大將
副摠管知訓鍊僃邊提調至知中樞襲封平陽君
宣祖甲戌卒

中廟命两界驅逐胡人冒居閭延四郡者再遣公
先審道路及軍行為先鋒擣虜巢焚撤五十餘區
俘斬甚夥遂殿後且戰且還諸將皆以恇㤼𠱥退
被譴謫公獨以功免事當肯綮必使公辦之

自倭變始革花梁為水營始揀宿將提調武庫京
江創戰船纔甸立舟師大將皆使公為之恩威并
行聲績俱顯加設加德天機於熊川海中攺築天
城統陞種枳設柵藏船皆由公建議且慮倭冦能
使鐵丸砲戰船左右置輪首尾設砲我之有船砲
自公始

慶興連被水灾 朝廷憂之設木柵於仍巨島俾
民越江耕墾遣公以規之至則見其為 穆祖肇
迹之地且木柵非久遠之圖與府使金秀文竭力
經始砲加石等不數月城宇俱成前時公見猜於

尹元衡人有承望元衡風旨賣公取媚唱言新城
啓讐元衡嗾三司至請大辟竟配江界及湖南報
變即謫所傳遽召至京預策軍機如故後論及仍
巨事猶憤切不置人曰不忘熱羹耶公曰此心烱
烱九死靡悔公之友亦有以論撤屯湖為言者吁
攻戇曰吾自今無意國事矣公曰人臣為國吁當
終始豈可以一折中沮乎一座聳警
公身長九尺三寸容儀魁傑見者知其瓌器
銘畧曰韜不試奇芳國之福志不伏老芳忠之確
李濟臣撰碑銘

黃孝獻

黃孝獻守叔貢舖蒼谿長水人翼成公喜玄孫 成
宗庚戌生 中宗丁卯進士甲戌文科歷修撰吏郎
湖堂承旨大司成監司至吏曹參判弘文館提學
中宗壬辰卒配享尙州玉洞書院
議政府承 命擇師儒公與靜庵慕齋及一代名
賢二十一人同被薦以嘉善超擬大提學
思休鄭文莊公稱公德行卓絶世稱淸白吏
中廟戊寅 經筵將進講性理大全選可合者公
與靜庵慕齋冲菴諸賢共豫焉 鄭宗魯撰遺事

申潛

申潛字元亮號靈川高靈人 成宗辛亥生 中宗
癸酉進士魁己卯登賢良科選翰林未幾罷榜褒貞
敗起廢筮仕至牧使 明宗甲寅卒享尚州玉城書
院

中廟癸卯大臣薦公年高德邵才堪華國不可待
以常調 上下教曰其除守宰以觀治績
在泰仁歲飢流民湊集列置房屋百餘間以處之
所全活數千人在杆城民俗丕變文風大振 明
廟命陞秩賜帛以奬之

文章高古傍通書畫人稱三絶退陶李文純公嘗
詠畫竹有竹與靈川本一身不將榮悴搜秋春之
句其清芬姱節於此可徵 竹牘
薦科罷後又失白牌有詩曰紅牌已収白牌失翰
林進士摠虛名從此峩嵯山下住山人二字有誰
爭一時傳誦之 國朝詩删

辛崙

辛崙字景立靈山人叅議弼周子燕山甲子生 中

宗丙午文科官牧使 明宗乙丑卒

狀貌魁峩質性淳厖事親孝理民和言不表華行

無虛僞鄉里稱其孝位不稱器爲人所惜 曺植撰碣

王希傑

王希傑字士雅開城人系出高麗燕山乙丑生 中宗甲午司馬癸卯文科歷翰林弘文正字兩司舍人典翰副提學將薦義州牧使 明宗癸丑卒于官與退溪蘊齋及鄭宗榮洪暹洪聖民兄弟從遊文章言行及書畫射御至於歌舞碁奕無出其右時人稱爲將相才

父喪廬墓謂其兄曰父母常謂我讀書登第否者死無面目見先人朝於几筵痛哭計一日所讀冊張數翌朝又誦告於几筵服闋遂登第 張維撰碣

金彦健

金彦健字精甫號芸亭永山人　中宗辛未生庚子
司馬　宣祖辛未卒以至行　贈監察享尙州淵岳
書院
八歲孤朝夕哭于墓墓距家十里之遠寒暑不怠
聞者爲之涕
廢擧求志奉養大夫人承顔順志左右無方鄕里
莫不以先生之孝望其子
嘗遊太學李樑柄國欲鉤致之終不動及歿林葛
川挽之曰孝擬曾參猶是可賢方陳寔未爲欺人

謂實錄 李象靖撰

金範

金範字德容號后溪商山人 明宗朝以薦授教官
官至縣監

公事親温凊之禮冬夏無愆滫瀡之奉晨夕必躬
喪祭之儀一遵家禮牲俎之餘雖一羽一鱗無敢
褻棄有 國家則居外素食以終卒哭 國忌茹
蔬以爲常家人皆知某日之爲某 陵忌辰
以教官應經明行修之聘與成大谷運李一齋恒
同被召 明廟下旨促來玉堂劄請待賢以優禮
令勿拘日限上來
授玉果縣監仍 命藥物及食物公以不敢虗辱
上恩黽勉就道與曹徵君植同入對以完養一心
執德專久爲治道之本縷縷累百言語簡而切義
理明白 上皆嘉納 李埈撰傳

金沖

金沖字和吉號西臺商山人 中宗癸酉生 明宗
辛亥文科魁官繕工監正 宣祖壬申卒
廉潔簡拙立朝不事干謁故不或違媕諸素不飮
酒在湖幕以沉酗見彈聞者笑之
銘曰有受其譖人則以爲恭也有乞其醯人則以
爲忠也公不能此宜其躓而窮也人謂公窮兮公
乃自以爲通也 鄭經世撰碣銘

盧守慎 文簡公
盧守慎字寡悔號蘇齋光山人右議政嵩後 中宗
乙亥生癸卯文科魁歷修撰司書吏郎湖堂乙巳配
珍島 宣祖戊辰敍直提學藝文應教副提學監司
大司諫大司憲吏曹參判判書大提學癸酉拜右議
政至領議政庚寅卒享尚州道南書院
先生聰明博學為文章尤深於經術慕齋金文敬
公以時習箴試諸生歎人才不足見先生作復歎
曰言不可不慎
初見李文元公請問存心之術文元公指掌曰有

物於此握則破不握則亡先生書曰此忘助之異
名也
與李文純公同選書堂以道學相推許為重
為正言論劾李芑傾邪小人士禍起先生坐[illegible]罷
歸忠州鄭彥慤上壁書加罪乙巳人初配順天遷
珍島
在島十九年海中頑俗先生教以禮俗始知嫁娶
有禮著人心道心辯執中說夙興夜寐箴解李文
純公見之曰斯道不亡於東方
為湖西觀察使上箚本數千言仍進夙興夜寐箴

解　上下校書令刊行
丁外艱幾不勝喪　上特遣醫問之先生上疏謝
進君德之戒六事一務討訓解不務求實二務察
瑕纇不務立治道三務攬權柄不務合人心四務
循前例不務行古義五務悅諂諛不務愛正直六
務喜才藝不務重器識
上之元年以校理　召還一年三遷為大司諫以
憂去復入纔三年致位三公請撤淨業院中嚴贓
汚法
仁順大妃薨與左相朴淳上白帽帶從三年議

上從之
黨議起郭越上疏言事有外人通宮禁伐士林之
言　上怒先生曰越雖過矣不可以言罪人
上問瑠任濯仁淑復官事對曰臣乙巳罪人言不
言皆罪也復四人官以慰　大妃可也
貞敬夫人卒先生已六十七居倚廬寢苫疏食
上憂之勉權制賜米豆先生上疏謝
日本倭遣使求和先生曰天下之惡一也秀吉弑
其君義無可交也
先生嘗薦金宇顒等汝立方有名譽亦在薦中上

變事起先生即出　國門外待罪於是鄭澈為左
相覆主獄獄事滋蔓搢紳大陷人心懼之客欲援
例自列先生曰旣誤薦法之所不貸宜自明而得
仲哉
先生之學篤於彜倫日用之則達之天德天道推
之萬事萬物本諸身施諸家推諸邦國格君心正
大義舉賢才遵舊制明治體可見於講義懼塞眷
正皆典學之文也拘因海島幽思窮抑涵蓄才學
平以成大用者天也
或疑先生之文不類宋儒而茂叔之簡俊二程之
明當子厚之沈深其衛道一也
光海二年廷議以先生請配享　昭敬廟庭光海
以為不保終始報罷
銘曰道德博文仁也為國以禮敬也盡言無隱忠
也守經直義正也 許穆撰碑

姜士尙 貞靖公

姜士尙字尙之晉州人舍人溫子 中宗己卯生癸卯進士丙午文科歷翰林吏郎舍人直提學大司成副提學大司諫大司憲藝文提學吏兵曹判書至右議政 宣祖辛巳卒

風神凝遠識度宏厚言笑不苟性嗜學尤喜綱目大學衍義累秉兩銓而清白自守門無雜賓為相四年莊穆自持鎭如喬嶽容如淵藪燕居雖甚熱必整飭衣帶不見惰容

平生於生產泊如也無一區可以退休子弟請營菟裘公笑曰仕宦者但患不得退退何患無居乎

夫人尹氏壽八十五子紳若與韓柳川浚謙洪慕堂履祥朴錦溪東亮諸宰結契名曰慶壽會稱觴以慶之 宣廟嘗命賜一等酒樂設宴異數也

李櫟以公同庚要與交結而公終不肯 (李景奭撰謚狀)

公為嶺伯副學公按湖西約會於俗離山福泉寺兩道之界也旌節交樹山庭湖西節適新造鮮好副學公戲曰兩道節無或互換也公笑曰兩方伯帶無或互換也時公已金鞓也一時傳為美事公詩曰他日山僧傳勝事弟兄旌節一時來 (商山志)

成允諧

成允諧字和仲號板谷 中宗庚辰生 宣祖庚午
薦行誼 除叅奉師傅縣監皆不起丙戌卒享尚州
鳳山書院

其爲學以力行爲本嘗曰外人事而談性命非爲
已之學也叔父大谷先生常言其氣稟加人數等
晩年成就非吾所及

每 朝命至輒閉户不出若無所容人或勸以上
章陳謝先生蹙然曰若是則有似自有其實者吾
不敢也

銘曰求在我而自得者先生之志舍所爲而爲人
者先生之恥此先生之學所以不同乎今人而無
愧於古之爲已者 吳億齡撰碣

鄭國成

鄭國成字叔擧號復齋晉陽人 中宗丙戌生 明
宗戊午司馬學行薦除叅奉壬辰亂卒於軍
德器渾厚語默有成法見之者自然起敬雖武夫
孺子皆知其厚德長者然或當酬酢事變斷以義
理有毅然不可犯者
嘗言士無隱見行其志一也旣不能行道於世則
推其所學於人亦行道之一也教誨後學授書無
倦人相感發成就者多若愚伏鄭經世之郞行文
章尤其表表者也

嘗以失養於親爲平生至痛母事姊氏出於至性
其歿服心制三年
猗歟先生和外剛中持身接物一德之恭動之以
禮息以後言有蘭在谷其香自聞擧世之趍君子
之守自信者明彼取我不屹彼墻仞衿佩相拱不
亦樂乎信從者衆雲雷搆屯虺毒成祲道不勝禍
惟帝亦憯所畀之厚何施之嗇報應茫茫難以理
測 李埈撰碣

姜士禹

姜士禹字景獻號笑菴晋州人右議政士尚弟 中
宗丙戌生丙午司馬 明宗乙卯文科歷翰林弘文
正字吏郎湖堂藝文應教承旨大司諫大司成承文
副提調淸洪江原監司 宣祖丙子卒
以書狀朝京至閭陽舖㺚虜猝至圍城城中洶懼
公責厲將士固守使軍官等多發危箭射賊拒戰
虜解去 天朝摠兵楊照以事上聞
趙先生昱隱居講道於龍門山下公少從受學卒
成大儒 姜儹撰墓誌

宋亮

宋亮字景明號愚谷礪山人 中宗甲午生薦孝行
授參奉至主簿光海戊午卒
壬辰賊鋒甚急所在震擾獨馳入鄕校奉 位版
瘗之奉二親入山谷一日賊猝至將逼公長子以
誨以身蔽之遇害李子以鎭蔫罵射殪賊遂得脫
長女盧景鍵妻被執於賊自斫其臂而死
授 獻陵參奉時 國被兵 陵寢廢祭齋官多
闕職公未嘗一日曠直 上遣中使審視還曰獨
獻陵有齋官 李元圭撰碣

金聃壽

金聃壽字台叟號西溪義城人 中宗乙未生 明宗甲子司馬薦授叅奉 宣廟癸卯享配星州晴川祠

奉母夫人常曰斡母之蠱異於事父每事反復開陳喻之以道使親意信之可也

從吳德溪健受心經近思錄黃錦溪俊良講中庸大學與東岡寒岡結道義交許公僩問公曰吾蒞州數年未見公一家人被訴於人行何德政而致此公謝曰畏人屈己故也 李象靖撰行狀

姜緖

姜緖字遠卿號蘭谷晉州人右議政士尙子 中宗
戊戌生 明宗甲子司馬 宣祖己巳文科歷三司
至左承旨己丑卒 贈領議政
有當路者爲憲長啓於 榻前曰薦人當使憲長
兼之公曰憲長主彈劾又令薦人則權柄太重不
幸奸人處之則禍不可言聞者韙之
時議欲引入銓地則故爲放曠之態以避之蓋以
盛滿爲懼也晩益無意於世脫畧形骸倡狂盃酒
人莫不怪之而畧不屑意語及時事輒慨然歎曰
吾觀天時人事不出四五年大禍作矣未幾果有
汝立之獄至壬辰而其言悉驗
與完平李相國高士趙忠男爲莫逆交評論士大
夫賢否命途吉凶無不符契人皆異之常語李相
國曰我有剸煩手除我晉州牧使乃見我才大蓋
不見容於世不得有爲而思其次也 鄭經世撰墓表
雖不曾專意學問而氣度爽悟心地豁達處心行
事自然不違於義理之正剛方正肅若烈日秋霜
見人之惡嫉之若讐而容人過誤不爲苛刻不任
術數而能前知吉凶隂替

嘗與余直玉堂引滿舉白談笑大噱仍醉卧不省
不時有召對之 命蒼黃扶起至 上前其言論
辭氣無異平日以余觀之誠不世出豪傑之士也
識度之弘遠志行之純潔才局之宏博倘爲國家
所倚任則其事業豈淺淺乎 李元翼撰言行錄
嘗侍 上泫然出涕 上怪問之對曰臣賦命至
薄大限至矣不得長侍 殿下是以泣出語同僚
曰大亂將作不敢直對其冬有汝立之獄壬辰有
倭難
在槐院梧里李文忠謂同僚曰若等俱不及此
人但作相危難之際垂涕泣而當之
路見童子羣戲招一童子拊頂曰此兒動中有靜
他日必貴乃申相國欽也 許穆撰遺事
是時朝著不靖互爲擠援公杜門屛跡有詩曰東
西南北風有人在其中大醉復大醉和氣自融融
家乘

金弘敍

金弘敍字任父號沙潭尙州人 中宗庚子生 宣祖庚午文科歷翰林三司吏郞舍人至典翰甲午辛蘇齋以首相丁憂時議重其去欲命葬後返京且以衰病欲於初喪勸肉並於 筵對發之公獨言其不可或訾公不識權宜而識者韙之

三司共劾李栗谷珥朴思庵淳辭甚峻 上怒方震公陳疏數千言辭懇義直而不爲過中激發之論自 上稱以腐儒而不之罪焉

壬辰糾合義旅號曰忠報軍遏絶尙州之賊不得肆於湖西地面者公之力與多

於書無所不讀一覽輒記中年以後專心向裡之學尤好朱書及心經近思錄且留意易學晨起兀坐竟夕沈思史學以綱目爲主焉

六歲母氏遘瘟公亦同病而才起飯一掬飲母氏先進而後乃進母氏病甚厭進而爲公強焉 金弘微撰

行狀

姜紳

姜紳字勉卿號東皐晉州人右議政士尚子承旨緒第 中宗癸卯生 明宗丁卯進士壯元 宣祖丁丑文科壯元歷三司吏郞檢詳典翰副提學兵吏曹判書至判中樞入耆社策平難扈 聖勳封晉興君光海己未卒

鄭汝立獄公以問郎入 侍狂朝名士無不時通書問于鄭賊而獨公與白沙李公數人無一字時論韙之

壬辰丁母憂 大駕西幸到松京 特授關東伯不得已膺 命與畿輔諸將進剿春川原州等賊癸亥春淸正自北路歸公嘗精銳迎擊斬獲甚多其夏捕平海賊以功陞嘉善(姜世東晉陽世德編)

宣祖勵精圖治常 御經筵玉堂諸臣雖退不敢脫衣冠數於月廊少退仍復進講一夜召儒臣設酌使盡量公善飮而中官於燭下以爲不盡杯不敢退公醉甁盂而示之(出金時讓荷潭雜錄)

金覺

金覺字景惺號石川永山人芸直長孝健子 宣祖丁

卯司馬壬辰倡義拔王蹟錄宣武原從勳焉至軍資監

正光海庚戌卒 贈左承旨

壬辰尙州陷於倭強者聚爲盜弱者竄息草間公

倡率義旅殺其魁賊爲亂者令部武士遮截賊徒

一境以賴大難稍定即棄龍宮而歸渡李淡溪山人

以淸福歸之洪李碣跋

盧大河

盧大河字受吾光山人 明宗丙午生 宣祖甲戌
筮仕歷翊衛至郡守光海庚戌卒
公伯父蘇齋守慎竄珍島時公年十九跋涉從之
學旣通耻以科目拔身筮仕為縣令壬辰隨 駕
西行 上命親老者勿從公得私其家轉入北關
謁 世子於伊川以翊衛奉使 行在除僉正為
金應南從事運芻糧妻與寡妹沒而葬於愽川後
家化寧公以寡妹之無依先歸葬而後及妻葬
為天安郡守初行大同法列邑皆效之 許禔撰碑

姜綎

姜綎字正卿號菁川晉州人監司士弼子　明宗壬
子生　宣祖庚寅文科歷翰林三司弼善至承旨光
海甲寅卒
以檢閱扈　駕西行時　上欲傳位光海舉朝諫
不能得公與諸僚上疏力爭事遂寢
又以正言論被虜大臣陷賊辱國罪請置法又言
晉陽殉節諸臣宜　褒贈賜祭恤其父母妻子皆
報可
光海政亂羣小用事公不樂在內求外拜榮川郡
守平生最嫉士大夫逐逐名利隨俗容悅處身持
論常超然色目之外左惡洪汝諄柳永慶之爲人
或遇諸塗及人家輒避不見
次子觀察使弘重初登第有時望賊臣爾瞻諳公
從容曰吾欲以弘文正字處公之子何如公不答
旣去公謂觀察公曰彼以名利對人面誘何也汝
其志之遂絶不通爾瞻大恨之遂劾薦翰林者公
之介潔嫉惡類此 姜擇撰墓誌

權宇

權宇字定甫號松巢安東人忍齋大器子 明宗壬
子生 宣祖癸酉司馬嘗薦授參奉官至 王子師傅
庚寅卒 贈左承旨
十九歲受易於退陶門下從趙月川南賁趾講太
極圖說通說西銘等書爲求端用力之方而沈潛
四子旁及百家俯讀仰思日不暇給士望益重
其爲師傅也 宣廟招出經書疑義令 王子問
難公應口對無疑 宣廟嘉之手書古詩以獎
旅軒張先生跋其遺稿曰吾黨百世之師 [illegible]

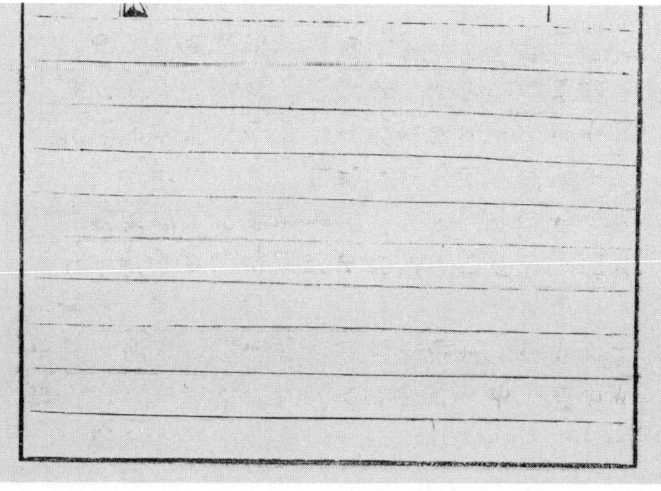

高尚顔

高尚顔字思勿號泰村 明宗癸丑生 宣祖癸酉
司馬丙子文科官郡守 仁祖癸亥卒
光海時爲蔚山判官棄歸自號曰泰村絶意仕宦
以明農爲事壬辰之亂尙咸士族倡義推公大將
丁酉倭再寇時守備之方頗有跡漏公居憂用范
文正服中上宰相書事陳禦寇八策其芳二有曰
蒙遜坐受詔命李順知其不年秀吉之不知逅
勅必無續命之理若啗利以緩其鋒則戰備可益
徐待其斃而爲之圖復云翌年秀吉果死厓相大
加稱許將薦而去國未果識者惜之
有農家月令效嚬錄等書 權相一撰行狀

姜絅

姜絅守仁卿號是庵晉州人右議政士尚子 明宗
乙卯生薦授 王子師傅歷典六州後棄扈 聖功
封晉昌君至右尹 仁祖甲戌卒
伯兄承旨公緖嘗稱諸弟之賢而絅左沈靜有器
識久而當顯
牧尚州尚乃并州故鄉而刻厲爲治除去宿弊小
民無愁怨之色姻戚無失懽之聲
爾瞻用事不樂在京屛居衿山先墓下經史自娛
不叅庭請光海使在鄉人別爲獻議公議以爲處

人倫之變務歸至當無有一毫未盡時論譁然斥
目
大妃之處西宮也除職者無敢肅謝而公獨行之
誕日與名節問安未嘗有闕 大妃嘉之 及正
後每爲 上言之
上將講周易鄭文莊經世奏曰臣見姜絅邃於易
學如欲講易無出其右以特進官常常入 侍則
必有益 上從之
丁卯虜兵漸逼 上出幸江都公 扈從仍爲通
和使行到平山鐵騎從橫釰戟森列而公從容無

怖色時年近八十白鬚紅頰神采動人虜人竦敬
及議和虜以去天啓年號用金國正朔爲言公答
曰我國臣事 天朝三百年且有再造之恩豈可
以子而背父乎往復力拒不爲折虜皆唯唯稱之
曰朝鮮老大官彼中極尊之稱云
與弟郡守公及五峯李公藥峯徐公延平李公春
秋携酒饌爲會歲以爲常人皆艶歎以爲太平盛
事摹之圖畫名曰蓮池契會圖 姜橒撰墓誌

趙靖

趙靖字安中號黔澗豐壤人 明宗乙卯生 宣祖己亥薦授叅奉癸卯司馬乙巳文科官至奉常寺正
仁祖丙子卒

嘗受朱書節要於鶴峯金先生終身服膺其文精深剛重髓而不膚

使公上以爲公卿下以爲抱關擊柝以至管庫之賤而必不肯尸位冒祿食焉而怠其事矣任言責立殿陛則必不貸當路之權貴而含默苟容決非公所忍爲也當求賢如渴之日公獨抱屈下位此無他公不好名之過也 鄭蘊墓表 撰

趙翊

趙翊字棐仲號可畦豐壤人黙潤靖帑 明宗丙辰
生 宣祖壬午司馬魁戊子文科歷弼善參弘文錄
至掌令光海癸丑卒
甫冠與伯氏同遊寒岡鄭先生之門受小學心經
與金沙潭弘敏李蒼石埈爲道義交
壬辰憂憤慷慨曰凡有城池者各效死力則賊必
不能深入而一不交鋒空城迎賊志士之膽烏得
不輪囷與同志諸人擧義旅約曰吾輩此擧於國
家成敗何足有輕重惟各矢同死之志以酬爲國
之心耳一軍皆感激泣下設伏要路遮截往來遊
賊勦殺頗多湖嶺之路得小通而公不自爲功世
莫知也
朝廷追論鄭澈誣殺崔永慶之罪公 啓曰上惡
殺士之名歸罪於澈云 上震怒臺評峻發削職
配公山盖公之意非爲鄭也只出於因事進戒以
格君心也
全沙西曰此友天稟簡古議論戇直意見到處不
避鈇鉞完平李文忠每稱趙某有死難不可奪之
節云 李永延撰行狀

金弘微

金弘微字昌遠號省克堂尙州人 明宗丁巳生
宣祖己卯進士乙酉文科歷弘文正字翰林吏曹佐
郎應教弼善承旨大司諫至吏曹參議辛丑卒
甫成童受退之南山詩一遍卽誦後赴解圍考官
以溫公念中爲論題宿儒莫敢措語公說出操存
之法擢爲第一
爲吏郎己丑獄起坐罷後以通易經陞應教吏曹
參議 除江陵道卒
其在 講筵援古證今連誦十餘行 上歎曰奇
哉奇哉後每以該博稱之 鄭經世撰碑

李埏

李埏字叔載號月磵興陽人　明宗戊午生　宣祖
癸卯司馬薦授洗馬不仕　仁祖朝　除縣監戊子
卒
與弟蒼石先生執雉西厓柳先生之門得聞退陶
緖言自是專精朱書不啻芻豢之悅口戊申南士
請五賢從祀公爲疏頭
在知禮再陳疏言民疾苦　上皆優批卒爲有司
所沮歎曰吾志不行吾何爲於此遂棄歸
壬辰蒼石先生倡義軍軍潰蒼石遘疾眩仆幾不
得脫公本羸弱而背負以走超越險阻竟得兩全
人謂至誠感神蒼石倩工爲圖名之曰患難圖同
時名公卿歌詠其事
壽爵金紫擧世艶慕而公獨痛禁子孫不以上請
趙綱撰碣

李埈

李埈字叔平號蒼石興陽人 明宗庚申生 宣祖
壬午生員辛卯文科歷兩司瀛善舍人典翰承旨大
司諫止副提學 仁祖乙亥卒以原從勳 贈吏曹
叅判享尚州玉城書院

從西厓柳先生學志不在功利壬辰倡義拒賊方
伯洪公履祥屬公以屯田遂斬艾墾土訃其出賑
民饑餘悉屬之軍

撰中興龜鑑自少康至宋高先論君德得失次及
臣下邪正投進於朝 上手教褒之

鄭仁弘在寧海士多趍附公獨曰此邪人也嘗以
公事道過府仁弘出迎公如不覩仁弘大嗔之

丁酉倭再動 大駕議出狩疏請駐蹕鳥嶺親總
三軍使勇氣百倍以圖克敵 上嘉之卒不能行

西厓為犀小所擠公奏曰唐德宗有一陸贄而棄
之若遺 殿下待柳成龍不幸而近之李公好閔
言於 上曰近日承侫成風獨李埈敢言人所難
言可賞不可恕也

光海立公憂厥德罔終軏先事諫正作燕居十箴
以進白沙李公貽書曰箴說精切不謂今日得見

溪上緖論

任叔英直言削科劉曰卽使治激不實終何損於
聖德其言萬一不誣不可以違格而斥之也
鄭仁弘疏詆晦退兩賢疏言二儒道德蔚爲時宗
彼以忌克之心挹憤懟之氣毁之極口殊知是非
之判有如黑白雖欲一世之改視易聽有不得矣
廢世子胜鑿竅出李公貴欲置之辟公議不合延
平抵公書曰必欲爲庶人立節耶公答曰自古因
事必爭之君父者皆爲其事立節耶遂 啓曰不
過思見父母妄作出圍之計其情可哀也廢朝戕

害骨肉終至顚覆此誠今日所戒也延平怒斥補
鐵原申公欽大驚曰李公之林下已十數年矣今
乃不能容又斥之去耶居數月申公謂李某久於
外非朝廷福 啓請台還
仁城君珙出逆招延平請置珙大內以爲防公謂
延平曰公以保全爲名聽之義而行之難自古臣
子處嫌逼之地與至尊同處而安有自全者乎且
置之內者疑之也不去一疑守雖重城複壁何益
睦公性善柳公碩疏言珙之竄何罪 上命竄之
延平大言曰敢有右睦柳者以逆論公 啓曰二

人之戇實出憂國完乎歎曰吾亦不知為此老謀
今乃殊快人也
仁獻王后之喪　元宗祔　太廟俱據禮典力爭
之延平太罵於朝曰為此說者皆可斬公自劾曰
臺閣雖輕豈容使勳臣亂罵後世必將曰其害自
臣始臣豈可苟容乎
丁卯授調度使謂諸公曰度此賊畏　天朝躡其
後其勢必自退但此後憂方大願各以自強自立
為本勿以寇退為幸則幸耳
亂後我民之被擄逃還者清人喝令刷還公力言

不可曰不惟被驅而去者亦將絶望於南歸益堅
事賊之心況奪吾懷中赤子忍投之虎口乎
又曰告變相續疏曰朴承宗在反正初止其子之
聚兵其女之為廢人死者亦可嘉況承宗初既與
爾瞻諸孽相背而有扶護　母后功雖有貪濫之
罪其不足蓋之耶廢庶人雖有罪而死立其後以
祀之豈不有合於聖人繼絶之義乎承宗卽公嘗
日所力排被其陰中者也時議大駭黜補三陟桐
溪執手曰子何不少遲而偕我我非與子而誰偕
上違和妖醫入卧内屛近侍自為針灸人無敢言

者公進言曰朝廷之禮以嚴為主非匹夫妾人作弄伎倆之地而大臣不敢言臺閣不能争者徒以君父已疾之為大然既知其妖誕則何可徒為婦寺之仁而不念有害於事理哉

愚伏病公訪之愚伏執手泣曰吾不復近清光矣國事尚可為公勉之

公之所學孔孟程朱之道堯君舜民之計也嘗曰窮理所以致知反躬所以踐實然致知不以敬昏惑紛亂而為罔焉踐實不以敬怠惰放肆而為殆矣 蔡濟恭撰碑

曹友仁

曹友仁字汝益號頤齋 明宗辛酉生 宣祖戊子
進士薦授參奉乙巳文科累官至承旨 仁祖乙丑
卒享尙州鳳山祠
嘗薦補濟用參奉罷歸應 旨上萬言疏請立遜位
二君後 命收議而竟寢
辛酉以攝官直長扶鎖門見舊宮荒寂幾閉作感
懷詩有蕭條物色陛除 英靈之語又有題壁絶
句白大衍詩之兩司論以譏逆光海鞫于庭公供
曰昔忝執事行殿仰瞻 先王主色今覩古宮遺
跡自生悲感發刊辭亂益厲連呼今 先王三語
乃滯獄三年及正後得釋拜承旨以守經餘崇病
卒焉
仁弘勢傾朝野公斥之以大奸作大開川說以譏
之坐是被鞫
少時遍遊城中名山晩卜商山作梅湖精舍混跡
漁樵爲學本於經訓該貫洛建諸書文章筆法繪事
稱三絶於詩用功專往往逼唐宰希仁亦文科官
落拓不偶銘曰文人內侍故出入不發外忌故
攻擠加告金門歲星蜀道長庚云 李瑀撰

金光斗

金光斗字汝遇號一默齋商山人　明宗壬戌生
宣祖丙午司馬戊申卒享孝谷書院
壬辰之亂倭陷尚州人皆鳥竄公與鄭文莊經世
李月澗㙉李蒼石埈全沙西湜趙黔澗靖諸公倡
義于咸昌黃嶺寺募兵討賊
公築室於松嶺下環堵蕭然樂道無慕負笈往西
厓柳先生門下深得造詣之工
鄭文莊許以直諒友嘉其有志於守口作一默齋
記又與心經一部往復講磨 鄭宗魯撰行狀

康應哲

康應哲字明甫號南溪 明宗壬戌生 宣祖庚寅
進士官察訪 仁祖乙亥卒享尚州淵嶽書院
公聰警絶類五歲書大字如斗盧蘇齋作詩美之
有人間丹鳳見地上石麟行之句姜相國士尚按
嶺南見公於洛東觀水樓以樵夫載薪呼題作詩
即應曰割盡秋山一半青滿舡橫載泛滄溟幾驚
鷗鷺烟波夢晩泊東吳落照明時年十歲
公棄察訪歸宅畔水石詩酒遣興以南溪為號鄭
愚伏詩風月溯溪高枕卧自言專壑勝封留蓋喜
其嘉遯也
嘗讀孟子至伯夷避紂居北海之濱聞文王作興
曰作是文王作也興是伯夷興也以文王作興為
句者誤也鄭愚伏赴燕也有陳童子利貞者偶講
是章如公句絶愚伏歸語人曰中原人必有所受
南溪解為得云 李元禎撰碣

鄭起龍

鄭起龍字景雲號梅軒昆陽人　明宗壬戌生　宣
祖朝武科官至統制使光海壬戌卒享尚州忠烈祠
公初名茂樹盖公捷武科當唱名　宣廟夢龍起
於鍾樓街飛上天衢既覺物色得公而異之賜以
今名云
壬辰倭變從防禦使趙儆爲別將大破賊於居昌
又於金山戰儆爲賊所獲公奮劒入賊中奪以歸
金鶴峯誠一爲嶺南兵使檄召公使將兵捍後俄
爲尚州判官擊殺賊四百餘級又以火攻城大鏖

之事聞　上使權收于尚儀郎眞燕敢死軍大將
先是公平土人爲亂者調爲兵遇賊輒争死故號
其軍曰敢死
丁酉倭奴再逞體察李公元翼白公爲將大戰於
高靈公躍馬入萬人中取紅衣賊將而歸捷奏陞
折衝拜慶尚右兵使踰嶺追討追躡清正多殺零
賊與天兵擊破慶州賊又戰于島山公爲前鋒先
登而天兵左次公遂揮刃殿後賊不敢逼自是連
殺居昌等七八邑所在賊
天將李挩戰死其餘兵願屬公事聞　皇上許之

以爲 天朝摠兵官
公大小六十餘戰皆以少擊衆未嘗挫衄 天將
楊經理鎬麻都督貴皆甚奬賞還以宗闢又失世
周贈詩以美之
嘗以首級與 天將祖承訓以贖罪祖雖不從義
聲益著
公夫人姜氏避賊入晉州城城陷血指書衫告公
以死遂與其母及小姑投于矗石樓下大江葬其
衫于昆陽先兆
公所用有兄子壽麟李希春金天男金世瑄黃致
遠金士宗郭乾禮盧涵崔汎尹燦李晉壯猛殺賊
無數所騎有神馬能平超六丈壕能緣絕度險如
利仄快翻者公制勝脫危多得其力嘗與公相失
爲賊所得忽聽公聲躍仆執鞚賊走赴公旋坂上
後病死公爲文以祭之蓋嘗時應公而出者皆如
是公之應時而出可知也 碑撰宋時烈

鄭經世 文莊公

鄭經世字景任號愚伏堂晉陽人 明宗癸亥生
宣祖壬午司馬丙戌文科歷翰林弘文正字湖堂吏
郎舍人承旨監司校正堂上大司成 仁祖朝副提
學藝文提學大司憲賓客左參贊號召使大提學至
吏曹判書壬申卒 贈左贊成享尚州道南書院
纔學語讀小學一卷文理驟達他書迎刃縷解十
六已捷鄉解而志不在擧業作從善如登詩以見
志
西厓先生牧尚州以切令屬擧子公執雉請益先

生告以古人爲己之學公悅而終身師事之
以史官入侍 上問委巷之義左右莫能對公
進曰出櫝兮猶言曲巷也 上甚悅目送之無何
有玉堂南床之選
講筵奏曰 聖意以易爲聖學正宗故開筵首講
是書然其義精微難曉春秋明復讐之義最是今
日急務 上仍問程傳本義異同公推原三聖下
及羣儒裁揮背出先天之畫仍明程傳本義所以
然之故 上稱善必曰國士國士
西厓被羣小齮齕去國公知事不可爲每有 除

命力辭不就
賀至朝　京主客司令以玄盤領入班公以為盤
領非禮服玄且齋服用於朝賀非禮遂呈禮部辨
之
嘗被逮詔獄搜家書以進光海覽訖曰私書中婦
人諺書語及上必別行高書其家婦女小子亦知
尊君豈有與逆之理乎遂釋
又妄引下理光海心知其誣而故緩其決以待贖
鍰門人舉應劭事賀之寒岡寒岡曰無害古人有
行之者歆宜生是也公聞之與書曰古人雖有行

之者與今日事異為我謝諸君君子愛人以德若
斷置事理為之請與諸君別經年囹圄翌年丙辰
冬始放自此遯荒者六年
癸亥首以副提學召上劄指陳闕失不避忌諱有
大功易成本心難保等語　上手批甚溫故事玉
堂長入　侍甚簡　特令間日參筵異數也自此
至正憲為副學者八
适叛公建言入　江都非計　大駕遂南幸
勅寧以公不論廢庶人及仁城事肆言詆詬公乞
退甚力　上不許公引朱子之言士大夫辭受出

褒有關風俗盛哉 上始許追卽日買舟南歸

仁獻皇后喪公議定不杖期 上難之三司力爭

凡三十餘 啓皆公筆辭旨義正人不敢貸一辭

科試主司有私公論罷其榜且請建法勿給擧子

燭

訃聞 東宮將擧哀禮官以爲宮僚無擧哀例

上教曰此人多教誨之功擧哀爲宜

公之學出於西厓西厓之學出於退陶退陶平生

所尊信者晦翁公最深於朱書立朝議論經幄講

說靡不自朱書中來 上虛己而聽惟恐一日公

之不在側也

嘗上每曰鄭某豈惟今之第一古亦難得

見好立異論背於先儒之說者正色責之曰從退

惟嘗篤信師說豈可妄言不幾於誹佛罵祖乎

晩年選朱書中封事序記碑銘祭文爲十冊名曰

朱文酌海與節要相表裏云

或疑公遭兩賢之主不能陶鑄至治致以侍講鳴

噫賈傅董生當後元建武時治安策天人對而已

兩程朱夫子亦不能有爲於慶曆淳熙之朝是難

言也雖然使吾 君崇儒重道雖備嘗險阻艱難

而終始典學不衰者誰之力也趙絅撰碑

李蒼石曰愚伏識處極微見處極高雖五賢如退
溪或有所讓處矣人以爲知言

乞退疏曰立乎人之本朝道不行耻也臣雖無狀
非全然無耻之人恐一朝遽然旅邸使後之議者
曰竊位明時往来而死則一生講禮九泉蒙羞矣

東宮遣宮官致祭且令看葬曰鄭賓客一生嗜禮
宮官毋失禮

全湜 忠簡公
全湜字淨遠號沙西沃川人 明宗癸亥生 宣祖
己酉司馬薦 除察訪癸卯文科歷注書修撰執義
承旨吏曹參議大司諫副提學吏曹參判大司憲大
司成至知中樞 仁祖壬午卒 贈左議政
光海政亂彝倫垂斁公不樂爲官退與鄭愚伏李
蒼石相羊山水間世以爲商社三老
任學士叔英常稱 經筵官通古今鄭經世達事
理全湜
甲子适亂公扈 駕而南論延平君李貴視師左

律之罪元帥張晩緩期縱賊之律晩幕下武士盡
讙訟主將無罪公當臺門叱曰使 宗社蒙塵君
父播越誰之罪也汝等亦人臣子敢爾皆咋舌而
戢
丁卯虜使劉海持書至要與 主上歃血公抗疏
折之
拜大諫論麟平大君婚時衣服器用太侈恐累
先王之制又論紀綱漸弛宮闈不嚴鑿鑿累百言
丁丑 大駕還都公即奔問 上側席而敎曰聞
卿唱義予甚嘉尚且曰嶺軍再集良由嶺南士大

夫能知不後君之義湖南能無愧乎公滂泣引罪
仍曰臨大難而不懼聖人之勇也願毋自沮毋自
逸日與君臣講興衰之道焉盖自出城　殿座甚
罕故公言及此
光海戊申間姦黨推鄭仁弘為與主人莫敢忤其
鼻息公能造次奮舌仲梧里相正論
全遼陷虜朝周之路變而航海受命冠盖前後葬
魚腹者相銜公於是時年過耳順矣無幾微以老
為解先少長而行由是皇朝史氏書曰朝鮮使臣
全某來朝特筆也此則李潤慶登名嘉隆錄後朔
見也
盖公立朝五十餘年歷職三十有奇所事所言皆
足為世師上自薦紳大夫下至閭巷學究無不嗟
惜
銘略曰於仁戴行於義抱處於夷必讓於病必思
愼靜而至壽強毅而容物 趙絅撰碑

高仁繼

高仁繼字善承號月峯開城人 明宗甲子生 宣
祖乙巳司馬丙午文科官司藝 仁祖丁亥卒
爾瞻聞公名而慕之使人試公意曰李判書願一
見公公答曰草莽蹤跡豈輕違到權門後禮郎有
窠又使諷之公謝曰儀曹是名官階梯豈吾所當
得耶適數日掘延曙察訪蓋擠之也 洪汝河撰狀
公恬穆安和絶去姻飾不逐逐於外務性耽詞律
矢口成章亦不喜矜語世無知者愚伏鄭公有詩
曰世上豈無千里馬人中難得九方臯 李敏求撰碑

趙光璧

趙光璧字汝完號北溪豊壤人 明宗丙寅生 宣祖丙寅司馬以行誼薦授叅奉至察訪 仁祖壬午卒享尚州淵嶽書院

公師事柳西厓與鄭愚伏李蒼石講論相資辨疑若析薪遇大事諸公必待而决壬辰與愚伏倡義時年二十七 丁範祖撰碣

權吉

權吉字應善安東人官判官 宣祖壬辰戰死 贈
左承旨享尚州忠烈祠
壬辰倭亂朝廷遣巡邊使李鎰禦之公屬馬戰于
尚州北岩軍敗公挺然不動纛於旗下始公之議
城守也收拾散卒泣而誓之曰盡忠報國不濟則
以死繼之有戶長朴傑者素稱清愼盡心守備有
告之曰事急可去矣曰我侯不負國我苟負我侯
耶家人不得收屍衣冠藏於故山 李埈撰死義碑

金宗武

金宗武字毅伯善山人官察訪 宣祖壬辰戰死享尙州忠烈祠

萬曆辛卯爲沙斤道察訪壬辰四月倭寇猝至列郡崩潰公日馳數百里過家門不入直抵巡邊使李鎰麾下戰于尙州北川鎰敗走公乃下馬整衣書君臣義重四字於便面授其僕報家人與權吉並遇害 肅廟初 命表其家 行錄

盧道亨

盧道亨字伯嘉光山人文簡公守愼孫 宣祖辛未
生蔭仕郡守光海乙卯年以宣武原從勳 贈吏曹
參判

濡染德義習於義教者衆如一器鑑泉歸買席以
寢夫人歎曰蹴以蘆席若而一無所携人誰知之
者公曰知之何爲惟當不愧方寸而已女奴私謂
人曰凡宦州郡雖外着潔譽內不能無挾爰有內
外俱虛如公家者乎 李敬求撰誌

金廷堅

金廷堅字勲卿號菊園義城人 宣祖丙子生光海壬子生員 仁祖乙酉卒享尚州浴巖祠早出入寒岡之門得聞爲學之要晩從愚伏鄭先生遊益致講磨之功雖龍蛇亂離之中未嘗不窮研經義又眷眷於誘掖後進家狀

曹希仁

曹希仁字汝善號默溪昌寧人 宣祖戊寅生光海丙辰司馬 仁祖丁卯文科官至相禮 顯宗庚子卒

早受業於愚伏鄭先生得力㝡多光海壬子逆獄大起愚伏被誣逮繫時獄事極嚴雖至親皆懼禍不敢近而其終始不離周旋於圜扉之外者惟公而已 家狀

趙又新

趙又新字汝緝號白潭漢陽人 宣祖癸未生光海癸丑進士 仁祖甲申薦授叅奉戊子文科官正字公幼值倭亂奔竄流離不遑入學十八歲始游學愽通經史士流推重焉出入於愚伏蒼石門下質問經禮有所得焉光海廢 母后殺大君公慷慨搆疏引虞舜烝乂之道鄭莊公悟潁考叔之事且請斬𧩃論三賊之首人皆危之公曰己備裹屍油紙死不畏矣伏閤屢日不得呈仍歸廢科業杜門讀書 洪冼撰行狀

洪鎬

洪鎬字叔京號無住丘溪人大提學貴達玄孫 宣
祖丙戌生丙午文科官至大司諫
公爲槐院博士時爾瞻之子大燁登第時論以爲
承文首錄必歸是人公笑曰我在焉可以力勢奪
持不可大燁終不得與選
仁祖改玉拜正言上疏言朴承宗父子死其所事
與他亂臣同籍其家非礪下垂後之法擧朝皆愕
勳宰尤恚外補寧邊乙酉拜大司諫又論承宗事
執如前 上察其無私下其議諸公多是公者洪
瑞鳳謂公曰公二十年持一議吾儕二之矣
自少受業於愚伏之門西厓柳公一見而知其遠
到漢陰李公亦待以國士 趙絅撰碣

全克恒

全克恒字德文號虬川沃川人忠簡公湜子 宣祖
辛卯生光海壬子進士 仁祖甲子文科歷翰林至
正郎丙子胡亂節死 贈都承旨 當宁丙午旋閭
享尙州忠烈祠

公四五歲能屬文十二歲鷓鴣辭膾炙登樂府
早遊於愚伏蒼石之門文學大就
當廢朝妻黨皆據擢要勸公仕終不應卜居于州
西水石亭
丙子亂以禮曹正郎扈 駕入南漢旋有留司之
命人危之公曰 君命也促駕而入竟遇害 行錄

金秋任

金秋任字萬說號畏棲菴義城人副提學守宏曾孫
宣祖壬辰生先海丙辰司馬薦授叅奉 孝宗甲午
卒
五六歲時嘗授新衣小婢誤飜水衣盡濕無幾微
發於言面八歲能心計人設問以試之卽應口對
無疑人皆異之
値昏朝政亂廢擧杜門專精墳典有疑輒質問于
愚伏鄭先生先生器重之及長銓曹薦爲 寢陵
叅奉不就
築室於開巖舊基日夕處其中書史自娛抄出前
言往行劄錄以觀省至於事親奉祭敎宗敬長訓
子之道無不各有條法爲鄕里式
內外艱執喪逾制以致病愈自撿飭無懈惰容人
未嘗知有疾 金應祖撰碣

盧道凝

盧道凝字景成光山人蘇齋守愼從孫　宣祖壬辰
生　武科　仁祖丙子胡亂節死　贈主簿
幼時讀史見忠義士殉節事輒掩卷而歎
丙子赴亂也告于母李氏曰身已許國執干戈以
效命是臣子義也遂辭而行死于陣
公之三子求索公屍而積屍焦爛莫辨人形號哭
昏倒之際夢見公呼曰某樹下衣戰袍着靴帶矢
而仆者是吾也覺卽往視之果有公屍而公之奴
忠僕死於其傍馬亦繫樹而斃矣 家狀

盧峻命

盧峻命守正而光山人文貞公守愼曾孫 宣祖丙申生 仁祖甲子司馬蔭補直長甲戌文科官正言孝宗壬辰卒

丙子之難扈 駕南漢歸拜正言時俞杞平伯曾上疏請治金瑬尹昉罪 上命罷職兩司啓爭不力數啓而止公慨然曰罪大者不之罪罪言者乎欲復論僚臺持不可公乃引避率意盡言及處置請出 上特命遞由是忤時議後八年除洪原尹履之昉之子也爲北伯公棄官歸其後擬兩司春坊末蒙除旨入本館錄見拔都堂

沈公大孚公之姊夫不輕許人而嘗語人曰正而難以非義干

公外舅李副學好信當光海廢 母時有白命公曰義重可傾禍乎李遂決退 權愈撰碣文

公弟景命守正甫公之喪朞年不入私室以蔭爲奉化縣監當大饑善賑民多賴活收養流丐兒之無依者擇良善而屬之民皆以盧呼之 許穆撰行狀

蔡得沂

蔡得沂字　號雩潭仁川人　仁祖丙子後薦遺
逸官別坐　當宁戊午　贈執義享尙州尙義祠
公生而穎悟早通經史百家之書最邃於易學凡
天文地理醫藥卜筮音律兵陣諸書一覽俱解遭
丙子亂日夜觀天象以候一夜大驚曰　大駕下
城矣又曰生民不盡劉矣其於綱常何卽廢擧業
卜居于尙州自天臺杜門讀書爲終老計嵗上大
刻大明天地崇禎日月八字以見志焉　仁廟旁
求俊乂欲令徃扈　質館馹召公公辭疾不起
上怒配報恩縣三年始釋　上又令道臣勸其行
公不得已作鳳山曲以寄意詣　闕陳疏　上批
曰山林拔俗之士何以來此風塵中仍　命赴北
公卽日就道到瀋陽調護　質館其時事蹟載輿
地勝覽

在瀋陽賡進詩曰外多強敵內無人　鶴御飄零
瀚海濱擧目山河嗟夏異腐心旌葛嵗華新懷王
羞對章臺月洪皓忍看五國春痛飮黃龍知有日
楚囚何必淚沾巾　孝廟益寵遇焉事無大小悉
諮訪焉公以太公兵法寄傳　孝廟孝廟歎曰君

則子房孔明一流人歟 啓請入仕公辭曰李泌
願爲友而不願仕 如蒙不棄得處帷幄足矣 孝
廟賜詩曰蕭然容榻靜無塵惟有文房四寶琢孤
館寥寥成底事吟詩聊作一閒人及其陪 駕東
還公即返初服 恩召屢降至於送宮奴存問
親賜手書而有栗里田園能無蕪沒之 教命畫
師圖進所居山水特 賜宮衣銀盃銀盂銀筋
小白山人洪宇定結爲莫逆之交以首陽能保伯
夷天之詩推許之澤堂李公植嘗以學通九流上
溯孔門風詠之樂稱道之清陰金公尚憲作新亭

詩中有魯連高蹈我雖愧澹菴氣像君正似之句
眉叟許文正穆追歎其天下奇才前後諸賢之推
許類如是矣
協贊 聖祖尊攘之義先倡多士者惟公一人世
所傳君臣言志錄可考而知也 家乘

趙壽益 文簡公

趙壽益字士静號晩聞淳昌人 宣祖丙申生 仁
祖甲子進士魁俱中生員乙丑授洗馬癸酉文科歷
翰林三司吏曹佐郎叅議大司成副提學吏曹叅判
至大司憲 顯宗甲寅卒 贈吏曹判書
仁祖命宥仁城君珙三子竄兩司承諸㸃貴意爭
以爲逆臣子不宜宥還時公以正言獨 啓曰兩
司請收回珙三子宥命而 聖旨惻隱慮或逢霧
露疾夭寶犀下所欲令有慶不與被 恩赦死於
海島宜盛德事 啓入當路者以爲黨逆論削職
上知公無他事得釋
丙子胡亂 上自南漢欲匹馬間出幸江都公與
執義蔡公裕後爭之曰賊兵滿郊倉卒間行安知
不爲所逼 上心然之時崔鳴吉唱和議公與三
司極言天險可守請絶和議爲拒擊計
拜獻納疏論時事曰臺諫之觸諱敢言者不徒不
用其言又從而譴罰之近若斥和諸臣忠義之發
罪至流竄宜復有爲 聖主伏死爭是非者耶
拜吏郎時吏判南以恭主保合之論大臣有助之
者公曰主此論者非士望所歸安能有爲後果敗

其見事之明類此

金壽斗宋光一等謀逆事發壽斗勢家人時議欲庇之公以大憲 啓請幷鞫正刑公議快之

龍洲趙公絅因應 旨疏救尹孤山善道時人怒之論竄龍洲公上疏言前左尹權緦一言忤時斥逐不復判中樞趙絅三朝舊臣應 旨進一疏而政院謂之悖理臺官從以請黜臣恐遠近駭聽言路絶矣

公之子發解人有掌覆試者求見文筆公正色曰子當掌試欲私擧子不獨爲擧子恥也其人愧謝

乙卯諸舊臣多起廢顯用公聞有不悅之色侍者問其故曰朝家用人太無漸吾是以懼及庚申禍起人服公之先識 (權愈撰諡狀)

韓克昌

韓克昌字裕伯號藝洲清州人　宣祖庚子生　仁
祖甲子司馬癸酉文科官察訪　顯宗庚寅卒
庚午兄弟連壁文科時逆臣自點罔上肆奸公以
忝下官不勝憤惋封疏條陳論咸昌拔還無意於
世以勸進後學爲己任
丙子亂扈　駕南城和議已定公憤甚裂壁欲將
上疏未果兄弟馳還寧海避世姜嬪獄起左相李
敬輿大憲洪茂績校理沈儋掌令李應蓍被謫遇
嵩爾公不勝慨惜陳疏伸救者再又以白雪歌三章

送李公

康用良

康用良字慶遇號臥雲載寧人　宣祖戊申生享尙州淵嶽書院

公從事於愚伏月澗蒼石之門天稟旣高聞見日博孝悌行於家孚信及於外學問乃其餘力也

當侍湯時嘗矢察症作祭文祈天延命遇　國忌必冠服行素曰君父一體義當如是

博採古今賢人義士蹟爲觀感錄一卷行于世

與兄弟家眷七十餘人同室共爨日與和樂者垂四十餘年 蔡獻徵撰 文集序

李榘

李榘字大方號活齋全州人光海癸丑生 孝宗甲
午辛亨尚州近嵒書院
丙子亂後仍廢擧業專心問學發揮濂溪太極之
旨而作太極圖說力辨鵝湖理氣之說而作理氣
證辨此皆默契妙悟不待師授而自得於心者也
於四七之辨分析毫縷倡率同志裹足叫閽由是
名益重而身益錮
父病幾革斷一指血淋漓和藥以進疾遂已
甲申中州陸沈慨然有匪風下泉之思作詩曰中
國衣冠左東方玉帛非端門誰痛哭私室獨齋咨
又題春帖曰山中無曆日猶記大明春其尊周之
義槩可見矣
趙龍洲軏詩曰揆天雄辨分朱陸拔地瓌材見杞
楠世路浮榮曾避臭道腴眞味晩方酣一言之褒
可爲百世之公案也
居于尚州山陽世稱山陽處士 家狀

曹挺恒

曹挺恒字德瞻尙州人光海丁巳生 仁祖丙子謫
戊寅卒
有一京畿都事對諸生於鄕校出侮聖語諸生譁
然爭辨于朝丙子秋試其人充考官諸生入庭公
曰彼自絶于吾道非吾徒也倡諸生起立不應試
而出朝議以倡罷國試杖配平山是冬北賊猝至
公與諸生謀勤王將入江都從行在路聞 駕次
南漢同行或色難公曰君父在危地而忍改路奔
至城下不得入間道走嶺南覲其父母聞賊退又
奔歸闕下業命赦矣
剛毅之氣忠孝之性誠不可易得而謂必遠且大
也胡天之不與其齡而止斯也 黃床撰碣

鄭道應

鄭道應字鳳輝號燕谷晉陽人經世孫光海戊午生
宣祖乙丑爲遺逸歷敎官兩銓至諮議丁未卒
十六丁文莊公憂儀節一遵家禮 賜祭應接廉
不曲當禮官歎曰先先生雖亡賢孫克世其業斯
文之幸也爲輔養 除諮議陳疏辭 上批若曰
爾能聞道有成就之功非但國家之得人豈不光
於爾之家世乎故母姜氏寒疾予以事之如母姜
氏亦予視之不顧視歸曰死亦瞑吾於此予足矣
所纂述有昭代名臣行蹟昭代粹語及遺集若干
卷藏之于家遺事

洪汝河

洪汝河字百源號木齋缶溪人大諫鎬之子光海庚申生 仁祖甲午司馬乙未文科歷翰林說書至司諫 肅宗庚申卒享尙州近巖書院

公儒門世德之後幼有志行喜讀書愚伏鄭公甚奇之曰兒必爲大儒長益篤學經書小註諸子句語誦至全篇或十餘行拜正言上疏言 殿下言動多失中願明理居敬動靜交修變化氣質 孝廟批納之出爲鏡城選邑子弟置齋躬課作九箴以勗之有邑儒李鵬壽壬亂死王事公銘其墓以著之曰事配黃澗一年赦歸故里廢不用十五年先是己亥議禮未定後八年嶺中欲上疏論之或以久矣無及難之公笑曰無恐此天下大是非也甲寅 特除司諫未拜而卒權愈撰碣文

辨陸學似是之非證禮家聚訟之疑凡所論著皆羽翼乎斯道有功於後學金屹一撰行狀

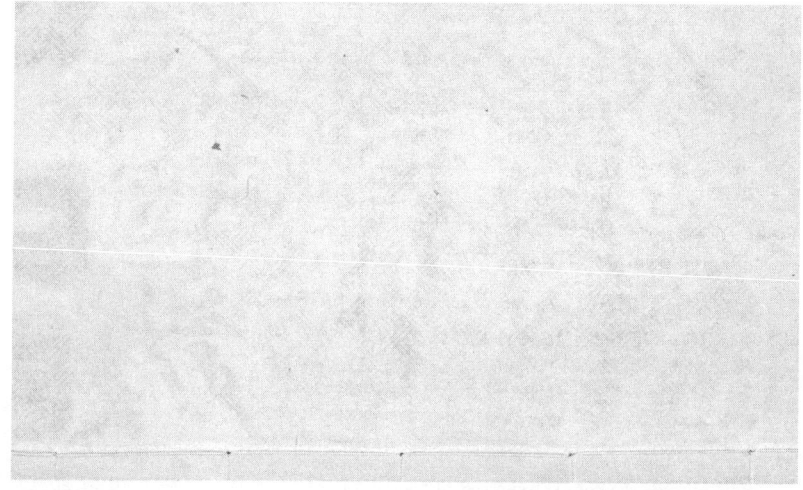

역주자 **신해진(申海鎭)**

경북 의성 출생
고려대학교 국어국문학과 및 동대학원 석·박사과정 졸업(문학박사)
전남대학교 제23회 용봉학술상(2019); 제25회·제26회 용봉학술특별상(2021·2022); 제28회 용봉학술대상(2024)
제6회 대한민국 선비대상(영주시, 2024)
현재 전남대학교 석좌교수 겸 명예교수

저역서 『서류 송사형 우화소설』(보고사, 2008), 『권칙과 한문소설』(보고사, 2009), 『소대성전』(지식을만드는지식, 2009), 『증보 해동이적』(공역, 경인문화사, 2011), 『떠난 사람에 대한 그리움의 미학, 애제문』(보고사, 2012), 『요해단충록(1)~(8)』(보고사, 2019~2020), 『검간일기』(보고사, 2021), 『검간일기 자료집성』(보고사, 2021) 외 다수

영남인물고嶺南人物考 4
–상주

2025년 11월 26일 초판 1쇄 펴냄

편수자 목만중·심규로
역주자 신해진
펴낸이 김흥국
펴낸곳 보고사

책임편집 이경민
표지디자인 김규범

등록 1990년 12월 13일 제6-0429호
주소 경기도 파주시 회동길 337-15 보고사
전화 031-955-9797(대표)
팩스 02-922-6990
메일 bogosabooks@naver.com
http://www.bogosabooks.co.kr

ISBN 979-11-6587-946-4 94910
979-11-6587-789-7 (세트)

정가 35,000원